Josef Christian Aigner

Der ferne Vater

Zur Psychoanalyse von Vatererfahrung, männlicher Entwicklung und negativem Ödipuskomplex

Psychosozial-Verlag

Die Umschlagabbildung von Wo Mü, »Coming Home« (Radierung), ist in der Reha-Werkstatt der Lebenshilfe Gießen entstanden. Interessenten für das Original und zahlreiche weitere Seidenarbeiten können sich dorthin wenden:

Reha-Werkstatt Gießen
Silk and Art
Siemensstr. 4
35394 Gießen
Tel.: 0641/9 75 09-13
Fax: 0641/9 75 09-20

Die Deutsche Bibliothek - CIP-Einheitsaufnahme
Der ferne Vater : zur Psychoanalyse von Vatererfahrung, männlicher Entwicklung und negativem Ödipuskomplex / Josef Christian Aigner. -
Gießen : Psychosozial-Verl., 2001
(Bibliothek der Psychoanalyse)
ISBN 3-89806-061-6

2., korrigierte Auflage 2002

Goethestr. 29, 35390 Gießen
e-mail: info@psychosozial-verlag.de
www.psychosozial-verlag.de
Gedruckt mit Unterstützung der Universität Klagenfurt, der Leopold-Franzens-Universität Innsbruck, des Bundesministeriums für Bildung, Wissenschaft und Kultur in Wien und des Kulturinstituts der Oberösterreichischen Landesregierung.

Umschlagabbildung: Wo Mü: »Coming home«, 1987
Umschlaggestaltung: Till Wirth nach Entwürfen des Ateliers Warminski, Büdingen
Lektorat: Daniela Bergner
Satz: Katharina Hohmann
Printed in Germany
ISBN 3-89806-061-6

»Ich will, was ich verloren habe, deine Gegenwart«.

Peter Härtling, »Nachgetragene Liebe« (1993)

»Was ist ein Vater? Einer der zeugt. Abraham zeugte Isaak. Einer der zeugt, in ganz anderem Sinne. Der bezeugt, wer er ist und was er für die Wahrheit hält. Der andere an sich teilhaben läßt. Der wirkt, viel weiter, als wenn er mit einer geliebten Frau ein Kind hat. Also einer, der liebt. Der sich zuwendet. Der zuhören kann. Der weitergibt, was er selber gelernt hat. Der sagt, was er falsch gemacht hat, damit andere seine Fehler nicht wiederholen. Einer, der erkennt, sich selbst und andere«.

Heinrich Albertz, »Die Väter – die Herren?« (1984)

Für meinen Vater († 1971) – den viel zu früh verlorenen.

Inhalt

1. Vorwort 13

2. Einleitung 17

2.1. Vorbemerkung I: Wozu Vater? 23

2.2. Vorbemerkung II: ›Oh, Mein Papa‹? – Die meist tabuisierte familiäre Beziehung? 29

3. Vater-Erfahrungen aus Alltag, Politik, Literatur und Geschichte **33**

3.1. Politik und Alltag 33

3.2. Literatur und Geschichte 34

3.3. (Kultur-)historische Hinweise 39

3.3.1. Die Verdrängung des Vaters als Teil des Geschlechterkampfes? 39

3.3.2. Vaterschaft jenseits distanzierter Paternalität: 18. und 19. Jahrhundert – die Aufklärung 41

3.3.3. Der »industriell revolutionierte« Vater 45

3.3.4. Vom bürgerlichen Vater zur Gegenwart 47

3.3.5. Neuere Trends und sozialpsychologische Vatertypologien 51

3.4. Die neuen Väter? 53

3.5. Verunsicherte Väter 57

4. Die Krise der Väterlichkeit – auch eine materialistische Kategorie **61**

5. Wozu der Vater psychoanalytisch gesehen gut ist **69**

5.1. Fallgeschichten – Vatergeschichten? 71

5.2. Väterlichkeit und Männlichkeit – ein zweiter ›dark continent‹? 76

5.3. Der Vater bei ›Vater Freud‹ 79

5.4. Nach Freud 87
5.4.1. Der Vater bei Freuds Tochter und ihrer Mitarbeiterin Dorothy Burlingham 87
5.4.2. Allgemein ›wenig Vater‹: Horney, Klein, Winnicott u.a. 90
5.4.3. Helene Deutsch 93
5.4.4. Andere psychoanalytische Vater-Such-Spuren: Loslösung, Entidentifizierung, Hilfestellung 94
5.5. Vater-Theoreme zwischen Person, Institution, Archetypus und Metapher 98
5.5.1. C. G. Jungs »Elternarchetypus« 99
5.5.2. Lacans »dritte« und »vierte« Position 107
5.5.3. Gérard Mendels Vaterimago als Institution 112

6. Spezielle Aspekte des Entwicklungs- und Sozialisationsfaktors ›Vater‹ aus psychoanalytischer Sicht 117
6.1. Die Beziehung zum ›Tertium‹ 118
6.2. Vaterimago und ursprünglicher Narzißmus 125
6.3. Vaterschaft und ödipale Grenzziehung 130
6.4. Ödipale Grenzsetzung: Realität und Arbeit 137
6.5. Die Bedeutung des Vaters zwischen Idealisierung und identifikatorischer Liebe 142
6.5.1. Intersubjektivität und Anerkennung 143
6.5.2. Der ferne Vater 149

7. Die elternlose Gesellschaft 153
7.1. Fehlt der Vater wirklich? Familien ohne Vater 153
7.1.1. Relativierung des Katastrophenszenarios: Scheidungswaisen, Einzelkinder 160
7.1.2. Triangulierung ohne Vater – die bessere Variante? 162
7.2. Von der vaterlosen zur elternlosen Gesellschaft 167
7.2.1. Die »enteigneten Erzieher/innen« 173
7.2.2. Das Ende der Vorbilder? 174

8. Veränderungen des Ödipuskonflikts und der Über-Ich-Bildung, adoleszente Struktur – defizite und autoritäre/fremdenfeindliche Haltungen 179
8.1. Das Über-Ich als Erbe des (welches?) Ödipuskomplexes 179
8.1.1. Freuds Feststellungen zum Über-Ich-Versagen 180
8.1.2. Grundsätzliche Überlegungen 182
8.2. Über-Ich und Aggression 183
8.3. Über-Ich-Bildung und gesellschaftlich bedingte ödipale Vermeidungstendenzen 187
8.4. Adoleszente Verunsicherung und Väterlichkeitsdefizit 191
8.5. Weitere Besonderheiten der Adoleszenz und die Neigung zur Gewalt 196
8.6. Über-Ich- und Ich-Ideal-Veränderungen und die Neigung zur Destruktion 201
8.7. Neue Aspekte des Ödipuskonflikt als zentraler Schaltstelle für die seelische Entwicklung 204
8.7.1. Der andere Ödipus 207
8.7.2. »Ödipus neu« – der Wunsch nach anderen Vätern? 211
8.7.3. Ödipus als Geschlechterpolarisierung 215

9. Allgemeine Sozialisationsbedingungen Jugendlicher zwischen Individualisierung, Beziehungslosigkeit und Gewalt 219
9.1. Ausgangsbedingungen, Fragestellung 220
9.2. Die unerfüllbaren Wertvorstellungen 224
9.3. »Die« gewalttätige Jugend? 230
9.3.1. Nur deprivierte Jugendliche? 230
9.3.2. (Rechte) Gewalt, Männlichkeitsprobleme und die Lockerung der Sitten 232
9.3.3. Nur männliche Jugendliche? 239
9.4. Der enttäuschte Kampf gegen den enttäuschenden Vater 241
9.4.1. Der Vater der Gewalttätigen 247
9.4.2. Vater-»loser«, »loser«-Vater und das Phantasma der Nation 251

10. Familie, Kultur und rechtsextremistische Gewalt – sozialpsychologische und psychoanalytische Erklärungsversuche **255**
10.1. Ökonomische Krisenerscheinungen und »situative Labilisierung« 259
10.2. Rechtsextreme Gewalt als »Opferkultkrise« in der vaterlosen Gesellschaft? 262
10.3. Der Körper am Schnittpunkt zwischen Angst und »Schiefheilung« 267
10.4. Die Bedeutung der Bindungserfahrungen 270
10.5. Fehlender – autoritärer – punitiver Vater 274
10.6. Klassisch autoritärer Charakter, Narzißmus und Rechtsextremismus 279
10.7. Vaterhaß, Fremdenhaß, Minderheitenhaß? 286
10.8. Der Vater, der Jud' und der Narzißmus 290
10.9. Vaterlosigkeit, Narzißmus und Geschwisterneid 299

11. Die Mehrgenerationenperspektive und die Rolle der Väter für die intergenerationelle Transmission **303**
11.1. Spezielle Aspekte der Vaterlosigkeit durch Krieg und Nazismus – die »Schablonen-Väter« 304
11.2. Die Drei-Generationen-Perspektive 309
11.3. Destabilisierung der Generationen und Geborgenheitssuche 314

12. Patriarchat, Autoritarismus und ›Antiödipaler Fortschritt‹ **317**
12.1. Der Laios-Komplex und die Rache an den Söhnen 321
12.2. Die Zukunft des »fathering«? 324
12.3. Der archaische Vater 327

13. Auf dem Weg zum dyadischen Vater **331**
13.1. Vatersehnsucht und Vaterhunger 331
13.2. Der frühe, dyadische Vater 334

14. Neue Väterlichkeitsdimensionen im Präodipalen und Negativ-Ödipalen **345**
14.1. Nachtrag zum negativen Ödipuskomplex 353
14.2. Neue Qualität von ›Vaterliebe‹ – neue Über-Ich- und Autoritätsbildung? 355

15. Theoretische und sozialpolitische Schlußfolgerungen: Fehlender, autoritärer, schwacher, liebloser Vater? **359**

16. Empirischer Anhang: »Der lästige Hund!« – Eine qualitativ-interpretative Recherche zur Vaterbeziehung gewaltorientierter Jugendlicher **373**
16.1. Methodisches 373
16.2. Forschungssubjekt – Forschungsobjekt 379
16.3. Zur Anlage der Interviews 380

17. Die Interviews: Ehemalige Skinheads im Rückblick auf ihre Skin-Zeit, ihre Kindheit, Jugend und ihre Familienbeziehungen **385**
17.1. Der ›Bulle‹ 387
17.2. Olaf 394
17.3. Walter 403
17.4. Zusammenfassende Deutungsmuster 410
17.4.1. Allgemeines zur Übertragungssituation 410
17.4.2. Brüche, Widersprüche, Idealisierung 411
17.4.3. Erniedrigung und Geschlechterproblematik 413
17.5. Abwesender Vater, guter Vater und »lästiger Hund« 415

18. Literaturverzeichnis **419**

1. Vorwort

Wissenschaftliches Arbeiten und Forschen – sei es im Praktischen wie im Theoretischen – haben immer auch mit der Subjektivität und damit mit der Biographie dessen zu tun, der sich ihnen widmet. Bei einer Thematik, die eine der nächsten Bezugspersonen aus unserer Vergangenheit zum Thema hat, gilt dies ganz besonders. Schon Freud hatte ja – gerade auch bezogen auf die Vaterthematik – im Vorwort zur zweiten Auflage der *Traumdeutung* von einer sehr subjektiven Bedeutung des Buches gesprochen, die er »erst nach seiner Beendigung verstehen konnte« und die mit seiner Selbstanalyse zu tun hatte, nämlich »als meine Reaktion auf den Tod meines Vaters, also auf das bedeutsamste Ereignis im Leben eines Mannes« (1900, S. 24). Wie wir noch sehen werden, hat diese Beziehung auch Freuds Theorie nicht unwesentlich geprägt (vgl. Grieser 1998).

Eine Arbeit, die sich aus psychoanalytischer und sozialpsychologischer Sicht um das Thema ›Vater‹ kümmert, hat es vor allem mit zwei Problemen zu tun: zum einen ist die theoretische Durchdringung und die mögliche Aufhebung des Spannungsverhältnisses zwischen der Bedeutung der (angeblich) regressiv wirkenden Dominanz der Mutter in der frühen Kindheit und dem (angeblich) progressiven, befreienden ödipalen Vater »*das schwierigste Problem der psychoanalytischen Theorie*« (Benjamin 1990, S. 142 – Hervorhebung JCA), also ein anspruchsvolles Vorhaben. Andererseits geht es bei einem solchen Vorhaben ›natürlich‹ immer auch um die Bedeutung der eigenen Vater-Geschichte – oder besser: der eigen*en* Vatergeschicht*en*, um das eigene Vater-Werden, den Versuch, Kindern ein ›guter Vater‹ zu sein, und um all die dabei auftauchenden Schwierigkeiten – oft Wiederbelebungen vergangener eigener Vater- und Sohneserfahrungen, die sich – je nach Bearbeitungsform – einmal als hilfreich und weiterführend, in anderen Fällen aber auch als ›zur Wiederholung verdammt‹ und damit leidvoll erweisen können.

Nun ist es selbstredend kein Zufall, daß der Autor dieser Schrift seinen eigenen Vater in einer Periode seines Lebens verloren hat, von der auch diese Arbeit handelt: in der Adoleszenz. Mit 17 Jahren, als ich – eigentlich noch etwas ›frühreif‹, weil im Alter von fünf Jahren vorzeitig eingeschult

– durch Ablegung der Matura dennoch für ›reif‹ erklärt worden war, starb mein Vater und hinterließ eine Leerstelle, einen »weißen Fleck auf meiner biographischen Landkarte«, wie ich es dann im Jahre 1982 in einem Erstgespräch meinem Lehranalytiker gegenüber ausdrückte. Diese Leerstelle war für einen 17-jährigen Adoleszenten angesichts der besonderen Umstände nicht leicht zu bewältigen.

Deshalb mußten Substitutsväter für alle möglichen Konfliktaustragungen herhalten, andererseits entstand aber auch eine gewisse Empfänglichkeit für solche, die aufgrund ihres Engagements bewundert werden wollten. Ein solcher begegnete mir gleich anschließend an der Universität in Salzburg im Rahmen meines Psychologiestudiums in dem Psychoanalytiker Igor Alexander Caruso. Er hatte für mich den Nimbus des ›begeisterten Psychoanalytikers‹ und auch des ebenso ›begeisterten Gesellschaftskritikers‹, und er strahlte in der Zeit der studentenbewegten Veränderungen an der Universität einen väterlichen Elan aus, auf den wir engagierte Studierende uns stützen und verlassen konnten. Peter Kutter sieht übrigens ausdrücklich eine Chance, daß in der Adoleszenz Vaterlosigkeit »weitgehend ausgeglichen« werden könne, wenn Lehrer als »zweite Väter« und Hochschullehrer als »dritte Väter« zur Verfügung stünden (1986, S. 38). Zu befürchten ist, daß die Anzahl der dafür in Frage kommenden Väter (und Mütter) nicht im Wachsen ist.

Und dann gibt es da noch einen Zusammenhang zwischen Biographie und Fragestellung, der beweist, wie wenig man Forschungsinteresse und Lebensgeschichte, wissenschaftliches Herangehen und persönliche Betroffenheit eigentlich trennen kann (vgl. auch Devereux 1976): die Frage nach der rechtsextremen, neonazistischen Gewalt Heranwachsender, die ja immer wieder (vgl. neben vielen anderen Richter 1995 oder Bohleber 1992) auch als transgenerationelle Problematik gesehen wird. Der Zusammenhang, der mir erst später bewußt geworden ist, ergibt sich aus dem Umstand, daß meine Großeltern ›bekennende‹ Nazis gewesen waren, und meine Mutter in der damals üblichen Unterwerfung von Frauen unter die Ansichten ihrer Väter ebenfalls eine »Nazisse«, wie sie zu sagen pflegte, war, während mein Vater abseits dieser Optionen stand: eine Bestätigung der Heimatgemeinde meines Vaters (Grein an der Donau in Oberösterreich) vom 16. Juni 1945 besagt, daß er als im höheren Sanitätsdienst stehender Arzt »nicht Angehöriger der N S D A P oder einer ihrer Gliederungen und Wehrverbände war«. Das tat der Seele gut – der ›gute Vater‹ war – wenigstens diesbezüglich – gerettet!

Dies vorweg als Vorwort, in dem ich auch nicht versäumen möchte, diversen Vaterfiguren entlang der Strecke meines privaten und beruflichen Lebens zu danken: neben Igor A. Caruso dem Philosophen Peter Heintel von der Universität Klagenfurt und dem Pädagogen Helmwart Hierdeis von der Universität Innsbruck, die beide weniger durch direkte Hilfe als durch ihre Art, mich fernab rigider Methodenzwänge oder einengender akademischer Mythen zur Freiheit des Denkens zu ermuntern, viel für meinen Werdegang getan haben.

Zu meinen Fördererinnen und Förderern zählen aber natürlich auch meine Frau Angelika Aigner-Rauth und meine Kinder Paul und Marina Aigner, die mir (meistens) nachgesehen haben, wenn die zusätzliche Belastung durch längerfristige Arbeitsvorhaben zu Ungeduld und ganz und gar nicht ›gut-väterlicher‹ Fürsorge führte, ohne je aufzuhören, mich an meine ›Vaterpflichten‹ zu gemahnen: sie haben mir so die gesellschaftlich üblichen männlichen ›Fluchtwege‹ zumindest teilweise abgeschnitten. Ich habe viel gelernt dabei.

Noch etwas zum Titel dieser Arbeit: mit dem Begriff des »*fernen Vaters*« habe ich – bewußt und im Gegensatz zum allgegenwärtigen Diskurs über die »Vaterlosigkeit« – einen Begriff gewählt, der mitberücksichtigt, daß es bei den problematischen Phänomenen, die hier zur Sprache kommen, gar nicht immer um das Fehlen des Vaters geht, sondern darum, daß er auf verschiedene Weise – auch in Verbindung mit Gewalt und Demütigung – »entfernt« und damit für Kinder nicht greifbar oder sogar zur Entwertung und Verachtung Anlaß gebend sein kann.

2. Einleitung

»Der Erzieher verdient den Namen Vater mehr als der Erzeuger«.

Talmud

»Man muß über die wirkliche Situation der Väter reden, nicht über ihren idealen Platz«.

Christiane Olivier (1994)

Auf einem hervorragend besetzten Symposium über »Psychoanalyse und Körper« im Sommer 1998 in Wien, dessen Thema allein schon Garantie dafür war, daß dort nicht die orthodoxe ›Crème‹ der deutschsprachigen Psychoanalyse-Szene vertreten war, sondern eher die Dissidenten, Neuerer und Reformer/innen (wie etwa Tilmann Moser, die analytischen Körpertherapeut/innen Jaques Berliner und Gisela Worm, der ostdeutsche Psychoanalytiker Hans-Joachim Maaz u. a. m.) machte ich (wieder einmal) folgende merk-würdige (nach Caruso: des Merkens würdige!) Beobachtung: alle diese psychoanalytisch so hervorragend gebildeten Referent/innen – in der überwiegenden Mehrzahl Männer – sprachen bei ihren klinischen Vignetten und den daraus gezogenen theoretischen Schlußfolgerungen in altgewohnter Fraglosigkeit immer nur von den »frühen Mutterobjekten« oder »mütterlichen« Versorgungsobjekten, die in der Entwicklung der Patienten versagt oder eine unglückliche Rolle gespielt hätten.

Da saßen also in großer Mehrheit männliche Wissenschafter – allesamt als Autoren sogar in der Schilderung massiver Vaterprobleme verdienstvoll – und beklagen scheinbar ausschließlich nur die ›bösen‹, versagenden Mütter, die ihre Kinder durch ihr eigenes neurotisches Ungeschick mehr oder weniger ins Unglück stürzten. Die Mutter wird durchgehend – wie Peisker (1991, S. 3) sarkastisch bemerkt – *»als alleiniger Krankheitsherd auf die Anklagebank gesetzt«*, was gelegentlich auch als *»mother hunting«* bezeichnet wird (Hervorhebung JCA) – wie übrigens generell im assoziativen Umfeld psychoanalytischer Fallgeschichten signifikant mehr negativ besetzte Affektworte bei Mutternennungen verwendet wurden als bei Vaternennungen (Rohde-Dachser 1991, S. 198f.).

Es liegt nahe, daß dieser Vorgang auch ein »sozialpsychologischer Entlastungsmechanismus« angesichts der Verantwortungslosigkeit ist, mit der patriarchalische Kulturen Frauen in ihre familiären Schranken weisen und den Männern ermöglichen (oder sie auch zwingen), sich aus ihrer Verantwortung für die heranwachsende Generation zu stehlen (Schmidbauer 1991, S. 147). Die Väter tauchen im günstigsten Fall ehestens dann auf, wenn nach psychoanalytischer Auffassung die »frühe Triangulierung« ansetzt, das Gewahrwerden dessen also, daß außer der Mutter noch etwas anderes Lebendiges da ist. Sollten diese »frühen« Väter *vor* dieser Triangulierung etwa gar das beherrschen, was wir spätestens seit Watzlawick u. a.. (1974, S. 50) als unmöglich erachten, nämlich daß man sich »nicht *nicht* verhalten kann«, also nicht nicht-kommunizieren kann? Die psychoanalytische Entwicklungstheorie jedenfalls behandelt Väter vielfach als solche ›Nicht-Kommunizierende‹, die ›einfach nicht da sind, obwohl sie da sind‹! Da stimmt doch etwas nicht – ohne daß man empirische ›Vater-Legitimations-Studien‹ wie die von Fthenakis (1988) bemühen müßte.

Auf meine diesbezüglich eingebrachte Frage in der Diskussion erntete ich von den genannten Referenten nur betretenes Schweigen! Die bange Stimmung erreichte dann ihren Höhepunkt, als eine der Veranstalterinnen berichtete, draußen vor dem Hörsaal eine junge Teilnehmerin gerade sagen gehört zu haben, *daß sie, wenn sie den Psychoanalytikern zuhöre, Angst habe, jemals Mutter zu werden!* Ich meine, diese Anekdote genügt, um die Brisanz der Fragestellung nach dem Vater in der psychoanalytischen Entwicklungspsychologie herauszustreichen.

Die Psychoanalyse bzw. ihre meisten tonangebenden Institutionen und Proponenten aber zeigen gegenüber vermehrter Berücksichtigung des Vaters eine merkwürdige Beharrlichkeit oder Unbeweglichkeit. So ist nach wie vor auch neueren Arbeiten gemeinsam, »daß der Vater kaum berücksichtigt wird, sei es, daß er systematisch weggelassen ist wie in den Begriffen ›Dyade‹ und ›Mutter-Kind-Beziehung‹ oder daß er in Forschung und Theorie nicht einbezogen ist wie bei Spitz oder in den Narzißmuskonzepten. Der gesellschaftlich übliche Mangel an aktiver Beteiligung der Väter an der frühen Sozialisationsarbeit wird so in den Status des Nicht-Vorhandenseins der Väter versetzt. Damit wird ein wichtiger Teil familiärer Realität ausgeblendet« (Schmauch 1993, S. 15). Diesem Fragenkomplex, den verschiedenen möglichen Antworten darauf bzw. den verschiedenen theoretischen und auch gesellschaftlichen Folgen des Ignorierens der Bedeutung von Väterlichkeit sowie, last but not least dem Ausblick auf eine die Geschlechterpolarisierung vermeidende ›Konstruktion‹ von Väterlichkeit ist die vorliegende Arbeit gewidmet.

Parallel zu der geschilderten Nicht-Wahrnehmung wird in Sach- und Fachbüchern wie auch in den Medien ein Vaterbild konstruiert, in dem Väter generell als Unholde, als autoritär, grausam, triebhaft, unbeherrscht, rücksichtslos und emotional verkrüppelt gezeichnet werden, so daß deren Hinausdrängen aus der Familie – etwa in Sorgerechtsangelegenheiten (vgl. Blesken 1998) – fast als Gebot der Stunde erscheinen muß. Auch im günstigeren Fall existiert kaum ein positives eigenständiges Vaterbild, es sei denn, der Vater-Mann unterwirft sich dem Trend, eine Art bessere Mutter oder ein ebenbürtiger Muttterersatz zu sein, was Jörg Bopp einst zu seinem scharfen Zynismus über den »Mapi« als Quasi-Doppelung der guten Mutter veranlaßt hat (1984). Dagegen geht es bei der Vaterrolle bzw. der anhaltenden Suche nach einem »befriedigenderen väterlichen Selbstverständnis« um ein wirklich ernsthaftes Thema, nämlich um eine *Identitätskrise von Männlichkeit* allgemein, wie Peisker (1991) es treffend beschrieben hat:

> »*Zwei verlorene Weltkriege*, aus denen die Väter – wenn überhaupt – nicht als Helden, sondern als gebrochene Menschen heimkehrten und z. T. gereifte Frauen vorfanden, die inzwischen gelernt hatten, ihr Leben selbständig zu meistern und ›ihre Frau zu stehen‹; *die Entidealisierung der Väter*, die bis zum Vaterhaß der jugendlichen Protestbewegung der sechziger Jahre ging; *die Infragestellung des männlichen Selbstverständnisses durch eine vitale Frauenbewegung* und *die Überbetonung der Mutter-Kind-Beziehung sowie der Funktion der ›guten‹ Mutter* in der psychologischen und psychoanalytischen Literatur«. (1991, 6)

In einer solchen Situation ist die Kategorie ›Männlichkeit‹ und mit ihr die ›Väterlichkeit‹ Bestandteil einer *schwierig zu erwerbenden persönlichen und sozialen Identität*, wie es sich auch in den vereinzelten Versuchen des Hausmann-Seins oder der ›Softie‹-Kultur der 70er Jahre zeigt: ein Hauch von ›Lächerlichkeit‹ umgibt stets die Schilderungen von Neuschöpfungsversuchen von Männlichkeit und Väterlichkeit. Das mag daher rühren, daß sich diese Versuche beständig mit der Konstruktion von Männlichkeit als gesellschaftlich tonangebendem Prinzip reiben (müssen): bestimmende Systeme unserer Gesellschaft und Wirtschaft haben immer noch die dominanten Prinzipien von Ratio, Entschlußkraft und Herrschaftsanspruch – Kategorien, die aus Tradition ›männlich‹ codiert und den meisten Männern via Sozialisation tief in Seele und auch Körper eingemeißelt sind.

Pierre Bordieu (1997) hat diesen Zusammenhang – insbesondere auch den der Unterwerfung von Frauen und Kindern unter die patriarchalische »*Libido dominandi*« – genau beschrieben: die allgemeine patriarchale Entfremdung bringt den Männern das fragwürdige Privileg der »libido dominandi«, der herrschenden Spiele, »weil der Mann dazu erzogen ist, die gesellschaftlichen Spiele und Einsätze anzuerkennen, bei denen es um Herrschaft geht, hat er hier das Monopol, weil er sehr früh schon, besonders durch die Institutionsriten, zum Herrschenden bestimmt und in dieser Eigenschaft mit der *libido dominandi* ausgestattet wird, hat er das zweischneidige Privileg, daß er sich den Spielen um die Herrschaft hingeben darf und diese Spiele ihm *de facto* vorbehalten bleiben« (S. 196). Bis ins Körperliche präge sich diese Herrschaft ein – freilich auch mit Nachteilen, wie man aus der Gesundheitsforschung und der früheren Mortalität und größeren Krankheitsanfälligkeit von Männern weiß (vgl. auch Schnack u. Neutzling 1991). Werden diese Tendenzen in der sozialen Konstruktion der Wirklichkeit andauernd verstärkt, so schlagen sie sich – unterstützt durch eingravierte kollektive Mythen und Traditionen – auch in den individuellen Praktiken bis hinein in die sozialisierten Körper (Habitus, Riten, Männlichkeitskult) nieder – die »*Somatisierung gesellschaftlicher Herrschaftsverhältnisse*«, wie Bordieu es nennt (ebd., S. 173).

Dies hat auch Folgen für das, was manche gerne in der Biologie oder einer mit ihr kokettierenden Metaphorik begründet wüßten: in den Rollen und Bildern, die wir mit ›männlich‹ und ›weiblich‹ und – indirekt – auch mit ›väterlich‹ (und korrespondierend auch mit ›mütterlich‹) verbinden (wie ein Blick in die Lehrbücher leicht preisgibt): Die Männer »auf der Seite des Draußen« (eine besonders beliebte Metapher für die Bedeutung der Väter), »des Offiziellen, des Öffentlichen, des Aufrechten, des Trockenen, des Hohen, des Diskontinuierlichen« (Bordieu 1997, S. 161), die Frauen auf der anderen, innerlich-mütterlichen, uns allen so vertrauten Seite.

Es ist also – so könnte man einer in manchen Bereichen der Geschlechterforschung sich einschleichenden, selbst schon wieder essentiell anmutenden

Männer-Verurteilung entgegenhalten – mitnichten der ›nachlässige‹, ›böse‹ oder ›verantwortungslose‹ Vater, den wir beklagen, was einer moralischen Beurteilung gleichkäme. ›Vatersein‹ und ›unzufriedenstellendes Vatersein‹ (aus der Sicht der Kontaktwünsche und -bedürfnisse von Müttern oder Kindern) hat mit gesellschaftlicher Konstruktion von Männlichkeit zu tun, ebenso wie ›böse‹, ›traumatisierende‹ Mütter etwas mit der gesellschaftlichen Konstruktion von Weiblichkeit und der Lage der Frauen im Leben mit Kindern zu tun haben. Wenn für die Analyse weiblicher Lebenszusammenhänge gilt, daß zum Beispiel Familienarbeit und Kindererziehung in teilweise krassem Widerspruch zu den Anforderungen der Berufswelt stehen (vgl. Rose 1997, 136ff.), dann gilt dies selbstredend auch für Männer: deren Eingespanntheit in die Berufswelt ist eine gesellschaftliche Selbstverständlichkeit im Patriarchat (während Frauen gerade dabei sind, in diese Sphären einzudringen und sich damit korrespondierende Freiräume zu erobern), aber die widersprüchliche Funktion dieser Arbeitswelt zur ›Arbeit zu Hause‹ ist eine offensichtliche.

Freilich ist die gesellschaftliche Wertung der geschlechtsspezifischen Verteilung der Arbeit extrem ungleich: Während die ›gute Mutter‹ als quasi-biologische Selbstverständlichkeit (wie eben auch ihr traumatisierendes Gegenstück) angesehen wird, ist der ›gute Vater‹ Gegenstand besonderer Bewunderung und familienpolitischer Auszeichnung (vgl. O'Brien 1997, S. 96). Aber abgesehen von dieser moralischen Kategorisierung bleiben die Widersprüche auch für Männer bestehen, ja sie verschärfen sich für Frauen wie auch für Männer noch durch die individualisierten und radikalisierten Anforderungen der neoliberal-kapitalistischen, globalen wirtschaftlichen Wettkämpfe. Diese Dimensionen historisch-materialistischer Analyse der Verhältnisse, in die Vater-Männer eingebunden und einsozialisiert sind, sollten bei allen Überlegungen zur Vaterthematik stets mitgedacht werden.

Die Frage wäre also, ob es, wie es einen »Prozess der gesellschaftlich-kulturellen Ausschließung von Frauen« (Haug 1997, S. 158) aus bestimmten gesellschaftlichen Bereichen gibt, nicht auch einen *›Prozeß gesellschaftlich-kultureller Ausschließung von Männern‹* aus jenen Lebensbereichen gibt, die mit (ihren) Kindern und damit auch mit ihrer Vaterrolle zu tun haben. Stein-Hilbers (1994) weist darauf hin, daß es bei Männern auch keine gleichartige Verschränkung von Geschlechtsrolle und elterlicher ›Liebe‹ (›Mutterliebe‹) als etabliertes kulturelles Deutungsmuster gibt: ›Mann‹ impliziert also weniger ›Vater‹, als ›Frau‹ ›Mutter‹, erst recht auf bestimmte Eigenschaften im Umgang mit Kindern bezogen: »Während ›Mütterlichkeit‹ als Orientierungsmuster für Frauen ausgearbeitet und individuell wie sozial verankert wurde, enthält das männliche Geschlechtsrollenstereotyp *kaum Aspekte von ›Väterlichkeit‹ im Sinne eines liebevollen Umgangs* mit Kindern ... Vaterschaft blieb in der Folge mit Vorstellungen von Macht, strafender Ordnung und Befehlsgewalt verbunden« (1994, S. 45).

Und »wie Männer tatsächlich Frauen als Geschlecht aus bestimmten Arbeits- und vor allem Politikzusammenhängen ausschalten (...) ohne Absprache, ohne Bosheit und besondere Tücken« (Haug 1997, S. 159) – kommt es auch umgekehrt zu Ausschließungsprozessen – wiederum aus strukturellen Gründen ›ohne Bosheit und besondere Tücke‹! Es entsteht durch die genannten Bedingungen das, was Michael Lukas Möller ein »*Männermatriarchat*« (1981; zit. n. Bullinger 1992, S. 95) genannt hat, in dem aufgrund konkreter gesellschaftlicher Arbeitsaufteilung zwischen den Geschlechtern auch die männliche Sozialisation nachhaltig beeinträchtigt erscheint.

Zugespitzt könnte man angesichts der immer wieder in die Diskussion geworfenen biologistischen Begründungen für diese Arbeitsteilung – Gebärfähigkeit und ›natürliche Mutterfreuden‹ – also auch sagen: wie die weiblichen Institutionen der ›Mutterschaft‹ bzw. des ›Kinderkriegens‹ markante sozial-biographische und körperliche Ereignisse für Frauen mit entsprechenden Folgen für das Geschlechterverhältnis sind, sind auch das ›Nicht-Kinderkriegen-Können‹ und seine Folgen eine bedeutsame ›Institution‹ und ein markantes Ereignis für die männliche Biographie im Patriarchat und das Verhältnis von Männern zu Frauen und Kindern. Diese »*soziale Verortung*« (Rose 1997, S. 126; Hervorhebung JCA) der ›Institution Vaterschaft‹ aber bleibt in den meisten Analysen zum Thema ›Vater‹ bzw. ›Vaterlosigkeit‹ sträflich vernachlässigt, erst recht in Richtung auf ein zugewandt-partnerschaftliches Vaterbild – wohl auch ein Abbild dessen, daß unsere Gesellschaft – wie Heintel jüngst bemerkte – für ein derartiges Vaterbild »wenig Antworten, eher ein reichhaltiges Angebot für Kompensationen« bereithält (1999, S. 49).

Grundlegenden Erörterungen psychoanalytischer Theorien bzw. ihrer alternativen Lesarten folgt hier deshalb immer ein Blick auf die gesellschaftliche Wirklichkeit, auf den »sozialen Ort«, auf die sie zutreffen oder nicht. Dadurch sollen Erklärungsweisen, die den Faktor des fehlenden Vaters für sehr viele Probleme in unserer Kultur verantwortlich machen, differenziertere ›Defizitanalysen‹ gegenübergestellt werden, die nach den seelisch-strukturellen Folgen fragen, die verschiedene Arten von ›Vaterferne‹ und ›Vaterschwäche‹ nach sich ziehen.

2.1. Vorbemerkung I: Wozu Vater?

> »Ein kleiner Junge ohne Vater muß zu schnell erwachsen werden. Er ist gezwungen, eine Scheinwelt zu schaffen, die in Wirklichkeit gar nicht existiert, eine Welt von falscher Unabhängigkeit, von Konkurrenzkampf und Furcht, eine Welt, die keinen Platz hat für Vertrauen oder Zärtlichkeit.(...) Die Welt ohne Vater ist gezwungen, in falscher Weise erwachsen zu werden: (...) Sie hat keinen Mittelpunkt, keinen Vater und keine Sicherheit außer sich selbst«.
>
> *Richard Rohr (1990, S. 144f.)*

Nun sind die Väter ja im medial-journalistischen Bereich schon seit einiger Zeit ein Thema, aber auch in den wissenschaftlichen Feldern von Pädagogik, Soziologie und Psychologie sind sie ins Gerede gekommen. Allerdings ist die Vaterforschung immer noch vorwiegend Anliegen vereinzelter Forscher/innen, wobei vielfach »die mangelnde Brauchbarkeit« rein quantitativer Ansätze beklagt wird (Fthenakis 1988, S. 200). Von einer Übereinkunft über die Wichtigkeit des Themas in der Psychologie und anderen Sozial- und Humanwissenschaften – und schon gar nicht im sozialpolitischen Sinne! – kann also noch nicht gesprochen werden. Grund für das vereinzelte Aufflackern ist zunächst die von Pädagog/innen und Psycholog/innen[1] sowie auch von engagierten Frauenorganisationen beklagte Leerstelle, die die Väter im Verlauf der letzten Jahrzehnte im Erziehungsalltag und Sozialisationsprozeß von Kindern scheinbar verstärkt hinterlassen hätten. Dabei ist ein ›scheinbar‹ wohl angebracht. Waren Väter früher mehr präsent? Ist anzunehmen, daß die gestrengen

[1] Aus Unbehagen über die Schreibweise mit großem »I« wird hier die Form mit »-/innen« bevorzugt, aber aufgrund besserer Lesbarkeit und ohne Abbruch des Anspruchs auf Egalität nicht konsequent durchgehalten.

Herrn Väter des klassischen Bürgertums mehr Zeit und Zuwendung für Kinder aufbrachten? Oder haben sich nicht vielmehr nur bestimmte Funktionen, die Väter innehatten, geändert? Oder ist es so, wie Pross (1978, S. 134) es beschrieben hat, daß an die Stelle des übermächtigen – aber präsenten – Vaters als Patriarchen in vielen Fällen der distanzierte Vater getreten ist? Wenn Väter – wie man zugespitzt sagen könnte – also nach wie vor in vielen Fällen hauptsächlich durch ihr Fehlen bestechen, vollziehen verschiedene Entwicklungspsychologien und Sozialisationstheorien dann nicht einfach blind nach, was an gesellschaftlicher Realität (und Konstruktion von Geschlechterrollen) faktisch vorhanden ist?

»Vaterlosigkeit« – also das Schwinden der Instanz des Vaters als bedeutsame (positive) Bezugsperson im Sozialisationsprozeß – ist zwar schon ein älteres, zumindest seit dem monumentalen Werk Alexander Mitscherlichs (1973) gebräuchliches Schlagwort. Als über den soziologisch-psychoanalytischen Diskurs hinaus bedeutendes gesellschaftspolitisches Thema scheint es aber erst mit großer Verspätung so richtig »fruchtbar« geworden zu sein; nun aber wissen scheinbar alle: Die Väter sollten nach landläufiger Auffassung im Prozeß von Erziehung und Sozialisation für den ›Nachwuchs‹ stärker präsent sein und sich mehr engagieren, als es in der derzeitigen Gesellschaft mit ihrer Arbeits-, Freizeit- und Familienorganisation tatsächlich der Fall ist.

Einige Arbeiten beschäftigen sich dabei mit der Frage, wie sich denn diese Art pädagogischer Vaterentbehrung auf die heranwachsenden Buben und Mädchen – und dies in vielleicht recht unterschiedlicher Weise – auswirke. Viele aus dem größer werdenden Heer an alleinerziehenden Frauen fragen in diesem Zusammenhang völlig zu Recht, ob sie denn unter den beklagten Zuständen entwicklungspsychologisch offenbar schädlicher Vaterlosigkeit von vornherein in pädagogischen Belangen zum Scheitern verurteilt seien, wie dies manche – meist männliche – Autoren recht schnell darstellen. Oder müssen etwa die verschiedensten psychologischen Entwicklungstheorien – auch jene der Psychoanalyse – neu reflektiert und umgeschrieben werden?

So wird in jüngster Zeit oft geklagt, daß es trotz der neueren Erkenntnisse über die Fähigkeit kleinster Kinder, zwischen Vater und Mutter als äußeren Objekten zu differenzieren, in der Psychoanalyse nach wie vor zu wenig Beachtung dessen gebe, was der Säugling dann mit diesem früh differenzierten Vaterobjekt mache. Der »Vater als inneres Objekt«, »das innere Bild des Vaters« als bestimmender Bestandteil der psychischen Welt des Kindes existiere in den meisten psychoanalytischen Theorien kaum – auch nicht in der Objektbeziehungstheorie, die den frühen Objektbeziehungen und ihrer Verinnerlichung besondere Beachtung schenkt (Bovensiepen 1997, S. 370). Ehebald (1991) schließlich hat die Frage aufgeworfen, inwieweit die theoretische Vernachlässigung des präödipalen Vaters in der Psychoanalyse nicht nur Konsequenzen für die Entwicklungstheorie zeige, sondern auch die psychoanalytische Diagnostik und Therapie beeinflusse: Den »Frühstörungen«, die als eine Art Diagnose-Etikett in extremer Weise strapaziert würden, lägen weniger Defizite aus der – durch die neuere Säuglingsforschung ohnehin in Frage gestellten – frühen Mutter-Kind-Symbiose zugrunde, ja sie hätten auch quantitativ gar nicht zugenommen, sondern seien besser zu verstehen und zu behandeln als *Folge einer mangelnden Gegenwart des Vaters* gegenüber einer (phantasiert bedrohlichen) Mutter, als Folge des Erlebens eines schwachen Vaters gegenüber einer mächtigen Mutterfigur, was präödipale und ödipale Konfliktverläufe nachhaltig irritiere und verzerre – doch dazu später noch mehr.

Stork (1989) nimmt in diesem Theoriespektrum eine Mittelposition ein, beschränkt er die Bedeutung des Vaters doch nicht auf die ödipale Periode, sondern setzt sie viel früher an: der Vater und die Vater-Imagines sind demnach einerseits »Mittler und Garant der Individuationsbestrebungen« des Kindes, die sich sowohl den archaischen Mutterbildern als auch der frühen narzißtischen Größensehnsucht entgegenstellen (also ›kastrierend‹ wirken); andererseits aber sind sie des Kleinkindes tatsächliche Befreier, weil sie die Ablösung von den primären Mutterbildern bewirken und damit zur Individuation verhelfen (S. 165). Wenn man so will, verlegt Stork die ödipale Auseinandersetzung – der Schule Melanie Kleins und ihren Frühstadien des Ödipuskonfliktes (1927) folgend – lediglich um ein paar Jahre nach vorne, ohne Wesentliches am Verhältnis der Mutter- und Vaterbeziehung zu modifizieren. Die mütterlichen und väterlichen Funktionen, ihre familiär-gesellschaftlichen Hintergründe und ihre alltagspraktischen Folgen werden in diesen Theorien kaum weiter problematisiert oder relativiert.

Dem gegenüber stehen verschiedene Thesen und Aussagen weiblicher Soziologinnen und Sozialisationsforscherinnen, die den realen Mangel an männlich-väterlicher Präsenz selbstbewußt in real erstrebenswerte Männerlosigkeit umdeuten: ›wozu überhaupt noch mit, wenn's auch ohne geht?‹, könnte man diese Position pointiert kennzeichnen. Der Umbruch der Familien- und Partnerschaftsorganisation (vgl. Beck/Beck-Gernsheim 1990, 1995) habe Veränderungen mit sich gebracht, auf die entsprechend konstruktiv reagiert werden müsse, ohne daß ständig der fehlenden Vaterpräsenz nachgetrauert werde. Männerkontakte für Buben und Mädchen gebe es auch anderswo zuhauf. Außerdem sei die Frage berechtigt, was denn an Männlichkeit unter den herrschenden gesellschaftlichen Bedingungen für die Sozialisation derart erstrebenswert wäre, daß man im Sozialisationsprozeß nicht auch darauf verzichten könne (vgl. hierzu insbesondere Benard u. Schlaffer 1991).

Aus einem ähnlichen Blickwinkel könnte man die beklagte Verunsicherung von Männern in ihrer Geschlechts- und Väterrolle auch begrüßen, muß es doch allen historischen Erfahrungen mit Männerherrschaft zufolge gesellschaftlich als Fortschritt und Freiheitsgewinn, ja geradezu als ›humanitär‹ erscheinen, daß die bisher ›sichere‹ patriarchalische Identität ins Wanken geraten sei. Dies schaffe eine ganz neue Dimension von ›Ver-Unsicherung‹, mit der also nicht etwas Defizitäres, Gestörtes, sondern eine Befreiung von alten, verhängnisvollen Traditionen männlich-patriarchalischer Sozialisation zu verbinden sei, was hoffnungsvolle Chancen für neue Entwicklungen biete und ein Bewußtsein fördere, auch ein anderer Vater sein zu können: vielleicht öffnet sich hier eine Perspektive für die generelle Veränderbarkeit herrschender traditionalistischer Männlichkeit – nicht nur für die Väter, sondern auch für die heranwachsenden Söhne (Schmauch 1993, S. 49ff.).

Andererseits müssen wir uns natürlich fragen, ob das Fehlen und die Verunsicherung patriarchalischer Instanzen schon wirklich die Befreiung – die Hoffnung Paul Federns in *Zur Psychologie der Revolution: Die vaterlose Gesellschaft* (1980) – mit sich bringen, oder ob nicht schleichend neue Zwänge und ›Autoritäten‹ geschaffen wurden, die ebenfalls – aber unbemerkt – bedingungslose Unterwerfung der Subjekte einfordern. Faulstich u. Grimm (1989) haben in einem dem *Sturz der Götter?* gewidmeten Band über Vaterbilder im 20. Jahrhundert diese Fragen wie folgt formuliert:

»Sind wir vorangekommen in den vergangenen hundert Jahren? Haben wir die Macht unserer Väter und Götter beschnitten? Haben wir uns der Bevormundung, der Unterdrückung, der Abhängigkeit ein Stück weiter entzogen? Haben wir zugenommen an

Reife, Selbstbestimmung, Eigenverantwortung? Haben wir das Feuer des Promethus entfacht und genutzt? Oder sind die Machthierarchien und Unterwerfungszwänge mächtiger, vielleicht auch subtiler geworden? Sind Abgrenzungen , Imponiergebärden und Unsicherheiten gewachsen? Hat sich die Fixierung auf infantile Enwicklungsstadien rigider eingegraben? Ist die Maske nur dicker aufgetragen? Oder auch: Bedürfen wir in unserer Unfähigkeit, den selbstverschuldeten Untergang aufzuhalten, stärker denn je der väterlichen Führung?«. (S. 10)

Oder liegt der Zweifel, der das uneingeschränkt Heilsame an der Verjagung väterlicher Autorität nicht losläßt, an dem, was Dorothee Sölle im selben Band aus theologischer Sicht andeutet: daß nämlich zwar repressive Züge wie Omnipotenzansprüche und Unterwerfungsforderungen des Väterlichen (einschließlich Gottvater) säkularisiert wurden, diese aber auf einen neuen Götzen – das wirtschaftlich-technologisch Machbare – übergegangen sind? Dagegen wurden humanisierende Züge des Vater-Gott-Bildes – nämlich Gerechtigkeit und Barmherzigkeit – »nicht mitsäkularisiert und gingen, von Minderheiten des Widerstands abgesehen, verloren« (1989, S. 29). Warum also weg mit den alten Göttern? Sind die neuen besser? Ist die Herrschaft der Computer-Kontrolle die neue Gottheit? »*Auf den Sturz der – zweideutigen – Götter folgt die Herrschaft des Moloch*«, scheint Sölle eine skeptische Haltung zu vertreten (ebd.; Hervorhebung JCA).

Einigen der Fragen, wie Väterlichkeit – vor allem als defizitäre – sich neben ihren gesellschaftlichen Auswirkungen in der psychischen Entwicklung in Form seelischer Probleme niederschlagen kann, soll in der vorliegenden Arbeit nachgegangen werden. Hochinteressant und folgenreich erscheint uns in diesem Zusammenhang ein neuerer Untersuchungsbefund von Mattejat u. Remschmidt (1997), wonach väterliche Zuwendung bei psychischen Problemen Heranwachsender prognostisch günstiger sei als die der Mutter: »Die Bewältigung der psychischen Störung wird offensichtlich in besonderer Weise gefördert, wenn der Jugendliche sich in einer solchen Situation auf seinen Vater stützen kann, und umgekehrt werden die Bewältigungsmöglichkeiten geschwächt, wenn die Antwort auf die Frage ›Hält mein Vater in dieser kritischen Situation zu mir oder nicht?‹ negativ ausfällt« (S. 383).

Ein zentrales Anliegen wird dabei auch sein, aus den realen Defiziten der Vaterentbehrung gleichsam in einem Doppelschritt den Fragen nach den Auswirkungen sowohl auf die Entwicklung (männlicher) Heranwachsender, als nebenbei auch auf die Entwicklung der Väterlichkeitsdimension selbst – als psychischer Dimension männlicher Entwicklung – nachzugehen. Welche Bedeutung ist also der ersten männlichen Bezugsperson generell zuzuschreiben; welches Männerbild vermittelt diese Bezugsperson zu welchem Zeitpunkt der Entwicklung, und wie wirkt sich dies auf die Männlichkeit der Söhne aus; wie gestaltet sich die Vorbildfunktion des Vaters; wie wirkt sich die Vorbildlosigkeit aus; in welcher Weise tragen Vaterdefizite zu den Schwierigkeiten männlicher Heranwachsender bei; wie gestaltet sich die Auseinandersetzung mit Vätern und Autoritäten auf diesem Hintergrund; und schließlich, ob – und wenn ja, wie – eine solche Vaterdefizienz zur Entstehung gewaltsamer Anschauungen und Konfliktstrategien beiträgt.

Dies ist einer der Bereiche, in dem Vaterlosigkeit bzw. der Mangel an einer bestimmten Art von Väterlichkeit nach Durchsicht der entsprechenden Literatur besonders gravierende Folgen zu zeitigen scheint: die *Entwicklung und Sozialisation zu* gewaltsamem Denken und Handeln, insbesondere ausgedrückt in rechtsextremen politischen Neigungen und Klischees. »Vaterlos, gottlos, arbeitslos« würden sich Heranwachsende immer brutaler gegen die herrschenden Verhältnisse, in denen sie aufwachsen, wehren, warnt John J. Dilulio, ein Politologe aus Princeton. Diese Verhältnisse böten keinen Halt mehr; Familien ohne Zuwendung, düstere Zukunftsaussichten und eine Gesellschaft, die den Jugendlichen den »sozialen Atem« nehme (Heitmeyer) täten das ihre, um die Situation nicht auffangen zu können (zit. n. Schnürer 1998, S. 2).

So hatte schon Pilgrim in der Kindheit prominenter historischer Gewalttäter einen eklatanten Vatermangel festgestellt und gemeint: »Die Schläger- und Verwesertrupps der Nazis waren Horden von vatermangelnden Söhnen« (1986, S. 52). Fehlte es den fast ausschließlich männlichen ›Helden‹ unter jugendlichen, rechtsextremen Gewalttätern sozusagen an ihren ›Helden der Kindheit‹, an jenen positiven Anlehnungsmodellen, die zum Aufbau von männlichem Selbstgefühl vonnöten sind – freilich nicht ungeachtet dessen, was gesellschaftlich an ›Väterlichkeitsdimensionen‹ und ›Männlichkeitsbildern‹ überhaupt zur Verfügung steht?

2.2. Vorbemerkung II: ›Oh, Mein Papa‹? – Die meist tabuisierte familiäre Beziehung?

Susanne Feigl und Elisabeth Pablé (1988) haben Ende der 80er Jahre eine Textsammlung veröffentlicht, in der namhafte deutschsprachige (Sozial-) Wissenschaftler/innen, Künstler/innen und Schriftsteller/innen um Texte über ihre *Väter unser* gebeten wurden. Die »Ergebnisse« dieses Buchvorhabens waren schon vor der Auswahl und Drucklegung der Texte bemerkenswert und richtungweisend: die Herausgeberinnen schildern nämlich schon im Vorwort aufgrund ihrer Erfahrungen mit den kontaktierten Autor/innen die Beziehung zum eigenen Vater als *»die bis heute am meisten tabuisierte aller familiären Beziehungen«* (1988, S. 7; Hervorhebung JCA).

Noch etwas aus den Erfahrungen von Feigl/Pablé, das mich berührt hat, ohne daß meine Fragestellung von diesem relativ spät gelesenen literarischen Werk direkt inspiriert worden wäre: die Herausgeberinnen wollten etwa gleich viele Frauen wie Männer zu Wort kommen lassen, aber: »Dieses Ziel war nicht zu erreichen. Die Bereitschaft von Frauen, sich zu dem Thema zu äußern, war eine ungleich höhere. Um das angestrebte Gleichgewicht tatsächlich zu erhalten, hätten wir, so stellte sich letztlich heraus, doppelt so viele Männer kontaktieren müssen wie Frauen« (1988, S. 7). Feigl/Pablé erklären dies mit der generell größeren Zuständigkeit von Frauen für familiäre Angelegenheiten in unserer Gesellschaft. Aber ist das alles? Gibt es neben den kulturspezifischen Zuständigkeitsempfindungen nicht auch noch andere Faktoren, die Männer – sonst um Publizität und Worte bekanntlich ›selten‹ mehr verlegen als Frauen – dazu vornehmlich schweigen lassen? Wie sind die Assoziationen und Erzählungen vieler männlicher Analysanden oder Psychotherapie-Patienten einzuordnen und zu verstehen, in denen der Vater als ein Fremdling, als gefürchteter Bestrafer und »Kastrator«, andererseits aber auch als bubenhaft-sehnsüchtig herbeigesehnter Gefährte und Freund erscheint? Sind das Schweigen, die Leere, die auch Patienten auf der Couch befällt, der Haß und die Ablehnung, ja Verachtung usw. nicht eine belastende Hypothek für das Mannwerden dieser Buben (gewesen)? Und: wo ist denn jene Art von Väterlichkeit, die – wie etwa Schmidbauer sie als Psychoanalytiker beschreibt – immer noch »Fortschritt, Hoffnung, Entwicklung« verheißt, und für »das Versprechen einer erweiterten sozialen Welt, für das

Erwachsenwerden, für den Triumph über Schmerz, Angst und Abhängigkeit« steht (1991a, S. 237)?

Samuel Osheron schließt aus seinen Interviews mit Männern im Alter zwischen dreißig und vierzig Jahren, »daß die psychologische oder physische Abwesenheit der Väter von ihren Familien *eine der großen unterschätzten Tragödien unserer Zeit ist*«. Bei einer Umfrage unter 7239 Männern sagte kaum einer aus, dem Vater nahegewesen zu sein (Shere Hite, zit. n. Osheron 1990, S. 16; Hervorhebung JCA)! Was also bleibt übrig von so einem Vaterbild – oder besser: von dieser Leerstelle, von der höchstens zu sprechen wäre – für die Sozialisation jener Eigenschaften, die diese Männer später einmal brauchen (könnten), wenn sie selbst Väter werden? Ein Verständnis dieser Entwicklung von Männern im Patriarchat setzt wohl voraus, die »unerledigte Geschichte mit unseren Vätern« (ebd., S. 14) verstehen zu können.

Das Thema der »Vaterlosigkeit« hatte immer auch schon politische, kulturanthropologische Konnotationen. Insbesondere psychoanalytische Autoren haben der Bedeutung des Vaters sehr oft (im Unterschied zum klinischen und entwicklungspsychologischen Arbeitsgebiet) große kulturgestaltende Bedeutung verliehen. Von Freuds metapsychologischen Spekulationen über den »Urhordenvater« (Freud 1912/13) über Paul Federns Analyse der Vaterlosigkeit als Voraussetzung revolutionärer Veränderungen (1919), natürlich Mitscherlichs Analyse der »Vaterlosen Gesellschaft« (1963), bis hin zu Gérard Mendels »Revolte gegen den Vater« (1972) und den beachtenswerten neueren Ansätzen des Psychoanalytikers Robert Heim (1995), auf die im Verlauf dieser Arbeit noch ausführlich eingegangen wird, reicht ein breites fachliches Spektrum.

Eine an gesellschaftlichen Fragestellungen – und natürlich an den damit verknüpften Prozessen der Unbewußtmachung (Erdheim 1982) – interessierte Psychoanalyse muß diese kulturbildenden Faktoren und ihre Veränderungen sehr ernst nehmen. Immer schon haben gesellschaftskritische Psychoanalytiker – wenn auch nicht immer von Wohlwollen seitens ihrer Berufsvereinigungen begleitet – wichtige Prozesse des ökonomisch-gesellschaftlichen Lebens und ihre Bedeutung für die Psyche untersucht. Auch die vielbeschworene ›Erosion der Väterlichkeit‹ hat natürlich derartige kollektiv-seelische Veränderungsprozesse zur Folge: so stellt sich zum Beispiel die Frage, inwieweit der neuerdings wieder von besorgten

Sozialwissenschaftern beklagte ›Bruch des Generationenvertrags‹ – daß wir also nicht mehr garantieren können, daß die herkömmlichen Instrumente sozioökonomischen Verwaltens (Pensionen, Krankenversicherung, Arbeitsplatzressourcen) auch noch für unsere Nachfolgegenerationen ›halten‹ werden – ein Baustein kollektiven Vaterverlusts im Patriarchat ist!?

Und was ist mit dem Niedergang der Glaubwürdigkeit unserer politisch Verantwortlichen und auch unserer geistlichen Führer? Dieter Ohlmeier hat am Beispiel des unter mysteriösen Umständen zu Tode gekommenen früheren niedersächsischen Ministerpräsidenten Uwe Barschel zu demonstrieren versucht, daß dieser »exemplarisch für die heutige Krise des Männlichen und Väterlichen anzusehen ist. *Barschel* versuchte offenbar, seine Macht und Autorität, seine landesväterliche Position, durch äußere Mechanismen zu festigen, die ihn, weil die persönliche Überzeugungskraft nicht genügte, eine Machtsicherung um jeden Preis anstreben ließen« (1990, S. 129). Aber auch jede Menge anderer Skandale öffentlich angesehener, führender Persönlichkeiten, die entweder der Korruption und anderer Verbrechen überführt oder – was auch schon reicht – ihrer verdächtigt wurden, weisen den Weg in eine Welt der Unsicherheit, in der auf die ehemals Vorderen, Leitenden, auch Schützenden kein durchgehender Verlaß mehr ist.

Muß dann etwa das vielzitierte österreichische Sprichwort »Da Papa wird's scho' richten!« seiner Zuversicht entkleidet und in ein *»Da Papa wird's nimma richten können (oder vielleicht gar nicht wollen)«* – umgewandelt werden? Was soll dieses Patriarchat überhaupt noch, eines, wo die Väter den Familienreichtum verprassen und keinerlei ›Fürsorglichkeit‹ und ›Fähigkeit zur Besorgnis‹ (Winnicott 1991) entwickeln?!

3. Vater-Erfahrungen aus Alltag, Politik, Literatur und Geschichte

»Ein Vater ist jemand, der im Wohnzimmer mit der Zeitung raschelt«.

Ein junger Amerikaner, zit. nach Bly (1993)

3.1. Politik und Alltag

Eines der anrührendsten Beispiele bzw. Demonstrationen von Vater-Thematisierung in der Politik entnehme ich der österreichischen Zeitschrift »Kommentar« der »Arbeitsgemeinschaft Christentum und Sozialdemokratie« (ACUS). Verfasserin ist die ehemalige RAF-Terroristin Gaby Tiedemann (1993), und es handelt sich um den Abdruck ihrer Rede im Rahmen eines Gedenkgottesdienstes für den Berliner Pastor Heinrich Albertz, der im März 1975 als Vermittler in ein von RAF-Leuten gekidnapptes Flugzeug gestiegen war, um mit den Terroristen zu reden. Es sollte eine nachhaltige Begegnung im Leben dieser damals 24 Jahre jungen Frau werden, die bis zu dem Zeitpunkt, um den es hier geht, schon mehr als ein Jahrzehnt quasi ›ausgesondert‹ im Gefängnis verbracht hatte. Tiedemann nannte Albertz dabei ihren »väterlichen Freund«, dem sie es zu verdanken hätte, der Welt, der Gesellschaft und dem Leben nun »wieder zugehörig« zu sein (S. 22).

Zu damals erzählte sie, daß Albertz, nachdem sich die Flugzeugtür geschlossen hatte, das Jackett auszog, sich erschöpft in einen Flugzeugsitz fallen ließ und sagte: »Ach Kinder, was macht ihr denn für Sachen?« Tiedemann weiter: »Das war Heinrich Albertz. Ich war damals 24 Jahre alt, *eine Tochter ohne Vater*, denn der meine hatte sich aufgrund meiner Taten von mir losgesagt, und *ein Kind in einer vaterlosen Gesellschaft*. Die Generation unserer Eltern hatte in unseren Augen schändlich versagt, und wir standen fassungslos und ungläubig vor ihren kläglichen Rechtfertigungsversuchen (...) Eine ganze Generation hatte für uns ihre Glaubwürdigkeit verloren«. Heinrich Albertz aber wird für Tiedemann zum »väterlichen Freund«, weil er »in seiner Person *das Versagen unserer realen und fiktiven Väter wiedergutmachte*«. Er hatte »unsere ganze Achtung«, weil er unter anderem den Mut hatte, »inmitten eines Meeres von Heuchelei und Ausreden Fehler einzugestehen«, was ihm bei den Verzweifelten, die die RAF- Leute letztlich waren, »*Respekt*« eintrug (ebd., S. 23; Hervorhebung JCA). Und noch etwas in unserem Zusammenhang Wichtiges betont Tiedemann: daß nämlich Albertz gewarnt hätte, ihn zum Helden zu stilisieren, sei doch »frei nach Brecht« bekannt, »daß eine Zeit, die Helden braucht, eine schlechte Zeit ist!« – worauf Tiedemann in der Gedenkstunde beharrt: »Laß es gut sein für diesmal mit Deinem Tadel, denn es ist so sehr wichtig, daß es Dich gab, für uns, und für mich« (ebd.).

Diese besinnlichen Worte einer Ex-Terroristin über eine Begegnung mit einem ›wohlwollenden Dritten‹, wie wir den ›väterlichen Freund‹ Albertz inmitten der zugespitzten Freund-Feind-Situation des terroristischen Kampfes auch nennen könnten, sind für mich Dokumente von Vatererfahrung, wie man sie selten findet. Wer die Situation damals miterlebt hat, weiß dies besonders zu würdigen, wurde doch jede Autorität von der kämpfenden Studentengeneration und erst recht von der Terrorbewegung prinzipiell massiv in Frage gestellt. Der Staat und seine Repräsentanten (und erst recht die Vertreter der Kirchen) waren ›Agenten des Großkapitals‹ und als solche entschieden mit allen Mitteln zu bekämpfen. Und dann kommt da ein etwas schmuddeliger Pastor, sicherlich bekannt durch seine entschiedene Parteinahme gegen Unterdrückung und für mehr gesellschaftliche Gerechtigkeit, und ›nötigt Respekt ab‹. Und nicht nur das: er strukturiert gleichsam das Leben dieser jungen Frau (und wer weiß, wie vieler anderer) neu, gibt Halt und Hoffnung für ein anderes, ein wiedergefundenes, ein neues Leben – ein richtiger Vater also, einer, der ›anerkennt‹, ein Erzeuger im wahrsten Sinn des Wortes!!

3.2. Literatur und Geschichte

Auch in historischen und literarischen Dokumenten finden wir immer wieder Zeugnisse des Vaterfehlens und gleichzeitig ein starkes Aufbegehren gegen die Entfremdung der Väter von ihren Kindern: so hatte schon Platon vor dem Zusammenbruch väterlicher Autorität gewarnt, da deren Abbau die wenn nicht hinreichende, so doch erste Bedingung war für »den schönen und jugendlich kecken Anfang, aus dem, wie ich glaube, die Tyrannis erwächst« (Glötzner 1983, S. 19). Sicher ist dieser Gedanke oft genug autoritär mißbraucht worden; im Zusammenhang mit unserer Suche nach Zusammenhängen von Vaterentbehrung und Gewalt erscheint dieses frühe historische Zeugnis der Besorgnis über den Niedergang väterlicher Autorität – die ja nicht immer »autoritär« zu sein braucht – jedoch interessant.

John Howells, Leiter eines Instituts für Familienpsychiatrie in Ipswich, England, stellt fest: »Am traurigsten ist es jedoch, daß die Funktion des Vaters als ausgleichende Kraft, als wohltuender Einfluß, als therapeutisches Hilfsmittel ignoriert wird«. Für alles mögliche an Mutterentbehrung träfe man Vorkehrungen, um die Folgeerscheinungen an Deprivation und Vernachlässigung aufzufangen, »obwohl eine einfache Neuordnung der Rollen innerhalb der Familie ebenso befriedigende oder sogar noch bessere Ergebnisse haben könnte«. Diese Überlegungen haben übrigens vor dem Hintergrund der politischen Diskussionen zum Karenzurlaub von Männern (Vätern) bzw. zur Politik der Familienförderung nach wie vor hohe Aktualität: warum also ist bisher alles auf die Mütterpräsenz hin orientiert? Warum nur so zaghafte Versuche, die Männer mit einzubinden? Haben hier nicht auch die Humanwissenschaften durch ihre Ausblendung der Vaterbedeutung und die Nichteinmischung von Vätern Anteil? Sind die einst erfolgreichen Versuche in Schweden, durch Karenzmaßnahmen und eine gezielte Steuerpolitik die möglichst gleichberechtigte Pflege des Kindes durch beide Eltern zu belohnen und eine beträchtliche Anzahl von Männern zum Daheimbleiben zu bewegen, völlig vergessen? Wo bleiben Ansätze wie jener in Norwegen, wo immerhin 80 Prozent der Väter sich mindestens vier Wochen Zeit für eine ›Babypause‹ nehmen, um nicht den großzügig bemessenen Anspruch auf den »Erziehungsurlaub« zu verlieren (Kucklick 2000, S. 50)? Grundsätzlich ist dabei auch klar, daß – solange eine krasse ökonomische Benachteiligung der Frauen besteht – viele Paare aus ökonomischen Gründen gar nicht anders können, als dem üblichen Modell mit alleiniger Karenz der Mutter bei Absenz des Vaters zu folgen.

Phänomene der Entmachtung und des Verschwindens des Vaters wurden aber zum Beispiel auch schon mit der Wende zum 20. Jahrhundert in der expressionistischen Literatur und der Jugendbewegung deutlich: dabei ging es einesteils – die Jugendbewegung betreffend – um einen sich aus dem Familienleben heraus verschärfenden Generationenkonflikt, andernteils aber um den *Prozeß der »sukzessive(n) Substitution des versorgungs- und erziehungsmächtigen Familienvaters durch den Staat«* (Böhnisch 1997, S. 158; Hervorhebung JCA) – ein Prozeß, der mittlerweile in den modernen Gesellschaften noch ganz andere Ausmaße angenommen hat. Auch damals war schon etwas von jener Ambivalenz zu spüren, die bis heute herauf ein Thema ist: *»Die patriarchalische Struktur bleibt erhalten, aber der konkrete Vater wird entmachtet und geschwächt«* (ebd.; Hervorhebung JCA).

Nicht zuletzt hat auch Bertrand Russel schon in den 30er Jahren diese Entmachtung der Väter in für ihn typischen, zynischen Tönen analysiert: im modernen Leben – so Russel – sei die große Mehrzahl der Väter von der Berufssphäre derart absorbiert, daß sie nicht viel von ihren Kindern zu sehen bekämen: »Morgens haben sie es zu eilig, an ihre Arbeitsstelle zu gelangen, als daß sie Zeit zur Unterhaltung hätten. Wenn sie abends heimkommen, sind die Kinder schon im Bett oder sollten es sein. Man hört Geschichten von Kindern, die ihren Vater nur als den ›Mann, der zum Wochenende kommt‹ kennen. An dem wichtigen Geschäft der Betreuung des Kindes kann der Vater selten teilnehmen«. Diese Aufgabe der Betreuung hätten nämlich die Mutter und der Staat übernommen. Dabei bezweifelt er gar nicht, daß viele Väter ihre Kinder dennoch sehr lieb haben und sich auch über einzelne Gelegenheiten, mit ihren Kindern zusammen zu sein, sehr freuten. Aber »(...) wie sich das auch vom Gesichtspunkt des Vaters aus ansehen mag – für das Kind ist es lediglich eine Spielbeziehung ohne ernsthafte Bedeutung« (zit. n. Böhnisch 1997, S. 159f.).

Das Phänomen der beklagten Vaterlosigkeit und ihrer Folgen ist also durchaus kein ›modernes‹ Problem. Bis in die Gegenwart haben unzählige, meist männliche Autoren den Vater und die Sehnsucht nach ihm in ihren Werken verewigt, bis herauf zu zeitgenössischen Autoren wie etwa dem österreichischen Schriftsteller Peter Turrini, der das Thema auf sehr subjektive, aber nicht weniger eindrucksvolle Weise angeht – wie zum Beispiel in folgendem berührenden Gedicht:

»Was ich mir wünsche:
Daß er mich an der Hand nimmt.
Daß er mit mir zum Bauern milchholen geht. Daß er in der Kirche neben mir sitzt.

Daß er sich mitten unter die Bauern setzt
und auf den Tisch haut.
Daß er zum Elternsprechtag geht.
Daß er mir antwortet wenn ich ihn etwas frage.
Daß ich einen Vater habe
den ich herzeigen kann.
Mein Vater war ein Italiener.
Er sprach wenig.
Ging nie fort.
Sperrte sich in seine Werkstätte ein
und schnitzte Barockstühle und Madonnen.
Selbst in der heiligen Nacht
wenn alle Bauernkinder an der Hand ihrer Väter
zur Christmette gingen
blieb er in der verschlossenen Werkstatt
und arbeitete.
Was ich mir noch immer wünsche:
daß ich ihn endlich treffe«.
(1983, S. 284)

Zum Schluß noch ein auf andere Weise betroffen machendes Zeugnis massiver Vater-Probleme heutiger Heranwachsender, das wir unkommentiert stehen und für sich sprechen lassen wollen – der Song einer Gruppe, die sich *Die 3. Generation* nennt, mit dem Titel
»Vater, wo bist du?«[2]

»nie warst du für mich da
mein vater du bist weg, weiss nicht wo du bist und das ist auch egal, ich kann nicht mehr länger schweigen, hab keine wahl, du hast mir meine kindheit versaut, geklaut und genommen, doch jetzt ist die zeit gekommen, dir die wahrheit zu sagen, vater ich kanns nicht ertragen, warum musst du mama schlagen, mit den fäusten in den magen, sie betrügen und belügen, warum

[2] Thorsten Brötzmann, Tim Brettschneider und Alex Geringas, Ariola, Hamburg 1998. Für den Hinweis auf diesen Text und die Arbeit an seiner Transkription danke ich meinem Sohn Paul.

kannst du sie nicht lieben, warum liebst du nur die nutten, die an der ecke stehn, hast du mama schon mal weinen gesehn, die schreie, die tränen, davon träum ich jede nacht, jede nacht hab ich angst, dass es wieder kracht, nach acht, meine seele ist zerrissen, kaputt, und ich frag dich nun, mein vater, wie konntest du mir das antun
immer wenn ich dich gebraucht hab, wenn ich einsam war, vater, du warst nie für mich da immer hast du mich vergessen, doch ich kann dich nicht hassen vater, du warst nie für mich da – nie warst du für mich da
vater, du bist voller schmerz, voll gewalt, kalt, bis zum erbrechen, ich hab immer angst es knallt, wütend wirst du zum verbrecher, wenn du zuviel gesoffen hast, kommt ein hass, der noch größer ist, als dein gestank, vater du machst mich krank, ich weiß du hast ein hartes leben, ohne job und ohne freunde, die dir liebe geben und vertrauen, deshalb musst du mich hauen, deinen frust abbaun, unser leben versau'n, du kannst niemandem trau'n, nicht mal mama und mir wenn du nicht überlegst, »was nicht tötet härtet ab«, sagst du wenn du mich schlägst, auf den boden legst, mit dem gürtel ins gesicht, das hältst du für deine pflicht, bitte papa tu das nicht!
immer wenn ich dich gebraucht hab, wenn ich einsam war, vater, du warst nie für mich da, immer hast du mich vergessen, doch ich kann dich nicht hassen, vater, du warst nie für mich da – nie warst du für mich da, nie warst du da
vater, wo bist du, warum meldest du dich nie, du weisst doch genau, dass es mich gibt, hast du mich jemals geliebt, weisst du wer ich bin, was ich denke, was ich fühle, ob ich eine freundin hab, ob ich gut bin in der schule, du warst niemals mein freund, du hast fehler gemacht, ich hab viel wegen dir geweint, aber nie mit dir gelacht, ich vermisse dich, mein vater, denn nicht ich bin ein schwein, vater, es ist nicht einfach, dein sohn zu sein
immer wenn ich dich gebraucht hab, wenn ich einsam war, vater, du warst nie für mich da, immer hast du mich vergessen, doch ich kann dich nicht hassen, vater, du warst nie für mich da
nie warst du für mich da, nie warst du da«.

3.3. (Kultur-) historische Hinweise

3.3.1. Die Verdrängung des Vaters als Teil des Geschlechterkampfes?

> »Mein Kind? Ein Mann hat keine Kinder. Kinder bekommen nur die Frauen, und so kann es sein, daß Frauen die Zukunft gehört, da wir Männer kinderlos sterben«.
>
> *Der Rittmeister in: »Der Vater« von August Strindberg 1887 (zit.n. Grieser 1998, S. 11)*

Einen anderen, aus einer Diskursanalyse rechtlicher und kulturhistorischer Zusammenhänge abgeleiteten Gesichtspunkt von ›Vaterlosigkeit‹ bringt Dieter Lenzen (1985, S. 149) ins Spiel: ausgehend von der Analyse der Spruchpraxis von Gerichten bei der Sorgerechtsvergabe an Mütter und Väter nach Scheidungen geht Lenzen einem »Dispositiv« von Vaterschaft nach, das die geringe Bedeutung des Väterlichen für die Kinder auch im alltäglichen und rechtlichen Diskurs widerspiegelt: daß diese »Verdrängung des Vaters aus den meisten Familien« in der Sorgerechtspraxis sich just auf psychoanalytische Entwicklungstheorien bezieht, erscheint aus unserer Sicht nebenbei bemerkt mehr als paradox! Lenzen attackiert vor allem die psychoanalytische Tradition einer *»Überdetermination des Mütterlichen«* bei gleichzeitiger *»Unterdetermination des Väterlichen«* . (Diese Tendenz setzt sich auch bis in ganz alltägliche Phänomene hinein fort, wie z. B. dem »Mutter-Kind-Abteil« der Deutschen Bundesbahn oder in Österreich im »Mutter-Kind-Paß« – einem Dokument zur Gesundenuntersuchung – bzw. der ausschließlichen »Mütterberatung« im allgemeinen.)

Damit in Zusammenhang steht die Rolle des Vaters in der christlich-abendländischen Kultur: sie ist hier gefaßt als die eines von vornherein Nicht-Beteiligten: ein solcher war etwa auch schon der ›Vater‹ des Jesus von Nazareth, für den es eben die Anführungsstriche braucht, weil er nie als solcher anerkannt wird: denn die »Nicht-Vaterschaft des Josef«, der – wie der Kalender besagt – höchstens als »Nährvater« in Erscheinung tritt, korrespondiert mit der Gott-Vaterschaft, die durch das Kind Jesus angetreten wird. Die Ausklammerung des Zimmermanns Josef als Vater kann dahingehend gedeutet werden, daß es die Vaterschaft des Mannes nicht braucht, um das Wesentliche rund um das Kind herauszustellen (vgl. Lenzen 1985, S. 153ff.; Hervorhebung JCA) – eine Vorstellung, die wir bis weit zurück in der Geschichte immer wieder finden. In dieser Tradition ist die Mutter zunächst die Einzige, die neben dem Gott-Vater Bedeutung hat. Aber selbst dieser Gott-Vater wird später durch den »Gott« der Medizin-Technologie rund um Schwangerschaft und Geburt schonungslos ersetzt, wodurch paradoxerweise eine männlich-väterliche Beteiligung und Unterstützung gänzlich unnötig wird – auch wenn dies vornehmlich durch männliche Wissenschaftler geschieht.

> »Was die Vaterschaft des Mannes angeht, so bleibt der Effekt derselbe: es gibt sie nicht. Sie wird nicht gebraucht. Man suche analog den zahllosen Marien-Darstellungen der christlichen Kunst einmal Josefs-Darstellungen mit dem Kind, die attributiv nur eine entfernte Ähnlichkeit mit Marien-Darstellungen haben!«. (ebd., S. 155)

Das Evangelium des Neuen Testaments legt somit in seiner Christologie einen ganz wesentlichen Grundstein für die Ausgrenzung des Vaters aus den wesentlichsten Bezügen zu seinem Kind.

Es gibt zahlreiche andere historische Hinweise auf verschiedene Ausgrenzungsprozesse des Vaters als Teil des Geschlechterkampfes:

> »Um ihre Verweigerungshaltung zu erklären, verweisen viele Frauen auf die Unfähigkeit des Mannes, der ihnen mehr Arbeit machen als ersparen würde. Aber innerlich empfinden sie ihre Vorrangstellung als Mutter als eine Macht, die sie nicht teilen wollen, und sei es um den Preis der physischen und psychischen Erschöpfung«. (Badinter 1993, S. 217)

Israel spricht geradezu von einer *»Gebärrache«* als Gegenstück zum Gebärneid des Mannes und meint damit »die (unbewußte) Freude an dem Ausgeschlossensein des Mannes, das (aktive) Ausschließen von der Teilnahme körperlicher, geistiger und sozialer Veränderungen« (1995, S. 94). Schließlich sei sogar in der die Einführung der Pille und noch mehr in der die Abtreibungsdiskussion begleitenden Stimmung des ›Mein Bauch gehört mir!‹ eine derartige »Infantilisierung des Vaters« (Badinter 1993, S. 269) zu sehen: was einerseits wie die Pille im Rahmen patriarchaler Herrschaftsverhältnisse als dringend benötigte Revolution zur Selbstbestimmung der Frauen erscheint, kann zumindest teilweise auch als ›Enteignung‹ der Männer, wodurch die Entscheidung über Zeugung und Geburt einzig den Frauen übertragen wurde, gesehen werden. Und zuletzt ist wohl auch die künstlich-labortechnische ›Vaterersetzung‹ ein Schritt in Richtung Reduktion von

Vaterschaft und damit Teil sukzessiver Entmachtung der »Institution Vater« (Grieser 1998, S. 13).

Wie die neuere psychoanalytische Entwicklungstheorie – etwa nach Benjamin (1988), auf die wir im Laufe dieser Arbeit noch zu sprechen kommen werden – zeigt, ist diese Ausschließung allerdings fatal, bringt sie doch gleich einer Art ›Bumerang‹ zurück, wovon man sich befreien wollte: die patriarchalische Herrschaft über die Frauen und Mütter in Form einer Ausschließlichkeitsbindung an die Kinder, die Mütter und Frauen erst recht wieder zu gefürchteten, bindenden und verfolgenden Wesen stempelt, Männer und Väter hingegen als Befreier aus der Herrschaft dieser allmächtigen Mütter erscheinen läßt.

3.3.2. Vaterschaft jenseits distanzierter Paternalität: 18. und 19. Jahrhundert – die Aufklärung

> »Sie haben Berufsgeschäfte, können nicht jede Stunde des Tages Ihren Kindern widmen; und doch muß, wer Kinder erziehen will, darauf Verzicht thun, irgend etwas Anderes nebenher zu treiben«.
>
> *Adolph Freiherr von Knigge 1784; zit. n. Trepp (1996, S. 31)*

Ein anderes, über Jahrhunderte hinweg vertretenes Klischee, das der Korrektur bedarf, ist die Darstellung der Vaterrolle als die eines durchgehend despotisch-tyrannischen Herrschers:

> »Die Vaterfiguren, egal ob Staats- oder Kirchenväter, Justiz- oder Unternehmerväter, Lehrer, Pfarrer oder Familienväter, haben mit den Mitteln der Dressur, der Bevormundung und der Nichtachtung der Individualität auf Menschen eingewirkt. Die Folge waren seelische Krüppel, einseitig entwickelte Charaktere und vor allem Söhne, die wiederum zu dogmatischen Vatertypen heranwuchsen«. (Weier 1996, S. 50)

Aber war das wirklich durchgängig so? Sicher gilt quer durch die Geschichte das Problem des Auseinanderklaffens zwischen Vaterschaftsbildern, -ideale und -utopien einerseits und dem gelebten Vater-alltag andererseits. Aber auch unter Berücksichtigung dieser Differenz zwischen Absichtserklärung und realisierter Vaterbeziehung gibt es in der Geschichte doch immer wieder interessante Belege für eine äußerst zugewandte, kindorientierte Vaterschaftsvorstellung, die zumindest in der ›tonangebenden‹

Schicht des Bürgertums teilweise auch realisiert wurde. Am Beispiel der Jahrhundertwende vom 18. ins 19. Jahrhundert und dem Zeitalter der Aufklärung läßt sich eine solche Haltung aufschlußreich darstellen.

Die aufklärerischen Erziehungsideale und -empfehlungen, wonach Kinder als höchster Ausdruck der Liebe des Elternpaares anzusehen waren, erforderten eine bewußte erzieherische Zuwendung, innerhalb derer der Vater, nicht die Mutter, eine herausragende Position einnahm – allein schon wegen der (angeblichen) »Charakterfestigkeit« und »Verstandesbegabung« des Mannes! Und selbst zur Pflege von Säuglingen und Kleinkindern erschien den aufgeklärten Erziehungstheoretikern die Anleitung der Frau durch den Vater-Mann notwendig (Trepp 1996, S. 32). Diese *Dominanz des Vaters in aufklärerischen Erziehungskonzeptionen* ließ die Mutter vielfach nur als eine Art Vollstreckerin und ausführendes Organ des Vaters erscheinen. Dabei nahm der Sohn eine besondere, die Tochter hingegen nur eine nebengeordnete Rolle ein. Dahinter stand die »Idee, Maximen der Aufklärung über die Autorität des Vaters zu verwirklichen« (ebd.). Trepp ist diesen Idealen und ihrer versuchten Verwirklichung anhand von Selbstzeugnissen und Briefen Hamburger Bürger/innen aus der entsprechenden Zeit nachgegangen und hat damit ein interessantes Bild der typischen Merkmale des bürgerlichen Vaters – v. a. in seinen ersten Jahren von Vaterschaft – entworfen (wobei diese Beschränkung auf das Bürgertum ein gesellschaftlich bedeutsames Vaterbild nicht ausschließt, weil ja die bürgerliche herrschende Klasse sehr oft auch die ideell prägende Kraft einer Epoche ist).

So wollten diese Männer auch schon um 1800 den Übergang zum Vaterwerden ganz bewußt erleben, indem sie versuchten, aktiv an der Schwangerschaft teilzuhaben. Der Augenblick der Geburt selbst wurde empathisch gefeiert: »Dieser Augenblick war entscheidend; er gebahr meine Vaterliebe. Sey es Täuschung, aber dieser erste Blick, und dein Verstummen vergeße ich ewig nicht, du Namenlose!«, heißt es in den Aufzeichnungen eines 1774 geborenen Advokaten bei der Geburt seiner Tochter (ebd., S. 34). Ein anderer bürgerlicher wohlsituierter Vater schildert, wie er auch am Krankenbett seines todkranken Kindes ausharrte und welch tiefer Schmerz ihn durch die Aussichtslosigkeit des Leidens seines todgeweihten Kindes bewegte – was auf den bedeutsamen und zentralen Platz der Kinder im Leben dieser Männer hindeutet. Diese Zuwendung nahm zum Teil auch Formen der Überidealisierung des eigenen Kindes an, das sich dadurch außerordentlich geliebt fühlen mußte (ebd., S. 36f.). Nach Trepps Auffassung waren Väter wie die hier geschilderten »(...) Väter zum Anfassen, es waren zärtliche Väter. Für sie waren die Kinder oder gar die Söhne nicht erst interessant, wenn sie – gemäß den Maximen der Aufklärung – ›vernünftig‹ mit ihnen reden und sie belehren konnten, selbst den Kleinsten schenkten sie volle Aufmerksamkeit und bemühten sich, eine innige Beziehung herzustellen, denn Vatersein begann für sie schon im Babyalter« (ebd., S. 38).

Für den französischen Raum bestätigt Knibiehler (1996) diesen Wandel: insbesondere durch die Wirkung des von Rousseaus »Emile« ausgehenden Erziehungsethos gewann neben dem Autoritätsanspruch nunmehr auch der Faktor der väterlichen Liebe immer mehr an Gewicht. In der französischen Literatur (z. B. Montaigne u. a. m.) finden sich viele Beispiele, wie zum Beispiel der Tod eines Kindes die Väter traf und bekümmerte. Die Aufklärung brachte schließlich mit sich, daß sich solcherart väterliche Liebe nun offen zeigen konnte. In einem Schauspiel Diderots (»Der Familienvater«) aus dem Jahr 1758 ruft der Protagonist gar aus: »Was in aller Welt liebt ein Vater mehr als sein Kind?«, was die damals aufkommende Form von Vaterschaft und ›neuer‹ väterlicher Empfindsamkeit auf den Punkt bringt (zit.n. Knibiehler 1996, S. 200).

Wurde also väterliche Macht infolge des Rousseauschen Erbes zugunsten der väterlichen Liebe in den Hintergrund gerückt, so ging es dabei gemäß dem aufklärerischen Weltbild um eine pädagogische Grundhaltung des natürlichen »Wachsenlassens«. Eine vordringliche väterliche Pflicht dabei war, die schädlichen Einflüsse der Gesellschaft von den Kindern fernzuhalten und die Kinder zum Sozialen und Mitmenschlichen hinlenken. Prügeln und Züchtigung wurden nun abgelehnt, Vorbildhaftigkeit, das Hinführen zu Höherem mit aller Zuwendung wurde großgeschrieben:

> »Wer hat die Pflicht, sie (die Kinder) zu Gesittung zu erziehen? Der Vater. Wer hat die Aufgabe, sie Kenntnisse und Fähigkeiten erwerben zu lassen? Der Vater. Wer muß die übergroße Last auf sich nehmen, sie eine oder die andere Gelehrsamkeit, eine Kunst, eine Wissenschaft lernen zu lassen? Du weißt, doch auch der Vater«. (Alberti 1441, zit. n. Weier 1996, S. 42)

Die Auswirkung väterlicher Empfindsamkeit reicht dabei bis hinein in alltägliche Fürsorgepflichten – etwas, was uns heute als eher mühsam zu erreichendes Ideal ›neuer Väterlichkeit‹ erscheint: so überließ der Vater Pflegeaktivitäten und Kleinkinderziehung keineswegs allein der Mutter, sondern mischte sich tatkräftig ein! Spiele und Übungen, die auf spätere Fertigkeiten – hier allerdings maßgeblich der Söhne – hinzielten, waren exquisites Aufgabengebiet der Väter. Aber auch die Mädchen und Töchter profitierten von der neuen Empfindsamkeit der Väter und der väterlichen Zuwendung. Gefragt war eine »wache und einfühlsame Aufmerksamkeit« der Väter als Erzieher der Kinder (Knibiehler 1996, S. 204).

Allerdings blieb auch in dieser Zeit das eingangs beschriebene Dilemma zwischen Vaterbild und -realität bestehen: auch diese Väter konnten viel weniger Zeit als die Mütter mit ihren Kindern verbringen. Dennoch widersprechen die zitierten Beispiele der für das patriarchalische Vater- und Elternbild konstitutiven Dichotomie zwischen Herz und Gemüt auf der einen sowie Verstand und Vernunft auf der anderen Seite – oder durchlöchern dieses einheitlich weit verbreitete, oft sogar unter Berufung auf die ›Natur‹ gesetzte Bild zumindest ein Stück weit. Ganz wesentlich erscheint uns dabei, daß durch diese Vatervorstellungen auch für die Rolle der Männer in der Gesellschaft eine andere Optik zulässig wird: so scheinen

> »(...) Emotionalität, Offenheit wie auch Körperlichkeit und sogar kindliche Ausgelassenheit mit den Männer-Identitäten im Bürgertum um 1800 durchaus vereinbar, wenn nicht gar signifikant für einen spezifischen Typus Mann gewesen zu sein, der sich verstärkt für seine emotionale, seine private Lebenswelt definierte. In den letzten Jahrzehnten des 18. und zu Beginn des 19. Jahrhunderts *waren Männern offensichtlich noch andere Verhaltensweisen und Selbstwahrnehmungen möglich,* solche, die sich in keinem Lexikonartikel unter dem Stichwort ›Mann‹ finden lassen, wohl aber in Selbstzeugnissen, in der Literatur und in der bildenden Kunst«. (Trepp, 1996, S. 32f.; Hervorhebung JCA)

Jedenfalls kann das 19. Jahrhundert hinsichtlich der Vaterrolle als »Jahrhundert des Übergangs« bezeichnet werden. Im Zuge der Folgewirkungen der französischen Revolution wurden die diversen autoritären Vaterinstanzen radikal von ihren Sockeln geholt, manche sprechen hinsichtlich dieses Übergangs sogar von den »Wurzeln des Antiautoritarimus« (Weier 1996, S. 46). Der scheinbar paradoxe Satz eines englischen Romantikers namens Wordsworth (1802) »Das Kind ist der Vater des Mannes« drückt aus, daß es eine Rückbesinnung auf kindliche Natur und Wesenheit gab, in der die paradiesischen Wurzeln des Menschseins ersehnt wurden. Kindheit erhielt eine »sekundäre Erlöserfunktion« zugesprochen; die kontemplative Rückbesinnung auf sie erst mache den wirklichen Erzieher, den humanen Vater aus (ebd., S. 46f.).

Allerdings verursachten diese Entwicklungen natürlich auch ein gehöriges Maß an Verunsicherung: neben der revolutionären Entmachtung jeglicher despotisch-absolutistischen Vaterautorität war auch das Rollenstereotyp von Männlichkeit, wie es aus vor-aufklärerischer Zeit tradiert worden war und im Rahmen dessen offen ausgedrückte Gefühle und Emotionalitäten für Männer verpönt waren, schwer erschüttert worden. Insbesondere die zärtlich-einfühlsame Beziehung zwischen Vater und Sohn stellte hier eine neue Dimension dar. Mag sein, daß diese Verunsicherung unter anderem auch ein Faktor war, warum diese neue Dimension in der Selbstdefinition und Selbstwahrnehmung von Vater-Männern mit beginnender Industrialisierung schnell wieder in der Versenkung verschwinden konnte.

3.3.3. Der »industriell revolutionierte« Vater

Die Selbstwahrnehmung bzw. Selbstdefinition von Männern als Vater änderte sich durch die sozioökonomischen Umwälzungen der beginnenden Industrialisierung rasch wieder: als Ausdruck des kulturell und ökonomisch bedingten Anforderungsprofils an Männer trat nun der strenge, disziplinierende, Gehorsam und Leistung einfordernde Mann-Vater zutage.

Die Balance zwischen Familie und Beruf verschob sich nun immer mehr (und für viele notgedrungen) zugunsten des Arbeitslebens: der Mann begann sich primär über seinen Beruf zu definieren; die Spielräume von Männern z. B. zur Kontaktpflege mit (ihren) Kindern wurden enger und andere männliche Verhaltensmuster erforderlich – emotionale Distanziertheit, Strenge, Ernsthaftigkeit und andere wenig ›kindliche‹ Verhaltensrepertoires:

> »Während die Väter um 1800 einen ganz zentralen Platz in der Familie einnahmen und den Kindern ungezwungene Emotionalität vorlebten bzw. wie selbstverständlich in die emotionalen Beziehungen mit eingeschlossen waren, traten sie im Laufe des 19. Jahrhunderts mehr und mehr an ihre Peripherie, bis sie als strenge, unnahbare Autoritäten im Hintergrund der Familie standen. Auch sie hatten natürlich Gefühle, aber sie zeigten sie nicht; gefühlvoll waren allein die Mütter, nicht aber die Väter und Männer – das hatte Folgen, bis heute«. (Trepp 1996, S. 47)

Im Widerspruch zu dieser autoritären Wende ist aber auch schon die Tendenz zur *»sozial bedingte(n) Schwäche des Vaters«* durch den Industrialisierungsprozeß zu beobachten, die (lange vor Mitscherlich) schon

Max Horkheimer (1947/1949) präzise analysiert hat: die Großindustrie habe die Väter-Autorität der Kleinunternehmer untergraben, ja beseitigt, und ein Millionenheer von Angestellten bringe einen Vatertypus hervor, mit dem sich die Söhne nicht mehr identifizieren könnten (ein Prozeß übrigens, der sich in einer Art potenzierter Neuauflage auch im Rahmen der Globalisierung abzuspielen scheint). Außerdem entschädige sich der Vater zu Hause für das in der Arbeitswelt Erduldete und das Unterworfensein durch ein Gehabe, das ihm bestenfalls eine *irrationale Scheinautorität* zufallen lasse. Der Sohn lernt durch derart hohl gewordene, gewaltsame Autorität zwar, daß es immer der Stärkere ist, der gewinnt, durchschaut aber andererseits dessen Launen als Ausdruck der Schwäche und hält deshalb Ausschau »nach einem stärkeren, machtvolleren Vater, nach einem Übervater, wie ihn die faschistische Vorstellungswelt anbietet« (1946/49, S. 384f.).

Alexander Mitscherlich hat dann mit seinem monumentalen Vaterlosigkeitswerk am nachhaltigsten zu zeigen versucht, wie sich durch die fortschreitende kapitalistische Gesellschaft und die Technisierung der gesamten Erwerbswelt Entfremdungsprozesse einstellen, die auch vor der Familie und ihrer Sozialisationsfunktion nicht haltmachen. Daß damit auch die Rolle des Vaters und die Beziehungen zwischen Vätern und Kindern betroffen sind, hat Mitscherlich unter dem Begriff einer zunehmenden *»Entväterlichung«* mit den Mitteln einer sozialpsychologisch verstandenen Psychoanalyse eindrucksvoll beschrieben: Er unterscheidet zunächst zwischen *Vaterlosigkeit ersten* und *zweiten Grades*: erstere meint das »Unsichtbarwerden des leiblichen Vaters« durch verschiedene noch genauer zu erläuternde Vorgänge, vor allem solche im Arbeits- und Produktionsbereich. Die Vaterlosigkeit zweiten Grades meint überhaupt die Auflösung der »personale(n) Relation der Machtverhältnisse«, die für den Einzelnen kein Bild von Herrschaftsinstanzen mehr ergeben, sondern ein undurchschaubares Steuerungsgefüge, was Orientierungslosigkeit und auch Lenkbarkeit mit sich bringe (1973, S. 338).

Die zunehmende Fragmentierung der Arbeitsvorgänge, die Trennung von Wohn- und Arbeitsstätte, der Übergang vom selbständigen Produzenten zum Arbeiter oder Angestellten, der lohn- und damit gleich vielfältigst abhängig ist, hat die *»auctoritas«* des Vaters unaufhörlich entleert und gleichzeitig dessen innerfamiliäre *»potestas«* verringert (1973, S. 183). Dadurch veränderte sich auch die Vater-Kind-Beziehung, vornehmlich die zwischen Vätern und

Söhnen, nachhaltig. In der vorindustriellen Zeit ließ sich der Ambivalenzkonflikt zwischen letzteren noch hautnah und anschaulich bearbeiten.

> »Die Rivalität mit dem Vater konnte in einer außerverbalen, aber direkt anschaulichen Konkurrenz mit ihm, im Umgang mit Werkzeugen, ausgetragen werden.(...) Die Trennung der väterlichen von der kindlichen Welt in unserer Zivilisation läßt eine derartig anschauliche Erfahrung auf beiden Seiten nicht zu; das Kind weiß nicht, was der Vater tut; der Vater nicht, wie das Kind in seinen Fertigkeiten heranwächst.(...) Die Identität ist für das Kind schwierig zu finden, weil es zu viel seinen Phantasien über den Vater überlassen bleibt, statt ihn in einer Welt erfahren zu können, in der es ihn durch Mittätigkeit kennenlernt«.(ebd., S. 193f.)

Ständiger Autoritätsverlust und tendenzielle Entwertung der Vater-Männer im Politischen und im Produktionsbereich führten unter anderem auch dazu, daß die alte Prügelpädagogik zur Hebung des Selbstwertes des ausgelaugten Hausvaters wieder eine Renaissance erlebte. Vor allem in den Massen von Arbeiterfamilien, in denen der Vater ob des langen Arbeitstages kaum präsent war, ist ein Niedergang der Bedeutung des Vaters zu beobachten: »Vom Vater, der mit Ausnahme des Sonntags, nur zum Essen und Schlafen nach Hause kam, konnten sie (die anderen Familienmitglieder – JCA) keine Unterstützung in den Familiengeschäften erwarten; auch werden seitens des Vaters infolge der beruflichen Belastung und dauernden Abwesenheit keine tiefgehenden emotionalen Beziehungen zu den Kindern entstanden sein«, eher konnte er dort »straflos seine verletzten, unterdrückten Gefühle, seinen Haß auf ein Leben voller Demütigung und Entbehrungen abreagieren« (Dalpra 1992, S. 61f.).

Welche schwerwiegenden Folgen in Form eines *Mangels an strukturbildender Vaterfunktion* für die Über-Ich-Entwicklung und Gewissensbildung aus diesem Phänomen entstehen können, werden wir andernorts weiter verfolgen (siehe Kap. 8).

3.3.4. Vom bürgerlichen Vater zur Gegenwart

Die Vorstellung von Familienvätern, wie sie heute noch Bestandteil des herkömmlichen Familienideals ist, war zunächst natürlich eine auf das Bürgertum beschränkte, während für große Teile der proletarischen Bevölkerung die schwere körperliche Erwerbsarbeit und die materielle Knappheit keinerlei Familienidylle aufkommen ließen: Hier sei an Marxens berühmte Aussage zur Familie erinnert:

»Die bürgerlichen Redensarten über Familie und Erziehung, über das traute Verhältnis von Eltern und Kindern werden umso ekelhafter, je mehr infolge der großen Industrie alle Familienbande für die Proletarier zerrissen und die Kinder in einfache Handelsartikel und Arbeitsinstrumente verwandelt werden«. (MEW, Bd. 4, S. 478; zit. n. Lenzen 1991, S. 204)

Vater und Mutter waren jedenfalls durch Arbeit absorbiert und besonders der Vater viel abwesend. Die Stellung der Proletarierväter war trotzdem von Autorität gekennzeichnet. Aber diese verlor sich besonders im Verlauf des 19. Jahrhunderts zunehmend und ging an staatliche Institutionen über, die für die Erziehung der Kinder zuständig werden: ein »erzieherischer Enteignungsprozeß des Vaters« (bei gleichzeitiger Propagierung der ›Mutterliebe‹), der den Vater auf eine »marginalisierte diffuse Funktion bei der Außenrepräsentation« reduzierte (Lenzen 1991, S. 211ff.).

In der ersten Hälfte des 20. Jahrhunderts kommt es dann – bedingt durch die Ereignisse der Weltkriege – zusätzlich zu einem Verfall der Bedeutung der Autorität des Vaters für die nachwachsende Generation: »Männer und dazu noch brauchbare oder sogar vorbildhafte gab es nach 1945 um mich herum kaum«, schreibt ein Zeitzeuge lapidar (Radebold 2000, S. 82). Die Phase des Hitler-Faschismus kann folglich auch als eine Hochblüte einer »Entfaltung von Ersatzvaterschaft im Führerprinzip« gesehen werden: der leergewordene Platz des Vaters diente dabei als Entstehungsort dieses verhängnisvollen Ersatzes (Lenzen 1991, S. 219ff.). Interessant ist, daß mit diesem Prinzip auch eine Negation, ja sogar eine Auflehnung gegen die wirklichen Väter verbunden war, was deren Autorität weiter unterlief (ein Phänomen, das wir auch beim neueren Rechtsextremismus beschreiben können werden). Auch die aufkommende Pädagogisierung des Kinderalltags – eine Tendenz, die heute in noch viel stärkerem Maß Platz greift! – kann nach Lenzen als Bemühung um »Ersatzväterlichkeit« verstanden werden, als »Verwissenschaftlichung« der Kindererziehung zum kompensatorischen Ausgleich von Väterlichkeitsdefiziten, ja zum Zwecke des Übertreffens der Möglichkeiten leibhaftiger Väter (ebd., S. 233). Gleichzeitig wurden die Mutter und ihre ›natürliche‹ Liebe zum Kind immer mehr in die erzieherische Verantwortung genommen, insbesondere nach der Katastrophe des Zweiten Weltkriegs (und in diesem selbst durch die Mutterkreuz-Ideologie der Nazis gründlich vorbereitet).

Die Nachkriegszeit ist dann auch von einer gewissen Wehmütigkeit hinsichtlich der Vaterverdrängung gekennzeichnet. Der unheimlich erfolgreiche Schlager von Burkhard und Amstein *O mein Papa* kann als Ausdruck dieser Wehmut verstanden werden: in ihm wird eine längst vergangene Vatergestalt – »(...) war eine große Mann« – besungen, die aber keine Figur ›wirklich zum Anlehnen‹ gewesen war: »hoch auf die Seil (...)« (ebd., S. 238) – und der Absturz?

Eine Analyse der heutigen Vaterrealität läßt das ideologisch immer noch präsente bürgerliche Vaterideal, das für repressive und normbildende Unterdrückung von Triebhaftigkeit stand, weitgehend hinter sich. Im Zuge des Wiederaufbaus bzw. der Errichtung einer Überangebot produzierenden Konsumgüterwirtschaft kam es zudem zu einer Liberalisierung des Verhaltenscodex in Richtung vermehrter Triebbefriedigung. Diese Liberalisierung mußte zur Sicherung des Abnehmersystems und des Wirtschaftswachstums gewährleistet sein. Die tradierten und am klassischen bürgerlichen Vaterbild festgemachten Normen des Triebaufschubs und der Unterwerfung unter traditionelle Überlieferungen wichen neuen Idealen wie der konsumabhängigen Selbstverwirklichung (wodurch ein noch zu problematisierendes Über-Ich-Vakuum entsteht). Damit erhalten narzißtische Wünsche verstärkte Konjunktur; in der Frage der Orientierungen kommt es zu einer »neuen Unübersichtlichkeit« (Habermas 1985), der postmodernen Auflösung unnötiger Bindungen und dem Paradoxon, daß das einzig »Stabile« in dieser Gesellschaft der ständige Wandel der persönlichen und sozialen Verhältnisse sei. Die Horkheimer/Adornosche »Kulturindustrie« (1982; im Orig. 1944) übernimmt die Angebotspalette an Lebenssinn und Lebensstilen, während in den letzten Jahrzehnten die Auflösung bzw. Brüchigkeit von Familienkonstellationen (und damit der persönlichen Vorbilder) weiter zunimmt – was zu sogenannten »Bastelbiographien« (Beck-Gernsheim 1996) führt; ein Lebenslaufmuster, das die betroffenen Kinder zu flexiblen, anpassungsfähigen und von Trennungserlebnissen quasi ›abgehärteten Experten‹ macht.

Trotz aller Heterogenität von Vaterwirklichkeiten sind in den Diskursen über Väterlichkeit in jüngerer Zeit Tendenzen zur (wie auch immer berechtigten) Liquidierung der Vatergestalt und der Reduktion väterlicher Funktionen bemerkbar, ebenso wie Tendenzen zur gehässigen Entwertung von Vaterschaft (z. B. als massenhaft sexuell mißbrauchend – »Väter als Täter«

bei Kavemann/Lohstöter 1984): Vaterschaft gerät also eher in den Geruch gesellschaftlichen Unbehagens denn positiver Wertschätzung. Aber auch gegenteilige Entwicklungen wie melancholische Vatersuche, biographische Vaterbeforschung und konstruktivistisches Bemühen um ›neue‹ Väterlichkeit andererseits können wir beobachten. Dabei nehmen die meisten psychologischen Diskurse zur Vaterschaft die Bedingungen, unter denen Männer möglicherweise ›aktiver‹ Vater sein können, zu wenig in den Blick.

Inmitten der Unsicherheit und Uneinheitlichkeit moralischer und ideologischer Werte kommt es zu einer *Spaltung* des (post)modernen Vaterbildes in einen ›guten‹ (angeblich ›neuen‹) und einen ›bösen‹ (potentiell ›mißbrauchenden‹) Vater, was auf eine mächtige unbewußte Ambivalenz gegenüber der Vaterimago verweist: einerseits der gefürchtete, tyrannische, vernichtende Vater, andererseits aber auch die Hoffnung auf den guten, vielleicht in einer Rückprojektion auf die ›heile‹ Familie der Vergangenheit idealisierten Vater. Die Sehnsucht nach diesem bzw. die Enttäuschung dieser Sehnsüchte macht Berna-Simmons (1994) auch für die Vehemenz der heutigen Vater-Verachtung im Rahmen militanter Vertreterinnen der Sexuellen-Mißbrauchs-Kampagnen verantwortlich, hinter der sie eine Art »›perverser‹ Idealisierung« vermutet, also eine »Negativ-Form eine(r) alte(n) Sehnsucht nach einem starken, mächtigen, beschützenden Vater« (S. 91).

Weil die Auseinandersetzung mit den durch Väter repräsentierten Traditionen als Entwicklungsaufgabe der Adoleszenz angesehen werden kann, die eine halbwegs stabile Identitätsbildung der nunmehr Erwachsenen zum Ergebnis haben soll, bedingt der Ausfall solcher Vaterfunktionen heute eine tendenziell ständig neue, flexible Anpassungsfähigkeit (v.a. der Söhne): Identitätsfindungsprobleme werden somit weit über die Adoleszenz hinaus zu einem »Grundkonflikt aller Individuen in der Kultur« (Grieser 1998, S. 257). Ja man könnte sagen, die Adoleszenz dehnte sich samt dieser Unsicherheiten zu einer lebenslangen Haltung aus – was einschneidende psychodynamische Konsequenzen für die Bedeutung der Vaterimago hat: denn dieser adoleszente Modus führt zu einer »Abwehr der Identifikationen mit den wirklichen Vätern«, wodurch es nur mehr zu lockeren Charaktermodalitäten kommt, die den Flexibilitätsanforderungen postmoderner Lebensführung tatsächlich entgegenkommen. Dazu paßt auch der Zulauf zu immer neuen Bewegungen und Moden, der auch als Trend hin zur Absetzung der Eltern- und Vaterimagines verstanden werden kann.

3.3.5. Neuere Trends und sozialpsychologische Vatertypologien

Ohne weiter historische Details einer Geschichte der Väter zusammentragen zu können, sei hier auf neuere Trends in der Väterforschung hingewiesen. Wie schon angedeutet, können im neueren Diskurs über Vaterschaft höchst ambivalente Züge geortet werden, von diffamierenden, ja vaterfeindlichen und auf »Liquidation des Vaters« abzielenden Tendenzen bis hin zu einer »melancholischen Vatersuche« (Lenzen 1991, S. 239) – in der deutschsprachigen Literatur beispielsweise repräsentiert in den Werken von Autor/innen wie Christoph Meckel, Peter Härtling, Ludwig Harig, Alois Brandstetter, Peter Henisch u. a. m.

Horst Petri (1997) hat versucht, den neueren Trends der Entwicklung von Väterlichkeit systematisch nachzugehen, und eine Vater-Typologie der letzten Jahrzehnte aufgestellt (die in ihrem Kulturoptimismus für einen Psychoanalytiker allerdings etwas erstaunlich anmutet). Petri ortet aufgrund der zahlreichen und schwerwiegenden historischen Umbrüche eine »Uneinheitlichkeit, Konturlosigkeit und Vielfalt des Vaterprismas«, was manche Männer dazu verleite, angesichts des Fehlens klarer verinnerlichbarer Vaterbilder auf überholte Muster zurückzugreifen. Insgesamt unterscheidet er im Dezennienabstand »fünf Vatergenerationen«:

- die der etwa 1930 geborenen (Vaterschaft um 1960),
- die der etwa 1940 geborenen (Vaterschaft um 1970),
- die der etwa 1950 geborenen (Vaterschaft um 1980) sowie
- die der etwa 1960 und 1970 geborenen Väter (Vaterschaft 1990 und später).

Aus diesen unterschiedlichen Zeiträumen folgert er vier unterschiedliche Vateridentitäten, nämlich »die gespaltene, die verunsicherte, die stabile und die durch Entfremdung schwach und hilflos gemachte Vateridentität« (ebd., S. 32; Hervorhebung JCA). Im Einzelnen lassen sich diese vier Identitäten wie folgt kennzeichnen:

Die um 1930 geborene Vätergeneration sei die des *klassischen autoritären Charakters* mit strengem, tyrannischem Über-Ich, das sich durch die lange Abwesenheit der eigenen Väter im Zweiten Weltkrieg (vgl. Radebold 2000) und die Idealisierung des ›Führers‹ als Vaterersatz noch verhärtet hätte. Dabei verursachten Schuld und Scham der Söhne über die Nazi-Väter beim Aufkommen der liberalen Demokratie der Nachkriegszeit häufig eine »zerrissene Identität«, die sich auch in einer widersprüchlichen

Erziehungshaltung niederschlüge und zu einer Aufspaltung in ein ›böses‹ und ›gutes‹ Vaterbild geführt hätte (Petri 1997, S. 24ff.).

Die nächste, um 1940 geborene Vätergeneration hat schon den Wiederaufbau und die Sicherung des Wohlstands miterlebt. Ein liberaler Erziehungsstil beginnt sich abzuzeichnen, aber auch diese Generation spüre noch nachhaltig die verschiedensten historischen Risse. Zudem beginnen die Frauen vermehrt berufstätig zu werden, es kommt zu einer veränderten Anspruchshaltung der Frauen und einer Verunsicherung der Väter über ihre eigne und die Frauenrolle. Selbst oft ohne Vater aufgewachsen, versuchen es viele für ihre Kinder besser zu machen, der Aufbau- und Wohlstandstrend, dem alles Streben geopfert wird, beansprucht sie allerdings enorm – keine gespaltene, sondern eine *verunsicherte Vätergeneration* zeichnet sich ab (ebd., S. 27f.).

Die um 1950 geborene Vätergeneration hat die eigene Kindheit in der vielleicht stabilsten Nachkriegszeit erlebt (»Wirtschaftswunderkinder«). Sie konnten sich auch mit *weitgehend demokratischen eigenen Vätern* identifizieren und so ein »freiheitlich orientiertes und seelisch derart gefestigtes Vaterbild entwickeln, wie es die Geschichte nach Überwindung des Patriarchats in dieser Form vielleicht noch nie hervorgebracht hat« (ebd., S. 28f.). Dies sei jene Generation, die auch am bereitwilligsten die Forderungen der Frauenbewegung zu erfüllen versuche (S. 29).[3] Die Freude an der Vaterschaft, an der Geburtsvorbereitung und an der Kindererziehung werden als Belege für diesen Generationstypus von Vätern genannt. Es scheint übrigens – um dies gleich kritisch einzuflechten – klar, daß Petri hier wiederum eine relativ kleine Gruppe sogenannter ›alternativer‹ Väter vor Augen hat, die unseres Erachtens nicht repräsentativ ist. Auch die Behauptung, diese Vätergeneration sei durch die weitgehend demokratischen eigenen Väter geprägt, erscheint in Anbetracht der neueren Forschungen über die intergenerationelle Weitergabe von Haltungen aus der Nazizeit sehr gewagt (vgl. Moser 1993).

Schließlich verbleiben die um 1960 und 1970 geborenen Vätergenerationen: diese zeitlich schwer differenzierbaren Generationen von Vätern

[3] Allein die hier enthaltene implizite These, das Patriarchat sei zu diesem Zeitpunkt schon mehr oder weniger überwunden, läßt die Typologie Petris zweifelhaft und von übergroßem – man könnte auch sagen: etwas gutgläubigem – Kulturoptimismus getragen erscheinen.

treten in eine Periode geradezu rasenden sozialen Wandels ein. Der Widerspruch zwischen den im raschen technologischen Fortschritt gewonnenen Errungenschaften und den Schattenseiten dieser Entwicklungen macht ihnen allerdings zu schaffen: sie schwanken zwischen einer tendenziellen Abwertung der Väter, die diese Widersprüchlichkeiten bewirkt haben, und deren Idealisierung. Der Zerfall familiärer Stabilität betrifft sie schon in ihrer eigenen Kindheit, viele flüchten davor wohl in die expandierende Medienwelt. »Mit diesen frühen Entfremdungserfahrungen, mit ihren gebrochenen Vaterbildern, den Trennungs- und Vereinzelungserlebnissen stehen diese jüngsten Vatergenerationen vor einer Welt, deren grundsätzlich gewalttätiger Charakter immer offener zutage tritt« (ebd., S. 30). Dadurch verlören auch sie ihre Sicherheit, könnten ihren Kindern keinen verläßlichen Schutz mehr bieten; ihre Vateridentität würde hilflos, resignativ und insgesamt schwach.

Mit dieser Kategorie von Vätern, die durch die eigenen *»gebrochenen« Vaterbilder* verunsichert wurden, trifft Petri jedenfalls einen Typus, den wir als Vatertyp bei heranwachsenden Gewalttätern auch in unseren eigenen Untersuchung mehrfach beobachten konnten: es sind Männer-Väter, die durch ihre eigene Gebrochenheit den Söhnen in ihrer Entwicklung keine oder eine zu wenig konsistente Struktur mit auf ihren Weg geben können.

3.4. Die neuen Väter?

> »Eine Familie ohne Vater ist alles andere als der ideale Ort, um den neuen Mann zu schaffen (...) Der neue Mann, der der Frau gleichgestellt ist und sie ergänzt, kann nur aus einer Familie hervorgehen, in der nicht alle Macht in den Händen einer Frau liegt«.
>
> *Christiane Olivier (1997, S. 174)*

Über die Frage, wie es nun um die sogenannten ›neuen Väter‹ bestellt sei, teilen sich zunächst die Meinungen. Kulturoptimisten (wie etwa Petri im letzten Abschnitt) preisen die Chancen und Möglichkeiten, die die individualisierte Gesellschaft bietet. Kulturpessimisten hingegen wähnen diesen Typus schlicht als eine auf ganz wenigen Einzelbeispielen beruhende Fiktion. Sind die ›neuen Väter‹ nun also nur ein Illustrierten-Aufguß, illusionäres Wunschdenken oder aber eine tatsächliche, empirisch beobachtbare

Kategorie? Napp-Peters (1987) hat dazu als erste interessante Untersuchungsergebnisse geliefert bzw. referiert, die einen differenzierten Blick auf die Vater-Realität erlauben – so etwa auf die Beteiligung von Männern an Haushaltsarbeit und Kinderbetreuung:

Die stärkste Bedingungsvariable für die Übernahme der Rolle eines Teilzeit-Hausmannes bzw. größerer Anteile an Erziehungs- und Betreuungsaufgaben ist dabei eindeutig »das Beharren der Ehefrau auf eigener beruflicher Tätigkeit« (1987, S. 419): Das heißt also, daß die durch den erweiterten Zugang von Frauen auf dem Arbeitsmarkt veränderten Verhältnisse die Männer zu mehr väterlichen Aufgaben zwingen. Ja mehr noch: unter dem Diktat zunehmender Erwerbstätigkeit der Frauen bzw. Partnerinnen (und auch mit steigender Kinderzahl) erhöht sich der ansonsten bescheidene Beitrag, den Ehemänner für Kinderbetreuung aufwenden, bis hin zur Parität (ebd., S. 420). Interessanterweise geben viele dieser Männer auch an, durch den verstärkten Zugang zu Kindern von dieser Rollenveränderung zu profitieren! Dennoch wünscht sich kaum einer der befragten Männer, diese Erfahrungen ständig machen zu ›dürfen‹. Hier scheint vor allem die gesellschaftliche Nichtanerkennung für diese Männer ein Hindernis darzustellen.

Bezeichnend ist auch, daß die meisten Väter klagen, sie hätten in ihrer eigenen Sozialisation nie genügend Anhaltspunkte und Vorbereitung erfahren bzw. die notwendigen Fertigkeiten für derartige Lebensanforderungen vermittelt bekommen: allein dies müßte schon Grund genug sein, die eingeschliffenen geschlechtsspezifischen schulischen und außerschulischen Sozialisationsbedingungen (etwa den getrennten entweder technischen oder handarbeitsorientierten ›Werkunterricht‹ oder die in Österreich immer noch existierenden ›hauswirtschaftlichen‹ Schulen nur für Mädchen!) kritisch zu reflektieren. Immerhin mehrt sich die Zahl jener Familien, in denen Doppelberufstätigkeit oder andere familiäre Umstände Männer in diese Betreuungsfunktionen zwingen. Interessant sind aber auch die Vorerfahrungen aus der eigenen familiären Sozialisation, die zu verändertem Rollenverhalten führen: »Sowohl Männer als auch Frauen, die sich die Familienrolle mit dem Partner teilten, kamen aus Elternhäusern, in denen die Mutter berufstätig war« (ebd., S. 418). Dies belegt, daß die durch mütterliche Berufstätigkeit erwirkte partielle Trennung der Mutter von Haus und Kind bei den Heranwachsenden offenbar zu einer größeren

Bereitschaft egalitärer Rollenaufteilung führt als traditionelle elterliche Vorbilder! Vorsichtiger Schluß der Autorin: man könne zwar aufgrund der geschilderten Veränderungen der Berufs- und Familiensituation vieler Menschen von einem Trend zu »neuen Vätern« sprechen, nicht aber von »neuen Männern«, da sich gesamtgesellschaftlich an den Grundfesten dessen, wofür ein Mann soziales Ansehen erhalte, nichts verändert habe.

Herrad Schenk (1996) kommt nach Sichtung der unterschiedlichen Auffassungen über die ›neue Väterlichkeit‹ zu etwas anderen Schlüssen. Sie sieht gewisse Widersprüche zwischen der nachweisbar höheren Beteiligung von Vätern an der Kinderbetreuung (beginnend bei der gesteigerten Teilnahme an der Geburt bis hin zu gewissen Betreuungstätigkeiten an Kleinkindern), dem statistisch verschwindenden Anteil von 2-Eltern-Haushalten, in denen Familienarbeit wirklich halbwegs gleichberechtigt aufgeteilt wäre und schließlich dem neuesten Trend einer gewissen Konkurrenz zwischen Müttern und Vätern in der Sorge um die Kinder: Umfrageergebnissen zufolge gibt nämlich ein Gutteil der Frauen an, die Männer gar nicht so sehr zu Hause haben zu wollen (z. B. Männer-Karenzzeit), woraus auf eine *Rivalität zwischen Frauen und Männern in Erziehungsangelegenheiten* geschlossen werden kann. Die tatsächlich feststellbare, historisch relativ ›neue‹ Rolle von Vater-Männern in der Familie, die Schenk als *»Freizeitassistent«* der Mutter bzw. als *»Spielvater«* beschreibt, sei deshalb als so etwas wie ein Kompromiß zwischen den Geschlechtern in Familienarbeits-Angelegenheiten aufzufassen. Indizien dafür seien vor allem die doch recht überraschenden Aussagen von Frauen in entsprechenden Untersuchungen, wonach das Ungleichgewicht gegenüber den Männern letztendlich als gar nicht so veränderungswürdig ausgegeben wird. Dies kann auch als Hinweis für ein Identitätsproblem der Frauen verstanden werden, jetzt auch noch ihren traditionell angestammten Platz in der frühesten Eltern-Kind-Beziehung bedroht sehen zu müssen: Es scheint also ein verbreiteter,

> »von beiden Geschlechtern zumindest vorübergehend akzeptierter Kompromiß zu sein – sonst würde doch kaum eine so große Mehrheit der Frauen die Arbeitsteilung in Haushalt und Familie als im großen und ganzen zufriedenstellend bezeichnen. Nicht nur eine gewisse Bequemlichkeit auf Seiten der Männer bzw. Väter, sondern auch das Gefühl bedrohter Identität auf Seiten der Frauen wäre demnach verantwortlich für das schleppende Veränderungstempo in Sachen geschlechtsspezifischer Arbeitsteilung«. (1996, S. 151f.)

Dennoch kann zumindest andeutungsweise von einem neuen Trend zwischen Vätern und Müttern gesprochen werden, was übrigens auch aus Sicht der Sexualforschung (Schmidt 1996) bestätigt wird, wonach die Veränderungen, die sich im heterosexuellen Zusammenleben ergeben hätten – insbesondere das Ineinandergreifen männlicher und weiblicher Lebensräume in Bezug auf Kinder – nicht unterschätzt werden sollten (S. 25ff.). Auch aus dem Praxisbereich der Familien- und Erziehungsberatung hört man immer wieder, daß das Interesse von Männern und Vätern an Erziehungsarbeit

> »noch wachsen wird, weil es ja nicht nur Schattenseiten hat, die Beziehung und die Beschäftigung mit Kindern, sondern auch sehr viele schöne Seiten hat. Wenn die Männer erst darauf kommen, daß da auch etwas zu holen ist und nicht nur etwas zu verlieren oder eine Pflicht einzubringen ist, dann wird es sicher mehr werden. Ich denke, daß sich die Vaterrolle in diese Richtung entwickeln sollte, wobei ich nicht so optimistisch bin, daß dies in den nächsten 10 Jahren schon voll stattfinden wird«. (Löffler 1998, S. 6)

Der österreichische Religionssoziologe Paul Zulehner dagegen schätzt die Tendenz und Bereitschaft heutiger Männer, »alte« Verhaltensmerkmale aufzugeben und neuen zu folgen, sehr skeptisch ein. So stimmten seinen Umfragen zufolge im Jahr 1994 nur 13 Prozent der befragten Männer den traditionellen Geschlechtsrollenklischees des außerhäuslichen Berufsmannes *nicht* zu. 36 Prozent sind nach Zulehner als »traditionelle« Männer einzustufen, 51 Prozent der Befragten bewegen sich im Mittelfeld zwischen traditionalistischen Rollenauffassungen und »neuen« Möglichkeiten. 1995 gab es in Österreich dementsprechend nicht einmal 1 Prozent väterlicher Karenzurlaube (1100 Männer gegenüber 120.000 Frauen, was ja wie erwähnt in erster Linie doch auch ein ökonomisches Problem patriarchaler Einkommensverteilung darstellt). Bei den jüngeren Männern gäbe es allerdings einen Aufwärtstrend, der vielleicht auch mit der ›Labilisierung‹ der traditionellen Geschlechterrollen und dem Gewahrwerden der Defizite des eigenen Vaters zusammenhängt: mehrheitlich erinnern diese Männer sich an den eigenen Vater als »unzärtlichen Berufsmann«, und mehr als zwei Drittel haben ihn nie während ihrer Kindheit weinen gesehen! Ein Viertel der befragten Männer ist überhaupt ohne männliches Vorbild aufgewachsen (vgl. auch Thierry 1998); gar nur 6 Prozent hätten weder politische, religiöse oder ethische Überzeugungen von ihren Vätern mitbekommen (Zulehner u. Slama 1994, S. 49).

Ein wichtiges Problem ist, daß es zwar beobachtbare Änderungen in den Einstellungen der Väter gibt, diese aber *nicht verhaltensrelevant* sind: zwar konnte ein gesteigertes Interesse von Männern an Kindern beobachtet werden, das sich z. B. in hoher Teilnahme (80 Prozent) an Schwangerschaftskursen ausdrückt; was allerdings die tatsächlich mit Kindern durchgeführten Tätigkeiten betrifft, geht wieder in Richtung der traditionellen Geschlechterrollen. Manche meinen die Erziehungsarbeit der Männer auf das beschränkt zu sehen, was wir »hedonistische Fähigkeiten« nennen, also spielerische Dinge, während Füttern und Pflege weit weniger vertreten sind (Hollstein 1992, S. 96). Bei denjenigen Männern aber, die sich – entgegen den traditionellen Rollen – auch aktiv an der Pflege von Kindern beteiligten, konnten intensivere Beziehungen zu den Kindern festgestellt werden (Petzold 1994, S. 72), ein Ergebnis, das unseren späteren Überlegungen zur Bedeutung der sehr frühen Vaterbeziehung besonderes Gewicht verleiht.

3.5. Verunsicherte Väter

> »Nicht nur Kinder brauchen ihre Väter. Umgekehrt brauchen auch Väter den emotionalen Kontakt zu ihren Kindern, wenn sie nicht einen wichtigen Teil ihrer Persönlichkeitsentwicklung der Karriere opfern wollen«.
>
> *Ruth Martin (1989, S. 13)*

Die meisten Kinder – so zumindest die einhellige Sachbuchmeinung – vermissen heutzutage vor allem mehr Zeit, Zuwendung und mehr Verständnis seitens ihrer Väter:

> »Ich wünsche mir einen Vater, der nicht gleich ungeduldig wird, wenn ich mit ihm sprechen will. Manchmal glaube ich, daß es ihn gar nicht interessiert, was für mich wichtig ist. Er hat immer andere Sorgen im Kopf. Und in seiner Freizeit muß er sich erholen. Vielleicht ist es besser, wenn ich ihm gar nichts mehr sage. Er versteht mich ja doch nicht.« (ebd.).

Die mehr oder weniger bewußte Verweigerung von Männern, als Väter ihre familiären Rollen auszuüben, beruht – wie wir schon sahen – vor allem auf *Verunsicherung*. Konfrontiert mit der Tatsache und dem Gefühl, daß die Frauen (und auch die Kinder) sich immer mehr aus ehemals noch selbstverständlichen Abhängigkeitsbeziehungen lösen, empfinden sich viele Vater-Männer plötzlich als überflüssig und in ihrer zumindest von der Tradition vorgegebenen Beschützer- und Ernährerrolle geschwächt oder gar völlig ersetzbar. Wozu braucht man sie dann wirklich noch? Die Frage ›Wozu Väter?‹ (und Eltern überhaupt!) ist durchaus auch in einem ganz grundsätzlichen Sinn zu stellen: wenn alles in einer Kultur sich derart schnell verändert, daß Väter im ›klassischen Sinn‹ für ihre Kinder betreffend die Ausbildung bestimmter Fähigkeiten kaum mehr anleitend und funktional sein können; wenn Wissen und Methoden sich – schon im Volksschulalter erkennbar – ständig weiterentwickeln, wenn die ›Computerisierung‹ des gesamten Lern-, Berufs- und Dienstleistungssektors derart schnell voranschreitet, daß Kinder heute meist schon kundiger und weltgewandter wirken als ihre Eltern, dann ist die Frage ›Wozu Väter?‹ ganz und gar keine rhetorische. Dies erinnert auch an die Anthropologin Margaret Mead (1971), die ihrer großen Jugendstudie übrigens schon vor fast dreißig Jahren den Untertitel »Jugend ohne Vorbild« gab, und in diesem Zusammenhang von einer »präfigurativen Kultur« sprach: in einer solchen Kultur, »in der Erwachsene auch von ihren Kindern lernen« (S. 27), bestünde beidseitig – bei Älteren wie Jüngeren – große Verunsicherung, u. a. deshalb, »weil das Kommende dieser neuen Kultur vom Kind, und nicht mehr von den Eltern und Großeltern repräsentiert wird« (S. 121). Dem traditionellen Vermittler zur Außenwelt, dem Vater, bringt dies einen besonderen Bedeutungsverlust ein (vgl. dazu später noch Heintel 1988).

Weiters haben die Veränderung der männlichen und weiblichen Rollen in Richtung *Androgynisierung* bewirkt, daß den Söhnen vielfach keine ausreichend authentischen Geschlechtsrollen mehr vorgegeben oder -gelebt werden. Lenzen (1991) hat in diesem Zusammenhang davor gewarnt, Väter idealisierenderweise mehr oder weniger als ›zweite Mütter‹ zu denken. Er spricht von einer *»Feminisierung der Vaterrolle«* und bezeichnet das weithin verbreitete Konstrukt der neuen Väterlichkeit als *»alte Mütterlichkeit«*. Die vielfach beklagten Entwicklungsdefizite von Kindern und insbesondere Söhnen, die durch Vaterabwesenheit bedingt sein sollen, würden *»kaum durch die Verdoppelung der Mutterrolle oder deren Ersetzung durch ›Mütter ohne Brüste‹ (Bopp) kompensiert werden«* können (S. 246, Hervorhebung JCA). Schließlich ist es entwicklungspsychologisch sehr wichtig für die Erfüllung der differenzierenden (vom Primärobjekt) und strukturierenden (von der Identifikation her) Aufgabe des Vaters, daß er sich vom Primärobjekt v.a. auch in emotionaler Hinsicht unterscheidet (Nitzschke 1991, S. 137). Christiane Olivier bemerkt in diesem Zusammenhang sarkastisch, daß zur Vaterschaft »weder eine Geschlechtsumwandlung noch eine Änderung des Verhaltens« gehöre, sondern »sein Kind zu lieben und ihm zu zeigen, wie man mit denen, die man liebt, umgeht«. Jedenfalls ist nach ihrer Auffassung die elterliche Liebe nicht geschlechtslos! Warum also »eine so seltsame Gestalt wie den Androgynen erfinden, (...) wenn es nur um einen Mann geht, der sein Kind liebt ?« (1997, S. 91 f.). Bedingt durch die Erosion herkömmlicher Männlichkeit und damit auch Väterlichkeit im »flexiblen« Kapitalismus (Sennett 1998) bleibt dann neben Ratlosigkeit und Verunsicherung vielen Männern im Privatbereich offenbar nur der Rückzug auf das ihnen irgendwie Vertraute – eben eine Art zweiter Mütterlichkeit!

Daß sich sehr viele Väter unter den gegebenen Produktionsbedingungen in ihrem aus der beruflichen Tätigkeit bezogenen, individuellen Selbstwertgefühl außerordentlich geschwächt oder gar ruiniert fühlen, hat schon vor Jahren Alexander Mitscherlich beschrieben: der Vater arbeitet demnach »für Lohn nach Zeit oder Stückzahl, aber er arbeitet ›spurlos‹. Das heißt: nichts am gefertigten Stück, nichts am Bedienungsgriff oder Aktenfaszikel verrät das Individuum, das mit ihm umgegangen ist.(...) Er ist leidend in ein Tun verstrickt, das sich unzulänglich für seine Gestaltungs- und Ausdrucksbedürfnisse erweist. Die Folge muß eine Verstärkung aggressiver Gespanntheit sein« (1973, S. 195).

Es ist anzunehmen, daß Entfremdungsprozesse dieser Art mittlerweile durch die Verschärfung der Konkurrenzbedingungen und der Angst, aus dem Arbeitsmarkt katapultiert zu werden, noch zugenommen haben. Von derart verunsicherten Vater-Männern kann wohl nach Feierabend nicht mehr zu viel zu erwarten sein – im Gegenteil: da Selbstverwirklichung via beruflicher (Selbst-)Tätigkeit nicht mehr greift, muß sie anderswo, also dort, wo man für sein verdientes Geld sich etwas leisten kann, gesucht werden: in den Genuß- und Konsumtempeln unserer Gesellschaft, wo über die Organisation der Freizeit allen möglichen Varianten selbstvergewissernden Konsums nachgejagt wird (wie jene Väter, die selbst nach Arbeitsschluß für die Kinder nicht greifbar sind, weil sie mit dem Mountain-Bike oder anderen Fitneßgeräten beschäftigt sind). Auch dies geschieht oft zu Lasten des Kontakts mit Kindern. Selbstvergewisserungsphänomene dieser

Art sind (in steigender Zahl auch bei Frauen!) Kennzeichen von tief verunsicherten Rollenbildern und Selbstrepräsentanzen von Männern (und Frauen) in unserer Kultur.

4. Die Krise der Väterlichkeit – auch eine materialistische Kategorie

»Der Abstieg der Väter und die Umstrukturierung der Väterlichkeit muß wesentlich in dem Wandel der objektiven Produktions- und Lebensbedingungen gesehen werden (...) Da die Lebensführung des Mannes mit Kind oder Kindern heute sehr veränderten sozialen Zwängen unterliegt, gibt es nur noch wenig Berührungspunkte zwischen ihm und der hergebrachten klassischen Vaterrolle unserer Kultur«.

Alexander und Margarete Mitscherlich (1968)

Die vielbeschworene »Krise der Väterlichkeit« ist immer auch unter sozioökonomischen und historisch-materialistischen Gesichtspunkten zu analysieren. Das ›Herrschertum‹ in der eigenen Familie, das das Patriarchat den Männern aus obersten wie ganz unteren Sozialschichten zugestand, steht in wechselseitiger Beziehung zu den Arbeits-, Produktions- und Verwertungsbedingungen der Ware ›männliche Arbeitskraft‹, und die gesellschaftliche Be- bzw. Entwertung von Männern im Produktions- und Arbeitsbereich zieht auch die soziale Rolle von Vätern in Mitleidenschaft, was auch Auswirkungen auf das subjektive Erleben und die Beziehungen dieser Männer zu Kindern hat.

Auf diese Umstände haben zu Beginn des 20. Jahrhunderts schon Autor/innen hingewiesen, die überhaupt nichts mit Psychologie oder Psychoanalyse zu tun hatten – wie etwa die Feministin Rosa Mayreder (*Zur Kritik der Weiblichkeit*, 1905): sie sah damals schon Anzeichen, »daß die Väterlichkeit als soziale Macht im Schwinden begriffen ist«. Der »pater familias» beginne »eine anachronistische Gestalt zu werden«. Lediglich in ländlichen Verhältnissen sei er – aber selbst dort nur mehr selten – zu finden, »weil äußere und innere Einflüsse das Leben immer mehr zu seinen Ungunsten verändern«, denn:

»Alle Umstände der modernen Großstadtexistenz, die der Aufzucht von Kindern so abträglich sind, ökonomisch-technische Wandlungen, die den Mann in eine andere Richtung drängen, wirken von außen dahin, seine Stellung zu erschüttern. Aufgerieben durch einen gesteigerten Konkurrenzkampf, durch die unmäßigen Ansprüche, die das großstädtische Getriebe an die Nervenleistung stellt, bleibt dem modernen Manne weder Zeit noch Lust, die Regierung einer großen Familie zu übernehmen: sie ist ihm nicht mehr ein Stolz, sondern eine Last«. (1982, S. 189f.)

Dieses erwachende Bewußtsein der Frauen hat – so Mayreder – Spuren im Familienbereich hinterlassen und die Machtbefugnisse der Vaterschaft stark in Mitleidenschaft gezogen. Und warum dies?

> »Schon durch den selbständigen Erwerb der Frau wird die ökonomische Überlegenheit des Mannes herabgesetzt; zum mindesten hat sie nicht mehr die Bedeutung, die sie besaß, solange er allein imstande war, den Lebensunterhalt für Frau und Kinder zu beschaffen. Der selbständige Erwerb bestärkt zugleich das Persönlichkeitsbewußtsein der Frau, die sich nicht mehr willenlos der männlichen Autorität fügt«. (ebd., S. 190)

Diese Veränderungsprozesse zogen auch massive Veränderungen im Verhältnis zu Kindern und Jugendlichen nach sich, wie überhaupt die Emanzipation des Kindes »derjenigen des Weibes auf dem Fuße folgt« (S. 193). Das Bewußtsein, willenloses Eigentum der Väter zu sein, geriet ins Wanken – wie auch deren Selbstbewußtsein: Schon Mayreder sieht die bewußte und/oder unbewußte Erziehungs- und Kontaktverweigerung vieler Väter gar nicht so sehr als auf Desinteresse oder Bequemlichkeit beruhend, sondern als durch Verunsicherung bedingt: Väter, die feststellen müssen, daß sich Frau und Kinder zunehmend aus ihrer Abhängigkeit lösen, wollen diesen nicht auch noch helfend unter die Arme greifen, weil ihre Beschützerfunktion, die sie früher innehatten, dadurch überflüssig zu werden droht oder sogar wird (vgl. Martin 1979, S. 46). Deshalb sind die mit der Emanzipation verbundenen Trends für diese Männer auch als massive Bedrohung des Familienlebens zu verstehen.

Seither sind diese Prozesse weiter fortgeschritten. Frauen beginnen – nur gebremst durch die zeitgenössischen ökonomischen Krisen, unter denen Frauen wieder als erste zu leiden haben (»Die Armut ist weiblich«) – in Männerdomänen einzudringen. Der Zugang zu höherer Bildung wird – ungeachtet ihrer anhaltenden Benachteiligung bei entsprechenden Stellenbewerbungen – zunehmend auch von Frauen genutzt. In manchen universitären Studienrichtungen stellen Frauen längst die Mehrheit. Zwischen der Ausbildungssituation und der Chance auf einen qualifizierten Arbeitsplatz klafft zwar noch ein gewaltiger Widerspruch, dennoch fühlen Männer mit ähnlichen Qualifikationen sich unter Druck gesetzt und erleben die Frauen zum Teil auch als ernsthafte Konkurrenz.

Die meisten bisherigen Entwicklungs- und Sozialisationstheorien gingen (und gehen!) – nicht zuletzt wegen ihrer Orientierung an bürgerlich-liberalen Lebensstandards – von einem Vaterbild bzw. einer väterlichen Autorität aus, dessen freie Verfügung über die Produktionsmittel die sachliche Basis seiner Autorität darstellte:

> »Der Vater war in weitem Maße frei. Wenn der Ausgang seiner geschäftlichen Dispositionen keineswegs von ihm allein abhing, so entschied darüber doch kein anderer Wille, weder der eines Chefs noch eines Gremiums. Soweit er nur im Rahmen des Gesetzes blieb, war er von niemandem kontrolliert, verantwortlich nur seiner eigenen Überzeugung. Er war sein eigener Herr und eben deshalb brauchte seine Herrschaft nicht Tyrannei zu sein. Im günstigsten Fall hatte er in seinem Wesen Autonomie, Entschlußkraft, Erinnerung, Weitblick dem Kinde dargestellt und aus eigenstem Interesse die Forderung nach Wahrhaftigkeit und Sorgfalt, Zuverlässigkeit und geistiger Wachheit, Freiheitsliebe und Bescheidenheit an es gerichtet, bis die Ideen, ins Innere des Kindes aufgenommen, als dessen eigene Stimme des Gewissens sich geltend machten.(...)«,

beschreibt Horkheimer (1985, S. 63) recht anschaulich diesen Vatertypus und die daraus resultierende Über-Ich- und Gewissensbildung. Die Autorität dieses idealtypischen Vaters war durch dessen sozioökonomische Bedeutung und Position in der Gesellschaft gedeckt, woraus sich über den psychischen Mechanismus der Identifizierung und Internalisierung die Werthaltungen den nächsten Generationen weitertradierten.

Die gesellschaftliche Entwicklung seit dem Übergang in die Industriegesellschaft läßt nun diese Figur des autonomen Vater-Mannes, die sich ehemals in gewisser Weise mit dem Dispositiv der souveränen Unternehmerfigur oder des selbständigen Handwerkers deckte, tendenziell verschwinden: so erlitt schon im 19. Jahrhundert im Verlauf der Industrialisierung sowohl die Herrschaft des Mannes in der Ehe als auch diejenige des Vaters über die Kinder massive Einbrüche: beispielsweise wird die Herausbildung der Industriearbeiterschaft aus verschiedenen Handwerksbranchen von der Patriarchatsgeschichtsschreibung auch als *Prozeß der Desouveränisierung* gefaßt: der französische Historiker Yves Lequin beschreibt anhand einer Studie über die Arbeiter von Lyon diesen Vorgang als einen »schrittweisen und entwürdigenden Niedergang« in Bezug auf die Vaterrolle:

> »Ein Handwerker, der in einer Fabrik arbeitete, verlor sehr bald die sozialen Fähigkeiten und das seinem Handwerk angemessene Verhalten: sein Sohn lernte kein Handwerk; seine Tochter heiratete nicht einen Zunftbruder, sondern einen Arbeiter ohne handwerkliche Ausbildung oder aus einem anderen Handwerk kommend. Das Ende der vom Beruf bestimmten Männerherrschaft in der Ehe war einer der wichtigsten Indikatoren für die Proletarisierung. Der Proletarier hatte keine handwerkliche Ausbildung und keinen Stammbaum, er verlor beides auf einmal«. (zit.n. Knibiehler 1996, S. 157)

– kurz: »eine neue, mitleiderregende Verkörperung des Vaters« (ebd., S. 171).

Aber auch in anderen gesellschaftlichen Schichten wie bei Kaufleuten und Beamten erodierte die Vatermacht zusehends: ehemals bestimmende »solide Normen und wohlverankerte Traditionen«, die gewohnheitsrechtlich die Macht des Vaters ausmachten und stabilisierten, gerieten ins Rutschen, ein Prozeß, der einerseits vom Bemühen um Befreiung des Individuums aus Fremdbestimmung und Bevormundung durch Sturz der väterlichen Vorrechte, andererseits von einer schwierigen, folgenreichen Veränderung der sozialisatorischen Funktion des Vaters in der Beziehung zu seinen Kindern gekennzeichnet war. Knibiehler führt als eindrückliche Zeugen dieses Prozesses, für den sich auch heute in Zeiten zunehmender Konzentration und Globalisierung – wie später gezeigt wird – durchaus Parallelen ziehen lassen, Studien über die soziale und berufliche Mobilität in Paris um das Jahr 1850 an: »In der Mitte des 19. Jahrhunderts haben von 1147 Pariser Ladenbesitzern, die das Geschäft von ihrem Vater geerbt hatten, nur 434, d.h. 37,83 Prozent, dieses ihr ganzes Leben für sich erhalten können. Zählt man die Aufsteiger dazu (nur ungefähr 13 Prozent) kommt man auf eine Zahl von 50,76 Prozent. Das heißt, daß *einer von zwei Söhnen eines Geschäftsbesitzers Opfer einer Deklassierung* wurde«. Der Familienvater sei deshalb damals auch als »*Abenteurer der Moderne*« bezeichnet worden – bezogen auf die abenteuerliche Aufgabe, seinen Kindern eigene Tradition und Zukunftssicherheit zu bieten (1996, S. 172; Hervorhebung JCA).

Diese ökonomisch verursachten Vorgänge dürfen in ihrer Bedeutung für die Sozialisationsfunktion des Vaters nicht unterschätzt werden: Neben der je subjektiven Entwertung des ›Individuums Vater‹ bedeuteten sie vor allem auch den beginnenden Verlust der Tradierungsfunktion ehemals väterlich vermittelten Wissens und Könnens: die primitive, an die Maschinen gebundene Art der Tätigkeit sowie die gnadenlose Ausbeutung der neuen Arbeiter-Männer machte dies zunichte bzw. unnötig. Interessanterweise finden wir zu Beginn der Industrialisierung noch Reste dieser Vermittlungsfunktion, als ob manche Väter fast krampfhaft an dieser Funktion gegenüber den (männlichen) Nachkommen festzuhalten versuchten: Bergleute etwa konnten noch mit den Söhnen gemeinsam in die Grube einfahren, der Sohn fungierte als eine Art Lehrling, der Vater als Lehrmeister, als Einführender oder wie man will. Allmählich jedoch verflüchtigte und verunmöglichte sich eine derartige Lehrmeisterschaft durch die sich beschleunigende Technikentwicklung und die Hervorbringung »moderner« industrieller Fertigungsmöglichkeiten, die die Kenntnisse von Massen von Vätern disqualifizierten. Und wenn er überhaupt die Familie – nun unter Ausschluß des Zuverdienstes durch Kinder – noch halbwegs ausreichend ernähren konnte, so hatte dies doch nicht mehr den Stellenwert, sich damit die Dankbarkeit, den Gehorsam und die Unterwerfung von Kindern und Frauen zu sichern. In Geschichte und Literatur gibt es aus dieser Zeit viele Berichte von durch harte Arbeit, Trunksucht und/oder Arbeitslosigkeit erniedrigten Vätern.

Dieser Prozeß setzt sich – erst recht durch das Aufkommen der elektronischen Revolution – scheinbar ungehindert bis ins 20. Jahrhundert fort: »Die Väter werden zu subalternen Angestellten und Funktionären und die kleinbürgerlichen Familien zu ihren Arenen, wo sie sich für diesen Bedeutungsverlust schadlos hielten« (ebd.). Dies ist – krass ausgedrückt – der Tummelplatz des autoritären Charakters, der ja zur Genüge beschrieben worden ist (vgl. Adorno 1982). Autorität – so Horkheimer – wird hier zur Tyrannei. Ihre durch nichts Äußeres, Gesellschaftliches mehr gedeckte patriarchale Macht wird zu Hause auf dem Rücken von Frauen und Kindern ausgelebt. Zusätzlich aber haben die ökonomischen Entwicklungen der letzten 30 bis 40 Jahre und die Weiterentwicklung der kapitalistischen Vergesellschaftung auch dieses Stadium obsolet werden lassen. Der Zusammenschluß von immer mehr kleinen Handels- und Gewerbebetrieben zu Ketten und Konzernen hat zu immer weiter fortschreitender *Entsouveränisierung* vieler männlicher Selbständiger, Gewerbetreibender, Kleinunternehmer etc. geführt, die ihre Schatten auf das Selbstbewußtsein und die »auctoritas« vieler Vater-Männer geworfen hat. Wenn heute etwa ein durchschnittlicher Handwerker oder Gewerbetreibender – vor allem in den dichtbesiedelten städtischen Gebieten – nicht mehr existieren kann, ohne sich als Teilhaber oder Angestellter einer branchenspezifischen Kette anzuschließen (zu unterwerfen), dann bedeutet dies, daß er seine Souveränität zugunsten der Abhängigkeit eines wesentlich größeren Apparates aufzugeben gezwungen ist. Als Beispiel dafür werde ich den Besitzer eines von mir geschätzten Krämerladens in Erinnerung behalten, den ich – nach Schließung seines eigenen kleinen Geschäftes – dann mit verbitterter und frustrierter Miene als palettenschiebenden Angestellten in einer Filiale eines großen Lebensmittel-Handelskonzerns wiedergetroffen habe.

So können die letzten Entwicklungslinien der Determinierung von Vaterschaft durch den technisch-industriellen und ökonomischen ›Fortschritt‹ derart interpretiert werden, daß letzterer den ehemals souveränen Vaterfiguren ihre Notwendigkeit entzieht. Es braucht sie nicht mehr und sie werden nun durch anonyme Funktionsträger ersetzbar. Dort, wo dennoch patriarchalisch-autoritäre Muster vorherrschten, seien sie längst »*zur Attrappe verkommen*«. Sie werden mühsam, ängstlich und oft auch lächerlich behauptet und beansprucht. »Überzeugend ist Vaterautorität nirgends zu repräsentieren« (Schultz 1984, S. 7; Hervorhebung JCA). Daß dadurch für die Kinder, speziell für die Söhne, auch häufig wichtige Identifikationsmöglichkeiten verlorengehen, liegt auf der Hand. Die Männerforscherin Engelfried gibt ein Interview mit einem Mann aus einer Fleischhauerfamilie wieder, das die Verbindung von Produktion (Arbeit) und Reproduktion (Freizeit), deren Verlust Mitscherlich ja ausführlich behandelte, veranschaulicht. Dabei wird auch so etwas wie sinnliche Nähe zum Vater und ein emotionales ›Begreifbarwerden‹ im Alltag, das auch Nähe stiftet, spürbar:

> »(...) mein Vater hat eben sehr viel gearbeitet und hat mich aber als Kind (...) sehr stark einbezogen. Also mit drei Jahren durft' ich da schon mit Wurst machen und so ... *das war also so 'ne sehr enge Beziehung*. Durfte also dann morgens um vier immer mitfahren zum Viehholen und Fleischkaufen. Das war also – sag'n wa' mal – so 'ne *unmittelbare, sinnliche Ankoppelung an die Eltern*«. (Engelfried 1997, S. 93; Hervorhebung JCA)

In den meisten Bereichen aber wird eine solche Vaterfigur heute kaum mehr zu finden sein und der Vater mehr denn je zu einem »bedeutungslosen Rädchen im Riesenbetrieb«, dem er »ebenso hilflos ausgeliefert ist wie seine Kinder« (Eisenberg/Gronemeyer 1996, S. 44). Auch im Hinblick auf die Erbfolge ist der Vater nebensächlich geworden: daß die (männlichen) Nachkommen dem Vater in wirtschaftlicher Weise nachfolgen und an dessen Stelle treten können, ist heute zur Seltenheit geworden. Auch das muß auf die Identifikationsprozesse zwischen Kindern (v. a. Söhnen) und Vätern nachhaltige Folgen haben. Diese Identifikationen funktionieren nicht nur deshalb nicht mehr, »weil Väter in der Regel nichts mehr zu vererben haben, sondern auch, weil sich die gesellschaftlichen Rollenanforderungen derart schnell wandeln, daß die Kenntnisse, Normen und Orientierungen, die ein Vater seinem Kind womöglich noch vermitteln kann, bereits verschlissen und veraltet sind, wenn er sich anschickt, sie weiterzugeben«

(ebd.). Das heißt aber auch, daß eben jene Fähigkeiten immer stärker anderswo herkommen müssen bzw. durch Identifikation mit anderen, außerfamiliären Instanzen geholt und internalisiert werden wollen. Es ist aber ein bedeutsamer Unterschied, ob Erziehung und Identifikation durch personale Elternfiguren oder eben durch *»Abkömmlinge« der gesellschaftlichen Institutionen,* die durch die mediale Dauerpräsenz noch Verstärkung erfahren, vonstatten gehen: denn nur »in der personalen Beziehung zu und in der Auseinandersetzung mit leibhaftig anwesenden, liebenden und auch strafenden, Grenzen ziehenden Eltern werden Normen verinnerlicht, bilden sich Moral und Gewissen« (Eisenberg/Gronemeyer 1996, S. 44) – so die landläufige, am psychoanalytischen Ödipuskonflikt orientierte Auf-fassung. Damit sind wir bei der Bedeutung des Vaters und elterlicher Autorität überhaupt für jenen Strukturierungsprozeß angelangt, den die Psychoanalyse Über-Ich-Bildung nennt.

5. Wozu der Vater psychoanalytisch gesehen gut ist

»Wenn man keinen guten Vater hat, so soll man sich einen anschaffen«.

Friedrich Nietzsche (1886),zit. n. Weier (1996, S. 65)

»Die bestätigende Anerkennung von Seiten des Vaters – Ja, du kannst so wie ich sein – hilft dem Kind dabei, die Identifizierung zu festigen, und fördert so das Gefühl, Subjekt des Begehrens zu sein«.

Jessica Benjamin (1993, S. 101)

Wir haben einleitend schon festgestellt, daß in der psychoanalytischen Entwicklungstheorie der Rolle des Vaters für die seelische Entwicklung der Kinder über weite Strecken – im Gegensatz zu den spekulativeren Aussagen Freuds über den machtvollen Vater im Rahmen der Metapsychologie – nur ein sehr schmaler Platz beschieden ist. Sieht man zum Beispiel Horst Kacheles Sammlung der Aufsätze aller Jahrgänge der Zeitschrift ›Psyche‹ von 1947 bis 1986 (Jahrgänge 1–40) durch, so kann man die mit dem Vater verbundenen Themen überhaupt an nur einer Hand abzählen! Und dort wo er vorkommt, scheint er häufig mit Eigenschaften und Haltungen ausgestattet, die Produkte patriarchalischer Klischees sein dürften. Badinter (1993) blickt erzürnt auf eine Sammlung solcher Klischees, etwa bei Winnicott, der weder zynisch noch kritisch meint: »*Wenn der Vater anwesend ist und sein Kind sehen möchte, hat das Kind Glück gehabt*«. Daß auch Analytikerinnen vor ganz merkwürdigen Mann/Frau-Klischees nicht gefeit sind, zeigt folgende Aussage von Francoise Dolto in einer Radiosendung: »*Vor allem sollten die Väter wissen, daß sie sich nicht durch den körperlichen Kontakt, sondern durch das Wort die Zuneigung und den Respekt ihrer Kinder erwerben können*« (zit.n. Badinter 1993, S. 85f.; Hervorhebung JCA). Bei aller Wertschätzung für Doltos Arbeiten stellt sich hier doch die Frage: ist körperliche Nähe also Frauensache, während der Mann das ›Wort‹, den ›logos‹, also den Verstand einbringt? Vaterliebe würde sich demnach – wenn überhaupt – dadurch auszeichnen, »daß sie sich nur aus der Ferne zu erkennen gibt (...)

Diese Vorstellung von Vaterschaft entspricht Punkt für Punkt der patriarchalischen Tradition, die darauf zielt, die Zweiheit Mutter/Kind, vor allem aber die Zweiheit Mutter/Sohn zu stärken« (ebd., S. 86).

Das Vaterthema ist also auch in den Arbeiten der prominentesten und wichtigsten psychoanalytischen Autor/innen unterrepräsentiert. Auch in psychoanalytischen Weiterentwicklungen wie der Selbst- und Objektbeziehungspsychologie ist es keine nennenswerte Größe. Läßt sich diese Tradition wirklich unter Berufung auf die Freudschen Texte erklären? Kann eine genuin psychoanalytische Entwicklungstheorie – insbesondere die Theorie der präödipalen Beziehungen – dieses Defizit erklären und legitimieren? Was haben spezifisch männlich-patriarchalische blinde Flecken mit diesem ›theoretischen Vaterdefizit‹ zu tun? Und: ist nicht in klinischen Fall- und Krankengeschichten der konkrete Vater in allzuvielen Fällen ein viel zu bedeutsamer Anderer (als ersehnter und/oder traumatisierender Faktor), als daß wir ihn entwicklungstheoretisch derart unterbelichtet lassen können?

Oder leistete vielleicht Freud selbst diesem Verfall des Interesses am Vater dadurch Vorschub, daß er den metapsychologischen Vater und den ödipalen Vater immer nur im Hinblick auf die Entwicklung des Sohnes in den Mittelpunkt rückte? Handelt es sich also – wie Grieser (1998) meint, um *»eine Psychologie, deren Gegenstand Männer als Söhne, nicht aber als Väter sind«*, weshalb die Väter unter dem Eindruck der kulturbedingten Dominanz der Mutter in der Familie bald wieder von der wissenschaftlichen Bildfläche verschwunden waren (S. 29; Hervorhebung JCA)? Im Gegensatz dazu ist der Vater im Bereich der Fallgeschichten (beginnend in den gemeinsam mit Breuer verfaßten »Studien über Hysterie«) sehr präsent und taucht – schon in den klassischen Fallschilderungen – im Zusammenhang mit der Symptomatik der beschriebenen Patient/innen regelmäßig auf: etwa im Fall der *Anna O.* und ihrer Ambivalenz gegenüber dem pflegebedürftigen Vater (1895), im Fall *Dora* bedingt durch die Untreue des Vaters (1905b), natürlich auch beim *Kleinen Hans* (1909a), wo der Vater direkt in die Therapie einbezogen wurde und auch beim *Wolfsmann* (1918): in allen Fällen war die Rolle des Vaters wichtig für die Erhellung der Symptomatik der Erkrankten – als (potentieller) Verführer, als Rivale und verbietende Instanz hinsichtlich der libidinösen Bindung an die Mutter, als prägende Figur in Bezug auf die Über-Ich-Bildung und als Repräsentant kultureller Normen und damit Vermittler zwischen familiärer Welt, gesellschaftlicher und auch phantasierter ›Wirklichkeit‹.

5.1. Fallgeschichten – Vatergeschichten?

»Th: (...) Haben Sie zum Vater ein gutes Verhältnis?

P: Zum Vater ... der Vater hat immer gearbeitet, das ist ein Arbeitstier. Wir haben über so oberflächliche Dinge gesprochen, nichts, was einen wirklich beeindruckt hat. Aber eigentlich mein Vater war noch weniger – nee, das ist nicht richtig, was ich jetzt sage ... mein Vater war einfach nicht da, der war morgens an der Arbeit und hat gearbeitet, für große Probleme hatte der keine Zeit. So hab ich das gesehen, vielleicht, wenn ich's mal gemacht hätte, daß er dann zugehört hätte, es könnte durchaus sein. Aber ich hab's eben nicht gemacht.«

Alfrun Von Vietinghoff-Scheel (1991, S. 107)

Allgemein wird die entwicklungspsychologische Relevanz des Vaters darin gesehen, daß er dem sich von der Mutter ablösenden Kind in seiner Hilflosigkeit und Angst vor der allmächtigen Mutterimago als projizierte Retterfigur dient (die nach Freud auch die Grundlage des religiösen Gefühls bildet). Und natürlich taucht der Vater dann als bedeutsamer Faktor auch in der ödipalen Situation auf, wo er – neben seiner Rolle als Rivale – dem männlichen Kind (zumindest) behilflich sein soll, sich von der – wegen ihrer Penislosigkeit enttäuschenden – Mutterfigur zu lösen, also die Desidentifikation zu erleichtern. Der bewunderte und mächtige Vater befreit dann das Kind aus den regressionsverheißenden und drohenden Fängen der Mutter, wobei (etwa bei Chasseguet-Smirgel 1976) es zu einer Art Machtverschiebung von der allmächtig erlebten Mutter auf den Vater kommen soll. Auf diese heute längst nicht mehr unumstrittenen Annahmen beschränken sich dann aber auch die meisten Arbeiten zur psychoanalytischen Entwicklungstheorie.

In psychoanalytischen (und anderen) Fallgeschichten hingegen ist die Präsenz des Vaters allgegenwärtig, und zwar – wie man man ohne Übertreibung sagen könnte –so gut wie alle Störungen betreffend! Fast jeder beliebige ›Griff‹ in die Schatzkiste psychoanalytischer Fallnovellen – gleich bei welchem Autor oder welcher Autorin – fördert Vaterprobleme zutage: Beim Gründer der Psychoanalyse selbst nimmt er in der Aufarbeitung der Elternbeziehungen der Patient/innen sogar eine gewisse Vorzugsstelle ein: *Doras* Liebesverhältnis zu ihrem Vater etwa ist sehr bedeutsam, ebenso wie die Zwangsphantasien des *Rattenmannes* den Vater und dessen Freundin betreffen. Die Paranoia des Senatspräsidenten *Schreber* hat unmittelbar mit dessen dominant-autoritären Vater zu tun, und beim *Kleinen Hans* wird der Vater sozusagen überhaupt zum ›Hauptdarsteller‹, ja sogar zum von Freud ermächtigten Analytiker des Sohnes, also letztlich zum Garant der Strukturbildung in der ödipalen Phase: die Ängste des *Kleinen Hans* sind dabei nicht nur Reaktionen auf seine Schuldgefühle wegen des Begehrens nach der Mutter, sondern auch Ausdruck der Ambivalenz zwischen inniger Vaterliebe des Sohnes und der Aggressivität auf den einschränkenden Vater.

Aber auch bei neueren psychoanalytischen Autor/innen steht der Vater in Fallvignetten häufig im Mittelpunkt. Ich greife etwa ein Buch des inzwischen von der klassischen Psychoanalyse zur psychoanalytischen Körpertherapie ›konvertierten‹ Tilmann Moser heraus, das vom Titel her eher eine Dominanz der Mutter in der Biographie zu thematisieren scheint, nämlich »Der Erlöser der Mutter auf dem Weg zu sich selbst« (1996): Der Patient sei »im Grunde (...) vaterlos aufgewachsen« (S. 15) und Moser spürt gleich, »in welchem Ausmaß der unbekannte Vater auch im Körpererleben eine Leerstelle darstellt« (S. 21). Der Vater des Patienten war im Krieg umgekommen. Der Patient empfand sich als Vater und Sohn in einem, aber nicht als klar männlich-väterlich, was Albert Pesso – Mosers Lehrer und Mentor – als Wirkung des sogenannten »magischen Vaters« bezeichnete, »den ein Kind in sich aufrichtet, das zu seinem realen Vater keine Beziehung hat, oder das den schwachen realen Vater in sich ersetzt« (S. 28). Es fehlte dem Patienten deshalb auch »die frühe Differenzierung von Selbst und Vater«, und seine grandiosen Inszenierungen dienten auch dem Kampf gegen die daraus entstehende innere Leere (S. 29). Auch dürstet den Traumatisierten nach Bestätigung: »Der Vater würde sagen, wie ich mich verhalten soll« (S. 83). Er habe »nie einen Vater gehabt (...), der ihm das Kreuz gestärkt und ihm Halt gegeben habe« (S. 80). Die gesamte weitere Geschichte dieser analytischen Körperpsychotherapie Mosers dreht sich um diesen haltenden, »erlösenden« Vater, etwa wenn der Patient erzählt, eine »Zeit durchlebt zu haben, wo er als kleiner Junge täglich hoffte, eines Tages stehe der Vater in der Tür, um ihn aus seiner Einsamkeit und der Verstrickung mit der Mutter zu erlösen« (S. 106). In Übertragung des Bedürfnisses nach »väterlicher Freundschaft« umarmt der Patient den Therapeuten und drückt so diese Sehnsucht auf der Erwachsenenebene aus, »aber auch seine Sehnsucht nach dem Vater, der am Kinderbett gefehlt habe (...) Er legt sich auf die Couch ins Kinderbett, ängstlich guckend, aufgeregt« (S. 107).

Moser, der in der körperorientierten psychoanalytischen Arbeit vor allem die Reaktivierung der Funktion »des frühen mütterlichen und väterlichen Containers« (S. 138) anstrebt, schreibt weiter in der Schilderung einer Therapiesequenz:

> »Es wird auf erschütternde Weise deutlich, daß das Warten auf den Vater ihn erschöpft, überfordert hat. Er muß gespürt haben, daß sein Aufwachsen in seiner Anwesenheit anders verlaufen wäre (...) Und als ich in der Rolle des idealen Vaters als Zeuge sage: ›Ich komme und sehe, in welchem Ausmaß du traurig bist‹, fließen ihm die Tränen. Er sagt, das habe nie jemand gesehen, seine abgrundtiefe Traurigkeit. Ich darauf, nach längerer Schweigepause: Die Mutter habe das Monopol gehabt, traurig oder gar depressiv zu sein. Er habe sie aufheitern und seine Inszenierungen machen müssen, damit sie überhaupt am Leben und auf der Erde blieb. Er weint noch stärker (...) Er ruht ein bißchen aus und erzählt dann einen Traum, der damit zusammenhängt, daß er den abwesenden Vater durch Größenphantasien über sich selbst ersetzt hat«. (ebd., S. 108f.)

Dies ist auch ein eindrucksvolles klinisches Beispiel für die entwicklungspsychologische Bedeutung der Vaterrolle – nicht nur in der defizitären, traumatisierenden Entwicklung, sondern generell. So erscheint es uns sehr wichtig, *das Defizit an haltender, tröstlicher Vater-Beziehung auch in der Ätiologie narzißtischer Größenphantasien* zu sehen, also jener massenhaften Probleme, die gemeinhin einer narzißtisch in irgendeiner Weise versagenden Mutterbeziehung ›angelastet‹ werden, was als solches im Allgemeinbewußtsein und in den konventionellen Entwicklungspsychologien fest verankert ist. Aber auch bei ganz speziellen psychischen Problemen taucht immer wieder der Vater als Auslöser oder Verstrickter auf: So scheinen im Erlebensbereich der *Sexualität*, von dem angenommen werden darf, daß er über den Faktor der Geschlechtsidentität stark von geschlechtsspezifischen Momenten abhängig ist, Probleme mit den Vätern bei Frauen wie Männern gehäuft aufzutreten. Alex Comfort (1977) berichtet zum Beispiel von Fällen weiblicher Frigidität, die auf ungelöste Vater-Tochter-Konflikte zurückzuführen seien: je mehr eine Frau von klein auf gelernt hätte, Liebesobjekte seien unzuverlässig und müßten festgehalten werden (wie der schwer »erreichbare« Vater), um so schlechter sei ihr sexuelles Reaktionsvermögen: »Das kann auf den Verlust des Vaters oder Vaterentbehrung in der frühen Kindheit (sic! – JCA) zurückgehen. Ohne eine stabile Vaterfigur haben Frauen oft sexuelle Schwierigkeiten und scheinen nicht imstande zu sein, sich ganz hinzugeben und gehenzulassen« (zit. n. Maureen Green 1977, S. 107).

Dies wird auch in einer Studie von Fisher (ohne Jahr, zit. n. Brune 1990, S. 33f.) über Frauen mit Orgasmus- und Hingabeproblemen deutlich, die außergewöhnliche Angst hätten, ihren Halt zu verlieren und verlassen zu werden, was die Autoren zu dem Schluß veranlaßt: »*Hier ist es wieder: das Mädchen ohne Vater*«. Den untersuchten Frauen war gemeinsam, daß der Vater in der Kindheit entweder physisch abwesend oder als Liebesobjekt »*inaktiv und unzuverlässig*« gewesen war. Orgastisch sehr zufriedene Frauen hingegen konnten durchaus ›autoritäre‹ Väter gehabt haben, die aber »ein verläßliches Interesse für sie« gehegt hatten, was die Autor/innen sogar zu der außergewöhnlichen Conclusio veranlaßt, daß für den Bereich des weiblichen Orgasmuserlebens weniger von Bedeutung sei, »*was der Liebhaber tut, als das, was er als Vater leistete*« (1990, S. 33f.; Hervorhebung JCA)! Ungeachtet dieses gewagten Schlusses weisen auch eigene Erfahrungen auf paar- bzw. sexualtherapeutischem Gebiet in dieselbe Richtung: sowohl bei Frauen als auch bei Männern mit sexuellen »Funktionsstörungen« (Arentewicz u. Schmidt 1993) steht oft eine problematische Vaterbeziehung im Zentrum der Ätiologie – und zwar nicht sexuell-mißbräuchlicher Art, sondern sehr oft von der Art, daß Mißachtung, mangelnde Anerkennung durch den Vater und mangelnde Identifikationsmöglichkeiten das Bild prägten (vgl. Aigner 1996). Schorsch u. a. (1985) wiederum stellen eine häufige Vaterproblematik auch bei männlichen Perversionen fest. In den Biographien solcher Patienten seien immer wieder Identifikationsprobleme mit den Vätern zu finden – entweder wegen vaterlosen Aufwachsens oder wegen einer dominierenden Mutterfigur, neben der der Vater keine bzw. eine schwächliche Rolle spielte. Da die Perversion – kurz gesagt – eine Abwehr von Kastrations- bzw. Verschmelzungsängsten wegen labiler männlicher Geschlechtsidentität darstellt, liegen solche Bezüge nahe. Bei vielen männlichen Patienten verkörpert der Vater auch negative, bedrohliche und übermächtige Männlichkeitsaspekte, die ebenfalls wegen ihrer implizit enthaltenen Entwertungstendenzen und Rivalitätsaspekte die Identifikation erschweren (S. 39).

Auch aus den klinischen Erfahrungen mit *psychosomatischen Erkrankungen* werden auffällige Eigenheiten der Väter der Patient/innen deutlich: »Es ist wirklich auffallend, wie häufig in psychosomatischen Lehrbüchern die Väter von Patienten bei den meisten Krankheitsbildern als marginal, abwesend oder innerlich abwesend, unbeherrscht, unfähig, schwach, haltlos, unzuverlässig, brutal oder weich geschildert werden«, berichtet Möhring (1988, S. 48), der daraus abgeleitet wissen will, daß die Väter von psychisch oder psychosomatisch erkrankenden Menschen als Bezugspersonen in vielen Fällen unfähig bzw. unzuverlässig sind. Ein weiteres Beispiel: ein zufällig gelesener Bericht über Psychoanalytische Kurztherapien aus der Zeitschrift des Österreichischen Bundesverbandes für Psychotherapie, bei dem es eigentlich um die Art und Weise geht, den Focus solcher Kurztherapien festzulegen, schildert als Fallbeispiel einen 23-jährigen Medizinstudenten, der nach erfolgreicher Mittelschule im Studium völlig »absackt« und depressiv wird. Die Therapeutin erfährt auf der Suche nach dem Focus »von seiner schwierigen Beziehung zu seinem Vater, der den jüngeren Bruder immer bevorzugt hatte und Herrn X nie Lob oder Anerkennung zukommen ließ « (Weghaupt 1998, S. 202). Die quälenden Phantasien des Patienten werden schließlich als Versuch verstanden, *»sein durch den Vater massiv gestörtes narzißtisches Gleichgewicht* wiederherzustellen« (ebd.; Hervorhebung JCA). Eindrucksvoll formuliert die Autorin den ›Vater-Focus‹, wie er vielleicht auf sehr viele Menschen (Männer) in unserer Kultur zutreffen könnte:

> »Seit jeher bemühen Sie sich, die Aufmerksamkeit und Anerkennung Ihres Vaters zu gewinnen, und haben dafür auch große Leistungen erbracht; daß der Vater Ihre Bemühungen nicht sieht und Sie darüber hinaus massiv abwertet, veranlaßt Sie zu einer insgeheimen Mordswut, die Sie allerdings vorwiegend gegen sich selbst richten« (ebd.).

Auch der unmittelbar an der Entwicklung Jugendlicher hin zu rechtsextremistischen Haltungen interessierte Autor Bielicki (1993) schildert den Vater eines Jugendlichen auf eine nahezu klischeehafte Weise:

> »Der Vater sei ein eher schwacher Mensch (›Waschlappen‹) gewesen, der es in seinem Leben nie zu etwas gebracht hatte. Er habe kein Rückgrat und lasse sich leicht ausnutzen. Er habe nie viel verdient, dafür habe er nicht genügend Durchsetzungskraft besessen. Von seinem Vater habe er als Kind nicht viel gehabt, er sei häufig auf Reisen gewesen oder habe bis spät abends gearbeitet. Wenn er dann nach Hause gekommen sei, sei er völlig ›erledigt‹ gewesen, habe sich mit einer Flasche Bier vor den Fernseher gesetzt und seine Ruhe haben wollen. Er habe auch öfter einen über den Durst getrunken und ihn dann manchmal verprügelt. Das habe sich der Vater aber nur getraut, als Hans-Jürgen M. noch klein war. Insgesamt habe er seinen Vater nie richtig ernst nehmen können, und er habe schon immer gewußt, daß er nie so werden wollte wie sein Vater«. (S. 112)

Jutta Menschik-Bendele, Klaus Ottomeyer u. a. (1998) setzen offenbar ebenfalls Vaterdefizite in den Biographien rechtsextremer Jugendlicher voraus, wenn es etwa heißt, »*daß der Vater nie eine Stütze oder ein Modell der Stärke in ihrem Leben war*«, was aus den betroffenen Jugendlichen »*Nestflüchter*« bzw. »*Beziehungsflüchtlinge*« mache (S. 284; Hervorhebung JCA). Und ein von Elsässer (1998) geschilderter Fall der »blutigen Ejakulationen des Kay Diesner« – eines Ostberliner Nazi-Terroristen, der 1997 eine linken Buchhändler zum Krüppel schoß und einen Polizisten ermordete – erzählt die Geschichte eines Rechtsterroristen, der als Pubertierender heftige Abscheu gegenüber seinem Vater empfand, während die Mutter, die ihn vergötterte, die absolute »Idealfrau« für ihn war. Das nützte seiner männlichen Selbstgewißheit allerdings nichts, deren Fragilität er mit besonders martialischem Outfit zu übertünchen versuchte. Laura Benedict, die Diesners Biographie *Sehnsucht nach Unfreiheit* schrieb, erzählt weiters, daß er sich den beiden Frauen, zu denen er Beziehungen hatte, auch nicht sexuell nähern konnte (und statt dessen Vorträge über germanische Gottheiten hielt). Auch hier also eine eindeutige Vaterproblematik, gepaart mit einer problematischen Mutterbindung – beileibe kein Einzelfall.

Angesichts dieses nahezu erdrückenden Belegmaterials dürfte es sich also wirklich um patriarchalische ›blinde Flecken‹ handeln (vgl. Rohde-Dachser 1990), die verhindern, daß die psychoanalytische Entwicklungstheorie zu einer diesen kasuistischen und sozialwissenschaftlichen Ergebnissen angemessenen ›Würdigung‹ des Vaters gelangt.

5.2. Väterlichkeit und Männlichkeit – ein zweiter ›dark continent‹?

Wir müssen uns also die Frage stellen, ob nicht schon im behaupteten Gegensatz zwischen der praktisch ausschließlichen primären Bezugsperson Mutter und dem später hinzutretenden ödipalen Vater eine problematische Konstruktion vorliegt, die die Bedeutung beider Eltern eher verdunkelt als erhellt. Wie kam beispielsweise ein Psychoanalytiker wie Felix Schottländer dazu, in seiner wichtigsten Schrift mit dem bezeichnenden Titel *Die Mutter als Schicksal* (Orig. 1948) sogar vor dem Vater als Bezugsperson zu warnen? Die Beziehung zum Vater habe nur einen von der Mutter »abgeleiteten« und deshalb »stellvertretenden Charakter«, und die bei beiden Geschlechtern oft feststellbaren »verhängnisvollen Vaterbindungen« kämen nur dadurch zustande, daß die Mutter in ihrer Rolle versage. Bei einem solchen Mangel an »natürlicher Mutterliebe« werde dann der Vater »heißer umworben (...), als es für die spätere Zukunft des Kindes gut ist« (1975, S. 46).

In Anspielung auf Freuds Eingeständnis, die weibliche Geschlechtlichkeit sei für ihn ein »dark continent« (1926, S. 303) kann man deshalb sagen, daß es sich bei der Psychologie der Vater-Kind-Beziehung – und betreffend den Sohn damit auch der Männlichkeitsentwicklung – ebenso um einen noch recht wenig ausgeleuchteten Bereich in der Psychoanalyse handelt: »*zwei dunkle Kontinente!*«, wie Gottschalch sarkastisch resümiert (1997, S. 25; Hervorhebung JCA). Sicher ist, daß es Buben und Männer in ihrer Entwicklung aufgrund der patriarchal bedingten Mutterdominanz nicht leicht haben, ihre Geschlechtsidentität mühsam entwickeln müssen und auch später in ihrer Sexualität oft unsicher bleiben, was häufig mittels demonstrativer Männlichkeit kaschiert wird. Die Rolle des Vaters, der als Dritter im Bunde quasi-automatisch zum ›Retter‹ oder ›Befreier‹ vor den mütterlichen Verschlingungstendenzen avanciert, ist zwar eine der althergebrachtesten Bedeutungszuschreibungen an Väter, wird aber auch in neueren psychoanalytischen Diskursen hartnäckig (und meist unhinterfragt) absolut gesetzt und nicht auf dem Hintergrund konkreter patriarchaler Aufgabenteilung analysiert. Dies hat weitreichende Folgen, vor allem für das Bild der Mutter: männliche (und auch weibliche) Analytiker/innen seit Freud neigen bis in ihre Deutungsarbeit hinein immer wieder zur *Exkulpierung der Väter und Beschuldigung der Mütter.* Rohde-Dachser kritisiert dies bis in die Traumdeutung hinein an Beispielen wie etwa dem von Stork, der das Wolfsmannsche Traumsymbol des Wolfes in einen Vaterteil – den Schweif – und einen Mutterteil – den ganzen Wolf als verschlingendes Ungeheuer (!) – zerlegte (1991, S. 193). Und auch der Kinder verschlingende Vater Kronos wird bei Stork zur phantasierten verschlingenden Mutterimago.(...) (ebd., S. 194).

Auch beim Ödipusthema toben sich nach Ansicht Rohde-Dachsers diese Männerphantasien aus, wenn etwa Blanck u. Blanck (1986, S. 164) die Mutter Jokaste zur Hauptschuldigen an der ganzen Misere erheben, weil sie nicht nur an der Aussetzung des Knaben mitbeteiligt war, sondern sich auch noch einen so destruktiven Vater für ihr Kind gewählt hatte (!) und das Kind nicht ausreichend vor diesem schützte. Hier herrscht also allenthalben ein »*Trend zum ›Freispruch der Väter‹*« (Rohde-Dachser 1991,

S. 196; Hervorhebung JCA), der allerdings auch in die verbreitete stillschweigende Übereinkunft mündet, dergemäß der Vater eben überhaupt keine nennenswerte Rolle in der frühen kindlichen Entwicklung spielte.

Nun, diese recht sonderbar anmutenden Kapriolen bzw. der verbreitete ›Stupor‹, der die Psychoanalyse und mit ihr auch andere psychologische Entwicklungstheorien hinsichtlich der Kind-Vaterbeziehung (vor allem der frühen) befallen zu haben scheint, erstaunt um so mehr, als wir heute durch die psychoanalytisch orientierte Kleinkind- und Säuglingsforschung indirekt immer stärker auf die tatsächliche Bedeutung allerfrühester Vater-Kind-Kontakte gestoßen werden. In jüngerer Zeit haben auch französische Psychoanalytikerinnen in der Nachfolge Francoise Doltos erstaunliche neue Erkenntnisse über Säuglinge zu Tage gefördert (Eliacheff 1997, Szejer 1998). Den Autorinnen geht es vor allem um die Erhellung der unglaublichen Kompetenzen, die Kleinstkinder in ihrem Kontakt – vor allem, aber nicht nur, im sprachlichen – zur Umwelt schon aufweisen. Dabei gerät auch die Vater-Kind-Beziehung immer stärker ins Blickfeld: so zeigt Szejer etwa, daß das neugeborene Kind nicht nur – was man aus der pränatalen psychologischen Forschung schon wußte – die Stimme der Mutter »unter Hunderten erkennt«, sondern auch, »daß es sich die Klangfarbe und die tiefen Frequenzen der Stimme des Vaters merken kann«; ja sogar, daß Babys die Stimme des Vaters wiedererkennen können bzw. »des Mannes, der an der Seite der Mutter und nahe bei ihrem Bauch gesprochen hat oder sich direkt an das Kind gewendet hat« – im vorgeburtlichen Stadium, wohlgemerkt (1998, S. 53ff.). Schon der Fötus soll demnach in der Lage sein, »sich in die Richtung zu wenden, aus der eine Stimme kommt, die bekannt und angenehm ist, wie etwa die Stimme des Vaters« (ebd., S. 76). Und: *»Es ist dokumentiert, daß ein Neugeborenes in den ersten vier Stunden nach der Geburt nach der Stimme seines Vaters sucht und es schafft, den Kopf in seine Richtung zu wenden, wenn er zu ihm spricht«* (ebd., S. 78; Hervorhebung JCA). Mit 28 Wochen sollen Babys sogar die tiefere Stimme des Vaters bevorzugen und angenehmer empfinden als die höhere der Mutter (Bernstein 1993, S. 552).

Das berühmt-berüchtigte ›Fremdeln‹ im Angesicht anderer Kontakte als dem mütterlichen ist auch nur dort wirklich zu beobachten, wo die Väter in keinem aktiven Austausch mit ihren Kleinkindern stehen. Und in Abelins Untersuchungen (1971) erkannten fast alle Kleinkinder, schon bevor sie sechs Monate alt waren, den Vater mit einem zufriedenen Lächeln wieder (ebd., zit. n. Abelin 1971). Szejer empfiehlt dann konsequenterweise auch in Fällen, wo die Mutter auf Neugeborenen-Stationen zum Beispiel aus medizinischen Gründen nicht zur Verfügung steht, daß der Vater das Kind begleite, seine Hand halte, mit ihm spreche, was auch erstaunlich beruhigende Wirkung zeigt. Bernstein zitiert weiters eine Arbeit von Brooks u. Lewis (1979), die herausfanden, daß Kleinkinder mit 15 Monaten den Vater anhand einer Abbildung identifizieren konnten, die Mutter hingegen nicht! Sie bringt dieses Phänomen in Zusammenhang mit der ambivalenten Besetzung der Mutter, während der Vater ›einfacher‹ und als fester Bezugspunkt wahrgenommen würde (1993, S. 552). Und diese Person soll im Leben eines Kindes anfangs keine Bedeutung haben?

5.3. Der Vater bei ›Vater Freud‹

Freuds Position zur Väterlichkeit und zur Rolle des Vaters muß auch ein Stück weit auf dem Hintergrund seiner eigenen Vatergeschichte gesehen werden. Darüber ist viel biographisches Material gesichtet und beschrieben worden (vgl. Krüll 1992; Weier 1996 u. a. m.), dessen Aufbereitung hier zu weit führen würde. Jedenfalls zeigte er gegenüber seinem eigenen Vater Jakob Freud und gegenüber seinen Ersatzvätern (den verschiedenen Lehrern wie Charcot oder Brücke) durchaus hohe Wertschätzung, hinter der man allerdings auch das Bedürfnis spürt, selbst einmal derartige Achtung zu genießen. Weier, der das Werden und die Position Freuds als ›Vater‹ der psychoanalytischen Bewegung untersucht hat, meint, daß eine väterliche Identifizierung Freuds auch in der Hingezogenheit zu den Naturwissenschaften zu erkennen sei, galten (und gelten? – JCA) doch Züge paternalistischer Autorität besonders im Bereich der Medizin als sehr verbreitet (1996, S. 53). Es ist eine der vielen auffälligen Ambivalenzen in Freuds Biographie, daß er sich andererseits aber auch sehr schnell daranmachen sollte, diese Wissenschaft von Grund auf zu revolutionieren und bisher bestehende Lehrmeinungen durcheinanderzuwirbeln – eine Art ›Vatermord‹ also?

Ernest Jones (1984) jedenfalls bringt nach einer Erzählung des Wiener Pianisten Moritz Rosenthal ein eindrückliches Beispiel von Freuds kindlichem Respekt vor seinem Vater Jakob: Rosenthal trug mit seinem eigenen

Vater auf der Straße einen Disput aus, als Freuds Vater hinzutrat und sagte: »Was, du widersprichst deinem Vater? Mein Sigmund ist in der kleinen Zehe gescheiter als ich in meinem Kopf, aber es würde ihm nie einfallen, mir zu widersprechen« (S. 38). Die erste psychoanalytisch interessierte Vater-Erwähnung Freuds findet sich in einem Brief an Martha Bernays vom 16. September 1883, in dem er seiner Verlobten sehr betroffen vom Suizid seines Ärztekollegen Nathan Weiß Mitteilung macht: diesen Selbstmord bringt Freud – was für die damalige Zeit eine gewagte Deutung darstellte – unmißverständlich mit dem Vater des Verstorbenen in Zusammenhang: »(...) ein ganz harter, schlechter, roher Mensch«. Und: »Der maßlosen Eitelkeit des Vaters zu genügen, mußten alle Söhne studieren, sie brachten es meist nicht weit, verlumpten sich, einer erschoß sich vor einem halben Jahre, weil er keinen andern Ausweg wußte« (Freud 1980, S. 66). Auch die in Paris bei Charcot oder Brouardel gemachten Entdeckungen Freuds über jene Väter, die ihre Kinder durch sexuellen Mißbrauch in seelisches Unglück stürzen, veranlaßten ihn, dem Vater als Auslöser neurotischer Entwicklungen in der Kindheit einen bedeutenden Platz zuzuordnen.

Anläßlich des Todes des eigenen Vaters in dessen 81. Lebensjahr im Oktober 1896, zu dem Freud, wie gesagt, eine sehr intensive Beziehung gehabt hatte (auch wenn er ihn in seiner relativ erfolglosen beruflichen Laufbahn übertreffen wollte), kam es zu sehr persönlichen, aber merkwürdig ambivalenten schriftlichen Äußerungen, die angesichts des herannahenden Lebensendes die ganze Bandbreite der Bedeutung, die der Vater für Freud gehabt hatte, darlegen. Einerseits gibt Freud sich in einem Brief an Fliess vom 15. Juli 1896 geradezu kühl:

> »Der Zustand des Alten deprimiert mich übrigens nicht, ich gönne ihm die wohlverdiente Ruhe, wie er sie selbst wünscht. Er war ein interessanter Mensch, innerlich sehr glücklich; er leidet jetzt sehr wenig, löscht mit Anstand und Würde aus. Ein langes Krankenlager wünsche ich ihm nicht (...)«. (Freud 1985, S. 206)

Andererseits verriet er Fließ, daß er den besonders innigen freundschaftlichen Kontakt mit ihm zu jener Zeit sozusagen auch als Ersatz für den sterbenden Vater benötigte. »Ich brauche dich, du bist mein *alter ego*, mein Resonanzboden. Mein Vater liegt im Sterben« (zit. n. Schur 1982, S. 134). Und als es dann geschehen war, beschreibt Freud am 2. November (Allerseelen!) seine Erschütterung dem Freund so:

»Auf irgendeinem der dunklen Wege hinter dem offiziellen Bewußtsein hat mich der Tod des Alten sehr ergriffen. Ich hatte ihn sehr geschätzt, sehr genau verstanden, und er hatte viel in meinem Leben gemacht, mit der ihm eigenen Mischung von tiefer Weisheit und phantastisch leichtem Sinn. Er war lange ausgelebt, als er starb, aber im Innern ist wohl alles Frühere bei diesem Anlaß aufgewacht. Ich habe nun ein recht entwurzeltes Gefühl«. (Freud 1985, S. 212f.)

Auch der Umstand, daß Freud genau zu jener Zeit immer wieder mit Gedanken an seinen eigenen Tod spielte, zeigt etwas von der ambivalenten Sohnes-Identifikation (vgl. Schur 1982, S. 132ff.). Das rege Traumleben, das Freud in der Folge seinem Vater ›widmete‹, läßt weiters darauf schließen, daß hier ein schwerwiegenderVerlust und eine sehr bedeutsame Beziehung zur Debatte standen. In seiner »Traumdeutung« (1900) bestätigt er durch den Zusammenhang von Vaterverlust und Beginn seiner Selbstanalyse, wie wichtig dieses Ereignis für ihn gewesen war und ganz allgemein für die männliche Entwicklung ist, sei doch diese Selbstanalyse die »Reaktion auf den *Tod meines Vaters, also auf das bedeutsamste Ereignis, den einschneidendsten Verlust im Leben eines Mannes«* (S. 24; Hervorhebung JCA).

Freud sprach sich andererseits aber scharf gegen traditionalistisch-autoritäre Macht von Vätern über ihre Familien aus und prangerte diese deswegen an, weil sie eine unglückselige Fortsetzung in immer neuer Unterwürfigkeit der Kinder und immer neue Tyrannei nach sich zöge. Schon im Jahr 1900 beklagte er die familiäre Herrschaft von Vätern in Geschichte und Gegenwart so:

»Je unumschränkter der Vater in der alten Familie herrschte, desto mehr muß der Sohn als berufener Nachfolger in die Lage des Feindes gerückt, desto größer muß seine Ungeduld geworden sein, durch den Tod des Vaters selbst zur Herrschaft zu gelangen. Noch in unserer bürgerlichen Familie pflegt der Vater durch die Verweigerung der Selbstbestimmung und der dazu nötigen Mittel an den Sohn dem natürlichen Keim zur Feindschaft, der in dem Verhältnisse liegt, zur Entwicklung zu verhelfen. Der Arzt kommt oft genug in die Lage zu bemerken, daß der Schmerz über den Verlust des Vaters beim Sohne die Befriedigung über die endlich erlangte Freiheit nicht unterdrücken kann. Den Rest der in unserer heutigen Gesellschaft arg antiquierten *potestas patris familias* pflegt jeder Vater krampfhaft festzuhalten (...)«. (1900, S. 261f.)

Selbst nach der teilweisen Aufgabe der ›Verführungstheorie‹, die zur Entdeckung der eigenen sexuellen Phantasien von Kindern, des ödipalen Dramas und in der Folge zu den Verarbeitungsweisen von Hysterikern führte, hält Freud an der erzieherischen und sozialisatorischen Bedeutung der Väter fest: er sah zum Beispiel die Gefahr, daß Väter die Töchter verzärtelten (ebenso wie die Mütter die Söhne), während sie bei den

Söhnen ungeahnte Strenge an den Tag legten, was deren Phantasien forciere, die Väter mögen möglichst abwesend oder gar tot sein. Die Zukunft der Söhne werde überfrachtet mit zu hohen Erwartungen, was sich oft schon bei der Vergabe idealisierender Vornamen, die bedeutenden Persönlichkeiten entlehnt seien, verrate (1900, S. 263 bzw. S. 432) – etwas, das Freud selbst bei seinen Söhnen übrigens auch getan hat, so bei Jean Martin (Charcot) oder bei Ernst (Brücke), die nach wichtigen Lehrern Freuds benannt waren.

Bedeutsam für Freuds Bild vom Vater bzw. der Beziehung zwischen (vor allem) Söhnen und Vätern erscheint aber auch die starke Ambivalenz, die Freud gegenüber seinem Vater Jacob zeigte: einerseits als (potenter) Familiengründer und -vorstand bewundert und idealisiert, ja durch eifrige Diskussionen und Auseinandersetzungen (dem sogenannten »Familienrat«) als recht präsent und wahrhaftig erlebt, gibt es auch massive Enttäuschungen über den Vater. Die hervorstechendste dieser Enttäuschungen in Freuds Kindheit ist wohl jene, die im Film *Der junge Freud* des österreichischen Regisseurs Axel Corti so wunderbar dargestellt ist, als ein ›Christ‹ dem Vater während eines Fußmarsches in Freiberg mit der Beschimpfung »Jud, herunter vom Trottoir!« die Mütze in den Straßendreck warf und der Vater sich nicht wehrte, sondern demütig grüßte: »Das schien mir nicht heldenhaft von dem großen starken Mann, der mich kleinen an der Hand führte«, resümiert Freud Jahre später (zit. n. Weier 1996, S. 57). Diese und andere Episoden der Vater-Sohn-Beziehung könnten dazu geführt haben, daß Freud sich einen starken Vater gewünscht hätte und dies auch eine wichtige Rolle bei der Konzeption des Ödipuskomplexes durch Freud selbst wie auch bei vielen seiner Nachfolger gespielt hat (vgl. Roazen 1976, S. 58f.).

Die Vaterambivalenz jedenfalls ist von hoher Bedeutung: Angst, verschlungen (also nicht nur von der Mutter!) oder kastriert zu werden, gehöre zu diesen Gefühlsambivalenzen ebenso wie die Neigung, die Bedeutung des Vaters zu übertreiben, worin sich aber der Wunsch verberge, ihn loszuwerden. Der Knabe zeige »bei weitem mehr Neigung zu feindseligen Regungen gegen seinen Vater als gegen seine Mutter (...) und eine viel intensivere Neigung, sich von jenem als von dieser freizumachen« (Freud 1909, S. 224). Andererseits zeige sich in der Idealisierung von Eltern- und Vaterersatzfiguren – etwa in der Romanliteratur – recht deutlich »das ganze Bestreben, den wirklichen Vater durch einen vornehmeren zu ersetzen«, worin sich aber »nur der Ausdruck der Sehnsucht des Kindes nach der verlorenen glücklichen Zeit (widerspiegelt), in der ihm sein Vater als der vornehmste und stärkste Mann, seine Mutter als die liebste und schönste Frau erschienen ist« (ebd., S. 226). Es ist also mitnichten nur die Mutter allein, die an die glückliche frühere Kinderzeit gemahnt, der Vater spielt eine ebenso bedeutsame Rolle, auch in Bezug auf regressive Tendenzen und Sehnsüchte.

Freud hatte dem Vater also nicht nur in metapsychologischer Hinsicht – besonders in *Totem und Tabu* (1912/13) – eine unglaublich wichtige Rolle zugeschrieben, sondern auch hinsichtlich der Vater-Kind-Beziehung im Entwicklungsprozeß: so etwa auch in »Das Ich und das Es« (1923a), wo Freud betont, daß im Rahmen der ohnehin »nachhaltig« wirksamen frühen Identifizierungen der Kindheit diejenige *»mit dem Vater der persönlichen Vorzeit«* die *»erste und bedeutsamste«* sei und schließlich zur Bildung des Ichideals führe (S. 298f.; Hervorhebung auch im Folgenden JCA). Freud führt (zunächst nur für das männliche Kind) aus, daß sich der Knabe seines Vaters durch Identifizierung »bemächtige«. Diese identifikatorische Beziehung gehe neben der durch den »Anlehnungstypus« mit der Mutter gekennzeichneten Beziehung *»eine Weile nebeneinander her«*, bis sie beim Auftauchen des kindlich-erotischen Begehrens nach der Mutter und der ödipalen Konkurrenz zwischen Vater und Knaben eine *»feindselige«* und *»ambivalente« Tönung* erhalte (ebd., S. 299). Zudem wäre diese Ambivalenz nur ein Manifestwerden der von Anfang an vorhandenen Ambivalenz in der Vaterbeziehung. Danach komme es anläßlich der »Zertrümmerung des Ödipuskomplexes« im ›Normalfall‹ wieder zu einer *»Verstärkung der Vateridentifizierung«*, wodurch *»die Männlichkeit im Charakter des Knaben eine Festigung erfahren«* hat (ebd., S. 299f.). Beide Identifizierungen fänden dann ausgangs des Ödipuskonfliktes ihren *»Niederschlag im Ich (...), welcher in der Herstellung dieser beiden, irgendwie miteinander vereinbarten Identifizierungen besteht«* (S. 301).

Freud konstatiert also eine parallel laufende Identifizierungsgeschichte mit Mutter *und* Vater – keine Spur von ausschließlich ›bemutternder‹ Prägung des heranwachsenden Kindes! Der Niederschlag dieser Identifizierungen tritt dem Ich schließlich als gesonderter Anteil gegenüber: als »Ichideal« oder *»Über-Ich«*, das nicht nur verkündet: »So (wie der Vater) *sollst* du sein«, sondern auch: »So (wie der Vater) *darfst* du *nicht* sein, das heißt nicht alles tun, was er tut; manches bleibt ihm vorbehalten« (ebd., S. 301f.). Dieses »Doppelangesicht des Ichideals« entsteht aus der schwierigen Aufgabe der Verdrängung der Ödipuswünsche, wozu das kleine Ich »sich gewissermaßen die Kraft vom Vater aus(lieh)« – »ein außerordentlich folgenschwerer Akt. Das Über-Ich wird den Charakter des Vaters bewahren, und je stärker der Ödipuskomplex war, je beschleunigter (unter dem Einfluß von Autorität, Religionslehre, Unterricht, Lektüre) seine Verdrängung erfolgte, desto strenger wird später das Über-Ich als Gewissen, vielleicht als unbewußtes Schuldgefühl über das Ich herrschen« (ebd., S. 302).

Auch diese die Über-Ich-Bildung betreffende Position Freuds zeugt von einer an sich überwältigenden Bedeutung des Vaters für die Entwicklung der Kinder – wegen des angesprochenen »Mischungsverhältnisses«, das die Eltern als Identifizierungsobjekte für beide Geschlechter jeweils haben, übrigens nicht nur für die Knaben! Die »Repräsentanz unserer Elternbeziehung« (1923a, S. 303), die diese Identifizierungen darstellen, umfaßt somit nach dieser Vorstellung für beide Geschlechter auch die väterlichen (vgl. dazu später Benjamin 1990, 1993)! Mehr noch: für Freud ist der Anteil väterlicher Identifizierungen im Ich-Ideal als Ersatzbildung für die Vatersehnsucht ein ganz grundlegender kulturbildender Faktor, enthalte er doch einen »Keim, aus dem sich alle Religionen gebildet haben«! Die Unterwerfung unter ein solches Ideal rührt von der anthropologisch vorgegebenen *Hilflosigkeit* des kleinen Lebewesens gegenüber den Kräften der unerbittlichen, grausamen Natur und vom Urteil »der eigenen Unzulänglichkeit im Vergleich des Ichs mit seinem Ideal« her (ebd., S. 304).

In seiner Schrift *Die Zukunft einer Illusion* (1927c) schreibt Freud von einer uns von Kindheit an bekannten Hilflosigkeit gegenüber »einem Elternpaar (...), das man Grund hatte zu fürchten, zumal den Vater, dessen Schutz man aber auch sicher war gegen die Gefahren, die man damals kannte« (1927c, S. 151). Daraus schmiede der Mensch gegenüber den übermächtigen bedrohlichen Kräften (aber in ambivalenter Weise auch zu deren Abhilfe) ein Bild, das dem des Vaters entspräche, *»er gibt ihnen Vatercharakter*, macht sie zu Göttern, folgt dabei nicht nur einem infantilen, sondern auch (...) einem phylogenetischen Vorbild« (ebd.; Hervorhebung JCA). Weiter heißt es dazu:

> »Wir wissen schon, der erschreckende Eindruck der kindlichen Hilflosigkeit hat das Bedürfnis nach Schutz – Schutz durch Liebe – erweckt, dem der Vater abgeholfen hat,

die Erkenntnis von der Fortdauer dieser Hilflosigkeit durchs ganze Leben hat das Festhalten an der Existenz eines – aber nun mächtigeren Vaters verursacht« (1927c, S. 164).

Dieses existenzielle Grundgefühl der Hilflosigkeit bleibe bestehen »und damit die Vatersehnsucht und die Götter« (ebd., S. 152). Diese *»Vatersehnsucht«* ist somit auch die *»Wurzel des religiösen Bedürfnisses«* (ebd., S. 156). Und im *Unbehagen in der Kultur* (1930b) äußerte Freud gar: *»Ein ähnlich starkes Bedürfnis aus der Kindheit wie das nach dem Vaterschutz wüßte ich nicht anzugeben«* (S. 204; alle Hervorhebungen JCA). Freilich trifft er diese Feststellung als eine Art Konklusion des gefühlsmäßigen Angezogenseins von einer schützenden, behütenden, rettenden Vaterfigur als kulturtheoretisches Postulat über die Ursprünge des religiösen Fühlens und Sehnens. Dennoch ist damit in Freuds Denken, das ja von einer Wiederholung des phylogenetischen »Stammeserbes« im Ontogenetischen ausgeht, immer auch der Vater der persönlichen Vorzeit des Individuums angesprochen.

Es muß sich schon um eine mächtige, für das Kleinkind beeindruckende Gestalt handeln, wenn Freud ihr geradezu gottähnliche, ja religionsstiftende Kraft zuschreibt, wie er es auch in seiner Schrift *Über eine Weltanschauung* tut: der aus der Not angerufene Gott sei nach Auffassung der Psychoanalyse *»wirklich der Vater, so großartig, wie er einmal dem kleinen Kind erschienen war«*. Freud bemerkt zwar, daß es wohl richtiger *»die aus Vater und Mutter zusammengesetzte Elterninstanz«* sei, die das schwache hilflose Ich des Kindes vor lauernden Gefahren beschützt hätte (ebd.), was aber die prinzipielle Bedeutung des Vaters in dieser frühen beschützenden Funktion nicht schmälert. Auch noch als Erwachsenem mangelt es dem Individuum gegenüber den Gefahren der Welt an ausreichendem Schutz, und nach der Erkenntnis, daß auch der eigene Vater seine Begrenztheit hat, greift es zurück »auf das Erinnerungsbild des von ihm so überschätzten Vaters der Kinderzeit«, der fortan als Träger religiöser Überzeugungen den Glauben an den übermenschlichen Schutz der ›Menschenkinder‹ nährt (1933a, S. 590f.; Hervorhebung JCA).

Und noch 1939 in *Der Mann Moses und die monotheistische Religion* kommt Freud auf einen anderen höchst wichtigen Aspekt der Vaterrolle zu sprechen, den er teilweise auch schon in *Massenpsychologie und Ich-Analyse* (1921c) ausgeführt hat: es ist das beobachtbare starke Bedürfnis der Einzelnen wie der Masse »nach einer Autorität, die man bewundern kann, der man sich beugt, von der man beherrscht, eventuell sogar mißhandelt wird«. Freud meint aus der Psychologie des Einzelmenschen die Ursache dieses Bedürfnisses ableiten zu können: *»Es ist die Sehnsucht nach dem Vater, die jedem von seiner Kindheit her innewohnt (...)«* (1939b, S. 556; Hervorhebung JCA). Und alle »Züge, mit denen wir den großen Mann ausstatten«, seien »Vaterzüge« und das von den Menschen »vergeblich gesuchte Wesen des großen Mannes« stimme mit diesen Vaterzügen letztlich überein: »(...) Man muß ihn bewundern, darf ihm vertrauen, aber man kann nicht umhin, ihn auch zu fürchten. Wir hätten uns vom Wortlaut leiten lassen sollen; wer anders als der Vater soll denn in der Kindheit der ›große Mann‹ gewesen sein!« (ebd.). Und in hoher Idealisierung (und voll von Geschlechtsrollenklischees): »Die Entschiedenheit der Gedanken, die Stärke des Willens, die Wucht der Taten gehören dem Vaterbilde zu, vor allem aber die Selbständigkeit und Unabhängigkeit des großen Mannes, seine göttliche Unbekümmertheit (...)« (Freud 1939b, S. 556).

Ebenfalls in diesem Spätwerk hebt Freud in einem mit *Die Wiederkehr des Verdrängten* überschriebenen Kapitel neuerlich hervor, wie bedeutsam die frühe Prägung durch Vateridentifizierung – hier wieder ausdrücklich für den Knaben – letztlich sei. Das Schicksal einzelner Männer schildernd, die – wenn auch sehr spät und nach anfangs gegenteiliger Entwicklung – schließlich doch noch im Guten wie im Schlechten in ihres Vaters Fußstapfen getreten sind, meint Freud, man müsse stets beachten, *»daß zu Anfang eines solchen Ablaufs immer eine frühkindliche Identifizierung mit dem Vater steht.* Diese wird dann verstoßen, selbst überkompensiert, und hat sich am Ende wieder durchgesetzt«. Und weiter: »Es ist längst Gemeingut geworden, daß die Erlebnisse der ersten fünf Jahre einen bestimmenden Einfluß auf das Leben nehmen, dem sich nicht Späteres widersetzen kann« (1939b, S. 570f.; Hervorhebung JCA).

Freilich, dieser großen Bedeutungszuschreibung für den Vater in bewußten und unbewußten Strebungen und Beziehungen eines Kindes steht in der umgekehrten Richtung – der Beziehung der Väter zu ihren Kindern – ein großes ›theoretisches Loch‹ gegenüber: Freud schrieb so gut wie nichts über die Gefühle von Vätern von der Geburt bis zur ödipalen Phase, über ihre Hoffnungen und Bedürfnisse gegenüber der Entwicklung der Kinder, ihre Rivalität oder Eifersucht, wie wir sie bei

Vätern in Bezug auf die enge Mutter-Kind-Beziehung häufig beobachten können, oder über den Zusammenhang von Väterlichkeit und der Beziehung von Männern zum eigenen Vater. Aber *die Rolle, die Männern als Vätern zugeschrieben wird, könnte bedeutender kaum sein.* Dies steht in einem gewissen Gegensatz zu den entwicklungstheoretischen Konzepten der Psychoanalyse, wie wir sie gemeinhin kennen.

In der Nachfolge Freuds jedenfalls scheint es, als ob bedeutende psychoanalytische Autorinnen und Autoren die große Wirksamkeit dieser frühen Jahre und der Identifizierungsschicksale in Bezug auf den Vater in ihren Arbeiten zu sehr oder gar vollends in den Hintergrund haben treten lassen. Frühe Kindheit, Präödipalität heißt allzuoft nur: Mutter und Kind. Allerdings ist es – das Bild des schutzbedürftigen kleinen Menschenkindes vor Augen – nur schwer verständlich zu machen (wie manche nach Freud dies taten und tun), diesen schutzspendenden ersehnten Vater mit all seinen Ambivalenzen erst ab dem ödipalen Geschehen als gegeben anzusehen. Der Schutz vor den Gefahren dieser Welt, zu denen auch der regressive Sog der Verschmelzung mit archaischen Mutterrepräsentanzen gehört, fängt indes schon mit der Wahrnehmungs- und Differenzierungsfähigkeit des Säuglings hin zu einem Anderen, einem Dritten an. Diese Differenzierungsfähigkeit ist – um noch einmal auf die neueren Arbeiten von Stern (1992) und Dornes (1993, 2000) zu verweisen – sehr viel früher ausgeprägt und vorhanden, als dies die Entwicklungstheorie bislang angenommen hatte.

5.4. Nach Freud

Sehen wir nun, ob und wie sich diese eigentlich ›unfreudianische‹ Linie, in der frühen Kindheitsentwicklung dem Vater erst ab der ödipalen Triangulierung wirkliche Bedeutung zuzuerkennen, in den Werken wichtiger Freud-Nachfolger zeigt bzw. weiterentwickelt hat.

5.4.1. Der Vater bei Freuds Tochter und ihrer Mitarbeiterin Dorothy Burlingham

Anna Freud geht in ihren explizit entwicklungspsychologisch bzw. pädagogisch ausgerichteten Schriften nicht allzu ausführlich – aber doch ein wenig – auf den Vater ein. Dabei könnte man meinen, daß eine Autorin, die selbst in derart intensiver Weise an einen wahrlich ›großen‹, ihr Leben machtvoll mitbestimmenden Vater gebunden war, diese Rolle auch theoretisch würdigen würde. Doch vielleicht ist gerade diese Gebundenheit ein Grund für die etwas ›blasse‹ Darstellung der Rolle des Vaters im Werk Anna Freuds? Dabei galt ihr Interesse – bedingt durch ihre berufliche Praxis mit Kindern in Kinderheimen – durchaus Kindern, die ja auch ›vaterlos‹ waren. Jedenfalls wird die Vaterbeziehung bei Anna Freud erst um das zweite Lebensjahr herum ein wichtiger Bestandteil des seelisch-affektiven Lebens des Kindes. Sie widmet der Vaterrolle dann immerhin auch ein eigenes kleines Kapitel, *Die Rolle des Vaters im Leben des Anstaltskindes,* im Rahmen ihrer Überlegungen zur Entwicklung von Kindern im Heim, die sie zusammen mit Dorothy Burlingham im Jahr 1944 verfaßt hatte (vgl. A. Freud/Burlingham 1971).

Dort wird der Mangel an Väterlichkeit in der Erziehung insofern beklagt, als es für die Kinder in diesen Heimen im Gegensatz zu den weiblichen Ersatzfiguren auch keine *Ersatzväter* gab. A. Freud bezeichnet dies immerhin als »schwerwiegenden Mangel im Leben des Anstaltskindes«, der »in der Theorie und Praxis der Erziehung vaterloser Kinder nicht genug gewürdigt« werde. Das Fehlen des Vaters werde dagegen nur bei größeren Kindern und Jugendlichen als problematisch akzeptiert, so wie bestimmte Verwahrlosungserscheinungen gemeinhin immer als ursächlich mit der Vaterentbehrung zusammengebracht würden. Und: »Im Falle der Kleinkinder und Säuglinge andererseits ist die Bedeutung der Mutter so überragend, daß sie die Wichtigkeit des Vaters für die Beobachtung verdunkelt« (1980, S. 974).

Anna Freud widerspricht andererseits einer übermäßigen Betonung der faktischen Bedeutung der Mutter, wie sie aus Beobachtungen des kindlichen Verhaltens in den Anstalten geschlossen werden könnte (daß Kinder in regressiven Zuständen immer nach der Mutter schrien usw. – bei Luftangriffen übrigens interessanterweise nach dem Vater, vgl. A. Freud 1980, S. 975): entgegen dieser »an der Oberfläche liegenden Reaktionen«, die für eine »relative Unwichtigkeit des Vaters« zu sprechen scheinen, ergäben eingehendere Untersuchungen der Kindesentwicklung ein anderes Bild: der Vater sei »wesentlicher Bestandteil« dieser Entwicklung, allerdings beginne seine Beziehung später als die Mutterbeziehung – aber »mindestens vom zweiten Lebensjahr an« (ebd., S. 975). Außerdem sei diese Beziehung auf einer anderen Basis aufgebaut, die auch »unvermeidliche Störungen« mit sich bringe, vertrete doch der Vater – anders als die Lust und Befriedigung spendende Mutter – die Einschränkungen der Kultur und Außenwelt, die es den Heranwachsenden beizubringen gälte. Als den Alltagssituationen weitgehend entzogener Elternteil ernte er aber auch kindlich-idealisierende Gefühle der Bewunderung für seine Macht und Stärke, wobei wiederum unterschiedliche geschlechtsspezifische Faktoren zu beachten seien.

Auch wenn der Vater abwesend ist, spielt er bei den Anstaltskindern eine »überragende Rolle«, wobei dem *Phantasiebild* der Kinder eine große Bedeutung zukäme, dem (z. B. bei wenig befriedigender realer Beziehung) oft »mit leidenschaftlicher und bewundernder Liebe« angehangen werde (S. 981). Darin verweist A. Freud auch schon auf den Aspekt der Idealisierung von Ersatzfiguren. In dieser Weise jedenfalls sei der *»Einfluß des Vaters (...) einer der wichtigsten Faktoren im Leben des Kindes«.* Sein und einer Ersatzperson Fehlen machten sich deshalb in allen möglichen Störungen und Entwicklungsverzerrungen bemerkbar (ebd., S. 978; Hervorhebung JCA).

Auch bei Dorothy Burlingham, über 50 Jahre Mitarbeiterin und Lebensgefährtin Anna Freuds und gemeinsam mit ihr Mitbegründerin des Europäischen Zentrums für Kinderpsychoanalyse, zeigt sich wenigstens ein Stück Unbehagen ob der mangelnden entwicklungstheoretischen Berücksichtigung des Vaters. Sie hat in ihren Schriften v. a. dem präödipalen (!) Vater deshalb ein eigenes Kapitel gewidmet und kritisiert die »Vernachlässigung des präödipalen Vaters« bei vielen analytischen Autoren, die letztlich auch die Qualität der Mutterbeziehung als scheinbar ausschließliche verfälsche. So legt sie auch Wert darauf, »daß viel zwischen Vätern und Kindern vor sich geht, noch ehe die ödipale Stufe erreicht ist« (1989, S. 257).

Während aus Märchen, Phantasien und Legenden bekannt sei, daß Väter als Könige, wilde Tiere und Heldenfiguren eine wichtige Rolle spielen, sei über die Beziehung des Vaters zu seinem Kind wenig bekannt (Beschützer, Pfleger, aus der Mutter-Kind-Dyade ausgeschlossener, eifersüchtiger Rivale der Mutter usw.). Auch die Beziehung des werdenden oder jungen Vaters zu seinem eigenen Vater verdiene mehr Beachtung: »vieles davon wiederholt sich in dem Verhalten eines Mannes seinem Kind gegenüber« (S. 266). Dem Vater käme auch – wenn die äußere Situation oder bestimmte Umstände (Tod der Mutter etc.) das verlangten – eine der Mutter entsprechende versorgende und pflegerische Rolle zu. Burlingham greift in diesem Zusammenhang zurück auf den eigentlich psychoanalytischen Begriff der »kombinierten Elternfigur«. Allerdings werde dies wie auch »die moderne Gleichstellung der Geschlechter« (1989, S. 264) nicht bewirken, daß alle Unterschiede zwischen Mütterlichkeit und Väterlichkeit ausgelöscht würden. Eine solche »Gleichförmigkeit« würde vielmehr »die spätere Verflachung und Verarmung des Gefühlslebens« für das Kind nach sich ziehen (ebd., S. 276). Somit ist der Vater auch bei Burlingham – wenn auch in wenig expliziter Weise – eine wichtige frühe Einflußgröße in der kindlichen Persönlichkeitsentwicklung.

5.4.2. Allgemein ›wenig Vater‹: Horney, Klein, Winnicott u. a.

Verdienstvolle Autoren, die ganz wesentliche Beobachtungen und Konzeptionen für das Verständnis von Kindheit geliefert haben, wie – um nur ein Beispiel zu nennen – Donald W. Winnicott, »kennen« den Vater als bedeutsame Bezugsperson für das psychische Erleben des Kleinkinds – mit Ausnahme des ödipalen Vaters – hingegen kaum. So werden in einem einführenden Werk von Davis (1983, zit. n. Ehebald 1989, S. 212) von 261 Seiten nur drei teilweise dem Vater eingeräumt, und im Index von Winnicotts »Reifungsprozesse und fördernde Umwelt« kommt der Begriff ›Vater‹ gleich überhaupt nicht vor (ebd.)! Im Gegensatz zu der besonderen Bindung, die Winnicott im Rahmen seiner Überlegungen zur »primären Mütterlichkeit« zwischen Kindern und Müttern annimmt, scheint es eine solche demnach zwischen Vätern und Kindern nicht zu geben.

Der »Vater der persönlichen Vorzeit« als immerhin »erste und bedeutsamste Identifizierung des Individuums«, wie wir ihn bei Freud kennengelernt hatten (1923a, S. 298f), ist jedenfalls in den meisten psychoanalytischen Entwicklungstheorien nach Freud mehr oder weniger verschwunden. Auch im Register des Hauptwerks eines so prominenten entwicklungspsychologischen Autors wie René Spitz – *Vom Säugling zum Kleinkind* (1972) – kommt das Wort ›Mutter‹ samt Verbindungen insgesamt an 34 Stellen vor, während man nach »Vater« überhaupt vergeblich sucht! Damit im Zusammenhang wird in der neueren Psychoanalyse – insbesondere auch im Zusammenhang mit der Diagnose neuer, präödipaler psychischer Störungen – der Ödipuskomplex als Auseinandersetzung mit dem Vater zunehmend in den Hintergrund gedrängt; und dies nicht erst seit der soziologischen

Feststellung vermehrt vaterlos aufgewachsener Kinder. Weil eben die Mutter-Kind-Beziehung als das alles Entscheidende proklamiert wird, geht es tendenziell auch immer weniger um ödipal-konflikthafte Auseinandersetzungen, sondern um entweder ausreichendes (»good enough«) oder nicht ausreichendes »Muttern« als Voraussetzung psychischer Gesundheit bzw. – beim ›Versagen‹ der Mütter – seelischer Krankheit: »Oft verschwindet der Ödipus-Komplex fast vollständig, um durch die Art des ›mothering‹ ersetzt zu werden« (Jacoby 1986, S. 129).

Ein anderer erkennbarer Trend ist, wie gesagt, der, daß der Vater in den entwicklungstheoretischen analytischen Arbeiten *nur als in phantasierter und nicht in realer Beziehung stehendes Objekt*, das von Anfang an wichtig und wesentlich wäre, Bedeutung erlangt. Das heißt, die tatsächliche Beziehung zum Vater scheint vielfach vernachlässigenswert, ebenso der Vater als konkrete Persönlichkeit. Karen Horney zum Beispiel weist dem Vater einen solchen Stellenwert zu, indem sie der phantasierten Größe und Macht des Vaters eine zentrale Rolle für die Weiblichkeitsentwicklung des Mädchens zuschrieb. Penisneid und Kastrationsangst werden als Phantasien über die männliche Macht und Superiorität in der Gesellschaft interpretiert und von daher als entwicklungsbestimmend für die Kinder angesehen (vgl. Horney 1984). An anderen Stellen wieder gewinnt man den Eindruck, als hätte der Vater bzw. dessen Penis/Phallus oft nur eine Art Statistenrolle am Rande der frühen Mutter-Kind-Interaktion, während seine ›Männlichkeit‹ sich anscheinend auf den Besitz des Penis beschränkt, der wiederum Auslöser zahlreicher phantasierter Bezüge ist.

Bei Melanie Klein wiederum ist der Vater schon lange vor dem 3. Lebensjahr von gewisser Bedeutung – wenn die Beziehung zu ihm auch stark von der frühen Mutter-Kind-Beziehung abhängig und determiniert ist. Der Säugling wird schon *von Anbeginn an als in einer Dreier-Situation lebend* betrachtet, aus der auch unbewußte, archaische Phantasien über beide Elternteile und über die Geschlechtsdifferenz entspringen. Es besteht eine phantasierte »Grundbeziehung sowohl zur Mutterbrust als auch zum väterlichen Penis (...) Brust und Geschlechtsorgane werden zu einer Art von Ursymbolen für geschlechtsdifferentes Dasein und können internalisiert werden« (Möhring 1988, S. 49). Die Hinwendung zum Vater geschieht zunächst aus Anlaß der Frustration und Enttäuschung durch die mütterliche Brust (Klein 1927, S. 72). Er erlangt also in diesem Zusammenhang erst zum Zeitpunkt der Enttäuschung durch die ›böse‹, versagende Mutter als eine Art ›Alternativobjekt‹ seine Bedeutung.

Klein kennt allerdings auch eine implizit sehr bedeutsame Rolle des Vaters bzw. der Vaterimagines: bekanntlich hat sie ja die ödipalen Vorgänge sehr viel früher angesetzt als Freud, nämlich zwischen dem ersten halben und dem dritten Lebensjahr. In dieser Zeit kommt es zu reger unbewußter Phantasietätigkeit des Kindes, insbesondere betreffend die Bilder von der »bösen«, »versagenden« Mutter als gefährlichem, übermächtigem Wesen, gegen das ein intensiver »frühkindlicher Sadismus«, wie Klein das nannte, zur Entfaltung gelangt (1979, S. 157ff.). Diese Mutterphantasien haben verblüffende Parallelen zu jenen, die uns aus Märchen und Sagen vertraut sind und die die Mutter als böse, verschlingende, rachsüchtige, vergiftende Hexe oder Furie darstellen. Gegen eine solche Mutter läßt sich die Aggressivität des frühkindlichen Sadismus leichter verstehen: aber sie erzeugt auch massive Ängste und Schuldgefühle, wodurch das Kind in eine schwierige Zwangslage gerät:

> »Diese aktiven und reaktiven Aggressionen gegenüber dem ersten Liebesobjekt rufen ihrerseits Schuldgefühle und Angst vor Vergeltung in Form von Vernichtung oder Liebesentzug hervor. In der binären Beziehung von Mutter und Kind führen diese Ängste und Schuldgefühle zurück zu einer immer größeren Abhängigkeit, da die Liebe und Geborgenheit um jeden Preis erhalten werden muß und es keine alternative Lösung aus diesem Teufelskreis gibt«. (Stork 1974, S. 271)

Hier nun spielt der Vater die entscheidende Rolle: ohne seine Vermittlung bzw. durch eine ausgeprägte Schwäche seines Einflusses würde das Kind in all seiner Hilflosigkeit einer übermächtigen, bedrohlichen und alles beherrschenden Mutter gegenüberstehen, so daß die Gefahr droht (wie wir es von der Psychose her kennen), in der symbiotischen Einheit mit der Mutter steckenzubleiben. Er vermag aber die »bedrückende Distanzlosigkeit zum Mutterbild« (ebd., S. 261), in der das Kind gefangen ist, aufzusprengen, und ist so der Garant zu einem seelischen Aufbruch in neue Gefielde des Werdens, der Entwicklung ebenso wie gegen einen Rückfall in archaische Abhängigkeit. Der Wunsch nach Aufbruch zu Neuem, nach mehr Freiheit und Autonomie ist so den regressiven Sehnsüchten entgegengesetzt und bisher – in unserer Kultur – durch den Vater repräsentiert.

Außerdem spielt der Vater gleichzeitig eine wichtige Rolle als Projektionsfläche für die der Mutter geltenden Aggressionen: Stork zitiert gleich mehrere Autoren der Kleinianischen Schule, die in diesem Sinn die Kastrationsangst von seiten des Vaters als »Verlagerung dieser primären Ängste« aus dem Aggressions-Schuldgefühl-Kreislauf gegenüber der Mutter deuten (ebd., S. 271). Aus dem malignen Beziehungszirkel mit der frühen Mutter heraus gibt es also bei Klein und ihren Schüler/innen keinen Weg abseits dieser Beziehung zum Vater bzw. zur Vaterimago.

5.4.3. Helene Deutsch

»Ich will vom Vater kastriert werden«, lautet ein markantes Zitat aus den Arbeiten Helene Deutschs zur Psychologie der Frau. Sie spricht dem Vater zwar eine große Bedeutung bei der Entwicklung des Mädchens zu, allerdings speziell auf den sogenannten »femininen Masochismus« bezogen. In anderer Hinsicht hingegen bleibt der Vater in der uns schon von anderen Freud-Nachfolger/innen vertrauten Art und Weise eine Randfigur. Als Folge der Penislosigkeit des kleinen Mädchens – so die am traditionellen Penisneid-Konzept orientierte Vorstellung – entwickle dieses die Wunschphantasie, vom Vater ein Kind zu bekommen. Die Erkenntnis des Penismangels verwandle dabei die eigene mögliche Aktivität ins Passiv-Masochistische: »Die analytischen Erfahrungen lassen keinen Zweifel übrig, daß die erste libidinöse Beziehung des kleinen Mädchens zum Vater eine masochistische ist und der masochistische Wunsch in ihrer ersten weiblich gerichteten Phase lautet: Ich will vom Vater kastriert werden« (1929, S. 176).

Dem geht eine eifersüchtige Beziehung zum Mutterobjekt voraus, in der das Kind sich – ebenso wie der Vater – auch mit einem »männlichen Organ« versehen wissen will. Der Vater tritt hier zuerst als Konkurrent auf (ebd., S. 177). Die Ich-Entwicklung des kleinen Mädchens werde insofern nachhaltig beeinflußt, als mit diesem Begehren nach dem Vater eine starke kindliche Überschätzung des Vaters als Idealbild vom Mann und als möglichem Liebesobjekt einhergeht. Dies spiele auch bei späteren erwachsenen Objektwahlen eine entscheidende, oftmals auch behindernde Rolle, die das Mädchen zu sehr an seine idealisierten Objektrepräsentanzen bindet. Deutsch zitiert dazu D. H. Lawrence (aus *Söhne und Liebhaber*), der schreibt: »Mein Sohn ist mein Sohn, bis er ein Weib sich findt, / Meine Tochter doch bleibt für immer ein Kind« (zit.n. Deutsch 1948, S. 321).

Deutsch entwickelt darüber hinaus ein Bild des Vaters als »Verführer« des Mädchens, der quasi allein durch seinen Penisbesitz und durch allerlei akrobatische Kunststückchen wie z. B. kraftvolles In-die-Höhe-Werfen oder Auf-den-Schultern-reiten-Lassen zum erotischen Stimulator schlechthin wird und dadurch die phantasierten masochistischen Neigungen des Mädchens provoziert. Auf diese heute sowohl aus Sicht der persönlichen Biographie von Helene Deutsch als auch aus Sicht der feministischen Weiblichkeitsdiskurse innerhalb der Psychoanalyse stark kritisierten Theorie kann hier nicht näher eingegangen werden. Wesentlich erscheint aber, daß auch dieses psychoanalytische ›Vatermodell‹ eines ist, in dem der Vater letztlich ein »Statist« bleibt, »der, selbst stumm, das Drama weitgehend bestimmt« (Diltsch 1991, S. 43). Dieses Bild vernachlässigt nicht nur das eigene ›verführende‹ Begehren von Männer-Vätern, es setzt den Vater auch als einen ins Bild, der ohne besondere Beziehungsanstrengungen sozusagen nur qua seines Penisbesitzes und seiner Körperkraft zum machtvollen Einflußfaktor – zumindest für Mädchen – wird.

5.4.4. Andere psychoanalytische Vater-Such-Spuren: Loslösung, Entidentifizierung, Hilfestellung

In dem schon erwähnten Werk eines der bedeutendsten Entwicklungspsychologen, nämlich René Spitz, ist der Vater schlicht eine Leerstelle. Spitz hat sich wie so viele andere (nicht nur männliche) Entwicklungstheoretiker fast ausschließlich auf die Mutter-Kind-Beziehung konzentriert. So kommt in seinem Hauptwerk *Vom Säugling zum Kleinkind* (1972) der Vater schlicht nicht vor! Das mag auch damit zusammenhängen, daß er den Untertitel des Werkes mit »Naturgeschichte der Mutter-Kind-Beziehungen im ersten Lebensjahr« benennt und von da her dem Vater keinerlei Relevanz widmet. Der Terminus »Naturgeschichte« birgt aber auch die Vorannahme, nichts anderes als die Mutter-Kind-Beziehung sei in diesem Lebensalter »natürlich«. Auch der Umstand, daß Spitz sich vor allem für die katastrophalen Bedingungen und Folgen früher Entbehrung von Pflege und Zuwendung interessiert hat, mag dazu geführt haben, sich nur auf die Mutter zu konzentrieren. Dennoch bleibt das Erstaunen darüber, daß ein so großer Entwicklungspsychologe »den Vater in seinen Schriften nicht einmal der Erwähnung wert findet« (Diltsch, 1991, S. 45).

Im Unterschied zu Spitz spielt bei anderen analytischen Autor/innen der Vater aber gerade in Bezug auf die entwicklungspsychologisch bedeutsame Loslösung von der frühen Mutter-Kind-Dyade eine wichtige Rolle, allen voran bei Margaret Mahler (1972). Mädchen wie Buben müssen sich nach Auffassung Mahlers u. a. gleichermaßen von der Mutter ›entidentifizieren‹ und sind deshalb beide anfällig für verschiedenste Trennungskrisensymptome und psychische Irritationen. In der Individuationstheorie Mahlers gelangt der Vater in diesem Zusammenhang zu wichtigen ›entwicklungspsychologischen Ehren‹: in der stufenweisen Loslösung des Kindes von der Mutter, und zwar schon in der sogenannten »Differenzierungsphase« (im fünften bis neunten Lebensmonat!) nehme die Bindung an den Vater an Intensität zu. In der »Übungsphase«, in der das Kind ein wenig in die Welt hinaus schnuppert, interessiere es alles, was sich anders als die Mutter anfühle, und der Vater werde zum begehrten Spielkameraden. In der von vielen Ambivalenzen des kindlichen Fühlens gekennzeichneten »Wiederannäherungsphase« schließlich (etwa in der zweiten Hälfte des zweiten Lebensjahres) spiele der Vater als nicht von solchen Ambivalenzen begleitetes Objekt, als ruhender Pol in den Stürmen der Wiederannäherung, eine wichtige Rolle (vgl. v. a. Mahler 1972).

Dies ist eine ganz wichtige Entwicklungsabfolge im Prozeß der Individuation. Loslösung und Individuation, die das Kind leisten muß, werden deshalb von Mahler und ihrer Schule auch als die eigentliche »psychische Geburt« des Menschen bezeichnet. Und eben bei dieser psychischen Geburt des Kindes spielt der Vater eine bedeutende Rolle, indem er den Schritt von der Dyade, der Zwei-Personen-Einheit zur Wahrnehmung der Triade ermöglicht. Dieser Schritt setzt auch voraus, daß die Drei-Personen-Einheit dem Kind fühlbar vorgelebt wird, so daß es spüren kann: Anders als die Mutter zu sein kann dennoch bedeuten, verbunden zu sein. Differenz also muß nicht gleich Trennung bedeuten (vgl. Mahler/Pine/Bergmann 1993).

In diesem Zusammenhang scheint der Vater übrigens nach Auffassung von Person u. Ovesey (1993) besonders für die Söhne an Bedeutung zu gewinnen, indem er diese bei deren Irritationen auf dem Weg zu einer eigenen Geschlechtsidentität durch sein persönliches Geschlechtsrollenvorbild unterstützt, sofern er (wie in günstigeren Fällen) überhaupt genügend motivationale Anreize zur Identifikation für Buben bietet (S. 518f.). Selbstverständlich setzt dieser Verselbständigungs- und Loslösungsvorgang über die wichtige Figur des Vaters als Drittem auch eine bestimmte Art von Beziehung der Eltern untereinander voraus, die dann erst das ermöglicht, was Winnicott (1991) die »cross identification« genannt hat: das Kind könne gleichzeitig die Einfühlung in den jeweiligen Partner und das Kind – wie sie die Eltern vornehmen – verinnerlichen, und gelange damit zu differenzierterer Einfühlungs- und Identifikationsmöglichkeit.

Die Position des Vaters im Mahlerschen Werk ist also – zumindest theoretisch – deshalb bemerkenswert, weil er zu größerer Selbständigkeit und – im Hinblick auf die Liebesbeziehung zur Mutter – zu differenzierteren Beziehungsmustern verhilft; dies nicht nur passiv als irgendwie Anwesender, über den das Kind eine Phantasietätigkeit zu entwickeln beginnt, sondern durchaus aktiv in Form eines Sich-Annehmens, -Einfühlens und -Einlassens auf die Beziehung zum Kind. Freilich hat Mahler wenig dazu gesagt, daß diese Funktionen des Vaters aufgrund bestimmter Faktoren aus der gesellschaftlichen Wirklichkeit (tradierte patriarchalische Beziehungsmuster, beruflich-ökonomische Belastungen oder familiäre Belastungen bis hin zu Scheidungs- und Trennungsdramen) oft sehr erschwert, ja verunmöglicht werden und deshalb in dieser Form häufig nicht anzutreffen sind. Sie hat ihren bekannt gewordenen Vergleich vom befreienden Vater als »Ritter in der glänzenden Rüstung« auch nur in einem unveröffentlichten Manuskript (über eine Diskussion mit Ph. Greenacre) getätigt, worauf Metzger (2000, S. 31f.) hinweist und was doch auch ein Licht auf den Stellenwert des Vaterthemas in ihrem Werk wirft. Dennoch erscheint der Mahlersche Vater in einem anderen Licht als bei manch anderen ›Klassiker/innen‹ der Psychoanalyse.

Die heute vielleicht als ›typisch‹ zu bezeichnende psychoanalytische Lehrmeinung zur Bedeutung des Vaters geht letztlich dennoch von der Mahlerschen Loslösungs- und Wiederannäherungsphase aus und wird am besten vielleicht von Ermann (1985) zusammengefaßt; er geht von der theoretisch unumstrittenen strukturbildenden Funktion der präödipalen Vaterbeziehung aus und stützt sich auf die Arbeiten Abelins (1980, 1986) zur frühen Triangulierung:

> »damit ist die Fähigkeit beziehungsweise die *Möglichkeit* des Kleinkindes gemeint, zu Mutter *und* Vater gleichzeitig eine Beziehung aufzunehmen und zu erkennen, daß

> diese beiden auch eine Beziehung unterhalten sowie auch die Möglichkeit, all diese Beziehungen dann verinnerlichen zu können. Dabei geht es entwicklungspsychologisch um die vielzitierte Verselbständigung aus der hochambivalenten Beziehung zum Primärobjekt Mutter und einer Annäherung an die weniger ambivalente Beziehung zum Vater, der gerade in dieser Loslösungs- und Wiederannäherungskrise sicherheitsspendend und stabilisierend wirkt, eine »Insel der Realität in den Stürmen der Ambivalenz«. (Ermann 1985, S. 95)

Abelin hat (in gemeinsamen Forschungsarbeiten mit Mahler) beobachtet, daß das Kleinkind sich schon im ersten Lebensjahr an Mutter *und* Vater bindet, wobei der Vater positiv anregend in Erscheinung trete und mehr Autorität habe als die Mutter (S. 53). Hier müßte man freilich kritisch hinterfragen, in welcher Weise Signale zu dieser Autoritätszuschreibung innerhalb einer gegebenen Kultur in das familiäre Binnenklima hineinwirken und so dieses Autoritätsgefälle hervorbringen. Abelin betont auch, daß es dazu keinen besonders engagierten Vater brauche, sondern ein durchschnittlicher genüge. Die Bindungsbereitschaft an den Vater sei so erstaunlich und gleichermaßen bedeutsam, *»daß ich sogar von einem quasi triebhaften ›Durst nach dem Vater‹ gesprochen habe (...)* Dieser Durst bleibt besonders beim vaterlosen Kind oft lebenslang ungestillt und hat dann tragische Folgen« (1986, S. 53; Hervorhebung JCA).

Abelin geht sogar noch weiter und meint, *»eine sich epigenetisch entfaltende endogene Anlage zur Vaterbindung«* postulieren zu müssen (ebd.; Hervorhebung JCA). Die frühe Triangulierung selbst sei unabdingbar, damit sich das Kind »einfühlend mit der Liebe des einen seiner Objekte zu seinem anderen identifiziert«. Nur über diesen »Umweg« über ein »drittes Objekt« sei es möglich, die »Illusion der Spiegelbildlichkeit« und damit eine »solipsistische Selbstvorstellung« in der Dyade zu durchbrechen und damit letztlich Verlangen und Begehren anderen gegenüber und von anderen sich selbst gegenüber zu antizipieren und zu etablieren (ebd., S. 50). Die daraus resultierende »*bifokale* Dyade« löst das bisherige unifokal-symbiotische Erleben des Kindes ab, was noch nicht heißt, daß eine stabile Vaterimago verinnerlicht werden kann, weil auch diese Beziehung zum dritten Objekt zunächst als dyadische funktioniert (Ermann 1985, S. 95f.). Aber es bedeutet für das Kind einen Autonomiegewinn, wie ja auch die Mutter selbst, die dem Kind eine zeitlich umrissene ausschließliche Nähe zum Vater erlaubt, dem Kind Autonomie vorlebt (vgl. Rotmann 1978). Rotmann meint schließlich über die Abelinschen Theoreme hinaus, daß das menschliche Leben überhaupt in einer triadischen Struktur angelegt sei, weil der Vater schon im ersten Lebensjahr eine hervorragende strukturierende Bedeutung als drittes Objekt neben der Mutter innehabe, weshalb die ausschließliche Zwei-Personen-Beziehung, von welcher in den meisten konventionellen Entwicklungspsychologien die Rede ist, »nur eine relativ kurze Durchgangsphase ist und ziemlich schnell durch eine Triangulierung mit Hilfe des Vaters abgelöst wird« (ebd., S. 1130).

Ziel dieses Entwicklungsschrittes und der Triangulierung ist also »die *wechselseitige Annäherung und Abwendung in der Beziehung zu zwei Menschen, zu beiden* Eltern«. Dann erst sind die Voraussetzungen der schrittweisen Verinnerlichung von ausreichend tragfähigen, aber auch ambivalenten Beziehungen zu den Elternfiguren gegeben. Diese »Fähigkeit zur Ambivalenz« wird in verschiedenen Schritten erworben und gehört zu den wichtigsten seelischen Grundvoraussetzungen für gelingende Objektbeziehungen (Ermann 1985, S. 103). Diese werden schließlich durch »die Verinnerlichung der ödipalen Erfahrungen einer stabilen, liebevollen Beziehung zwischen den Eltern« (ebd., S. 108) komplettiert, wodurch das Kind in Eigenständigkeit und autonome Beziehungsgestaltung entlassen werden kann. Eine förderliche, gesunde Entwicklung jedenfalls müßte – worauf Metzger kürzlich hingewiesen hat – »entlang der sich entwickelnden Möglichkeiten des Ich, sich flexibel zwischen dyadischen und triadischen Mustern zu bewegen«, verlaufen (2000, S. 71).

5.5. Vater-Theoreme zwischen Person, Institution, Archetypus und Metapher

Unabhängig von jeweils individuellen Eigenschaften und biographisch bedingten Persönlichkeitszügen, die Männer in eine Vaterschaft mitbringen, tragen wir alle auch bestimmte oder wenigstens diffuse Vorstellungen, Normen und Idealbilder über die Eigenschaften von ›Vaterschaft‹ und ›Väterlichkeit‹ in uns. Diese verschiedenen Bilder werden – wie wir gesehen haben – unter dem Einfluß der sozialen und ökonomischen Entwicklung konstruiert bzw. diskursiv über die verschiedensten gesellschaftlichen Normierungen hergestellt. Dabei tauchen immer wieder auch sehr alte Muster auf, die – aus freudianischer Sicht auf dem Weg der zähen

Weitertradierung von Über-Ich-Inhalten – in uns fortzubestehen und scheinbar unabhängig vom persönlichen Weg jedes Einzelnen in der Kultur auch Bestand zu haben scheinen. Neben der Freudschen Metapsychologie, die in dieser Arbeit noch zur Sprache kommen soll, hat sich vor allem C. G. Jung mit der Frage dieser alten Muster und ihrer Wirkung im Seelischen befaßt. Aber auch die moderne Psychoanalyse hat hilfreiche und aufschlußreiche Überlegungen dazu vorgelegt, wobei wir hier Jacques Lacan und den Soziopsychoanalytiker Gérard Mendel, aber auch andere Hinweise aus dem französischen Sprachraum, die für das Vaterthema bedeutsam erscheinen, beispielhaft herausgreifen wollen.

5.5.1. C. G. Jungs »Elternarchetypus«

> »Das Väterliche ist das Verschiedene, das Andere, das Objektive. Es ist das, was Distanz schafft, was vor dem Sog der Nähe- und Verschmelzungswünsche bewahrt, bzw. was das produktive Gleichgewicht von Verschmelzung und Trennung organisieren und Ambivalenz aushalten hilft«.
>
> *Brigitte Romankiewcz (1997, S. 167)*

Die Archetypenlehre C. G. Jungs sitzt bei ihrer Postulierung angeblich typischer väterlich-männlicher Züge (und ihrer weiblichen Gegenstücke) leicht der Gefahr eines geschlechterpolarisierenden Essentialismus auf. Dennoch gibt es in der Jungschen Psychologie einige interessante Erklärungsansätze, die uns fernab freudianisch-orthodoxer Abgrenzungsbedürfnisse Anregungen geben können, Väterlichkeit in einem breiteren tiefenpsychologischen Sinn zu verstehen.

Ein »Archetypus« ist bei Jung ein »an sich nicht sichtbar(er), sondern ein anordnender Faktor des seelischen Geschehens, der typische, aber wechselnde Bilder hervorbringt«. Er ist an sich nicht bewußtseinsfähig, sondern in Form von »Variationen über ein Grundthema« (Jung, GW 8, S. 417) immer nur in seiner Wirkung erkennbar. Archetypen sind so etwas wie »universale Grundstrukturen«, die uns in sozialen Strukturen, Ideen, Naturformen, in sinnlich seelischen Erfahrungen usw. gegenübertreten. Jung selbst hat davor gewarnt, sie als starre Bilder aufzufassen, als etwas Fertiges, scharf Definierbares. Sie wandeln sich schließlich auch mit der Fähigkeit des Betrachters, des Gegenübers, der sie annimmt und ihnen Sinn verleiht, weshalb die gegenseitige Durchdringung von Archetypus und Person wesentlich zum Archetypus gehört (Romankiewicz 1997, S. 164f.).

Die erwähnte Gefahr der Jungschen Archetypenauffassung zeigt sich zum Beispiel in den recht vorschnell anmutenden Geschlechterstereotypien von ›männlich‹ und ›weiblich‹: etwa, wenn dem männlichen Archetypus »Durchsetzungswillen, Aktivität, Stärke, Betonung der Rationalität und technisches Interesse« zugeordnet werden, dem weiblichen hingegen »Qualitäten wie Hingabe, Passivität, Anpassungsfähigkeit, Betonung der Gefühlsseite und soziale Interessen« (ebd., S. 140). Entsprechend der persönlichkeitsgeschichtlich konstanteren Bedeutung der mütterlichen Bezugsperson für das Kind ist das Mütterliche schließlich »das natürlich (? – JCA) und zuverlässig sich Wiederholende«, das Väterliche hingegen das sich Wandelnde, das die Traditionen der jeweiligen Kultur repräsentiert (ebd., S. 132). Erich Neumann (1987) vor allem pocht auf »den Absolutheitscharakter des Mütterlichen«, während er die Vaterinstanz »ihrem Wesen nach« als »relativ«, »zeit- und generationsbedingt« ansieht (S. 143, zit. n. Romankiewicz 1997, S. 132).

Nun ist unseres Erachtens natürlich auch das Mütterliche trotz konstanterer biologischer und sozialer ›Funktion‹ für das Kind einem kulturellen Wandel unterworfen und es gibt keinen Grund, warum ein weiblicher Mensch mit Kindern in einer Gesellschaft mehr oder weniger kulturunabhängig sein sollte, während ein männlicher Mensch in dieser Situation einer spezifischen kulturellen Wandelbarkeit ausgesetzt sei. Dennoch scheinen sich in dieser Archetypenlehre einige interessante Details zum Verständnis von Väterlichkeit, ja Elternschaft überhaupt zu finden. Dazu muß kurz auf die die Archetypen begründende griechische Mythologie eingegangen werden (vgl. Romankiewicz S. 197, S. 137ff.), um zu verstehen, wie es zur Ausdifferenzierung von Mutter- und Vaterarchetypus gekommen sein könnte. Mythen bezeichnen hier kollektive seelische Vorerfahrungen unserer Vorfahren, Vor-Mütter und Vor-Väter. Auch Freud vertrat ja bekanntlich die Ansicht, daß derartige Mythen als »Phantasietätigkeit der primitiven Menschheit« noch heute als »dieselben archaischen Momente« im Seelenleben eines jeden Einzelnen in seiner Kindheit nachweisbar sind (wobei Freud sogar ausdrücklich auf den auch für Jung in unserem Zusammenhang wesentlichen Kronos- und Uranos-Mythos Bezug nimmt). Das Kind würde demnach »in seiner seelischen

Entwicklung die Stammesgeschichte in abkürzender Weise wiederholen, wie es die Embryologie längst für die körperliche Entwicklung erkannt hat« (Freud 1926, S. 303).

Diese Mythologie (etwa die ›Theogonie‹ des griechischen Schriftstellers Hesiod aus dem 8. Jh. v. Chr.) zeigt uns, daß lange vor der Herrschaft der uns vertrauteren männlichen Vatergötter der Kosmos von weiblich-mütterlichen Gottheiten regiert wurde. Diese Muttergöttinen waren omnipotent doppelgeschlechtlich, und sie beherrschten auch alle archetypischen Funktionen, so daß ihnen alle auf Gedeih und Verderb ausgeliefert waren. Wenn man nun alle Gottesbilder in gewisser Weise als Niederschlag psychischer Projektionen versteht, muß diese mythologische Vorstellung eine bestimmte Bedeutung haben: so könnte man diesen Zustand des Kosmos durchaus mit der Welt des Säuglings vergleichen, der sich eine Zeitlang ebenfalls in totaler Abhängigkeit von der Mutter und ihrer Befriedigungsbereitschaft wähnen muß. Ein herausgebildetes ›Ich‹ und damit ein von der Mutter differenzierter Wille, der sich auch gegen die Mutter richten kann, ist noch nicht gegeben. Diese Unausweichlichkeit und Bedingungslosigkeit der Mutter-Liebe hat aber auch die negative Folge, daß sie dem kleinen Menschenkind – ebenso wie den Vorfahren gegenüber ihrer Gottheit – keinerlei Kontrolle erlaubt. Entweder sie ist da, gütig gesinnt, oder sie fehlt bzw. ist unberechenbar. Es ist also eine Art schicksalshafter Ausgeliefertheit, derer sich zu entledigen die Menschheit, ebenso wie das heranwachsende Kind, wohl trachten muß.

Tatsächlich lassen sich (etwa ab 3000 v. Chr. bis zur Gründung des griechischen Stadtstaates um 700 v. Chr.) derartige mythologische Entwicklungen nachzeichnen. Sie folgten der Absicht, *dieser mächtigen Muttergottheit eine Gegenposition gegenüberzustellen,* deren Funktion es war (wieder in Parallele zur kindlichen Entwicklung), sich vom Mütterlichen zu unterscheiden, zu trennen, die machtlose Ausgeliefertheit zu beenden – ein wichtiger Teil nicht nur des väterlichen Archetypus im Jungschen Sinne, sondern auch der meisten entwicklungspsychologischen Theorien. Romankiewicz betrachtet deshalb den historischen Übergang zum Patriarchat auch in ›emanzipatorischer‹ Weise:

> »Patriarchat als eine Phase bewußtseinsgeschichtlichen Aufbruchs, bedeutet zuallererst, daß überhaupt einmal Menschen da sind (nicht nur Männer!) welche genügend autonomes Selbstbewußtsein entwickelt haben, um sich gegen die allmächtige Göttin der Vorzeit zu stellen. Menschen, die frei genug sind, um eigene Denkmuster zu

entwickeln, überhaupt dem Denken, der rational-mentalen Funktion genügend Spielraum zu geben«. (1997, S. 142)

Diese Fähigkeiten würden als Gegenpol gegen das mächtige Gegebene, gegen die Natur, gegen das »Urmütterliche« sozusagen benötigt, um sich erst zu differenzieren und planvoll die Welt zu gestalten. Diese ›befreiende‹ Sicht des Patriarchats hat – durchaus im vollen Bewußtsein der patriarchalen Mißstände in unserer Kultur – durchaus eine gewisse Berechtigung:

> »Daß die Errungenschaften des Patriarchats mißbraucht worden sind und stündlich mißbraucht werden, ändert nichts an ihrer *bewußtseinsgeschichtlichen Bedeutung* . Ohne einen eigenständigen Vaterarchetypus, der seinen Platz *gleichgewichtig* neben dem Mutterarchetypus behauptet, ist keine Selbstbestimmung möglich und keine Reifung. Das gilt für die Psychologie des Einzelnen genauso, wie für die Psychologie der Gemeinschaft«. (ebd., Hervorhebung JCA)

Hesiod berichtet jedenfalls – in denkwürdiger Parallelität zu heutigen Haltungen – von der Urgöttin »Gaia« oder »Ge«, die »Personifikation des erdhaften Urmütterlichen«: Ihr männliches Gegenüber, »Uranos«, ist aber nicht fähig, väterliche Verantwortung für das von ihm gezeugte Leben zu übernehmen. Dieser verantwortungslos Zeugende will von seinen Kindern nichts wissen, eine Haltung, die ja auch in unserer Zeit (›archetypisch‹) noch so häufig anzutreffen ist: fasziniert vom zeugenden Erfindergeist schreckt dieser ›zeitlose Uranos‹ vor nichts, was irgendwie machbar erscheint, zurück – ohne sich im Ernstfall zu den Folgen zu bekennen. Auf heutige Verhältnisse umgelegt, sei etwa an die Gefahren der Atomstromerzeugung erinnert, wo »uran(os)haltiger« Abfall massenweise »entsorgt« werden soll, indem man ihn trotz Wissens um seine Gefährlichkeit »buchstäblich in das Erdinnere, den Bau der Gaia, zurückstopft«. Im Individuellen zeigt sich eine »uranische« Haltung beispielsweise in einer »hemmungslose(n) ›Lust-auf‹-Mentalität« der spätkapitalistischen Konsumkultur – also in »bewußtlose(m) Drauflosshandeln (...), ohne den Weg des Geschaffenen und Gewordenen verantwortungsvoll zu begleiten« (ebd., S. 144ff.). Somit scheint diese Art verantwortungslosen, ›unreifen‹ väterlichen Erzeugerverhaltens auch heute noch lange nicht überwunden.

Gaia, die Urmutter aber, schlägt zurück und läßt – sozusagen in vorauseilender Wahrnehmung eines positiven Vaterarchetypus – eines ihrer Kinder, Kronos, den verantwortungslosen Vater rächen. Er kastriert Uranos, was eine wunderbare Schöpfung zur Folge hat: Aus den Genitalien des Vaters entsteht die Liebesgöttin Aphrodite, von Eros und Himeros (dem Tag) begleitet. Die Entschlossenheit des Kronos, zugunsten des Fortgangs des Lebens eine krasse (Ab-)Trennung vorzunehmen, schafft also Tag bzw. Licht (das positiv Vaterarchetypische) ebenso wie Liebe (das positiv Mutterarchetypische), wie es Hesiod in der Theogonie, Vers 462, darstellt (zit. n. Romankiewicz 1997, S. 144ff.).

Doch ist Kronos selbst noch verfangen in der Komplizenschaft mit der Urmutter, was psychoanalytisch auch heißt: *nicht positiv mit dem Vater trianguliert* und über die Mutter-Kind-Dyade noch nicht hinausgelangt. Auf der Handlungsebene schon befreiend tätig, hat er gefühlsmäßig noch nicht nachvollzogen, was geschehen ist, und daß auch ihm von seinen Nachkommen Grenzen gesetzt werden müssen. ›Vaterschaft‹ bedeutet nämlich, *nach ihrer Unreifephase die eigenen Kinder an die Macht zu lassen*, womit nicht nur der positive Vaterarchetypus konstituiert, sondern auch dem ›Kind‹ in der Mythologie eine ungeheure Aufwertung zuteil wird. Kronos aber, dem es ja an einem solchen Vater mangelte, will an der Macht festhalten, was Erich Neumann die Konstellation des »furchtbaren Vaters« nannte: Identifikation mit dem eigenen phallisch bedrohlichen Vater bei gleichzeitiger Imitation der alles beherrschenden »furchtbaren Mutter« (ebd., S. 150). Beides zusammen will neue Entwicklungen unterdrücken sowie die Rivalen und alles, was ihn (so wie er seinen Vater) bedrohen könnte, kontrollieren. Somit zeigt sich auch – und das erscheint mir sehr nahe an den entwicklungspsychologischen Erkenntnissen über die regressiven Tendenzen hin zur Mutter bei fehlendem Vater zu sein – daß ein negativer Vaterarchetypus (wie hier geschildert), der nichts losläßt, immer auch die Konstituierung des negativen Mutterarchetypus bedeutet – das Ineinanderfließen archetypischer Besonderheiten. Somit hätte die Jungsche Metatheorie in ihrer Ausformulierung ihre eigenen Vorannahmen des scheinbar naturgegeben gefährlichen Mütterlichen und des ebenso natürlichen befreienden Väterlichen selbst widerlegt!

Das ›väterliche Prinzip‹ bei Jung verlangt also geradezu die *Förderung des Neuen*, das Hinausgehen, wobei die damit einhergehende väterliche Liebe im Gegensatz zur mütterlichen keine bedingungslose ist: sie *»stellt* Bedingungen, *gehorcht* aber auch Bedingungen«, wie Romankiewicz schreibt (1997, S. 154). Kronos' Kampf bewegt sich also zwischen diesem väterlich Archetypischen in Form des Aufbruchs in die Autonomie (auch seiner eigenen Kinder!) und dem Verhaftetbleiben, dem Beibehalten, dem Rückversinken, das das mütterlich Archetypische ausdrückt und sich darin äußert, daß er seine Kinder gleich nach der Geburt verschlingt. Welche befreiende Lösung nun läßt der Mythos zu?

Die ›Ältern‹, die ›alten Weisen‹ helfen Kronos' Frau Rheia mit einem Tip – wobei, was wichtig erscheint, diese alten Weisen im Mythos nicht geschlechtsspezifisch differenziert sind, obwohl sie eigentlich dem väterlichen Archetypus zugeordnet sind! Und zwar soll Zeus, der geboren werden soll, fernab von seinen in ihre Zwänge verstrickten Eltern (nämlich von der Großmutter Gaia auf Kreta) erzogen werden – das heißt: Trennung als ein Stück Wirksamkeit des väterlichen Prinzips! Die Folge: »So wächst der junge Mann schnell und nach allen Regeln der Kunst erzogen heran und kann, zurückgekehrt, mit einem listig verabreichten Brechmittel nach Gaias Hausrezept, Kronos dazu bringen, die Geschwister alle von sich zu geben« (ebd., S.157).

Damit hat ein bedeutender Machtwechsel stattgefunden: aber Zeus hat ihn nicht aus eigener Macht geschafft, sondern durch die Hilfe der Großmutter und Muttergöttin Gaia. Dies ist dem somit ersten positiven Vatergott Zeus auch bewußt, ja er weiß, daß er die Rückbindung zur weiblichen Weisheit braucht und respektiert sie ab diesem Zeitpunkt: »Diese Verbindung zum Mütterlichen, die nicht abgeschnitten wird, sondern als ›Draht‹ zu den ›unteren‹ naturhaften Quellen bestehen bleibt, sehe ich als *eine wesentliche väterliche Qualität, die dem abendländischen Vatertypus in der Neuzeit leider abhanden gekommen ist*« (ebd., S. 158; Hervorhebung JCA). Man könnte an dieser Stelle festhalten, daß die Jungsche Psychologie es als konstituierend für ›Vaterschaft‹ erachtete, eine *Verbindung der Männer zum Fürsorglich-Nährenden* – den Streit um mütterliche oder genuin väterliche Eigenschaften einmal beiseite gelassen – zu entfalten: eine durchaus interessante, ›moderne‹ Position!

Doch auch Zeus ist in dieser seiner positiven väterlichen Funktion gefährdet und droht der Lust an der Alleinherrschaft über seine Söhne zu verfallen. Vater und Söhne erleben sich demnach immer in gewisser Weise sowohl als Gegner, die es zu besiegen und zu beherrschen gilt; aber sie erleben sich auch gegenseitig als Befreier, die Söhne den Vater als befreiend von der bindenden vereinnahmenden Mutter (wie in der klassischen psychoanalytischen Lehre), die Väter die Kinder als Kräfte, die über sie hinausführen – was nach dieser Deutung zum Vaterarchetypischen gehört. Da schickt ihm Gaia in dieser Bedrängnis und Gefahr ihren gräßlichen Sohn Typheus an den Hals, den Zeus zwar nach hartem Kampf besiegen kann, in dessen Gefolge ihm aber die rasenden Stürme, die seine Macht begrenzen und sein Land von Zeit zu Zeit ins Verderben stürzen, nicht erspart bleiben:

> »Und genau das, *daß auch er begrenzt ist*, daß es etwas gibt, das auch er *aushalten* muß, nicht ›weg-siegen‹ kann, macht ihn als Träger des Vaterarchetypus erst glaubhaft, erst wirksam. Denn das All-Mächtige, Absolute ist immer uferlos und immer verschlingend. Das Väterliche aber muß diese Uferlosigkeit begrenzen, und das kann es nur als ein Begrenztes«. (ebd., S. 159)

Zeus imponiert hier als Träger des positiven Vaterarchtypus, befreit von den Schlingen des pathologischen Narzißmus, wie wir heute psychoanalytisch sagen könnten, wird zum nicht-absoluten ›Herrscher‹, dessen Macht sich begrenzt weiß und ihm die Größe gibt, sie zu teilen: »Teilen bedeutet *verzichten* können, – eine unverzichtbare Vaterqualität« (ebd.). Das Größere ist nicht mehr allein durch die Herkunft aus dem gewaltigen Mütterlichen definiert, sondern dieses teilt seinerseits seine Macht mit der männlichen Kraft, was als Ergebnis *»das vom Mutterarchetypus emanzipierte Väterliche«* hervorbringt (ebd., S. 161; Hervorhebung JCA). Die *»kritische Gegenbesetzung«* zum Gefangensein im Mütterlichen gebiert sozusagen die *»andere Position«* als Hinterfragung der ursprünglichen Mutterdominanz und damit als Befreiung nicht nur von der Herrschaft der Mutter, sondern *auch von der des furchterregenden Vaters*, der seine Ideale absolut setzt und eigene Unvollkommenheit nicht aushält. Das ist die wesentliche *›emanzipatorische‹ Botschaft* des positiven Jungschen Vaterarchetypus, der seiner eigenen Logik gehorcht (während der ›furchtbare‹ Vater seine eigenen Grundsätze bricht und in Verbindung mit dem ›furchtbaren‹ Mütterlichen erstarrt).

Interessant an der Jungschen Archetypenlehre ist also, daß zum einen die väterlichen »Elemente des Schützens, Stärkens, Versorgens und der Bindungsfähigkeit« – die den Vater, den reiferen, älteren Mann übrigens vom Jugendlichen unterscheiden – *sich mit den genannten weiblichen archetypischen Eigenschaften verbinden müßten,* um das Väterliche erst hervorzubringen. Es handelt sich also nicht um eine isolierte männliche, sozusagen ›nicht-weibliche‹ Haltung, die das Väterliche ausmacht, sondern

»um Gemeinsamkeiten des reifen Mütterlichen *und* Väterlichen, um allgemeine Eigenschaften eines Elternarchetypus« (Romankiewicz 1997, S. 136). Und diesen Elternarchetypus verwendet Jung auch gleichbedeutend für den Vaterarchetypus (vgl. Jung, GW 4, S. 728), was umgekehrt selbstredend auch für den Mutterarchetypus zu gelten hätte.

Das ›Nur-Männliche‹ wird also durch die Übernahme der archetypischen Züge des gegengeschlechtlichen, weiblichen Anteils erst »eltern- bzw. vaterfähig« (ebd., S. 136). Diese Vorstellung verweist auf den Widerspruch innerhalb der Archetypenlehre: wozu die (oben kurz dargelegten) einseitig ausgerichteten, ja klischeehaften Vater-Archetypen und Mutter-Archetypen, wenn das eigentliche Vater- bzw. Elternsein in einer gegenseitigen Durchdringung und Übernahme der jeweils gegengeschlechtlichen Eigenschaften besteht? Für eine beziehungsorientierte Vision von Vatersein bzw. Muttersein bzw. ›reifer Elternschaft‹ allerdings erscheinen uns Jungs Überlegungen jedoch hilfreich. Ebenso hilfreich ist der Aspekt des gleichzeitig auch sich selbst begrenzenden Vaterarchetypus, der wiederum in Achtung vor den mütterlichen Archetypen und auch vor den ihm als Herrschende nachfolgenden Kindern lebt. Diese Position des Nicht-Absolutistischen, des sich selbst als endlich und als durch die Nachkommen zu entmachtend Verstehenden, der aber doch die ursprüngliche Einheit des Kindes mit dem Urmütterlichen sprengt, indem er sie kraft seines Daseins in Frage stellt, also diese Position des ›Dritten‹, des ›Anderen‹, erscheint als eine entwicklungsfördernde anstatt -unterdrückende väterliche Position, die dem Verlauf des Ödipuskonfliktes in Richtung einer ›emanzipierten‹ Auflösung desselben eine günstige Prognose stellt.

C. G. Jung und seine Schule haben mit diesem an der griechischen Mythologie orientierten Entwurf eigentlich eine *emanzipatorische Vatervision* entworfen; eine, in der nicht der gloriose Held in glitzernder Rüstung die von der Mutter vereinnahmten Kinder befreit, sondern eine, die dem herkömmlichen Vatermodell durch seine charakteristische Dialektik der Durchdringung von Mutter- und Vateranteilen für die Erlangung ›reifer‹ Väterlichkeit überlegen ist. Auch ist hier – im Gegensatz zu den meisten psychoanalytischen Vaterabhandlungen – auch Wesentliches zur Psychologie des Vaters selbst ausgesagt. Freilich muß mit Blick auf die gegenwärtige Kultur und Gesellschaft gesagt werden, daß die allermeisten Sozialisationsanforderungen an Buben, Männer und Väter in eine ganz andere Richtung gehen (individualistisch, pseudosouverän, grenzenlos usw.), angesichts derer diese Jungsche Vision höchstens als kritische Utopie von Männlichkeit und Väterlichkeit gelten kann.

5.5.2. Lacans »dritte« und »vierte« Position

Auch bei Jacques Lacan und in der französischen Psychoanalyse spielt die ›dritte Position‹, die gemeinhin als ›väterlich‹ fungiert, eine wichtige Rolle. In einem kleinen Aufsatz, der eigentlich der Problematik des Geburtserlebens gewidmet ist, faßt Golder (1995) die wichtigsten Aspekte der schwer zu verstehenden Theorien Lacans betreffend die Analyse des Väterlichen kompakt zusammen.[4] Dabei geht es auch um die heute zunehmend brisante Frage, wie denn der Vater als Empfindungsqualität bei solchen Kindern zustande kommt, in deren Leben er persönlich nicht oder nicht permanent anwesend ist. Sind alle jene Kinder zu einer unausweichlichen Entwicklungspathologie verurteilt?

Bevor wir diese gleichermaßen aktuellen wie sozialpolitisch brisanten Fragen in einem späteren Teil der Arbeit anhand empirischer und klinischer Ergebnisse diskutieren, sei zunächst theoretisch an die drei Lacanschen Dimensionen des Symbolischen, des Realen und des Imaginären erinnert, die auch auf den Vater anzuwenden sind: Im Symbolischen ist der Vater eigentlich für sich genommen gar nicht ›da‹, er wird nach Lacan erst durch die Mutter für das Kind als *Name* eingesetzt. Dieser ist nicht Name im alltagssprachlichen Sinn, nicht der Familienname oder die Silben »Pa-pa«, sondern »das, was für das Kind das Wirken der väterlichen Metapher ermöglicht« (Julien 1995, S. 79). Und erst die Mutter ist es, die diesem Wirken Bedeutung und Kraft verleiht, indem sie seinem Wort, seiner Autorität einen Platz – eben den »Namen-des-Vaters« – einräumt. Dieser »Name-des-Vaters« kann »als durch die Mutter vorgenommene Einschreibung eines *leeren* Platzes, als Signifikanten ihres Mangels« definiert werden (ebd., S. 80). Ihn kann nun der Vater auf seine Weise im Realen einnehmen – es wird also nicht von der Mutter bestimmt, welche Rolle er in welcher

---

[4] Daß wir mit diesen Verständnisproblemen nicht allein sind, belegt trostreicherweise auch eine Stelle bei Lebovici u. Crémieux: »Es ist in der Tat schwierig, die Schriften von Jacques Lacan direkt zu lesen, und es ist wahrscheinlich besser, sich an das zu halten, was einige seiner Schüler darüber sagen, wenn sie die Funktion der Vaterschaft untersuchen« (1974, S. 217).

Weise einnimmt. Das Reale ist aber nicht gleich der empirischen Wirklichkeit (des Vaters); es ist letztlich das Unbestimmbare, Unbeweisbare (Pater semper incertus), das aber gleichzeitig die Funktion der *Negation* einführt, »indem er eine ganz bestimmte Frau zur Ursache seines Begehrens gemacht hat«; und damit tritt der reale Vater als »Agent der Kastration« auf (ebd., S. 82)! Der imaginäre Vater schließlich – Gegenstand des Analysierens – kommt (im Gegensatz zum symbolischen Vater, der von der Mutter und vom realen, der vom Vater selbst kommt) vom Kind her. In ihm erschafft das Kind sich eine Phantasie, eine *Imago* des Vaters, die die Enttäuschung am realen Vater überdecken hilft: diese Phantasien können in jeder Hinsicht außergewöhnlich sein, indem sie einen Vater »von imponierender Gestalt, von hohem Rang, mit einem einnehmenden Wesen« konstituieren (Julien 1995, S. 83).

Dieser imaginäre Vater ist in der Lacanschen Lehre in doppelter Hinsicht ein versagender: einmal, weil er uns per Gesetz die Frau(en) versagt – was wird eigentlich den Mädchen versagt? (JCA) – und zum anderen, weil er dem Vollkommenheitsideal, das wir ersehnen, nicht entspricht. Im Lauf der Entwicklung gilt es deshalb, sich von diesem Vater zu verabschieden, ja wir müssen durch Haß und Kampf hindurch, bis wir dieses wegen seiner Vollkommenheit geliebte Bild aufgeben können. Dies setzt übrigens voraus, daß der Vater selbst nicht danach trachtet, ein solches Vollkommenheits- und Idealbild auszufüllen! Der Vater des Realen ist dann derjenige, der für das Kind den Verlust des imaginären Vaters herbeiführt – und »die Liebe zu diesem Vater gilt es in der Tat zu verlieren«; ist sie es doch, die zu allerlei fragwürdigen Hinwendungen zu großen Gestalten samt der Unterwerfung unter sie führt (ebd., S. 85). Julien illustriert dies mit Freuds eigener Verwunderung und Sorge »über diese *Faszination* des Menschenwesens angesichts großer Männer« (bei ihm selbst war dies in seiner Jugend Hannibal, im Alter dann Moses!). Es gäbe danach tatsächlich eine seltsame Leichtigkeit und beunruhigende Schwäche, sich von Gestalten unterdrücken zu lassen, denen man etwas Besonderes zutraut. Politiker und Kirchen haben diesen unwiderstehlichen Hang oft auszunutzen bzw. zu mißbrauchen gewußt (1995, S. 85).

Lacan selbst sprach nun im Rahmen der ödipalen Situation eigentlich nicht nur von drei, sondern von *vier* Größen: als vierte nämlich konstatierte er die *symbolische Funktion*: neben dem biologischen Vater als Dritten, dessen Bedeutung an keine bestimmte Entwicklungsphase gebunden ist, wird im Ödipuskonflikt über jene biologische Trias Kind-Gebärerin-

Erzeuger hinaus eine vierte Ebene, nämlich die des väterlichen *Phallus* reproduziert und – kraft des Wortes, der Sprache und der gegenseitigen Verständigung – eingeführt (vgl. Lacan 1975, 1975a). Der Platz des Vaters wäre also der eines Symbols als Viertes, dessen Funktion eben eine *Leerstelle* ist. Lebovici u. Crémieux versuchen dies so verständlich zu machen: »Es ist das Bild des Phallus, das den Platz der Menschenmutter markiert und eben damit bezeichnet, was ihr fehlt« (1974, S. 219).

Golder kritisiert deshalb die in der Psychoanalyse sehr verbreitete, mißverständliche aber populäre Vorstellung des Vaters als dem »Dritten«, der für das Kind den Weg aus der zweisamen Symbiose mit der Mutter weist:

> »Man spricht zu Unrecht vom Vater als dem Dritten. Zu oft meint man, seine Rolle bestünde einfach darin, die Mutter vom Kind und umgekehrt, zu trennen, so im Sinne einer Aufgabe im täglichen Leben. All die Frauen, die ihr Kind alleine erziehen, beweisen zur Genüge, daß dem nicht so ist, ansonsten wären all diese Kinder Psychotiker«. (1995, S. 34)

Gerade bezüglich der oft angesprochenen Alleinerzieherinnen-Problematik erscheinen Vorstellungen nach der Art des Vaters als Erlöser von mütterlicher ›Alleinherrschaft‹ nämlich höchst irritierend. Dagegen setzt die Autorin in der Tradition Lacans nicht den Vater, sondern *ein Symbolsystem wie die Sprache als das eigentliche Dritte*: sie erst mache das Kind zur »Metapher des Begehrens« der Mutter, die sie mit ihrem Mann verbinde und im Akt der Namensgebung an das Kind den ersten Ausdruck finde. In der Folge sei deshalb besser vom Vater eben nicht als dem Dritten, sondern *»als dem Vierten«* zu sprechen.

Was macht dann aber dieses »Dritte« aus? Das »Dritte« komme »in der ersten Wahrnehmung des Kindes dem Phallus« in seiner symbolischen Dimension als *Signifikant des Mangels* zu. Dieser Phallus wiederum werde von Mutter und Kind verschieden wahrgenommen: Für die Mutter ist das Kind selbst der Phallus, »in dem Sinne, daß es ihren Mangel ausfüllt. Sie ist damit in der Habensdimension«. Das Kind hingegen kann sich selbst »als Ganzes, als Phallus der Mutter« wahrnehmen, ist also in einer »Seinsdimension« (ebd.). Umgekehrt verhindern die Einführung des *Namens-des-Vaters* nach Lacan sowie auch das Nein des Vaters, daß das Kind einzig das Objekt des mütterlichen Begehrens wird, was ihm die symbolisch-sprachliche Welt eröffnet und es vor der Psychose, der quasi sprachlosen Ausgeliefertheit bewahrt (vgl. auch Von Klitzing 1998, S. 121). In Bezug auf den Vater ist dieser Ansatz folgenreich:

> »Dieser Dritte, von dem man so auf eine etwas orthopädische Weise träumen kann, hat gar nicht den Platz des Dritten, sondern den Platz dieses Anderen, des Vierten, auf welchen sich die Mutter stützt, um die dritte Dimension der Sprache zu übermitteln. Ein Vater, der in der Realität abwesend ist, im Begehren der Mutter jedoch anwesend, reicht vollauf«. (Golder 1995, S. 35)

Diese väterliche Funktion kann im Alltag noch ein Stück anders verstanden werden: man kann oft genug beobachten, daß Väter, die unbedingt sehr präsent für ihre Kinder sein möchten, sich »allmählich in Mütter verwandelt haben«. Sie konnten »nichts anderes mit sich selbst anfangen (...) in dieser Situation«. Dagegen ginge es letztlich darum, »im Begehren der Mutter einen Platz zu finden und die symbolische Dimension, die zwischen Mutter und Kind am Werk ist, zu unterstützen. Hülle zu sein für die Mutter ist dabei viel wichtiger, als dem Kind die Flasche zu geben« (ebd.).

In diesem Sinne ist festzuhalten, daß nach Lacanianischer Auffassung der »Platz im Begehren der Mutter« die eigentliche Art der Vermittlung darstellt, in der Väterlichkeit dem Kind übertragen wird. Golder bringt beispielhaft das Bild jenes von Beginn an »engagierten« Vaters, der wie selbstverständlich meint, bei der Geburt im Kreißsaal anwesend sein zu ›sollen‹. Ein solcher – so meint Golder – ist vielleicht weniger »wichtig« als jener Vater, der vor dem Kreißsaal sitzend nervös eine Zigarette nach der anderen raucht. Warum? Weil er »vielleicht mehr im Begehren seiner Frau gegenwärtig« ist als der, der mitgeht, weil man das heutzutage als ›guter‹ Vater halt einfach tut, und vielleicht sogar noch mit der Videokamera das einmalige Ereignis filmt (was unter Umständen wenig emotionale Beteiligung zuläßt – also wenig ›Begehren‹! – JCA). Auch das von Hebammen und Geburtshelfer/innen oft praktizierte Ritual, dem Vater dann die Schere in die Hand zu drücken, damit er die Nabelschnur durchtrennt, mag aus symbolischer Sicht nachvollziehbar sein, ist nach dieser Auffassung jedoch eine »lächerliche Reduktion« des Väterlichen (S. 35).

Dagegen hält die Autorin die von vielen französischen Kinder-Analytikerinnen betonte »subtile Gegenwart« des Vaters für wesentlich bedeutsamer. Diese ist für das Kind bereits vor der Geburt faßbar: es nimmt Stimmen während der Schwangerschaft wahr, merkt den Herzrhythmus der Mutter und dessen Änderungen, kennt die Melodie der mütterlichen Stimme, wenn diese auf eine andere Stimme antwortet. Und:

> »Sehr rasch versteht das Kind über sein Wohlergehen oder sein Unbehagen etwas vom Platz, welchen die Mutter dem Vater in ihrem Begehren einräumt. Diese *subtile Gegenwart des Vaters im Begehren der Mutter* gibt dem Seinsgefühl des Kindes den spezifischen Stempel in dem Moment, wo es diese unglaubliche Arbeit der symbolischen Differenzierung vornimmt. Es ist ja so, daß in der ersten dualen Verschmelzung diese ›andere‹, durch die Beziehung zum Mann entstandene Melodie in der Mutter, zur Melodie des Kindes wird, ganz gleich, ob jetzt die Beziehung gut oder schlecht sei«. (ebd., S. 36; Hervorhebung JCA)

Die vielzitierte Funktion des *Namens-des-Vaters* ist dann genau diese: der Vierte im Beziehungsgeschehen trägt dazu bei, daß die dritte Dimension dem Kind durch die Mutter überhaupt erst überliefert werden kann. Das ist die Wichtigkeit der Gegenwart des Vaters für die Mutter, »vielleicht einfach als Hülle für sie, in diesem Moment, als Garantie der Permanenz des Begehrens« (ebd.). Im umgekehrten Sinn ist es unseres Erachtens aber auch die Ausschließung des Vaters (bzw. die Setzung des Vaters als einen, der nicht begehren darf, der keinen Platz hat), die nach diesem Modus geschieht, etwa wenn die Mutter den Vater (oft wohl auch zu Recht) zurückweist oder entwertet, das Kind als heimlichen Verbündeten gegen den Ehemann gebraucht, und ähnliche Konstellationen (vgl. Nitzschke 1989, S. 108f.).

Was den weiteren Verlauf der (ödipalen) Entwicklung betrifft, unterscheidet sich die Lacansche Version nur wenig von anderen psychoanalytischen Interpretationen (auch nicht darin, daß es letztlich fast immer nur um den »Jungen« zu gehen scheint...!): der Heranwachsende müsse durch die ödipalen Konflikte hindurch darauf verzichten, den väterlichen Phallus (=das Begehren der Mutter) zu besitzen und selbst der Vater zu sein, »d. h. er muß das symbolische Gesetz des Vaters, das symbolische Gesetz des Tausches akzeptieren, das festsetzt, was jedem zukommt, was er haben kann und was ihm verboten ist. Indem er auf den Inzest, auf ein privilegiertes Verhältnis zu der Mutter verzichtet, kann der Junge eine privilegierte Beziehung zum Vater herstellen. So kann er dessen Wünsche akzeptieren und, indem er das Gesetz des Vaters anerkennt, die Mittel ergreifen, um seinen Wunsch in der Identifizierung mit dem Vater zu realisieren« (Lebovici u. Crémieux 1974, S. 221f.).

5.5.3. Gérard Mendels Vaterimago als Institution

Gérard Mendel geht in seinem Bestimmungsversuch von Väterlichkeit von dem durch ihn begründeten »sozio-psychoanalytischen« Ansatz aus (1972, 1972a): Zunächst unterscheidet er in durchaus konventioneller psychoanalytischer Tradition zwischen den zwei Arten der Mutter- und der Vaterimagines. Dabei werden die frühesten libidinösen Impulse gegenüber der Mutter als Quelle des Lebens, der Nahrung, der Wärme und Liebe bei ebensolcher gewährender Beantwortung dieser Impulse zur Imago der *»guten Mutter«* vereinigt und verinnerlicht. Die unvermeidlich notwendigen Kränkungen und Versagungen hingegen und die entsprechend aggressiven Impulse des Kindes führen schließlich zur Ausprägung der Imago der *»bösen Mutter«*. Diese beiden Imagines stehen nicht nur in enger Beziehung zum heranreifenden Ich des Kindes, sondern auch zueinander, wodurch sie in raschem und heftigem Wechsel bei Befriedigungs- und Versagenserlebnissen auftreten können – höchste Beglückung und extreme Angst wechseln einander ab (Mendel 1974, S. 235ff.).

Mendel spricht nun von einer *»sozusagen ›physiologischen‹ Abwehr«* gegen diese ständig Instabilität verheißenden Wechselbäder der Mutterimagines – einer Abwehr, der aus seiner Sicht auch geradezu ›quasi-natürlicher‹, oder besser: ›quasi-naturnotwendiger‹ Charakter zukommt, und das ist *die Identifikation mit dem Vater*. Denn wenn in Phasen beglückender Zustände (gute Mutterimago) stets die »Gegenimago« (böse Mutterimago) lauert, den Mutterimagines noch dazu per Projektion des Kindes der Charakter des Diffusen, Grenzenlosen, des Verschlingenden und Bedrohlichen anhaftet, dann bedarf es jener Schutzfunktion der Vaterimagines, die sich gegen die Primärobjektdominanz richtet: diese Imagines und ihre Eigenart werden bei Mendel unabhängig vom Geschlecht des Elternteils wirksam, wodurch etwa bei frühem Mutterverlust der verbleibende Vater mit allen Kennzeichen des Primärobjektes verinnerlicht werde (Rousseau wird als ein solcher Fall vorgestellt!) und das Kind nicht die Chance habe, »gestützt auf das Vaterbild sich von dieser (primären – JCA) Beziehung zu emanzipieren« (1974, S. 239).

Die Vaterimagines sind »in allen Merkmalen den Mutterimagines entgegengesetzt«. Steht die durch die Primärbeziehung zugrundegelegte mütterliche Gewalt unter dem Eindruck magischer Allmacht, der das

Subjekt im Guten wie im Bösen ausgeliefert ist, so steht die *»gute« Vaterimago*, die dem späteren Ich-Ideal entspricht, für einen »gerechten«, »starken«, »freien« und »wohlwollenden« Vater: »Gerecht, weil er die Grenzen der Rechtsordnung respektiert, d. h. nicht eigenmächtig verfährt. Stark, weil er Gewalt über Dinge und Lebewesen hat, ohne allmächtig zu sein. Frei von allem im Hinblick auf die Mutter, insofern er ihrer Macht nicht unterworfen ist« (ebd., S. 247).

Die Bildung dieser Vaterimago stellt also eine »besondere Form der Angstvermeidung« dar, Vermeidung »jener Angst, die mit der Einswerdung der Imago der bösen Mutter zusammenhängt« (S. 252). Während die Mutter im Unbewußten »als Substrat der Allmachtsphantasien des Subjekts (in der Liebe wie im Haß)« existiert, stellt die Vaterimago »das unbewußte Substrat der Selbstverwirklichung des Subjekts sowie der Anerkennung des anderen als eines gleichfalls selbständigen Subjekts und nicht bloß Objekts« dar (Mendel 1974, S. 254f.) – eine Position, die ebenfalls an das noch zu erörternde Intersubjektivitätsparadigma von Benjamin (1990) erinnert.

Um die ödipale Auseinandersetzung voll durchleben und überwinden zu können (auch mit allen negativen Gefühlen gegenüber dem Vater, d. h. ihn auch entmachten, kastrieren zu können), und die daraus resultierenden furchtbaren Schuldgefühle und »bösen« Vaterimagines zu beherrschen, muß nun – wie auch an anderer Stelle noch betont wird – das präödipale Vaterbild von dem der Mutter deutlich abgrenzbar und differenzierbar sein (»paternale Merkmale« aufweisen, wie Mendel sagt). Außerdem muß es mit libidinöser Besetzung ausgestattet sein, um die unbewußte Aggression der ödipalen Kämpfe ertragbar werden zu lassen (S. 255f.), etwas, worauf wir bei der Hervorhebung der negativ-ödipalen Beziehung des Vaters noch zu sprechen kommen werden. Wer diesen Schritt und eine Identifikation mit den Vaterbildern nicht schafft, kann sich im günstigsten Fall »durch Sublimierung mit ›geistigen Vätern‹, bewunderten Lehrmeistern identifizieren« (S. 243), oder aber er bleibt neurotisch an allmächtige Mutterimagines fixiert. Die durch die mißlungene Identifikation mit dem Vater nicht integrierten Liebes- und Aggressionsstrebungen werden dann verdrängt und können unterschiedliche ›Schicksale‹ nehmen – wobei Mendel interessanterweise auch schon die Verlagerung nach außen, auf die »Fremden«, als Möglichkeit nennt.

So weit bewegt sich Mendel durchaus noch innerhalb des traditionellen psychoanalytischen Rahmens. Für die heutige Zeit aber diagnostiziert Mendel eine *Generationenkrise*, die ebenfalls mit der Funktion des Väterlichen in der Gesellschaft zu tun hätte. Diese »Generationenkrise« unterscheidet er vom ›normalen‹ ödipal-pubertären »Generationenkonflikt«, der seinen Verlauf rund um die Phantasien und Strebungen nähme, im Unbewußten (und neben der Mutter) den Platz des Vaters einzunehmen. Heutzutage jedoch stellten wir fest, daß der junge Mensch sich weigere, sich mit dem vom Vater repräsentierten Modell zu identifizieren. Wenn nämlich unter der Bedingung des ödipalen Generationenkonflikts (bei dessen Wiederaufleben in Pubertät und Adoleszenz) zum ohnehin konfliktiv besetzten ›pater familias‹ eine gesellschaftliche Vaterrepräsentanz hinzutritt, die wegen der sozialen und technologischen Entmachtung der Väter ebenfalls ›wackelt‹, so wird die Situation kritisch: Dies auch deshalb, weil die technisch-industriellen Einflußfaktoren den Heranwachsenden unweigerlich mächtiger vorkommen als die traditionell durch den Vater repräsentierten gesellschaftlichen Traditionen und Werte, also *stärker* sind als der Vater:

> »In dem unbewußten psychischen Universum des zeitgenössischen Jugendlichen hängen die Kraft und das Prestige des Familienvaters zwar von den persönlichen Eigenschaften dieses Vaters ab, aber die soziokulturellen Institutionen werden als der Ausdruck eines Vaters erlebt, der der technologischen Allmacht ohnmächtig gegenübersteht. d. h. für das Unbewußte als der Ausdruck eines Vaters, der der mütterlichen Allmacht ohnmächtig gegenübersteht«. (1972a, S. 164f.)

Dabei kommt es wesentlich darauf an – und hier berühren wir das später zu erörternde Thema des frühen »dyadischen Vaters« bei Peter Blos (1990) –, ob der Sohn (und die Tochter? – JCA) in der ›persönlichen Vorzeit‹ seiner Entwicklung schon eine *genügend gute Vaterbindung* hatte aufbauen können, um diesen mit archaischen Mutterimagines amalgamierten Bedrohungen etwas entgegensetzen zu können. Mendel sieht die kulturellen Bedingungen zu solch wichtiger »Konsolidierung des Vaterbildes« aber als ungünstig an, nähert sich heute der Jugendliche doch *»ohne hinreichend solides und individualisiertes spezifisches Vaterbild* seinem pubertären Ödipuskonflikt: er steht nicht mehr einem Vater gegenüber, sondern der *Mischung aus einem schwachen Vater und einer allmächtigen Mutter* (...) Er kann sich nicht auf das Vaterbild stützen « (1972a, S. 165; Hervorhebung JCA) – eine Zeitdiagnose, die wohl auch fast 30 Jahre nach Erscheinen dieser Gedanken noch nichts an Brisanz verloren hat!

Ein weiterer Grund, den Mendel für die zunehmende Ablehnung des (schwachen) Vaters als Vorbild, ja sogar für die verbreitete »Verachtung« der Väter (-Generation) durch Heranwachsende verantwortlich macht, ist, daß der Vater unbewußt *»nicht mehr als von der Mutter grundlegend verschieden erscheint,* daß ihre Bilder miteinander verschmelzen und daß der Vater nicht mehr seine psychische Funktion als solider Vermittler zwischen dem Jugendlichen und der archaischen Welt der Kindheit ausübt. Auf diese Befürchtung sind wir auch schon bei Dorothy Burlingham (1989) gestoßen. Mit einem Wort, *der Vater erscheint nicht mehr als Vater, sondern als fast undifferenziertes Elternbild«* (ebd., S. 166; Hervorhebung JCA).

Genau dies lasse den Heranwachsenden, nachdem die Übermacht und Unkontrollierbarkeit der Technik als »wesentlich mütterlich« begriffen würde, in großer Hilflosigkeit erscheinen, die sie schließlich zur Abkehr von ödipalen Konflikten, ja zum Ausweichen auf narzißtische und anderweitig verführerische Figuren bewegen kann. Die Existenz eines »starken wie gerechten Familienvaters«, die »Interiorisierung« eines solchen Vaterbildes in der Ödipuszeit und die Anwesenheit eines solchen Vaters in der Pubertät hingegen mache es Heranwachsenden möglich, »der Pubertätskrise gut gerüstet zu begegnen, den utopischen und nihilistischen Versuchungen zu widerstehen, die Gesellschaft den Forderungen jenes unbewußten Ich-Ideals anzupassen, das sich aufgrund des interiorisierten Vaters herausgebildet hat« – eben das, was Mendel im Unterschied zur diagnostizierten »Generationskrise« den »Generationskonflikt« nennt (ebd., S. 169). Die regressive Bewegung aber, die nun einsetzt, kann statt dessen auch zur Anhängerschaft an fragwürdige Kultfiguren wie etwa in der jüngeren deutschen Geschichte oder in zahlreichen Jugendbewegungen führen.

Die Bedeutung des Vaters liegt also in dieser ›sozio-psychoanalytischen‹ Sicht Mendels ganz wesentlich in der (eigentlich für beide Geschlechter gültigen – JCA) Funktion, als starkes, mächtiges Ideal der als archaische Mutterimago erlebten Außenwelt gegenübergestellt zu werden im Sinne – wie man das nennen könnte – ›anerkennender Subjektivierung‹. Wenn jedoch die gesellschaftlichen Bedingungen ein solches starkes Vaterbild nicht begünstigen und im Gegenteil die gesellschaftlichen Institutionen das Väterliche zurückdrängen, den spezifischen Vatercharakter der sozialen

Gewalt zum Verschwinden und ihn mit Mütterlichem zur Vermischung bringen, dann nehmen die ältesten unbewußten Ängste gegenüber der Mutterimago und dem Wunsch, die Mutter (Erde) anzugreifen, zu töten, wieder zu. Das Individuum wird mit aller Macht versuchen, diese Vaterimago – und sei es durch die Revolte gegen die realen Väter – in anderen ›Göttern‹ wiederzufinden, die es vor den archaischen Ängsten beschützen sollen; daß dies in eine ungewisse, fragwürdige Zukunft führen kann, liegt auf der Hand.

In Mendels soziopsychoanalytischer Theorie der Generationenkrise begegnet uns somit ein Vaterbild, das nahe an die heutigen Diskussionen um die ›Vaterlosigkeit‹ und ihre Folgen heranreicht. Der Interpretation des technisch-industriellen Fortschritts, der uns bedroht und die unbewußte Sehnsucht nach väterlichem Schutz erst recht aktiviert, als bedrohlich-mütterliches Ungetüm sollten wir allerdings mit kritischer Reserviertheit begegnen. Während es hier darum zu gehen scheint, Frauen und Müttern (wieder einmal) die Repräsentation alles Schrecklichen, das uns Angst macht, zuzuschieben – ›mother hunting‹ im großen Stil? – wäre es überlegenswert, die im Patriarchat eigentlich das gesellschaftliche ›Draußen‹ repräsentierenden Väter *selbst* mit diesem Schrecken, den sie ja auch tatsächlich in ihren weltweit führenden Positionen zu verantworten haben, zu assoziieren. Wir hätten es dann mit einem *gespaltenen* Vaterbild zu tun, dessen (archaische?) bedrohliche Seite – und nicht die der bösen archaischen Mutterimago – aufgrund der von Mendel ausgeführten gesellschaftlichen Bedingungen überhand zu nehmen scheint und die verkümmerte (oder erst zu kultivierende) liebevolle und fürsorgliche Seite weit überstrahlt.

6. Spezielle Aspekte des Entwicklungs- und Sozialisationsfaktors ›Vater‹ aus psychoanalytischer Sicht

> »Nach der letzten Stunde habe ich das Grab des Vaters besucht, das erste Mal nach seinem Tod. Ich habe mich neben das Grab gelegt und in das Grab hineingeweint (...) Ich muß ihn mir wieder zum Leben bringen. Darum geht jetzt alles. (...) Die große, breite Fläche ihres Körpers, damit fangen sie mich auf. Eine väterliche Figur, die stellen sie dar. So war mein Vater auch. Wenn sie so dasitzen, dann sitzt die lebendige Vergangenheit mit meinem Vater vor mir, und das hilft mir«.
>
> *Ein Patient in der Analyse zu Ulrich Ehebald (1989, S. 217)*

Gegenüber der verbreiteten, in ihrer Konzentration auf den rivalisierenden Ödipuskomplex sehr männerorientierten Lesart der Vaterrolle in der psychoanalytischen Entwicklungstheorie hat Rotmann – übrigens schon lange vor diesen neueren Ergebnissen der Säuglingsforschung – darauf hingewiesen, daß Mutter *und* Vater schon früh als zwei verschiedene Personen erkannt werden. Kinder reagierten schon mit sechs bis zwölf Monaten auf »experimentelle Trennungen« von der Mutter oder vom Vater (über die ›Ethik‹ solcher ›Versuchsanordnungen‹ müßte man gesondert diskutieren!) gleichartig, so daß sie also *»auf den Vater nicht etwa leichter verzichten können als auf die Mutter«*. Und dies war sogar bei ›Durchschnittsvätern‹ der Fall, die keine Tätigkeiten wie Windelwechseln ausübten oder tagsüber häufig abwesend waren: »Der Vater braucht also nur minimal im Alltagsleben des Kleinkindes und nur minimal an der direkten Pflege beteiligt zu sein, um doch spezifisches Bindungsobjekt für das Kind zu werden« (1984, S. 153; Hervorhebung JCA). Daß solche Schlüsse auch leicht dazu mißbraucht werden können, die traditionelle Geschlechtsrollenverteilung zu legitimieren und zu stabilisieren, steht auf einem anderen Blatt. Andererseits kann aber geschlossen werden, daß Väter offenbar eine ebenso stabile Objektbeziehung garantieren können und damit ebenso dafür verantwortlich gemacht werden können.

Diese Objektbeziehungen müssen als kontinuierliche gesehen werden, die bis in Pubertät und Adoleszenz hinein ihre Wirkungen behalten. So hat Rodenberg (1965) eine interessante Studie an immerhin fünftausend Oberschülern über die Zusammenhänge zwischen Selbstwerterleben und Vaterpräsenz vorgelegt. Die Ergebnisse werfen ganz zentrale Fragen über die Bedeutung der Vaterfigur auf: Jugendliche, die von einem engen Verhältnis zum Vater berichteten, wiesen deutlich stabilere Selbstkonzepte und einen höheren Selbstwert auf als Jugendliche mit distanziertem, unpersönlichem Vaterbezug! Interessant auch, daß die Jugendlichen mit sehr niedrigem Selbstwert nicht die waren, deren Eltern häufig straften (schimpften, etwas wegnahmen oder verboten), sondern die, deren Eltern ihnen gegenüber *Gleichgültigkeit* an den Tag legten oder durch respektlose Behandlung und Mangel an elterlicher Führungsfähigkeit gekennzeichnet waren (zit. n. Wahl 1989, S. 194ff.)!

6.1. Die Beziehung zum ›Tertium‹

> »Die Dyade steht für Übereinstimmung, aber auch für Stillstand, die Triade dagegen für Differenz und Entwicklung«.
>
> *Metzger (2000, S. 66)*

Die Frage nach dem Vater müßte angesichts derart starker empirischer Belege eigentlich umgedreht werden, so daß man fragen sollte, warum er denn innerhalb der mannigfachen Eltern-Kind-Beziehungen *keine* Rolle spielen sollte! Deshalb sind auch rein dyadische Vorstellungen der Beziehung zwischen Kind und Primärobjekt (Mutter) zunehmend in Frage zu stellen, während die Beziehung zwischen Vater und Mutter und deren Internalisierung durch das Kind stärker beachtet werden muß (vgl. schon Winnicott 1984, 1991). Das Kind internalisiert nicht nur die Repräsentanz der Mutter, sondern zumindest auch die beobachtete und erfühlte Beziehung zwischen den Eltern – das, was wir in einem weiteren als dem ursprünglich Freudschen Sinne als *»Urszene«* bezeichnen können. Aron (1995, S. 43f.) hat diese Internalisierung der Urszene und die »Schaffung eines ›dreieckigen Raumes‹« deshalb als so wichtig angesehen, weil es die »Grundlage für die Integration des Selbstempfindens (des Selbst sowohl als

Subjekt als auch als Objekt)« schafft und damit auch die Voraussetzung für die Entwicklung von Intersubjektivität herstellt, deren Bedeutung wir an anderer Stelle noch genauer untersuchen werden. Unter ›Urszene‹ wird hier also etwas viel Weiteres als nur die Beobachtung des elterlichen Geschlechtsverkehrs verstanden, nämlich die »Gesamtheit der Erlebnisse, der Ausarbeitung und der persönlichen Mythologie des Kindes bezüglich der Interaktion und der Beziehung zwischen den Eltern« (ebd., S. 31). Aron stellt sie der sogenannten »vereinigten Eltern-Imago« zur Seite (S. 33). Wie sollte eine solche ›Vereinigung‹ ohne Vater auskommen?

Im Anschluß an Mahler (1993) wird die entwicklungspsychologische Bedeutung des Vaters für Kinder in der präödipalen Zeit meist dergestalt zusammengefaßt, daß er dem Kind – zunächst noch unabhängig vom Geschlecht – wichtigen Halt gegen regressive Wünsche, in der Symbiose zu verharren, bietet. Die durch diese Wünsche hervorgerufenen archaischen Ängste (Verschmelzung, Verschlungenwerden usw.) können bei Versagen des Vaters (oder eines/er anderen Dritten), seiner Verweigerung oder seinem Ferngehaltenwerden durch die Mutter ähnliche Ängste bis hinein in erwachsene Liebesbeziehungen hervorrufen. Abelin (1971, zit. n. Bernstein 1993, S. 552) vermutet sogar, daß die Auflösung der Verstrickung des Kindes mit der Mutter im Rahmen der Loslösungs- und Individuationsphase sowohl für die Mutter als auch für das Kind ohne Vater unmöglich wäre! Der vom Vater gebotene ›Halt‹ besteht aber nicht nur in dieser Bindungsauflösung, sondern auch im Vorleben einer (halbwegs) unabhängigen Beziehung zur Mutter – natürlich nur, wenn er selbst so strukturiert ist, daß er nicht in der Partnerbeziehung die Mutterbindung wiederholt und möglicherweise gar mit dem Kind um die Zuneigung der Mutter rivalisiert. Wichtig ist auch, daß er mit seiner eigenen Männlichkeit und Geschlechtsidentität halbwegs zurechtkommt, also nicht zum Beispiel Frau und Kinder aus Unsicherheit oder Schwäche heraus unterwerfen und beherrschen will (vgl. Nitzschke 1991, S. 136f.).

Aber auch auf der Ebene der symbolischen Repräsentanzen und ihrer Bedeutung für die seelische Strukturbildung scheint es wenig Grund zu geben, den Vater bis zur Ödipalität hin sozusagen aufs ›theoretische Abstellgleis‹ zu verbannen. Daß sich dyadische Muster anscheinend überhaupt nur zum Primärobjekt hin entwickeln, liegt nach allgemeiner neuerer Auffassung nicht in der Unfähigkeit des Säuglings begründet, (noch) nicht triadisch fühlen zu können, sondern vor allem in der durch das spezifisch patriarchalische Geschlechterverhältnis diktierten Situation, daß die Pflege-, Ernährungs- und Beziehungsleistungen vornehmlich von nur einer bestimmten Person – der Mutter – ausgeübt werden. Bürgin (1998) hat in diesem Zusammenhang jüngst geschildert, wie sich zunächst »wahrscheinlich mehrere dyadische Beziehungseinheiten nebeneinander« entwickeln, die nur locker miteinander korrespondierten. Erst im Verlauf der weiteren Monate und besonders im zweiten Lebensjahr käme es dann zur Integration dieser Dyaden und demzufolge zur Ausgestaltung der psychischen Struktur in Richtung eines triadischen Charakters. Erst dann nämlich, wenn sich das Kind von der Innenwelt dieses dyadischen Gegenübers und damit von dessen Bezogenheit zu einem weiteren, dritten (dyadischen) Gegenüber, etwa dem Vater, eine Vorstellung machen könne (also eine entsprechende Vorstellungsrepräsentanz ausbildet), sei die Voraussetzung zur Vorstellung eines präödipalen Dreiecks gegeben: »Jetzt erst läßt sich das Dreieck einer präödipalen Dreisamkeit – bzw. das Vieleck der präödipalen Vielsamkeit – schließen« (S. 27), wobei diese »Vielsamkeiten« in der Vorstellungswelt des Kindes wegen ihrer Komplexität die Tendenz zeigten, zu Zwei- oder Dreisamkeiten zu zerfallen.

Damit ist nach Bürgin das Modell des Aufbaus seelischer Repräsentanzen »das einer Dreisamkeit: Selbstrepräsentanz, Objektrepräsentanz 1 (meist die Mutter) und Objektrepräsentanz 2 (meist der Vater)«. Diese Dreisamkeit kann aber auch immer wieder in Zweisamkeiten (drei an der Zahl: Mutter-Kind, Vater-Kind, Mutter-Vater) zerfallen (ebd., S. 28). Schon die ersten Spaltungen der (in den meisten Fällen:) Mutterrepräsentanz in ›gut‹ (befriedigend) und ›böse‹ (versagend) tragen dabei »*zur Geburtsstunde des Dritten*« bei, wobei diesem Dritten die eine oder andere Spaltung in gut/böse angelastet wird: Wenn der Vater daher in das Leben des Kindes spürbar eintritt, übernimmt er tatsächlich oft Gefühle, die das Kind bereits gegenüber bestimmten Eigenschaften der Mutter empfunden hat. Und da der Vater »so oder so in der inneren Welt der Mutter, entweder als Muttersvater oder als Schwängerer, existiert, ist er *als Dritter und Teil der mütterlichen Beziehung zum Kind immer präsent*«. Als solcher also ›unbeseitigbar‹ vorhanden (und nicht erst ab irgendwann), stabilisiert der Dritte (z. B. der reale Vater) die Aufgliederungsmöglichkeiten der verschiedenen Objektrepräsentanzen und die Getrenntheit von diesen »und wird damit zum *Garanten eines wie dazwischen geschobenen Symbolsystems*«, das vor dem »Versinken in einer fusionären Beziehung« und vor dem Schwinden der Distanz zur Repräsentanz des Primärobjekts schützt (ebd., S. 28f.; Hervorhebung JCA). Somit wird dieser Dritte auch zum »Schöpfer des Verneinungssymbols«, das das Kind von der phantasmatischen mütterlichen Allmacht trennt und bewahrt. »Er ist auf diese Art sowohl Garant und Vermittler, Held und Befreier, Wegbereiter und Vorbild (der Individuation – JCA) als auch Verbietender und derjenige, der den Verzicht auf den Wunsch nach Allmacht fordert« (ebd., S. 29).

Man kann – wie es Overbeck (1995) nachdrücklich tut – auch von der »*strukturbildende(n) Erfahrung des Tertium*« sprechen, die die Voraussetzung für die Identitätsbildung und für die Entwicklung von Sozialität insofern stellt, als sie durch Darbietung einer Alternative »dem Individuum ermöglicht, Freiheit und Angst vor Risiko auszuhalten«. Für die Therapie heißt das übrigens, daß der Therapeut die triangulierende Funktion, die der Vater im vorhinein hätte ausüben müssen, im nachhinein auszuüben und sich als Objekt zur Verfügung zu stellen hätte, »das *anders* als die Mutter, aber auch anders als bisher der Vater reagiert, *neue Erfahrungen und neue Erkenntnisse ermöglicht, strukturierende Funktionen übernimmt, die realistische Wahrnehmung fördert, nach konstruktiven Lösungen suchen hilft, aber auch ›nein‹ sagen kann und Auseinandersetzung ermöglicht*« (Bauers 1993, S. 127) – eine wunderbare Analogie zwischen therapeutischer Funktion und der Rolle des Vaters für das Kind.

Wichtig für die Frage nach der *Gewalt* (im individuellen wie gesellschaftlichen Sinn) – die uns später beschäftigen wird – ist hier übrigens, daß dieses Tertium auch Schutz dafür bietet, daß nicht irgendeine äußere (gewalttätige) Realität als Substitut für diese innere Struktur eintreten kann und mit ihr auch ein »*Eindringen der ungefilterten gesellschaftlichen Faktizität*«, die dann die innere Gefühlsentwicklung durch gesellschaftliche Klischees ersetzt« (ebd.; Hervorhebung JCA). Insofern kann das Tertium also Schutz vor direkter Einflußnahme gesellschaftlicher Instanzen bieten – sofern es vorhanden ist.

Der Vater als mögliches bzw. spezifisches Liebesobjekt hat jedenfalls in diesem Sinne als strukturierendes drittes Objekt schon zu Beginn des Lebens seine eigenständige Bedeutung. Freilich ist diese ›dritte Position‹ nicht unabhängig von der historisch-sozioökonomisch festgelegten Art und

Weise des Familiengefüges oder ebenso von ihrer je individuellen (und damit auch gesellschaftlich verfügbaren und möglichen) Ausgestaltung. Diese Position des Dritten kann auch sehr unterschiedlich wahrgenommen und ausgefüllt werden, so zum Beispiel etwa »ausgeschlossen (beziehungsamputiert), die Gefühlsbeziehung der anderen beiden wahrnehmend (beobachtend), als umstrittener Bundesgenosse (passiv machtgenießend), die Erwachsenen zusammenhaltend (beziehungsstiftend)« (Bürgin 1998, S. 29). Auch ist es von Bedeutung, mittels welcher affektiven Einstellungsmuster gegenüber dem Vater die Mutter das Zustandekommen einer Vaterrepräsentanz beim Kind fördert oder hemmt, ob sie ihn zum Beispiel – trotz häufiger Abwesenheit! – als wichtige positive Figur vermitteln kann und will oder nicht. Gläser (1994) stellt in diesem Zusammenhang allerdings die wichtige Frage, ob eine solche Repräsentation über die Mutter ohne entsprechende Realerfahrung auch wirklich als Vatererfahrung »vitalisiert« werden kann oder ob sich bei zu großer Absenz nicht vielmehr eine »Enttäuschung am Mann« (vor allem für Mädchen) einstellt, die dann Geborgenheit und Verläßlichkeit nur mehr bei der Mutter und beim Weiblichen erwarten läßt. Somit wäre die auch später oft anzutreffende weibliche Skepsis gegenüber Männern eine Widerspiegelung der *präödipalen Vaterdeprivation.* Auch kann ein extrafamiliär ausgesprochen starker Vater als »schwach« repräsentiert werden, wenn »eine *schwache Interaktionserfahrung*« besteht und »das innere Dreieck mutterlastig geworden ist« (S. 249).

Unter den von den Erziehungs- und Sozialwissenschaften herausgearbeiteten Bedingungen kann der Vater als »*abwesender* Dritter« jedenfalls die hilfreiche Funktion einer dritten Instanz kaum erfüllen. Viel eher wird er sich als Projektionsfläche anbieten für Gefühle, die aus der Mutter-Kind-Beziehung in ihrer ungünstigen Isolation und Bindung entstehen und nicht zur Sprache kommen können (vgl. Nitzschke 1994, S. 100). Ermann schildert aus seiner klinischen Erfahrung eine ganze Reihe belastender Faktoren, die die Wahrnehmung einer positiv-triangulierenden Funktion erschweren oder verunmöglichen: etwa schlechte Elternbeziehungen generell, die sich in affektiver Labilität, Unberechenbarkeit oder Schwäche niederschlagen; oder wenn der Vater von den Kindern, speziell den männlichen, nur sehr einseitig wahrgenommen werden kann – als entweder großartig und ideal oder wertlos und schwach. Vaterbilder, die sich in der Praxis bei erwachsenen Patienten finden lassen, »*sind Eindrücke von distanzierten, herrischen, jähzornigen, rücksichtslosen, unerreichbaren und abgewandten Männern, die sich um die Familie nicht kümmern«* oder sie den Müttern überlassen, sich selbst als Rivalen um die Gunst der Mutter gebärden oder an die Kinder klammern, um affektive Unterstützung zu finden (1985, S. 102; Hervorhebung JCA). Auch der *Mangel an Ambivalenz* ist ein hervorstechender Zug dieses Vaterbildes: »Schwäche *oder* Strenge *oder* Willkür *oder* Rücksichtslosigkeit« (ebd., S. 102f.), so daß immer nur das eine, nicht auch noch eine andere Seite am Vater spürbar wird. Der Erwerb der Fähigkeit zur Ambivalenz wäre dagegen eine wichtige Voraussetzung für gelingende Triangulierungsprozesse.

Hier sei auch noch auf einen geschlechtsspezifischen Faktor der Vaterbeziehung im Hinblick auf die sinnlich-erotischen Entwicklungsbedürfnisse von Mädchen hingewiesen, den in neuerer Zeit Joyce Mc Dougall betont hat: nachdem die allermeisten Säuglinge in unserer Kultur ihre frühesten sinnlichen Eindrücke in den Armen der Mutter erleben, wird diese Beziehung zum Modellfall »sexueller« Bindungen an eine Bezugsperson. Durch diese tiefe – aus der Sicht der Mädchen homoerotische – Bindung kommt der Vaterfigur für die Übermittlung sinnlicher Eindrücke eigentlich eine vitale Bedeutung zu: ist er abwesend oder uninteressiert an seinem Kind oder macht er (wie so oft) nur die Mutter für das Wohlergehen des Kindes verantwortlich, forciert er die Gefahr, »daß seine Kinder sich später nur den libidinösen Bedürfnissen und unbewußten Problemen der Mutter entsprechend verhalten. Dies trifft insbesondere bei Müttern zu, die ihre Kinder auch als narzißtischen Ersatz für ihre eheliche oder Partnerbeziehung instrumentalisieren« (1997, S. 38f.) – wobei auch hier betont wird, daß alleinerziehende Mütter davon nicht schon automatisch betroffen sind, sondern nur, wenn ein solches narzißtisches Ausbeutungsverhältnis vorliegt.

Mc Dougall schildert anhand eines Falles, wie diese einseitige Bindung an das mütterliche Geschlecht (und damit das Fehlen der ›Urszene‹) auch für Männer die komplementäre Bedeutung des väterlichen Geschlechts als bedrohliche Leerstelle erscheinen läßt. Das heißt auch, daß ein »innerer Vater« fehlt, der die bedrohlichen unbewußten Phantasien des Kindes vom Aufgesogen- und Verschlungenwerden durch die Mutter hätte besänftigen können – was Mc Dougalls Patient *Jason* in einer Art ›Vaterübertragung‹ auf die Analytikerin so wunderbar ausdrückt:

»*Jason:* Doch warum hatte ich so viel Angst vor meiner Mutter? (*Pause*) ›Mein Gott, mein Gott, warum hast du mich verlassen?‹ Joyce, du hast mich vor ihr beschützt. Ich habe hier meinen Vater wiedergefunden ... er ist das Herz der menschlichen Maschine ... ohne Vater funktioniert sie nicht«. (Mc Dougall 1997, S. 300)

Daraus folgt also, daß bei einer Präsenz des liebenden Paares, also der eigentlichen ›Urszene‹ von klein auf, innerhalb derer beide Geschlechter dem Kind in ähnlicher Weise zugewandt sind, die sinnlich-erotische Entwicklung unter Einbeziehung gegengeschlechtlicher Identifikationen und damit lebendiger erfolgen kann. Der Tochter könnte durch einen präsenten, zugewandten Vater vermittelt werden, daß der Vater ihre Weiblichkeit ebenso wie die der Mutter achtet und so die geschlechtliche Identität des Mädchens würdigt. Freilich ist speziell diese Beziehungsdimension zwischen Vätern und Töchtern heute empfindlich gestört – zum einen durch die wahrscheinlich sehr hohe Zahl mißbräuchlicher Zuwendung von Vätern, zum anderen aber auch durch den sich bis ins Private durchsetzenden, viele Väter verunsichernden Diskurs darüber: »Ein Mädchen, dem nur gesagt wird, Männer seien selbstsüchtige Schweine und nur darauf aus, Frauen zu verführen, von ihnen zu profitieren oder sie zu beherrschen, wird es schwer haben, irgendeinen Mann zu mögen oder ihm zu vertrauen« (ebd., S. 40). Dadurch wird aber auch die Verbindung zur notwendigen Rückspiegelung des Begehrens einer gegengeschlechtlichen Bezugsperson gekappt. Narzißtische Entwicklungen sowie angstvolle und argwöhnische Beziehungen zum anderen Geschlecht sind die Folge.

Es gibt auch objektbeziehungstheoretische Ansätze, die die Bedeutung des Vaters speziell für die Entwicklung der *Geschlechtsidentität* erhellen. Allgemein geht ja die Objektbeziehungstheorie von der Existenz prägender Vorgänge in Auseinandersetzung mit den primären Bezugspersonen – Mutter und später auch Vater – für die Geschlechtsidentität aus. Nancy Chodorow (1990) nun setzt – im Unterschied zur Betonung klassisch-ödipaler Vorgänge – in der präödipalen Zeit an, wo die häufige Abwesenheit des Vaters auch eine unterschiedliche Gewichtung erwerbbarer Fähigkeiten und Eigenschaften für Mädchen und Buben bedinge. Mädchen würden dadurch – in identifikatorischer Nähe zum Geschlecht der primären Bezugsperson – die sogenannten mütterlichen Fähigkeiten der Empathie, Fürsorglichkeit etc. annehmen, während Buben in Verdrängung dieser Anteile sich ihre Identität als Männer sozusagen nur ›negativ‹, in Absetzung und Ablehnung von diesen traditionell mütterlichen Haltungen erarbeiten könnten.

Eine weitere wichtige Funktionsbestimmung des Vaters für die Sozialisation hat schon vor mehr als 20 Jahren Caruso – obwohl eher nebenbei in einer Arbeit über den Narzißmus – getroffen: Er deutet damals auch schon die geschlechts- und kulturspezifische Relativität der Vater- bzw. Mutterrolle an, holt sie also – wie heute durch den Einfluß der feministischen Psychoanalyse (Rohde-Dachser 1991 u. a. m.) schon geläufig – aus der Gefahr geschichtsloser Ontologisierung heraus, der viele psychoanalytische Theorieversuche gerade zu diesem Thema unterliegen. Nach Carusos Vorstellung kann der Vater gegenüber der kulturtypischen Dualeinheit Mutter-Kind nämlich sowohl eine *»ausgleichende«* als auch eine *»verstärkende«* Funktion hinsichtlich der dyadischen Enge spielen. Die Rolle als ein Dritter, der quasi-automatisch aus den Verstrickungen mit dem Primärobjekt befreit, steht somit nicht von vornherein fest und ist auch bei anwesendem Vater von dessen eigener seelischer Struktur abhängig (vgl. auch Richter 1967). Insbesondere bei der Loslösung des Kindes und Hinwendung zur Welt könne das »Fehlen eines starken Vaters« tragisch sein, hätte dieser doch *»eine Art Hilfs-Ich als Mutterersatz«* zu bieten. Und obwohl die Rollenverteilung, nach der dem Vater in unserer Kultur vornehmlich die Sphäre der Rationalität und der begrifflichen Sprache zukomme, problematisch sei, *»könnte (sie) im schlimmsten Fall noch für das Kind hilfreich werden«* (1976, S. 57; Hervorhebung JCA).

Die langdauernde Ausblendung der Bedeutung des Vaters für die Entwicklung ab der frühesten Kindheit durch Psychologie, Psychoanalyse und Pädagogik hat jedenfalls zu dem Umstand beigetragen, daß wir sowohl theoretisch als auch empirisch in Bezug auf einzelne Aspekte der möglicherweise viel entscheidenderen Beziehung zwischen Kindern und Vätern für die Subjektwerdung auf der Stelle zu treten scheinen.

6.2. Vaterimago und ursprünglicher Narzißmus

Je früher wir nun Bedeutung und Wirkung väterlicher Einflüsse auf das Kind ansetzen, desto mehr muß auch die Ebene des kindlichen Narzißmus schon mit dem Vater zu tun haben: Grunberger (1988, 1988a) ist diesen narzißtischen Bedürfnissen nachgegangen und meint, in Übertragungen von Patient/innen in der Analyse eine »spezifische und besondere Vaterimago« (1988, S. 202) wahrnehmen zu können – eine Vaterimago, die sich also zunächst in den Übertragungen auf den Analytiker materialisiert und die durch eine »spezifische narzißtische Regression« charakterisiert ist: diese ist nicht nur durch einen Rückgriff auf die narzißtische Mutter-Kind-Verschmelzung charakterisiert, sondern sogar durch eine *»pränatale* narzißtische Regression« (S. 202f.), einen noch objektlosen narzißtischen Zustand. Dieser Zustand wiederum beinhaltet nach Grunberger auch schon die *»prototypischen Imagines«* künftiger mütterlicher und väterlicher Objekte, die damit auf einer biologischen Basis gründen könnten und dem entsprechen, was Freud unter *Urphantasien* verstanden hatte.

Mit »biologischer Basis« meint Grunberger eine tief in der körperlichen Substanz eingeschriebene, ursprüngliche Verbindung im Sinne der Aufgehobenheit des vorgeburtlichen Seins. Eine solche Situation habe nichts mit historischer Erfahrung zu tun und werde in der analytischen Situation unbewußt wiederbelebt – Grunberger spricht in diesem Zusammenhang geradezu von einer *»fötale(n) Verankerung der analytischen Situation«*, die es uns erlaube, diese spezifische Natur des sogenannten *»Paläonarzißmus«* zu studieren (1988a, S. 76). Damit fehlt diesen Imagines bzw. Urphantasien auch jegliche Dimension einer Strukturierung durch eine vom Neugeborenen erlebte historische Realität – sie sind sozusagen rein narzißtisch und werden in Form von Projektionen nach (noch nicht geschlechtsdifferenzierter![5]) Mütterlichkeit bzw. Väterlichkeit auf den Analytiker projiziert (sind also bei Grunberger auch keine regelrechten Übertragungen aus der biographischen Erfahrung konkreter historischer Väter- oder Mütterlichkeit heraus).

Warum aber dient dann der Vater als Ziel der narzißtischen Sehnsüchte? Durch die – zumindest in unserer Kultur – gleich nach der Geburt einsetzende intensive Kontaminierung des Kindes mit dem mütterlichen Primärobjekt würden Triebregungen und damit auch Triebversagungen

[5] Vielleicht findet sich in dieser noch nicht sexualisierten Projektion auch eine Antwort bzw. ein Ausweg auf die so häufig gestellte und schwer beantwortbare Frage, ob es besser sei, je nach individueller Biographie oder je nach Störung zu einem Mann oder einer Frau in Analyse zu gehen – nämlich: daß es vielleicht nicht allzu wichtig sein muß!?

initiiert und die Mutterimago sehr früh mit jenen Aspekten der Realität infiltriert, die die narzißtische Homöostase stören und konfliktualisieren, »*während die Vaterimago mehr vor der Realität geschützt bleibt und fortfährt, sich in ihrer Eigenschaft als* reine *narzißtische Imago durchzusetzen*« (S. 203f.; Hervorhebung JCA). Ganz besonders werde »die reine narzißtische *Allmacht* (...) auf die Teilimago projiziert, die das väterliche Element vorbildet« (ebd., S. 204). Während nämlich das mütterliche Objekt wegen der Triebverstrickung vom Kind geliebt oder gehaßt wird, wird der Vater bewundert, geachtet oder gefürchtet – jedenfalls als narzißtische Imago ausgebaut:

> »Die Begriffe des Unendlichen, der Ewigkeit, der Allmacht und der absoluten Souveränität, die ich an anderer Stelle als allgemeine narzißtische Attribute beschrieben habe, sind in der Analyse meines Erachtens der Vaterimago zuzurechnen und werden im Unbewußten durch das phallische Emblem dargestellt. Der Gott der monotheistischen Religionen (narzißtische Projektion der Allmacht) ist ein Mann, der ›väterliche Kern, der von jeher hinter jeder Gottesgestalt verborgen war‹«,

zitiert Grunberger Freud (1927b). Diese Imago trage »*prospektive Finalität*« im wörtlichen Sinn, was bedeutet, nach vorne zu blicken (Grunberger 1988, S. 204).

Grunberger postuliert also einen »primitiven Narzißmus oder *Paläonarzißmus*«, der seine Wurzeln wie alles Libidinöse im Körperlichen und hier schon im Vorgeburtlichen habe: der Fötus ist quasi mit dem Universum verschmolzen, weshalb Grunberger auch von einem »kosmischen Narzißmus« (1988a, S. 75) spricht (das Freudsche »ozeanische Gefühl«? – JCA), der keine Grenzen kenne und dem Größenwahn ähnle – »*His Majesty the Baby*«, wie Freud es in »Zur Einführung des Narzißmus« einmal benannt hatte (1914, S. 57). »Die charakteristischen Merkmale des Narzißmus (Allmacht, Autonomie, Konfliktlosigkeit, Einzigartigkeit, Selbstaufwertung, spontane Tendenz zur Expansion, Gefühl von Unendlichkeit, Grenzenlosigkeit, Ewigkeit usw.) sind in die pränatale Matrix eingeschrieben. So gesehen stellt der Narzißmus ein Moment der *»existentiellen Kontinuität«* des Subjekts von Anfang an dar (Grunberger 1988a, S. 80f.). Denn diese Art intakter, ursprünglicher Narzißmus besteht im Unbewußten immerfort weiter, weil er doch zwangsläufig durch die unvermeidlichen Störungen des primitiven Narzißmus immer wieder »in nostalgischer Form« reaktiviert wird (ebd., S. 76). Die narzißtische Nostalgie ist ohne die Traumatisierung sozusagen gar nicht denkbar, und die »pränatale Glückseligkeit« bzw. die Erinnerung an sie bleibt unverändert bestehen, weil der drohende Verlust die Phantasie des Wiederfindens bedingt (ebd., S. 77).

Aus trieb- bzw. libidotheoretischer Sicht wäre dieser Narzißmus als »Liebe ohne Sexualität, was dem Narzißmus entspricht« einzuordnen (ebd., S. 72), ebenso wie die archaische, abgrundtiefe Aggressivität – von Grunberger nach dem Kadaver in Stücke reißenden Gott Anubis als »anubisch« bezeichnet – in dieser ursprünglichen Ausstattung des Menschen wurzelt. Das narzißtische Element nun ist jenes, das sich auch in der analytischen Situation zeige und das aufgrund dieser seiner Ursprünglichkeit und Uranfänglichkeit von Grunberger außerhalb des Übertragungsgeschehens angesiedelt wird. Es ist »eine ganz besondere Art von Respekt, vermischt mit einem merkwürdigen Ausweichen und einer seltsamen Scham, die man mit dem Wort *Ehrfurcht* bezeichnen könnte – ein gemischter Affekt (Ehre, Achtung, Verehrung einerseits, Furcht andererseits), von dem der Analysand ergriffen wird, wenn er zum Beispiel seinem Analytiker unerwartet begegnet« (1988a, S. 74).

Grunberger verweist hier auf Freud, der eine ähnliche Art von Ehrfurcht in *Totem und Tabu* (1912/13) bezüglich der Gefühle der Urhorde gegenüber dem Anführer und Urvater postuliert, wobei wichtig ist, daß es sich hierbei nicht um historisch biographische Elemente, sondern um ein *phylogenetisch* verstehbares Phänomen handle, »das jenseits oder besser diesseits des Ödipuskonflikts und der Religion liegt« (ebd.).

Diese Art Vaterimago unterscheidet sich natürlich von der real-historischen Vaterimago durch ihre narzißtische Strukturierung und kann geradezu als *»Antagonist* des historischen Vaterbilds« verstanden werden, der sich dialektisch zum realen Vaterbild verhält. Grunberger schildert als Veranschaulichung dieser »Dualität« der Vaterimago jene analytischen Übertragungsphänomene, in denen der Analytiker in der »doppelte(n) Projektion des Analysanden« zugleich »Gott« wie auch »Hausfrau« sein könne. Die Projektion dieser narzißtischen Imago auf den Analytiker als »wohlwollende, idealisierte, allmächtige und allwissende Vaterfigur« – wie gesagt eine *»geschlechtslose* (rein narzißtische) Figur« – trifft nun auf das zweite durch den Analytiker repräsentierte Bild, das die ins Leben des Kindes tretenden ödipalen und »die historischen Objekte des Patienten widerspiegelt«; d.h. narzißtische und ödipale Problematik ergeben ein zusammengesetztes Bild (S. 209). Daraus folgt: wie es nach psychoanalytischer Auffassung eine »Verdoppelung des Ödipuskomplexes« gibt (einen im Alter von zwei bis vier Jahren, den anderen in der Pubertät), so gibt es auch »*zwei Vaterimagines*«, wobei die eine, nämlich die narzißtische, eine wesentliche, tragende Funktion in der analytischen Situation einnimmt, indem sie die Überbewertung des Objekts bedingt und sich als Projektion »wie eine Art Über-Vater strukturiert« (1988, S. 210). Grunberger erklärt die bekannte Redewendung, wonach die Liebe »blind« sei, mit dieser überbewertenden »*Liebe*« zum Objekt.

Diese *archaische, idealisierte* und *narzißtische Vaterimago* schließlich wird zum »Objekt von Verehrung und schwärmerischer, jeden direkten Triebelements entblößter Inbrunst« (ebd., S. 210), Objekt der Verehrung als eine Art ›Übervater‹ also, die umso hochtrabender und idealisierender sein kann, je enttäuschender das tatsächliche, historische ödipale Vaterbild war:

> »Im Zusammenhang mit den dialektischen Positionen zwischen den beiden Imagines, dem historischen Vater und dem ›Übervater‹, beobachten wir Fälle, in denen eine äußerst gespannte Beziehung zum realen Vater mit der schwärmerischen narzißtischen Besetzung einer auf mystischer, religiöser oder ideologischer Ebene angesiedelten Vaterfigur einhergeht, oder umgekehrt«. (Grunberger 1988, S. 214, Anm. 4)

Hier scheint mir ein ganz entscheidender Punkt im Hinblick auf *die Verfügbarkeit kulturell vorhandenerr Projektionsziele* zu sein, die es erlauben, »überväterliche« narzißtische Projektionsfiguren zur Verfügung zu stellen, ohne daß diese für verschiedene ideologische, politische oder wirtschaftliche Zwecke ausbeutbar sind. Auf genau dieses Problem werden wir bei der Untersuchung ideologisch fixierter, gewaltbereiter und rechtsextremer Jugendlicher ja stoßen. Wenn der Zusammenhang zwischen dem historischen Vaterbild und der Imago des Übervaters darin besteht, daß ersterer im Zuge der ödipalen Auseinandersetzung ›ermordet‹ werden muß (damit das Subjekt Autonomie erlangt), während letzterer – nicht nur den Patient/innen in der Analyse, sondern auch den Heranwachsenden – als eine wie immer geartete Stütze im Leben dienen soll, dann bleibt die Frage, wo Heranwachsende heute ›so etwas‹ (nicht nur Menschen, sondern auch kulturelle Symbole und Instanzen) vorfinden, das ihnen per projektiver Idealisierung von ›Überväterlichkeit‹ Kraft und Hoffnung auf bessere Zukunft geben kann, bis sie (gleich dem Patienten in der Analyse) selbst so gestärkt aus dieser Entwicklung hervorgehen, daß dieser Narzißmus im

Dienste des Ichs in die Persönlichkeitsstruktur integriert werden kann. Dabei ist es von großer Wichtigkeit, daß die destruktiven Impulse, die allemal aus den unvermeidlichen narzißtischen Kränkungen herrühren, durch Sublimierungsvorgänge ›neutralisiert‹ oder umgewandelt werden können. Diese Fähigkeit zur Sublimierung triebhafter Impulse hängt aber – wie schon Fenichel in seiner Neurosenlehre (1983) betonte – eng mit »verfügbaren Vorbildern« zusammen, »die direkt oder indirekt von der Umgebung zur Verfügung gestellt werden«, also mit der *Möglichkeit zur Identifizierung*. Fehlen Identifizierungschancen und Sublimierungsähigkeit, werden solche Impulse direkt ausagiert oder in »einer verzerrten Form« zum Ausdruck gebracht (S. 203f.). Dieser Aspekt wird sich insbesondere für die Frage nach dem Zusammenhang von Vaterbeziehung und Gewalt noch als bedeutsam erweisen.

6.3. Vaterschaft und ödipale Grenzziehung

Die in verschiedenen theoretischen Ansätzen immer wieder betonten Grenzsetzungs- sowie die Ge- und Verbotsfunktionen des Vaters – man könnte auch sagen des ›Gesetzes‹, der ›gesellschaftlich-institutionellen Regelungen‹, vielleicht auch der ›Clanregeln‹ oder ›kultischen Regeln einer primitiven Kultur‹ – sind innerhalb der Psychoanalyse eigentlich ein altbekanntes Thema. Die Notwendigkeit grenzsetzender Erfahrungen für die seelische Entwicklung darf – entgegen neuerdings wieder lauter werdender populistisch-pädagogischer Auffassungen – als fundamentale symbolische Kategorie menschlicher Sozialisation – also nicht nur im Rahmen einer patriarchalisch gedachten familiären Rollenverteilung – gesehen werden: in der entwicklungspsychologischen Forschung war es neben anderen vor allem René Spitz, der darauf hingewiesen hat, daß das ›Nein‹ als erste ›Grenze‹ und als der »dritte Organisator der Psyche« im Rahmen seiner Entwicklungstheorie eine ganz wesentliche kulturstiftende Funktion hat, indem es die primärvorgangshaften Reaktionen und Impulse durch Einführung der Sprache und des Symbols der Verneinung in sekundärvorganghafte Reaktionen verwandelt: Während bislang der Affekt-Ausdruck des Kindes in der Situation der Objektbeziehungen auf unmittelbaren Kontakt und auf

Handeln begrenzt war, wird mit der Verneinungsgeste das Handeln durch das Wort ersetzt und »Kommunikation auf Distanz« eingeführt. Spitz begreift dies als den vielleicht wichtigsten Wendepunkt in der Entwicklung des Individuums und der Art:

> »Hier beginnt die Humanisierung der Art, hier beginnt das *zoon politikon*, hier beginnt die Gesellschaft (...) Das ›Nein‹ in Geste und Wort ist der semantische Ausdruck der Verneinung und des Urteils; zugleich ist es die erste Abstraktion, die das Kind bildet, der erste abstrakte Begriff im Sinn erwachsener Geistestätigkeit«. (1972, S. 203f.)

Das erste ›Nein‹ ist somit als die Vermittlung der Notwendigkeit des Ausstiegs aus der bisherigen Primärprozeßhaftigkeit zu verstehen. Denkt man an den Vater oder einen entsprechenden Dritten neben dem Primärobjekt, so wäre durch die pure Existenz dieses anderen Objekts und der damit einhergehenden Objektbeziehung der Dritte/Vater/Andere als ein solcher *Vermittler von Verneinung* gegeben: nämlich die Verneinung dessen, daß es ein ›Nur-Primärobjekt‹ gäbe, dessen ausschließliche Verbundenheit und dessen Unabdingbarkeit, ja Unverzichtbarkeit überlebensnotwendig wäre. Daß mit dem Verneinungssymbol auch eine erste Unabhängigkeit von dieser Verbindlichkeit, ja vom »Zwang des Lustprinzips« (des Primärprozeßhaften) erworben wird, darauf hat auch Freud selbst schon in der kleinen Schrift *Die Verneinung* aus dem Jahr 1925 hingewiesen (S. 377). Die Verneinung des Lustprinzips also führt zu einer ersten Auseinandersetzung mit der Realität außerhalb primärobjektgebundener Vereinigungstendenzen, die ja neben dem Lustversprechen immer auch etwas Bedrohliches an sich haben.

Zwar haben weder Spitz noch Freud die Verneinungsfähigkeit in direkten Bezug zur frühkindlichen Vaterbeziehung gesetzt, aber das spätere Studium vor allem der Psychosen hat deutlich gemacht, daß das Verneinen der primären Mutterbindung eine ganz wesentliche persönlichkeitsbildende Funktion hat. Das ursprüngliche Erlebnis der Trennung vom Primärobjekt – nach Mahler (1993) bekanntlich die Sternstunde der Individuation oder die »psychische Geburt« – kann, wie wir aus der Geschichte schwerer psychischer Störungen wissen, nur gelingen, wenn »sich das Kind (aber auch die Mutter) auf den Vater berufen kann« und dieser seine Funktion zur Verfügung stellt, damit das Subjekt von der Mutter »freikommen« kann (Stork 1974a, S. 276). Unter Berücksichtigung der Entwicklungstheorie der Intersubjektivität, wie sie Benjamin vorgelegt hat, muß hier allerdings kritisch eingewendet werden, daß nicht nur der Vater (wenn überhaupt), sondern auch schon die Mutter als selbständiges Subjekt solche Grenzsetzungen vornimmt, indem sie ›weggeht‹, auf sich selbst achtet und nicht alle Wünsche of *»His Majesty the Baby«* (Freud 1914, S. 57) erfüllt (1988, S. 37f.).

Jedenfalls ist dieser Prozeß stets von Aggressionen begleitet, und das gleichzeitige Bestehen von Liebe und Haß ruft tiefgehende Schuldgefühle hervor. Am Beispiel alter Mythen zeigt Stork, daß diese Befreiung wegen der Schuldgefühle auch das Motiv zu grausamer Mißhandlung und sogar Tötung der Mutter sein kann, damit ihre Rache nicht gefürchtet werden muß. Denn um »Mensch zu werden, muß auf der Ebene der Phantasie ein Mord an einer allesgebenden, allesverzeihenden, geliebten Person begangen werden«: »Die Geburt des principii individuationis ist zu allen Zeiten – so kann man aus den Dokumenten der Geisteswissenschaften, wie auch aus der klinischen Erfahrung schließen – im Unbewußten wie eine Loslösung vom Urgrund und eine sündhafte Verselbstung verstanden worden, die den Menschen gegenüber den Mutterbildern mit einer Urschuld behaftet« (ebd., S. 294). In der Philosophie ist diese Urschuld des Seins durch Loslösung und Individuation eigentlich ein altes Thema, das schon der griechische Schriftsteller Anaximander erwähnte, für den *»alles Werden wie eine strafwürdige Emanzipation vom ewigen Sein* anzusehen (ist), als ein Unrecht, das mit dem Untergang zu büßen ist« (zit. n. Stork 1974a, S. 295; Hervorhebung JCA). Auch in der *Genesis* wird diese trennende Funktion des Vaters deutlich, ist er es doch, »der den Menschen hindert, in den Garten Eden zurückzukehren«, also die Sehnsucht nach Rückkehr in die Harmonie des Ursprungs unterbindet.

In neuerer Zeit hat u. a. Annegret Overbeck wieder verstärkt auf diese unverzichtbare Rolle des Vaters hingewiesen. Diese sei mehr als eine »zur Mutter-Kind-Beziehung hinzutretende, sich ihr addierende Alternative« (1995a, S. 36). Die »Intervention des Dritten und sein ›Nein‹ gegenüber der Zeitlosigkeit und Zyklizität der dyadischen Erfahrung« sei bezüglich Subjektwerdung und Aufbau eines sicheren Selbst von ganz entscheidender Bedeutung: nur dadurch nämlich konstituiere sich die Fähigkeit, »sich selbst als abgegrenzte psychologische Einheit und als Zentrum eigener Aktivität und Initiative erleben zu können« (ebd.). Der Vater ist hier mehr als die von Mahler u. a. angedeutete Figur, die im äußeren Raum als Ziel der Entfernung und Ausgangspunkt zur Wiederannäherung fungiert. Das

Konstitutive der Triangulierung und dem durch sie geschaffenen psychischen Raum ist vielmehr, »daß auch in Zweierinteraktionen die dritte Person, zu der beide unabhängig voneinander Beziehungen haben, gegenwärtig bleibt, auch wenn sie nicht an der Interaktion selbst beteiligt ist«. Allerdings darf wohl – siehe die Kritik von Gläser (1994) – angenommen werden, daß eine solche Positionierung des Vaters voraussetzt, daß sich dieser durch irgendeine spürbare Interaktion bzw. Repräsentation in den Einstellungen der Mutter als Objekt widerspiegelt (S. 249f.).

Vorausgesetzt nun, das Kind erlebt die wirkliche Beziehung seiner Eltern, deren Stimmung und Haltbarkeit es erspürt, als positiv und unzerstörbar, kann es also durch Kreuzidentifikation (Winnicott 1979) mit dem trennenden Vater die Mutter angreifen und sie dadurch auch objektivieren, Loslösungsaggression entwickeln und zugleich eine *genügend gute Beziehung* innerlich repräsentieren. »Ich möchte noch einmal ausdrücklich hervorheben: in dieser Sicht der Dinge identifiziert sich das Kind nicht mit dem idealisierten, *getrennten* Vater, sondern mit dem *trennenden Vater*« (ebd.). Dieses Trennende und in der Folge auch Grenzen-spürbar-machende respektive -setzende ist hier ganz wesentlich als väterliche Dimension anzusehen: es gibt jemanden jenseits der dyadischen Grenze, der sich zwar ähnlich verhält wie die Mutter, sich aber dennoch ganz anders anfühlt und den das Kind intensiv, neugierig und lustvoll zu erforschen und auch zu benützen (Herumkrabbeln, Aufsitzen, Hochziehenlassen usw.) beginnen kann – oder: an dem es erstmals Triebbefriedigung außerhalb der Dyade vornehmen kann. So erhält die Beziehung zum Vater bei Overbeck eine überragende Bedeutung, ist sie doch überhaupt »*die erste Objektbeziehung im psychoanalytischen Sinn und ein Prototyp aller zukünftigen Objektbeziehungen, auch derjenigen zur Mutter*« (ebd., S. 37; Hervorhebung JCA).

Ähnlich bedeutend erscheint diese Position bei Eva Jaeggi (1998), wonach die Identitätsbildung wie auch die Selbstwertentwicklung nicht in dem bisher fast ausschließlich betonten Maß von der dyadischen Mutter-Kind-Beziehung abhängen, »*sondern von der Erfahrung der Position dessen, der sich in der Differenz zu den anderen erlebt*« (S. 80; Hervorhebung JCA). Dies ermögliche nicht nur die Differenz zum Primärobjekt, sondern generell zu den Eltern, die ja in einer anderen, für das Kind schmerzlichen, zur Trennung gemahnenden Weise miteinander verbunden sind. Der Schritt »weg von der Mutter« und die »klare exzentrische Positionalität«, die Distanz zu den Eltern ermöglicht, seien »durch das väterliche Prinzip bestimmt« (ebd., S. 81). Erst dies ermögliche Reflexivität auf sich selbst als von den Eltern unterschiedenes Subjekt.

Im Fortgang der Entwicklung des Kindes kommt dem Vater dann (in unserer Kultur) unmittelbarer die Funktion eines ›Grenzensetzers‹ zu: das heranwachsende Subjekt wird auf die »Anerkennung des anderen, der die eigene rücksichtslose Bedürfnisbefriedigung begrenzt« hin zu »selbstkritischer Beobachtung« gezwungen – ein für die Über-Ich-Entwicklung unabdingbarer Vorgang:

> »Das heißt aber auch, daß kritische Begleitung, Ge- und Verbote durch die Erwachsenen, einfühlsam vertretene Grenzen und erträgliche Sanktionen zum Heranwachsen gehören. *Männliche und weibliche Personen, die die symbolische Funktion des guten Vaters ausüben,* gehören zur Vorgeschichte des autonomen und zugleich sozial bezogenen Subjekts. Sie haben ihm in verkraftbarer Weise geholfen, die regressive Verleugnung des Bruchs zwischen seinen Ideal- und seinen Real-Fähigkeiten aufzugeben«. (Overbeck 1994, S. 60; Hervorhebung JCA)

Das Fehlen der Grenzerfahrung hingegen, die Heranwachsende auch mit der Erfahrung von Abhängigkeit konfrontiert, gefährdet die Identität des Individuums, weil die grenzenlose Erweiterung seiner Möglichkeiten ohne Rücksicht auf das soziale Andere eine Täuschung sei: *»Vollkommene Allmacht ist nur ein anderer Name für Ohnmacht«.* Und erst wenn das Subjekt diese Notwendigkeit der »Beschneidung des individuell-narzißtischen Machtstrebens« annehmen kann, kann es einen spürbaren Begriff erwachsener Autonomie erlangen (ebd., S. 64; Hervorhebung JCA). Ja sogar die Grenzen, die das Gruppenleben und die damit verbundenen Regeln setzen, werden von Jugendlichen deshalb letztlich positiv erlebt: So berichtet Duncker von einem jungen Mann, der straffällig geworden war und selbst sagte, daß er zu Hause immer alles bekommen habe und alles »vom Feinsten« gewesen sei. Er kommentiert diese Grenzenlosigkeit so: »Irgendwo müssen Grenzen sein und respektiert werden, bei mir ging es zu weit« (1993, S. 59).

Neben der defizitären Aushöhlung ›innerfamiliärer Väterlicherkeit‹ scheint unsere Gesellschaft heute auch an einem gesamtgesellschaftlichen *Mangel der Vermittlung von Grenzen* und damit *von Autorität* zu laborieren, was besonders auf die Entwicklung Jugendlicher in ihrer adoleszenten

Ablösungs- und Neuorientierungsphase Auswirkungen zeitigen muß. Zygmunt Baumann (1996) hat darauf hingewiesen, daß das vorherrschende Gefühl der Moderne aufgrund der Unordnung bzw. der Uneinschätzbarkeit der globalen (grenzenlosen?) und auch der ganz privaten Zukunftsvisionen die *Angst* sei: Es fehle dabei an sicherheitsstiftender ›*Routine*‹ und es fehlten Werkzeuge und Wissen, wie man wieder Ordnung in die Dinge bringen könne. Dieses ›Ordnung-Schaffen‹ hat durchaus auch mit dem, was hier als Grenzsetzung verstanden wird, zu tun. Es fehlt also an grenzsetzenden Instanzen auch in der Form, daß die Zuspitzung und Komplexität der sozioökonomischen Verhältnisse es kaum mehr erlauben, ›Ordnung‹ und damit begrenzende Sicherheit bzw. sicherheitsspendende Grenzen für die nachkommende Generation zu symbolisieren.

Bei manchen Provokationen jugendbewegter Gruppen – auch bei denen der extremen Rechten – hat man dann auch (wie allgemein bei antisozialen und delinquenten Verhaltensmustern) das Gefühl, als ginge es bei Grenzüberschreitungen letztlich um eine Suche nach Grenzsetzer/innen! Dies hat natürlich auch mit der verbreiteten *Gleichgültigkeit* vieler Erwachsener und Erziehungsberechtigter gegenüber Heranwachsenden und der darin enthaltenen *mangelnden Anerkennung* zu tun: Wenn (narzißtische) Selbstdarstellung in einer Gesellschaft zum Wichtigsten gehört, andererseits aber junge Leute zu wenig wahrgenommen werden, es sei denn, sie treiben etwas Provokantes, dann kommt es dazu, daß sie offenbar zu immer schockierenderen Mitteln greifen (müssen), um Aufsehen zu erzeugen. Gewalt ist hier ein probates Mittel (vgl. Zeltner 1999, S. 224). Besonders in der Adoleszenz gibt es Überschneidungsbereiche zwischen dem Ausloten neuer Entwicklungsmöglichkeiten und antisozialen Tendenzen. Hardtmann (1995) hat darauf hingewiesen, daß bei rechtsextremistischen Jugendlichen unter der zur Schau getragenen Oberfläche von Gleichgültigkeit und Unbeeindruckbarkeit ein »leidenschaftliche(r) Hunger nach Wärme und Beziehung« zu schlummern scheint, der auch nach einer »ordnenden Hand« verlangt, die das Chaos, das Austauschbare, Fiktion und Realität wieder in einen nachvollziehbaren Zusammenhang bringen soll (S. 58). Auch dies weist auf eine grenzsetzende Funktion innerhalb eines Szenarios hin, in dem Irrationales, Widersprüchliches, Ungelöstes und Chaotisches letztlich Angst machen, eine Angst, die dann auf Dritte, Äußere und Fremde externalisiert und abgelenkt werden kann.

Wichtig erscheint uns übrigens nicht nur die in den Medien immer wieder aufgeworfene Frage nach der (angeblich gestiegenen) Quantität kindlich-jugendlicher Gewalt, sondern auch deren Qualität: Untersuchungen an Schulen zufolge scheinen dabei heute bestimmte Tabus (=Grenzen), etwa den Gegner nicht ernsthaft zu verletzen, außer Kraft gesetzt. Viele Lehrer stehen ratlos vor dieser Intensität kindlicher Haßausbrüche, die gemessen an bisher gewohnten Handgreiflichkeiten deutliche *Grenzüberschreitungen* darstellen und »mit Gleichgültigkeit verschwistert« scheinen (Leuzinger-Bohleber 1995, S. 157). Nun stellt sich auch die Frage, wie die Erwachsenen oder die sie repräsentierenden gesellschaftlichen Institutionen als mögliche ›Grenzsetzungsinstanzen‹ darauf reagieren: sind sie bereit zur Konfrontation und Auseinandersetzung oder verhalten sie sich larvierend und damit mißachtend, in sich selbst orientierungs- und ratlos, oder bestenfalls empört aufschnaubend und sich wieder zurückziehend?

Werner Bohleber hat am Beispiel der furchtbaren Gewaltausschreitungen gegen ausländische Asylanten in Rostock-Liechtenhagen in der Bundesrepublik Deutschland im Herbst 1992 beobachtet, daß sich die 14–15-jährigen Jugendlichen, die ein Asylantenheim unter Lebensgefährdung von dessen Bewohnern mit Brandsätzen bombardierten, regelrecht gewundert hätten, *daß ihnen niemand wirklich Einhalt und Grenze geboten hätte*: »Es kann doch nicht sein, daß ich einfach einen Molli werfen kann und die Polizei nichts macht (...) das ist doch Scheiße, daß das zugelassen wird«, zitiert der Autor einen Beteiligten (1994, S. 83). Und Bergmann und Leggewie (1993) schildern die Fälle zweier hessischer jugendlicher Brandstifter aus geordnetem kleinbürgerlichem Milieu (ohne schlimmere Verwahrlosungstendenzen), denen nach der Tat (die glimpflich ausging) eigentlich niemand Vorhaltungen machte! Eine der Mütter sagte nach der Entlassung aus der Untersuchungshaft gar: »Ich zahl dir den Rechtsanwalt« (zit. n. Bohleber 1994, S. 83). Auch ansonsten scheint die beiden niemand mit der Tragweite ihrer Tat konfrontiert zu haben, wie sich auch nie jemand über ihr extremes Outfit (wie Tätowierungen am ganzen Körper) geschert zu haben scheint – eine jugendliche Marotte eben?!

Interessant ist auch die Rolle der Väter in diesen beiden konkreten Fällen: der Vater des einen Jugendlichen hatte sich mit psychosomatischen Beschwerden aus der Partnerschaft mit der Mutter verabschiedet und sie mit ihren zwei Söhnen alleingelassen. »*Ich habe keinen Vater, für mich ist der gestorben*«, so der Junge. Auch für den anderen war der Vater kaum präsent, beide erwählten sich schließlich den »›soldatischen Großvater« und die »deutschen Arbeitnehmer« und ihre Werte »Leistung, Disziplin und Nation« als anstrebenswerte Ideale (ebd.; Hervorhebung JCA). Die Funktion der Eltern und bedeutender Erwachsener, also der Gesellschaft insgesamt, den Heranwachsenden Grenzen ihres Handelns zu vermitteln und es in andere Bahnen zu lenken, scheint heute generell defizitär (weil auch wirtschaftlich dysfunktional!?) – ein Phänomen, auf das wir immer wieder stoßen werden. Dies geschieht im Rahmen einer massiven Kommunikationsstörung, innerhalb derer teilweise nicht einmal massive Provokationen und Grenzüberschreitungen beantwortet werden.

6.4. Ödipale Grenzsetzung: Realität und Arbeit

Die Überlegungen zu dieser Grenzsetzungsfunktion müssen unseres Erachtens aber noch um eine ›intersubjektive‹, gegenseitige und um eine materialistische Perspektive erweitert werden: ersteres betrifft den Zeitpunkt des Wiederaufflammens des ödipalen Interesses am Vater, seiner Rolle, seiner Bedeutung und auch seiner Vergangenheit (im speziellen zum Beispiel seiner Kriegsvergangenheit) in der Adoleszenz. Das »*Nein* des Vaters als Symbol des Inzestverbots und Schlüsselfunktion des Ödipuskomplexes« fungiert hier immer in dialektisch-gegenseitiger Weise als Abgrenzungsfunktion – so der Psychoanalytiker Robert Heim (1997): ein Jugendlicher entwickelt demnach auch seinerseits die Fähigkeit, »seinem Vater, seinen Eltern, den gesellschaftlichen Autoritäten gleichfalls das diskursive Nein der Kritik, seine Ergebnisse reflektierender Abstraktion entgegenzusetzen. Die verinnerlichte Funktion des väterlichen Nein wird zur gereiften Befähigung zur dialektischen Antithese – ungeachtet dessen, welche Synthese immer sie auch zeitigen mag« (S. 114).

Wenn Heranwachsende nun – unterstützt durch ihre kognitiven und moralischen Reifungsschritte – auf diese Weise ihre Väter be- und hinterfragen können, kommt es zu neugieriger Infragestellung derselben: »Wer seinen Vater oder seine Eltern auf ihren gelebten Zusammenhang von individueller und kollektiver Geschichte befragt (...), hat diese kognitive Qualität des ödipalen Konflikts gewonnen« (ebd., S. 113). Damit entsteht aber auch die geschilderte Antithese als ödipale Grenzziehung. Der Ödipuskomplex wird dabei generell als »*seelische Struktur von Begrenzungen*« gefaßt:

> »Grenzen zwischen den Generationen, den Geschlechtern; Begrenzungen von narzißtischen Allmachts- und Größenphantasien, von übersättigten Idealisierungen, mitunter der dyadischen Vaterimago; die Kastration als Begrenzung des inzestuösen Begehrens wie dessen Umpolung in die symbolische Ordnung der Kultur. Grenzen und Begrenzungen sind stets ödipale Heilmittel gegen jede Vermessenheit narzißtischer oder präödipaler Herkunft«. (ebd., S. 116)

Diese Vorstellung der *Kastration als Grenzziehung* erscheint mir einerseits hilfreich gegenüber allzu orthodoxer psychoanalytischer Auslegung des Ödipuskonfliktes insgesamt, andererseits scheint sie die Realität mancher Beziehung zwischen Vätern, Autoritäten und Heranwachsenden gut zu treffen, wie es auch Bohleber (1996) beschreibt: die »Kastration« nämlich als eine Art ›kontinuierlich notwendiger Einschnitt‹ in die Entwicklung, der »*die Differenz ins Seelenleben einführt und an der die Allmachtsphantasien zerschellen*«. Die Suche nach symbiotisch ›reinen‹ Zuständen hingegen hat – wie die Erfahrung an entsprechenden Patienten zeige – ihre Funktion in der »Abwehr der Kastrationsangst« und im »*Ausweichen vor der Auseinandersetzung mit der Welt des ödipalen Vaters*«. Auf der einen Seite steht also die Welt der symbiotischen Einheit und auf der anderen – abgespalten – die der Rivalität, Konkurrenz, Pluralität von Lebenswelten, die gefürchtet wird: »Und willst Du nicht mein Bruder sein, so schlag ich dir den Schädel ein«, beschreibt diese Spaltung zwischen Gleichheitsbedürfnis und Gewalt (S. 202).

Wie diese Grenzsetzung verläuft, hängt von der Vorgeschichte ab, die Jugendliche mit ihren realen Vätern hatten. Auch Heim veranschlagt diese Vorgeschichten in unserer vaterlosen Gesellschaft als eher defizitär: nicht nur, weil die Väter im Krieg oder in ihrer durch den Krieg bedingten Sprachlosigkeit mangelhafte Identifikationsangebote lieferten, sondern v.a. auch wegen der spezifischen gesellschaftlichen Organisation der *Arbeit* als zentraler Dimension des Realitätsprinzips, wie wir sie heute vorfinden und wie sie für Jugendliche als spezifische neue gesellschaftliche Grenzziehung erlebbar wird. Die *Arbeit* als gesellschaftlich organisierte Lebenstätigkeit des Individuums, die in der Psychologie allgemein, aber auch in der Psychoanalyse ein »materialistisches Defizit« darstellt, strukturiert nämlich nicht nur den Alltag der Arbeitenden, sondern auch deren Sozialisation und seelische Struktur (vgl. Aigner 1981). Peter Brückner – ein heute in der akademischen Psychologie fast vergessener Sozialpsychologe und eine wohltuende Ausnahme im Rahmen der verbreiteten gesellschaftstheoretischen Blindheit der Psychologie – hat die Familie als Sozialisationsinstanz deshalb auch einmal als »Anhängsel der Produktionssphäre« bezeichnet (1974, S. 120). Abgesehen von direkt prägenden Einflüssen der Arbeitswelt ist die Erfahrung der Arbeit als gesellschaftliche Notwendigkeit für das heranwachsende Subjekt für Heim unter Bezugnahme auf Lacan (1975, 1975a) aber auch »eine der sozialen Ingredienzen der Metapher vom ›Namen-des-Vaters‹«, der »stets mit dem affektiven und kognitiven Symbol der Negativität, des Neins, konnotiert ist« (Heim 1997, S. 116).

Wie dieser Prozeß abläuft, hängt auch davon ab, welche Qualität das »Medium von Arbeit« besitzt, und dies nicht erst, wenn es unmittelbar auf Heranwachsende trifft, sondern schon bei der Konfrontation mit der Arbeit der Eltern – oder: mit der »frühen Verinnerlichung arbeitender Elternimagines«. Auf den Vater bezogen heißt dies: »Je mehr der Vater als Arbeitender sein Kind zu überzeugen, ihm seine Arbeit nahezulegen, sie nachvollziehbar zu machen weiß, um so mehr wird dieser Name zum Kern ödipaler Identifikation, zum Signum des triadischen Vaters« (1997, S. 117). Freilich ›funktioniert‹ dieser Abgrenzungs- und Identifikations-Vorgang nur, wenn der Vater als Arbeitender (und damit letztlich auch Sinnstiftender) sicht- bzw. spürbar ist. Hier operiert Heim mit Mitscherlichs Begriff des »unsichtbaren Vaters«, von dem angesichts der spezifischen Organisation der kapitalistischen Arbeit und Produktion (Konzentration großer Branchen und Betriebe bei Zerstörung individueller Selbständigkeit, arbeitsteiliges Stückwerk, Mißachtung individueller Fähig- und Fertigkeiten etc.) auszugehen sei. Es gäbe sozusagen nur mehr *»Schrumpfbilder des arbeitenden Vaters«* (ebd.; Hervorhebung JCA), die als Vorbilder oder Begrenzer unbrauchbar geworden wären. Mitscherlich sprach ja auch vom »Leiden des Kindes an der Unsichtbarkeit des Vaters«, am »spurlosen Vater« (1973, S. 195), der dem Sohn vielfach kein »klares Antlitz, das zur Identifikation einlud«, bieten konnte (Heim 1997, S. 117).

Diese »Spurmetapher«Mitscherlichs, die im Unterschied zu Lacans Vatermetapher aus der Tradition der Marxschen Entfremdungstheorie stammt, setzt die menschliche Arbeit als zentrale sinnstiftende, für den vergesellschafteten Menschen bedeutungsträchtige Kategorie ein, die psycholanalytisch gesehen nicht nur Selbstwert und Aggressionsbindung bewerkstelligt – worauf in bemerkenswerter Weise schon Simmel (1993, S. 91) hingewiesen hat! –, sondern gleichzeitig *auch ödipale Bedeutung* im Prozeß der Sozialisation – qua Identifikation oder Nicht-Identifikation mit den Objekten der Kindheit – gewinnt. Sich seines Vaters gewiß zu sein heißt – quer durch die ödipalen Kämpfe hindurch – auch »Versöhnung im sehr buchstäblichen Sinn des Wortes: Identitätsbildung des Sohnes, der sich an seinem leiblichen Vater, an seinen Vatersubstituten abarbeitet und damit diese Identität der Struktur des Ödipuskomplexes immer wieder neu abgewinnen muß« (Heim 1997, S. 119). Eine solche Art *Ver-Söhnung* bedeutet auch das Ende jener narzißtischen, grenzenlosen Zeit, in der zwischen den Geschlechtern, aber auch zwischen den Generationen noch nicht jene verzichtbedingten Grenzen aufgerichtet waren, die für das Über-Ich letztlich unabdingbar sind.

Nun ist es an sich schon verdienstvoll, im Gegensatz zur oft rein familialistischen Sicht der herkömmlichen Psychologie auch die ›materielle Dimension‹ von Elternschaft und diese grenzziehende und strukturierende Funktion von ›Arbeit‹ in diese Überlegungen miteinzubeziehen. Dennoch muß relativierend angemerkt werden, daß diese Funktionszuschreibung an den Vater bzw. an die ›väterlichen‹ oder ›ödipalen‹ Gesetze historisch-kritisch betrachtet nicht auf unser herkömmliches Vater-Mutter-Kind-Verhältnis beschränkt zu sehen ist, sondern im Konkreten auf einer bestimmten Ausformung des Geschlechterverhältnisses beruht, die die *Herrschaft des Mannes über die Frau zur Voraussetzung* hat. Kritikerinnen innerhalb und außerhalb der Psychoanalyse haben mit Recht darauf hingewiesen, daß auch Frauen (im Rahmen der ihnen zugeschriebenen Rolle) Grenzen setzen und Über-Ich-Strukturen schaffen – insbesondere unter den historisch relativ neuen Bedingungen massenhafter Ein-Elternschaft. In diesem Zusammenhang können wir die Heimsche These von der Bedeutung der Arbeit als Grenzsetzerin und von der »frühen Verinnerlichung arbeitender Elternimagines« sozusagen vom väterlichen Monopol entkoppeln, um den Faktor der gesellschaftlichen und beruflichen ›Außenwelt‹, die ja mittlerweile auch durch die alleinerziehende oder berufstätige Frau als Mutter repräsentiert ist, an und für sich als quasi ›bedeutsamen Dritten‹ hervorzuheben.

Frigga Haug hat übrigens bezüglich der Identifikation mit der gesellschaftlichen Praxis von Müttern und Vätern einen bedeutsamen geschlechtsspezifischen Unterschied für Mädchen und Buben hervorgehoben, der zum Nachteil der Buben ausfällt: das sich mit der Mutter als gleichgeschlechtlich verortende Mädchen findet sich nämlich – was auch angesichts der massenhaften Einbindung von Frauen in den Arbeitsprozeß wegen deren Doppelbelastung (und Tätigkeit) von Beruf *und* Haushalt noch stimmt – »in einer Vielzahl von alltäglichen sinnstiftenden Praxen, die zu seinem Leben gehören«, wieder. Der Bub hingegen, der sich als männlich wie der Vater entdeckt, besetzt diesen höchstens als »praxisferne Form, als abstrakte Figur«: »Der Vater ist nicht zu Hause, wo er arbeitet, und wo er zu Hause ist, arbeitet er nicht«, wodurch die Identifikation mit ihm »als Sprung aus dem Alltag, gegen die gewohnten Körperpraxen erfolgen« müsse (1994, S. 150). Auch dies ist als Hinweis auf eine Ermangelung grenzsetzender Lebenspraxen ernstzunehmen.

Unter Berücksichtigung der verschiedenen ›Beelterungsformen‹ – insbesondere der ›mütterlichen Ein-Elternschaft‹ – wäre die Dynamik zwischen ›ödipaler‹ Grenzziehung und narzißtisch-regressiver Omnipotenz jedenfalls nicht mehr ›einfach‹ zwischen regressionsfördernder Mutter und grenzziehendem Vater anzusiedeln, sondern einerseits zwischen einem ›allzeit bereiten‹ Primärobjekt, das aber andererseits durch seine Zuwendung zu eigenen, dem Kind fremden Wirklichkeiten auch als nicht ständig verfügbare primäre Bezugsperson erfahren werden kann/muß, wobei die Nichtverfügbarkeit die Grenze zieht. Wirkliche Anerkennung – wie zum Beispiel im Sinne der Benjaminschen Intersubjektivitätstheorie (1990) – könnte nur im Falle dieses auch anderweitig okkupierten Objekts gegeben werden, setzt also ›Trennung‹, ›Verlassenwerden‹ voraus, das selbständige, vom Kind als getrennt wahrgenommene Subjekt ›Elternteil‹ ist Voraussetzung und Bedingung der grenzziehenden Anerkennung zugleich.

6.5. Die Bedeutung des Vaters zwischen Idealisierung und identifikatorischer Liebe

»Alle Männer leben mehr oder weniger in einem ererbten Schweigen, das von einer Generation zur nächsten weitergegeben wird, in einem Schweigen, das jedem Jungen die Anerkennung – oder Bestätigung – verweigert, die er von seinem Vater braucht«.

Guy Corneau (1993, S. 22)

Zu den bedeutendsten entwicklungstheoretischen Arbeiten, die in letzter Zeit hinsichtlich der Bedeutung des Vaters aus psychoanalytischer Sicht vorgelegt wurden, zählen sicher die der amerikanischen Psychoanalytikerin Jessica Benjamin (1990, 1993). Das hervorstechendste Paradigma in ihrer Entwicklungslehre ist das der *Intersubjektivität* bzw. der *intersubjektiven Anerkennung*. Waren bisher nach (verengter!) entwicklungspsychologischer Auffassung menschliche Säuglinge eher passive, in sich (autistisch) zurückgezogene Geschöpfe, deren Bedürfnisse zunächst nur auf den ausreichenden Erhalt von Nahrung und Trost ausgerichtet sind, wurde dieses Bild nicht zuletzt durch die Ergebnisse der Säuglingsforschung (Stern 1992, Dornes 1998) und die klinischen Erfahrungen der psychoanalytischen Selbstpsychologie (Kohut 1979 u. v. a.) gründlich durcheinandergewirbelt und korrigiert: neben den biologisch-triebhaften Bedürfnissen, bzw. – wie man sagen könnte – durch sie hindurch, wird jenes fundamentale Bedürfnis nach »*Anerkennung*« zur übergeordneten Konzeption dieser Entwicklungstheorie:

»Eine Person bekommt das Gefühl: ›Ich bin es, die etwas tut, ich bin die Urheberin meines Tuns‹, wenn sie mit einer anderen Person zusammen ist, die ihre Taten, ihre Gefühle, ihre Intentionen und ihre Existenz, ja, ihre Unabhängigkeit anerkennt. Anerkennung ist die entscheidende Reaktion, die ständige Begleitmusik der Selbstbehauptung«. (Benjamin 1988, S. 24)

Entscheidend dabei ist die *Gegenseitigkeit dieses Bedürfnisses*: das heißt, es existiert auch ein Bedürfnis, die jeweils andere Person als »selbständige Person« anzuerkennen und nicht nur – wie etwa in der traditionellen Sicht der Mutter-Kind-Symbiose – als eine Art Anhängsel der Außenwelt oder des bedürftigen kindlichen Ichs. Dieser Punkt scheint mir besonders hervorhebenswert, weist er doch darauf hin, daß nur die Anerkennung eines seiner selbst mächtigen Subjekts wirklich Befriedigung verschafft.

6.5.1. Intersubjektivität und Anerkennung

Die Vorstellung eines intersubjektiven Anerkennungsprozesses legt natürlich eine grundlegende Relativierung des in unserer Kultur dominanten und auch von Psychoanalyse und Psychologie widergespiegelten Mutterbildes nahe – was auch, wie wir sehen werden, Konsequenzen für das Vaterbild nach sich zieht: ›Mutter‹ in diesem Sinne ist wesentlich mehr als nur Objekt der Befriedigung der Bedürfnisse des Säuglings, sie ist »*die wichtige Andere*«: natürlich »*Ernährerin, Gesprächspartnerin, Betreuerin und Verstärkerin kontingenter Reaktionen*«. Sie ist aber, was selten gesehen wird, noch viel mehr, nämlich »*anderes Subjekt (...), das mehr will im Leben als nur für ihr Kind da zu sein (...) Sie ist ein anderes Subjekt, und sie braucht einen unabhängigen Mittelpunkt ihres Lebens, wenn sie ihrem Kind die Anerkennung geben will, die es braucht*« (1988, S. 26; Hervorhebung JCA). Diese Anerkennung nun soll auf Gegenseitigkeit beruhend gedacht werden, also nicht nur – wie traditionellerweise behauptet wird – als Spiegelung der Mutter, sondern als mehr, nämlich ihr eigenständiger Beitrag zu einem ›Ja zum Kind‹, mit dem sie auch »so etwas wie ein Nicht-Ich« (ebd., S. 27), eine unterschiedene Instanz – im Gegensatz zur Vorstellung einer ›symbiotischen Selbstverständlichkeit‹ – verkörpert.

Es gibt also im Rahmen der ›Szene‹ eines Neugeborenen von Anfang an (zumindest) zwei Subjekte, die sich einander in einem »Gleichgewicht zwischen Selbstbehauptung und Anerkennung« begegnen (können) – eine ›Potentialität‹ sozusagen, die allerdings durch vielfältige gesellschaftliche Umstände sowie unbewußte Erwartungen und Haltungen, Geschlechterstereotypien etc. beeinflußt bzw. irritiert oder gar verunmöglicht werden kann. Idealisierte Mutter-Vorstellungen, die sich etwa in Bildern bedingungsloser Aufopferung ergehen, verführen dazu, den Pol der mütterlichen Selbstbehauptung zu vernachlässigen. Mütter und Eltern, die diesem Ideal anhängen, werden selbstverleugnend versuchen, dem Kind alle Wünsche von den Lippen abzulesen – und die Folge? Nach dem Kriterium der Intersubjektivität tun sie ihm damit nichts Gutes, weil sie nicht als »*Andere*«, als Nicht-Ich erlebbar sind, die seinem Willen Grenzen setzen, was vom Kind – so der drastische Schluß Benjamins, der unserem Alltagsverständnis diametral entgegensteht – »*als ein Verlassenwerden*« erlebt wird (1988, S. 37; Hervorhebung JCA). Dies wirbelt unsere Elternvorstellungen kräftig durcheinander: man bedenke nur, wie sehr wir dem Bild der ›guten Mutter‹ aufsitzen, das Aufopferung, Verzicht und oft auch mehr oder weniger widerwillige Unterwerfung unter diese angeblichen Notwendigkeiten enthält. Dabei ist aus intersubjektiver Perspektive die lebenswichtige gegenseitige Anerkennung so gerade *nicht* erzielbar, weil kein wirklich lebendiger, das heißt: ein unter Umständen auch kränkender Austausch mit Anderen da ist!

Das ›Allzeit-bereit-Sein-Syndrom‹ von Eltern schafft vielmehr – und hier stellt sich die eminent wichtige Frage, ob das nicht ein Faktor für die die heute massenhaft verbreiteten ›Frühstörungen‹ ist!? – *statt wirklicher Anerkennungserlebnisse narzißtische Größenphantasien und Selbstbezogenheit*, die auf zu wenig oder gar kein Anderssein und damit auch auf keine Begrenzung treffen. Im Gegensatz dazu ist es im Benjaminschen Sinne förderlich, »daß die Elternperson (sic! – JCA) die Größenstrebungen des Kindes ausreichend – und zwar gerade genug – *deflationieren* kann, daß dieses versteht: ›Bis hierher und nicht weiter‹«. Und auch die Elternperson muß sich selbst genügend abgelöst und sicher fühlen, »um die Wut des frustrierten Kindes zu ertragen, ohne ihm nachzugeben« (ebd., S. 71; Hervorhebung JCA). Ansonsten ist die Elternperson – in Anlehnung an die Winnicottsche Terminologie – ›zerstört‹ von der Wut des Kindes. Grenzsetzend hingegen sind Eltern dann, wenn sie das Kind vor weiterer Auflösung in undifferenzierte narzißtische Sphären beschützen, anstatt es hineinzutreiben!

Benjamin geht nun davon aus, daß zunächst einmal die durch die Asymmetrie der Geschlechter bedingte Ungleichverteilung der elterlichen Aufgaben, bei denen die Mutter die primäre Versorgung der Kinder innehat, nicht nur zu einer Idealisierung der väterlichen Identifikationsfigur führe, sondern auch dazu, dieser Figur die grundlegende entwicklungsfördernde Funktion der Trennung des Kindes von der Mutter zuzuschreiben. Dagegen setzt sie den Umstand, daß der Vater nicht nur wegen dieser Abgrenzung, sondern *wegen des Kampfes um Anerkennung der eigenen subjektiven Unabhängigkeit besonders wichtig ist* (1993, S. 27). Für die Kinder geht es in dieser Phase nicht so sehr – wie besonders für die Buben oft betont wird – um die Desidentifizierung von der Mutter, sondern um ihre Anerkennung durch beide Eltern, besonders *auch durch den Vater*, der wegen seines Status außerhalb der familiären Innenwelt und jenseits des mütterlichen Einflußbereiches idealisiert wird. Der Vater repräsentiert damit eine andere Art von Objekt, das zugleich Spiegel wie auch

Subjekt seines Wollens und Begehrens ist und entsprechend handelt. Diese Identifikation mit dem Vater ist ein Vehikel »zur Negierung von Hilflosigkeit und zum Wiederherstellen von praktizierter Grandiosität. Der Wunsch, zu sein wie der Vater, gibt dem ursprünglichen Bedürfnis Form, sich sein eigenes Begehren anzueignen (...)« (ebd., S. 28).

Im Rahmen dieses Spannungsfeldes nun ist die jeweils kultur- und geschlechtsspezifische Ausformung der ödipalen Geschlechterdifferenzierung anzusiedeln – je nach Zustand der gesellschaftlichen Institutionalisierung von Mutter- und Vaterschaft innerhalb der Familie: Wenn etwa die Spannung zwischen dem Bedürfnis nach sicherer Bindung und dem nach Anerkennung des eigenen Begehrens zu groß wird, formuliert sich ein Geschlechterunterschied, in dem die Mutter die sichere Bindung und der Vater die Anerkennung dieses Begehrens und damit der Unabhängigkeit repräsentiert. Wenn andererseits im Rahmen der bürgerlichen Familie die Mutter das kontrollierende Element zu Hause darstellt und der Vater viel abwesend oder aber stark rivalisierend ist, dann werden die väterlichen Eigenschaften im Vergleich zu den mütterlichen idealisiert. Daraus folgt schließlich eine defensiv-abwertende Haltung gegenüber der Mutter, infolge derer sich das Kind wirklich von der Mutter desidentifiziert. In weiterer Folge kann diese ›Feindschaft‹ gegenüber Frauen dann das spätere Leben – besonders das der männlichen Heranwachsenden – prägen (ebd.).

Benjamin geißelt diese geschlechterkonservative Aufrechterhaltung der Spannung ›Mutter = private Fürsorge‹ und ›Vater = instrumentelle Rationalität draußen‹ scharf. Unter der Bedingung des Abbaus stereotyper Geschlechterrollen und geschlechtsspezifischer Elternaufgaben dagegen könnten tatsächlich beide Eltern ihren Kindern wechselweise Vorbild für Ablösung und Anlehnung sein (1990, S. 110). Der Umstand, daß die Kritiker des vielbeklagten Zerfalls der Familie eine stärkere Beteiligung des Vaters bei den ›inneren‹, fürsorglichen Aufgaben der Kindererziehung bzw. eine stärkere Gleichverteilung familiärer Aufgaben vielfach schlicht übergingen, verrate »einiges über die Angst, der Obhut des Vaters überlassen zu bleiben – über die vorbewußte Unterstellung, daß Männer die Kinder vernachlässigen oder sie mit der gleichen instrumentellen Rationalität (Unpersönlichkeit, mangelnde Zuwendung und Einstimmung) aufziehen würden, die sie selbst in ihren öffentlichen Unternehmungen zeigen« (ebd., S. 197).

Gerade diese massiv in die Sozialisation patriarchalischer Kulturen eingelassene Spaltung, die den Vater-Männern nicht die gleiche verläßliche Zärtlichkeit und Fürsorge zuschreibt wie den Mütter-Frauen, sondern erstere lediglich durch »selbstsüchtige Autonomie« charakterisiert sieht, ›perpetuiert‹ und festigt die Vorstellung der Frauen und Mütter als »einzige Quelle des Guten«, und dies interessanterweise um so heftiger und nachhaltiger, je mehr die gesellschaftlichen Grundlagen des ›Gute-Mutter-Bildes‹ in Frage gestellt und zerstört werden. Damit jedenfalls sind wir verdammt, »im Innern der Drehtür des Geschlechtergegensatzes zu bleiben« (ebd., S. 198f.). Die real »demontierte« Mutter und ihre ideologische ›Wiederaufrüstung‹ einerseits, die Idealisierung des Vaters als dem rationalen Außenweltbewältiger (um den es auch nicht mehr allzu gut bestellt ist...) andererseits lassen zwei idealisierte Figuren ent- bzw. bestehen: »*die perfekte Mutter und das (männliche) autonome Individuum, miteinander verbunden in einer Herrschaftsbeziehung*« (ebd., S. 207; Hervorhebung JCA). Und diese in die gesellschaftliche Wirklichkeit eingelagerte Geschlechterpolarisierung beraubt insbesondere Frauen, letztlich aber auch Männer einer Subjektivität, auf deren Grundlage sie untereinander wie gegenüber Kindern beiderlei Geschlechts intersubjektive Anerkennungsformen leben könnten, die auch den Kindern die Verachtung weiblicher und die fragwürdige Idealisierung männlicher Geschlechtsrepräsentanzen in unserer Kultur ersparen helfen könnten. Hierher gehört übrigens auch die Idealisierung des Phallus: dieser ist nicht an und für sich das A und O des Begehrens des Kindes, sondern er wurde idealisiert, weil das Kind so wie die Väter in den patriarchalischen Kulturen in ihm einen Garant zur Individuation sehen; und solange die geschlechtliche Arbeitsteilung in solchen Kulturen so bleibt, wie sie (immer noch) ist, werden Kinder in Vätern tatsächlich oft »den strahlenden Ritter sehen, der Freiheit, Außenwelt, Willenskraft, Handlungsmöglichkeit und Begehren vertritt (...)« (Benjamin 1992, S. 107).

Ein Abbau des Bildes der Mutter als einzig sicherer Bindungsbasis, als Quell alles Guten, als Instanz eines Immer-für-das-Kind-da-sein-Müssens ist auch entwicklungspsychologisch ungeheuer wichtig: erst wenn Mütter (vom sozialen Ansehen wie auch von den persönlichen Voraussetzungen her) fähig sind, »dem Kind deutliche Grenzen zu setzen, (...) auf ihrer Autonomie zu bestehen und die des Kindes auch zu respektieren«, wird das Kind erfahren können, daß die Mutter auch ein Subjekt für sich ist, wird sie nicht mehr als allgewaltig und allmächtig erleben und sich selbst als erdrückend schwach und ohnmächtig. Die ›ideale‹ Lösung dieses »Paradoxons der Anerkennung« – wie Benjamin dies nennt – stellt dagegen eine beständige Aufrechterhaltung der »Spannung zwischen Anerkennung des Anderen und Selbstbehauptung« dar (S. 67).

Ein »Paradoxon« stellt dieses intersubjektive Anerkennungsproblem auch unter Berücksichtigung der Vorstellung Winnicotts (1979) dar, wonach die phantasierte Wut des Kindes, in der das Objekt zerstört wird, letztlich auch erst die Gewißheit bringt, daß es überlebt hat. Das Kleinkind muß nach Winnicott ja in seiner Wut auch die Angst erleben, alles um sich herum zerstört und ausgelöscht zu haben; nach seiner Beruhigung kann es dann wahrnehmen, daß seine soziale Umwelt wieder ›da‹ und nach wie vor fürsorglich und zugewandt ist, wodurch es schließlich zwischen seiner wütenden Phantasie (innen) und der Realität (außen) unterscheiden lernt! Wir können also sagen, daß erst dieser Mangel, die begrenzte Zuwendung und Allmacht und die damit verbundene narzißtische Wut äußere Realität konstituiert! Ist die Mutter aber ständig verfügbar, also kein selbständiges Subjekt, kann das Kind diese Realitätserfahrung nicht machen – es bleibt in der Vorstellung einer wahrlich allgegenwärtigen und damit auch allmächtigen, bedrohlichen Mutter verhaftet. Es kann seine negativen Gefühle nicht ›leben‹, weil es keinen »Raum« dafür gibt, in dem sie ausdrückbar wären.

So projiziert es diese Gefühle und diese Bosheit auf das mütterliche Objekt (»sie ist bedrohlich«), und ersehnt und benötigt Befreiung aus dieser Situation, woraus die Phantasie bzw. Theorie über den Vater als Befreier aus der phantasierten mütterlichen Allmacht stammt und sich weiter nährt:

> »Die psychoanalytische Theorie insistierte in verschiedenen Formen darauf, daß nur die Intervention einer dritten Figur, des Vaters nämlich, das Kind aus seiner Phantasiewelt in die Realität herausführen könne, indem er es dazu zwinge, die Mutter aufzugeben. Die zugrundeliegende Annahme war, daß die Anerkennung des Anderen keinesfalls in der Beziehung zum primären Anderen sich ereignen könne; daß zwei Subjekte einander niemals ohne die Gefahr der Verschmelzung, die Unterwerfung des Einen und seine Aneignung durch den Anderen, begegnen können«. (Benjamin 1993, S. 73; Hervorhebung JCA)

Die Phantasie einer gefährlichen, allmächtigen Mutter wird so durch die spezifischen (in der westlichen Kultur herrschenden) Bedingungen der Mutterschaft aufrechterhalten, »die Mutter und Kind in ein emotionales Treibhaus sperren und beiden die Ablösung erschweren. In diesem Kontext werden der Vater und sein Phallus zur Waffe für das um Abgrenzung kämpfende Selbst« (Benjamin 1988, S. 95). Die (All-) Macht wird dabei von der Mutter auf den Vater verschoben, der als ›Dritter‹ als Alternative zur dyadischen Einheit mit der Mutter fungiert.

> »Dynamisch gesehen wird die allmächtige Mutter dieser Dyade zur Grundlage von Furcht und Vergeltung, was wiederum männliche Machtausübung über Frauen bestimmt. Die erwachsene Beziehung zwischen Männern und Frauen wird zum Schauplatz der großen Umkehrung, wo man es der allmächtigen Mutter der Kindheit heimzahlt«. (1993, S. 77)

Zu diesem Phänomen kommt es aber nur, wenn patriarchalisch-frauenverachtende Geschlechterverhältnisse den notwendigen *intersubjektiven Raum* verunmöglichen, der zwischen Mutter und Kind entsteht und in dem es möglich ist, durch die Unterscheidung zwischen der realen Mutter und der phantasierten Mutter und schließlich zu sich selbst zu einem »Dreiecks-Feld« zwischen dem Symbol (Mutter-Gegenwart), dem Symbolisierten (phantasierte Mutter) und dem interpretierenden Subjekt zu schaffen (ebd., S. 78): eine Triade also, ohne daß da schon ein Dritter sein müßte (d.h. also, daß der Vater als ›Dritter‹ unter bestimmten Bedingungen diese Funktion als Symbol repräsentieren kann, aber nicht muß!).

Aber auch gegenüber der Bindung des Kindes zum Vater kommt einer in diesem Sinne ›getrennten‹, ›abgelösten‹ Mutter große Bedeutung zu: *sie* ist es, die durch die Art und Weise, wie sie auf die Interaktionen zwischen Kind und Vater reagiert (zum Beispiel bestätigend, anspornend oder auch entwertend, kritisierend), der Repräsentanz des Vaters eine ganz bestimmte affektive Note verleiht. Auch dies gehört zu den wichtigen Voraussetzungen der Entwicklung des Kindes, »daß sich die Mutter nicht der Phantasie hingibt, sie könne die Befriedigung ihrer Wünsche ganz in ihrem Kind finden, sondern daß sie *auf ein Drittes bezogen* bleibt« (Grieser 1998, S. 21; Hervorhebung JCA): dies kann auch eine libidinöse Beziehung zum Vater (oder auch zu jemand, ja sogar zu *etwas* anderem!) sein und eröffnet so dem Kind Wege aus der Bindung und der Dyade heraus. In der Regel öffnet sich diese Dyade immer noch zum Vater hin. Der Vater ist somit eine Art Verkörperung der Trennung oder – bei Lacan – »die Metapher der Trennung« (Widmer 1990, S. 45). Diese Funktion schließt an den Aspekt des Verzichts auf das Begehren der Mutter an und führt damit erst zur Anerkennung der Ordnung der Kultur: nämlich der Akzeptanz dessen, daß das Kind nicht das einzige

Objekt seiner Mutter ist, sondern es einer anderen wichtigen Beziehung (z. B. zu seinem Vater) entstammt. So führt die Mutter den psychischen Ort des Vaters ein und bereitet so die triadische Struktur und damit – wenn man so will – einen neuen inneren Raum in der Welt des Kindes vor.

In kritischer Distanzierung zu manchen feministischen Ansätzen betont Benjamin, daß der konventionellen Verherrlichung des Vaters als einem befreienden ›Ritter in glänzender Rüstung‹ nun andererseits kein ›matriarchalisches‹ Gegenstück von mütterlicher Erlösung entgegenhalten werden sollte. Aber die Theorie dieses intersubjektiven Raums und damit eine Differenzierung und Wiederaufwertung der Rolle der Mutter als präödipalem (Primär-) Objekt hat doch wieder ans Licht gebracht, was einerseits durch die manchmal nahezu kitschige Idealisierung von (ohnehin kaum anwesenden) Vätern und ihrer Rolle verdunkelt worden war: die Rolle der Mutter als selbständiges Subjekt, das kraft seiner Flexibilität zur Entscheidung und seiner Möglichkeiten der Gestaltung des eigenen Lebens erst jenen symbolischen Raum schafft, in dem Trennung und Wiedergewinnung, phantasierte Zerstörung und reales Überlebenkönnen und damit gegenseitige Anerkennung und Autonomie der Kinder ihren Platz haben.

6.5.2. Der ferne Vater

> »Schon früh hatte ich es aufgegeben, nach meinem Vater zu fragen. Sofort waren sie böse auf mich, gleich welche Stimmung vorher gewesen war, nach der Frage nach dem Vater war sie verfinstert. Ich mußte einen Schwerverbrecher ganz besonderer Niederträchtigkeit zum Vater gehabt haben nach allem, was sie mir über meinen Vater nicht gesagt hatten«.
>
> *Thomas Bernhard (1985)*

Daß der Vater das äußerliche, interessante, weltoffene, von Bindungsambivalenz befreiende Objekt für die Kinder wird, ist also Ergebnis der immer noch verbreiteten traditionellen Geschlechterrollen- und Elternarrangements. Doch auch innerhalb dieser Arrangements kommt es heute immer wieder zu massiven Problemen – insbesondere für das männliche Kind. Wenn der Vater zum Beispiel die mit dem Begriff des ›negativen Ödipuskomplex‹ bezeichnete, für Buben wichtige anlehnende (homoerotische) Liebe zu sehr erschwert, weil er zu weit abseits der Mutter-Kind-Dyade steht oder zu viel Angst vor Zärtlichkeit hat (auf die Bedeutung dieses ›negativen Ödipuskomplexes‹ werden wir später noch ausführlich zu sprechen kommen); oder wenn er zu früh seine Haltung zum Sohn ödipalisiert, das heißt, ihn zu früh als Rivalen erlebt und sich entsprechend verhält. Dann kann es sein, daß die (verunmöglichte) identifikatorische Liebe zur *idealisierenden Liebe* bzw. zu einer *unterwürfigen oder latent feindseligen* Bindung an einen als fern erlebten und bewunderten Anderen wird. Das heißt auch: wenn die identifikatorische Liebe keine Anerkennung findet (was nach Benjamins Ansicht auch ein besonderes Problem vieler Mädchen ist!), taucht sie später als Tendenz zur Idealisierung von Stellvertretern wieder auf (1990, S. 120).

Diese Vaterferne hat in unserer heutigen Gesellschaft – abgesehen von den schon genannten historischen – ganz handfeste Gründe: aus sozialempirischer Sicht ist an die Stelle des übermächtigen, erdrückend rivalisierenden Vaters der *»distanzierte«* Vater getreten, der nicht mehr über die Seinen herrscht und bestimmt, aber auch »nicht ihr aktiver Partner« ist. Bei diesem Typus gibt es weder besondere ›vaterschaftliche‹ Anstrengungen noch anderweitiges registrierbares Engagement. »Wahrscheinlich ist daher, daß zwischen vielen Vätern und den Kindern aller Altersstufen eine *große Fremdheit* besteht«, der diese Väter sich aber nicht bewußt sind (Pross 1978, S. 136; Hervorhebung JCA). Ein anderer schon angesprochener Grund liegt darin, daß es für Männer unter der herrschenden Geschlechter-Aufgabenteilung auch naheliegend ist, ihre Erfüllung im Beruf und nicht im Zusammenleben mit Kindern zu suchen, weil sie oftmals das Gefühl vermittelt bekämen, als Vater ein überflüssiger Nebendarsteller zu sein. Der Teufelskreis schließt sich dann, wenn diese Väter ihren Söhnen ein Modell von Männlichkeit vorleben, in dem die Nähe zu Kindern keinen Platz hat und das es auch den Söhnen schwer macht, Vatersein als etwas Beglückendes zu antizipieren – ergo: »Mannsein und Vatersein geraten in einen Gegensatz, weil Männlichkeit Vatersein nicht mehr selbstverständlich einschließt und durch einseitige Berufsorientierung des Mannes das Kind als Hindernis bei der Verwirklichung gesteckter Ziele erscheint« (Bullinger 1992, S. 95).

Schon im ersten Übertritt von der Familie in die Grundschule wird diese Vaterabwesenheit bestätigt – denn auch als Lehrende in Grund- oder Volksschulen begleiten – mit Ausnahme der Schulleitung – meistens Frauen die ersten schulischen Sozialisationsschritte der Kinder. Kritiker/innen dieses Systems halten dies für eine fragwürdige, gesellschaftlich legitimierte Form der Mißachtung von Kindern, verbunden mit einer *maskulinen Abwehr der eigenen Kindheit*: Frauen gelten sozusagen als durchlässiger für die Arbeit mit Kindern; die Konfrontation mit ihrer Lebenswelt und damit ein Einlassen auch auf die eigene Kindheit – eine Tendenz, die Männern sehr gut täte, aber nicht zu den ›Ingredienzien‹ von Männlichkeit in unserer Kultur zählt – bleibt Frauen vorbehalten. Generell täte übrigens eine Einbindung und Beteiligung von Männern in der öffentlichen Erziehung beiden Beteiligten gut: nicht nur den Kindern, sondern vor allem auch den Männern und Vätern! Wer weiß, wie manch männlicher Politiker in zukunftsträchtigen Fragen entscheiden würde, hätte er mehr väterlichen oder auch professionell erzieherischen Kontakt mit Kindern samt der dabei eintretenden ›Chance zur Regression‹ in eigenes kindliches Erleben.

Diese alltäglich reale Vater-Ferne ist aber auch konträr zum (intersubjektiven) Anerkennungsbegehren zu denken: Martin Wangh (1992) hat neben anderen darauf hingewiesen, daß Vaterabwesenheit als »Abweisung« erlebt werde. »Das Kind fühlt sich wertlos und erniedrigt«, wobei diese Wertlosigkeit häufig (beim Juden- oder Ausländerhaß, die wir noch genauer hinterfragen werden) auf andere verschoben wird, was Wangh in der Generation der Hitlerzeit zu erkennen glaubt: diese – in Kindheit und Jugend dauernd oder zeitweilig verwaist – »befreite sich von der einen Depression dadurch, daß sie die Selbsterniedrigung und Selbstverachtung auf die Juden verschob« (S. 1174). Jessica Benjamin selbst hat im Rahmen ihres Intersubjektivitätsparadigmas ebenfalls auf die Folgen der Enttäuschung der Identifizierungsliebe zum Vater hingewiesen: fehlt nämlich die bestätigende Anerkennung und wird Identifikation verweigert oder verunmöglicht, so wird das Gefühl, ein begehrenswertes Subjekt zu sein, beeinträchtigt, was zur Unterwerfung unter als mächtig erlebte, idealisierte Männer führt.

Nach dieser theoretischen Erörterung jener sozialisatorischen Rolle und entwicklungspsychologischen Funktion, die Väter haben (könnten), sei nun in einem nächsten Schritt ein Blick auf die gesellschaftlichen Verhältnisse während der letzten Jahrzehnte geworfen, die viel von Distanz und Enttäuschung angesichts der realen Vater-Kind- bzw. der Eltern-Kind-Beziehungen verraten und möglicherweise schwerwiegende Folgen für die Sozialisation Heranwachsender haben. Dabei ist in jüngerer Zeit anstatt von ›vaterloser‹ schon von einer ›elternlosen Gesellschaft‹ die Rede.

7. Die elternlose Gesellschaft

Trügerische Vertröstung:
»Später, mein Kind, später«;
sagen viele Väter.
Doch die Kinderzeit vergeht.
Und aus »später« wird »zu spät«.

Kurt Tucholsky

7.1. Fehlt der Vater wirklich? Familien ohne Vater

Hatten wir bisher viel über die Folgen verwehrter väterlicher Präsenz und Anerkennung nachgedacht, so wird aber auch immer wieder in Frage gestellt, ob das Fehlen der Väter *überhaupt* ein wesentlicher »Störfaktor« für das Familiengefüge und für die Entwicklung von Kindern und Jugendlichen sein muß. Aussagen wie »*Ein guter Vater ist ein Segen, ein schlechter Vater ist schlimmer als gar kein Vater*« sind nicht selten zu hören (Green 1977; zit. n. Klees 1992, S. 59; Hervorhebung JCA). In kaum einem Semester meiner Vorlesung über (psychoanalytische) Entwicklungspsychologie fehlt die Frage aus dem Auditorium, was denn nun geschehe, wenn das familiäre Beziehungsgefüge (Triade) sich durch das Fehlen des Vaters ganz anders als im idealtypischen Sinn darstellt. Auch die Frage nach dem Einfluß der *Trennung und Scheidung* der Eltern auf das Kind gehört zum Standardrepertoire dieser Diskussionen. Die Zahlen über Alleinerziehende (zumeist Frauen) oder geschiedene Ehen sprechen ja eine deutliche Sprache bezüglich der Häufigkeit solcher Arrangements. Und: was heißt ›fehlender Vater‹ eigentlich?

Oft spielen bei sehr skeptischen und besorgten Positionen hinsichtlich der Vaterentbehrung allerdings auch deutlich ideologisch angehauchte Vorstellungen von der ›vollständigen‹ Familie, die für gedeihliches Aufwachsen unabdingbar sei, eine Rolle. Andererseits dürfen die explodierenden Zahlen von Scheidungs- und Alleinerziehenden-Kindern aber auch nicht verharmlost werden, insbesondere dann, wenn es – wie sehr oft

– zu einem kumulativen Auftreten von Problemen (Zeitmangel, Armut, unverarbeitete Trennungen, die die Kinder als Partnersubstitut fungieren lassen usw.) kommt. Auch muß unterschieden werden, ob ein Kind in eine Ein-Eltern-Familie (mit eigenem Haushalt) hineingeboren wird, oder ob es – wie in den meisten Fällen – die Trennung vom Vater und den dazugehörenden Trennungsschmerz oder gar den Tod des Vaters verarbeiten muß (was besonders in der Adoleszenz zu neurotischen Komplikationen führen kann). Weitere Unterschiede ergeben sich aus der Verfügbarkeit bzw. dem Nichtvorhandensein außerfamiliärer Vatersurrogate für die Kinder und auch aus der Art der Einstellungen der Mütter gegenüber dem weggegangenen oder häufig abwesenden Mann. Andere meinen schon fast zynisch, daß die Abwesenheit des Vaters aus beruflichen Gründen heute so umfassend sei, daß seine ständige Abwesenheit durch Tod oder Scheidung einfach nur als extreme Ausprägung dieser kulturell selbstverständlichen Vaterabwesenheit betrachtet werden kann.

Was den Verlust des Vaters betrifft, berichtet etwa Meier-Rust (1993; zit. n. Nitzschke 1995, S. 164f.; Hervorhebung JCA) von amerikanischen Langzeitstudien über die Auswirkung von Scheidungen auf Kinder, die zeigten, daß die Folgen der dauerhaft beschädigten Vaterbeziehung *»weit traumatischer sind, als angenommen«* (ein Ergebnis, das über die oft nicht nachvollziehbaren Besuchsrechtsregelungen zum Nachteil der Väter nachzudenken gebietet!). Allerdings – und das ist eine wichtiger, gern übersehener Zusatz! – ist das Entscheidende an diesen negativen Folgen die Verbindung des Ein-Eltern-Familienstatus mit »Kriminalität, Armut und schlechter Schulbildung«. Es ist also auch eine Frage des Milieus, in dem eine solche Familie lebt, wie zudem überhaupt die Stigmatisierung solcher Familien zu vermehrter sozialer Kontrolle und damit leichterem Auffälligwerden beiträgt.

Michael Rotmann hat sich intensiv mit diesem Thema beschäftigt und gemeint, daß es die Entwicklung eines Kindes eigentlich gleichermaßen behindert, ob nun der Vater »überhaupt nicht vorhanden« oder ob er »emotional nicht verfügbar« ist! Als ›emotional abwesend‹ bestimmt wird ein Vater dann, »wenn die Mutter eindeutig dominiert, wenn er an Spiel und Kindheit seines Kindes desinteressiert ist, wenn er keine Entscheidungsgewalt innerhalb der Familie wahrnimmt oder wenig an der direkten Pflege des Kindes teilhat« (1985, S. 157). Rotmann meint, daß sich dies v. a. auf die

Geschlechtsidentität der Heranwachsenden auswirke, die um so unsicherer ausfällt, je früher der Vater im Leben eines Kindes fehlt und je ausgeprägter der Faktor der emotionalen Abwesenheit ist (ebd., S. 157f.).

Daß Buben durch den Verlust des Vaters – besonders im Alter zwischen eineinhalb und vier Jahren – stärkerer Störungsanfälligkeit ausgesetzt sind als Mädchen, glaubt Abelin (1986) nachweisen zu können: sogar bei unproblematischen Entwicklungen ohne besondere Traumatisierung fand er bei vaterlosen Buben »unter der psychoanalytischen Lupe« eine »weibliche Kerngeschlechtsidentität, die später kompensiert oder überkompensiert werden mußte«. Zu ähnlichen Ergebnissen kamen übrigens Untersuchungen aus dem Laboratory of Human Development an der Harvard-University, die sich in der soganannten ›Status-envy-Theorie‹ zusammenfassen lassen: demnach identifizieren sich Kinder in der frühen Kindheit mit jener Person, die die begehrtesten Ressourcen garantiert. Bei wenig Vater-Kontakt und Mutter-Dominanz ist die Folge für die Buben eine »cross-sex identification«. Kommen die Heranwachsenden nun während der Adoleszenz in eine männerdominierte Umgebung, muß diese weibliche Identifikation verdrängt und Stärke, Kühnheit und Mut als Kennzeichen männlicher Stärke im Sinne einer »Protest masculinity« kultiviert werden. Rünzler (1988), der von diesen Untersuchungen berichtet, erweitert die Ergebnisse dahingehend, daß diese Tendenz noch stärker in Gesellschaften auftritt, wo die Ideologie männlicher Überlegenheit zwar vorherrscht, aber in der Realität nicht mehr wirklich gegeben ist (S. 142f.). Bezogen auf den tendenziellen Verfall väterlicher Autorität und Vorbildhaftigkeit ist dies individual- wie massenpsychologisch eine interessante Perspektive. Interessant ist auch, daß familiäre Konstellationen, in denen der Vater schwach, passiv oder abwesend ist, zu ähnlichen Konsequenzen führen können wie solche, in denen der Vater als autoritär oder repressiv erlebt wurde: Beides führt die Söhne häufig zu aggressiven »hypermaskuline(n) Verhaltensweisen«, die im ersteren Fall eines schwachen Vaters der Abwehr regressiv-weiblicher Identifikationen dienen, im anderen Fall als Ausdruck der Identifikation mit dem Aggressor gedeutet werden können (Grieser 1998, S. 145f.). Auch darauf werden wir noch zurückkommen.

Lothar Schon (2000) hat jüngst von einer Untersuchung berichtet, in der knapp 200 auffällig gewordene Kinder von lange abwesenden US-Soldaten deutliche aggressive Reaktionen und Leistungsversagen zeigten, wenn der

Vater lange weg war. Sie wollten damit – was zum Teil auch ganz bewußt geäußert wurde – die Väter zur Rückkehr bewegen: »Wenn ich böse genug bin, wird der Vater nach Hause kommen, damit ich aufhöre und er sich um mich kümmern kann«, so einer dieser Jungen (S. 230f.). Weiterhin gibt es auch Hinweise auf kognitive Beeinträchtigungen wie die Schwächung der räumlichen und mechanischen Intelligenz und oft auch der sprachlichen Fähigkeiten bei vaterlos Aufgewachsenen (Abelin 1986, S. 65). Ermann (1985) meint von einer »eindeutigen« Störung der Ich-Entwicklung und psychosexuellen Entwicklung von Kindern, bei denen keine reale Verfügbarkeit von Vätern gegeben ist, sprechen zu können. Entgegen anderslautenden Fachmeinungen ist diese triangulierende Verfügbarkeit nach Ermann auch nicht durch Ersatzpersonen (auch weiblichen Geschlechts) zu kompensieren: dieser Dritte müsse zu einer regelrechten *»Objektverwendung«* – also nicht nur in einer phantasierten Beziehung – real verfügbar sein (S. 102): »Ebenso wie der geglückten Mutter-Kind-Symbiose kommt dabei der *spezifischen narzißtischen und Objektbindung eines leiblichen Vaters an sein Kind* eine nicht ersetzbare Bedeutung zu« (ebd., S. 101, Anm. 4). Meint der Autor also – in Anlehnung an Winnicott – eine Art *›primärer Väterlichkeit‹* postulieren zu müssen?

Der Schweizer Paar- und Familientherapeut Jürg Willi warnt vor allem vor den Langzeitfolgen nach Scheidungen für die Kinder, die sich oft um Schutz und Fürsorge einer Familie betrogen fühlen, deren Unterstützung sie besonders in der Ablösungsphase benötigt hätten. Insbesondere die Söhne würden eine tragfähige Beziehung zu einem Vater später sehr vermissen (1991, S. 20f.). Ähnliche Erfahrungen beschreiben Ley und Borer (1992), die in Erweiterung zur bei Mitscherlich beschriebenen ›Vaterlosigkeit‹ heute vor allem ein »Problem des Mangels an sinnstiftender Autorität« sehen: ihre Familienanalysen hätten besonders in den durch Trennungen und Scheidungen veränderten Familienformen eine Reduktion der quasi-natürlichen Vormachtstellung der Männer ergeben (S. 197). Diese Familienkonstellationen zeichneten sich dadurch aus, daß »das Trennende in den innerfamiliären Beziehungen zu wenig Ausdruck findet« (S. 164), daß also ein Klima der Nähe und Bindung vorherrschend wird: *»Heimweh nach dem Vater heißt Heimweh nach Trennung und Distanz«* (ebd., S. 162; Hervorhebung JCA), weil die Ambivalenzen von Abhängigkeit und Unabhängigkeit, Absenz und Präsenz in einer Gesellschaft, die der Mutter direkt oder indirekt den alleinigen »Liebesauftrag« erteilt, leicht zugunsten der Omnipräsenz, der Abhängigkeit und des Nichtgetrenntseins entschieden werden.

Empirische und klinische Erfahrungen in Beratungsstellen und Kinderkliniken bestätigen Ergebnisse dieser Art durchwegs: danach wachsen Kinder, die in derartigen Beratungs- und Betreuungseinrichtungen vorstellig werden, viel häufiger von ihren Vätern getrennt auf als ihre ›unauffällig‹ bleibenden Altersgenoss/innen: Von Klitzing (1998) etwa berichtet aus der psychiatrischen Universitätsklinik in Basel, daß statistisch gesehen 87 Prozent der Kinder in der Schweiz mit beiden Eltern aufwachsen, während dies nur bei 55 Prozent ihrer kleinen Patient/innen der Fall ist. Daraus läßt sich ableiten, »daß diese ›Vaterlosigkeit‹ eine ätiologische Bedeutung für die Störung hat, die ein Kind in Behandlung führt«. Trotz der Gefahr, komplexe soziale Zusammenhänge zu vereinfachen, könnte man also aus klinischer Sicht sagen, daß Anwesenheit und beziehungsmäßige Verfügbarkeit des Vaters für die kindliche Entwicklung »*eine Ressource* beziehungsweise *einen protektiven Faktor*« darstellt (S. 199). Busch (1994) hält es überhaupt für »unzweifelhaft, daß der abwesende, teilweise fehlende oder schwache Vater eine erhebliche traumatische Bedeutung für die psychische Entwicklung hat«. Forschungsbefunde aus Psychotherapie und Psychosomatik belegten eindeutig »die z.T. *katastrophalen Folgen eines schwachen Vaters bzw. einer auch dadurch übermächtig gewordenen Mutter bzw. Mutterimago*« (S. 174; Hervorhebung JCA).
Auch Stork (1989) betont eindringlich, daß die Mutterbilder von psychisch auffälligen Personen sich als besonders intensiv besetzt erweisen, während die Vaterbilder wenig Konsistenz und Kontur hätten, als *unangreifbar* und *nichtssagend* beschrieben würden und »vielerlei Erwartungen bitter enttäuscht« hätten. »Schwäche, Abhängigkeit und Unterlegenheit« seien die Kennzeichen dieser Vaterbilder (S. 155f.).

Das Vaterdefizit erscheint also fast durchweg als wichtiger Bedingungsfaktor für psychische Störungen in Form mißlungener Individuation. Dies gilt in besonderer Form auch für narzißtische Persönlichkeitsanteile, die nicht – wie traditionell angenommen – immer nur durch gestörte Mutter-Kind-Beziehungen verursacht werden, »sondern in gleichem Maße als Folge einer graduellen Nicht-Verfügbarkeit des Vaters in den ersten Lebensjahren des Kindes« anzusehen sind (Overbeck 1984/3, S. 77).

In eigenen Untersuchungen mit Klinikkolleg/innen hat Von Klitzing verschiedene Aspekte der Elternbeziehung, die Bedeutung der zweiten Bezugsperson (meist des Vaters) sowie der elterlichen Partnerschaft für die frühe Kindesentwicklung studiert: die Qualität der Dreierinteraktion hing dabei signifikant von der bereits schon vorgeburtlich erfaßten interpersonalen Beziehung der Eltern ab. Besonders signifikant und hier von Relevanz ist der Zusammenhang zwischen dem Interaktionsverhalten des Säuglings und der (ebenfalls pränatal erfaßten) inneren Einstellung des Vaters: viermonatige Säuglinge kommunizierten demnach je bereitwilliger mit *beiden* Elternteilen (»Trilog«),

- je offener und ambivalenzfähiger die Persönlichkeiten der Väter und ihre Beziehungen zur Frau waren,
- je reichhaltiger ihre Vorstellungen vom künftigen Kind waren,
- je mehr sie selbst sich auch als wirklich relevante Bezugspersonen neben der Mutter attribuierten,
- je offener der emotionale Dialog mit der Partnerin war und
- je mehr ihre Erfahrungen mit den eigenen Eltern kohärent in ihre Person integriert waren (vgl. Von Klitzing 1998, S. 125f.).

Diese Ergebnisse machen deutlich, daß allein schon die innere Beziehungsbereitschaft von Männern gegenüber Säuglingen ein wesentlichen Faktor des Vaterwerdens ist (ein wichtiges Thema übrigens für die heute aufkeimende Diskussion um die Funktion sog. ›Elternschulen‹, die besonders auch Männer zu erreichen suchen!). Dies hat wiederum entscheidende Auswirkungen auf die inneren ›Repräsentanzen‹ von Kindern, geht man davon aus, daß innere (Eltern-) Repräsentanzen letztendlich Abbild, inneres Bild der für das Selbst bedeutungsvollen Anderen sowie der durch diese Beziehung verursachten Affekte sind.

Durch Untersuchungen belegte Hinweise darauf, daß das *Fehlen des Vaters besonders in den ersten beiden Lebensjahren* gravierende Folgen hat, liefert Corneau, der der Jungschen Schule nahesteht: demnach zeigten Jungen, denen in diesen ersten beiden Jahren der Vater gefehlt hatte, sogar dieselben Verhaltensauffälligkeiten wie Waisenkinder in inadäquaten Pflegeverhältnissen. Die Mängel solcher Kinder verteilten sich dabei auf die soziale, die sexuelle, die ethnische und auch die kognitive Ebene. Interessant auch, daß das Fehlen des Vaters in den ersten beiden Lebensjahren die Entwicklung der Kinder stärker und mehrdimensionaler behinderte als späteres Fehlen des Vaters – vor allem hinsichtlich des Zutrauens und der Minderwertigkeitsgefühle (1993, S. 35). Zu den vehementesten Vertreterinnen einer ›katastrophischen‹ Auffassung vom Fehlen des Vaters gehört die französische Psychoanalytikerin Christiane Olivier. Sie benennt das Patriarchat und folglich die Männer selbst, die sich aus der Verantwortung gestohlen hätten und die Kinderpflege allein den Müttern überließen, als schuldig an dieser Katastrophe: »Weigerung, Feigheit, Egoismus, Im-Stich-Lassen?« (1997, S. 58). Dabei sieht sie – im Unterschied zu anderen französischen Autor/innen (insbesondere um Lacan) – die Funktion des Väterlichen als etwas ganz Simples:

> »O nein, der Vater ist kein großer Zauberer und auch nicht der Retter des Kindes, der es den Klauen der Mutter entreißt – der Vater ist derjenige, der seiner Tochter das Ödipusgeschehen ermöglicht und dem Sohn die Identifizierung, so wie die Mutter beim Sohn das Ödipusgeschehen auslöst und der Tochter bei der Identifizierung hilft«. (1997, S. 51f.)

Eltern, die sich trennen, müßten deshalb bedenken, daß eine Mutter ohne Vater (wie es meistens ist) »keine Möglichkeit für das Kind« ist. Allerdings räumt Olivier ein, daß die »gegenseitige Ergänzung« der Eltern, aus der Kinder ihre Kraft beziehen, weiter wirksam bleiben kann, wenn sie »lange über die Scheidung hinaus« möglich ist (ebd., S. 87).

Ist also ohne Vater doch alles oder zumindest vieles verloren? Schon unsere Überlegungen in den vorangegangenen Kapiteln haben gezeigt, daß die dritte Position der Eltern-Kind-Triade auch von jemand anderem als dem leiblichen Vater ausgeübt werden kann und daß es außerdem darauf ankommt, welche Art von Beziehung mit dem Vater oder einem ›Dritten im Bunde‹ die Mutter zuläßt. Dennoch sind (familiäre) Beziehungen, die durch eine wie immer geartete ›Vater-Ferne‹ gekennzeichnet sind, im Rahmen der gegenwärtigen gesellschaftlichen Verhältnisse offenbar ein Problem:

Buchholz gibt eine doppeldeutige Antwort auf das Problem des realen Fehlens des Vaters: danach übten wirklich abwesende Väter über den Weg der unbewußten Identifizierung eine starre Macht aus, so daß die nachwachsende Generation keine »leitenden Idealbildungen« mehr vornehmen könne. Dagegen würden die »Sehnsucht nach der Regression« und »*narzißtische(n) Wiedervereinigungssehnsüchte*« alle Objektbeziehungen einfärben. Neben der Trauer um den Vater entsteht vielfach auch »*verzweifelte Wut*«, weil die Abwesenheit des Vaters die illusionäre kindliche

Allmacht, die für die Entwicklung zeitweise notwendig ist, zerstört habe. Besonders lebensbestimmend seien abwesende Väter dann, wenn es ein »Geheimnis« um deren Biographie – wie etwa häufig bei einer NS-Vergangenheit des Vaters – gäbe (1989, S. 48; Hervorhebung JCA); dazu später noch mehr. Andererseits aber gibt es auch Hinweise, nach denen Vaterlosigkeit besonders für Burschen auch als eine Chance gesehen werden muß: Solche Buben erfuhren offenbar ein geeignetes Maß an narzißtischer Besetzung durch ihre Mütter, blieben also die »Prinzen« ihrer Mütter und hätten gleichzeitig weite Bereiche der Selbständigkeit sowie »fördernder Erfahrungsräume wie z. B. der Straße« zur Verfügung (ebd., S. 41). Ergebnisse dieser Art sind uns ja auch aus den um die sogenannte ›Rabenmütter‹-Bewegung entstandenen Forschungsarbeiten bekannt. So weiß man, daß Kinder dieser selbstbewußten ›Rabenmütter‹ häufig größere soziale Kompetenzen zeigen und auch demokratischere Entscheidungsprozesse innerhalb der Familie gelernt haben.

7.1.1. Relativierung des Katastrophenszenarios: Scheidungswaisen, Einzelkinder

Die Forschungsberichte aus dem klinischen Bereich scheinen also erdrückende Belege für die verhängnisvollen Folgen des Fehlens des Vaters oder seiner Schwäche zu liefern. ›Scheinen‹ betonen wir deshalb, weil es im Unterschied dazu aus dem soziologisch-sozialpsychologischen Bereich auch gegensätzliche und anderslautende Befunde gibt, die die Eindeutigkeit der ›Katastrophen-Diagnostik‹ um den fehlenden Vater und die »Massenhaftigkeit« der erwähnten Erscheinungen kritisch relativieren (vgl. Lenz u. Tillmann 1997, Beck-Gernsheim 1997 u. a.). Einer der Haupteinwände ist dabei, daß das Fehlen des Vaters in vielen Fällen – wohl auch aus ›familienideologischen‹ Gründen – als isolierter Faktor gesehen und für bestimmte Probleme verantwortlich gemacht wird, während eine ganze Reihe anderer Belastungsfaktoren wie ökonomische Zwangslagen, ungünstige Kinder-Betreuungsbedingungen (vor allem für Alleinerziehende), psychische Probleme bei den Eltern und auch der aus modernen Lebenssituationen zusätzlich resultierende (familiäre) Streß nicht mitbedacht werden.

Zunächst handelt es sich aus demographischer Sicht sowohl bei den sogenannten »Scheidungswaisen« als bei den als Einzelkinder von Alleinerziehenden Aufwachsenden *nicht* um derart exorbitante Zuwächse, wie man gemeinhin annimmt: so hört man fälschlichen statistischen Interpretationen zufolge immer wieder, 50 Prozent aller Kinder würden heute als Einzelkinder aufwachsen (weil 50 Prozent der Familien nur ein Kind haben). Dagegen sind es nach ›genauer‹ Ansicht dieser Statistiken ›nur‹ etwa 30 Prozent, weil in den anderen 50 Prozent der Familien mit zwei (oder mehr) Kindern diese natürlich den doppelten Anteil von Kindern (oder noch mehr) ergeben, die mit Geschwistern aufwachsen. Nimmt man einen vom Alter des (Klein-) Kindes her gesehen späteren Zeitpunkt der jeweiligen Erhebung zum Ausgangspunkt der statistischen Schätzung (also etwa im Rahmen von Jugenduntersuchungen, wo den »ehemaligen« Einzelkindern in der Zwischenzeit noch weitere Geschwister ›erwachsen‹ sein können), so kommt man gar auf etwa 86 Prozent von Kindern, die »geschwisterlich« aufwachsen, und auf nur 14 Prozent von wirklichen Einzelkind-Biographien. Der Anteil der Geschwisterpaare ist dabei wegen des Rückgangs der Mehrkindfamilien erheblich gestiegen (Lenz u. Tillmann 1997, S. 12f.).

Außerdem ist das Phänomen der Pluralisierung der Zusammenlebensformen (wie nichteheliche Lebensgemeinschaften oder Alleinerziehende) keine Erfindung der Postmoderne, sondern im Lauf der Geschichte immer wieder – auch im gehäuften Maß – aufgetreten. Die Kleinfamilie aber, bestehend aus Vater, Mutter und Kind(ern) hat »ihre beherrschende Rolle keineswegs verloren; allen soziologischen ›Verfalls‹-Thesen zum Trotz lebt sie munter fort« (ebd., S. 14). Auch das wirkliche Ausmaß der Scheidungswaisen unter Kindern bedarf eines kritischen zweiten Hinschauens: zwar gehen mittlerweile (insbesondere in städtischen Ballungszentren) mehr als ein Drittel der Ehen wieder in die Brüche, es sind jedoch besonders junge und meist kinderlose Ehen statistisch von dieser ›Normalität der Scheidung‹ betroffen (vgl. Beck-Gernsheim 1997, S. 21). In der Bundesrepublik Deutschland zum Beispiel waren 1994 immerhin 49 Prozent aller geschiedenen Ehen kinderlos, »so daß von 50 Prozent aller Scheidungen keine Kinder betroffen sind: nur schätzungsweise 16 Prozent der zu Beginn der 90er Jahre geborenen Kindern werden also zu ›Scheidungswaisen‹, bevor sie volljährig werden« (Lenz u. Tillmann 1997, S. 13).

Die statistisch ermittelten Zahlen sind also nicht so eindeutig wie gemeinhin angenommen. Allerdings – und dies ist für die Betrachtung der

Ängste und Phantasien von Kindern und Jugendlichen von mindestens ebenso großer Bedeutung – kommen fast alle Kinder mittlerweile in ihrem Freundeskreis mit Scheidungsfällen in Berührung, und viele befürchten, daß es sie auch treffen könnte. Diese Relativierung erscheint uns dringend geboten, wenn im folgenden von den Belastungen die Rede ist, unter die Kinder durch familiär bedingte Umschichtungs- und Umstrukturierungsprozesse geraten. Es wäre also allemal zu einfach, Themen wie das der Vaterdefizienz in der Sozialisation heutiger Heranwachsender nur oder hauptsächlich auf diese demographisch-soziologischen Veränderungsprozesse zurückzuführen.

7.1.2. Triangulierung ohne Vater – die bessere Variante?

Wolfgang Tress (1986) ist einer der wenigen Autoren, der im Rahmen eines Forschungsprojektes einmal umgekehrt der Frage nachgegangen ist, warum denn manche Heranwachsende trotz dieser kindlichen Belastungen *nicht* seelisch erkranken. Dabei kam er auch zu bemerkenswerten Funden bei den vom Kleinfamilienmodell abweichenden Lebensformen, also getrennt bzw. allein lebenden und erziehenden Eltern (Frauen) oder sogenannten ›unvollständigen‹ Familien: in Mannheim in der Bundesrepublik Deutschland wurden 40 Kinder aus besonders belasteten sozioökonomischen Verhältnissen, aber klinisch gesehen aus der ›Normalbevölkerung‹, eingehend untersucht. Eines der aufschlußreichsten Ergebnisse war, daß unter der Bedingung einer psychosozial hochbelasteten Kindheit nicht die sogenannte ›vollständige‹, Mutter und Vater umfassende, sondern die vom Fehlen des Vaters gekennzeichnete Familiensituation der seelischen Entwicklung der Kinder förderlich ist! Die der psychischen Entwicklung förderliche Struktur ist hier also just mit einer (scheinbaren?) ›broken-home‹-Situation verknüpft! Andere Ergebnisse der Alleinerziehenden-Forschung verweisen ebenfalls in diese Richtung: mehrere Autorinnen kommen bezüglich der sozialen Situation alleinerziehender Frauen (Freundschaftsbeziehungen, kommunikative Zufriedenheit, emotionale Unterstützung u. a. m.) zu dem Ergebnis, daß diese Mütter ihre sozial-kommunikative Situation (»Netzwerkbeziehungen«) im Vergleich zur Zeit des Zusammenlebens mit ihrem Expartner als besser, initiativer, selbstbewußter und offener beschreiben (siehe dazu zusammenfassend Mooshammer 1997). Dies hat natürlich auch Auswirkungen auf die soziale Situation und die Beziehungssituation der Kinder, so daß auch für deren psychosoziale Entwicklung eher positive Entlastungsaspekte zu erwarten sind.

Tress spricht diesbezüglich sogar ausdrücklich von einem »schützenden Effekt einer unvollständigen Familie«: man müsse sich ernsthaft die Frage stellen, *»ob nicht die Anwesenheit des Vaters unter ohnedies schlechten Kindheitsbedingungen sich eher negativ auswirkt«* (1986, S. 90; Hervorhebung JCA). Die Trennung der oftmals unter großen Spannungen lebenden Eltern stellt für die Kinder in diesen Fällen eine heilsame Lösung dar, die Ein-Elternfamilie also die ruhigere Alternative mit günstigerem Entwicklungsklima. Freilich ist in weiterer Folge auch die Art der Beziehung der getrennt lebenden Elternteile eine wichtige Einflußgröße für die weitere Entwicklung, also die Frage, ob und wie es den Alleinerziehenden gelingt, den Kindern ein positives Bild des anderen Elternteils zu vermitteln und so auch ein konstruktives Entwicklungsklima zu schaffen (vgl. Rauchfleisch 1997, S. 17). Während die Präsenz einer guten Beziehung zu einer primären Bezugsperson, also zumeist zur Mutter, unbestritten die dominanten Bedingung für psychische Gesundheit (auch bei schweren frühkindlichen Belastungen) darstellt, verweist also in solchen Fällen »gerade das *Fehlen* eines Elternteils, ganz überwiegend des Vaters, und gerade nicht die Vollständigkeit des Elternpaares auf spätere psychische Gesundheit« (Tress 1986, S. 142).

Vollständigkeit einer Familie in unserem kulturellen Sinn heißt, daß die primäre Bezugsperson (Mutter) in einer engen zwischenmenschlich-sinnlichen Beziehung zu einem (zumeist) heterosexuellen Partner, also dem Mann oder Vater, lebt. Beim Nichtgelingen der damit verbundenen präödipalen und triangulierenden Entwicklungsschritte ortet die zeitgenössische Psychoanalyse schwerwiegende und verbreitete Folgen wie v. a. die strukturellen Ich- oder Frühstörungen mit symbiotisch-narzißtischem Charakter. Das an eine überforderte, alleingelassene, in ihrer eigenen Entwicklung narzißtisch verunsicherte Mutter gebundene Kind wird von dieser selbst narzißtisch (z. B. zur Selbststabilisierung) ›mißbraucht‹ bzw. nicht oder zu wenig losgelassen (vgl. Ziehe 1975 u. v. a.). Die Herausbildung dyadischer Beziehungsformen wird aber auch durch die gesellschaftlich geforderte, durch Industrialisierung und Arbeitsteilung bedingte Mobilität forciert, nach der man realistischerweise selbst bei strukturell vollständigen Beziehungsformen von unvollständigen Beziehungen sprechen müßte, weil der

Vater berufsbedingt viel abwesend ist (vgl. Busch 1994, S. 178). Durch dieses häufige (physische oder auch psychische) Fehlen des Vaters kann zudem die Überforderung der Mutter potenziert und dem Kind vielfach weitere narzißtische Beschädigung zugefügt werden.

Wie erklären sich dann aber diese scheinbar paradoxen Ergebnisse vom ›Nutzen‹ des Fehlens des Vaters unter dem Gesichtspunkt der Triangulierung? Tress zufolge bleibt gerade die Mutter einer »Rumpffamilie« oft viel stärker auf einen abwesenden, aber an sich gewünschten oder herbeigesehnten Partner/Vater bezogen als Mütter in offen oder latent zerrütteten, aber vollständigen Familien: Daher haben auch Kindern von unfreiwillig alleinerziehenden Müttern oft viele reale oder phantasierte Gelegenheiten, sich einen ›Dritten‹ in der erweiterten Umwelt zu suchen. Damit ist auch der Weg frei zu verschiedensten möglicherweise zugänglichen Ersatzpersonen, die als Vatersubstitute verehrt werden können und Anlaß zur Internalisierung bestimmter Anteile geben (Lehrer, Jugendleiter, Väter von Spielkameraden, Seelsorger etc.) – wodurch schließlich der faktisch abwesende Vater einen »triadischen Bezug« ermöglicht (ebd.). Es stellt sich also die scheinbare Paradoxie ein, daß gerade für vaterlose Kinder oft deshalb sehr gute Triangulierungschancen bestehen, weil eine seelisch reife Mutter die Verbindung mit erwachsenen Männern innerlich bejaht und das Kind nicht als Ersatzpartner mißbraucht, »um sich mit ihm gegen die schlechte Welt der Männer abzuschotten«. In de facto vollständigen Familien andererseits kann dies durch hochgradige emotionale Dissonanzen (besonders bei Dauerkonflikten) geradezu verhindert werden. »Schließlich muß es einem Kind, dessen realer Vater sich einer frühen Triangulierung verweigert, erheblich schwerer als einer Halbwaise werden[6], sich, sozusagen am negativen familiären Vorbild vorbei, seine Identifikationen mit der Welt der Väter außerhalb zu holen« (Tress 1986, S. 149). Dies scheint uns ein ganz wichtiger Punkt zu sein, der in den etwas ›jämmrig‹ geführten populären Vaterlosigkeitsdebatten oft übersehen wird.

Weiterhin muß ja nicht einmal die vollständige Abwesenheit des Vaters seit früher Kindheit ein Hindernis dafür sein, daß der Sohn eine innere Beziehung zu seinem Vater entwickeln kann. Dafür zeichnet eine »zentrale unbewußte

[6] Offensichtlicher Druckfehler im Original; muß wohl heißen: »(...) als einem Halbwaisen fallen (...)« – JCA.

Erfahrung mit dem Vater« in der Phantasie des Knaben verantwortlich, mittels derer er einen »Rückgriff auf die *Imago des abwesenden Vaters*« (Grieser 1998, S. 155f.; Hervorhebung JCA) bewerkstelligen kann. Dieser ›Kunstgriff‹ erfüllt für den Sohn gleich zwei Abwehrfunktionen: die triangulierende Vater-Position ist noch vorhanden und verhindert die Regression zur primären Bezugsperson; und die ödipalen (Kastrations-) Ängste wiederum werden abgewehrt, weil ein als abwesend phantasierter Vater unter Umständen weniger bedrohlich ist als ein anwesender realer (ebd., S. 186).

Eine günstige Voraussetzung für diese Differenzierungsprozesse ist die schon erwähnte positive Besetzung des Bildes des abwesenden Vaters durch die Umgebung des Kindes – vor allem durch die Mutter. Bei der Bedeutung des nicht im Familienhaushalt anwesenden Vaters kommt der Mutter und deren Vorstellungen über den realen Vater, die den Kindern vermittelt werden, große Relevanz zu: Wird der oder die ›Dritte‹ zu einem »willkommen geheißenen Dritten« (Mertens 1990, S. 67) oder wird ihm/ihr Verachtung, sozusagen nur üble Nachrede zuteil? Wolff (2000) hat übrigens jüngst anhand klinischer Beispiele auch auf die ungeheure Wirkung hingewiesen, die sogar von ›unbekannten‹ leiblichen Vätern, die den Kindern von der Mutter verschwiegen wurden, ausgeht. Überhaupt erscheint in der Lebensform der Kleinfamilie die »Struktur des Vaters, auch wenn er nicht leibhaftig präsent ist, erhalten« (Rauchfleisch 1997, S. 115). Ob idealisiert oder vermißt, ist der Vater selbst in seinem Fehlen oder durch seine Abwesenheit präsent und gegenwärtig, so daß der trianguläre Bezug durch die jeweils spezifische Art des Vatersubstituts gegeben ist.

Dabei kommt es auch darauf an, ob der Grund für die Abwesenheit des Vaters bewußt und noch mehr unbewußt von den Beteiligten als akzeptabel und vertretbar erlebt wird. Andererseits können sich phantasierte Vaterbilder durch unrealistische Züge auszeichnen wie etwa durch sehnsüchtige Idealisierung oder auch durch negative Überzeichnung als strafend-intervenierend und gefürchtet (ebd., S. 169). Beides dient offenbar der Abwehr des Schmerzes über die fehlende Bezugsperson. Jedenfalls gibt es also auch ein phantasiertes inneres Vaterobjekt, *ohne* daß es zur Verinnerlichung realer Vateranteile gekommen sein muß.

Zusammenfassend können wir jedenfalls festhalten, daß zahlreiche Untersuchungen heute belegen, daß Kinder aus Ein-Eltern-Familien in ihrer allgemeinen Befindlichkeit keine quasi ›automatisch‹ schlechteren

Entwicklungsbedingungen aufweisen als Kinder aus traditionellen Eltern-Kind-Familien: dies betrifft sowohl mögliche psychische Störungen als auch soziale Auffälligkeiten. Im Gegenteil: sie verfügen »oft sogar über bessere soziale Kompetenzen und eine größere psychische Reife« als Kinder aus ›Normalfamilien‹ und »sind eher in der Lage, Verantwortung zu übernehmen« oder kooperativ zu handeln. Ja, sie scheinen sensibler gegenüber gesellschaftlicher Diskriminierungen und haben flexiblere Geschlechtsrollenauffassungen (Rauchfleisch 1997, S. 38f.).

Andererseits zeigen Untersuchungen von Kindern, die hauptsächlich oder ausschließlich von Vätern betreut werden, ebenfalls positive Entwicklungsergebnisse: Solche Kinder sind selbstbewußt, glauben an ihre Fähigkeiten und besitzen häufig hohe sprachliche Kompetenzen. Auch hinsichtlich der Geschlechtsrollenentwicklung entwickeln sie sich sehr flexibel, offen und tolerant gegenüber den verschiedensten Lebensweisen und verfügen über ein größeres Spektrum an Werthaltungen im Unterschied zu den gelegentlich eindimensional erscheinenden Einstellungen bei Heranwachsenden aus traditionellen Familien – ein Ergebnis, das übrigens auch bei Kindern aus gleichgeschlechtlichen Lebensgemeinschaften gefunden wurde (ebd.)! Der sozial- und familienpolitische ›Sprengstoff‹ derartiger Forschungsergebnisse ist augenscheinlich – ob sie deshalb so wenig rezipiert werden?

Nun ist zwar die Konstellation der hauptsächlich den Kindern gegenüber verantwortlichen Mutter mit einem mehr oder weniger beteiligten Vater die häufigste in unserer Gesellschaft; aber alle vorliegenden Untersuchungen zum Vater als (Allein-) Erzieher geben keinen Anlaß anzunehmen, daß nicht auch ein Vater Kinder ebensogut versorgen, pflegen und erziehen könnte, wie es Mütter können. Bei den Fähigkeiten, die man in unserem Kulturkreis vorwiegend als »Bemutterung« bezeichnet, geht es vielmehr um das Zur-Verfügung-Stellen bestimmter Funktionen, deren Kern nicht das Geschlecht des Gegenübers ist, sondern der Umstand, daß das Kind einen »reagierenden Partner« antrifft, der Liebe, Begehren, auch Haß, Gebrauchtwerden, Imitation und Identifikation und entsprechende Dialogformen für das Kind bereithält (vgl. Mertens 1990, S. 44). Es genügt also – so könnte man resümieren – *eine* primäre Bezugsperson, die im Rahmen des kindlichen Entwicklungsprozesses agiert, diese aber »muß die Beziehung des Kindes zu einem ›dritten Objekt‹ (weiblichen oder männlichen Geschlechts) außerhalb des Familiensystems bejahen, damit der Weg aus der Dyade geebnet werden kann (Rauchfleisch 1997, S. 117). Wenn eine Mutter andererseits – was wir relativ häufig beobachten – diese Position des Dritten, den Platz des Vaters, aber aus eigener Bedürftigkeit dem Sohn zuschreibt, so beraubt sie ihn gleichzeitig dieser symbolischen Vaterrepräsentanz und damit auch der Möglichkeit entwicklungsfördernder ödipaler Auseinandersetzungen mit einer Vaterrepräsentanz.

Man könnte nun einwenden, daß es sich bei den geschilderten, hoch belasteten Familien, in denen die Vaterabwesenheit eventuell sogar von Nutzen sein kann, sowie bei all jenen Frauen, die es schaffen, den Vater ›genügend gut‹ zu repräsentieren, um eine besondere Situation handle, deren Zusammenhänge aber nicht verallgemeinert werden können. Im »Normalfall« dagegen sei das massenhafte Fehlen des Vaters aber sehr wohl problematisch und führe zu den bekannten und oft beklagten Fehlentwicklungen im Sinne des Mangels an ausreichender Identifikation und Anlehnung für die Kinder – besonders für die Buben. Werfen wir deshalb einen Blick auf die sozialhistorischen und sozialpsychologischen Voraussetzungen der Entwicklung der vaterlosen bzw. elternlosen Gesellschaft.

7.2. Von der vaterlosen zur elternlosen Gesellschaft

> »Ein 14jähriger sagte mir einmal, er habe seit Jahren gelernt, seine Probleme allein zu lösen, ohne Hilfe der ›Scheiß-Erwachsenen‹«.
>
> *Eva Zeltner (1999, S. 56)*

Als erster aus dem Kreis der Psychoanalytiker hatte Freuds Stellvertreter in der Wiener Psychoanalytischen Vereinigung, Paul Federn, von einer »vaterlosen Gesellschaft« geschrieben (1980, Orig. 1919) – allerdings in einem anderen als dem heute landläufig bekannten Sinn. Federn vertrat bezüglich der Entmachtung der Väter nämlich eine ›kulturoptimistische‹ Sichtweise und meinte, daß der Sturz der Vaterautorität, wie er ihn auch im Zusammenbrechen des absolutistischen Herrschaftssystems der österreichisch-ungarischen Monarchie repräsentiert sah, eine revolutionäre, ja befreiende Wirkung nach sich zöge, weil er sich daraus die Entstehung einer solidarischen »Bruderschaftsbewegung« erhoffte. Als Voraussetzung dafür müßte allerdings ein Umbau der familiären Vergesellschaftung in einer nicht patriarchalisch strukturierten Familie erfolgen, die das »eigentliche psychologische Problem« der Weitertradierung der Vaterherrschaft sei (S. 77). Und obwohl er wahrnehmen konnte, wie sehr sich auch die mancherorts entstehenden revolutionären Bewegungen immer wieder in hierarchischen Über- und Unterordnungsmechanismen verfingen, die letztlich ödipalen Ursprungs sein mußten, hoffte er auf eine irgendwann realisierbare wirklich brüderlich-egalitäre (und die Schwestern? – JCA) Gesellschaft ohne Vatermacht (S. 86f.).

Freud hingegen huldigte hier wie in anderen Fragen einem ausgesprochenen ›Kulturpessimismus‹, und zwar insofern, als er eine zumindest teilweise ›triebunterdrückende‹ ödipale Autorität generell für eine Voraussetzung von Kultur hielt. Eine Labilisierung dieser Position des Vaters (und damit der Über-Ich-Bildung) würde folglich die gesamte Kulturentwicklung in Frage stellen. Auch Max Horkheimer, für den Vaterschaft durch jene verhängnisvolle Unterwerfung gekennzeichnet war, die die autoritär-patriarchalische Familienstruktur hervorbrachte, revidierte nach dem Krieg seine Sicht und sorgte sich um die verfallende Vaterautorität, weil dadurch die Quelle moralischer Autonomie untergraben, der Einflußnahme totalitärer Ideologien hingegen Tür und Tor geöffnet werde; dem Kind würde damit anstatt wirklicher Auseinandersetzung nur mehr abstrakte Vorstellungen von Macht und damit die Neigung zum Ausschauhalten nach imposanten Führerfiguren vermittelt (1985a; Orig. 1949). Kurzum, war einst die *Stärke* des Vaters als problematisch für die Autoritätsentwicklung gesehen worden, wurde nun seine *Schwäche* problematisiert.

Was wir heute allgemein unter dem Schlagwort von der »Vaterlosen Gesellschaft« verstehen und einer ›pessimistischen‹ kulturtheoretischen Position zuordnen, stammt von Alexander Mitscherlich (1973), von dem ja schon die Rede war. Angesichts heute beobachtbarer, gesellschaftlich und ökonomisch erzwungener erzieherischer und familiärer Umwelten, durch die ja bereits auch Funktion und Wirkung einer ›ausreichend guten‹ Mutterbeziehung in Frage gestellt sind, muß aber schon von einer *»elternlosen Gesellschaft«* gesprochen werden (vgl. u. a. König 1988).

Mitscherlich hat dieses Problem zunächst im Zusammenhang mit dem Verlust väterlicher Vorbildangebote gesehen. Das Fehlen von Identifikationsangeboten – insbesondere für männliche Kinder – schaffe außerordentliche Probleme für die Geschlechtsrollenidentifikation:

> »Er (der Sohn – JCA) kann seine *Identität* nicht leicht in *Rollen* finden, die schon der Vater oder die Vorväter innehatten, sondern muß sich in einer Berufsvielfalt, die er kaum überschaut und keinesfalls aus eigener Kindheitserfahrung kennt, orientieren und entscheiden. Alles das muß ihm das Gefühl der Vereinsamung geben und legt ihm den Schluß nahe, daß der Vater schwach, unfähig ist, daß man mit ihm nicht rechnen kann. Umgekehrt fühlen die Väter eine verständnislose Verschlossenheit an den Söhnen, die es schwer oder unmöglich macht, das rechte Wort im rechten Augenblick zu finden«. (1973, S. 194)

Aber auch die Betroffenheit der Frauen von der kapitalistischen Produktionsweise, in die sie zunehmend integriert werden, hat Mitscherlich schon gesehen, wenn er schreibt, daß viele Tendenzen andeuteten, daß die Mutter dem Vater *»bald in sein Reich der Schattenhaftigkeit nachgefolgt sein wird«* (S. 195; Hervorhebung JCA). So hat Mitscherlich durchaus schon die wachsenden Entfremdungsprozesse innerhalb der Primärgruppe Familie problematisiert, die durch verschiedene sozioökonomische Entwicklungen in den technokratisch orientierten Industriegesellschaften zustande gekommen sind. Und er diagnostizierte damals schon das »zunehmend auch mutterlose Kind«, das – bedingt durch diese Art scheinbar generellen Versagens der Elternfiguren – zum »herrenlosen Erwachsenen« heranwachse (S. 338).

In der jüngeren Vergangenheit hat vor allem Streeck-Fischer (1992) – übrigens auch im Zusammenhang mit dem hier unter anderem thematisierten Thema von ›Adoleszenz und Rechtsextremismus‹ – mit Nachdruck auf das Problem mangelnder seelisch wirksamer Präsenz der Eltern hingewiesen. Dabei sei zu bedenken, daß Rolle und Bedeutung der realen Eltern in der Statuspassage der Adoleszenz vom familiären Binnen- zum gesellschaftlichen Außenraum meist unterschätzt wird! Dies betrifft besonders die Rolle der Eltern als Hauptquelle von Rat und Hilfe, aber auch die entwicklungsdynamischen Aspekte der Loslösung:

> »Nicht nur die früh erlebten verinnerlichten familiären Beziehungen, sondern *auch die tatsächlichen Eltern-Kind-Interaktionen während der Adoleszenz* haben erheblichen Einfluß darauf, ob es zu Wiederholungen kommt oder ob Neuerfahrungen möglich sind und ob notwendige Identifizierungen mit dem gleichgeschlechtlichen Elternteil und die Ablösung von der Familie gelingen. Sich von den idealen Elternbildern der Kindheit trennen zu können, verlangt eine Auseinandersetzung mit den realen Eltern«. (S. 748; Hervorhebung JCA)

Streeck-Fischer hat hier wohl relativ ›geordnete‹ Verhältnisse (ideale Elternbilder der Kindheit) und relativ vollständige Familien im Auge, wie sie auch gleich relativierend feststellt. Dennoch ist dieser Aspekt auch in den in unserem empirischen Teil wiedergegebenen Lebenslauferfahrungen (ehemals) gewalttätiger Jugendlicher bedeutsam: Weder die tatsächlichen Eltern-Kind-Interaktionen noch die Möglichkeit der Auseinandersetzung und Identifizierung (=Ablösung) scheinen hier wirklich auch nur annähernd ausreichend gegeben gewesen zu sein. Dagegen herrschten jene Mechanismen vor, die auch Bohleber (1992) als psychodynamische Voraussetzung rechtsextremer bzw. fremdenfeindlicher Entwicklung bezeichnet hat, nämlich eine Wiederholung und regressive Verarbeitung der Statusunsicherheit, wie sie sich etwa in *illusionärer Idealisierung des Nationalen, des Eigenen und Reinen* (›Deutschland den Deutschen!‹, ›Österreich zuerst!‹) gegenüber dem Fremden und in erhöhter Identifikationsbereitschaft mit idealisierten Führerfiguren widerspiegelt. In allen Gesprächen trat dabei vor allem die Problematik des Vaters deutlich hervor, verbunden mit einer gewissen Schutz- und Verteidigungshaltung (Idealisierung) gegenüber der Mutter, deren Aufopferung für die Kinder häufig betont wird.

Aber auch die symbolisch-metaphorische Bedeutung von sozialen Strukturen und Institutionen als ›elterliche Instanzen‹ muß gesehen werden: Gambaroff und Walker (1994) haben beschrieben, wie destabilisierte gesellschaftliche Verhältnisse insofern intrapsychisch bedeutsam werden können, als sie ihren haltgebenden Charakter – das ›Mütterliche‹ sozusagen – und ihre regulierende, normgebende Funktion – den ›väterlichen‹ Aspekt im Rahmen unserer Kultur – sukzessive verlieren würden. Das gesellschaftliche Chaos und die damit verbundene Angst werde schließlich als ›verfolgende Mutter‹ erlebt, was offenbar in bestimmten Belastungs- und Krisensituationen ganze Kollektive auf frühkindliche Reaktionsweisen regredieren läßt.

Diese Prozesse werden dadurch noch bedeutsamer, daß reale Vaterfiguren des öffentlichen Lebens, die noch mit Recht als solche bezeichnet werden könnten, rar zu werden scheinen: Männer wie Albert Schweitzer, Mahatma Gandhi, Martin Luther King, ehrwürdige US-Präsidentenfiguren wie Abraham Lincoln, ja selbst Revolutionsführer wie Lenin, Mao-Tse-Tung oder Salvador Allende und andere beeindruckende politische oder kulturelle Persönlichkeiten scheinen zunehmend von der Bildfläche zu verschwinden. Dagegen wird diese Szene heute von nichtssagenden, unglaubwürdigen, in Korruption verstrickten oder offen menschenverachtenden Figuren beherrscht. Der üble Ruf von (meist männlichen) Politikern, die mit einem Bein im Gefängnis stünden, komplettiert dieses Bild. Alexander Mitscherlich hat also recht, wenn er in *Massenpsychologie und Ich-Analyse – ein Lebensalter später* – Marcuse (1963, S. 95) zitierend – meint, daß in den fortgeschrittenen modernen Gesellschaften *»der Bürger nicht mehr ernstlich von Vaterimagines heimgesucht werde«* (1977, S. 538). Dagegen gibt es eher brüderlich-kumpelhafte Kultfiguren, die kraft ihrer Potenz und Stärke – wie etwa ›Terminator‹ Arnold Schwarzenegger und ähnliche Figuren – die Ängste vor der brüchigen Identität mildern sollen. Außerdem haftet solchen Objekten oft etwas Idealisierendes, mit perfekter Männlichkeit Assoziiertes an, das Adoleszente zu unrealistischen Identifizierungen einlädt. Die kulturindustrielle Herstellung und Austauschbarkeit dieser Vorbildfiguren schließlich, mit denen keinerlei persönliche Auseinandersetzung mehr herstellbar ist, macht auch jegliche politische Kontrolle dieser Einflüsse unmöglich.

Eine in diesem Sinne kritische und umfassende sozialpsychologisch-psychoanalytische Analyse des *›Elternlosigkeitsproblems‹* stammt von Hans Dieter König (1988). Er geht von der Tatsache aus, daß der Sturz von Vaterautoritäten nicht zu revolutionären Umwälzungen – sozusagen Federns Wunschtraum! – geführt hat, sondern zum Aufkommen radikal-autoritärer und faschistischer Tendenzen – sozusagen Horkheimers Alptraum! Das Herunterkommen vieler Väter auf den Status lohnabhängiger Ausgebeuteter im Verlauf des 19. Jahrhunderts schafft einen von den Kindern bemerkten Unterschied zwischen dem überkommenen Autoritätsanspruch und der gespielten ›Großmannssucht‹ vieler Väter in der Familie, die ihre wirtschaftlich bedingte Schwäche verbergen soll. Somit entsteht anstatt eines Bildes vom Vater als Autorität »nur die abstrakte Vorstellung einer willkürlichen Macht«, die nur mehr abstrakten Autoritätsanspruch hat. Die hier entstehende Leerstelle aber führt zu einer »allgemeinen Bereitschaft, jede beliebige Autorität zu akzeptieren, wenn sie nur stark genug ist« (1993, S. 122). Dies ist uns so weit als das Familien- und Gesellschaftsbild der kritischen Theorie der autoritären Persönlichkeit bekannt (wobei es wichtig erscheint, diese ›autoritätsgebundene‹ Persönlichkeit vom klassisch-autoritären Charakter bei überstrengem, ›erfolgreichem‹ Vater – wie bei Fromm – zu unterscheiden). Auch Herbert Marcuse (1965) hat schon vor mehr als 30 Jahren vor übereiltem Jubel angesichts des Sturzes von Autoritäten – insbesondere von schwachen Vätern – gewarnt: die Schwäche der familiären Autoritäten bewirke eine besondere Bedeutung der »Vorstellungen und Tatsachen des Lebens, wie sie durch die Massenmedien übermittelt werden«. Die Kinder würden so in eine »konfektionierte Welt« eintreten, in der »die Freiheit, welcher sie sich in der weitgehend autoritätslosen Familie erfreut hatten, *mehr ein Preisgegebensein als ein Segen* ist«. Denn ein *Ich, das sich ohne viel Kampf entwickeln mußte*, ergibt nur eine »*ziemlich schwache Wesenheit*«, die den das Realitätsprinzip verkörpernden Mächten nichts entgegenzustellen hat (1970, S. 93).

Nun geschehen diese Prozesse in einem Klima von wirtschaftlich induziertem gesellschaftlichen Konformismus, der Überproduktion und Konsum quasi zur normativen Größe schlechthin macht und sich damit der freiwerdenden ›Über-Ich-Speicherplätze‹ bemächtigt hat. Durch das Gewicht dessen, was Horkheimer und Adorno (1982) eben *»Kulturindustrie«* genannt haben, wird nun ein neuer Typus von Persönlichkeit geboren, die sogenannte *»konsumgesteuerte Persönlichkeit«* (ebd., S. 132ff.). Anstatt von Pflichtbewußtsein und Gehorsam geprägt zu sein, zeichnet sich dieser Typus durch die Lust am »Amusement« und eine unstillbare Bedürfnissuche aus und will am liebsten bloß noch durch Unterhaltung befriedigt werden. Auch zählt im Rahmen dieses Strebens einzig das fertige Endprodukt in seiner voll entfalteten Warenförmigkeit, die Mühe des Erarbeitens oder Erkämpfens – letztlich ödipale Errungenschaften! – ist nicht mehr gefragt. Dieser Konsum-Typus ist das Resultat einer familiären Sozialisation, *in der nicht mehr nur der Vater, sondern auch die Mutter jeglicher Autorität verlustig gegangen sind* und diese an die Kulturindustrie abgetreten haben, die Kindheit und Adoleszenz zunehmend kontrolliert (S. 135f.). Patriarchale Vaterherrschaft, ›Entväterlichung‹ und schließlich ›Entelterung‹ patriarchaler Familiensysteme stellen also drei Etappen dar:

- eine Epoche des ›funktionierenden‹ *autoritären* Patriarchalismus;
- eine Epoche des *Verlusts väterlicher Autorität* und des Übergangs zur Außenlenkung durch kulturindustrielle Verführung und Gängelung und
- eine Epoche der *Elternlosigkeit* und eines bislang in bürgerlichen Gesellschaften nicht bekannten allseitigen Hedonismus (der mit einer narzißtischen Persönlichkeits- und Charakterentwicklung in dialektischem Zusammenhang steht).

Den kulturindustriellen Angeboten ist dabei oft ein Habitus antiautoritärer Aufständigkeit gegen Althergebrachtes und Gewohntes eigen, was sie besonders ›reizvoll‹ machen soll und elterliche Autorität vollends erblassen läßt (und oberflächliche Beobachter dazu verleitet, fälschlich zu behaupten, die antiautoritäre Bewegung sei an diesen Verhältnissen schuld).

7.2.1. Die »enteigneten Erzieher/innen«

Nun verfallen manche unkritischen Kommentatoren dieser Umstände leicht in endlose Elternbezichtigungen, was dann zu moralistischen Eltern-Appellen (unter Außerachtlassung der gesellschaftlichen Ursachen) führt. Damit wird mehr oder weniger unausgesprochen unterstellt, Eltern könnten die geschilderten Verhältnisse entweder durch mehr persönliches Engagement oder aber durch die Wirkung anderer, ›effektiverer‹ Erziehungshaltungen verhindern. Freilich scheint es auch Eltern zu geben, die angesichts ihrer erfolglosen erzieherischen Bemühungen gegenüber den offenbar wirksameren externen Einflüssen irgendwann einmal ob der dauernden Auseinandersetzungen mit den »außengelenkten« Heranwachsenden resigniert haben bzw. aufgrund anderweitiger Belastungen, die außerhalb ihres Einflußbereichs und ihrer Entscheidungsgewalt liegen, wenig Möglichkeit für ein Eingreifen sehen. Die Gründe für derartig resignative Elternhaltungen sind vielfach gut nachvollziehbar. Sie liegen – dem guten alten Wort Marxens vom »stummen Zwang der ökonomischen Verhältnisse« zufolge – in den Eigentümlichkeiten der kapitalistischen Konsumgesellschaft: Diese braucht zu ihrer Expansion »zunehmend eine perverse Beziehungslogik, zu der keine Autorität und keine moralischen Vorbilder im positiven Sinne mehr passen« (Füchtner 1996, S. 87). Auch Medien und Unterhaltungstechnologie sind Faktoren der nunmehr ›gefragten‹ Außenlenkungstendenz:

> »Wenn ein Drittel aller Neun- bis Zehnjährigen über ein eigenes Fernsehen verfügen, fast ebenso viele über einen Kindercomputer und fast zwei Drittel über einen Walkman, dann heißt das: die Eltern haben die Erziehung ihrer Kinder an andere Instanzen abgegeben – womöglich, ohne daß es ihnen bewußt ist«. (Von Hentig 1995, S. 10)

Kinder und Jugendliche tendieren immer mehr dazu, alles, was die Eltern (falls in dieser Weise überhaupt bemüht) an ›Erziehungsmaßnahmen‹ oder

Grundsätzen durchsetzen wollen, mit anderen Standards zu vergleichen, die sie aus den Medien kennen; außerdem kann alles – stärker als unter geringerer medialer ›Versorgung‹ – jederzeit auf gesellschaftliche Gegebenheiten wie z. B. auf die faktische ›Moral‹ des konsumkapitalistisch-hedonistischen Wirtschaftslebens und der Politik bezogen werden, denen gegenüber die Erziehungsziele der Eltern längst als überholt und altmodisch erscheinen. Vielen Eltern bleibt somit nur eine Art »Gratwanderung zwischen Willkür und Abdankung« (Füchtner 1996, S. 87). Nimmt man zu den geschilderten Tendenzen noch den zumeist eklatanten *Zeitmangel* hinzu, unter dem sich die Beziehungen zwischen den Eltern selbst wie auch zwischen Eltern und Kindern oft auf nur wenige Minuten pro Tag beschränken, kann man sich den Verlust an Einflußmöglichkeit und ›Autorität‹ noch besser vergegenwärtigen. Auch in Familien mit engagierten, der wirtschaftlichen und gesellschaftlichen Entwicklung kritisch trotzenden Eltern ist ein »erzieherischer Erfolg« im Sinne einer personalen Vorbildfunktion oder wirksamer Auseinandersetzung mit elterlicher Autorität deshalb längst nicht mehr garantiert. Dazu muß auch festgestellt werden, daß Vaterschaft und Elternschaft für Kinder heute oftmals keine langdauernde (also quasi auf der Zeitachse sich ›lohnende‹) Dimension mehr darstellen, auf die man sich einstellen oder verlassen kann: das Brüchigerwerden von Familien und Partnerschaften, das verstärkte Auftreten von Ein-Eltern- oder Patchwork-Familien und andere Veränderungen tragen ihren Teil dazu bei (vgl. Burkart 1993, S. 164).

7.2.2. Das Ende der Vorbilder?

> »Das Vorbild des Vaters ist das Wichtigste. Ich meine, das Elternhaus wird nie einen positiv belehrenden, sondern nur atmosphärischen Einfluß auf die Kinder haben können«.
>
> *Thomas Mann (zit. n. Glötzner 1983, S. 13)*

Die Frage, ob und wie Väter – aber auch Eltern insgesamt – unter diesen Umständen noch als Vorbilder für die Kinder fungieren oder ob sie längst durch verschiedenste (Helden-) Figuren aus dem sozialen Umfeld, v. a. aber aus der Medienwelt verdrängt worden sind, beschäftigt die Vaterforschung schon seit langem. Was läßt sich aber heute aufgrund empirischer Untersuchungen darüber sagen? Zinnecker/Silbereisen (1996) haben dazu sozialempirische Ergebnisse vorgelegt, wonach folgende Trends ausmachbar sind: einmal ist der Anteil derer, die sich überhaupt auf Vorbilder berufen, über die letzten Jahrzehnte hinweg bis heute rückläufig. Und zweitens zeigt die Akzeptanz von Vorbildern bei Kindern und Jugendlichen ein klares Altersgefälle und zwar: je älter, desto vorbildfreier! Fischer u. Münchmeier (1997) neigen nach ihren umfangreichen Jugendstudien zu noch viel skeptischerer Sichtweise und beschreiben das Generationenverhältnis generell als *»Vernachlässigungsverhältnis«* (S. 17; Hervorhebung JCA) im Hinblick auf die Vertrauenswürdigkeit einer von Heranwachsenden befürworteten Lebenszukunft. Es wundert niemanden, daß unter diesen Bedingungen die Vorbildsuche im Sinne einer Verlagerung der Inhalte von Vorbildern nach außen stattfindet – eine Bestätigung also der Theorien von der ›Enteignung‹ der Eltern durch ›kulturindustrielle‹ Einflüsse im Sinne Horkheimers und Adornos (1944): Während noch vor 30 oder 40 Jahren vorwiegend Personen aus dem sozialen Nahraum (Eltern, Verwandte, Lehrer) als Vorbilder galten und Medien-Persönlichkeiten eine nachrangige Rolle spielten, hat sich das heutzutage radikal verändert und umgekehrt. Dieser bereits Mitte der 80er Jahre konstatierte Trend hält weiter an – ebenso wie die rückläufige Tendenz im Anteil derer, die überhaupt noch von Vorbildern sprechen, denen sie in irgendwelchen Zügen gleichen möchten. Bei jenen Kindern und Jugendlichen, die (noch) Vorbilder akzeptieren, nehmen die sogenannten ›fernen‹ Vorbilder – Medien-, Film-, Musik- oder Sportstars – zuungunsten der ›nahen‹ Vorbilder aus der familiären Umgebung deutlich zu. Die Kulturindustrie hat also tatsächlich ganze Arbeit geleistet!

Dieser ›Vorbildhaftigkeitsschwund‹ meint vor allem jene Erwachsene, die den Kindern in irgendeiner Weise als pädagogisches Personal entgegentreten: Lehrer, Priester, Erzieher und alle Arten von Vorgesetzten: »deren Aura erscheint in der (Post-) Moderne nachhaltig zerstört worden zu sein« (Zinnecker/Silbereisen 1996, S. 195f.). Und während der real anwesende, als Vorbild geeignete Vater den Heranwachsenden die Chance böte, ihn zu ›humanisieren‹, also die Zuneigung, die phantasierten Bilder und auch die enttäuschenden Momente abzuarbeiten, kommt es beim Fehlen dieses Vorbilds zu Bedürfnissen nach primitiven, stärkenden Bildern wie jenen der Gestalten von Superman, Rambo und anderen Medien-Kult-Figuren (vgl. auch Corneau 1993, S. 47f.).

Von den Altersgruppen her gesehen ist das Bekenntnis zu Vorbildern heute tendenziell *nicht mehr jugendspezifisch*, sondern Sache unselbständig-abhängiger Schulkinder. Die Eltern sind aber auch bei ihnen als Vorbilder rückläufig: allerdings nicht so stark wie andere Autoritätspersonen. Mädchen sind dabei eher vorbildhaft an Eltern angelehnt als Buben. Wichtig an diesen Ergebnissen erscheint mir der Gesichtspunkt der *Ressourcen*, die Eltern als Vorbilder zur Verfügung stellen können: es konnte nämlich festgestellt werden, daß jene Kinder die Eltern zu Vorbildern wählen, die diese verstärkt als »Wissens- und Orientierungshilfe« in großen wie kleinen Alltäglichkeiten, als »Quelle emotionalen Wohlbefindens« und als »Partner bei kulturellen Aktivitäten« erlebten! *Vorbild-Väter* wiederum zeigten sich in dieser Hinsicht selbst als standfester und krisensicherer im Lebensalltag, als stärker und prinzipieller wertorientiert und von der Partnerschaft (Ehe) her gesehen als in einer durchgehend positiven Beziehung zur Mutter stehend (Zinnecker/Silbereisen 1996, S. 209f.).

Interessant im Zusammenhang mit Vorbildhaftigkeit sind auch die empirischen Befunde zur Erziehungsstilforschung, insbesondere hinsichtlich der *erzieherischen Relevanz der Autorität*: übereinstimmend scheint zu gelten, daß der sogenannte ›autoritative Erziehungsstil‹ sich bei Kindern in vielfältiger Weise entwicklungsfördernd auswirken soll. Dieser Stil ist durch »liebevolle, fürsorgliche Beziehung« zu den Kindern gekennzeichnet, wobei die Eltern aber auch auf klare Regeln, deren Einhaltung kontrolliert wird, Wert legen. Diese Eltern interessieren sich auch aktiv für Freunde und Freizeitgestaltung ihrer Kinder, die Kontrolle wird als zum Wohl der Kinder dienend begründet, nicht zur Durchsetzung eigener Interessen und Anschauungen. Ziel der autoritativen Erziehungshaltung ist die Förderung einer selbständigen und selbstverantwortlichen Persönlichkeit (durch Übernahme und Internalisierung dieser Kontrolle ins Über-Ich, wie wir psychoanalytisch sagen würden). Die Ergebnisse bzw. Folgen:

> »Tatsächlich haben so erzogene Kinder und Jugendliche im Vergleich zu Altersgleichen einen höheren Selbstwert, zeigen bessere Schulleistungen und eine positivere Einstellung zur Schule, wirken reifer in ihrem Verhalten und sie können Streß besser bewältigen. Der Konsum von Alkohol und Drogen von Kindern autoritativer Familien ist geringer, und sie begehen auch seltener strafbare Handlungen«. (Zinnecker/Silbereisen 1996, S. 229)

Nun dürfen diese Ergebnisse selbstverständlich nicht überbewertet werden; was heißt es schon, »bessere Schulleistungen« zu erzielen? Anpassung? Psychische Gesundheit? Wirkliche Selbständigkeit? Andererseits dürfen wir ›autoritativ‹ nicht vorschnell mit ›autoritär‹ oder ›bevormundend‹ gleichsetzen. Kennzeichnend ist wohl die inhaltliche *Begründung*, der sich Autorität im autoritativen Sinn – fernab von unverrückbaren Vorgaben – verpflichtet fühlt. Man könnte diesen Erziehungsstil auch als einen verstehen, der um Eingrenzung, Grenzziehung durch elterliche und/oder erzieherische Vorbilder und Vorgesetzte bemüht ist, also um – im psychoanalytischen Sinn – strukturbildende Funktionen, die in unserer Kultur gerne dem Vater zugeschrieben werden. Das Urteil der Empiriker, das auch für die Frage der Vorbildhaftigkeit aussagekräftig ist, fällt jedenfalls eindeutig aus: »Autoritative Erziehung erwies sich über verschiedene Lebenslagen hinweg und für unterschiedliche Bereiche der Entwicklung als günstigeres Erziehungsverhalten« (ebd., S. 239). Vorbildfunktion als für Kinder spürbar gelebtes Vorleben und eine pädagogische Haltung, die in zugewandter Auseinandersetzung und Begrenzung im Sinne des autoritativ verstandenen Erziehungsstils tendiert, scheinen positive Voraussetzungen für das Zusammenleben zwischen Erwachsenen und Kindern zu sein, wovon es allerdings zu wenig geben dürfte (vgl. Wilk/Bacher 1998).

8. Veränderungen des Ödipuskonflikts und der Über-Ich-Bildung, adoleszente Strukturdefizite und autoritäre/fremdenfeindliche Haltungen

> »Jugendliche Skinheads tragen lebensgeschichtliche und aktuelle Traumatisierungen und die Herrschafts-Knechtschafts-Verhältnisse, die sie erfahren haben, in den gesellschaftlichen Raum«.
>
> *Annette Streeck-Fischer (1992, S. 762)*

8.1. Das Über-Ich als Erbe des (welches?) Ödipuskomplexes

Innerhalb der psychoanalytischen Erklärungsansätze für die Verankerung moralischer Ge- und Verbote, für Werthaltungen generell sowie für aggressives, autoritäres und gewaltsames Verhalten im besonderen nehmen bekanntlich das Über-Ich und der Prozeß seiner Bildung einen bedeutsamen Stellenwert ein. Das Über-Ich ist, wie Freud einmal sagte, das »Erbe des Ödipuskomplexes«, bei dessen »Untergang« es gebildet würde:

> »Die Objektbesetzungen werden aufgegeben und durch Identifizierung ersetzt. Die ins Ich introjizierte Vater- oder Elternautorität bildet dort den Kern des Über-Ichs, welches vom Vater die Strenge entlehnt, sein Inzestverbot perpetuiert und so das Ich gegen die Wiederkehr der libidinösen Objektbesetzung versichert. Die dem Ödipuskomplex zugehörigen libidinösen Strebungen werden zum Teil desexualisiert und sublimiert, was wahrscheinlich bei jeder Umsetzung in Identifizierung geschieht, zum Teil zielgehemmt und in zärtliche Regungen verwandelt«. (Freud 1924, S. 248)

Die Rolle des Über-Ichs ist also – im Rahmen dieser Verinnerlichung elterlicher Forderungen und Maßstäbe – auch die eines Zensors, Richters, eines personalen Gewissens sowie eines Reservoirs zur Bildung von Ich-Idealen. Seine Einsetzung bezeichnet Freud als einen gelungenen »Fall von Identifizierung mit der Elterninstanz« (1933). Es handelt sich um einen Prozeß der Übernahme von grundlegenden Haltungen bei gleichzeitiger – oder darauf Stück für Stück folgender – Aufgabe von mehr oder weniger aggressiven Durchsetzungswünschen gegenüber dem elterlichen Konkurrenten und der durch ihn auferlegten oder symbolisierten libidinösen Einschränkungen, wie z. B. der inzestuösen Nähe zum gegengeschlechtlichen Elternteil und der Vernichtung des gleichgeschlechtlichen Rivalen. Die Umsetzung dieser Impulse in zärtliche Regungen, also in Unterwerfung unter das Diktat des Inzestverbots, oder aber in verinnerlichte Verbots- und Gebotsstrukturen zähmt sozusagen das aggressive (zum Vatermord treibende) Potential, das in diesen unerfüllbaren Wünschen steckt.

Veränderungen in der ödipalen Konstellation, wie sie von zahlreichen sozialwissenschaftlich-psychoanalytischen Autor/innen beschrieben wurden, müssen auch Veränderungen im Bereich der Strukturierung des Über-Ichs nach sich ziehen. Schon Freud selbst äußerte sich über die Irritierbarkeit und Veränderlichkeit dieser Prozesse der Über-Ich-Bildung.

8.1.1. Freuds Feststellungen zum Über-Ich-Versagen

Freud hatte insbesondere die »Verkümmerung« des Über-Ichs durch schwierige, unaufgelöste ödipale Konstellationen herausgestrichen: seine Untersuchungen belehrten ihn, *»daß das Über-Ich in seiner Stärke und Ausbildung verkümmert, wenn die Überwindung des Ödipuskomplexes nur unvollkommen gelingt«* (1933, S. 502; Hervorhebung JCA). An dieser Stelle nennt Freud bereits zwei bemerkenswerte Umstände der Über-Ich-Bildung bzw. -Ausgestaltung, die auch für unsere heutige Fragestellung von hoher Bedeutung erscheinen:

Da ist erstens das »Unpersönlicherwerden« des Über-Ichs – hier noch verstanden als Merkmal der »normalen« Persönlichkeitsentwicklung, indem es während des Heranwachsens auch Einflüsse jener Personen annehme, »die an die Stelle der Eltern getreten sind, also von Erziehern, Lehrern, idealen Vorbildern. Es entfernt sich normalerweise immer mehr von den ursprünglichen Elternindividuen, es wird sozusagen unpersönlicher«. Der »Niederschlag der alten Elternvorstellungen, der Ausdruck der Bewunderung jener Vollkommenheit, die das Kind ihnen damals zuschrieb« (ebd., S. 502f.), sei dagegen im »Ichideal« aufgehoben. Dieses Unpersönlichwerden väterlicher und elterlicher Idealbildung ist in den neueren Arbeiten zur Sozialisation in der vater- bzw. elternlosen Gesellschaft (vgl. König 1993) ja eindrücklich nachgewiesen worden. Zweitens betont Freud hier eine Art generationsübergreifenden Zeitverzug, aus dem sich das Über-Ich ergibt: weil die Eltern in der Regel bei der Erziehung ihren eigenen, mittlerweile durch Versöhnung und Verdrängung annehmbarer gewordenen Über-Ich-Geboten gehorchten, »*wird das Über-Ich des Kindes eigentlich nicht nach dem Vorbild der Eltern, sondern des elterlichen Über-Ichs aufgebaut;* es erfüllt sich mit dem gleichen Inhalt, es wird zum Träger der Tradition, all der zeitbeständigen Wertungen, die sich auf diesem Wege über Generationen fortgepflanzt haben« (ebd., S. 505; Hervorhebung JCA).

Für unsere Fragestellung ist dies deshalb aufschlußreich, weil manchmal die Frage bzw. der Einwand zu hören ist, daß das Problem der »Vaterlosigkeit« und das damit zusammenhängende Phänomen veränderter ödipaler Konstellationen und Arten der Über-Ich-Bildung keine neuen Phänomene, sondern schon seit mindestens 40 Jahren beschriebene seien. Insofern könnten sie auch nicht mit dem wie immer gearteten Versagen der nachgerade aktuellen zeitgenössischen Vätergeneration bzw. mit den Umständen, in denen Väter heute leben und arbeiten, erklärt werden. Eine Antwort darauf könnte sein, daß unter Berufung auf Freuds Vorstellung von der Über-Ich-Bildung das Versagen von Väterlichkeits- und Vorbildfunktionen in der Sozialisation von Kindern und Heranwachsenden Erscheinungen sind, die tatsächlich und zumindest schon eine Generation vor der heutigen Elterngeneration Platz greifen – man denke nur an die Dramen der beiden Weltkriege (vgl. Radebold 2000), an den beginnenden und ausufernden Industriekapitalismus und die damit einhergehenden Erscheinungen der Desavouierung ehemals autonom geglaubter väterlicher bzw. männlicher Identität. Außerdem ist es in der Denkweise Freuds ja klar, daß die Menschen »nie ganz in der Gegenwart« leben, sondern die Vergangenheit und Tradition in ihnen fortlebt, eben durch die Funktion des Über-Ichs, die Freud auch als relativ unabhängig von den aktuellen ökonomischen Verhältnissen postulierte (1933, S. 505).

In diesem Zusammenhang kann vorläufig darauf hingewiesen und festgehalten werden, daß mit Hilfe der Eigenart und Struktur des Über-Ichs und seiner generationsübergreifenden ›Soziabilität‹ gezeigt und erklärt werden kann, daß es sich gerade beim Thema der Vaterlosigkeit um eine historisch nachweisbare transgenerationelle Erscheinung handelt, deren Folgen wir heute erst mit aller Macht bemerken und zu spüren bekommen.

8.1.2. Grundsätzliche Überlegungen

Neben ihrer Bedeutung für den privaten Lebensbereich der Familie und des ödipalen Beziehungssystems Vater-Mutter-Kind, aus dem heraus Bub und Mädchen (auf jeweils unterschiedliche Weise) durch Identifikation die in Ge- und Verbote gekleideten Haltungen der Eltern aufnehmen, ist die Über-Ich-Bildung also auch dafür, was gesamtgesellschaftlich als ›erlaubt‹ oder ›verboten‹ gelten kann, von hohem funktionalen Stellenwert. Schon das Eingangszitat von Annette Streeck-Fischer zu diesem Kapitel macht deutlich, daß wir hier »ödipal« als mehr verstanden wissen wollen, als es eine familialistische Auslegung der psychoanalytischen Entwicklungstheorie nahelegt: Herrschafts-Knechtschafts-Verhältnisse sowie der Umgang der Subjekte mit diesen gesellschaftlichen Tatsachen haben ebenso mit Über- und Unterordnungsverhältnissen zu tun, wie sie sich im ödipalen Kampf des Kindes erstmals brisant zeigen. Und unser Verhältnis zu Herrschaft-Knechtschaft ist ganz wesentlich eines, das ödipale Strukturen trägt bzw. widerspiegelt und verrät (vgl. Eissler 1995).

Gottschalch (1997) hat das Über-Ich ob seiner Doppelbedingtheit als ›sozio-normativ‹ aufgeladene Instanz einerseits, als aus elterlichen Identifizierungen stammend andererseits unter Anlehnung an Marx konsequenterweise einmal als *»Ensemble der gesellschaftlichen Verhältnisse im psychologischen Sinne«* bezeichnet (S. 59; Hervorhebung JCA). Die seelische Struktur des Über-Ichs hängt in ihrer Ausprägung und Qualität demnach weitgehend davon ab, »wie wir Vater und Mutter erfahren: ob als unaufdringliche Begleiter, strafende bzw. verwöhnende oder unberechenbare Erzieher« (ebd., S. 99). Aber auch die gesellschaftliche »Valenz«, der Aufforderungscharakter, die Kraft der negativen und positiven Sanktionen, die eine Gesellschaft auf die Über-Ich-Bildung ausübt, mit denen sie bestimmte Über-Ich-Typen fördert oder hemmt, sind von Bedeutung (ebd.). Gottschalch unterscheidet dabei drei Grundtypen von Über-Ich-Bildungen:

– Das *»strenge Überich«*, das im wesentlichen in starrer, sadomasochistischer Innenleitung besteht und Ergebnis entweder unnachsichtig-autoritärer Erziehung oder aber auch sehr permissiver Erziehung darstellt – wobei Kinder mit Erfahrungen letzterer Art ihre daraus resultierenden Unsicherheiten durch besonders rigide Selbstzwänge kompensieren (ebd.).

– Das »*externalisierte Überich*« (vgl. auch Horn 1972), das heute sehr viel häufiger sei und durch starke Außenleitung gekennzeichnet ist. Es gibt hier wenig verinnerlichte Ge- und Verbote, seine Träger/innen richten sich dagegen stark nach dem, was ›außen‹ gerade ›in‹ ist (wie in einem der vorhergehenden Kapitel ausgeführt). Menschen dieses Über-Ich-Typus neigen zur Massenbildung, was besonders in Krisenzeiten zu sozialen Brennpunkten führen kann (ebd., S. 100).
– Das »*versöhnliche Überich*« schließlich ist gut integriert, aber keineswegs starr. Es kann im Fall des Falles nachgeben, ohne die Realität kritiklos hinzunehmen und zu billigen. Es ist bei Verletzungen nicht rachebedürftig und trachtet selbst unter ungünstigen Voraussetzungen noch nach günstigen Lösungen (»*Nur wer gut zu sich ist, kann auch gut zu anderen sein*« – ebd.).

8.2. Über-Ich und Aggression

Eine besondere Rolle spielt das Über-Ich wie gesagt im Rahmen der Kultivierung der Aggression. Dadurch nämlich soll der Anteil an Aggression, der der Kultur und ihren Verzichtsforderungen entgegensteht, verinnerlicht, kanalisiert und gedämpft werden – was Mulisch (1997) zur Umschreibung des Über-Ichs als »Außendienststelle der herrschenden Ordnung, die in das Innere der Menschen verlegt worden ist und ihre Dienstbarkeit organisiert und regelt, so daß die externe Polizei nie in Aktion treten muß« veranlaßt hat: »Das ist die echte, die unsichtbare Gewalt, die unsere Gesellschaft ausübt« (S. 132).

Dies geschieht – wie wir schon ausgeführt haben – mittels Verinnerlichung von Aggression. Freud beschreibt es in seiner Schrift *Das Unbehagen in der Kultur* recht anschaulich:

> »Die Aggression wird introjiziert, verinnerlicht, eigentlich aber dorthin zurückgeschickt, woher sie (wegen des Triebverzichtszwangs – JCA) gekommen ist, also gegen das eigene Ich gewendet. Dort wird sie von einem Anteil des Ichs übernommen, das sich als Über-Ich dem übrigen entgegenstellt und nun als ›Gewissen‹ gegen das Ich dieselbe strenge Aggressionsbereitschaft ausübt, die das Ich gerne an anderen, fremden Individuen befriedigt hätte. Die Spannung zwischen dem gestrengen Über-Ich und dem ihm unterworfenen Ich heißen wir Schuldbewußtsein. Die Kultur bewältigt also die gefährliche Aggressionslust des Individuums, indem es sie schwächt, entwaffnet und durch eine Instanz in seinem Inneren, wie durch eine Besatzung in der eroberten Stadt, überwachen läßt«. (1930, S. 250)

Die Subjekte bilden in diesem Prozeß das aus, was Elias die »psychische Selbstkontrollapparatur« oder »Selbstzwang-Apparatur« genannt hat, die von einer eigentümlichen Stabilität gekennzeichnet sei:

> »Erst mit der Ausbildung solcher stabiler Monopolinstitute stellt sich jene gesellschaftliche (sic!) Prägeapparatur her, die den Einzelnen von klein auf an ein beständiges und genau geregeltes An-sich-Halten gewöhnt; erst im Zusammenhang mit ihr bildet sich in dem Individuum eine stabilere, zum guten Teil automatisch arbeitende Selbstkontrollapparatur«. (1982, S. 319f.)

Der Einzelne wird dabei bereits von Kindheit an betreffend seine möglichen Affekt- und Gewaltausbrüche auf »beständige Zurückhaltung und Langsicht abgestimmt«. Diese Zurückhaltung und Regelung seines Triebhaushaltes »wird ihm von klein auf so zur Gewohnheit gemacht, daß sich ihm, gleichsam als eine *Relaisstation der gesellschaftlichen Standarde*, eine automatische Selbstüberwachung der Triebe im Sinne der jeweils gesellschaftsüblichen Schemata und Modelle, eine ›Vernunft‹, ein differenzierteres und stabileres ›Über-Ich‹ ausbildet, und daß ein Teil der zurückgehaltenen Triebregungen und Neigungen ihm überhaupt nicht mehr unmittelbar zum Bewußtsein kommt« (ebd., S. 329; Hervorhebung JCA).

Für Elias steht diese Art der Triebregulierung und -dämpfung im Verlauf des Prozesses der Zivilisation nun direkt in Zusammenhang mit der Gewaltfrage: Hatten die »Kriegergesellschaften« noch weniger »Selbstzwangapparatur« und damit Triebkontrolle über ihre aggressiven Triebregungen, so mußten sie auch mit mehr Unbeständigkeit, Bedrohung und Furcht leben. Erst die zunehmende Ordnung der Gesellschaften unter einem sich zuspitzenden Gewaltmonopol verlangte vom Einzelnen, sich entsprechenden Triebregulierungszwängen zu unterwerfen, um damit weniger Angst, aber auch weniger Abhängigkeit von äußeren Bedrohungen ertragen zu müssen. Die äußere Bedrohung – unmittelbar spürbar – wurde somit von den inneren Kontrollen über die Bedrohungsauslöser – den aggressiven und gewaltsamen Affektdurchbrüchen – abgelöst. Die Triebunterdrückung schafft damit auch eine gewisse Unabhängigkeit von äußeren Instanzen. Und die im Verlauf des Zivilisationsprozesses quer durch die Sozialschichten sich steigernde und ausbreitende Fähigkeit zur Zurückhaltung jener Neigungen, »die eine augenblickliche oder kurzfristige Befriedigung auf Kosten der fernerliegenden versprechen« (ebd., S. 339), schafft einen Schutz vor Enttäuschungen und Frustrationen, die ansonsten wiederum zu Gewalt- und Triebdurchbrüchen führen würden. Auch das ist eine – mit Freud gesprochen – wesentliche Leistung des Über-Ichs. Der populäre Slogan mancher Jugendrevolten der vergangenen Jahrzehnte hingegen – »Wir wollen alles – und das gleich!« – verweist deshalb darauf, daß in den letzten Jahrzehnten zumindest ein Teil dieser Über-Ich-Funktionen ins Wanken geraten sein muß.

Der holländische Psychoanalytiker Frans Schalwijk (1997) hat dagegen auf eine andere, im Zusammenhang mit dem *Vaterthema* möglicherweise sehr wichtige Über-Ich-Funktion hingewiesen, die bisher m. E. viel zu wenig Beachtung fand: wir könnten sie der aggressionssteuernden Funktion des Über-Ichs gegenüberstellen und als *wohlwollend »sorgende, elterliche Instanz«* bezeichnen (S. 184; Hervorhebung JCA): Schon Freud hatte im Zusammenhang mit einer psychoanalytischen Betrachtung des *Humors*, den er in seiner Schrift *Der Humor* (1927) als »Beitrag zur Komik durch die Vermittlung des Über-Ichs« (S. 281) beschrieb, diese wohlwollende Seite des Über-Ichs angedeutet, jenen Teil des Über-Ichs also, der »im Humor so liebevoll tröstlich zum eingeschüchterten Ich spricht« (S. 282). Freud meint, daß diese tröstende, behütende, angstmindernde Funktion der Abkunft des Über-Ichs von der Elterninstanz nicht widerspreche und wir hinsichtlich dieses positiven Charakters des Über-Ichs »noch allerlei zu lernen haben«! Schalwijk hebt eben diese milde, selbstkritische Über-Ich-Funktion hervor, die dem bedrängten Ich auf humorvolle Weise sagen will: »Sieh' her, das ist nun die Welt, die so gefährlich aussieht. Ein Kinderspiel, gerade gut, einen Scherz darüber zu machen« (ebd.). Als solches verheißt der durch das Über-Ich ausgesprochene tröstliche Humor eine narzißtische Befriedigung, einen Zuwachs an Ich-Besetzung, die es diesem leichter machen soll, die Klippen der Realität zu bewältigen.

Ich meine, daß es heute gerade auch jene Anteile des Über-Ichs sind, an denen es Heranwachsenden mit mangelnder psychischer Strukturiertheit und daraus folgender schlecht integrierter Aggression mangelt. Die in jugendbewegten Szenen auftauchenden Fanatiker – deren seelische Mangelstrukturen oft durch übermäßige Repräsentanz bestimmter Werthaltungen verdeckt werden – sind denn auch zu keinerlei Humor fähig (vgl. Hinrichs 1984; zit. n. Schalwijk 1997, S. 187), haben keine kritische Distanz zu sich selbst und ihrem Tun, werden also auch nicht in einem positiv steuernden oder eben tröstlichen Sinn in ihrem Streben abgedämpft, woraus bei

Schwierigkeiten, Frustrationen oder generell in Versagenssituationen heftigste Aggressionsdurchbrüche entstehen können.

Auch Peter Widmer (1991) betont diese Über-Ich-Ambivalenz von kontrollierenden, beaufsichtigenden Aspekten einerseits und den Merkmalen der Liebe zum Vater, in dessen Namen die Inzestwünsche verdrängt und verschoben worden waren, andererseits (S. 107). Vielleicht liegt hier eine entscheidende ›differencia specifica‹ zwischen integrierter und agierter Aggression, die zu Gewaltdurchbrüchen befähigt: Das Fehlen dieser ›guten‹ Anteile läßt der Aggressivität freien Lauf, der ›Friedhof der bösen Objekte‹ (frei nach Chasseguet-Smirgel 1988, S. 56) wird sozusagen geschändet, auf den Gräbern der Väter ohne Hemmungen herumgetrampelt, weil zu wenig positive Anteile der Liebe introjiziert werden konnten. Bordieu spricht einmal davon, *daß die unwiderruflichen Urteile der Vaterfigur »auch wenn sie tödlich verletzend sein können, dennoch eine enorm beruhigende Wirkung haben«* (1979, S. 202; Hervorhebung JCA). Nimmt man den von Bordieu angesprochenen Aspekt der Unterwerfung unter eine autoritäre Figur einmal etwas zurück, bleibt doch die Dimension des (sich dem Patriarchen) *Anvertrauenkönnens*, auch wenn Verzicht und Gehorsam schmerzen; dies setzt aber die positiven Über-Ich-Anteile voraus, und genau diese Dimension scheint offenbar bei gewalttätigen Verwahrlosten zu kurz gekommen oder nicht vorhanden gewesen zu sein.

Denkt man diese ›Logik des Über-Ichs‹ als einer im Zusammenleben in zivilisierten Gesellschaften immer stärker notwendigen psychischen Selbstkontroll-Instanz (im verbietenden wie im zuletzt geschilderten tröstlichen Sinne) konsequent weiter, dann müßten sich überall, wo diese Über-Ich-bedingte Selbstkontrolle durch verschiedenste sozialisatorische Prozesse labilisiert wird, verstärkt *Gewaltdurchbrüche* und andere Entgrenzungen von Triebunterdrückung zeigen. Es müßten sich bei weitgehendem oder partiellen Ausfall dieser inneren Selbstregulierungen das Ausmaß der Hemmung oder Milderung von Gewalt- und Affektausbrüchen senken und verstärkt offene Gewalt zutage treten.

Ein solcher Prozeß scheint heute tatsächlich im Gang zu sein – nicht erst, seit jugendliche Skinheads irgendwelche Sündenbock-Opfer jagen und terrorisieren. Vielmehr müssen derartige Erscheinungen des *Niedergangs der Über-Ich-Organisation* auf verschiedenen Ebenen – der gesellschaftlichen Organisation von Gewalt, Freiheit und Ökonomie, der Struktur der

Familie als »psychologischer Agentur der Gesellschaft« (Fromm 1932; in: 1976, S. 18) und der individuellen seelischen Entwicklung – analysiert werden. Dabei ist auch die Frage zu stellen, inwieweit es sich für die Einzelnen – sozusagen rückwärtsgedacht zur Zivilisationstheorie Elias' – lohnt, sich weiterhin aggressiver Regungen, der Lust, »'reinzuschlagen«, durch eine innere Kontrolle zu enthalten und – wenn es sich doch noch lohnt – woher sie diese Fähigkeit in ausreichendem Maß beziehen können. Wenn Günter Grass in einem Interview mit Oskar Negt vor einiger Zeit mit seiner Skepsis bezüglich tonangebender Trends recht hat, wonach der kulturangepaßte Zeitgeist heute im Grunde »*das unausgesprochene Plädoyer für Gleichgültigkeit, Hartherzigkeit, Entidealisierung, ich, ich, ich,* (...)« umfaßt, dann bedeutet dies aus psychoanalytischer Sicht einen »Verzicht auf eine Kultivierung aggressiver und libidinöser Impulse«, der zwangsläufig »auf eine Zivilisationsleistung, die Sublimierung von primitiven Triebimpulsen, verzichtet« (Leuzinger-Bohleber 1995, S. 162; Hervorhebung JCA).

8.3. Über-Ich-Bildung und gesellschaftlich bedingte ödipale Vermeidungstendenzen

Schon Horkheimer machte für diesen Erosionsprozeß innerer Selbstkontrolle, den wir heute zu beobachten glauben, ein gewisses Maß an Chancen- und Sinnlosigkeit in der Gesellschaft verantwortlich: »Was soll also aus einer Gesellschaft werden, in der die durch die Ansprüche und Sinnlosigkeit des täglichen Lebens aufs höchste gesteigerten Aggressionen nicht durch eine verinnerlichte Moral im Zaum gehalten werden?« fragt er (zit. n. Eisenberg u. Gronemeyer 1996, S. 38). Eisenberg und Gronemeyer haben dafür eine wenig erbauliche Antwort bereit: Unter den gegebenen Bedingungen der existenziellen Verunsicherung breiter Schichten von Jugendlichen werde die »Erosion von Moral und Über-Ich grauenhafte Folgen haben«, es sei denn, es gelänge, Solidarität, bewußte Reflexion und Einfühlung wieder an die Stelle reflexartigen Funktionierens treten zu lassen (ebd.). Derzeit scheint eher das Gegenteil der Fall zu sein, weil der Ödipuskonflikt ganz anders verlaufe, als es aus Freuds Zeiten in dessen theoretischen Konstrukten nachgezeichnet ist.

> »Er bleibt auf eine diffuse Weise offen, latent und unausgetragen. Wenn aber eine stabile Identifikation mit dem Vater (für den Jungen! – JCA) der basale Vorgang zur

Bildung des Über-Ich ist und mit den heutigen Vätern/Eltern nur noch flüchtige, oberflächliche Identifikationen möglich sind, kann auch kein festes, integriertes Über-Ich entstehen. Die Gewissensbildung hängt von der Art, Dauer, Intensität und Tönung der Identifizierung des Kindes mit den Eltern ab«. (ebd., S. 46)

Fehlt die Einbindung in eine Beziehung zu liebenden und versagenden Eltern, wird es zur Verinnerlichung im klassischen Sinn nicht kommen. Normen und Werte sitzen dann eher locker, »*das Über-Ich bleibt äußerlich, schwach und bruchstückhaft*, und das Ich wird sich seinem Zugriff relativ leicht und ohne große Schuldgefühle entziehen können. *Aggressionen werden entbunden* und können sich weitgehend ungehemmt nach außen wenden« (ebd.; Hervorhebung JCA).

Ein weiterer wichtiger Trend im Zusammenhang mit der Erosion des Über-Ichs durch Vaterschwäche ist derjenige, der als scheinbares Vermeidenwollen bzw. Umgehen des Ödipuskonfliktes imponiert: Lebovici u. Crèmieux (1974) berichten von einem theoretischen Erklärungsversuch zweier anonym bleibender französischer Psychoanalytiker betreffend die Psychologie der »*Protestler*« (gemeint sind hier v. a. die Ereignisse des Mai 1968 in Paris), der im Rahmen unserer Fragestellung ebenfalls interessant erscheint: die beiden, die unter dem Pseudonym »André Stéphane« veröffentlichten, erklären das Aufbegehren von Teilen der Protestbewegung als »*ein Vermeidenwollen des Ödipuskomplexes*«:

»Das Angreifen des Vaters, seine Zerstörung, kann die völlige Verweigerung einer Identifizierung mit ihm bedeuten; das heißt, es kann mit dem Wunsch verbunden sein, nicht seinen Platz einzunehmen, sondern *die Vaterfunktion ganz einfach abzuschaffen*, und mit einem Versuch, das unbewußte Verlangen, seinerseits ›Vater‹ oder ›Mutter‹ zu werden, auszurotten«. (Stéphane 1969, S. 23; Hervorhebung JCA; im Folgenden zit. n. Lebovici u. Crémieux 1974, S. 196ff.)

Die jungen Leute lassen sich – so die Autoren – also gar nicht ein auf die Ödipussituation, sondern wehren sich, indem sie sie umgehen. Damit handelt es sich um eine Art »*Abschaffung des Ödipusrahmens*«, womit diese Jugendlichen »*ihren Vater verleugnen*« – eine Deutung, die durchaus zu denjenigen anderer zeitgenössischer Beobachter angesichts der Frage des Niedergangs von Autorität paßt (vgl. z. B. Heintel 1988). Damit ist aber Tür und Tor in die »narzißtische Regression und in den Primärvorgang« geöffnet (ebd., S. 197), womit sich eine weitere Verbindung zur heute oft gestellten Diagnose narzißtischer Phänomene bei vielen Heranwachsender ergibt:

»Der junge Mensch hat seine Ödipusidentifizierung gegen eine (narzißtische) Pseudoidentifizierung eingetauscht, und in seiner Besessenheit, sich jede ödipale Problematik vom Leib zu halten, vollzieht er eine Desidentifizierung oder besser eine Gegenidentifizierung (was gleichzeitig eine Negation des Ödipuskonfliktes und der Vaterschaft ist [...])«. (ebd., S. 37)

Nicht der Inhalt der Identifizierung wird hier also abgelehnt, sondern die ödipale Auseinandersetzung selbst!

Mit dem Terminus ›Protestler‹ beabsichtigt Stéphane keine Pauschalanalyse der Protestbewegung: Er unterscheidet sie strikt von ›Revolutionären‹, die sich der ödipalen Herausforderung stellen würden und reale Veränderungen anstrebten, während erstere in narzißtischen Sehnsüchten verharrten und schnell von der Realität eingeholt und gekränkt werden könnten, was anale Trotzhaltungen und eine entsprechende Ablehnung ›von allem‹ zur Folge hätte. Stéphane stimmt hier mit anderen Analysen der veränderten Ödipussituation auch darin überein, daß es sich in der familiären Situation dieser protestierenden Jugendlichen jeweils um *schwache Väter* handle und daß das *Ichideal* dieser Menschen zwar väterlichen Ursprungs sei, aber abstrakt bleibe: d. h. daß dieses Ichideal ohne integrierte ödipale Auseinandersetzung *narzißtischer Natur* sei (S. 198). Die fehlende Grenze zwischen Wünschen und ihrer Erfüllung, die durch den Widerstand ödipaler Strukturen aufgerichtet werden könnte, läßt Phantasie und Wirklichkeit ineinander verschwimmen: »An die Stelle der (ödipal bedingten – JCA) Diskontinuität und der Struktur sind die Unbestimmtheit und die Grenzenlosigkeit getreten« (S. 200). Lebovici und Crémieux sehen hier eine Verbindung zu Marcuses These, daß der Ödipuskomplex wegen des Verlusts der Modell-Funktion der Väter für Söhne keine wichtige Rolle mehr spiele; dies treffe »ganz genau die Modalitäten der Vermeidung des Ödipus« (S. 201). Der »Protestler« identifiziere sich somit nicht mit dem Vater, sondern mit einer in der »Imago der Konsumgesellschaft« erscheinenden überfütternd-überfordernden Mutter: »Der Protest wendet sich also gegen eine mächtige und überfütternde Mutter (die Konsumgesellschaft) und einen schwachen, nicht existenten Vater, und führt zur Regression«, woraus sich der Trend hin zu einer »Brudergesellschaft der narzißtischen Verschmelzung« ergebe.

Junge Menschen mit dieser seelischen Struktur würden (ganz im Unterschied zu den »Revolutionären«!) ihre Gegner schon im voraus als besiegt, unfähig und deshalb nicht zum Kampf geeignet ansehen: »*Da der Vater für ihn schon tot ist, braucht er sich nicht mit ihm zu messen*« (Stéphane 1969, S. 295; Hervorhebung JCA) – was wiederum die problematische Vermeidung ödipaler Auseinandersetzung mit dem Vater (auch wegen der verbreiteten »*Abdankung des Vaters*«) bedingt, in deren Folge narzißtische Tendenzen samt ihrer fragwürdigen sozialen Folgeerscheinungen rasch um sich greifen (Lebovici u. Crémieux 1974, S. 207).

Nun liegt es uns fern, eine wie immer geartete jugendliche Protestbewegung psychologistisch – das heißt: unter Ausblendung der realen sozialen und ökonomischen Beweggründe – auf ihren (unbewußten) Umgang mit der ödipalen Situation zu reduzieren. Dennoch spielen psychische und vor allem auch unbewußte Faktoren in gesellschaftlichen Bewegungen immer eine wichtige Rolle (vgl. v. a. Erdheim 1982). Was uns hier aber interessiert, ist die Dynamik der Vermeidung bzw. Aussparung des Ödipuskonfliktes *als generelles gesellschaftliches Phänomen,* ohne sie auf eine konkrete soziale »Protestler«-Gruppe oder auf bestimmte politische Situationen einzuengen! Schließlich ist ja zu bedenken, daß diese Umgehung der ödipalen Situation immer wieder durch bestimmte soziale und ökonomische Faktoren verursacht und forciert werden kann, die die Auseinandersetzung mit dem Vater als ödipalem Grenzsetzer obsolet werden lassen und die ödipale Situation als solche kraft der Veränderung der Vaterrolle erst gar nicht mehr in gewohnter Weise entstehen lassen. Die »Protestler« von »Stéphane« hätten somit quasi (wie andere soziale Bewegungen auch) schon sehr früh sichtbar gemacht, was späterhin an gesellschaftlichen und psychosozialen Bewegungen in einer bestimmten Epoche auch massenhaft in Gang kommen kann.

Dies erinnert vielfach an Gérard Mendels sozio-psychoanalytischen Ansatz: Auch hier entwickeln die Heranwachsenden gegenüber den Vätern heute kein Rivalitätsverhältnis mehr. Nicht ein Sich-Einlassen auf den ödipalen Konflikt, sondern ein *systematisches Umgehen* desselben sei typisch, die Heranwachsenden lehnten die »Erbschaft« der Väter schlichtweg ab (1972a, S. 154). Die daraus resultierende »Amalgamierung« von schwachem Vater und allmächtigen Mutterimagines führt letztlich wieder zu einer »Verkindlichung« und zu regressiver Suche nach fragwürdigen Ersatzvätern und zur Anhängerschaft an fragwürdige gesellschaftliche Bewegungen. Das Ich-Ideal aber, jene durch Identifikation mit positiven Vaterimagines integrierte, aus dem Ödipuskonflikt hervorgehende seelische

Struktur, die letztendlich die von den Abhängigkeitsverhältnissen zum Primärobjekt befreite und damit die am weitesten entwickelte Form der Vateridentifizierung darstellt, bleibt unterentwickelt und leer.

8.4. Adoleszente Verunsicherung und Väterlichkeitsdefizit

Neben den geschilderten Erosionsprozessen von Väterlichkeit und Über-Ich als strukturbildender seelischer Instanz gilt es zu bedenken, daß die Adoleszenz nach allen soziologischen und psychoanalytischen Überlegungen als eine ohnehin durch vielfältige Unsicherheiten gekennzeichnete Lebensphase anzusehen ist (vgl. dazu Aigner 1981 u. a. m.). Dabei spielt auch der Vater eine wichtige Rolle: Schon Freud hatte im Zusammenhang mit dem »negativen Ödipuskomplex« (1923a) als dem Ausdruck der anlehnenden, zärtlichen und narzißtisch stützenden Bedürfnisse Heranwachsender viel von der *Enttäuschung* dieser Bedürfnisse durch die Väter zur Zeit des Wiederauflebens ödipaler Regungen in der Adoleszenz berichtet: In der kleinen Abhandlung *Zur Psychologie des Gymnasiasten* (1914a) skizziert er die Vaterimago als das für den werdenden Mann gewichtigste innere Bild, in dem sich alle Bewunderung für den weisen, starken, gütigen usw. Vater sammelt:

> »Von den Imagines einer gewöhnlich nicht mehr im Gedächtnis bewahrten Kindheit ist aber keine für den Jüngling und Mann bedeutungsvoller als die seines Vaters (...) Der kleine Knabe muß seinen Vater lieben und bewundern, er scheint ihm das stärkste, gütigste und weiseste aller Geschöpfe; ist doch Gott selbst nur eine Erhöhung dieses Vaterbildes, wie es sich dem frühkindlichen Seelenleben darstellt«. (Freud 1914a, S. 239; zur heute wieder neu zu reflektierenden Bedeutung des ›negativen Ödipuskomplexes‹ werden wir im letzten Teil dieser Arbeit noch kommen)

Dieses Bild werde dann zunächst durch die auftauchenden ambivalent-rivalisierenden Strebungen des positiven Ödipuskomplexes irritiert, daraufhin dann aber noch einmal (»in der zweiten Hälfte der Kindheit«) durch die Veränderungen der Adoleszenz.
Die Bedeutung dieser Änderungen könne man sich »nicht groß genug vorstellen«:

> »Der Knabe beginnt aus seiner Kinderstube in die reale Welt draußen zu schauen, und nun muß er die Entdeckungen machen, welche seine ursprüngliche Hochschätzung

> des Vaters untergraben und seine Ablösung von diesem ersten Ideal befördern. Er findet, daß der Vater nicht mehr der Mächtigste, Weiseste, Reichste ist, er wird mit ihm unzufrieden, lernt ihn kritisieren und sozial einordnen und läßt ihn dann gewöhnlich schwer für die Enttäuschung büßen, die jener ihm bereitet hat«. (Freud 1914a, S. 239)

Freud hat als Folge dieses – wohlgemerkt ›normalen‹, noch nicht durch besondere Enttäuschungen traumatisierenden – Vorgangs eine erhebliche *Idealisierungstendenz* postuliert, in der »die erhalten gebliebene ursprüngliche Zärtlichkeit des Kindes für seine Eltern« aufbewahrt sei. Dabei würden beide Eltern oder auch nur der Vater durch großartige Figuren ersetzt, deren Gestalt verrate, »daß diese neuen und vornehmen Eltern durchwegs mit Zügen ausgestattet sind, die von realen Erinnerungen an die wirklichen niederen Eltern herrühren, sodaß das Kind den Vater eigentlich nicht beseitigt, sondern erhöht« (Freud 1905b, S. 226; Hervorhebung JCA) – und zwar in sehnsüchtiger Erinnerung an jene glückliche Zeit, in der der Vater noch als großartig erschienen war.

Was aber – so müssen wir wohl fragen – ist, wenn diese »glückliche Zeit« so glücklich nicht war? Was, wenn entweder kein positiv besetzbarer Vater oder dessen Ersatz für das Kind Anlaß für regressive Sehnsüchte und Phantasien bietet? Diese Frage nach der Qualität des *frühen Vaters* einerseits und die reale gesellschaftliche und berufliche Erscheinung des Vaters, die sich für viele Adoleszenten eröffnet, wird in unterschiedlicher Weise Anlaß zu solchen Enttäuschungen geben, wobei klar ist, daß sich hier erhebliche Schwankungen zwischen verschiedenen Bevölkerungsgruppen abzeichnen. Das heißt nicht, daß nur deprivierte familiäre Strukturen Anlaß zu solchen Enttäuschungen geben. Auch in den ›besten Häusern‹ kann es zu solchen Prozessen kommen; man denke etwa an die hohen ›moralischen‹ und ethischen Standards, die idealistische Heranwachsende oft an den Tag legen und denen so mancher Vater – zum Beispiel einer, der in der ›harten‹ Realität der Geschäftswelt zu kämpfen hat – vor dem kritischen Auge des Sohnes (und auch der Tochter) wohl nicht genügen wird können. Die Literatur ist voll von solchen Szenen zwischen Vätern und heranwachsenden Kindern. Auch der rasche gesellschaftliche Wandel läßt eine konkrete Vaterfigur schnell einmal ›alt‹ und entwertet aussehen. Die Erkenntnis jedenfalls, daß die Eltern fehlerhaft oder verletzbar sind, ja sich vielleicht manchmal auch feige oder gar korrupt verhalten, kann eine tiefe narzißtische Kränkung für die Heranwachsenden sein, der sie mit der Tendenz zu begegnen versuchen, die realen Eltern in erhöhter Weise ›wiederzubeleben‹ oder aber – bei einem Defizit an regressiv einholbaren positiven Elternfiguren – sich an allmächtige Mütter bzw. Väter aus dem Angebot der gesellschaftlichen Umwelt zu klammern, was sich dann in der Verehrung von Idolen u. ä. widerspiegelt (vgl. auch Kaplan 1988, S. 101).

Freud dürfte selbst angesichts seines eigenen Vaters solche Enttäuschungen verspürt haben (Grieser 1998). Jakob Freud wurde im Privatbereich von seinem ›Sigi‹ zwar häufig idealisiert dargestellt, war aber ein erfolgloser Geschäftsmann. Wir erinnern uns auch an Freuds langen eigenen Kampf um berufliche und finanzielle Reputation als Voraussetzung für die Ehe mit Martha Bernays, was ebenfalls zeigt, daß ihm der Vater keinen finanziellen Rückhalt oder Nachlaß zu bieten imstande gewesen war. Freud schien also damit beschäftigt, die »Enttäuschungswut« abzuwehren, die aus der kindlichen Desillusionierung und adoleszenten Kritik am Vaterideal entsprungen war. Dies ›bewerkstelligte‹ er, indem er später unter Bezug auf den Vater des römischen Feldherrn Hannibal, der seine Söhne ewige Rache gegen die Römer schwören ließ, eben diesen Hannibal in einem Akt der Identifizierung zum neuen omnipotenten Helden auserkor, der eine Tilgung dieser Schmach versprach. Mit Moses schließlich schien es Freud zu gelingen, die Vater-Enttäuschung insofern erfolgreich zu bearbeiten, als die Identifikation mit einem Mann, der sein Volk, also ›die Menschheit‹, in eine neue Zukunft führt (wie Freud mit seiner Lehre), tragfähig genug gewesen sein dürfte, um eine Ersetzung des eigenen Vaters ohne allzu hinderliche und bindende ambivalente Affekte zu ermöglichen. Es erscheint auch mehr als zufällig für Freuds eigenes Vater-Problem, daß drei der für ihn wichtigsten historischen Figuren, derer er sich in seinen metapsychologischen Arbeiten bediente – nämlich Moses, Ödipus und Narzissos – allesamt *von ihren Vätern verlassene, verstoßene Söhne* sind: Moses war ebenfalls ausgesetzt worden und Narzissos war aus einer Vergewaltigung der Nymphe Leiriope durch den Flußgott Kephissos entstanden (vgl. Grieser 1998, S. 41).

Die Adoleszenz kann also auch in diesem Sinne als eine Art »Erweckungszeit« verstanden werden, als Zeit innerer Umbrüche, in der Erinnerungen, Kränkungen, Traumatisierungen überarbeitet und günstigstenfalls zu anderen Ausgängen geführt werden (vgl. Erdheim 1982 u. a.). Dies bedingt, daß Adoleszente sich unter dem enttäuschenden

Eindruck des eigenen Vaters auf die Suche nach mehr oder weniger ›idealen‹ Objekten als Ersatz für diese Vaterfigur begeben. Allerdings stellt sich die Frage, ob diese ›Entzauberung‹ des starken, weisen, gütigen Vaters heute immer noch erst in der Adoleszenz auftritt oder – bedingt durch die überwältigende mediale Informationsflut aus der ›Welt draußen‹ – schon wesentlich früher? Immer mehr ›äußere‹ Einflüsse wirken schon früh auf die seelische Entwicklung lange vor der Adoleszenz ein, und es erscheint noch gar nicht absehbar, in welcher Weise hier von außen auf die weitere Bildung der Persönlichkeit Einfluß genommen wird bzw. genommen werden kann. Und es fragt sich heute mehr denn je, inwieweit der ›psychosoziale Status‹ von Vätern (Beruf und soziale Klasse, qualifizierte Arbeit und das daraus bezogene Selbstbewußtsein usw.) im ›postmodernen‹ Zeitalter der Individualisierung, der Globalisierung von Wirtschaftsmacht und der Auflösung längerfristiger Verbindlichkeiten und Orientierungen einer Idealisierung des Vaters überhaupt noch ausreichend Nahrung gibt. Wenn zum Beispiel Kinder früher mit ihrem aus der ›Arbeiterklasse‹ oder einer anderen feststellbaren sozialen Schicht stammenden Vater identifiziert waren, so drängt sich die Frage auf, ob Kinder heute ein solches Gefühl überhaupt noch nachvollziehen können. Was aber macht das mit den Vater-Männern und ihren Söhnen?

In der heutigen Gesellschaft kommen außerdem im Zuge der Eingliederung (oder eben: Ausgliederung) in die Produktionssphäre und die Arbeitswelt auf Heranwachsende enorme Belastungen und Ängste zu, die historisch einmalig und empirisch gut belegt sind (vgl. Fischer u. Münchmeier 1997 u. a. m.). Aber auch schon Ende der 70er Jahre, als die Zukunftsorientierungen und die Chancen auf eine halbwegs »gesicherte«, ökonomisch erträgliche persönliche Zukunft im Vergleich zum ausklingenden Jahrtausend noch vergleichsweise »rosig« waren, warnten Sozialwissenschaftler/innen verschiedenster Herkunft vor der »Erosion« orientierungsweisender und haltgebender Traditions- und Normbestände und vor dem Versagen kultureller und sozialer Symbole, wie sie sich nach psychoanalytischer Auffassung eben in der Instanz des Über-Ichs niederschlagen. Auch die Bezugspersonen bzw. -instanzen, die für die erzieherische Weitergabe dieser Bestände verantwortlich sind, wurden damals hinsichtlich ihrer Verläßlichkeit und Verbindlichkeit schon massiv in Zweifel gezogen: aufgrund ihrer eigenen Geschichte verunsichert, schienen sie nicht mehr in der Lage, eigene Lebensentwürfe konsequent durchstehen oder gar vermitteln zu können. Diese Erwachsenenwelt repräsentiere »lebenspraktisch bereits fragmentierte und nachhaltig erschütterte Weltbildelemente, die als Inbegriff von Orientierungen und Lebenszielen der Kraft reflexiver Thematisierung kaum standhalten«, was auch im Zusammenhang mit einer ihrer »falschen Ideale« der NS-Zeit verlustig gegangenen Väter- und Elterngeneration gesehen werden muß und »seinen Niederschlag in Vaterfiguren fand, die in ihrer Lebensorientierung elementar verunsichert waren« (Siegert 1979, S. 42f.).

Diese Art *realer Vaterschwäche* dringt dann eben nicht erst in der Adoleszenz, sondern schon früher bis in das Innerste des seelischen Haushalts: Väter sind im allgemeinen nicht in der Lage, die Auflösung der sinnstiftenden Werte und Ideale durch eigene individuelle Lebensentwürfe auszugleichen. Weil sie selbst schon Mangel an anschaulichen positiven Identifikationsfiguren litten, vermitteln sie ihre eigene Unsicherheit weiter. Diese und andere gleichartige besorgte ›Zeitdiagnosen‹ von Sozialwissenschaftern aller Art sind nun Jahrzehnte alt! Bemerkenswert ist, daß fast alle offiziellen staatlichen und öffentlichen Erziehungsveranwortlichen all diese Hinweise beständig ignoriert haben. Es gibt bis heute kaum eine Ebene, auf der versucht worden wäre, Väterlichkeit als eine Art vertrauensbildendes Element (etwa: Männer in der öffentlichen Erziehung) zu fördern; Strukturen zu erproben, wie Männer zu mehr Verantwortungsübernahme »verführt« werden könnten; und schließlich Arbeitswelt und ökonomische Sphäre auf ihre Beanspruchung von (Vater-) Männern hin zu hinterfragen und zu verändern. Die Prozesse der Involvierung und Überbeanspruchung der einzelnen Subjekte im Arbeitsprozeß haben sich mittlerweile nur noch mehr zugespitzt, und der ideale Arbeitnehmer ist ein bindungs- und beziehungsloser (männlicher) Single ohne Verantwortung für Nahestehende, schon gar nicht für Kinder (vgl. Beck/Beck-Gernsheim 1990, 1994). Diskussionen um das Karenzgeld, um das Recht auf beruflichen Wiedereinstieg nach der Karenz oder auf entsprechend ausreichende Kinderbetreuung und weitere Rechte, die die Obsorge für kleine Kinder ermöglichen, sind bis jetzt nicht einmal für die Frauen oder besonders belastete Alleinerziehende erfolgreich geführt worden, geschweige denn für den Bereich, der Männern mehr ›Kinderbezogenheit‹ ohne wirtschaftliche Einbußen für die Familie ermöglicht.

8.5. Weitere Besonderheiten der Adoleszenz und die Neigung zur Gewalt

Betrachtet man die Biographien rechtsextremer Jugendlicher genauer, so dient die ›politische‹ Gruppe den Adoleszenten oftmals »als Elternersatz und Heimat, in der sie jene Gewalt wiederfinden und perpetuieren, die ihnen immer schon selbst angetan worden ist« (Streeck-Fischer 1992, S. 745). Auch die Anerkennung des Führers der Gruppe (bzw. des Führers des ganzen Volkes), der dann auch noch das je individuelle Über-Ich ersetzt und gleichzeitig die (geschwächten) ›Massen-Ichs‹ zu einem Gruppen-Ich zusammenfügt, hat etwas mit Elternersatz zu tun (vgl. Simmel 1993, S. 72f.).

Zwischen der ödipalen Neuauflage der Vaterproblematik und der *Psychodynamik der Gewaltneigung* Jugendlicher besteht nun ein Zusammenhang, der ebenfalls mit den besonderen Entwicklungsbedingungen der Adoleszenz zu tun hat. Die hervorstechendste dieser Bedingungen ist – nach selbstpsychologischer Auffassung – die »Labilisierung des Selbstsystems«. Die Selbstrepräsentanzen der Heranwachsenden lösen sich auf und durch die damit einhergehende Wiederbelebung früherer Partialobjekte (ideale Mutter/böse Mutter) kommt es zur Auflösung komplexerer Einstellungen zugunsten von Schwarz-Weiß-Malereien, in denen die Bezugspersonen in ihren Teilaspekten idealisiert oder entwertet werden. Das geschwächte Realitätsprinzip leitet daraufhin im Fall von Kränkungssituationen unliebsame Anteile des Selbst auf andere, oft verschmähte oder sich irgendwie anbietende Sündenböcke um. »Je labilisierter und traumatisierter das jugendliche Selbstsystem, umso notwendiger sind äußere Stützen durch gute und böse Selbstobjekte«, was auf die Wichtigkeit solcher Stützen, wie sie auch Väter und Vaterersatzobjekte sein können, verweist (Streeck-Fischer 1993, S. 30).

Das soll nicht heißen, daß Rechtsextremismus oder (neo)nazistische Gewalt lediglich auf die Labilisierung des adoleszenten Ichs und die Instabilität der Persönlichkeitsstruktur zurückgeführt werden können; dies wäre ebenfalls ein psychologistischer Kurzschluß. Was zum Beispiel Ausbrüche von Antisemitismus betrifft, hat Simmel schon 1946 festgestellt, daß es sich bei der auslösenden Situation jeweils um eine Veränderung der äußeren Realität handelt, und zwar »in so katastrophaler Weise, daß sogar ein relativ normales Ich zusammenbricht« oder aber dergestalt, daß schon ein »prämorbides« Ich vorliegt, so daß bereits geringfügigere Beeinträchtigungen derartige Prozesse auslösen können (1993, S. 67f.). Es sind also besondere *gesellschaftlich* verursachte Entwicklungsbedingungen, die bei den gefährdeten Jugendlichen – und nicht nur bei ihnen! – ein vielfach traumatisiertes Selbst sichtbar werden lassen – im Extremfall Folge fortgesetzter Versagenssituationen in der inner- und außerfamiliären Sozialisation, die durch desolate Familienverhältnisse, schwerwiegende Schulprobleme und andere Versagenserlebnisse gekennzeichnet ist.

Ein solcherart *»vorentmutigtes Ich«* (Hochheimer 1962/63, zit. n. Streeck-Fischer) mit mangelhafter narzißtischer Bestätigung seitens seiner verschiedenen sozialen Umwelten wird nun durch die adoleszenten Entwicklungsherausforderungen (wie z. B. die Veränderungen des Körperbilds und der Geschlechtsrollenentwicklung) zusätzlich erschüttert. Besonders diese körperliche Destabilisierung ist es, die den Boden für gewaltorientierte Zusammenschlüsse bereitet: pathologische, narzißtische Größenphantasien, die stabilisieren helfen sollen, führen solche Jugendliche zueinander; gemeinsam können Kränkbarkeit und Verletzlichkeit, die hinter diesen Phantasien stecken, besser abgewehrt werden. Vielfältige Feindbildprojektionen als Abwehr der eigenen Schwäche werden gepflegt und – wie vieles andere in der Adoleszenz auch – übersteigert wahrgenommen. Die Ablehnung durch die Gesellschaft wiederholt frühere Traumata und bestätigt das Mißtrauen gegenüber den generalisierten ›Eltern-Erwachsenen‹; ursprünglich auf Eltern, Lehrer oder Ausbildner bezogene Konflikte und Haßgefühle werden nun auf Staat und Gesellschaft übertragen.

> »Die Erfahrung von sozialer Ausgrenzung ist eine wiederkehrende Konstellation bei Jugendlichen, die sich rechtsextremen Gruppierungen zuwenden (...) Sie zieht sich wie ein roter Faden durch die Lebensgeschichte der militanten Jugendlichen. Als unerwunschte Kinder aus zerbrochenen Beziehungen bleiben sie in neugegründeten Familien lästige Störenfriede, können in der Schule nicht Fuß fassen, fühlen sich als Außenseiter und erleben in der extremistisch orientierten Gruppe erstmals so etwas wie Zugehörigkeit. Hier sind sie erwünscht. Die Erfahrung, abgelehnt und abgewertet zu sein, kann endlich gemeinsam kanalisiert und auf sozial noch deklassiertere, andersartige oder gleichfalls als ›böse‹ abgestempelte Jugendliche übertragen werden«. (Streeck-Fischer 1992, S. 753)

Wiegele (1998) versucht nach einer Reihe von qualitativen Untersuchungen an Schülerinnen und Schülern, deren rechtsextremistische Gewaltneigung vor allem von der *Körperperspektive* her zu analysieren. Sie meint, daß es sich bei adoleszenten Gewaltgeneigten weniger um den Reiz politischer Inhalte als um das Aufsuchen körpernaher, körperbestätigender Erlebnisse handle (vgl. auch Kleinspehn 1995). Auf dem Hintergrund der narzißtischen Körper-Überbesetzung im Rahmen des derzeitigen gesamtgesellschaftlichen Körperkultes (allzeit muskulös-fit, immer schlank und vital), der auch als Reaktion auf die Ersetzung des Körpers durch potente Maschinen verstanden werden kann, werden Körperkraft und körperliche Qualitäten generell zu wichtigen *identitätsstiftenden Elementen* (S. 247f.). Das Wahrnehmen und Spüren der Körperebene, das Erleben des Körpers als »totalem Sinnesorgan (...) ist also die Basis der Selbstgewißheit und des Selbstkonzepts« (Merleau-Ponty, zit.n. Wiegele 1998, S. 249).

So ist die Adoleszenzkrise also durch ein sehr fragiles Körperbild und die Sorge seine Intaktheit gekennzeichnet. Und dies wiederum verweist auf »eine Wiederbelebung präödipaler Konflikte (...) und eine Erinnerung an körperliche Verunsicherung und auch Unterlegenheit gegenüber elterlicher Dominanz« (ebd., S. 253). Diese körperliche Verunsicherung führt natürlich nicht einfach automatisch zu radikalisierten, gewaltsamen Selbstvergewisserungstendenzen von Jugendlichen; sie ist neben ihrer geschlechtsspezifisch männlichen Dominanz auch abhängig von bestimmten schicht- oder klassenspezifischen Komponenten: »Je weniger Geborgenheit und Sicherheit das soziale Umfeld dem Kind vermitteln konnte, desto fragiler und unsicherer werden Körperkonzepte mit ihren spezifischen psychischen Repräsentanzen integriert« (ebd.). Die *Fragilität* der adoleszenten Identitätsbildung muß mittels der körperlichen Integrität aber auch permanent überprüft und verteidigt werden – wobei hier wiederum Bilder von Zerfall, Entgrenzung, Schmutz etc. als bedrohende Phantasien zentral sind: ›Dreckige‹ Ausländer gewährleisten dabei ebenso eine nach außen ableitbare Projektion dieser Ängste wie die eigentlich erschreckenden Bilder von Körperverletzungen, die anderen zugefügt werden (vgl. dazu auch Heim 1992, 1996).

Andere Adoleszente wiederum sind zwar in Familie, Schule oder Lehre halbwegs integriert, haben aber zum Erreichen dieser Integration zentrale Persönlichkeitsanteile verleugnen und eine Art Doppelleben führen müssen – oder sie mußten, wie Winnicott (1979) sagen würde, mit einem ›falschen Selbst‹ leben, das nie spontan und unbekümmert sein und sich entfalten hat dürfen. Somit erscheinen viele dieser rechtsextremen Inszenierungen als »Kompensationsinstrumente«, um einerseits

Unsicherheit zu bannen, andererseits Unbezwingbarkeit, Stärke und eigene Unversehrtheit phantasmatisch zu bestätigen, zum Beispiel »in Form von Verschmelzungsphantasien mit dem ›reinen, kraftvollen Volkskörper‹« (Wiegele 1998, S. 254).

Besonders beeinträchtigt scheint diese Entwicklung für männliche Heranwachsende dann, wenn *»der Dialog mit dem zweiten Objekt, dem Vater« gestört oder zerbrochen ist* (Streeck-Fischer 1992, S. 754f.; Hervorhebung JCA). Jetzt, da die Auseinandersetzung mit dem realen Vater sozusagen in *›ödipaler Neuauflage‹* so wichtig wäre, *fehlt er,* wird als schwach oder als Versager erlebt und wird häufig nach andauernden und unproduktiven Streitigkeiten mit wechselseitiger vernichtender Entwertung und Haß fallengelassen. Oft kommt es dann zur Ausstoßung des Jugendlichen und häufig auch zum völligen Abbruch der familiären Beziehungen. Und für viele Eltern wäre es nach eigenem Empfinden besser, wenn der Sohn für immer verschwände oder gar tot wäre.

Auch die als eine Art »Elternersatz« fungierende Gang oder Peer-group und ihre Funktion als Anerkennung stiftende Einheit vermittelt aber letztlich keine stabilisierende identitätsbildende Kraft! Hier treffen Heranwachsende in all ihrer Unsicherheit nun auf einfache politische ›Strickmuster‹, die ihnen Halt geben können. Freilich ist ihnen die wirkliche Geschichte der Weltanschauung, für die sie sich erwärmen, also zum Beispiel die Nazi-Ideologie, meist nur unzulänglich bekannt. Dennoch darf nicht übersehen werden, daß die wachsende Anzahl rechtsorientierter Jugendlicher – man denke an diverse Meinungsumfragen an Lehrlingen und Berufsschülern, die ein erschreckend hohes Potential in diese Richtung ergaben – die Frage aufwirft, wieviel derartiger rechter Ideologien in unserer Gesellschaft offenbar latent vorhanden oder nur mangelhaft aus der Vergangenheit her verarbeitet worden sind.

Bei der Suche nach Halt und Orientierung spielt jedenfalls das Vaterdefizit eine bedeutsame Rolle. Im Kampf gegen die Orientierungslosigkeit »greifen diese Jugendlichen bei fehlendem, abgewertetem oder mangelhaft präsentem Vater auf ein mächtigeres und scheinbar liebevolleres väterliches Objekt zurück«, wobei sich tragische Figuren wie Adolf Hitler wegen seiner diesen Jugendlichen in vielen Dingen ähnlichen Lebensgeschichte natürlich anbieten. In der Identifikation mit diesen Figuren und im machtvoll erlebten Gruppen-Größenselbst »finden sie, die von narzißtischer

Entleerung bedroht sind, vorübergehend Aufwertung und narzißtische Gratifikation, wie sie ihnen ansonsten versagt bleibt« (Streeck-Fischer 1992, S. 762).[7] Die Gewaltaktionen rechtsextremer Heranwachsender können deshalb als Maßnahmen gegen innere Notstandssituationen verstanden werden und verweisen darauf, wie bedroht die Jugendlichen selbst sein müssen. Das Ausmaß der Gewalt ist unmittelbarer Ausdruck narzißtischer Verwundungen und Beschämungen der Jugendlichen, die aus vergangenen wie aktuellen Demütigungsverhältnissen herrühren und für die sie mit projektiver Vorliebe Fremde, Schwache, Asylanten usw. verantwortlich machen, entmenschlichen und verfolgen. Dies erfüllt auch den Zweck, die eigene Schwäche, Kleinheit, ja Fremdheit, Entmenschlichung und Aussätzigkeit in dieser Gesellschaft abzuwehren und nicht spüren zu müssen. »Den Feind zu erniedrigen, zu beschämen, fertigzumachen, dient der Bewältigung und Abwehr entsprechender eigener Erfahrungen« (ebd., S. 764).

Streeck-Fischers auf klinischer Erfahrung beruhende Arbeiten zu Adoleszenz und Rechtsradikalismus zeigen gut das Drama einer Generation, die inmitten eines Überangebots an Waren und narzißtischen Ersatz-Gratifikationen auf ganz grundlegende sozialisatorische Elemente der Zuwendung, Kontaktnahme und Wertschätzung verzichten muß. Die *identifikatorische Vatersehnsucht*, wie wir sie bei verschiedensten Ausdrucksformen von jugendlichem Rechtsextremismus nachzeichnen können, nimmt dabei einen wichtigen Raum ein und läßt sich auch an zahlreichen Träumen und Größenphantasien solcher Jugendlicher nachweisen. Interessant ist in diesem Zusammenhang auch das Gegenübertragungsgefühl, das den Autor selbst bei fast allen Begegnungen mit ehemaligen Skinheads als Interviewpartner befiel: nämlich der Impuls, sie um die Schulter zu fassen und zu sagen: »Komm, mein Kind, ich zeige dir einen anderen, einen für dich besseren Weg«! Die Skin-Kultur und andere

[7] Müller-Braunschweig (1985) hat übrigens aufgrund einer Analyse des Redeverhaltens Hitlers auf seine ›Doppeldeutigkeit‹ als Vater- und Mutterrepräsentanz hingewiesen: einerseits war er der mächtige, bedrohliche Vater, der (wie sein eigener) wirklich gewalttätig sein konnte, gleichzeitig war er aber auch der Großartige und Bewunderte, der von der Mutter Idealisierte, der ihr ganzer Stolz ist: »Der redende Hitler war der (›unpersönlich‹) geliebte Sohn der Mutter. Gleichzeitig durfte er haßerfüllt sein und damit Qualitäten sowohl der bösen Mutter als auch des bedrohlichen Vaters verkörpern« (S. 323).

gewaltvolle Jugendkulturen »spiegeln uns das Versagen familiärer und gesellschaftlicher Strukturen zurück. Entwurzelt, desorientiert und in auswegloser Lage, schaffen sie eigene Ordnungen, die von der bisher erfahrenen Ungleichheit bestimmt sind«, meint Streeck-Fischer und schließt eine ihrer Arbeiten mit einem Zitat von Norbert Elias: »*Wenn die Gesellschaft den Menschen der heranwachsenden Generationen eine kreative Sinnerfüllung versagt, dann finden sie ihre Erfüllung schließlich in der Zerstörung*« (1998, S. 297).

8.6. Über-Ich- und Ich-Ideal-Veränderungen und die Neigung zur Destruktion

Unter Berücksichtigung der psychodynamischen und strukturellen Entwicklung dieser destruktiven Neigungen aus psychoanalytischer Sicht können wir also feststellen, daß es sich bei den Phänomenen jugendlicher Gewalttätigkeit um kulturell verbreitete »einschneidende Verluste im Ich-Ideal und Über-Ich handelt, nämlich den Verlust fundamentaler Werte der abendländischen Kultur« (Canzler 1994, S. 76). Peter Blos (1990) meint, daß die hierbei auftretenden kompromißlosen, gelegentlich recht totalitär anmutenden »Ideale« Jugendlicher, die – oft verwechselt mit einem starken Ich-Ideal – nach einer vollkommenen Gesellschaft, einer idealen Familie und ebensolchen Liebesbeziehungen streben, letztlich Vollkommenheitsvorstellungen sind, die ihre Wurzeln in einem archaischen Glauben an die Vollkommenheit der Eltern haben:

> »Wenn die idealisierte Elternimago veräußerlicht wird, gibt sie dem Streben nach einer solchen vollkommenen Welt einen fanatischen Anstrich, während die *narzißtische Wut* – eine Reaktion auf *Enttäuschung durch die Eltern* – in verspäteter irrationaler Gewalttätigkeit zum Ausdruck kommt. Eine unvollkommene Welt muß sich entweder beugen, oder sie wird zerstört«. (S. 225; Hervorhebung JCA)

Blos will dabei nicht das oftmals in Gestalt utopistisch-idealistischer Ansprüche auftretende, kreative Erneuerungspotential Jugendlicher entwerten und wegpsychologisieren; es dürfte jedoch – so meint er – nicht schwerfallen, jene Bedingungen zu entdecken, »unter denen die gewaltsame Korrektur (...) einer schlechten Welt die Veräußerlichung der verlorengegangenen elterlichen Vollkommenheit widerspiegelt«. Und: solche

Reaktionen zeigten, wie schwer es den Heranwachsenden falle, den Verlust der idealisierten Objekte zu überwinden. Die mit der Loslösung von den Eltern verbundene Lösung von Überich- und Ichideal-Anteilen setzt die bisher eben in diesen Identifikationen gebundenen aggressiven und narzißtischen Energien frei, was die Heftigkeit und Selbstherrlichkeit entsprechender adoleszenter Verhaltensformen erklärt und oft auch – worauf A. Mitscherlich hinweist (1983, G.S. III, S. 408) – die Prädisposition zu eher asozialem Verhalten als zu produktiver Rebellion schafft.

Einen ganz klaren Zusammenhang von Überich-Problematik und ausufernder Gewaltneigung betont Martin Wangh, der die Nazi-Anhängerschaft damaliger Jugendlicher als *Regression* aus einer *angsterregenden Notlage* begreift. Am Ende des Ersten Weltkriegs aufgewachsen und bedingt durch die Notstände ihrer Familien und ihrer ebenfalls verängstigten Mütter seien sie besonderen pathogenen Einflüssen ausgesetzt gewesen. Die lang dauernde Abwesenheit des Vaters, »der ja für die Überich- und Identitätsbildung in einer paternalistischen Gesellschaft von entscheidender Bedeutung ist«, könne zu einer »Spaltung der Gefühle in bezug auf den abwesenden Vater« führen, indem dieser glorifiziert würde und der Haß und die schlechten Vateranteile auf den Feind projiziert werden (1992, S. 1171).

Hardtmann (1998) meint der Über-Ich-Problematik anhand ihrer Erfahrungen mit gewalttätigen Jugendlichen durchaus auch zuversichtliche Aspekte abgewinnen zu können: Aufgrund einer Begegnung mit Skinheads, die in einem gewaltsamen Konfliktfall einen vietnamesischen Straßenhändler zusammengeschlagen hatten, durch scharfe Aufforderungen seitens der Sozialarbeiter aber dann fast beschämt ihrer Fürsorgepflicht gegenüber dem Verletzten nachkamen, meint sie zeigen zu können, was oft bezweifelt wird: »Die Jugendlichen haben Gewissens-, in der psychoanalytischen Sprache Über-Ich-Strukturen. *Aber die Stimme des Gewissens spricht nicht spontan, sie ist leise, wird abgewehrt und unterdrückt.* Dennoch ist sie da und kann angesprochen werden«. Der handelnde Sozialarbeiter, der sich auf diese Auseinandersetzung einließ, ging einfach davon aus, daß diese ›Rest-Über-Ich-Struktur‹ der Skins, ihr ›Rest-Gewissen‹ ansprechbar sei. Diese wiederum hatten sich scheinar »mit diesem Anspruch identifiziert«. Ohne solche Kontakte aber prallt alles an ihnen ab, »was ihnen Gewissenspein machen könnte« (1998, S. 397;

Hervorhebung JCA). Wegen der weitgehenden Beeinträchtigung von Selbstwerterleben und Ichstärke, die ein Ertragen der Stimme des Über-Ichs schwer machen, bleibt jegliche Gewissenhaftigkeit vergraben und abgewehrt und kann erst durch die Identifikation mit einem Anderen, dem ein gewisses Maß an Respekt gezollt wird, gefühlt werden. Dieser Andere war im gegenständlichen Fall der intervenierende Sozialarbeiter.

Die Autorin bringt an anderer Stelle noch einen weiteren interessanten Aspekt von Über-Ich-Mängeln zur Sprache, wenn sie meint beobachten zu können, daß unter bestimmten Umständen – etwa unter Alkoholeinfluß oder starker ideologischer Indoktrination – die Ressentiments und die ihnen entspringenden Gewaltimpulse »am zensierenden und kontrollierenden Über-Ich vorbei« ihre Wirkung entfalten, ohne auf Hemmungen zu stoßen. Dies kann mit Zuständen vor oder während Kriegen verglichen werden, in denen bestimmte Tabus außer Kraft gesetzt werden, um der Gewalt zum Durchbruch zu verhelfen (Hardtmann 1995, S. 53).

Die ödipale Stufe, die ja entsprechend vitale Elternkontakte voraussetzen würde, scheint bei diesen gewalttätigen Jugendlichen jedenfalls nicht erreicht: statt dessen kommt es zur regressiven Verschmelzung mit, Anlehnung an und Bewunderung von verehrten Führerfiguren, die männerbündische Verschmelzungsphantasmen befriedigen. Die Kultivierung jener Anteile des »negativen«, also des gleichgeschlechtlichen Ödipuskomplexes, die sich in männerbündischer Anlehnung zeigen, dürfte auch der Grund sein, warum Frauen für diese Männer keine oder nur eine untergeordnete Rolle spielen. Nach Hardtmann handelt es sich hierbei um eine Art Hängenbleiben im Negativ-Ödipalen (ebd., S. 63). Unserer Einschätzung nach, die später noch genauer ausgeführt wird, muß aber zwischen dem eingelösten negativ-ödipalen Komplex und einer die Unerreichbarkeit des Vaters kompensierenden Anlehnung an eine Ersatz-Vaterfigur unterschieden werden; außerdem ist eine entwicklungsfördernde Wirkung des negativ-ödipalen Komplexes nur dann gesichert, wenn sie durch die positiv-ödipale Auseinandersetzung sozusagen in eine ambivalenzverträgliche Vaterbeziehung umgewandelt werden kann (siehe dazu Kap. 13 u. 14). Somit geht es letztlich darum, ob durch die ›Erledigung‹ des »vollständigen Ödipuskomplexes« (nach Freud) eine Integration liebevoller *und* aggressiver Vaterbezüge stattfinden kann, oder ob – ähnlich wie bei defizitärer Muttererfahrung, die zu narzißtischen Größenvorstellungen führen kann – es zur Aufrichtung eines *archaisch-narzißtischen väterlichen Größenselbst* kommt, zu dem sich die Heranwachsenden in narzißtisch-regressiver Weise angezogen fühlen.

8.7. Neue Aspekte des Ödipuskonfliktes als zentraler Schaltstelle für die seelische Entwicklung

»Der Ödipuskomplex ist ein Duell mit dem Vater, der sich dem Kind widersetzt, es aber gleichzeitig stützt«.

Béla Grunberger (1986, S. 80)

Freud sah die Theorie des Ödipuskomplexes als einen der *Grundpfeiler der psychoanalytischen Lehre* überhaupt an: »Uns allen vielleicht war es beschieden, die erste sexuelle Regung auf die Mutter, den ersten Haß und gewalttätigen Wunsch gegen den Vater zu richten; unsere Träume überzeugen uns davon. König Ödipus, der seinen Vater Laios erschlagen und seine Mutter Jokaste geheiratet hat, ist nur die Wunscherfüllung unserer Kindheit«, schreibt Freud schon in der Traumdeutung im Jahr 1900 (S. 267), um dann mehr als zwei Jahrzehnte später die hervorragende Rolle des Ödipalen quasi als Deklaration psychoanalytischer Identität überhaupt zu bekräftigen:

> »Die Annahme unbewußter seelischer Vorgänge, die Anerkennung der Lehre vom Widerstand und der Verdrängung, die Einschätzung der Sexualität und des Ödipuskomplexes sind die Hauptinhalte der Psychoanalyse und die Grundlagen ihrer Theorie, und wer sie nicht alle gutzuheißen vermag, sollte sich nicht zu den Psychoanalytikern zählen«. (1923, S. 223)

Nun war der Ödipuskomplex immer wieder Gegenstand heftiger Kontroversen und Mißverständnisse, die einer Klärung bedürfen. Reiche (1990) hat ihn treffend umschrieben als »zusammenfassende Bezeichnung für eine Menschheitsbedingung, gleichsam für das Nadelöhr, durch das alle hindurch müssen, weil alle von einem Vater gezeugt und von einer Mutter geboren worden sind« (S. 57). Für beide Geschlechter bedeutet der Ödipuskonflikt samt seinen Begehrlichkeiten eine massive Aufladung der Eltern-Kind-Beziehung mit ambivalenten Gefühlen: Liebe und Haß, Anlehnung und Rivalität, zärtliche Zuwendung und tödliche Eifersucht. Die Vater-Sohn-Beziehung nimmt dabei im Rahmen der (patriarchalisch eingefärbten) Freudschen Theorie einen besonderen Stellenwert ein. Schon in den metapsychologischen Schriften wie *Totem und Tabu* (1912/13) schildert Freud, wie sich die Urhordenbrüder eines Tages zusammentaten, um den ›gewaltigen‹ Vater, der ihren eigenen Machtansprüchen und sexuellen Wünschen im Wege stand, zu erschlagen und schließlich auch zu verzehren. Durch diese Einverleibung (dem Vorbild der späteren Identifizierung) eigneten sich die Söhne jeweils auch ein Stück väterlicher Macht und Stärke an.

Nach einem Grundlagen-Theorem der psychoanalytischen Metapsychologie vollzieht sich von da an in der Ontogenese eines jeden Einzelnen dieser phylogenetische Schritt aus der Geschichte der Menschheit: Jeder Heranwachsende (und nicht nur der Sohn!) ist gehalten, durch die – phantasierte oder metaphorische – Tötung, das ›Sterbenlassen‹ des Vaters bzw. der erzieherischen Autorität schlechthin sich ein Stück der Stärke, Kraft und Tradition dieses hinter sich Gelassenen anzueignen – zuletzt schließlich in Gestalt des Über-Ichs, das als »Erbe des Ödipus-Konflikts« fungiert und so seine Wirkung entfaltet. Loewald (1949) beschreibt treffend, wie wir alle letztlich metaphorisch unseren Vater – besser noch: unsere Eltern – »töten (...), indem wir unsere Selbständigkeit, unser Überich entfalten und nichtinzestuöse Objektbeziehungen aufnehmen. Wir usurpieren ihre Macht, ihre Kompetenz, ihre Verantwortung für uns, und als libidinöse Objekte verleugnen und verstoßen wir sie. Kurz gesagt, wir betreiben ihre Zerstörung in bezug auf ihre Eigenschaften, die bisher von lebenswichtiger Bedeutung für uns waren« (S. 383f., zit. n. Gottschalch 1997, S. 102).

Auf diese Weise also *wird der ›Vater-‹ und ›Elternmord‹ in unser aller Leben* ›psychische Realität‹, wobei es natürlich von wesentlicher Bedeutung ist, wie der Verlauf des Ödipuskonfliktes sich insgesamt gestaltet! Die Betonung des konkreten, je nach gesellschaftlicher Entwicklung des Patriarchats oder auch nach Schicht- und Klassenzugehörigkeit variablen Verlaufs des Ödipuskonfliktes scheint in der Psychoanalyse noch immer nicht zum Allgemeingut zu gehören. Wir sprechen deshalb auch von einer Art *Sozialisationstheorie des Ödipuskonfliktes* (vgl. auch Mertens 1994), um klarzustellen, daß es sich hierbei nicht allein um biologisch-triebhaft vorgegebene Regungen und Konfliktkonstellationen handelt.

Nun ist um die Frage der Bedeutung und auch die der Universalität des Ödipuskonflikts viel diskutiert worden – ein Eingehen darauf würde aber den Rahmen der hier behandelten Thematik über alle Maßen sprengen[8]; hier nur ein paar Überlegungen, die für unser Thema wichtig erscheinen: Freud ist wegen der überragenden Bedeutung, die er dem Ödipuskomplex zuschreibt (auch als Kernkomplex der Neurosen) von verschiedensten Seiten ahistorisches Denken vorgeworfen worden. Glaser etwa schätzt die Behauptung der Allgemeingültigkeit als einen verkürzten Schluß von einer bestimmten Epoche, deren Psychogramm Freud hier entworfen habe, auf das Universum ein. Die Befehlsgewalt des Vaters, das übermächtige Patriarchat und die aufbegehrenden Söhne seien dagegen zeittypische Erscheinungen des ausklingenden, sich noch einmal aufbäumenden Kaiserreiches der Jahrhundertwende. Diese Merkmale der patriarchalischen Kultur seien aber durch den Ausgang des Ersten Weltkrieges hinweggefegt worden (1978, zit. n. Petri 1997, S. 109.).

Die These von der historischen Gebundenheit des Freudschen Ödipus-Konzepts als Schicksalsmetapher der individuellen Entwicklung wird bis heute immer wieder vorgebracht. Was dabei häufig übersehen wird, ist, daß Freud in der *Traumdeutung* diese Relativierung implizit eigentlich selbst schon vorgenommen hat. Dort betont er ausdrücklich, daß ein diktatorischer Vater die Rachegelüste und Beseitigungswünsche bei den Kindern (Söhnen) forcieren wird und die ödipale Rivalität und Feindschaft entsprechend stark ausfallen wird (vgl. 1900, S. 261). Damit ist die konkrete Ausprägung des Vater-Sohn-Konfliktes und der sie begleitenden Regungen von der jeweiligen historischen und gesellschaftlichen Gestalt von Vaterschaft abhängig. Freilich hat Freud diese Historizität in der Folge wohl einerseits im

[8] Nicht unerwähnt soll auch die *fundamentale Kritik an der Ödipustheorie* von seiten des deutschen Philosophen Gerd B. Achenbach (1985) bleiben, der in Anlehnung an die Arbeiten Marianne Krülls über Freuds Vaterbeziehung (1992) die Ödipussagen-Auslegung Freuds grundlegend anzweifelt: Freud habe damit seinen Vater und dessen Verfehlungen schonen wollen und sich selbst die Schuld an seinem gespannten Verhältnis zum (enttäuschenden) Vater zugeschoben. Die Ödipus-Theorie sei demnach eine »Decktheorie«, die die unangenehmen Einsichten der sexuellen Verführung durch die Eltern abwehren soll. In Wirklichkeit seien aber in der Sage der Vater durch den »höchst reale(n) Anschlag auf das Leben des neugeborenen Sohnes« (S. 105) und die »Mutter (...), die die Chimäre (der sexuellen Vereinigung mit dem Sohn – JCA) ausheckt« (S. 112), die Schuldigen an dem Drama – Freud hingegen ein Opfer der Tricks seiner eigenen Deckerinnerungen.

Eifer seiner klinischen Entdeckungen und andererseits aufgrund seiner eigenen patriarchalen Prägung als Mann, Vater und (herrschsüchtiger?) ›Vater‹ einer wissenschaftlichen Bewegung immer wieder vernachlässigt.

Ein anderer der ›Ahnväter‹ der zeitgenössischen Psychoanalyse, K. R. Eissler, dagegen betont die aus seiner Sicht nach wie vor gültige überragende Bedeutung des Ödipuskomplexes: wenn – wie Eissler es in sehr weitläufiger Interpretation sieht – der Ödipuskomplex eine zentrale »Schaltstelle« der psychischen Entwicklung ist (und bleibt), dann müßten sich aber durch gesellschaftliche Veränderungen auch Veränderungen der ödipalen Beziehungen und Prozesse ergeben haben. Diese Eisslersche Ausformulierung des Ödipuskomplexes macht wie keine andere mir bekannte gut nachvollziehbar, wie gesellschaftliche Umstände das ödipale Verhältnis mitgestalten und den Komplex auch für auffälliges, bedrohliches oder irrationales politisches Verhalten relevant werden lassen können, wenn er schreibt:

> »Freud hat eine Entdeckung gemacht, die, richtig eingesetzt, das Verhältnis des Menschen zur Autorität im allgemeinen und zur staatlichen Autorität im besonderen zutiefst beeinflussen kann, und das ist der Ödipuskomplex. Auch wenn er in weiten Kreisen bestritten wird, bleibt er einer der wichtigsten Schlüssel für die Konflikte eines Menschen. Der Ödipuskomplex ist das Resultat der Gesamtheit der Erfahrungen eines Kindes mit und der Reaktionen auf seine Eltern in den ersten sechs Lebensjahren. Revolutionäres Feuer, Gleichgültigkeit, ängstliches Beharren auf passiver Anpassung, kurz, *die gesamte Bandbreite des politischen Verhaltensspektrums wurzelt im Umgang des Kindes mit seinen Eltern«* . (1995, S. 1199; Hervorhebung JCA)

In diesem Sinne gälte es also, entgegen vorschneller Pauschalaussagen über *die* ödipale Situation oder deren Mißlingen die jeweilige Bandbreite des Verhaltens Heranwachsender und auch – was meist vergessen wird – die verschiedenen Arten der ›Ausübung‹ von Vater- und Elternschaft unter den verschiedenen gesellschaftlichen Lebensbedingungen der Betroffenen zu berücksichtigen.

8.7.1. Der andere Ödipus

Eine Reihe problematischer Ödipus-Auffassungen fällt freilich dadurch auf, daß sie eine Art nostalgischer Sehnsucht nach Autorität und nach vergangenen Zeiten heraufbeschwören, als die ›starken‹, ›guten‹ Väter sozusagen das Heft noch fest in der Hand hatten. Jessica Benjamin (1990, 1993) hat diese Art nostalgischer Vaterverherrlichung und rückwärtsgewandter

Autoritätssehnsucht scharf kritisiert: in ihr stecke auch ein gebündelt Maß an Verleugnung dessen, was Vaterautorität im traditionellen Sinn auch schon an Unheil angerichtet hat. Dabei scheint diese einseitige Ödipus-Auslegung schon in der verengten Rezeption des Mythos durch Freud grundgelegt: was er und viele andere nämlich nicht sahen, ist *das Mörderische an Vater Laios*, der ja seinen Sohn Ödipus – bevor dieser ihn töten konnte – aussetzte und damit eigentlich dem Tod preisgab, wodurch das Unheil erst seinen Lauf nahm.

Eine in diesem Zusammenhang hochinteressante, aber fast völlig unrezipierte ›Alternativ-Interpretation‹ des Ödipusthemas hat der brasilianische Psychoanalytiker Helio Pellegrino schon 1961 vorgeschlagen. Er stellte zunächst fest, daß wir hinsichtlich der Bedeutung des Ödipalen mehr auf die präödipalen Erlebnisse der Kinder mit dem Vater und auch mit der Mutter zu achten hätten: je weniger befriedigend diese präödipal-oralen Beziehungen zum Primärobjekt Mutter ausfielen, desto früher und stärker würden genital-besitzergreifende Impulse gegenüber der Mutter entwickelt, eine Sexualisierung der Beziehung also, die auch *aggressive Impulse* enthält und natürlich auch die Beziehung zum Vater stark beeinflußt: Haß und Ressentiment würden sich dann nämlich auch auf den Vater übertragen, so daß die Rivalität zum Vater einen zerstörerischen Charakter bekäme. Auf ihn würden dann auch vereinzelt unbewußte Bilder der verfolgenden Mutter projiziert, wodurch sich das Kind Abfuhrmöglichkeiten der für sein Inneres sonst bedrohlichen Aggressionen schaffe, während die Anteile der »guten Mutter« aufrechterhalten werden können. Durch diese Umstände erst erhalten die ödipalen, rivalisierenden Aggressionen auf den Vater ihre spezifische Brisanz und Schärfe. Die Ödipussage ist nach dieser Lesart also eigentlich die Geschichte vom *Haß des Ödipus auf seine versagenden Eltern*, der ihn dann zum Mord am Vater und letztlich auch zur Vernichtung der Mutter treibt (Pellegrino 1961, S. 483f.).

Diese Sichtweise nimmt übrigens teilweise auch schon neuere Aspekte der psychoanalytischen Entwicklungs- und Sozialisationstheorien vorweg: so betont beispielsweise Mertens (1994) immer wieder die Bedeutung der sozialen ›Vorgeschichte‹ der ödipalen Situation, die ja in einen bestimmten historisch-biographischen Kontext eingebettet ist: Es kommt also sehr auf die Beziehungen zwischen den präödipalen Kindern und ihren Eltern, auf sozialstrukturelle, schicht- und geschlechtsspezifische Komponenten an, die das Kind schon geprägt haben, bevor es in die ödipale Situation eintritt. Es macht eben einen bedeutsamen Unterschied, ob ein Kind in einer liberalen, aufgeklärten Bürgerfamilie oder in einer aristokratisch-patriarchalischen Adelsfamilie in die ödipale Situation mit den je konkreten Vätern und Müttern eintritt. Und es macht auch einen Unterschied, wie sich diese Elternteile in der Gestaltung der ›intersubjektiven‹ Verhältnisse zu den Kindern verhalten und verortet haben.

Diese letztgenannte Dimension einer Neuinterpretation des ödipalen Konfliktes vor dem Hintergrund der intersubjektiven Verhältnisse, die Pellegrino am Beispiel des Ödipus veranschaulicht, scheint für unseren thematischen Zusammenhang interessant und bedeutungsvoll: Demnach hatte der überlieferte Ödipus mit seinen ›Ersatzeltern‹, mit denen er nach seiner Aussetzung zusammenlebte – dem Konrinthischen Königspaar Merope und Polybos, den ›guten Eltern‹ also – keine nennenswerten Auseinandersetzungen! Und er hatte auch keinen Grund, diese Eltern in der für dramatische ödipale Verstrickungen typischen Form zu hassen oder zu bekämpfen. Sein tragischer inzestuöser Konflikt ergab sich erst in der Beziehung zu den ihn *ablehnenden,* ja ihn sogar *der Aussetzung überantwortenden* ›bösen‹, wirklichen Eltern Jokaste und Laios. Erst als das Orakel (sein Unbewußtes) ihm die ablehnende ›präödipale‹ Realität seiner Kindheitseltern preisgab, schwang er sich auf, die verhängnisvolle und später dann nach ihm benannte Geschichte zu inszenieren, die wir alle kennen. Pellegrino interpretiert diesen Vorgang so:

> »Wenn es mir gelingt, die bösen Objekte, die mich einstmals verneinten und mich zu zerstören drohten, (und die mich in mir auch weiterhin verneinen und mir mit Zerstörung drohen) *außerhalb* von mir, d.h. in der Realität zu vernichten, dann mache ich damit diese *innere* Verneinung, die mir mein Lebensrecht raubt, zunichte, und damit habe ich mir endlich dieses Recht erobert«. (1961, S. 479)

Der Kampf mit dem *Vater Laios* ist zudem von hoher symbolischer Bedeutung: es macht ihn ja nicht nur das Begehren des Ödipus auf die Mutter zum Gegner, sondern der Umstand, daß Laios ihn an der besagten Weggabelung »erneut von seinem, ihm zustehenden Wege vertreiben, d.h. ihm erneut sein Lebensrecht verneinen wollte« (ebd., S. 480). Dieser Weg, den wir auch als »Lebensweg« deuten können, symbolisiert also die eigene Existenz, die ihm schon die Mutter von Anfang an mit seiner Aussetzung nach der Geburt verweigert hatte:

> »Gewiß stellt Laios, genital gesehen, den natürlichen Nebenbuhler dar, mit dem der Sohn kämpft, und den er durch einen Stockhieb niederschlägt, wobei der Stock als phallisches Symbol unverkennbar ist. Solche Interpretation schließt, von einer tieferen Schicht her gesehen, zugleich das erste böse und verfolgerische Objekt mit ein: die Mutter, die den Sohn verworfen hat, ihm den Weg verstellte und ihm das Leben verweigerte«. (Pellegrino 1961, S. 480)

Wichtig erscheint uns auch noch Pellegrinos Betonung der Rolle des ›realen Laios‹ (Vaters): dieser stellte als Vater nicht nur eine Art »Leinwand« dar, auf die das Bild der verfolgenden Mutter projiziert würde. Dagegen wird Laios' tatsächliche reale Funktion als Hindernis auf dem Weg des Ödipus hervorgehoben, wobei dessen Aggressionen erst unter dem Eindruck der früheren oralen Frustrationen »ihre gebieterische Heftigkeit bekamen« (ebd., S. 481). Schließlich – nach Vater-Mord und Mutter- (Selbst-) Mord – blendet sich der schuldgeplagte Ödipus und kehrt damit indirekt an jene Stelle zurück, an der seine kindliche Entwicklung einst durch die Nichtakzeptanz der Eltern unterbrochen worden war: in die Situation »wehrloser kindlicher Abhängigkeit«, in der er – getreu seinem Namen als ›der mit gebundenen Füßen‹ – nicht imstande ist, ohne fremde Hilfe zu gehen, ja zu überleben (ebd., S. 483).

Die alternativen Ödipus-Auslegungen lassen sich noch erweitern: Blendete Freud durch seine Konzentration auf das Kind die Phantasien und Handlungen der Eltern sowie die Vorgeschichte des Dramas praktisch aus und läßt so die Figur des Vaters fast völlig in den Hintergrund treten, so wäre bei Sophokles über Laios zu erfahren gewesen, daß dieser ein *denkbar schlechter Vater* gewesen war! Er hatte übrigens ein ähnliches ›vaterloses‹ Schicksal wie Ödipus zu beklagen, weil auch er seinen Vater Labdakus, König von Theben, mit einem Jahr verloren hatte und später (allerdings von seinem Onkel) ausgesetzt worden war! Laios soll auch eine feindselig-paranoide Struktur samt Ängsten und Selbstzweifeln über seine Männlichkeit eigen gewesen sein, ja es ist überliefert, daß sein sexuelles Interesse mehr den Knaben gegolten habe, die er auch zu tyrannisieren beliebte, während er seiner Frau gegenüber weitgehend abstinent geblieben sein soll (vgl. Ross 1982, zit. n. Grieser 1998, S. 30). Das heißt also, daß wir schon bei Laios biographische Besonderheiten und Haltungen finden, die wir aus moderner psychoanalytischer Sicht als ein Problem der ›Vater-Ferne‹ behandelt wissen wollen, nämlich »Störungen der Geschlechtsidentität, Probleme mit der Impulskontrolle, unmodulierte Aggressivität, kognitive Beeinträchtigungen und pathologischer Narzißmus« (Mertens 1993, S. 217).

Dies alles liest sich nicht nur wie ein vom Wiederholungszwang beherrschter Fortsetzungsroman, in dem erlittene Traumata an die nächste Generation weitergegeben werden, sondern auch wie ein modernes Väter-Drama, in dem die immer gleichen Muster von Generation zu Generation weitergegeben werden. Der Ödipuskomplex wäre dementsprechend nicht nur an die Begierden des Sohnes, denen der Vater im Wege steht, gebunden, sondern auch an bestimmte Vaterschaftsbedingungen – *der »Laios-Komplex« als Voraussetzung des Ödipuskomplexes*! Außerdem müßten schon allein wegen der ungleichen Verteilung von Macht und Reflexionsvermögen zwischen Eltern und Kindern den Haltungen des Laios und der Jokaste mehr Gewicht zuerkannt werden. Insofern ist im Zusammenwirken von elterlicher Aussetzung einerseits und kindlichem Begehren und Hassen andererseits ein wechselseitiges System von Nichtanerkennung und Anerkennungswünschen gegeben, das sozusagen ›dialektisch‹ zu verstehen ist – und nicht als ›rein‹ triebhaftes Geschehen seitens der Kinder.

Freud hingegen schien einseitig die aggressiven Strebungen der Kinder (vornehmlich der Söhne) zu verfolgen und die Väter als relativ ›zahm‹ wahrzunehmen – was übrigens auch in seiner ›Gründervater-Rolle‹ seinen Ausdruck findet, die er ja streng und aggressiv gegen jegliche ›Abweichung vom Weg‹ (!) wahrnahm und das Aggressive hauptsächlich seinen abtrünnigen Schülern (Adler, Jung, Rank u. a.) zuschrieb. Auch hier ist der ödipale Zündstoff mindestens so sehr durch die Vaterposition wie durch das Begehren der Söhne bedingt.

8.7.2. »Ödipus neu« – der Wunsch nach anderen Vätern?

Nun legt die ›offizielle‹ Psychoanalyse oftmals eine unglaubliche Zähigkeit an den Tag, wenn es um eine Korrektur beziehungsweise um eine kritische Aktualisierung ihrer Konzepte geht. Bis heute sind der klassischen Lesart des Ödipus-Stoffes immer wieder Alternativen entgegengehalten worden, die den geschilderten väterlichen Übergriff in der Ödipus-Sage stärker hervorheben. Benjamin (1990) zum Beispiel forciert eine weitere Auslegungsart dieses Stoffes, wonach Laios als Vater erscheint, der seine Macht nicht auf- bzw. weitergeben kann. Daß sein Sohn ihn beerben soll, ist ihm nicht geheuer. Ödipus wiederum ist nicht davon besessen, seinen Vater zu töten, sondern will sich der Prophezeiung entziehen: »Der ödipale Sohn ist also ein Sohn, der seinen Wunsch, den Vater zu entthronen, nicht ertragen kann, weil die Erfüllung des Wunsches ihn der Autorität berauben würde, die ihn (auch! – JCA) schützt: des Ideals, das ihm sein Leben schenkt« (S. 138).

Laios repräsentiert also nicht nur die angsterweckende Gestalt des vernichtenden Urvaters, und Ödipus hat nicht nur seine Beschränkung durch die väterlichen Gesetze zu erdulden, sondern er ist auch von idealisierender Liebe zu Laios getragen, was die Sache noch komplizierter macht. Der Vater erscheint in einer Art »Doppelbild«: einerseits gefürchtet wie der Urvater, andererseits geliebt wie ein Ideal, das der kleine Knabe verehrt und »in allen Stücken an seine Stelle treten« möchte (Freud 1921c, S. 98). Interessant ist, daß Freud an dieser Stelle ausdrücklich die ›Männlichkeit‹ dieser anlehnenden Identifizierungsliebe betont (im Unterschied, wie wir noch sehen werden, zu anderen Stellen): »Dieses Verhalten hat nichts mit einer passiven oder femininen Einstellung zum Vater (und zum Manne überhaupt) zu tun, es ist vielmehr exquisit männlich. Es verträgt sich sehr wohl mit dem Ödipuskomplex, den es vorbereiten hilft« (ebd.). Hier klingt schon bei Freud selbst die eminente Bedeutung des sogenannten negativen Ödipuskonfliktes an, die wir später noch vertiefen wollen.

Manche Kritiker der ›vaterlosen Gesellschaft‹ meinen nun, daß beim Wegfall idealisierbarer väterlichen Autorität eine Führerfigur an deren Stelle treten und die Massen zu irrationalen Entwicklungen hinreißen kann – und dies deshalb, weil einem solchen aus Vaterlosigkeit geborenen Führer die präödipale idealisierende Liebe zufliegen würde. Ist die präödipale Liebe also das Gefährliche? »Das Vorurteil, das in der Kritik an der vaterlosen Gesellschaft mitschwingt, liegt im Bemühen, etwas Pathologisches an der frühen Liebe des Kindes aufzuzeigen, und nicht in der väterlichen Reaktion auf diese«, schreibt Benjamin (1990, S. 142) und erinnert an den Umstand, daß *die frustrierte* Liebe und Suche nach Anerkennung durch den präödipalen Vater es ist, die die Unterwerfung unter mächtige Idealfiguren hervorruft, *und nicht diese Liebe selbst*! Wird sie aber erwidert, kann sie Grundlage für Autonomie und Selbstbewußtsein bilden. Und erst auf dieser Grundlage kann auch der Ödipuskomplex gut bewältigt werden. Die Unterwerfung unter faschistische Führerfiguren ist

»nicht durch ein Fehlen väterlicher Autorität bedingt (...), sondern durch die *Frustration der identifikatorischen Liebe*: durch die *unerfüllte Sehnsucht nach Anerkennung* von seiten eines frühen idealisierten, aber weniger autoritären Vaters« (ebd.; Hervorhebung JCA). Das ist ein feiner, aber umso wichtigerer Unterschied!

Dieses Scheitern der identifikatorischen Liebe bedeutet nicht einfach, daß eine Autorität fehlt, im Gegenteil: diese präödipalen Gefühle werden vor allem dann verunmöglicht, wenn der Vater autoritär, punitiv oder strafend ist. Die Kombination von narzißtischer Enttäuschung über diese Nicht-Beantwortung und der Angst vor Autorität ist nach Benjamins Auffassung viel öfter verantwortlich für jene Mischung aus Angst und Bewunderung, die dann autoritär-faschistischen Führern entgegengebracht wird. Denn ein solcher Führer befriedigt den Wunsch nach idealisierender Liebe (Aufschauen-Können) in einer Art, die auch ödipale Züge wie Feindseligkeit, Strenge, Autorität einschließt. Deshalb könne man sagen, »daß *nicht das Fehlen einer väterlichen Autorität*, also die ›Vaterlosigkeit‹, sondern *die fehlende Fürsorglichkeit des Vaters* zur Unterwerfung führt« (ebd.). Pilgrim meint nach seinen Studien über historisch bedeutende (und gewalttätige) »Muttersöhne« ebenfalls, daß erst ein »früh verschwindender, ein seelisch verschwommener und ein liebloser Vater« die Bahn für totalitär-gewaltsame Entwicklungen freimache (1986, S. 14). Wie wir noch sehen werden, scheint dies eine ganz wichtige Differenzierung inmitten der sich häufenden Klagen über das »Drama der Vaterentbehrung« (Petri 1999) zu sein!

Die im Rahmen konventioneller Ödipus-Lesarten behauptete – und gesellschaftlich hergestellte – Spaltung zwischen einer ›progressiven‹ Vaterinstanz und einer regressiven archaischen Instanz der Mutter, vor der es Kinder zu erretten gäbe, stellt jedenfalls eines der schwierigsten Kapitel der psychoanalytischen Theorie dar (vgl. Benjamin 1990). Diese Sichtweise ist auch dafür verantwortlich, daß der *Narzißmus*, um den sich heute so viel dreht, fast ausschließlich als Problem der (gefährlichen) Verschmelzung mit der Mutter gesehen wird, während die *Beziehung zum Vater* hierfür als vernachlässigbar hingestellt wird. Ebenso einseitig ist – wie beispielsweise bei Chasseguet-Smirgel (1976) – die Tendenz, nur dem Vater eine Funktion bei der Über-Ich-Bildung zu überantworten, während den Müttern die Vertretung narzißtischer Verschmelzungsideale zugeschrieben wird. Dieses Spannungsfeld, das in der Frage der ödipalen Grenzziehung (nur?) durch den Vater angesprochen ist (vgl. Kap. 6.3. und 6.4.), ist in Wirklichkeit eines zwischen den Geschlechtern und der ihnen sozial aufoktroyierten Herrschaftsbeziehung: der Vater als die ›ödipale Legislative‹, der in seiner privilegierten Form einer Mutter gegenübersteht, deren Macht sich auf frühe, archaische Befriedigungen gründet, die aufgegeben werden müssen, wenn seelische Strukturierung ansteht. Daß damit letztlich eine Abwertung des Weiblich-Mütterlichen angesprochen ist – bei aller ›archaischen Mächtigkeit‹ –, liegt auf der Hand.

Mütter setzen dagegen sehr wohl – und oft in Ermangelung von Vätern – auch *selbst* Grenzen (und damit Schutz vor Verschmelzung) und leisten damit einen Beitrag zur Über-Ich- und seelischen Strukturbildung. Warum aber ist die Mutter in den meisten Theorien dann nach wie vor die grenzenlose, die Verschmelzung verheißende bzw. dadurch bedrohlich erscheinende? Und warum sollte es neben der ›archaischen‹ Mutter nur einen vorwärtstreibenden, befreienden Vater und nicht *auch einen ›archaischen‹ Vater* geben? Ein ›primärer Vater‹ fehlt in Erörterungen über den Ödipuskomplex regelmäßig. Benjamin zufolge werden Angst und Furcht vor der väterlichen Macht häufig abgespalten und auf die Mutter verschoben – auch bei manchen Theoretikerinnen wie etwa Chasseguet-Smirgel, die ja sogar nationalsozialistische Phänomene (Blut-und-Boden-Ideologie, Naturverherrlichung etc.) einzig der Orientierung an archaischen Mutterbildern und einer Regression zur omnipotenten Mutter zuschreibt – laut Benjamin »Beispiel für das theoretische Bemühen, alle Irrationalität der mütterlichen Seite zuzuschreiben und das destruktive Potential des phallischen Ideals zu leugnen« (1990, S. 150f.).

Diese tendenzielle Abwertung alles Weiblichen, die ja den Kindern, respektive den Buben, eine Rückkehr zur Mutter als gefährliche Angelegenheit erscheinen lassen muß, veranlaßt Buben auch, ihre geschlechtliche Verschiedenheit von der Mutter besonders hervorzuheben und zu behaupten. Damit ist dem Weiblichen (und letztlich auch Beziehungen zwischen Männern und Frauen) bei männlichen Kindern der Stempel des Verdächtigen und Abzulehnenden aufgedrückt, was die Situation für Buben besonders im Fall ambivalenter oder defizitärer Erfahrung eines Dritten – wie des Vaters – schwierig macht. Durch diese Entbehrung des Vaters alleingelassen in der patriarchalischen Struktur der ödipalen Auseinandersetzung wird die seelische Strukturierung des Knaben zu einer schwierigen Angelegenheit, denn der Ödipuskomplex löst so sicher nicht das Problem des durch das Geschlecht gegebenen Unterschieds, nämlich »das Problem der Anerkennung eines anderen. Die Mutter wird abgewertet, ihre Macht und ihr Begehren werden auf den idealisierten Vater übertragen... Männlichkeit ist also im Gegensatz zur Frau definiert, und die Geschlechtsrollenübernahme ist als Polarisierung organisiert, wobei eine Seite idealisiert, die andere abgewertet wird« (Benjamin 1990, S. 162f.).

Es bleibt diesbezüglich die Vision, daß die sich (langsam) wandelnden Beziehungen der Geschlechter und die realen Veränderungen der Zusammenlebensformen wie der Einbeziehung von Frauen und Männern ins Erwerbsleben auch die Verhältnisse des Aufwachsens und der Auseinandersetzung mit den Eltern nachhaltig verändern, so daß gegenseitige Anerkennung anstatt geschlechtsspezifisches Machtgefälle zum Paradigma der Wahrnehmung von Unterschieden werden kann. In diesem Zusammenhang ist auch die Einbeziehung der Mutter ins Berufsleben und die dadurch – freilich nur unter halbwegs günstigen Bedingungen – gewinnbare Selbstgewißheit von Frauen-Müttern eine Chance: Mütter signalisieren damit ein Stück ›Gleichwertigkeit‹ mit den ebenfalls arbeitenden Vater-Männern und könnten damit auch den Buben bedeuten, daß es um eine gemeinsame Verantwortung und Gestaltung des Lebensablaufs geht (vgl. auch Zeltner 1999). So weiß man, daß die frühe Beschäftigung von Vätern mit dem Baby die Paarbeziehung fördern kann, wie auch die Befriedigung durch die Erwerbstätigkeit bei Frauen die Ehezufriedenheit erhöht, was sich günstig auf Kinder auswirkt (ebd., S. 149). Dies und andere Faktoren der Gleichberechtigung von Frauen können Entwicklungsräume ermöglichen, in denen Frauen, Männer und Kinder mehr lebendigen und anerkennenden Kontakt untereinander pflegen können, der auch die ödipale Strukturierung und die ödipalen Auseinandersetzungen modifizieren wird.

8.7.3. Ödipus als Geschlechterpolarisierung

Der im klassischen Ödipus-Modell behauptete Unterschied zwischen den Eigenheiten und Aufgaben von Mutter und Vater schreibt also die Positionen fest, die Männlichkeit bzw. Weiblichkeit jeweils als typisch und – in unserem Zusammenhang vor allem für Buben – abgrenzungsbedürftig gegenüber dem Gegengeschlecht ausweisen. Einfühlsamkeit und empathische Bedürfnisbefriedigung etwa werden als ›weiblich‹ definiert und schneiden die Buben von der identifikatorisch gestützten Entwicklung solcher Fähigkeiten weitgehend ab. Dies führt zu einer einseitigen Differenzierung, bei der beide Geschlechter tendenziell auf jeweils nur bestimmte Rollenmuster festgelegt werden. Für beide Geschlechter wird die Identifikation mit dem jeweils gleichgeschlechtlichen Elternteil zur ödipalen Entwicklungsaufgabe, während die Identifikation mit dem anderen blockiert bleibt. Somit können Männer den Frauen (und umgekehrt) später zumindest unbewußt nicht mehr als anerkennenswerten Subjekten begegnen, sondern als solchen, von denen sie sich mehr oder weniger angstvoll abgrenzen müssen. Wo diese gegenseitige Anerkennung aber fehlt, herrscht ein Zustand tendenziell ablehnender Geschlechterpolarisierung.

»Die tiefste Ursache des Unbehagens in unserer Kultur ist also nicht (...) – nach neuester Mode – der Narzißmus, sondern die Polarisierung der Geschlechter«, schließt Benjamin daraus (1990, S. 166). Die Konsequenzen sind weitreichend: viele Probleme dieser Kultur wie die Verachtung von Bedürftigen und Schwachen, der ambivalente Umgang mit Fürsorge und Rationalität und die Betonung eines individualistischen Selbstgewißheitsideals sind – obwohl sie auch bei Frauen vorkommen – letztlich in diese vom Männlichen dominierte Geschlechterpolarisierung eingelassen: Sie verweisen auf ein Spannungsverhältnis zwischen Stärke gegenüber Abhängigkeit, Autonomie gegenüber Bedürftigkeit, Schwäche gegenüber dem Angewiesensein auf andere. Das Ideal dieses autonomen Individuums, das wir alle miteinander ja in Wirklichkeit nie erfüllen, ist die Manifestation bislang *männlich* verstandener Selbstherrlichkeit, an dem so viele Bemühungen um Humanität zerschellen.

Dieses Spannungsverhältnis ist auch durch den tatsächlichen Abbau väterlich-männlicher Macht und Autorität *nicht* geschwächt worden – im Gegenteil: vielleicht wurde es sogar stärker, weil das Fehlen einer solchen Autorität den Zwang, diesem hybriden Ideal zu gehorchen, ohne sich aber an eine konkrete Person und ihre Eigenschaften anlehnen zu können, noch verschärft hat. So wird die als männlich festgelegte Souveränität und Autorität schleichend und subtil in kulturell aufrechterhaltenen Idealen weitertradiert wie im »Ideal der Individualität und Rationalität, das auch das Schwinden der väterlichen Autorität und die Entstehung gleichberechtigter Familienstrukturen überlebt hat« (ebd., S. 167). Und solange diese Ideale ihre Wirkung aufrechterhalten, bleibt auch die Mutter das zwar ersehnte, aber auch bedrohliche Objekt der Verschmelzung, vor dem uns der Vater (bzw. sein Idealbild) bewahren muß – aber nicht als Ausfluß der menschlichen Natur, sondern als eine kulturelle Setzung entlang der Geschlechterpolarisierung und der patriarchalischen Hegemonie, aus der nur die Aufhebung der Geschlechterpolarisierung einen Ausweg böte.

Die ›Vatergesellschaft‹ und die durch den Mann-Vater repräsentierte Autorität muß also so lange weiterexistieren, wie diese Geschlechtergegensätze samt den sie begleitenden Idealen akzeptiert werden (vor allem die scheinsouveräne Rationalität des Männlichen gegenüber dem angeblich narzißtisch Bedrohlichen des Weiblichen). Dies um so mehr, als wir annehmen dürfen, daß dualistische Imagines nach Art dieses Geschlechterunterschieds nicht nur tief in der Kultur verankert, sondern auch in der Seele eingeschrieben sind. Es käme also darauf an, »die Antithese zwischen Mutter und Vater zu überwinden: diese Drehtür zwischen regressiver mütterlicher Wärme und eisiger väterlicher Außenwelt« (Benjamin 1990, S. 171). Benjamin schlägt dazu eine *Neuinterpretation des Ödipus* insofern vor, als er bloß *eine* Stufe der Entwicklung sei, die auch Platz für entscheidende Entwicklungen *vor* und *nach* ihm lasse. Unter Berufung auf Loewald (1979) fordert sie die Wiedereinbindung des *präodipalen* Lebens und Strebens nach Einheit, Symbiose und Fusion in das normale seelische Leben, um dem empathischen Anerkennen anderer, der Wertschätzung und Anteilnahme als angeblich mütterlicher Züge (gegenüber der angeblich väterlichen Rationalität) für *beide* Geschlechter mehr Geltung zu verschaffen (ebd., S. 171f.).

Loewalds Interpretation betont darüber hinaus neben diesem prädipalen auch den wichtigen postödipalen Ablösungsschritt, im Rahmen dessen der Vater- bzw. Eltern-Mord im übertragenen Sinn notwendig wird: Die Elternautorität *muß* zerstört werden können, ohne Vergeltung zu üben und damit schon die Phantasie der Zerstörung unter Ächtung zu stellen, was zu pathologischen Unterwerfungsakten führt. Dies aber *setzt »großzügige Väter«* voraus, von denen weder der überlieferte Ödipus einen hatte noch zahllose Söhne heute einen haben. Es geht also um eine postödipale Phase der Ablösung, in der der metaphorische Tod der geliebten Person(en) sowohl ›Freude‹ über deren tatsächliches Überleben auslöst als auch Trauer über die tatsächliche Abtrennung nach sich zieht. Dies würde einen Ausweg aus dem Teufelskreis archaischer Polarität zwischen Mord und Schuldgefühlen sowie zwischen Trennung und regressiven Verschmelzungsängsten bieten und das Ertragen von Ambivalenz gegenüber den Eltern ermöglichen, was einen bedeutsamen Zugewinn an bewußter Lebens- und Zukunftsgestaltung (sowie ›Vergangenheitsbewältigung‹) mit sich brächte: nämlich »eine andere Möglichkeit der postödipalen Ablösung, *bei der die Individuen auf ihre Eltern zurückblicken könnten, um deren Vermächtnis kritisch zu beurteilen*, statt sich einfach mit ihrer Autorität zu identifizieren« (Benjamin 1990, S. 174; Hervorhebung JCA; von der dritten Möglichkeit, die wir heute leider oft finden, ist hier nicht die Rede: nämlich die Eltern einfach ›links liegen zu lassen‹, weil sie überhaupt keine spürbare Präsenz innehaben).

Zusammenfassend könnte man sagen, daß die herkömmliche Ödipusinterpretation die *gegenseitige Anerkennung* von Kind und Erwachsenem wie auch von Frau und Mann vernachlässigt bzw. leugnet: hier ist eine allmächtige Mutter am Werk, aus deren Verschmelzungsdrohung nur der autonome Vater befreien kann. Diese Vorstellung und ihre kulturelle Durchsetzung ermöglichen keine wirkliche intersubjektive Anerkennung und damit keine Aufhebung jener geschlechterpolarisierenden Entwicklungsschritte, die zu den heute immer noch üblichen Männer- und Frauenrollen und den mit ihnen einhergehenden problematischen Entwicklungen zwischen den Geschlechtern sowie zwischen Eltern und Kindern führen.

9. Allgemeine Sozialisationsbedingungen Jugendlicher zwischen Individualisierung, Beziehungslosigkeit und Gewalt

> »Wir müssen zweifellos lernen, die psychische Dauerbelastung durch eine Gesellschaft angemessen einzuschätzen, die nicht mehr in der Lage ist, ihre Individuen menschlich zu behandeln und statt dessen mit ihnen wie mit Sachen umgeht. Wir werden dann erkennen müssen, daß sich Ausbrüche blinder Destruktivität nicht mehr vorgeschichtslos, wie aus heiterem Himmel zutragen (...)
>
> Der Kontrast zwischen falscher Interesselosigkeit am Einzelnen und den Verheißungen eines massenhaften Fortschrittswahns wird immer unerträglicher und reizt, um mit Bakunin zu sprechen, die Lust der Zerstörung«.
>
> *Alexander Mitscherlich (1977, S. 524)*

Nach der theoretischen Überlegungen zur Veränderung von Struktur und Verlauf des Ödipuskonfliktes soll wieder ein Blick auf die allgemeinen Lebens- und Sozialisationsbedingungen Jugendlicher in der ›vaterlosen‹, ›postmodernen‹ Gesellschaft geworfen werden. Zygmunt Baumann hat in seinem *Unbehagen in der Postmoderne* (1999) ganz grundlegend die Auswirkungen der Individualisierungs- und Privatisierungstendenz als Rückzug des Staates und der Gesellschaft aus der sozialen Verantwortung analysiert – insbesondere betreffend die Schwierigkeiten der individuellen Verarbeitung dieser neuen gesellschaftlichen Entwicklungen. Die Einsparungs- und Verschlankungs-Maßnahmen, die die öffentliche Hand zu treffen hat, und der durch sie eingeleitete Veränderungsprozeß muß auch auf seine psychischen und massenpsychologischen Folgen hin befragt werden. So bedeutete das bisher gesichert erscheinende soziale Netz ja nicht – wie die populistische Rechte glauben machen will – eine bequeme ›Hängematte‹ für sozial Gescheiterte, sondern in gewissem Maß einen sinnvollen Schutz, mittels dessen sich Einzelne – insbesondere auch Heranwachsende mit all ihrer Unsicherheit – in bestimmten Lebens- und Entscheidungssituationen orientieren und verorten können sollten, ohne allzu viel Angst und in der Folge auch Aggression entwickeln zu müssen. Dieses Netz wird nunmehr immer weitmaschiger und fällt stellenweise ganz weg – insbesondere in den USA und den angelsächsischen Ländern, in denen die Gesellschaft soziale Probleme und auch die soziale Arbeit größtenteils oder ganz ans Private abgetreten hat.

> »Daß die Rettung nicht mehr in der Gesellschaft liegt, bedeutet, daß es keine sichtbaren kollektiven, gemeinsamen, für die globale gesellschaftliche Ordnung zuständigen Agenturen mehr gibt. Die Zuständigkeit für menschliches Elend wurde privatisiert, die Instrumente und Verfahren der Fürsorge wurden dereguliert. Ein umfassendes und universelles kategoriales Versorgungsnetz ist zerfallen. Der Aufstieg aus eigener Kraft tritt an die Stelle gesellschaftlich finanzierter Fördermaßnahmen, und individuelle Durchsetzungsfähigkeit verdrängt die kollektive Bekämpfung klassenbedingter Benachteiligung. Im täglichen Kampf ums Überleben und Vorankommen sind jetzt Verstand und Muskeln des einzelnen gefordert«. (Baumann 1999, S. 73)

Dieser generelle Trend sollte uns bei der Analyse der Lebensbedingungen Heranwachsender stets bewußt sein – insbesondere in der von Baumann zuletzt angesprochenen Dimension des Einsatzes der ›Muskeln‹, den wir wörtlich nehmen können, wenn es um die Gewaltfrage geht.

9.1. Ausgangsbedingungen, Fragestellung

Gemeinhin werden in der sozialpädagogischen und sozialpsychologischen Literatur deutlich veränderte Rahmenbedingungen von Sozialisation in den letzten Jahrzehnten ausgewiesen, die vor allem von einem gesamtgesellschaftlich bisher nie erreichten Konsum- und Wohlstandsniveau gekennzeichnet sind, an dem aber andererseits – bedingt durch die ökonomischen Entwicklungen in Richtung Rationalisierung und Automatisierung – bestimmte, stetig im Wachsen begriffene Teile der Gesellschaft nicht mehr (oder noch nicht!) teilnehmen können. Besonders für die Sozialisation Heranwachsender ergeben sich daraus neuartige Konfliktlagen, und Jugendliche scheinen davon besonders betroffen: Zukunftsängste, Verunsicherung, was aus ihnen einmal werden soll, Rivalisieren und Konkurrieren schon von ›Kindesbeinen‹ an prägen diese Situation drohender sozialer und ökonomischer Ausgrenzung. Ottomeyer (1998) spricht von *»Überzähligkeits- und Konkurrenzangst«*, die angesichts der realen Verschärfung des Kampfes um Zukunftschancen *auch Realangst* ist (S. 31)! Übrigens hat schon Ernst

Simmel (1946) die gefährliche Wirkung solcher Verunsicherungen und Ängste (für den Antisemitismus) beschrieben und festgestellt, daß er »immer dann offen in Erscheinung (tritt), wenn die Sicherheit des Individuums oder der Gesellschaft durch katastrophale Ereignisse erschüttert wurde«. Eine gewisse »Panik« aus Unfähigkeit heraus, »die Realität zu meistern«, sei stets Ursache dafür gewesen (1993a, S. 68).

Bei der Betrachtung veränderter Sozialisationsformen müssen wir uns allerdings der Gefahr bewußt sein, von immer noch als idealtypisch angenommenen Sozialisationsverläufen her nunmehr Defizite zu beklagen, die eigentlich auf einem recht unrealistischen Bild ›der‹ Jugendlichen basieren. Ich erinnere daran, daß wir etwa schon in der Diskussion um die damals ungeheuer wichtige Theorie des »Neuen Sozialisationstyps« (Ziehe 1975) vor dem Problem standen, daß die von Ziehe und anderen Narzißmustheoretikern als pathologisch und/oder narzißtisch diagnostizierten Charaktermerkmale Jugendlicher von anderen Autoren zurückgewiesen wurden, die von narzißtisch gut integrierten Jugendlichen ausgingen und ihrerseits das Fehlen narzißtischer Züge, die ja auch kreative Potentiale beinhalten, geradezu als Mangel interpretierten. Die Gefahr, gesellschaftliche Trends vorschnell und unmittelbar mit abweichender oder psychopatholgischer Strukturbildung zu parallelisieren – was so geradlinig wohl nie möglich ist – muß also gesehen werden.

Auch heute stellt sich in der Diskussion um die Lebens- und Sozialisationsbedingungen von Jugendlichen, die zu gewaltsamen Aktionen, zu fremdenfeindlichen Vorurteilen und zum Bekenntnis zu rechtsradikalen Parolen neigen, die Frage, ob wir Lebenslage und gewalttätiges Handlungspotential so unmittelbar parallelisieren können. Und wieder erscheint es, *als ob manche Psychoanalytiker/innen allzu leicht – auch qua ihrer Herkunft – dazu neigen, sich bei ihren Überlegungen zu den scheinbar drastischen Veränderungen vom Modell einer idealtypisch-bürgerlichen psychischen Strukturbildung leiten zu lassen*, wenn sie bei anderen Jugendlichen aus den besagten Milieus umstandslos eine Kombination von sozialer Randständigkeit, Ausgegrenztheit und damit auch seelischer Verwahrlosung beklagen: ein relativ starkes, autonomes Ich, ein gut entwickeltes, aber nicht zu starres Überich und gut integrierte Es-Wünsche werden hier – dem bürgerlichen Durchschnittsmaß entsprechend – als ›normal‹ angesehen und als Voraussetzung der Defizitanalyse angenommen.

Auch die Unterschiede in der *geschlechtsspezifischen* Entwicklung Heranwachsender, der Einfluß der erstarkenden Frauenbewegung, den man nicht unterschätzen darf, und dessen Rückwirkung insbesondere auf die männliche Sozialisation bedürfen einer differenzierten Betrachtung. Engelfried (1997) hat jüngst aufgrund ihrer qualitativen Arbeiten zur Männersozialisation gar gemeint, daß man angesichts der zahlreichen Ambivalenzen in der individuellen Biographie davon ausgehen kann, »daß eine noch größere Anzahl von Widersprüchen und Konflikten die Sozialisation von Jungen und Männern prägt« (S. 209; vgl. auch Schnack u. Neutzling 1991), womit sich die sozialwissenschaftliche Forschung bisher kaum befaßt hätte. So sei auch die allgemein übliche Vorannahme, Burschen und Männer würden von Anbeginn an in ihren sozialen Beziehungen primär Überlegenheit und Überlegenheitsgefühle erleben, empirisch nicht haltbar: »Ihr Erleben ist sehr stark von Unterlegenheits-, Ohnmachts- und Opfergefühlen geprägt« (ebd., S. 199; vgl. auch Prengel 1990). Dies ist im Zusammenhang mit der fast ausschließlichen Beteiligung männlicher Heranwachsender an Gewaltvorkommen sicherlich bedenkenswert.

Bleibt also vorerst die Frage, in welcher Weise sich Parallelen von aktuellen gesellschaftlichen Einflüssen und ihrer sozialisatorischen Wirkung auf Jugendliche unter den genannten Voraussetzungen ziehen lassen, und – bzw. oder – inwiefern vor allem auch frühkindliche Sozialisations- und Erziehungsweisen zur Erklärung spezifischer Verhaltens- und Empfindensweisen von gewaltbereiten Jugendlichen heranzuziehen sind. Dazu bedarf es eines Blickes auf die geänderten Rahmenbedingungen der Sozialisation. Und die sind unzweifelhaft von Friktionen und Verunsicherungen markiert, die für die ›Postmoderne‹ kennzeichnend sind – und dies nicht nur für Heranwachsende. Peter Sloterdijk (1996) hat dieses Klima von Fragen und Unsicherheiten so beschrieben: »Fortschrittssicherheit, Zukunftsvertrauen und Modernisierungsoptimismus nehmen ab und an ihre Stelle treten Irritationen über die Auswirkungen und die Grenzen des wirtschaftlichen Wachstums, über die ökonomischen und sozialen Errungenschaften und über den eingeschränkten Radius des politisch Machbaren« (zit. n. Wiegele 1998, S. 261).

Ganz wesentlich erscheint uns auch die *Widersprüchlichkeit moderner Identitäts- und Selbstwertentwürfe* und die damit verbundenen Belastungen für die, die daran zu scheitern drohen: neben den Beckschen

Arbeiten zur Individualisierungstheorie hat Klaus Wahl (1991, S. 1f.) diese »Modernisierungsfalle« anschaulich und vor allem in Bezug auf die Gewaltphänomene in unserer Gesellschaft analysiert. Er meint, daß es zum Beispiel einen Zusammenhang zwischen der Zurückdrängung der sinnstiftenden Rolle der Religion und dem Versprechen von Identität, Teilhabe am Fortschritt und gesellschaftlicher Anerkennung gäbe, wobei letzteres zum zentralen Sinnstifter avanciert sei. Diese hehren Versprechungen und Ziele seien aber für viele Menschen »genauso unerreichbar wie die Gnade Gottes« – und, was noch bedeutender ist: »*Wer versagt, trägt selbst die Schuld*«. Daß dies den Selbstwert der »Verlierer« belastet und daß diese »Opfer des ›Mythos der Moderne‹« dazu neigen, nunmehr *diesen Mangel an Selbstwert durch Gewalt gegen andere zu ersetzen,* deckt sich mit vielen empirischen Ergebnissen, wobei eigene Ohnmachts- und Kleinheitsgefühle wiederum durch das ›Niedermachen‹ anderer abgewehrt werden sollen.

Die postmodernen Identitätsentwürfe sind somit an Widersprüchen reich und an Sicherheiten und Verbindlichkeiten arm. Führt man sich nur die wichtigsten der für Selbstwert und Selbstzufriedenheit als bedeutsam angenommenen Faktoren vor Augen, wird schnell klar, auf welch unsichere Basis heute viele junge Menschen aufzubauen gezwungen sind: »Zufriedenheit mit eigener Arbeit«, »Vertrauen in Gesellschaft und Staat«, »Qualität der Partnerbeziehung« bzw. »Zufriedenheit mit eigener Familie« sowie »Bildungs-« bzw. »Berufsstatus« (Wahl 1991, S. 2): Daß Kinder, die unter diesen Bedingungen wenig Selbstwert erringen konnten, als Eltern später selbstwertfeindliche Haltungen nachweislich wiederum an ihre Nachkommen weitergeben, führt Wahl dazu, dem verschiedentlich behaupteten Zyklus von Gewalt ein »*Modell des Zyklus niedrigen Selbstwerts*« zur Seite zu stellen (1989, S. 198).

Im Rahmen dieser Unsicherheitsfaktoren kommt auch der *Schule* als bedeutsamem Sozialisationsort Heranwachsender eine wichtige Rolle zu: So kann schulisches Versagen die in der Familie erlebten Versagungen – »von den Lehrern genauso wie von den Eltern abgelehnt zu werden« – noch bestätigen und die Ohnmachtsgefühle und ihre Folgen sozusagen kumulativ verstärken (König 1998a). Von da her ist auch verständlich, daß gerade die Schule immer wieder als Ort der Gewalt auftaucht und problematisiert wird. Der Anschluß an eine Gruppe mit hoher innerer Akzeptanz liegt dann zum Ausgleich dieser Ohnmacht besonders nahe (was sich auch in unseren Gesprächen mit Ex-Skinheads immer wieder zeigte). Außerdem kann die in der Gruppe gemeinsam ausgeübte Gewalt gegen andere die Funktion haben, sich für das von Eltern- und Lehrer/innen-Seite erlebte und erlittene Unrecht zu rächen (S. 210; vgl. auch Streeck-Fischer 1992). Schulversagen ist in diesem Zusammenhang also keine Frage von Kompetenz- und Lerndefiziten, sondern ein Feld, auf dem Jugendliche aktuelle Konflikte ausagieren, die im schulischen Kontext eigentlich eine Wiederholung unbewältigter familiärer Konfliktkonstellationen darstellen und sich leicht chronifizieren können.

Infolge dieser Existenzlabilisierung streben junge Menschen auf vielfältige Weise nach narzißtischem Glück, nach spürbaren Bestätigungen in thrill-Erlebnissen, nach flexibler Anpassung an zeittypische Strömungen, die Zugehörigkeit versprechen und jenen als ›komisch‹ oder antiquiert erscheinen lassen, der nicht dazugehört oder gehören will. Aus psychoanalytischer Sicht scheint festzustehen, daß eine kollektive, auch Jugendliche betreffende Verunsicherung die Entwicklung zu ausreichend stabilen seelischen Strukturen in Latenz und Adoleszenz gefährdet oder verhindert. Statt dem ambivalenten Pendeln zwischen Unsicherheit und Stabilität, Neugier und Angst usw. kommt es leicht zu klaren Spaltungen zwischen Gut und Böse, Bewunderung und Haß: primitive archaische Spaltungsmechanismen also. Sind die früher und die in Kindheit und Adoleszenz erlebten Beziehungen zu wichtigen Bezugspersonen des Binnenraums hingegen ausreichend gut, kann das Fremde auch positiv, als Ergänzung, als interessant angenommen werden und nicht als etwas angstvoll Bedrängendes, das aus diesen (defizitären) Beziehungen ausgestoßen werden muß.

9.2. Die unerfüllbaren Wertvorstellungen

An dieser Stelle ist ein Blick auf die Wertvorstellungen der verunsicherten Generation angebracht. Sehr viele Jugendliche haben neuesten Untersuchungen zufolge hinsichtlich ihrer bewußten Lebensziele nach wie vor auch »wertkonservative«, gemeinhin dem altruistischen oder gar christlich-humanistischen Bereich zuzuordnende Ideale: zwar stehen

Beruf und Arbeit mit ca. 90 Prozent der Nennungen und die finanzielle Sicherheit mit nur unbedeutend weniger Prozentpunkten an der Spitze der »Lebensziele« der Jugendlichen, bei den »ethischen Grundsätzen« aber nehmen »Ehrlich(keit) zu sich selbst« (über 90 %), »Höflich und zuvorkommend sein« (etwa 85 %), »Verzichten können« (knapp darunter mit etwa 83%), weiters Faktoren wie »Anderen vergeben« bzw. »nicht weh tun« (ca. 75–80%), und daß es »Wichtigeres als Wohlstand« gäbe (mehr als 55%) die vordersten Rangplätze ein. »Was mich am meisten beeindruckt, ist die Moralsehnsucht junger Menschen, die Lauterkeit des Strebens nach persönlicher Ehrlichkeit, der durchgängige Wunsch, in der Entwicklung der eigenen Persönlichkeit den Sinn des Lebens zu finden« (Schmidtchen 1997; zit. n. Dettling 1997, S. 3).

Die vorletzte Shell-Jugendstudie aus dem Jahr 1997, die sich speziell mit dem *gesellschaftlichen Engagement* und den *politischen Orientierungen* Jugendlicher befaßt, läßt hingegen – bedingt auch durch die Fragestellung – mit etwas anderen Ergebnissen aufhorchen, die im hier postulierten Zusammenhang von gesamtgesellschaftlicher Entwicklung und dem Erleben Jugendlicher von Interesse sind:

> »Die Krisen im Erwerbssektor, Arbeitslosigkeit, Globalisierung, Rationalisierung und Abbau oder Verlagerung von Beschäftigung sind inzwischen nicht mehr ›bloß‹ eine Randbedingung des Aufwachsens. Sie sind nicht mehr ›bloß‹ Belastungen des Erwachsenenlebens, von denen Jugendliche in einem Schonraum entlastet ihr Jugendleben führen können (was immer schon eine schichtspezifisch ungleich verteilte Chance war – JCA). Sie haben inzwischen vielmehr das Zentrum der Jugendphase erreicht, indem sie ihren Sinn infragestellen«,

schreiben Fischer u. Münchmeier in ihrer Ergebnis-Zusammenfassung (1997, S. 13). Von den vielen zur Sprache gekommenen Problemen in der Studie beschäftigen die *Probleme der Arbeitswelt* die Jugendlichen also am stärksten – nicht mehr die einst klassisch zu nennenden Probleme der Identitätsfindung, der Partnerwahl und des Selbständigwerdens (zur Frage der Identitätsbildung im Zusammenhang mit ›Arbeit‹ vgl. Aigner 1981). Von den »Hauptproblemen« Jugendlicher nennt etwa jeder zweite die »Arbeitslosigkeit«! Hierbei gibt es auch keine relevanten Unterschiede zwischen Ost- und West-Jugendlichen oder zwischen den Geschlechtern. Fast 90 Prozent sehen dadurch ihre persönliche Zukunft stark beeinträchtigt! An zweiter Stelle folgt dann die *Umweltverschmutzung*, die ebenfalls ihre belastenden Schatten auf die Gegenwart und die Zukunft Jugendlicher wirft (Fischer u. Münchmeier 1997, S. 14).

Ganz entscheidend ist aber vor allem die *Ohnmacht*, die Jugendliche angesichts dieser schwerwiegenden Probleme zu empfinden scheinen: Man könne – so meinen viele – kaum etwas aktiv an dieser Misere ändern, ja man müsse sich mit verstärkten Anstrengungen an diese Situation anpassen! Das heißt auch, daß der Politik kaum etwas zugetraut wird, schon gar nicht eine heilsame Änderung der als bedrohlich empfundenen Probleme! Deshalb herrscht auch *großes Mißtrauen* in diverse gesellschaftliche Institutionen. Am meisten Vertrauen genießen noch die um Zukunft und Umwelt besorgten Bürgerinitiativen, Menschenrechts- und Umweltschutzgruppen. Interessanterweise – und wohl auch als Angstreaktion gegenüber Bedrohung und Unsicherheit – werden aber auch Polizei und Gerichten hohes Vertrauen entgegengebracht, während politische Parteien zu den am schlechtesten bewerteten Einrichtungen zählen (S. 15f.). »Ändern kannst du sowieso nichts!«, ist also der Slogan, der auch das politische Interesse und Engagement stark einschränkt – und das quer durch alle Bildungsschichten, also auch bei den politisch gut Informierten.

In der Folge treten *starke Anpassungs- und Privatisierungstendenzen* auf. Ursache dafür ist »das Sinken der gesellschaftlichen Chancenstruktur der heutigen Jugend«, wofür die Jugendlichen selbst wiederum das »Tun bzw. Unterlassen der Erwachsenengeneration und insbesondere der Politiker und politischen Parteien« verantwortlich machen (S. 17). Die »Ironisierung« und Ablehnung der klassischen gesellschaftlichen und politischen Organisationen *und* ihrer Repräsentanten hat zwar immer auch den Charakter einer Abgrenzung der ›Jugendkultur‹ gegenüber der Erwachsenenwelt, scheint aber derzeit ein höheres als dieses entwicklungsbedingt gegebene Maß in unserer Kultur anzunehmen. Dies zeigt sich auch an der »klaren Verweigerung der üblichen Verbands- und Vereinskarrieren« sowie »an der eindeutigen Absage an längere Verbindlichkeiten«, die – in welcher Form immer – einzugehen heute nur wenige Jugendliche bereit sind (S. 20f.). Hier decken sich die Ergebnisse der Shell-Studie und die Schmidtchens: die Gewaltneigung, die in Form einer »subjektiven Gewaltdoktrin« bei Jugendlichen aus der ehemaligen DDR um einiges höher liegt als bei den ›Wessis‹ (was Schmidtchen fragwürdigerweise auf die Militarisierung des Ostens zurückführt), hänge unmittelbar mit dem politischen System zusammen: »Die Gewaltphantasien steigen auf, *wenn junge Bürger sich machtlos vorkommen*, wenn sie die Legitimität des politischen Systems bezweifeln, wenn sie das Gefühl haben, wesentliche humanitäre Werte in der Gesellschaft nicht verwirklichen zu können« (1997; zit. n. Dettling, ebd.; Hervorhebung JCA).

In diesem Zusammenhang erscheint es uns wichtig, *die verbreiteten ›Lamentos‹ aus der Erwachsenenwelt an diese selbst zurückzugeben*: Nicht, was mit unserer Jugend ›los‹ ist, ist die entscheidende sorgenvoll zu stellende Frage, sondern: *Was ist eigentlich mit dieser Gesellschaft los*? Und:

> »Welchem geistigen Bauplan folgen, in welcher geistigen Verfassung sind eigentlich all jene Institutionen, denen die Jungen in ihrem Leben begegnen, vom Kindergarten bis zur Universität, von den Betrieben bis zu den Gewerkschaften, von den Parteien bis zu den Parlamenten? (...) Könnte es nicht sein, daß der Pessimismus junger Leute gerade darin seinen Grund hat?«. (Dettling 1997, S. 3)

Damit ist die Frage nach der Verursachung bedenklicher Phänomene unter Jugendlichen bis hin zur gewaltforcierenden Ohnmacht auf Staat, Gesellschaft und auch Ökonomie gelenkt.

Insbesondere die Widersprüche zwischen den ›materialistisch‹ genannten Wertentscheidungen in einer immer enger und brutaler werdenden Konkurrenz- und Ellenbogengesellschaft (›nur die Stärksten/Härtesten/Gerissensten kommen durch‹) und der »Sehnsucht junger Menschen nach Moral« enthalten viel Verzweiflungs- und damit Gewaltpotential. »Moral« im Sinne der genannten altruistischen Werthaltungen Jugendlicher reibt sich mit den Gesetzmäßigkeiten vieler sozialer Institutionen, denen Jugendliche begegnen. »Die Botschaft ist eindeutig, die die Jugend aus der Welt der Erwachsenen wahrnimmt: Moralisches Verhalten zahlt sich nicht aus« (ebd.). Eine besondere und wohl auch emotional zu Buche schlagende Brisanz erhält diese Chancenlosigkeit dadurch, daß die Jugendlichen sich selbst als leistungsfähig und leistungsbereit attribuieren, sich aber aufgrund der düsteren Zukunftseinschätzung als besonders ohnmächtig erleben müssen; aus dieser Spannung heraus »leiten diese Jugendlichen einen Opferstatus ab, der auch dazu beitrage, daß sie auf Gewalthandlungen verfallen« (Montau 1996, S. 74) – was möglicherweise für die Länder des ehemaligen Ostens, wo sich die Jugendlichen selbst auch als »Vereinigungsopfer« sehen (ebd., S. 75), in besonderem Maße gilt.

Einer der vielleicht entscheidendsten Beiträge zu den Ohnmachtserfahrungen liegt in den ›offiziellen‹ Sozialisationsinstanzen begründet: »Weder aus ihren Familien noch aus ihrer Schulzeit erfuhren sie eine Stärkung ihres Selbstwertgefühls oder ihrer sozialen und lebenstechnischen Kompetenzen, die ihnen die eigenverantwortliche Organisation ihrer Zukunft erleichtern würde« (ebd., S. 75). In den Familien erlebten sie *Gleichgültigkeit* gegenüber ihren beruflichen und sozialen Perspektiven. Die Eltern tauchen in ihren biografischen Erzählungen nur selten als positiv oder auch negativ sanktionierende Instanzen auf, die familiären Anforderungen sind häufig inkonsistent und die Atmosphäre zu Hause verunsichernd und/oder gewalttätig. Weder von Vater noch von der Mutter fühlt sich einer der von Montau interviewten Jugendlichen akzeptiert und er schließt daraus:

> »Ich will das jetzt nich alles auf, meine Gewalt so auf die Tatsachen schieben, aber, irgendwo is' schon was hängen geblieben. Denn, ich war damals nie'n gewalttätiger Mensch gewesen. Ich hab' das eigentlich verabscheut, irgendwelche Menschen zusammenzutreten, weil ... ich hab' das oft gespürt, ich wurd' von meinem Alten auch oft verprügelt, und ich weiß, was Schmerzen sind und deshalb hab' ich damals auch anderen Menschen nicht gern Schmerzen zugefügt. Bloß ... heut' is' mir das eigentlich egal«. (1996, S. 75f.)

Insgesamt ergibt sich also ein Bild des Eltern-Kind (Jugendlichen)-Verhältnisses, das die zeitgenössischen Debatten um die Erziehung unter den Stichwörtern ›Vernachlässigung‹, ›Beliebigkeit‹, ja ›Wurschtigkeit‹ gegenüber der jüngeren Generation widerspiegelt. Gottschalch schlägt in seinem Buch über *Männlichkeit und Gewalt* (1997) vor, auf diese Vernachlässigungssyndrome, die sich gegenüber Heranwachsenden sowohl individuell als auch gesellschaftlich-strukturell abzeichnen, den Aspekt der *Beschämung* aus den Arbeiten Leon Wurmsers (1990) anzuwenden. Schon die alten Juden kannten ein Sprichwort, wonach »*Demütigung* (...) *schlimmer* (sei) *als körperlicher Schmerz*«. Aus Beschämung und den begleitenden Affekten (deren »Kind« nach Wurmser der Narzißmus ist) resultiert demnach eine der »Urgewalten«, aus denen die Vehemenz und scheinbare Unlösbarkeit psychischer Konflikte entstehen.

> »Bei jenen Traumata ist es das ›Nichtgesehenwerden‹, der Mangel an Respekt für die Identität und Individualität, die Mißachtung der Bedürfnisse des eigenen Ausdrucks, der eigenen Willensentscheidungen, des eigenen Rhythmus, der eigenen differenzierten Affektivität, der ein besonderes, wenngleich verborgenes Trauma ausmacht«. (Wurmser 1990, S. XVI)

Auch bei den von uns interviewten Jugendlichen aus der rechten Szene spielt diese Nicht-Anerkennung – wie wir noch sehen werden – ein bedeutende Rolle.

Nehmen wir dieses Nicht-Angenommenwerden ernst, so müssen wir feststellen, daß wir im gesellschaftlichen Alltag *andauernd auf derartige ›traumatogene‹ Haltungen bzw. Strukturen treffen*: in der Erziehung, in den diversifizierten, stark verunsicherten Partnerschafts- und Intimbeziehungen, in der Politik, in verschiedensten gesellschaftlichen Institutionen, ja sogar darin, was die Soziologie im Zuge der gleichnamigen Debatte als ›Individualisierung‹ bezeichnet: Denn die Freisetzung von Zwängen und Gebundenheiten in Herkunftstraditionen zum angeblichen Nutzen der je individuellen Lebensgestaltung war und ist immer auch eine Gefahr für das Individuum; dann nämlich, wenn es aufgrund der allein auf ihm liegenden Verantwortung für dieses individualisierte Lebensglück scheitert bzw. von vornherein relativ chancenlos dasteht – wie dies bei Jugendlichen angesichts des Brüchigwerdens der Lebenslaufplanung heute oft der Fall ist. Daß hierbei durch die Verantwortung der gerade ›herrschenden‹ Generation – und sei es auch nur, weil sie unbewußt von der jüngeren für den gegenwärtigen Zustand unseres Gesellschaftsganzen verantwortlich gemacht wird – auch das Generationenverhältnis neu zur Debatte steht, liegt auf der Hand.

Das direkt erfragbare Gewaltpotential von Jugendlichen hingegen ist laut der repräsentativen Shell-Studie als »sehr niedrig« anzusetzen: »Aktionen, die Gewalt implizieren oder zumindest in Kauf nehmen, werden strikt abgelehnt« (Fischer u. Münchmeier 1997, S. 19). Es mag sein, daß sich hier zeigt, was Sozialwissenschaftler gerne gegen den allgemeinen, medial aufgebauschten Meinungstrend ins Feld führen: daß die eigentliche Gewaltproblematik nicht bei Jugendlichen und einzelnen Tätern aus ihrer Alterskohorte zu suchen ist, sondern in einer *generellen Gewalthältigkeit gesellschaftlicher Mechanismen* – auf direkte oder strukturelle Weise – gegenüber Schwachen, Ausländern, Andersartigen (Schwule und Lesben, HIV-Positiven, Behinderten etc.) und Fremden.

9.3. »Die« gewalttätige Jugend?

»In einer Gesellschaft voll Einzelkämpfern ist die erste Regel die der egoistischen Selbstbehauptung und Selbstdurchsetzung, wenn es sein muß, auch auf grobe und gewalttätige Art. Eine solche Gesellschaft kann nicht zugleich eine Kultur der Mitmenschlichkeit, der Aufmerksamkeit für die Opfer und Unterlegenen dieser harten marktbezogenen Lebensbewältigung sein«.

Erhard Meueler (1993, S. 61)

9.3.1. Nur deprivierte Jugendliche?

Von den allgemeinen Sozialisationsbedingungen heutiger Jugendlicher zieht sich eine Verbindungslinie zur Frage der Genese von gewaltorientiertem Denken und Handeln: Über die Entstehung von Gewalttaten Jugendlicher – insbesondere rechtsextremer Art – werden heute die verschiedensten Hypothesen diskutiert. Dies beginnt bei der populistischen, trotz empirischer Irrelevanz immer wieder neu ins Feld geführten Behauptung, die ausufernde Gewalt sei quasi die Quittung für die angebliche Grenzenlosigkeit der antiautoritären 68er Bewegung bzw. die protestierende Antwort auf den Antifaschismus der entsprechenden Elterngeneration (vgl. etwa Morshäuser 1993). Andere, ideologisch eher links anzusiedelnde Erklärungen beziehen sich auf die Kälte der kapitalistischen Ellenbogen-Gesellschaft, die diese Gewalt hervorbringe. Die bedeutende Forschergruppe um den Soziologen Heitmeyer (1988, 1992) wiederum bezeichnet generell Modernisierungs- und Pluralisierungsprozesse der Gesellschaft als Auslöser von Orientierungslosigkeit, Frustration und Gewalt. Ausgeschlossensein aus gesamtgesellschaftlichen Entwicklungsprozessen und auch aus der aktuellen Jugendkultur seien wichtige Faktoren, die die Lebensgefühle von gewalttätigen Jugendlichen wie den Skinheads prägen (Reimitz 1992, S. 42). Hin- und hergerissen zwischen den Polen Resignation und Wut bewegen sich die Gefühle dieser Jugendlichen vor allem in den Bereichen von »innerer Leere, Ohnmacht, Enttäuschung und dem real erlebten Mangel an Handlungsalternativen« (S. 43). Das von diesen jungen Menschen schließlich gewählte Verarbeitungsmuster der erlebten Nutzlosigkeitsgefühle, der Langeweile und Angst ist dann »die Flucht nach vorne in die aggressive, spannungsgeladene, militante Auseinandersetzung mit den Ordnungshütern, den Vertretern der Macht (den Vätern? – JCA), die sie für ihr Elend aufgrund der in ihren Augen fehlgeleiteten Politik verantwortlich machen, und in der militanten Verfolgung von Ausländern, Asylanten und Aussiedlern, die sie als Ursache ihres Übels zu erkennen glauben« (ebd.).

Die Gewalttat selbst verschaffe ein kurzfristiges Machtgefühl, eine zumindest begrenzte Art von Freiheit und Selbstbestimmung – ›man‹ ist wer, weil man gefürchtet wird.

Ein beeinträchtigtes Verhältnis zu den Eltern, deren mangelhafte Zuwendung und Sensibilität für die Bedürfnisse von Kindern und Heranwachsenden, stark straforientierte Verhaltensmuster und eine abwertend-demütigende Haltung sind ›erzieherische‹ Faktoren, die bei rechtsextremen Jugendlichen immer wieder gefunden wurden und die W. Hopf als »sozio-emotionale Deprivation« bezeichnet (1994, S. 198). Auch in unseren eigenen Interviews mit ehemaligen Skinheads, die im letzten Teil dieser Arbeit vorgestellt werden, waren diese Muster immer wieder ganz eindeutig zu beobachten.

Allerdings ist diese *Deprivationsthese* – so generalisiert, wie sie manchmal benutzt wird – von vornherein problematisch: immerhin werden nicht *alle* Jugendliche, die den verschiedensten genannten Belastungsfaktoren ausgesetzt sind, gewalttätig oder rechtsextrem. Manche Autoren konstatieren darüber hinaus eine generelle Zunahme gesellschaftlicher Gewaltförmigkeit, vermittelt vor allem über die Medien (vgl. auch Rathmayr 1996). Außerdem gibt es zahlreiche Beispiele, in denen Jugendliche und junge Erwachsene an derartigen Gewaltvorkommen beteiligt waren, die gar nicht so depriviert waren und sehr wohl einen Ausbildungs- oder Arbeitsplatz hatten oder aus relativ – von außen gesehen – ›intakten‹ Familien kamen. Unter Arbeitslosen und/oder von den strukturellen Umbrüchen des neoliberalen Kapitalismus Verunsicherten gibt es zwar allen Studien zufolge ein gewaltiges rechtsextremes Potential, aber umgekehrt auch viele, die *nicht* zu derartigen Positionen neigen. So haben Heitmeyer und seine Forschungsgruppe (1992) herausgefunden, daß nicht allein die Existenz eines Arbeits- und Ausbildungsplatzes, sondern seine *Qualität* (Autonomie, Gefühl, sich verwirklichen zu können) vor rechtsextremistischer Anfälligkeit bewahren (S. 590ff.). Eine Studie an jugendlichen Tübinger Arbeitnehmern erbrachte, daß auch Jugendliche mit gesichertem Arbeits- bzw. Ausbildungsplatz starke anti-ausländerorientierte und andere rechtsorientierte Einstellungen aufweisen: Die Autoren leiten daraus eine Art »Wohlstandschauvinismus«

ab, der sich in einer Haltung ausdrückt, die allein der eigenen Tüchtigkeit den erreichten Wohlstand zuschreibt und die sich mit dem nationalen Wirtschaftssystem und seiner Leistungsfähigkeit identifiziert zeigt. Die Ausländer und Zuwanderer aber sollten zuerst einmal selbst so etwas leisten – eine Art ökonomischer Ethnozentrismus also.

Somit muß die reine Deprivationsthese hinsichtlich rechtsextremer, gewaltorientierter Jugendlicher zumindest in die Richtung relativiert werden, daß es neben den aus ökonomischer und sozialer Deprivation und ›Modernisierungsopferschaft‹ resultierenden Tendenzen auch noch das Phänomen einer (ängstlichen) Verteidigung wirtschaftlicher oder wohlstandsgerechter Privilegien gibt, wodurch die Menschen gegen vermeintliche Konkurrenten in rassistischer oder chauvinistischer Art aufgebracht werden können. Daraus erklärt sich teilweise jener Anteil Rechtsextremer, die nicht von Deprivation betroffen sind.

9.3.2. (Rechte) Gewalt, Männlichkeitsprobleme und die Lockerung der Sitten

Die meisten sozialwissenschaftlichen Studien zum Thema Gewalt – nicht nur der rechtsextremen – zeigen mit relativer Einmütigkeit, daß es sich hierbei um ein Phänomen handelt, das zum größten Teil von Männern repräsentiert wird. Auch die mittlerweile zahlreichen Erhebungen zum Thema ›Gewalt unter Jugendlichen‹ – speziell auch im Bereich der Schule – tendieren in diese Richtung. Über alle Jahrgänge und Schultypen hinweg sind hauptsächlich Schüler gewalttätig – aber auch Opfer von physischer Gewalt! Sie sind häufiger bewaffnet oder in gewaltbefürwortenden Cliquen organisiert. Allerdings handelt es sich auch bei den männlichen prügelnden, erpressenden und randalierenden Heranwachsenden um eine Minderheit, nicht um den ›Normalfall‹! Die Sensationsgier mancher Medien stilisieren Vorkommnisse gewalttätiger Art zu einem Massenphänomen, als ob nicht schon die tatsächliche Häufigkeit solcher Ereignisse traurig und bedenklich genug wäre.

Es gibt aber auch einen Zusammenhang zwischen Mädchen und Burschen, im Rahmen dessen Mädchen in Schule und Freizeit viel stärker, als es auf den ersten Blick scheint, in Gewalttaten verstrickt sind (etwa als jene ›Objekte‹, derentwegen Jungen sich schlagen oder Imponiergehabe an den Tag legen). Auch bei rechtsextremen Skinhead-Gruppen können Mädchen und junge Frauen gelegentlich eine bedeutende Rolle spielen, etwa als Freundinnen und Trösterinnen nach Randalen, als solche, die Raum für Rückzug, Geborgenheit und psychische Reproduktion der ›männlichen Stärke‹ anbieten (vgl. Popp 1997). Und erst in jüngster Zeit ist es auch zu einigen aufsehenerregenden, mörderischen Gewalttaten von Mädchen an anderen Mädchen gekommen, die durch die Tagespresse geisterten. Allgemein aber – und das ist auch hier unser Thema – geht es um die viel häufiger und eindeutiger feststellbare Gewalt von jungen Männern.

Heitmeyer (1992) versucht unter Rückgriff auf Ulrich Becks Analyse der *Risikogesellschaft* (1986) nachzuweisen, daß beim Zustandekommen rechtsextremer Orientierungen neben den schon erwähnten Faktoren auch die Auflösung der geschlechtsspezifischer »Normalbiographie« eine Rolle spielt: sie führe »in Verbindung mit dem Aufkommen weiblicher Emanzipationsinteressen und ihrer allmählichen Durchsetzung zu einer *tiefgreifenden Verunsicherung der Männerrolle und des Bildes von Männlichkeit«* (Heitmeyer 1992, S. 32; Hervorhebung JCA). Dieser Verunsicherungsfaktor kulturell vorherrschender Männlichkeitsbilder durch veränderte Geschlechtsrollen-Entwürfe zeigt sich auch bei rechtsradikalen Skins: Schwäche ist diesen männlichen Jugendlichen auch deshalb so verhaßt, weil sie dem kollektiven männlichen Selbstbild, das ihre eigen(tlich)e Schwäche kompensieren soll, entgegensteht. »In unseren Interviews mit einigen von ihnen zeigte sich immer wieder eine enorme Wut auf alles Abweichende, angeblich Schwache, es wurde deutlich, daß sie alles auch nur verweichlicht Erscheinende stark abwehren müssen« (Reimitz 1992, S. 42). Die Skins lehnen deshalb eine Auflösung traditioneller Stereotypen und Grenzen zwischen Männlichkeit und Weiblichkeit (wie es etwa in der Hippie-Bewegung vertreten wurde) schroff ab. Gefühle von Zärtlichkeit, Zuneigung oder Angst und erst recht deren Äußerung werden von einer massiven Abwehr in Schach gehalten.

Man könnte die Gewaltexzesse rechtsorientierter Jugendlicher also auch als *»Strategien viriler Selbstbehauptung«* verstehen. Die Glatzen-Gruppen sind aus dieser Sicht männerbündische Organisationen, die – wie alle Männerbünde – eine mehr oder weniger ausgeprägte Frauenverachtung pflegen. Diese wiederum sichert die Stabilität und Unhinterfragbarkeit des Männerbundes: »Die Glatzenbewegung verschreibt sich der *Rettung des Maskulinen«* (Schneider 1997, S. 112; Hervorhebung JCA). Ihre Accessoires spiegeln dies wieder: die Haartracht (gegen die ›Verweiblichung‹ durch lange Haare), die harten Stiefel oder die rauhe Sprache (gegen jede Art ›Verweichlichung‹), die Kampfbereitschaft und das Zuschlagen. Und auch die für die Männergruppen gewählten Bezeichnungen sprechen für sich, wie etwa »Cowboys«, »Tigers«, »Tatarenblut«, »Todesverächter« und andere kraftstrotzende Slogans. Außerdem sind diese Gruppen für viele Jugendliche die bislang stabilste und solidarischste Erfahrung in ihrer Suche nach männlicher Identifikation (vgl. Rünzler 1988, S. 146).

Auch die analen, pedantischen Züge mancher rechtsextremer Gewalttätiger sind bemerkenswert, ebenso wie das phallisch-narzißtische Element: im Spaß an männlicher Uniformiertheit, »in der inferioren Stellung der Mädchen« in entsprechenden Gruppen sowie im Umgang mit Frauen überhaupt verraten sich allgemeine Anzeichen von klischeehaftem Männlichkeitskult. Männertypische phallische Symbole wie Waffen, Autos und andere Accessoires verstärken diese Tendenz. Das Klischee von der Frau als sorgende wie gleichermaßen unterworfene Mutter scheint weit verbreitet (vgl. neben unseren eigenen Skin-Interviews auch Hardtmann 1998, S. 394f.). In ausufernden (männerbündischen) Sauforgien werden die oralen Bedürfnisse, die Gier, sich ausreichend Nahrung einzuverleiben, befriedigt, wobei die duselige Besoffenheit einerseits einen narzißtisch-regressiven Bewußtseinszustand signalisiert, andererseits das Über-Ich außer Kraft setzt (bei Freud ist das Über-Ich ja »der in Alkohol lösliche Teil des Ichs« – vgl. König 1998a, S. 207), was für das Ausüben brutaler Straftaten von funktionaler Notwendigkeit ist. Dabei geht es aber immer auch um die Kompensation von Halt- und Sinnlosigkeit: trennscharfe Signale der eigenen Identität, einfache Deutungsmuster und die Eindeutigkeit der eigenen körperlich-physiognomischen Erscheinung – gerade auch im geschlechtstypischen Sinn – sind besonders gefragt. »Die Köpfe kahl, unsere Fäuste hart wie Stahl«, singt die Skin-Gruppe *Störkraft* und: »Unter Freunden, ja, da gibt es festen Halt, / unter Freunden, nein, da wird man niemals alt«. Die Abgrenzung des Eigenen wird durch die eigene ›stahlharte‹ Körpergrenze vereindeutigt und die Gewalt am Anderen und auch am eigenen Körper soll diese Gewißheit immer wieder neu herstellen: *»homo homini skin«* (Schneider 1997, S. 113).

Diese meist von Angehörigen unterprivilegierter Sozialschichten gewählte Form des Männlichkeitskultes stellt aber nichts besonders Neues dar: Immer schon wendeten männerbündische Gruppen derartige Gewaltmaßnahmen an, um einerseits ihren Virilitätskult zu pflegen, andererseits das gefürchtete Weibliche auszugrenzen. Vieles an der ›Skin-Kultur‹ erinnert deshalb auch an Beschreibungen aus Theweleits »Männerphantasien« (1977/78) betreffend die Abgrenzung des vom »Ich-Zerfall« bedrohten Mannes vom Weiblichen. Die in den Gewaltriten ausgelebten sublimen Gelüste der Männer gehören aber zum Inventar unserer Kultur, in der noch ganz andere »Würger« ihr grausames Spiel trieben und stets leidenschaftlich »geplündert, geschändet, gesengt und gesotten« wurde. Deshalb ist der Skin »unsere eigene Männerfrage als glatzköpfige Gestalt« (Schneider 1997, S. 123). Der Schutzwall gegen die Gefahr der Weiblichkeit wird auch deshalb immer wieder gesucht, weil viele junge Männer einer Lebensform nachlaufen, die ihnen aber keine Chance gibt, ein »richtiger Mann« zu werden:

> »Also suchen sie ›Kameradschaft‹, ›Männergemeinschaft‹, gemeinsame Gewaltaktionen als ›Kitt‹ für ihren Männerverein. Sie sind in geradezu haarsträubender Weise den jungen Männern ähnlich, die Anfang der 20er Jahre aus ihrer gesellschaftlichen Aussichtslosigkeit heraus in die Freikorps hineinliefen, dann in die SA. In Riefenstahls Parteitagsfilm ›Triumph des Willens‹ sieht man sie im morgendlichen Männerlager, dasselbe Lächeln, dieselben Frisuren – Deprivierte, Kaputte, aber aufbruchsbereit«. (Theweleit 1994, S. 20, zit. n. Weber 1997, S. 72).

Nun könnte man sich empört zurücklehnen und die Verführung, die von derartigen Identifikations- und Gemeinschaftsangeboten ausgeht, anprangern. Damit wäre aber wenig erklärt. Vielmehr sind – im Gegensatz zu einer mehr oder weniger moralischen Haltung – diese gemeinsamkeitsstiftenden Sinnangebote als *Defizit gesellschaftlicher Lebensmöglichkeiten* für Heranwachsende zu verstehen: Andere Gruppen in unserer Gesellschaft bieten solche Orte der Verbundenheit offenbar nicht oder zu wenig an und haben den bewußten Zweifeln und unbewußten Ängsten solcher junger Menschen nichts entgegenzusetzen als »lustlose Organisation unserer gesellschaftlichen Wirklichkeit« (Weber 1997, S. 72). Aus dieser Perspektive sind viele rechtsextreme junge Männer auch keine irgendwie entgleisten, pathologischen Geschöpfe, sondern stellen eigentlich »die Spitze eines Eisberges von Patriarchalität (dar); was unter der Oberfläche liegt, macht die Gewässer aber insgesamt kalt« (Theweleit 1977, S. 216).

Dieser »funktionalistische« Ansatz wendet sich – zu Recht – dagegen, rechtsextreme Entwicklungen als Produkte eines wie immer gemeinten

»falschen Bewußtseins« zu deuten: Für Hall (1989) käme dies einer Mißachtung der je subjektiv gewählten Lebensäußerung gleich:

> »Statt dessen müssen wir lernen zu begreifen, inwiefern Rassismus eine authentische Form sein kann, in der untergeordnete soziale Gruppen ihre Unterordnung leben und erfahren. Wir müssen begreifen, wie Gruppen, die von den Reichtümern unserer Wohlstandsgesellschaft ausgeschlossen sind, die aber gleichwohl zur Nation gehören, sich mit ihr identifizieren wollen, *im Rassismus eine authentische Form der Identitätsgewinnung und des Selbstbewußtseins finden«*. (S. 916; zit. n. Weber 1997, S. 99; Hervorhebung JCA)

Wie der »typische Randalierer« noch (!) keine rechtsextreme Biographie hat, so führt ihn seine Perspektivlosigkeit doch dazu, sich noch Schwächere zu suchen, die ihm seine Position vermeintlich erträglicher erscheinen lassen: eben Asylanten, Behinderte, Obdachlose usw. Vielen dieser Jugendlichen fehlt offenbar jegliche Perspektive, während gleichzeitig die gesellschaftliche ›Ermunterung‹ zum »Gebrauch der Ellenbogen« gegen Konkurrenten und Schwächere ungebrochen Gültigkeit beanspruchen kann (vgl. *Die Nazi-Kids* 1992).

Jugendlichen wird zudem bei diesen Gewaltexzessen oft eine Hauptrolle zugeschrieben, als ob sie von den übrigen gesellschaftlichen Erscheinungen und Entwicklungen so ganz abzukoppeln wären. Kenner der rechten Jugendszene wie z. B. Burkhard Schröder nehmen die Jugendlichen als angebliche Haupttäter-Gruppe ausdrücklich in Schutz und statt dessen den gesamtgesellschaftlichen politischen Rechtsruck schärfer ins Visier: dieser komme »aus dem Kern der Gesellschaft« und äußere sich in verschiedenster Weise: »Bei den Jugendlichen als Gewalt gegen Andersdenkende, bei den wohlsituierten Bürgern im Wahlverhalten zugunsten etwa der Republikaner (oder in Österreich der FPÖ – JCA), bei Politikern in Gesetzesvorhaben, die Einwanderer diskriminieren, oder in einer Sprache, die die Weltanschauung der Rechtsextremisten erst für den Diskurs hoffähig machen« (1995, S. 158). Es darf deshalb als einer der Hauptgründe für die in Wirklichkeit breit verteilte rechte Gewaltneigung über die sozial defizitären Gruppen hinaus angesehen werden, daß Rechtsextremisten heute offen auftreten, wählbar sind und sich rechtsextremes Gedankengut an vielen Stellen des gesellschaftlichen Ganzen ungehindert zeigen könne. »Die Hemmschwelle ist gesunken, es ist leichter (...), sich ausländerfeindlich zu äußern«, meint ein Münchener Lehrer zu den jeweiligen politischen

Einflüssen auf Jugendliche (*Die Nazi-Kids* 1992, S. 27). Die Skinheads machen also mit ihren Einstellungen nur die eine spießige, gehässige Kleinbürgermentalität explizit:

> »Kneipen, Fußball, Gemeinschaft, blockierte Kommunikation, Schimpfen auf Bonzen, Reiche, Ausländer, Politiker – all dies *erhebt zum Programm, was ihre Väter und Mütter alltäglich tun und sagen*. Nur die gewalttätige Konsequenz, die radikale Geste, der Männerkult, die Sprache, die Musik unterscheidet sie«. (Schneider 1997, S. 119; Hervorhebung JCA)

Die ›typischen‹ Randalierer, die im Zusammenhang mit rechtsextremen Aufläufen straf- oder zumindest auffällig werden, haben aber (noch!?) »keine rechtsextremistische Biographie«. »Verschwommene Feindbilder« und unreflektiertes Gedankengut führen gemeinsam mit dem »geile(n) Tabu-Bruch«, den die offene Gewaltanwendung bedeutet, zu derartigen Eskalationen. Auch »gedankenlose oder böswillige Sprüche von Politikern« spielen wie gesagt eine nicht zu unterschätzende Rolle, wodurch die »dumpf-rechten, nur anpolitisierten Jugendlichen« (*Die Nazi-Kids* 1992, S. 30) schließlich für derartige Gruppen interessant würden: »Skinheads sind keine rechte RAF, sie sind nicht aus politischen Gründen zu Gewalttätern geworden, sie sind Gewalttäter, *die sich politische Begründungen ausleihen*«, bringt Schneider den Unterschied zur tatsächlich politisch motivierten Gewalt auf den Punkt (ebd., S. 36 – Hervh. JCA).

Die wirklichen Zahlen über jugendlichen Rechtsextremismus stehen auch in keinerlei Verhältnis zur öffentlich-medialen Aufregung (vgl. Oevermann 1998, S. 94f.). Neben dem dürftigen Grad der Organisation und der politischen Argumentation solcher Gruppen spiegelt sogar einer der ideologischen ›Hauptfaktoren‹ – die »Ausländerfeindlichkeit« – nur »stereotype, erfahrungslose Meinungen« wider, die bei entsprechendem Kontakt mit Ausländern auch schnell verfliegen. Oevermann vertritt dagegen die besorgniserregende These, daß es sich bei den teilweise abscheulichen Gewalttaten (auch gegen Behinderte und Alte) um eine Tendenz zur »monströse(n) Verletzung elementarer Sittlichkeit« (Über-Ich-Defizite) handelt, die aber erst durch eine »besorgniserregende Lockerung allgemeiner elementarer sittlicher Bindungen« und eine »Lockerung der Kontrolle der Gewaltbereitschaft« ihre erhöhte Problematik erhält (ebd., S. 103). So hatten in einer Emnid-Studie schon 1991 immerhin 34 Prozent der Befragten »Verständnis für Rechtsradikale« gezeigt, eine Zweidrittel-Mehrheit der Befragten empfand Ausländer als ›Sozialschmarotzer‹, und immerhin 40 Prozent wollten »darauf achten, daß wir das deutsche Volk rein erhalten« (Reimitz 1992, S. 43f.). Dafür verantwortlich seien neben Sozialisationsdefiziten im Elternhaus auch das Verschwinden integrierender Anlässe adoleszenter Aggressionsregulierungen in diversen naturwüchsigen peer-groups, die einander etwa ihre Gebietskämpfe usw. liefern; statt dessen landen Jugendliche zunehmend auch auf dem Land in durchgängig zweckgebundenen, eigentlich ›erwachsenenhaften‹ Vereinen (Oevermann 1998, S. 106ff.).

Das (erfolglose) Ausloten der fehlenden Grenzen im Sinne einer deutlich entschlossenen und ablehnenden Konfrontation mit der Staatsgewalt wurde geradezu beispielhaft anläßlich der tragischen Krawalle in Rostock 1992 deutlich, als jugendliche Randalierer sich sogar beklagt haben sollen, »daß da niemand kommt, daß da nichts passiert«, während die Polizei sie gewähren ließ oder sogar zurückwich. Hier wird dann die Lust am Schrecken, den sie verbreiten können, zum Selbstzweck: »Endlich sind sie wer, wenn auch Schreckensgestalten« (Reimitz 1992, S. 25). Oder: »Ich und meinesgleichen werden mit Schrecken wahrgenommen, also sind wir«, so könnte man die neue ›Lebensphilosophie‹ der gewalttätigen Skins ›quasicartesianisch‹ umschreiben (ebd.).

Ein anderer brisanter Aspekt des Rechtsradikalismus ist der des *Unbehagens und der Kritik an der gegenwärtigen (Medien-) Kultur* allgemein, aus dem auch viel Sehnsucht nach dem Ursprünglichen, dem Direkten, Unverstellten spürbar wird: »Wir bekämpfen den kapitalistischen und kommunistischen Abschaum«, steht neben rassistischen Sprüchen auf einem Skin-Flugblatt aus Chicago, das sich zur ausgebeuteten Arbeiterklasse bekennt. Die Kritik der Medienwelt als Repräsentantin unserer Wirklichkeit unterscheidet sich manchmal nur im Tonfall von anderen Kritiken: Kabelfernsehen, Manipulation und Überflutung mit Informationen erregen den Zorn der Neorechten: »Das ist nämlich Volksverdummung«. Besonders das Kinderfernsehen wird als »Umerziehungs-Scheiße« attackiert, wodurch die Kinder auf »Multischeiß« und »Amikacke« geprägt würden (Schneider 1997, S. 115). Ein geradezu ›antikapitalistischer‹ Zug haftet einer Interview-Aussage eines Dresdner Jugendlichen an, der seine Weltanschauung als »national und sozialistisch« umschreibt:

»Diese Gesellschaft baut (...) fast ausschließlich auf materiellen Dingen auf. Jeder ist bestrebt, sich Geld und damit dicke Autos, Designerklamotten oder teure Wohnungen zu beschaffen. Das kann nicht so weitergehen und nicht der Sinn des Lebens sein. Kameradschaft und Zusammengehörigkeit sind uns dagegen wichtig«. (*Die Nazi-Kids* 1992, S. 26)

9.3.3. Nur männliche Jugendliche?

Auch die Frage der Geschlechtsspezifität der Gewalttätigkeit bzw. -anfälligkeit muß noch einmal differenziert werden: Wie verschiedenste Studien zeigen, sind Mädchen und Frauen hinsichtlich rechtsextremer, ausländerfeindlicher Gewaltneigungen weniger vertreten und zeigen viel weniger Militanz als Burschen. Abgesehen davon, daß weibliche Jugendliche generell weniger physische Gewalt anwenden als männliche, gibt es unter ihnen aber sehr wohl eine größere Anzahl, die zumindest indirekte Aggression in Form von sozialer Distanz oder Verachtung gegenüber Fremden ausübt. Birgit Rommelspacher zum Beispiel konnte in ihren Untersuchungen (bezugnehmend auf die Deprivationsthese) zeigen, daß Mädchen viel stärker von Orientierungslosigkeit, geringem Selbstwertgefühl und schlechten Perspektiven am Arbeitsmarkt betroffen sind, also eigentlich prädestiniert wären, rechtsextremen Gewaltneigungen zu verfallen – wobei jedoch das Gegenteil der Fall ist! Sie vertritt deshalb die These vom »*Rechtsextremismus als Erscheinungform einer Dominanzkultur*«, nach der das männliche Übergewicht bei Rechtsextremismus mit den »expansiven Bemächtigungstendenzen« zu tun habe, zu der unsere Gesellschaft im Konfliktfall aufrufe, wobei sich kulturelle Traditionen, ein expansives Wirtschaftssystem und das Herrschaftsverhältnis zwischen Männern und Frauen gegenseitig unterstützten. Fremden und der Bedrohung durch sie würde dann eben mit Bemächtigungstendenzen begegnet, eine Strategie, die in unserer Kultur besonders Burschen mit auf den geschlechtsspezifischen Weg im Umgang mit Andersartigem (auch gegenüber dem Weiblichen!) gegeben würde. Der aggressiven Selbstbehauptung von Burschen, der Abwertung des Gegenübers im Konfliktfall stehe die sozialisatorische Tendenz gegenüber, Mädchen mit den Weiblichkeitsidealen der Friedfertigkeit, der Fürsorge und der Unterwerfung aufwachsen zu lassen (zit. n. Wahl 1993, S. 57f.; Hervorhebung JCA).

In den als Buch erschienenen Gesprächen über »AngstLust« zwischen Marina Gambaroff und Martin Walker (1994) hat Gambaroff die These aufgestellt, daß (nationalistische) Gewalt überhaupt ein männliches Phänomen sei, weil der Nationalismus – als Folge des Gebärneids – »eine männliche Erfindung« sei. Unter (auch eingestandener) Auslassung der historischen Bedingungen nationalistischer Umtriebe meint Gambaroff, daß es dabei doch immer um die Ausgrenzung des Anderen, Fremden geht, der nicht unseres Blutes ist und sein darf, also schon ›von Bluts wegen‹ und von Geburt an woanders hingehört (S. 128).

All diese mehr oder weniger zielführenden Erklärungsversuche schließen aber nicht aus, daß auch Mädchen in diese von Rommelspacher beschriebene ›Dominanzposition‹ geraten können, und tatsächlich gibt es ja wenige, aber immerhin *auch* Mädchen in gewalttätigen Gruppen. So tauchen vereinzelt durchaus Mädchen als »Skin-Frauen« in der Skin-Szene auf, allerdings »zeigen sich (diese) sowohl in ihrer äußeren Erscheinung als auch in ihrer Gestik und Verhaltensweise sehr stark an die männliche Militanz der Skinheads adaptiert« (Reimitz 1992, S. 42). Insgesamt bleiben solche Mädchen Einzelerscheinungen. Die These von der männlichen Dominanzkultur scheint aber auch insofern nachvollziehbar und bedeutsam, werden doch Ausländerfeindlichkeit und Gewaltneigung immer wieder durch sexuelle Rivalitätsphantasien angeheizt, wonach ausländische Jugendliche auch als Rivalen um die Mädchen phantasiert und wegen ihrer angeblich endlosen sexuellen Potenz bekämpft werden (vgl. z. B. auch Held 1991, S. 7f.).

Insgesamt kann man also sagen, daß es keine einfachen und eindeutigen Erklärungsmuster für das Phänomen rechtsextremer Gewalt gibt. Das heißt auch, daß im Einzelfall genauer zwischen einzelnen Belastungsfaktoren differenziert werden muß: zwischen situativen Auslösern, der ökonomischen Situation und Krisenerfahrung der Betroffenen, ja auch der jeweiligen Verarbeitungsform äußerer Belastungen, zwischen den jeweils spezifischen Geschlechtsrollenwahrnehmungen usw. Last not least stellt sich für Pädagogik und Psychologie aber auch die Frage nach der Rolle der innerfamiliären, psychodynamischen Faktoren, die bei der Option für gewalttätige oder rechtsextremistische Positionen eine Rolle spielen. Vor allem dieser letztgenannte Faktor biographischer und sozialer Erfahrungen in der Familie ist hierbei von Interesse und in diesem Kontext wiederum besonders die Rolle der Väter rechtsorientierter, rechtsextremer und gewalttätiger Jugendlicher.

9.4. Der enttäuschte Kampf gegen den enttäuschenden Vater

»Ich will nicht so werden wie du, aber wie dann?«

Kapitelüberschrift zu den Interviews mit Männern über ihre Väter (Engelfried 1997, S. 89)

»Das schönste Schimpfwort, das wir Jungs uns in der Familie sagen konnten: ›Du bist wie der Vater‹.«

T. F. (ein Mann in der Studie von Engelfried 1997, S. 106)

Aus der psychoanalytischen Entwicklungspsychologie, deren Ergebnisse wir aufgezeigt haben, wissen wir, daß fehlende Vater- bzw. Dritt-Identifikationschancen die Überidentifikation mit dem Primärobjekt und entsprechende Bindungen an die Mutter begünstigen können. Besonders Buben haben es dann schwer, sich von dieser primären Bindung zu lösen und eine vom Primärobjekt unterschiedene ›männliche Identität‹ auszubilden. In der therapeutischen Praxis tritt dieses Vater-Problem in verschiedenartiger Ausprägung immer wieder stark hervor: Patienten schildern, wie »verraten« sie sich als Kind gefühlt hatten, wenn der Vater zum Beispiel »bei Verhandlungen mit Nachbarn, Vermietern, Handwerkern, Angestellten, Freunden, Behörden als scheu und kraftlos erlebt (wurde), als ausweichend, uneffektiv oder unfähig für die eigenen Rechte einzutreten« (Menschik-Bendele 1998, S. 284). Umfangreiche qualitative Studien ergaben, daß rechtsextreme Jugendliche »meist in gestörten Familien aufgewachsen sind und der Vater schwach, abwesend, gleichgültig oder feindselig war«. Auch wenn der Vater krank oder depressiv war und als ›Sparringpartner‹ für Rivalitätskämpfe nicht zur Verfügung stand, fühlten sich diese Menschen um eine wichtige, identitätsstiftende Erfahrung betrogen. Diese Erfahrung, »daß der Vater nie eine Stütze oder ein Modell der Stärke in ihrem Leben war«, treibt viele Kinder hinaus aus den (unergiebigen) Bindungen in fragwürdige externe Vorbild- und emotionale Anlehnungssuche (ebd., S. 292). Durch die zusätzlichen Verunsicherungen der Adoleszenz, die wir beschrieben haben, wird diese Schwäche, Abwesenheit und Feindseligkeit der Väter bei solchen Jugendlichen als Quelle der Herabwürdigung ihrer Vaterfiguren noch verstärkt.

Auch aus der psychoanalytischen Therapie mit erwachsenen Männern wissen wir, daß Väter oft nicht mehr sind als schemenhafte Figuren aus Kindheit und Jugend, über die sie höchstens die eine oder andere Anekdote zu erzählen wissen, in denen der Vater wiederum meist als repressive oder enttäuschende Figur auftritt. Hite (1981) hat in einer Befragung von mehr als 7000 Männern kaum einen gefunden, der seine Vaterbeziehung als warmherzig und wichtig beschrieben hätte. Sie meinte daraus ebenfalls einen neuzeitlichen Archetyp des Vaters ableiten zu können:

> »Er war ein schattenhafter Fremder, der einerseits ein Tyrann, andererseits aber ein gescheiterter Tyrann war, der durch sein Scheitern Mitleid erregte. Er war ein unbeholfener Mann, der sich zu Hause nicht wohl fühlte und dort fehl am Platze war. Er war ein ständig verkrampfter Mann, der seine Gefühle nicht zu kontrollieren vermochte«.(zit. n. Badinter 1993, S. 181)

Peter Kutter hat aus diesem Phänomen vaterloser Männer sogar einen eigenen neuen Neurosentyp entwickelt, nämlich den des *»Identitäts-Defizits bei Mangel an väterlichem Vorbild«* (1986, S. 38; Hervorhebung JCA).

In der Darstellung dieser Väter durch die Söhne dominieren demzufolge häufig nicht Gefühle des Zorns, sondern solche der *»Verachtung«* (Menschik-Bendele 1998, S. 284). Zorn wäre dieser Auffassung nach sozusagen schon ein ›Zuviel‹ der erlebten ödipalen Auseinandersetzung und des Widerstandes, Verachtung hingegen das ›adäquate‹ Hinter-sich-Lassen ohne Austausch, ohne Reibung, ohne Grenzsetzung. Auch von Adolf Hitler als sozusagen ›rechtsextremem Gewalttäter des Jahrhunderts‹ wissen wir, daß er sich nie mit dem Vater identifizieren wollte, weil er ihn letztlich als Schwächling verachtete (Bielicki 1993, S. 125). Aber auch *»Verstrickung«* ist als »Muster der Vaterlosigkeit« anzutreffen (ebd., vgl. auch Ch. Hopf u. a. 1995), das sich dahingehend auswirkt, daß despotische Väter und ihre demütigenden Machtansprüche die Kinder (v. a. die Knaben) dazu verführen, sich lebenslang mit ihnen in völlig unfruchtbaren Haßtiraden auseinanderzusetzen, immer in der Hoffnung, doch noch einmal Achtung zu erfahren – oder sie zu übertrumpfen. Aus ihren Gruppengesprächen mit rechtsextremen Schülern berichten Ottomeyer und Zeichen (1998) am Beispiel von »Mike« von einem Verhältnis dieses rechtsextremen Jungen zu einem Vater, der sogar eher *gegen* die Nazis ist. Der Vater hat sogar ein KZ mit Mike besucht, um ihm klarzumachen, wie hier Menschen zu Unrecht gequält wurden. Mike aber ließ den Vater

»ganz cool auflaufen«, indem er erklärte, daß dies wohl »unvermeidbare Opfer« gewesen wären. Wesentlich aber ist: »Mike ist vom Vater, den er wohl zeitweise gemocht hat, bitter enttäuscht«: Vergessene Geburtstage, wenig Obsorge nach der Scheidung der Eltern und erst recht eine noch schlechtere Beziehung zum Stiefvater (»Der (...) löst bei mir nur Haß und Verachtung aus«) kennzeichnen das Familienmilieu. Ein anderer hatte vom Streit mit dem Stiefvater eine Platzwunde am Kopf erlitten. Fazit: »Wenn die Jungen von ihren Familien reden, kommt eine eher einsilbige, traurige Stimmung auf« (S. 49f.).

Diese Wut auf die vernachlässigenden Eltern, vornehmlich auf die Väter, taucht häufig in qualitativen Forschungsberichten über gewalttätige Jugendliche auf. Das familiäre Abgeschobenwerden wird dabei häufig durch den Haß auf abschiebewürdige und vernachlässigte Figuren von Ausländern und Asylbewerbern abgewehrt. Nachdem eine Selbsteinschätzung als verwahrloster Heranwachsender angesichts des ohnehin verletzten Narzißmus nur schwer zu ertragen ist, greifen solche Jugendliche häufig auf Abwehrmechanismen zurück, wie sie Skinheadgruppen zuhauf anbieten: eine solche narzißtisch entlastende Erklärung ist etwa, daß für das bisher so enttäuschende, ja desolate Leben und die ungewisse Zukunft nicht das ›heimische‹ Gesellschaftssystem, die eigenen Eltern oder die Lehrer/innen und Ausbilder/innen zuständig sind, sondern ausgewählte Feinde, die angeblich den Lebensraum bedrohen und die Zukunft verdüstern. Damit ist nicht nur eine Verschiebung geleistet, sondern auch eine ungeheure *Entlastung von unerträglicher narzißtischer Beschädigung* und den damit verbundenen inneren Konflikten (Streeck-Fischer 1994, S. 262).

Es kommt also zu einer Art »Hilflosigkeits-Kompensation« (ebd., S. 51), wobei die Gefühle kindlicher Ohnmacht mit dem Männerbild, das gesellschaftlich gefragt ist und just jetzt in der Adoleszenz die Verunsicherungen der Geschlechtsidentität ›kitten‹ soll, überhaupt nicht zusammenpassen. Gewaltbereitschaft und Gewaltphantasie dienen hier vielfach auch *als Abwehr dieser Widersprüche* und können deshalb mit einer Art Droge verglichen werden, »die sich die Jugendlichen immer dann verabreichen, wenn sie Gefühle von Hilflosigkeit, Abhängigkeit und Verstrickung in Schuld bekommen (...) Der ›Griff zur Flasche‹, das gemeinsame ›Einwerfen des Gewaltcocktails‹ hebt kurzfristig die Stimmung und das Selbstwertgefühl« (ebd., S. 64) – eine ›Ersatzdroge‹ also, die das Selbstwertgefühl steigern hilft. Ein Wechseln zwischen signalisierter Hilflosigkeit und Unterversorgung einerseits und machtverheißenden Ausfällen sowie Haßtiraden gegen Ausländer sind bei solchen Jugendlichen deshalb häufig anzutreffen. »Es handelt sich also um ein Wechselspiel zwischen ›Angst haben‹ und ›Angst machen‹. *Das Angstmachen hilft gegen die eigene Angst und begrenzt die Hilflosigkeit*«, könnte man die Dynamik dieser spezifischen Verarbeitung narzißtischer Kränkung und Enttäuschung umschreiben (Ottomeyer u. Zeichen 1998, S. 52; Hervorhebung JCA). Das Verdrängen eigener Unsicherheiten und Ängste dadurch, daß man sie anderen einjagt, ist eine Strategie, die man auch aus der Biographie Adolf Hitlers als Bewältigungsversuch kindlich erfahrener Ohnmacht und Gewalt herauslesen kann: Hitlers Grausamkeit kann durchaus in der Weise interpretiert werden, daß er die ganze Welt zwingen wollte, »das nachzuerleben, was er als Kind erlebt hatte, wie auch der rechtsextreme Gewalttäter heute unsere Gesellschaft zwingt, die ihm nicht mehr bewußten Gefühle von Angst, Ohnmacht und Entsetzen seiner frühen Kindheit nachzuempfinden« (Bielicki 1993, S. 122). Die *Täter-Opfer-Umkehr* und die *Dehumanisierung* des projektiv verfolgten Gegenübers durch ein desintegriertes Über-Ich sowie die Unterstützung dieser Verfolgung durch die öffentliche Meinung und durch rechte politische Kräfte spielen hierbei eine tragende Rolle.

Auch der Aspekt eines »*Triumpfs über den Vater*« (vgl. Hardtmann 1995, 1998) ist aus psychoanalytischen Untersuchungen an rechtsextremen Jugendlichen als verdeckter ›Sinn‹ gewaltsamer Aktionen bekannt: Indirekt oder ›symbolisch‹ werden durch rechtsradikale Gewaltaktionen auch die Väter angegriffen, stellen die Taten doch eine Provokation herrschender gesellschaftlicher Institutionen (Staat und Regierung, Polizei usw.) dar, also sozusagen der ödipalen Instanzen, gegen die es – zumindest versteckt – aufzubegehren gilt. Zeltner (1999) spricht von einer besonderen »Angstlust, welche die Kraftprobe der Jugendlichen gegen die Polizisten begleitet« und meint, daß die Polizei »an die Stelle der Väter« getreten sei und »daß sich bei vielen Jungen der Vater-Sohn-Konflikt aus der Familie auf die Straße verlegt hat« (S. 225). Die angegriffenen Instanzen scheinen dies auch fast schuldhaft zu bestätigen, wenn etwa Politiker nach rechtsextremen Anschlägen außenpolitischen Erklärungsbedarf als notwendig erachten und meinen, sich im Ausland

– fast wie beschämte Eltern für ihre ›schlimmen‹ Kinder – entschuldigen zu müssen (vgl. Hardtmann 1998, S. 404). Nicht vergessen werden darf auch eine andere verdeckte Tendenz heutiger Industriegesellschaften, die parallel zur Aushöhlung patriarchaler, väterlicher Autorität verläuft: nämlich der Kampf der Generationen um Gegenwartsressourcen und Zukunftsressourcen (zum Beispiel Rentenzahlungen). Auch dieses Thema hat viel mit verdrängten Regungen der Enttäuschung, der Rache und der Triumphlust über die Väter zu tun. Jedenfalls werden Ältere und Jüngere zu unverbindlichen Rivalen am Ressourcenmarkt: Der patriarchalische Generationenkonflikt ist somit nicht nur der Kampf von Söhnen gegen Väter, sondern – wie Böhnisch und Blanc betonen – auch der Kampf junger Männer (und Frauen) gegen die älteren (Männer und Frauen) (vgl. Engelfried 1997, S. 82f.).

Einen »Aufschrei gekränkter Seelen« – resultierend aus einem tristen Alltag voller Lebensleere und Ohnmachtsgefühle – nennt der ostdeutsche Psychoanalytiker Hans Joachim Maaz das rechte Potential heute (vgl. *Die Nazi Kids* 1992, S. 26). Die Jungen hätten dafür auch allen Grund, haben sie doch nach Auffassung der Psychoanalytikerin Ute Benz sogar »triftige Gründe, sich von den Erwachsenen betrogen zu fühlen«: in Teilen Ostdeutschlands – wie etwa im wirtschaftlich schwachen Mecklenburg-Vorpommern – sahen sich nach der Wende 80 Prozent der Heranwachsenden als »Menschen zweiter Klasse« (ebd.). Daß sich besonders in den »neuen« deutschen Bundesländern Gewaltvorkommen zu mehren scheinen, kann demnach als durch die besonderen Belastungen und Enttäuschungen Heranwachsender verursacht angesehen werden. Für andere wieder gehören die »Nazi-Kids« einer Generation an, die in für sie enttäuschender Weise sich selbst und der »Glotze« überlassen worden ist. Leggewie (1993) nennt sie deshalb »Erziehungswaisen, Angehörige einer neuen vaterlosen und fatal auf die (hilflosen) Mütter fixierten Generation«. Dabei seien aber nicht die Schläge und Strenge von Eltern verantwortlich, sondern »Abwesenheit und Gleichgültigkeit der Eltern bleuten ihnen das ›autoritäre‹ Denken und Handeln ein« (zit. n. Keupp 1994, S. 304).

Ulrike Prokop hat – allerdings am Beispiel einer jungen (rechtsextremen) Frau – den Widerspruch zwischen überkommener Väterlichkeit und heutigem Vatermangel als einen zwischen *rigider Kontrolle* einerseits und der *Angst vor dem Fallengelassenwerden* sowie der *Gleichgültigkeit* andererseits beschrieben. Der Vater kontrolliert einerseits (z. B. Schulleistungen), aber nicht mit Interesse, was sie eigentlich macht, sondern scheinbar nur, ob sie überhaupt etwas macht. Unangemessene, überzogene ›Erziehungsmaßnahmen‹ wechseln mit dem Erleben, daß die Eltern ›nichts‹ sagen und gleichgültig sind: für das Erleben der Heranwachsenden ist *»die väterliche Autorität zwar kontrollierend und übergriffig, aber zugleich brüchig«* (1996, S. 226; Hervorhebung JCA). Das heißt, »daß die Eltern als streng beschrieben werden, aber daß sie sich zugleich entziehen, wenn sie sich nicht durchsetzen können« (ebd., S. 227). Auch in Prokops Beispiel wundern sich Jugendliche geradezu über die Tatenlosigkeit der Eltern angesichts ihres aufmüpfigen Verhaltens und Auftretens (in diesem Fall mit kahlrasiertem Schädel und entsprechendem Outfit): »Ich erschrecke mich selbst, wie ich damals aussah und frage mich: Da haben meine Eltern nichts dazu gesagt?« (ebd., S. 226).

Das Fallbeispiel Prokops zeigt gut, wie dieses Mädchen durch das Sich-Entziehen des Vaters auch in einen permanenten Kampf gegen ihn verstrickt wird, der nicht aufgegeben werden kann, weil die Beziehung nicht ausgetragen werden kann! Außerdem wird er – per Projektion und Übertragung – mit allen ›Vater-Erben‹, also allen anderen Autoritäten gleichgesetzt. Schon Erich Fromm hat diesen Mechanismus in den *Studien zum autoritären Charakter* als jenen des »negativ-autoritären« Charakters – im Gegensatz zum »positiv-autoritären«, unterworfenen, folgsamen, der seine Feindseligkeit gegenüber der Autorität verdrängt – beschrieben: jede Autorität belebt hier die rebellischen Impulse wieder, wobei es sich letztlich um ein *rebellisches Ringen um Anerkennung* handelt, das die verdrängte Sehnsucht nach Anerkennung und Liebe seitens der Vaterfigur widerspiegelt: »er kämpft im Grund mit all seinem Trotz um Liebe der Autorität (...)« (Fromm 1936, zit. n. Prokop 1996, S. 227), und dies vor allem, um die gefürchtete Gleichgültigkeit zu bekämpfen: *»Schlimmer als die Bestrafung durch die Autorität wäre die Gleichgültigeit. Diese kommt einer Vernichtung gleich«* (ebd.; Hervorhebung JCA), einem ›Zum-Nichts-gemacht-Werden‹ sozusagen. Somit beschreibt das alte Konzept des negativ-autoritären Charakters gut, was sich an enttäuschten Hoffnungen und Sehnsüchten in den verschiedensten Formen jugendlicher und anderer Protest- und Delinquenz-Haltungen verbirgt.

Jedenfalls kann heute nicht mehr davon ausgegangen werden, daß der Rechtsextremismus auf denjenigen Strukturen basiert, die aus den klassischen psychologischen Faschismusstudien bekannt sind, nämlich auf einer aus bürgerlich-patriarchalischer Familie stammenden, autoritär-zwanghaft unterworfenen Persönlichkeit mit Idealisierung einer Vaterfigur: »Die meisten rechtsextremen Jugendlichen haben ›offene Rechnungen‹ mit den Vätern, sind mit den Eltern ›affektiv verstrickt‹ (...)und wirken gleichzeitig beziehungshungrig in Bezug auf außerfamiliale Autoritäten und Betreuer« (Menschik-Bendele, Ottomeyer u. a. 1998, S. 295). Allerdings haben die ausgewählten Führerfiguren und Rädelsführer auffällige Parallelen bzw. Identifizierungen mit den – falls vorhanden – Vätern oder mit den Großvätern der Jugendlichen (bekannte Rechte oder Altnazis). Fast alle von Menschik-Bendele, Ottomeyer u. a. untersuchten Jugendlichen hatten depressive Grundstimmungen, Probleme mit seelischem Halt und Selbstwert einschließlich massiver Unsicherheiten in der Geschlechtsrolle, wobei die rechtsextreme Agitation als ›männlichkeitsbestätigende‹ und die Körperkraft verherrlichende Kompensationsmöglichkeit zu verstehen ist.

9.4.1. Der Vater der Gewalttätigen

> »(...), daß die Brutalisierung der Jugend eine Folge ihrer Vaterlosigkeit ist, ja daß besonders im Skinhead-Milieu faschistische Ersatzväter geschaffen werden. Viele rechtsextremistische Gewaltteenager – wie etwa sämtliche Lübecker Brandstifter – sind mit alleinerziehenden Müttern aufgewachsen«.
>
> *Matthias Matussek (1998, S. 79f.)*

Was wissen wir nun über die Väter gewalttätiger oder zur Gewalttätigkeit neigender Jugendlicher, insbesondere solcher mit rechtsextremistischer Orientierung? Die Diskussion um die Rolle des Vaters innerhalb der Sozialisation gewalttätiger Neigungen ist recht kontrovers. Menschik-Bendele etwa spricht unumwunden und eindeutig von der »Vaterlosigkeit der jungen Rechtsradikalen«, die sogar ein »zentrales Thema« dieser Population sei. Nicht zufällig hatte der deutsche Ex-Nazi Ingo Hasselbach einen Brief mit einer Art »Abrechnung« über seinen persönlichen Weg an seinen Vater geschickt und darin auch noch seine Sehnsucht nach Kontakt mit ihm ausgedrückt:

»Ich habe Dir die entscheidenden Momente meines Lebens geschildert. Ich interessiere mich auch für Dein Leben; so könnten wir's beide besser meistern. Neonazismus löst keine Probleme, er vertieft sie nur ... Wir glaubten, uns hassen zu müssen, aber vielleicht hätten wir nur ohne Vorbehalte und ohne Absicht miteinander reden sollen. Das hätte vielleicht schon etwas genützt. Ich würde mich jedenfalls freuen, wenn ich Dich mal zum Kaffee einladen dürfte. Ingo«. (zit. n. Menschik-Bendele 1998, S. 270f.)

Menschik-Bendele sieht hier ein deutliches Fehlen »positiv-männlicher Vaterideale«, und aus diesem unerfüllbaren Wunsch nach dem Vater erklärt sie auch die häufig auftretenden regressiven Neigungen hin zu ›Großvaters Zeiten‹, zu Insignien des Zweiten Weltkrieges (Orden, Helme, Stiefel etc.) und dem damit verbundenen gleichermaßen heldenhaften wie grauenerregenden »Ich-Ideal der Großvätergeneration«. Damit wird – durch den Ausfall der Väter dieser Generation – die dritte Generation der Söhne »real schuldig«, wo die zweite sich – wenn auch kaum bewußt – »schuldig fühlt« (ebd.). Aus ihrer Arbeit mit Jugendlichen im Rahmen der Psychiatrie bestätigt Streeck-Fischer diese Einschätzung: neben anderen Traumatisierungen in der Herkunftsfamilie (unzuverlässige, auch vernachlässigende und mangelhaft versorgende Mütter, zu denen aber eine hohe Bindung besteht; Abschieben der Kinder in Pflegefamilien, Freigabe zur Adoption u. a. m.) bleibt der *Vater* meistens *»abwesend, schwach und/oder willkürlich, gewalttätig und oft als Alkoholiker abgewertet«* (1994, S. 262) – eine Kombination, die wir in der einen oder anderen Form auch in unseren eigenen Gesprächen mit Ex-Skinheads wiederfanden.

Horst-Eberhard Richter (1995a) versucht noch eingehender und differenzierter, die Biographie Hasselbachs als Beispiel für traumatischen Vatermangel zu interpretieren: Zunächst sei Hasselbach dramatischen Kränkungen von Stiefvater und Vater ausgesetzt gewesen, was starke Trotz- und Racheimpulse – zunächst agiert in der Punk-Szene – bewirkt hätte. Diese Impulse stellten ein Gemisch aus Haßgefühlen und dem Bedürfnis, beachtet zu werden, dar. Daraus leitet Richter einen *»Doppelaspekt des traumatisch bedingten Vaterkonflikts«* ab . Die eine Linie stellt dabei die »ödipale Revolte« dar, die in militanten Aktionismus münde (mit einem »Anstrich von phallisch-pubertären Elementen«), die andere aber führt zu einer gefährlichen Verbindung des Aggressionspotentials mit einer erotischen Komponente: abgespalten vom ödipalen Haß wirkt *»eine heimliche Sehnsucht nach einem alternativen Vaterbild«* fort, die zu großer Manipulierbarkeit führt, die von entsprechenden Führerpersönlichkeiten ausgenutzt wird. Diese lenken den Haß auf ein *politisches* Ziel und die damit verbundenen ›Feinde‹, während sie die Sehnsüchte, Akzeptanz- und Liebesbedürfnisse auf sich zu ziehen verstehen (S. 268f.).

Horst Petri betont übrigens die gesamtkulturelle Dimension des Versagens der Väter im Zusammenhang mit dem Gewaltpotential in unserer Gesellschaft: Nichts könne darüber hinwegtäuschen und schon gar nicht entschuldigen, »daß es das Heer der Männer und Väter ist, die an verantwortlicher Stelle als Physiker, Chemiker, Informatiker, Biologen, Politiker, Militärs, Ökonomen und Unternehmer für die Erfindung, Produktion und weltweite Verteilung von Produkten mit hoher Risikowirkung verantwortlich sind« (1992, S. 139). Männer und in vielen Fällen Väter sind demnach hauptsächlich zuständig für die Gefährdung der Gesundheit, der Lebens- und Zukunftsinteressen ihrer Nachkommen – also verantwortlich auch für diesen Bruch des Generationenvertrages in dem Sinn, daß keine sicheren Zusagen über die Dauer und Art des Fortbestehens der ökologischen Grundlagen mehr möglich sind. Dieser Zustand verletze die (aus der Entwicklungstheorie bekannten) primären Bedürfnisse nach »basic mothering«, »holding« usw., also nach Liebe, Anerkennung und Sicherheit, was eine »*Vergeltungsdynamik*« in Gang setze, die für einen großen Teil der bewußten oder unbewußten Neigungen zu Gewalt, Destruktivität, Rücksichts- und Verantwortungslosigkeit unserer Gesellschaft verantwortlich sei (ebd., S. 155f.).

Allgemein gilt als gesichert, daß es bestimmte familiäre Grundbelastungen sind, die Gewaltbereitschaft, aber auch Dissozialität und Delinquenz fördern. Schweitzer (1997) spricht generell von »erheblicher *Ressourcenknappheit*« in solchen Familien: viele alleinerziehende Eltern (zumeist Frauen), die wenig oder keine Unterstützung durch soziale Netzwerke (Großeltern, Verwandte, Nachbarn) hätten; eigene Sorgen der Eltern (-teile) wie Armut, Schulden; beengte, schlechte Wohnverhältnisse, Ängste um Arbeitsplatz und berufliche Zukunft, Partnerschaftskonflikte zwischen den Eltern, chronische Krankheiten und traumatische Erfahrungen bilden weitere Bedingungsfaktoren für jugendliche Gewaltbereitschaft (Schweitzer 1997, S. 217). Auch fehlen meistens die Mittel, um sich geeigneten Ersatz für die fehlenden Ressourcen (Kinderaufsicht etc.) zu beschaffen oder zu organisieren. Vielfach wurde auch auf den Zusammenhang zwischen frühen narzißtischen Verletzungen und der Gewaltneigung hingewiesen: Die entsprechenden Traumata und die Nichterfüllung grundlegender Bedürfnisse werden von den Kleinkindern als extreme Bedrohung erlebt, und zwar nicht so sehr in Form der Abwesenheit der Bezugsperson, sondern »als Anwesenheit eines bedrohlichen und verfolgenden Anderen« (Brunotte 1994, S. 52f.). Diese traumatischen Erfahrungen spiegeln sich auch in der Vorliebe solcher Jugendlicher für Horror- und Gewaltfilme einschließlich Vampirismus und Menschenfresserei wider. Der Konsum solcher Filme stellt dann wiederum eine Art Reinszenierung der erlittenen Ängste mit der Hoffnung auf Überleben bzw. Reparatur des Horrorszenarios dar.

Sehr häufig sind die familiären Ressourcen aber auch durch eine Mischung aus schwachem, versagendem Vater und einer allseits gewährenden, grenzenlos-aufopfernden Mutter gekennzeichnet. Dieses Muster taucht nicht nur in empirischen Arbeiten (wie übrigens auch in unserer eigenen), sondern auch in klinischen Erfahrungen mit gewalttätigem oder kriminellem Verhalten immer wieder auf: Duncker zum Beispiel schildert den Fall eines straffällig gewordenen jungen Mannes, dessen familiäres Milieu in diesem Sinne quasi als ›prototypisch‹ gelten könnte, einer Familie nämlich,

> »(...) in der der mütterliche Pol eine erhebliche Zuneigung dargestellt hat. Diese war mit einer nicht begrenzenden Permissivität gepaart. Die väterliche Autorität war wegen langer Abwesenheiten (der Vater arbeitete auf Montage) kaum vorhanden. Die Mutter bestimmte den gesamten Bereich des Erziehungsstils. Es gab zwar keine Anzeichen für dysharmonische Entwicklungen oder Auffälligkeiten in der frühen Kindheit (...) Es gibt aber (auch) kein idealisiertes Bild des Vaters. Der Vater ist gekennzeichnet durch seine Schwäche, seinen späteren Arbeitsunfall, die daraus entstandene Behinderung, und er ist nicht als geliebter, bewerteter und gesuchter Partner der Mutter oder Kinder erinnerlich. Insofern erscheint die männliche Identifikation, das Vorbild Vater, wenig ausgearbeitet«. (1993, S. 58)

Je tiefer nun die unaufgearbeitete ödipale Problematik und der ödipale Haß sind, desto leichter kann es zu nicht integrierbarer Aggression kommen, die dann auf verschiedensten Wegen (vgl. Heim 1995, 1996) nach außen abgeführt wird. Solche Jugendliche sind aufgrund ihrer familiären Ressourcenknappheit oft massiv narzißtisch gestört und stabilisieren ihre Leere durch die Gruppenerlebnisse und die darin auftauchenden ›thrills‹. Die extreme Kränkbarkeit – nach außen gut verleugnet – wird in Form von Feindbildprojektionen und Verachtung anderer abgewehrt (vgl. Duncker 1993, Bohleber 1992, 1992a).

Ein wichtiger Faktor – der sich ebenfalls in unseren eigenen Interviews bestätigte – ist auch die *Ausstoßung* der Heranwachsenden von zu

Hause, die nicht selten zum totalen Bruch mit einem ansonsten als anmaßend, aber selbst als Versager erlebten Vater führt. Die daraus stammende Mischung aus gespannter Ambivalenz , Aggressivität und narzißtischer Kränkbarkeit ergeben ein explosives Potential, das sich dann häufig selbst- und fremddestruktiv entlädt.

9.4.2. Vater-»loser«, »loser«-Vater und das Phantasma der Nation

Das subjektive Erleben des Vaters oder auch beider Eltern als ›loser‹ läßt sich bei vielen dissozialen, gewaltbereiten Jugendlichen finden. Dieses Phänomen muß aber auch im Zusammenhang mit einer objektiven Desouveränisierung von Männlichkeit im Erwerbsleben gesehen werden: Die Entwertungs- und Stigmatisierungsprozesse, denen insbesondere Männer aus sozial schwachen Schichten – aber nicht nur diese – ausgesetzt sind, werden vor dem Hintergrund der Zuspitzungen des neoliberalistischen kapitalistischen Wirtschaftssystems noch zunehmend verschärft. Jeder und jede über 40-Jährige, die einmal am Arbeitsamt negativ auf sein bzw. ihr Alter angesprochen worden ist, kennt das Gefühl, zum ›betrieblichen Alteisen‹ zu gehören! Aber auch Jüngere bekommen in Zeiten der ausufernden Flexibilität und Austauschbarkeit arbeitender Menschen diesen kalten Wind ins Gesicht. Immer mehr erscheinen auch jüngere Arbeitskräfte im Rahmen der Sanierung und Umstrukturierung von Betriebskapital als »ohne weiteres zur Verfügung stehende Entlassungskandidaten beim Reengineering von Firmen« (Sennett 1998, S. 124). Sennett spricht auch von »entwürdigender Oberflächlichkeit« (ebd., S. 131), *wonach einen niemand mehr wirklich persönlich zu brauchen zu scheint* oder einem im Rahmen überschaubarer Verbindungen zumindest das Gefühl geben kann, für sich genommen unauswechselbar zu sein:

> »›Wer braucht mich?‹ ist eine Frage, die der moderne Kapitalismus völlig zu negieren scheint. Das System strahlt Gleichgültigkeit aus. Es tut dies bei den Ergebnissen menschlichen Strebens ebenso wie auf den Märkten des Alles oder Nichts, wo es kaum noch eine Verbindung zwischen Risiko und Belohnung gibt. Der Gewinner bekommt alles. Es strahlt in der Organisation der Wirtschaft Gleichgültigkeit aus, wo das Fehlen von Vertrauen keine Rolle mehr spielt, wo Menschen behandelt werden, als wären sie problemlos ersetzbar oder überflüssig. Solche Praktiken vermindern für alle sichtbar und brutal das Gefühl persönlicher Bedeutung, das Gefühl, für andere notwendig zu sein«. (1998, S. 201)

Diese »loser« scheint es dabei mittlerweile weit über die Gruppe der Ärmsten bzw. der Unterprivilegierten hinaus zu geben: auch in der Mittelschicht dürften sich immer mehr Menschen als solche fühlen.

> »Der Markt, auf dem der Gewinner alles bekommt, wird von einer Konkurrenz beherrscht, die eine große Zahl von Verlierern erzwingt. Betriebsverschlankungen und Umstrukturierungen setzen (immer mehr auch – JCA) die Mittelschicht plötzlichen Katastrophen aus (...) Kommt man aber den Forderungen nach Flexibilität und Mobilität nach, verfolgt einen auf subtilere, aber ebenso mächtige Weise das Gefühl, als Familienvater oder -mutter zu scheitern«. (ebd., S. 159f.)

Diese Gefühle – nach Sennett das spezifisch Neue am gegenwärtigen Kapitalismus – sind nicht mit der Erwartung irgendeiner bestimmten Katastrophe (z. B. eines Wirtschaftskollaps) verbunden, sondern quasi *ständiges seelisches Inventar* geworden:
»Instabilität ist normal (...) Vielleicht ist die Zerstörung des Charakters eine unvermeidliche Folge« (1998, S. 27). Jedenfalls untergraben die geschilderten Tendenzen, die sich – wie Sennett an Beispielen belegt – durch ihre Zerstörung des Langfristigen und Verläßlichen speziell auch auf das Verhalten und Empfinden im Familienleben auswirken, »die wichtigsten Elemente der Selbstachtung« (ebd., S. 38). Diese gesellschaftlichen Wirktendenzen können für Jugendliche nicht folgenlos bleiben. Sie werden zu wenig »als lebendige Individuen in lebendigem Austausch« betrachtet, sind einerseits leer hinsichtlich eines lebendigen mitmenschlichen Selbst, andererseits oft »vollgestopft mit unverdautem Seelenmüll«, was besonders bei der intergenerationellen Weitergabe der Empfindungen aus der Kriegsvergangenheit eine Rolle spielen kann (Moser 1993, S. 151).

Bohleber schildert am Fall eines 18-Jährigen, wie solche Situationen dann über nationalistische Ideologien und die Bindung an entsprechende Gemeinschaften zu einer Art *»Schiefheilung«* (Freud 1921c, S. 132) führen können: der junge Mann erlitt – bei starker Bindung an die dominierende Mutter und gleichzeitiger Verachtung des versagenden Vaters (!), also eines ›losers‹ – schwere Beeinträchtigungen seines Selbstgefühls. Diese Schwäche des erfolglosen Vaters erlebt der Junge als »Familienschande«. Die »Liebe zu Deutschland«, die für ihn trotz gewisser rationaler Sympathie für die Politik der Grünen sehr wichtig ist, hilft ihm, diese Ohnmachtsgefühle narzißtisch zu kompensieren. Dabei wird die Realität und sogar seine rationale Befürwortung einer eigentlich ausländerfreundlichen Politik verleugnet und umgewertet. Sogar historische Tatsachen über die Verbrechen der Nazis werden unter Hinweis auf die Verbrechen der anderen (Fremden) verleugnet. »Das Überich gerät unter die Herrschaft der nationalistischen Ideologie und eines kollektiven Narzißmus, der, gekränkt und sich beschädigt fühlend, nach allem greift, was die Vergangenheit in Einklang mit den narzißtischen Wünschen bringt« (1992, S. 697).

Der Patient benützt – so Bohleber – die nationalistische Liebe zur Heimat somit auch, um Trennungsängste von der Mutter und Ausgeschlossenheitsgefühle innerhalb der ödipalen Situation abzuwehren. Diese Gefühle sind um so unerträglicher, weil der Vater – was für unsere Fragestellung wichtig ist! – ihm weder bei seinen Autonomiebestrebungen gegenüber der Mutter helfen noch einen lohnenden identifikatorischen Anreiz zur Auflösung der Ödipussituation darstellen konnte. Die Idealisierung der Nation speist sich unbewußt aus der Verschmelzungsphantasie mit der präambivalenten Mutter, woraus letztlich auch die Bedürfnisse nach Reinheit und Homogenität der Nation – sozusagen nach dem ›reinen Mutterleib‹ – und damit der projektive Fremdenhaß resultieren. Die narzißtischen Verschmelzungswünsche, die sich in dieser Haltung eines homogenisierenden Nationalismus ausdrücken, werden – wie etwa auch im Bereich der Einheit der Kirche oder gewisser Sekten – sehr oft in Körpermetaphorik ausgedrückt: »Körperschaften«, »Organe« des Staates, »Glieder«, »Oberhaupt« usw. (vgl. Bohleber 1992, S. 703).

Daß sich bei rechtsextrem empfindenden, gewalttätig handelnden und zu augeprägter (und nationalistischer) Fremdenfeindlichkeit neigenden Jugendlichen sehr oft solche »loser-Väter« finden, denen die eigentliche Verachtung der Heranwachsenden gilt, wird uns jedenfalls auch in den selbst durchgeführten Interviews mit ehemaligen Skinheads wieder begegnen.

10. Familie, Kultur und rechtsextremistische Gewalt – sozialpsychologische und psychoanalytische Erklärungsversuche

Das Phänomen der Fremdenangst und -feindlichkeit, das wir in rechtsradikalen Bewegungen regelmäßig antreffen, spielt im übertragenen Sinn schon in der frühen Kindheit jedes Menschen eine wichtige Rolle, nämlich in Gestalt der vielzitierten ›Acht-Monats-Angst‹: Sie tritt bei Kleinkindern in unterschiedlicher Deutlichkeit und Intensität auf. Fremde werden als interessant, aber auch als Bedrohung erlebt. Es bildet sich auf diese Weise eine ambivalent strukturierte seelische Instanz, wobei die Qualität der Bindungen des Kindes an die vertraute Umgebung die Richtung bestimmt, in die diese Ambivalenz ausschlägt. Auch Befunde aus der anthropologischen Forschung weisen darauf hin, daß der oder das Fremde »die Verkörperung einer Ambivalenz ist, in der Dazugehören und Nicht-Dazugehören, bedrohliche Gefährlichkeit und verehrte Heiligkeit koexistieren« (Heim 1998, S. 364). Enzensberger hält Gruppenegoismus und Fremdenhaß für »anthropologische Konstanten, die jeder Begründung vorausgehen. Ihre universelle Verbreitung spricht dafür, daß sie älter sind als alle bekannten Gesellschaftsformen« (1992, S. 13f.; zit. n. Heim 1998, S. 363.). Erst eine gelungene Integration der diese ubiquitäre Angst kennzeichnenden Ambivalenzen läßt uns später Fremden ohne irrationale Abwehr gegenübertreten. Sind diese Ambivalenzen nicht oder schlecht integriert, so können sie später durch entsprechende soziale Erfahrungen wieder abgerufen werden.

Ausgehend von der Diskussion des sozialpsychologischen und politischen ›Funktionierens‹ der Fremdenangst bzw. -feindlichkeit bei Rechtsextremen muß aber auch noch darauf hingewiesen werden, daß man kaum von einer halbwegs allgemein anerkannten ›Definition‹ von Rechtsextremismus sprechen kann und wir uns deshalb noch über den Begriff selbst klarer werden müssen: Sehr oft wird unter Rechtsextremismus eine diffuse Mischung aus autoritär-nationalistischen, fremden- und ausländerfeindlichen Haltungen mit dem Hang zu Gewaltbefürwortung zur Durchsetzung dieser Anschauungen verstanden (vgl. auch Kracke u. a. 1993, S. 978f.).

Bohleber stützt sich unter Kritik der etwas zu breit geratenen Heitmeyer'schen Definition, nach der eine strukturell gewaltorientierte, auf Ungleichheit basierende Ideologie verbunden mit Gewaltakzeptanz als rechtsextremistisch bezeichnet wird (1992, S. 14), auf eine Definition Jaschkes:

> »Unter Rechtsextremismus verstehen wir die Gesamtheit von Einstellungen, Verhaltensweisen und Aktionen (...), die von der rassisch oder ethnisch bedingten Ungleichheit der Menschen ausgehen, nach ethnischer Homogenität von Völkern verlangen und das Gleichheitsgebot der Menschenrechts-Deklaration ablehnen, die den Vorrang der Gemeinschaft vor dem Individuum betonen (...) und die den Wertepluralismus einer liberalen Demokratie ablehnen«. (1994, S. 31; zit. n. Bohleber 1998, S. 83)

Etwas näher an der alltäglichen Lebenswirklichkeit Jugendlicher erscheint die von Klaus Ottomeyer (1999) vorgeschlagene Beschreibung: Er unterscheidet dabei unter Rückgriff auf Erfahrungen in der Jugendarbeit zwischen »*Rechtsextremismus*« und »*rechtsextremen Tendenzen*« wie folgt: Während beim eigentlichen Rechtsextremismus drei Faktoren zusammenkommen, nämlich

1. »Rechtfertigung oder Verharmlosung des Nationalsozialismus«,
2. »ein ethnozentrisches Weltbild«, bei dem die Eigengruppe besser ist als alle anderen, und
3. »Gewaltbereitschaft« als ein ganz wesentliches Bestimmungsmerkmal,

liegen »rechtsextreme Tendenzen« dann vor, wenn nur einer oder zwei dieser Faktoren vorhanden sind oder – auf Gruppen bezogen – wenn es spürbare Gegenpositionen (z. B. auch Verständnis für Ausländer) gibt, die mit diesen Positionen im Widerstreit liegen (1999, S. 32). Diese Unterscheidung erscheint auch uns nachvollziehbar und brauchbar.

Die im Rechtsextremismus (und auch im Antisemitismus) gebündelten Haltungen sind jedenfalls komplexe, multifaktoriell determinierte Phänomene, die unbedingt interdisziplinär angegangen werden sollten, wenn man sie angemessen verstehen will. Bei aller Achtung vor der »Eigenständigkeit des Sozialen« ist gerade die Psychoanalyse gehalten und aufgefordert, die Anziehungskraft rechtsextremer Ideologie für den Einzelnen zu erforschen und die psychologische Reaktionsbasis dafür zu bestimmen. Diese Basis wird in »kollektiven Phantasmen« angenommen, die auf problematische frühe Selbsterfahrungen (»Heimat«, »Nation«), familiäre Repräsentanzen (»Vater-« bzw. »Mutterland«) und bestimmte Vorstellungen von »Gemeinschaft« und »Einheit« (etwa: »Bluts-« oder »Volksgemeinschaft«) verweisen, die unter gegebenen Umständen beim Einzelnen wie auch massenhaft (re-) aktiviert werden können (Bohleber 1998, S. 84). Damit eine solche Aktivierung beim Einzelnen geschehen kann, bedarf es *auch* verschiedenster psychischer Voraussetzungen, die unter Rückgriff auf Freud als *unbewußte Phantasien* verstanden werden müssen: Freud spricht von »Urphantasien«, die von allen Menschen mehr oder weniger geteilt werden. Sie sind unser »phylogenetischer Besitz. Das Individuum greift in ihnen über sein eigenes Erleben hinaus in das Erleben der Vorzeit, wo sein eigenes Erleben allzu rudimentär geworden ist« (1916/17, S. 362). Sie haben deshalb ganz zentral mit den existenziellen Grundbedingungen zu tun, die im Verlauf der psychosexuellen Entwicklung in den Problemen und Risiken des (ausreichenden) Versorgtwerdens, der Trennung und Loslösung, der Rivalität bis hin zur Auseinandersetzung mit der ödipalen Realität des Vaters ihre kritischen Höhepunkte haben. Solche unbewußten »Urphantasien« prägen die Wahrnehmung gesellschaftlicher Ereignisse, können aber in dialektischer Weise auch von gesellschaftlichen Ereignissen herausgefordert werden.

Zentrale phantasmatische Themen, die im Zusammenhang mit dem Phänomen des Rechtsextremismus eine deutliche Rolle spielen, sind zum Beispiel das der sogenannten *Verteilungskonflikte* und der *Versorgungsphantasien*, denen zufolge Ausländer und Flüchtlinge das soziale System mißbrauchen, ja es angeblich ausbeuten, während für die ›Einheimischen‹ zu wenig übrigbleibe (vgl. Bohleber 1998, S. 90). Dahinter steckt die Phantasie vom bedingungslosen Versorgtwerden des Kindes durch die Eltern, die die Rivalität und den Haß auf Geschwister und erst recht auf Fremde mit sich bringt. Die eigene orale Gier und Bedürftigkeit wird auf die Fremden projiziert. Die gesellschaftliche Realität spielt hier selbstredend insofern herein, als sie mittels Versorgungsengpässen und realer Entwertung (=Versorgung) der Einzelnen diese oralen Phantasien erst provoziert.

Eine andere diesbezügliche Phantasieebene bezeichnet Bohleber als die des »*reinen Volkskörpers*«: das bzw. der Fremde verweist das Kind zurück auf die Bindung an das Vertraute, und je labiler bzw. gefährdeter diese Bindung ist, desto größer sind die Abwehrreaktionen gegen das Fremde oder den Fremden und die damit zusammenhängenden Phantasien, die in allen rechtsradikalen Ideologien eine Rolle spielen (ebd., S. 94). Besonders bedeutsam erscheint in unserem Zusammenhang »*das Phantasma von der organischen Einheit*«, das die Vorstellung einer harmonisch in sich geschlossenen, von Gleichheit gekennzeichneten ›völkischen‹ Gemeinschaft oder Nation enthält, die wiederum alle Unterschiedlichkeiten und Möglichkeiten der Infragestellung seiner selbst (nach psychoanalytischer Auffassung: ›die Kastration‹) abwehrt: das Verschmolzensein mit der Primärgruppe aber wird durch die Differenz des Anderen, Fremden bedroht (ebd., S. 98). Dieses Phantasma ist auch für unsere Vaterthematik bedeutsam, ist es nach herkömmlicher psychoanalytischer Auffassung doch zunächst der Vater, der in unserer Kultur die Differenz in die Bindung an das Primärobjekt Mutter einbringt, und ist es doch die ›Kastration‹, an der die omnipotenten Allmachtsvorstellungen scheitern müssen. Bohleber meint hierzu auch aus der klinischen Praxis Belege vorweisen zu können, wie Menschen, die nach solchen Gleichheitsidealen streben, der Auseinandersetzung mit dem Vater ausweichen bzw. diesbezüglich deutliche Defizite vorweisen: So entpuppt sich bei Patienten, die nach symbiotischen Zuständen und Gleichheitsideologien hungern, dieses Streben als

> »Abwehr gegen die mit Kastrationsangst wahrgenommenen Unterschiede und als Ausweichen vor der Auseinandersetzung mit der Welt des ödipalen Vaters. Für diese Menschen befindet sich auf der einen Seite die Welt der großen symbiotischen Einheit und davon abgespalten auf der anderen Seite die Welt der Rivalität, der Konkurrenz und der Pluralität. Unterschiede bedeuten Ungleichheit und deshalb stellt der Fremde einen Angriff auf die eigene Allmacht dar, die nicht in Frage gestellt werden muß, solange man sich mit narzißtischen Gleichheitsvorstellungen umgeben kann.« (1998, S. 101)

Bohleber trifft hier eine für unsere Vater-Thematik weitreichende Feststellung: denn warum auch immer es zu einem Ausweichen vor der Auseinandersetzung mit der fremden Welt des Vaters, mit seiner Differenzierung und mit der phantasierten Kastration kommt, so scheint diese fehlende Auseinandersetzung doch eine zentrale Rolle beim Fruchtbarwerden von (rechtsextremer) Gewaltneigung zu spielen – ob nun deshalb, weil der Vater abwesend ist, wie die meisten populären Interpretationen es behaupten, oder weil seine bedrohliche Erscheinung als ›Gewaltvater‹ zum Ausweichen und Regredieren auf die (mütterliche) Nation und Volksgemeinschaft führen, wie manche empirische Daten über Rechtsextreme es vermuten lassen, oder aber weil die narzißtische Bindung an eine präokkupierende, selbst narzißtisch gekränkte Mütter diese Differenzierung und Auseinandersetzung als – narzißtisch – zu bedrohlich erscheinen lassen, wie die verschiedenen Narzißmustheorien es nahelegen, sei vorerst dahingestellt. Auch eine Mischung der genannten Möglichkeiten mit weiteren anderen ist denkbar.

Bohlebers Schilderung dieses Fremden, der (oder das) von rechtsextremen Jugendlichen verfolgt wird, kann jedenfalls ohne weiteres auch als eine defizitäre, versagende väterliche Figur gedacht werden, wird er doch als Rivale und damit »als derjenige imaginiert, der einen an die eigene Begrenztheit erinnert« und deshalb vertrieben und vernichtet werden muß. Dann kann einen niemand mehr von dem narzißtischen Hochgefühl trennen, Teil eines »organischen Ganzen« zu sein:

> »Es ist ein illusionäres Wiederfinden einer Vereinigung mit einem ins Kollektive projizierten mütterlichen Primärobjekt und eine ebenso illusionäre Überwindung einer individuell abgetrennten und entfremdenden Existenz, die ihrerseits *unbewußt mit der Welt des Vaters gleichgesetzt wird* (....). Solche idealen Zustände sind dynamisch mit einer Gewalt verknüpft, die dem *Fremden* gilt, der als *Negativbild* und als *Störenfried* definiert wird, den man aber gleichzeitig benötigt, um diese Idealität psychodynamisch aufrecht zu erhalten und real anstreben zu können. Idealität und Terror sind auf diese Weise verschwistert«. (1998, S. 102; Hervorhebung JCA)

Die durch mangelnde produktive Auseinandersetzung entstandene *Nicht-Beherrschung des Umgangs mit der väterlichen (ödipalen) Begrenzung* führt also dazu, daß ›Differenz‹ und Unterschiedlichkeit nicht ausgehalten werden können und zu einer regressiv-narzißtischen Abwehrstrategie treiben, die wiederum für rechtsextreme Gewalt funktional wird.

10.1. Ökonomische Krisenerscheinungen und »situative Labilisierung«

> »Wer tagtäglich individuelle Unterlegenheit erfährt, möchte das wenigstens durch ein Gefühl nationaler Überlegenheit kompensieren. Fünfzig Prozent der Bevölkerung erwarten, daß es der jüngeren Generation einmal schlechter gehen wird als ihren Eltern. Die Angst vor der Zukunft erfaßt immer jüngere Jahrgänge. Vor allem junge Männer fürchten den Verlust von Status und Ansehen.«
>
> *Wilhelm Heitmeyer (1998)*

Neben den eben ausgeführten psychodynamischen Voraussetzungen xenophober Haltungen haben psychoanalytische Autor/innen auch schon sehr früh bemerkenswerte ökonomische und politische Überlegungen zur

Genese von Antisemitismus vorgelegt, die sich in vielen Dingen auch für das Phänomen der Fremdenfeindlichkeit anwenden lassen. Sie kreisen um die Frage, welche zusätzlichen Bedingungen zur (neurotischen) seelischen Reaktionsbasis von fremdenfeindlichen oder antisemitischen Haltungen auftreten müssen, um diese zu einer nennenswerten Erscheinung von Massen oder bestimmten Bevölkerungsgruppen werden zu lassen. Die neuere jugendpsychologische und jugendsoziologische Forschung über Gewalt greift mit ihren verschiedenen Erklärungsansätzen unseres Erachtens dabei in einem Punkt zu kurz: sie kann nicht – wie etwa die Deprivationsthese – oder kaum erklären, warum diese Bedingungen nicht jedesmal auftreten, wenn Menschen von Deprivation betroffen sind. Dies hängt wohl damit zusammen, daß diese Deprivationserscheinungen in keinem direkten ursächlichen Zusammenhang mit bestimmten ökonomischen Veränderungen gesehen werden – höchstens in einem soziologischen Sinn, wie ihn etwa die Individualisierungsthese von Beck (1986) umreißt, wonach die *Individualisierung von Lebensläufen* besondere Belastungen schafft. Doch auch diese Individualisierungsschübe unterliegen letztlich ökonomischen Veränderungsprozessen (kapitalistischen Konzentrations- bzw. Dissoziationsprozessen, der Globalisierung der Wirtschaft u. a. m.).

Otto Fenichel hat aus Sicht der Psychoanalyse schon in den 40er Jahren – am Beispiel des Antisemitismus – dafür plädiert, die (neurotischen) seelischen Faktoren beim einzelnen Antisemiten nicht als einzige Quelle in Erklärungsversuchen heranzuziehen (1946). Er selbst schreibt den auch von Psychoanalytiker/innen gemeinhin unterschätzten *aktuellen äußeren Bedingungen* eine bedeutende Rolle zu: Während die Triebstruktur des Menschen im Verlauf der Geschichte – insbesondere innerhalb relativ kurzer Zeitabstände von wenigen Jahrzehnten – so gut wie unverändert geblieben sei (etwa bezüglich Antisemitismus in den Jahrzehnten vor – und auch nach? – der Nazidiktatur), sei die entscheidende Frage, warum diese latenten seelischen Strukturen dann zu bestimmten historischen Zeitpunkten massenhaft wirksam würden. Fenichel nimmt ganz bestimmte äußere Macht- und Herrschaftsverhältnisse an, die solchen Haltungen schließlich eine Basis verleihen: Neben der bekannten autoritären Grundstruktur – die gleichzeitig gehorsame Unterwerfung und (eigentlich der Autorität geltende) aufrührerische Verfolgung schwächerer und wehrloser Projektionsfiguren bedeutet – ist dies vor allem »eine große Unzufriedenheit der Massen mit der bestehenden Lage der

Dinge« (1985, S. 387). Damit will er hervorheben, daß das Überschwappen einer vom Triebhaften her latent vorhandenen Reaktionsbasis *bestimmter ökonomischer und politischer Umstände als Auslöser bedarf*. Diese doppelte Erklärungsweise scheint nicht nur für eine Analyse des Antisemitismus, sondern auch für unser Thema von Bedeutung zu sein: Die stillschweigende Übereinstimmung mit fremdenfeindlichen und rechtsradikalen Haltungen, die viele Menschen in unserer Gesellschaft hegen, speist sich aus massenhafter, ökonomisch begründeter Unzufriedenheit und/oder Verunsicherung. Diese Übereinkunft wiederum – das Schweigen zur Unmenschlichkeit – stellt die machtpolitische Voraussetzung für die Durchsetzung rechtsextremer Positionen bereit (z. B. durch den Aufstieg rechtsextremer Parteien oder auch die Akzeptanz rechter Positionen in nicht-rechten Parteien).

In neuerer Zeit hat Ottomeyer, der die österreichische Rechte mehrfach analytisch durchleuchtet hat (1999, zuletzt 2000), gefordert, daß wir die bisherigen psychologischen und psychoanalytischen Rassismus- und Autoritarismustheorien nicht nur wegen veränderter ökonomischer und Familienstrukturen historisch relativieren, (siehe dazu auch die folgenden Kapitel), sondern vor allem durch eine Theorie der *»situativen Labilisierung«* ergänzen müssen: Bestimmte gesellschaftliche Situationen stellen für manche Bevölkerungsgruppen spezifische Belastungen bereit, die zu Unsicherheit, Werteverschiebung bis hin zur Existenzbedrohung führen können. Wie auch an der Entstehung des Nationalsozialismus verschiedenste sozioökonomische Umwälzungen beteiligt waren, so bewirken auch heute unterschiedliche wirtschaftliche und/oder politische Faktoren, daß es *zu einer »anomischen« Situation* im Sinne Durkheims bzw. Mertons für viele (junge) Menschen kommt (1998, S. 22; Hervorhebung JCA). Die besondere ›Anfälligkeit‹ bestimmter Jugendlicher und Subkulturen für rechtsextremes Gedankengut, etwa bei Berufsschülern oder – in den neuen deutschen Bundesländern – bestimmten ostdeutschen Jugendlichen erklärt sich aus solchen anomischen Situationen. Die psychologische bzw. psychodynamische Verarbeitung dieser Belastungen läßt sich nach Ottomeyer dann im Sinne der psychoanalytischen Strukturtheorie heute neu verorten: das Ich sieht sich in seinem ›Dreifrontenkrieg‹ gegen die äußere Realität einerseits, das Es und das Überich andererseits nun bezüglich der äußeren Realität verschärften Konkurrenzbedingungen am Arbeitsmarkt, vielfältigen sozialen »Absturzgefahren« und ›anomischen‹ Belastungssituationen gegenüber. Diese ganz realen Ängste wiederum aktivieren auf der *Es-Ebene* orale Thematiken (z. B. heftigen ›Geschwisterneid‹ gegen die unverschämt ausbeuterischen Ausländer), aber auch anale Tendenzen – etwa Säuberungs- und Reinheitsphantasien gegenüber dem ›dreckigen‹ Gesindel, das ›von da unten‹ (sic!) komme. Die häufig vorkommenden Phantasien über die überlegene sexuelle Potenz der Fremden, die ständig ›unsere Frauen‹ bedrohten oder gar schwängerten, verweisen auf phallisch-genitale Ängste, aber auch ödipale Spannungen, wegen derer ›der Jude‹ und ›Fremdvölkische‹ als eine Art ›seitenversetzter‹ Vater wegen seiner ›Schändung‹ der geliebten Mutter (Heimat) bekämpft wird, tun sich hier auf. Diese unbewußte ›seelische Parallelisierung‹ des Juden mit dem ödipal gefürchteten und bekämpften Vater ist spätestens seit den Arbeiten Grunbergers (1988, 1988a) wichtiger Bestandteil psychoanalytischer Rassismus- bzw. Antisemitismus-Erklärungen, auf die wir noch detailliert zu sprechen kommen werden.

10.2. Rechtsextreme Gewalt als »Opferkultkrise« in der ›vaterlosen Gesellschaft‹?

Ein sehr interessantester psychoanalytischer Ansatz zur Frage der Genese rechtsextremer Gewalt, in Zusammenhang mit dem *Vaterproblem* , stammt von Robert Heim (1998). Er betont einerseits, daß Fremdenfeindlichkeit und -haß uns immer wieder »in die psychoanalytisch verstandene Urgeschichte der Vergesellschaftung und Zivilisierung« zurückführten, andererseits, daß darauf zu achten sei, welche konkreten Inszenierungen Gewalt und Opferung fremder Menschen in einer aktuellen Gesellschaft jeweils annähmen. So versucht er die These zu belegen, daß diese Opferung eines außerhalb ihrer selbst liegenden Fremden nun die ganze Gemeinschaft vor der in ihr lauernden Gewalt schützt, eben weil diese Gewalt auf ein Opfer außerhalb der Gemeinschaft gelenkt wird (vgl. Girard 1982). Dadurch würden auch die Zwistigkeiten von verschiedenen Mitgliedern der Gemeinschaft zerstreut, in ihrer Brisanz gemildert und teilweise beschwichtigt. Diese Umpolung bedarf zu ihrer Realisierung aber ganz bestimmter gesellschaftlicher Umstände:

- Das Herrschen krisenhafter gesellschaftlicher Zustände; der soziale Zusammenhalt erscheint bedroht, Werte und orientierende Übereinkünfte schwinden dahin; allgemeine Angst und Unsicherheit entsteht. Dabei können neben ökonomischen Krisen auch ›natürliche Katastrophen‹ eine Rolle spielen; Heim nennt als historisches Beispiel hier die Pest.

- Es kommt deshalb zu stereotypen Anschuldigungen, der Suche nach Sündenböcken. Dies entlastet die Einzelnen wie das gesellschaftliche Ganze.
- Schließlich kommt es zur Opfer-Selektion, die nach bestimmten Kriterien erfolgt. Dabei galt das Fremde stets als allgemeines Stereotyp, und sei es auch als physisches, geschlechtsspezifisches oder seelisches Kriterium (also etwa: Krüppel, Hexen, Geisteskranke).

Somit kann eine von innerer Gewalt und Entdifferenzierung bedrohte Gesellschaft in der Stigmatisierung der zu Opfernden letzte Zeichen einer Differenz retten und damit fragil gewordene Identitäten und sich auflösenden sozialen Zusammenhalt vertuschen (Heim 1998, S. 367f.).

Diese Opferproblematik hat nun nach Heims Auffassung, die sich an Freuds Schrift *Totem und Tabu* (1912/13) anlehnt, immer schon mit dem Vater zu tun gehabt: *Der Vater ist es, der als Fremder fungiert.* Ihm ist im Rahmen einer psychoanalytischen Kulturtheorie grundlegend eine Art ›Außenseiterposition‹ zuerkannt. Schon in seiner Erscheinung als Urhorden-Vater und damit als Objekt der ersten (mörderischen) Opferhandlung wird er zur »kollektiven Repräsentanz des Fremden«, da er nach seiner Ermordung durch die Brüderhorde einen außenstehenden Ort einnehme, von dem aus er als toter Vater bzw. Totemtier auch als soziokultureller ›Ordnungslieferant‹ fungiert, indem er zum Beispiel die wichtige Setzung der Exogamie begründet und überwacht. Und diese Position »drückt ihm immer schon den Stempel des stigmatisierten Fremden auf«. Das heißt: »Die psychische und unbewußte Repräsentanz des Fremden, die sich mit dessen realer Gegenwärtigkeit draußen, wo immer er auch herkommt, mitnichten decken muß, verdichtet sich *letztlich* in Funktion und Image des ödipalen, kastrierenden Vaters« (Heim 1998, S. 371).

Am Anfang der Geschichte steht nach Freud also diese Tat gegen den Vater. Diese Tat aber war eine *Opferhandlung*. Deshalb betont Freud auch, daß der Sinn aller nachfolgenden Opferhandlungen am Totem darin läge, »daß es (das Opfer – JCA) dem Vater die Genugtuung für die an ihm verübte Schmach in derselben Handlung bietet, welche die Erinnerung an diese Untat fortsetzt« (1912/13, S. 433). Der Fortgang der Kultur ist dabei gekennzeichnet durch die

»Introversion des Opfers«, d. h. dadurch, daß das mündig gewordene Ich »die moralische Last des ins Über-Ich introjizierten und sublimierten Opferobjekts aufnehmen« kann. Diese Introversion nun ist nichts anderes als die »Entsagung« der auf die Beseitigung des Vaters (Opfers) gerichteten Impulse (Heim 1998, S. 372f.). Dabei ist ein solches Über-Ich nicht von vornherein schon repressiv, voll von Triebverzicht, Gebots- und Verbotsszenarien, »nicht a priori ein Handlanger soziokultureller Repression im Subjekt. Es steht mitunter gerade als Garant für jenen ich-gerechten Aufschub der Triebbefriedigung, der schließlich mit einer größeren Lustprämie winkt und damit die zeitliche Dehnung des Genießens ermöglicht« (ebd., S. 373).

Nach Heim ist nun diese Über-Ich-Leistung, die in einer Art sublimatorischer Verzichtsleistung besteht, als ein *»moralisches Opfer«* zu begreifen, dem ein *»rituelles Opfer«* – etwa Gewalt gegen Außenseiter; also die *direkte Opferung* von auserwählten Sündenböcken – gegenüberzustellen ist: Wer sich für welche Art der Opferung (von Triebbedürfnissen) entscheidet, hängt wesentlich von der Über-Ich-Struktur der Individuen ab:

> »Je ödipaler, je reifer und ambivalenztoleranter das Über-Ich, um so größer also auch die Nähe zum moralischen Opfer (...); je sadistischer, oraler und analer das Über-Ich, desto mehr lockt die Verführung zum rituellen Opfer, lockt die Regression zu Gewalt und destruktiver Aggressivität. Je härter das Über-Ich, um so stärker die Schuldkonflikte und Wünsche nach Selbstbestrafung. Je präödipaler also, mithin rigider und zwingender das Über-Ich, um so eher die Bereitschaft, den stigmatisierten Sündenbock, den fremden Anderen, die projektiv externalisierte Imago des kastrierenden Vaters in der äußeren Realität zu suchen«. (1998, S. 374)

Daraus schließt Heim, daß es sich bei der (zeitgenössischen) Radikalisierung von xenophober Gewalt im weitesten Sinne um das handelt, was Girard (1992) eine »*Opferkultkrise*« nennt: Die zivilisatorische Art der »Introversion des Opfers« durch die Über-Ich-Bildung gelingt nicht mehr, das »Ich bricht unter der Bürde des introvertierten Opfers, die ihm das Über-Ich auflädt«, sowie unter den genannten psychosozialen Voraussetzungen zusammen (ebd., S. 375). Die ganze Fülle der durch die genannten Belastungen entstandenen ungebundenen Aggression, die sich in Selbstbestrafung und Schuldgefühl verwandeln sollte, muß anderswo hingelenkt werden: auf das durch den Sündenbock-Mechanismus zum Opfer stigmatisierte Objekt, an dem sozusagen stellvertretend die Strafe vollzogen wird. Schon Horst-Eberhard Richter (1992) hat ja darauf hingewiesen, daß diese Verschiebung von Selbstbestrafungsimpulsen auf andere

Opfer auch den »inquisitorische(n) Eifer« der typischen Hexenjäger auszeichnet (S. 64). Auch die Opferrituale primitiver Gesellschaften, die unter dem Druck schier unerträglicher Naturkatastrophen die Institution des Opfers geschaffen hatten, benützten dieses psychodynamisch gesehen als »*container* einer kollektiven Aggressionsabfuhr« (Heim 1998, S. 380), woraus sich u. a. die begeisterte Zuschauerschaft von Massen von Menschen bei durchaus grausamen öffentlichen Hinrichtungen erklären läßt.

Wenn also die ›sublimatorischen Zumutungen‹ an das Ich dessen Erträglichkeitsgrenze überschreiten, bricht dieses Binnengefüge von Opferintroversion zwischen Ich und Über-Ich zusammen, und es kommt zu einer »Entdifferenzierung eines ödipalen Über-Ichs«, die »den Opferbedarf des psychischen Haushalts implodieren läßt – und damit Suche und Jagd nach repräsentativen Objekten in der äußeren Realität antreibt« (ebd., S. 377). Das Ich wandelt sich in der Folge vom Opfer der Anklage – des Über-Ichs – zum oft besonders brutalen Richter über andere. Diese Phänomene nun finden nach Heim in einer Gesellschaft statt, die von zwei Eckpfeilern begrenzt sei: vom *Antisemitismus* und der *›vaterlosen Gesellschaft‹*. Auf Mitscherlich verweisend, der die »Vorurteilskrankheit« als Sozialpathologie der vaterlosen Gesellschaft bezeichnete, postuliert Heim – wie auch Grunberger (1988) und andere Autoren – einen Zusammenhang zwischen vaterloser Gesellschaft, dem Verschwinden des ödipalen Konfliktes und einer Disposition zum Antisemitismus: Wo in den ödipalen Konflikten der Vater – symbolisiert durch den Kastrationskomplex bzw. seinen symbolischen Ersatz in Form der Beschneidung als Unterwerfung unter den Willen des Vaters (Freud 1939b, S. 567) – nicht mehr als internalisiertes Opfer, als *verzichtgemahnende Verinnerlichung* zur Verfügung steht und damit seine »kulturbildende Spur« zieht, dort liegt die *›externalisierende Barbarei‹* nicht mehr fern. Oder, um mit Simmel zu sprechen: »Der Mensch ist erst dann zivilisiert, wenn er durch Introversion aggressiver Verschlingungswünsche (auf der Basis des Über-Ichs) sich (mit anderen und mit der kulturellen Tradition) identifiziert« (1993, S. 85) – womit die Umwandlung des rituellen in das moralische Opfer umrissen ist. Und: wessen Ich ständig von gesellschaftlichen Belastungen ›gebeutelt‹ wird, ist kaum mehr in der Lage, diese Integrationsleistung zu vollbringen

– was ungefähr so viel heißt wie: Schluß mit dem Opfern im Inneren und ran an ein äußeres Opfer!

Der Bezug zum Vater liegt nun auf der Hand; denn diese »*entlastende Externalisierung des Opfers*«, wie sie sich zum Beispiel im Antisemitismus und im Fremdenhaß zeigt, gehört durch den Umstand der Entstrukturierung des Über-Ichs mit zu den »*Risiken, die in das sozialpsychologische Profil der vaterlosen Gesellschaft eingeschrieben sind*« (Heim 1998, S. 384). Nicht zuletzt durch das Verschwinden des Vaters haben wir es ja verstärkt mit einer Art ›Geschwisterhorde‹ zu tun, die in Ermangelung ödipaler, dem Vater geltender Rivalität und der aus ihr folgenden Strukturierung des Über-Ichs immer mehr gegeneinander, z. B. gegen Nachbarn, Berufskonkurrenten, phantasierte Gegner etc., orientiert ist. So wird der *Neid* zu einer übermächtigen affektiven Größe, die in enger Nachbarschaft zur affektiven Gewalt des Ressentiments angesiedelt ist (Mitscherlich 1973, S. 324ff.). Auch Simmel hat schon 1946 vor dieser Vermassung von wie hilflos wirkenden Kindern – vor allem in wirtschaftlichen Krisenzeiten – gewarnt. Den daraus entstehenden aggressiven Neigungen der Massen sei nur durch »ein für die Realitätsprüfung angemessen ausgestattetes Über-Ich« entgegenzuwirken. Auch in der Erziehung sei es deshalb vordringliches Ziel, »unseren Kindern dabei zu helfen, ein dauerhaftes, verläßliches, starkes Über-Ich zu erwerben« (Simmel 1993, S. 89). Genau daran mangelt es aber.

Die Menschen werden in der Folge innerhalb solcher Gesellschaftsstrukturen selbst zu Opfern, die aus dem kapitalistischen Konsumparadies vertrieben und verfolgt, also *viktimisiert* werden – im neoliberal-globalen Kapitalismus wahrscheinlich mehr denn je: Diese Viktimisierung ist nunmehr zur herrschenden Ideologie geworden und affiziert »im besonderen Maße Menschen, die zusehends durch die Netze des Sozialstaates fallen, sich um die Verteilungsgerechtigkeit des gesellschaftlichen Reichtums ... gebracht sehen«. Das aus dieser Stimmung massenhaft resultierende Grundgefühl, andauernd Opfer von Mächtigen und ihren wirtschaftlichen Machinationen zu sein, bedient schließlich die Ressentimentbereitschaft: »*Viktimisierung und entfesselte Opferkultkrise reichen sich derart die blutiger werdenden Hände*« (Heim 1998, S. 386; Hervorhebung JCA).

10.3. Der Körper am Schnittpunkt zwischen Angst und »Schiefheilung«

Immer wieder ist im Rahmen von Analysen rechtsextremer Gewalt auch von der (adoleszenten) *körperlichen Ungewißheit und Unsicherheit* die Rede. Besonders bei manifest rechtsradikalen Burschen zeigen sich häufig »körperliche Kleinheitsängste« bzw. die Angst, sich angesichts eines Mangels an Kraft und Stärke als ›schwul‹ oder ›weibisch‹ beschimpfen lassen zu müssen. Mairitsch und Trinkel (1998) konnten bei rechtslastigen Hauptschülerinnen und Hauptschülern einen begeisterten Hang zur narzißtisch aufgeblähten Ästhetisierung des Körpers am Beispiel von Supermännern und Superfrauen (wie Arnold Schwarzenegger und Pamela Anderson) feststellen. Aber auch der unästhetische, häßliche Nazi erntet Faszination: »Die phallische Glatze, das zerstochene, zerfurchte Gesicht eines Mannes, gestützt von einigen narzißtischen Emblemen auf der Brust, präsentiert einen Körper, der die Verstümmelung und Beschädigung überstanden hat und dem fragmentierten Ich des Adoleszenten als heldenhafte Identifikationsfigur dienen könnte« (1998, S. 110).

Daneben gibt es aber auch unauffälligere, ›zivilisiertere‹ Formen, die Selbstwertersatz versprechen, vor allem schnellebige und oberflächliche Freizeittrends wie zum Beispiel den anhaltenden Fitneß- und Körper-Kult. Wenn gesamtgesellschaftlich kurzfristige Unvorhersehbarkeit die langfristige Planung ablöst, wenn die Arbeit knapp wird und schnelle und omnipotente Maschinen die Menschen (oft im blühenden Alter) zu überflüssigen Lohnempfängern erniedrigen, entstehen Unsicherheit und Selbstzweifel, die wenigstens an der körperlichen Peripherie, der glatten, gestählten, gleichzeitig als ›sexy‹ apostrophierten Körpergrenze imaginär gestoppt werden sollen. Wenn die Empfindung subjektiver Individualität und Einzigartigkeit immer illusionärer wird, wenn also verbreitet Ohnmacht angesagt ist, dann – so könnte man sagen – soll wenigstens die Herrschaft über den eigenen Körper gewahrt bleiben.

Im kulturanalytischen Sinn kann die Besinnung auf die Körperlichkeit zunächst also auch als Resultat weltanschaulicher und normativer Unsicherheit und daraus folgender *Selbstvergewisserungsbedürfnisse* gedeutet werden. Heim sieht darin letztlich eine Suche nach verbleibenden, wirklichen und greifbaren Identitätskernen, um in einer zunehmend verwirrenden Welt auch noch einen stabilen Halt erkennen zu können und das Ich-Gefühl wenigstens dort, im Körper, plazieren zu können – als Gegenzug zur Virtualisierung und Entgrenzung alles anderen (vgl. Grieser 1998, S. 258f.). Der unglaubliche Zulauf, den Fitneß- und ähnliche Studios dieser Art heutzutage verzeichnen, läßt diese These sehr plausibel erscheinen. Außerdem verrät das Bedürfnis nach körperlicher Stählung und Ertüchtigung, abgesehen von seiner Abwehrfunktion gegen bedrohlich-entmännlichende Weichheit (vgl. Theweleit 1977, 1978), noch ein Stück unbewußten Aufbegehrens oder Sich-Messens mit der Kraft und der Stärke des Vaters. Sozialpädagogische Konzepte, die im Rahmen prophylaktischer Programme gegen Jugendgewalt männlichen Heranwachsenden im Rahmen von Zeltlagern und ähnlichen Veranstaltungen neuerdings wieder Erfahrungen mit »Vätern zum Anfassen« und zum Kräftemessen ermöglichen und sie so wieder mit »berührbaren Männern« in Kontakt bringen wollen, entsprechen den hier anklingenden unbewußten Bedürfnissen (vgl. auch Grieser 1998, S. 260).

Rechtsradikale Übergriffe könnten demnach auch als eine *Verschiebung und Übertragung von Aggression auf den Körper des Vaters* verstanden werden: Die Adoleszenzentwicklung aktiviert ja frühere (ödipale) Ängste um die Intaktheit des Körpers und steigert so die bisherige Sozialisationsgeschichte zu einer krisenhaften Dramatik: Das erschütterte Körperbild wird nun nicht wie bei vielen anderen Jugendlichen autoplastisch (Zweifel und Unwohlsein an und über sich selbst), sondern *alloplastisch abreagiert*, nämlich in einer Attacke gegen den anderen Körper, dessen Verletzung einen beruhigenden Kontrast zum eigenen, unversehrten Körper bietet: »Die Zerstörung des anderen Körpers wird ihm zur Plombe eines Hochgefühls narzißtischer Integrität« des eigenen Leibs, womit gleichzeitig auch eine »prothesenhafte Phallizität für ein fragmentiertes Körper-Ich« geschaffen ist. (Heim 1996, S. 50).[9] Neigen Jugendliche anderer Kulturen – aber auch manche in unserer Kultur – dazu, sich selbst in Ermangelung adoleszenter Initiationsriten zu gefährden oder Wunden zuzufügen, geht es hier um die Verwundung, ja Tötung fremder, unbekannter Körper: »Identitätsbildung durch Versehrung und Zerstörung

[9] Heim kritisiert übrigens an anderen Rechtsradikalismus-Studien wie an der von Heitmeyer oder Hopf die Vernachlässigung dieser körperlichen Dimension (1998, S. 50).

anderer Körper« (ebd., S. 51) – also eine ganz besonders destruktive Art der »*Schiefheilung*« (Freud 1921c)!

Mit seiner Hervorhebung der körperlichen Dimension kann Heim sich auch auf Freud berufen, bei dem das Ich ja von Anfang an »vor allem ein körperliches (...)« ist, ja »es ist nicht nur ein Oberflächenwesen, sondern selbst die Projektion der Oberfläche« (1923b, S. 294). Zieht man Mahlers u. a. (1993) Beobachtung hinzu, nach der besonders das zeitweise fragmentierte kindliche Ich Veränderungen fürchtet und unberechenbare belebte Objekte deshalb »unbelebt gemacht« werden (S. 76), rundet sich das Bild ab: Das Ich des Adoleszenten fühlt sich überfordert und fragmentiert und sieht deshalb »in physischer Gewalt den Fluchtpunkt seiner Grundängste«. Und diese Gewalt (bzw. das innere Hochgefühl, das sie verleiht) ist es, »die die narzißtische und phallische Fiktion körperlicher Ganzheit und Unversehrtheit nährt« (Heim 1996, S. 52, vgl. auch Kohut 1973, S. 76). Dazu paßt auch, daß etwa die Skinheads diese Fragmentierungsängste in ihrem ›Outfit‹ ausdrücken, sind sie doch selbst mannigfach »verstümmelt«: die geschorene Glatze und andere Verstümmelungstendenzen einschließlich reichhaltigen ›Piercings‹ stellen Grenzerfahrungen des Körpers bereit und vergewissern einem gleichzeitig, daß er doch noch ganz ist. Die bekämpften Objekte dagegen – etwa ›Sandler‹, Obdachlose und bezeichnenderweise auch Behinderte – spiegeln ihren Peinigern die ganze *körperlich-soziale Hinfälligkeit* sowie Degradierungs- und Depersonalisierungsängste wider, vor denen sich die Betroffenen dann mittels Gewalt retten. Grunberger hat im Zusammenhang mit dem Antisemitismus von ähnlichen Ängsten gesprochen, wobei Antisemiten die durch die Beschnittenheit (Kastration) ausgelösten Zerstückelungs- und Depersonalisierungsängste auf die (beschnittenen) Juden projizierten und an diesen bekämpften (1988, S. 13).

Weil nun das bei rechtsextremen, gewalttätigen Jugendlichen vielfach nachgewiesene Defizit an Vateridentifikation und hinreichend guter Vatererfahrung »zugleich ein Mißlingen der Identifikation mit dem Körper des ödipalen Vaters ist, drängt sich die Konklusion auf: Die physische Gewalt gegen das Opfer ist Verschiebungs- und Übertragungsersatz einer Attacke gegen den Körper des Vaters«, der als triangulierender und ödipalisierender Fremder das Kind zwar aus der Einheit mit der Mutter löst, aber offenbar keinen Anlaß für positive Identifikation bietet »und hierfür mit dem

Ressentiment eines unverdauten Vaterhasses besetzt wird« (Heim 1996, S. 56). Die geschundenen, fragilen Körper der Opfer, diese »Ruinen« von Menschen sind »lebendes Beispiel einer gefallenen, eben ruinierten Existenz«, wobei das lateinische »ruinare« auch den Fall aus grandioser Ganzheit meint, also »das Schicksal des Menschen unter dem Zeichen des Kastrationskomplexes, der sexuellen Differenz, der Endlichkeit und Hinfälligkeit« (ebd., S. 63). Somit identifiziert sich der Täter projektiv mit dem ruinierten, ausgestoßenen, fremden Opfer; ein Zustand, der durch die Vernichtung des Opfers bereinigt werden soll. Die »Begründungsleere« für ihre Taten, die solchen Tätern regelmäßig anhaftet, ist »Reflex einer sozialpsychologisch längst beklagten Rückbildung hinreichend gereifter, postödipaler Überich-Funktionen in der spätmodernen vaterlosen Gesellschaft« (ebd., S. 64).

Die Bedeutung fragmentarischer Körpererfahrung – die durch den verbreiteten Körperkult, den Schlankheitswahn und Jugendlichkeits-Fetischismus nur mühsam verdeckt wird – läßt sich auch an Fallvignetten gut demonstrieren: Ottomeyer berichtet von einem jungen Mann, der wegen nationalsozialistischer Wiederbetätigung vor Gericht mußte: er war durch einen Herzfehler vom Sport abgehalten worden und dadurch in der Schule in eine Außenseiterposition geraten. Die ›heldenhafte‹ Tätigkeit bei einer Schüler-Burschenschaft, die sich gegen Außenseiter richtete (er hatte Parkbänke mit »Nur für Arier« beschmiert), war ganz offensichtlich auch eine Kompensation seiner narzißtischen Kränkung, die mit seinem Körper zu tun hatte (1998, S. 36f.). Andererseits finden sich in solchen Gruppen immer wieder Heranwachsende, die ihre ›nicht-perfekte‹ Körperlichkeit – weil sie zu dick oder zu klein sind – dadurch kompensieren, daß sie sich als Angehörige der ›richtigen‹ und überlegenen Rasse fühlen können (vgl. auch das Interview mit dem ehemaligen Skinhead ›Der Bulle‹ im empirischen Schlußteil).

10.4. Die Bedeutung der Bindungserfahrungen

Ein weiterer für das Verständnis der Attraktivität von Rechtsextremismus und rechtsradikalen Tendenzen bei Heranwachsenden wichtiger Forschungsbereich ist der der *Eltern-Kind-Beziehung aus Sicht der Jugendlichen selbst*, wozu die Bindungstheorie (ausgehend von John Bowlby 1984) hilfreiche Ansätze geliefert hat: deren Schwerpunktinteresse richtet sich vor allem auf die Folgen von Trennungen, Verlusterlebnissen und Vernachlässigung für die Eltern- (eigentlich wieder nur: Mutter-) Kind-Beziehung. Insbesondere die Frage, welche psychischen Folgen die beiden postulierten Haupt- bzw. Extrem-Typen nach sich ziehen, ist hier von Bedeutung: So zeigen Jugendliche, die dem »*sicheren Bindungsmodus*« zuzurechnen sind, emotionale Offenheit, Verhaltenssicherheit und –zuversicht. Diejenigen aber, die dem »*unsicheren Bindungsmodus*« angehören, fallen durch emotionalen Rückzug, Kontaktvermeidung und Verunsicherung auf. Dementsprechend neigen auch besonders häufig Kinder des unsicheren Bindungstypus zu feindseligem, ja unsozialem Verhalten und mangelnder Einfühlung in andere (vgl. Rieker 1997, S. 161f.).

Besonders interessant für die Forschung über gewaltbejahendes Verhalten Jugendlicher aber ist jener Aspekt der »Attachment-Forschung«, der sich mit der *Repräsentation von Bindungserfahrung im Bewußtsein von Erwachsenen* befaßt. Diesen psychischen Repräsentanzen der kindlichen Bindungserfahrung – die Art also, wie Erwachsene in sogenannten »Adult-Attachment-Interviews« (vgl. u. a. Jacobsen, in: C. Hopf u. Schmidt 1993) ihre relevanten Beziehungserlebnisse darstellen (oder auch verklären!) – lassen sich in verschiedene Kategorien einteilen, wobei jeweils Parallelen zwischen dem Bindungserleben in der Kindheit und der Bindungsrepräsentanz bei Erwachsenen festzustellen sind: Kindliche Bindungserfahrungen etwa, die Sicherheit, Kontaktfreudigkeit und Erkundungsfreude vermuten lassen, haben nach diesen Ergebnissen eine sicher-autonome Bindungsrepräsentation zur Folge, die freien und sachlichen Zugang zu anderen Menschen ermöglicht. Darüber hinaus ist die erlebte Bindungsqualität auch höchst bedeutsam für die *transgenerationale Weitergabe* von Deprivation und Verwahrlosung: »Es ist drei- oder viermal wahrscheinlicher, daß *sichere* Individuen Kinder bekommen, die eine *sichere* Bindung zu ihnen entwickeln (...)« (Fonagy 1998, S. 99).

Kindheitserfahrungen dagegen, die eher unsicher-vermeidende, aggressiv-ablehnende Elemente aufweisen (und auf unzureichendes Fürsorgeverhaltens der Eltern verweisen), führen zu einer erwachsenen Bindungsrepräsentanz, die eine eher *abwehrend-bagatellisierende* Haltung widerspiegelt und die wirklichen Erinnerungen verleugnet. Eine unsicher-ambivalente, ängstlich anklammernde Bindungserfahrung als

Kind wiederum würde eine *verstrickte*, unsichere und konfus anmutende Bindungsrepräsentanz Erwachsener nach sich ziehen. Daraus lassen sich drei Typen von Bindungsmustern ableiten:

- die sicher-autonome,
- die abwehrend-bagatellisierende und
- die verstrickte/präokkupierte Bindungsrepräsentation.

Im Fall der *sicher-autonomen Bindungsrepräsentanz* fand die Attachmentforschung eine glaubwürdige Bindung an Eltern, die dem Kind liebevolle Zuwendung und Sicherheit gewährt hatten, oder aber eine Loslösung aus unbefriedigenden Elternbeziehungen bei gleichzeitigem Aufbau neuer Beziehungen. Beim *abwehrend-bagatellisierenden Muster* war in der Regel ein Mangel an liebevoller Zuwendung und Unterstützung, ja sogar aktive Zurückweisung in der Kindheit auffindbar. Diese Erfahrungen bleiben aber im Bewußtsein der späteren Erwachsenen »deaktiviert« – man könnte auch sagen: unbewußt – und ohne genaue Erinnerung. Die Eltern werden entweder idealisiert oder aber die negativen Erfahrungen als unbedeutend abgetan. Dagegen werden eigene Stärke und Unabhängigkeit demonstriert. Bei der *verstrickt/präokkupierten Bindungsrepräsentation* scheinen ungelöste und sehr problematische Bindungserfahrungen aus der Kindheit vorzuliegen; Lieblosigkeit und Zurückweisung hatten aber keine Loslösung zur Folge, sondern einerseits ein *passives Verstricktbleiben*, im Rahmen dessen die Eltern teilweise sogar wieder verklärt werden, und andererseits ein *aktives Verstricktsein*, bei dem die Betroffenen sich über ihre Eltern verbittert, aber auch von ihnen nicht abgelöst zeigen, wodurch ihnen die elterlichen Repräsentanzen als andauernde negative Bezugspunkte erhalten bleiben (vgl. Rieker 1997, S. 160ff.).

Von besonderem Interesse sind nun die Zusammenhänge dieser Typen von Beziehungsrepräsentanzen mit rechtsextrem-ethnozentrischen Haltungen (vgl. C. Hopf u. a. 1995). Die Ergebnisse sind wenig überraschend: besonders die ›*Verstrickten*‹ scheinen zur Abreaktion von Wut und Enttäuschung nach außen – auf Sündenböcke – zu neigen; ein Verhalten, das sie teilweise am ›Modell‹ eines Elternpaares, das seine Ehe und den Wert der Familie mittels Aggression nach außen hin abschirmt, ›gelernt‹ haben. Nach klassisch-psychoanalytischer Auffassung des ›autoritären Charakters‹ würde das bedeuten, daß die verstrickten Befragten ihre ambivalent-belastenden Erfahrungen mit den Eltern durch Idealisierung abwehren und die aus den Demütigungen und Zurückweisungen resultierenden Aggressionen auf andere Objekte verschieben. Für diese »Displacement-These« (Rieker 1997, S. 171) gibt es in Untersuchungen von Jugendlichen einige Hinweise: oft war und ist ihr Verhältnis zu den Eltern von Aggression und Gewalt geprägt, und in einigen Fällen wird deutlich, daß die nach außen getragene Aggression eigentlich dem eigenen Vater gilt, dessen Zuwendung und Liebe als mangelhaft erlebt wurden. Auch bei abwehrend-bagatellisierender Bindungsrepräsentanz bricht sich dieses Muster in mehreren Fällen Bahn: weil dem Vater gegenüber dieses Gefühl aber nicht eingestanden werden kann – schon gar nicht innerhalb der Gruppe der Freunde – kommt es zur Verschiebung dieser Impulse, womit die Displacement-These erhärtet wird. Keiner der rechtsextremen Probanden wies jedenfalls eine sicher-autonome Bindungserfahrung auf!

Auf den Vater bezogen lassen sich aus den verschiedensten Arbeiten zur familialen Sozialisation rechtsorientierter Jugendlicher auch noch andere Hinweise finden: Zum einen erzählen die jungen Männer häufig von *Enttäuschungen, Wut und Ärger über den Vater,* der in vielen Fällen auch als Prügler und strenger Bestrafer auftrat. Anhaltende Streitigkeiten mit ihm, aber auch Nachgiebigkeit und Durchsetzungsunfähigkeit der ebenfalls ambivalent erlebten Mütter kommen immer wieder zur Sprache. Daneben gibt es aber auch positive Kindheitserinnerungen an den Vater, die allerdings durchweg von Kränkung und Zurückweisung überschattet werden. Rieker spricht deshalb von einer *»dichotomisierenden Einstellung«* gegenüber den Vätern (1997, S. 180). Wagner-Winterhager berichtet ebenfalls von großen Ambivalenzen in den Erzählungen rechtsextremer Söhne gegenüber ihren Vätern, wobei der ›aktuelle‹, gegenwärtige Vater gehaßt, der idealisierte Vater der Kriegszeit aber (oder als Ersatz der Großvater) bewundernd verehrt würden. Auch Verteidigungshaltungen – zum Beispiel gegenüber einer Wehrmachtsvergangenheit des Vaters – finden sich bei solchen Heranwachsenden (1983, S. 401f.).

Parallel zu psychoanalytischen Interpretationen und Deutungsversuchen liefern also auch andere Forschungsansätze deutliche Hinweise darauf, daß der Gewaltorientierung (männlicher) Jugendlicher oftmals eine den Agierenden *nicht bewußte Aggression gegen den Vater* zugrundeliegt.

10.5. Fehlender – autoritärer – punitiver Vater

Es gibt eine ganze Reihe weiterer Hinweise auf unterschiedlichste Belastungskonstellationen in der Familie, die männliche Heranwachsende in Richtung autoritärer, gewaltbefürwortender und rechtsextremer Neigungen sozialisieren können. Eine erste Gruppe solcher Hinweise findet sich zum Beispiel in der immer umfangreicher werdenden Literatur zur *Scheidungsforschung:* Gerade männliche Heranwachsende sind demnach von Scheidungskonflikten und Trennungserlebnissen insofern besonders betroffen, als die große Mehrzahl solcher Trennungen doch den Wegfall des Vaters und den Verbleib bei der Mutter zur Folge haben. Daraus folgt häufig (und vor allem wesentlich häufiger als bei Mädchen) eine Flucht in antisoziales Verhalten, bei dem allerdings auch häufig die Projektion mütterlicher Gefühle vom Ex-Gatten auf den Sohn eine Rolle spielt. Infolge der Ohnmachts- und Demütigungsempfindungen, die Jungen in derartigen Scheidungsfällen häufig erleiden, sie jedoch verdrängen, sind sie oft in auffälliger Weise mit ihren gewalttätigen Vätern, denen die Mütter die alleinige Schuld an der Trennung zusprechen, identifiziert und fühlen sich auch als *Fortsetzer väterlicher Traditionen*. Die Unmöglichkeit, Gefühle mit anderen zu besprechen, und die daraus folgende Verdrängung, Verleugnung und Bagatellisierung wirken dabei verstärkend auf fremdenfeindliche Haltungen. Die Aggression gegen eine Fremdgruppe kann auch eine Verschiebung der aggressiven Abgrenzung vom fremden neuen Mann der Mutter bedeuten (vgl. Rieker 1997, S. 140ff.).

B. Schmidt (1996) hat eindrucksvolle Fallvignetten vorgelegt, in denen der Mangel an positiven männlichen Identifikationsmöglichkeiten durch das Fehlen männlicher Bezugspersonen und die ungelöste dyadische Bindung an die Mutter im Zusammenhang mit der Genese rechtsextremistischer Haltungen bei Adoleszenten deutlich wird. Neben dem Umstand, daß eine belastete ›Ein-Eltern-Familie‹ – mit mangelhafter sozialer Unterstützung der Alleinerziehenden, Armut, schlechter Kinderbetreuung etc. – in gewisser Weise ein allgemein desintegrierender Risikofaktor für Jugendliche ist, reagieren männliche Heranwachsende auf den Verlust des Vaters mit dissozialem und/oder depressivem Verhalten. Figdor (1991) spricht hier von einer Abwehrkonstellation der *»aggressiven Triangulierung«*, in der der Vater für den Sohn primär als Aggressor zum Vorbild der Loslösung aus der

Mutter-Kind-Dyade werde – also hauptsächlich mit seinen aggressiven, aus den Partnerkonflikten herrührenden Anteilen. Dies illustriert B. Schmidt am Beispiel eines jugendlichen Patienten, der sein aggressiv-männliches Auftreten in Verbindung mit rechtsextremistischen Positionen offenbar als Loslösungsversuch aus einer ungelösten dyadischen Mutterbindung funktionalisiert hatte:

Dieser rechtsextrem-gewaltorientierte Jugendliche wuchs zwar an sich in einer ›vollständigen‹ Familie auf (wie übrigens auch alle Interviewpartner in unserer eigenen Studie!), in der aber der Vater bis zum neunten Lebensjahr des Jungen fast immer weg – auf Montage – war und die Mutter die Familiendominanz innehatte. Der Patient war in den Augen der Geschwister und der Mutter der Versager in der Familie. Der Vater – später dann LKW-Fahrer und Alkoholiker – war jähzornig und aggressiv, entzog sich aber regelmäßig familiären Konflikten und Entscheidungen. Frauen waren für ihn Menschen zweiter Klasse, ebenso Ausländer, die für ihn die Schuld an den wirtschaftlichen Problemen trugen. Beruflich selbst ein ›Versager‹, wurde er auch häufig von der Mutter depotenziert. Der Patient idealisierte früh den Großvater väterlicherseits, der immer ein Messer in der Tasche gehabt hatte, politisch rechts eingestellt war und Ausländer haßte. In ihm sah der Patient einen Helden. Bei den Klinikbesuchen der Mutter fiel auf, daß sie sich vom Patienten in erniedrigender Weise beschimpfen ließ ohne sich zu wehren – er also in gewisser Weise der ›Boss‹ war (1996, S. 371).

Hinter seinen betont männlich-aggressiven Zügen verbirgt der Patient seine Angst vor Versagertum, Kleinheit und Unvollkommenheit – Relikte aus der emotionalen Bedürftigkeit der frühen Kindheit. In seiner Phantasie als »Retter der deutschen Nation«, die eine türkische Machtübernahme verhindere, wird sein Größenselbst spürbar. Im Zwiespalt zwischen dem Wunsch, etwas Besseres zu werden als der Vater (ein Held wie der Großvater), die Mutter andererseits nicht verlassen und deshalb nicht selbständig werden zu können, wird die aggressive Triangulierung sichtbar: fungiert der Vater einerseits »mit seinen aggressiven, haßerfüllten Seiten als Identifikationsmodell zur Loslösung aus der dyadischen Beziehung zur Mutter«, verhindert andererseits seine überwiegende Abwesenheit eine positive Identifikationschance zur Ablösung und Individuation. Der Patient identifiziert sich mit den rechten Haltungen des Vaters und Großvaters, die in ihrer pseudo-maskulinen Aggressivität eine Kompensationschance für das gedemütigte Größenselbst des Patienten darstellen. Die Aggression auf die Mutter, die sich in wüsten Beschimpfungen äußert, sowie der Haß auf den Vater werden schließlich auf die ›Feinde des deutschen Volkes‹ allgemein, die negativen eigenen Selbstanteile speziell auf ausländische Jugendliche projiziert (ebd., S. 372).

An dieser Stelle wird wiederum deutlich, was wir anhand der Frage nach der schädigenden Wirkung von Vaterlosigkeit schon betont haben: Nicht der abwesende Vater an sich als familienpolitischer Topos ist der Faktor, der zu derartigen Problemstellungen in der Entwicklung Heranwachsender führt, sondern dieser *spezielle, zur Enttäuschung, zur aggressiven Reaktion, Identifikation oder Triangulierung Anlaß bietende Vater* ist der Indikator Gewalt beinhaltender Entwicklungen. Umgekehrt ist es deshalb auch nicht *der* Vater an und für sich, unabhängig von seiner Art, nach dem Heranwachsende sich sehnen oder dessen sie als Objekt der Identifizierung zu ihrer gedeihlichen Entwicklung bedürfen, sondern ein Vater, der Interesse und Zuwendung, auch Auseinandersetzung und Unterstützung bieten und damit zur Bestätigung im Sinne intersubjektiver Anerkennung auf Seiten der Heranwachsender beitragen kann.

Ein Wort zu den Deutungs- und Interpretationsversuchen nach Art einer *Protesthypothese,* wonach Heranwachsende mit ihrem Aufruhr nur die der eigenen Elterngeneration bedeutsamen Werte in Frage stellen wollen: Erklärungen dieser Art sind nicht nur sehr spekulativ, sondern auch gesellschaftspolitisch höchst fragwürdig, besagen sie doch, daß ebenso, wie zum Beispiel die studentische Protestgeneration der 68er Jahre die nationalsozialistische Vergangenheit oder die zu wenig deutliche Abgrenzung von ihr bei ihren Eltern attackiert hätte, nun auch die Kinder dieser Protestgeneration unter Rückgriff auf ihre Großeltern die eigenen Eltern bekämpften und herausforderten (vgl. u. a. Morshäuser 1992). Und weil die ›antiautoritären‹, ›linken‹ Eltern als Orientierung gebende Vorbildfiguren versagt hätten, ergebe sich – wie einfach! – nun als Reaktion darauf eine Neigung zu rechtsextremen Ideologien bei ihren Kindern. Fehlende Elternautorität, und hier speziell Vaterautorität, fördere diese Vorbildlosigkeit und Orientierungsschwäche Jugendlicher (vgl. zur Kritik dieser Thesen u. a. Bohleber 1994).

Diesen Spekulationen und der in ihnen wiedergegebenen familiären Dynamik widersprechen allerdings die meisten klinischen Erfahrungen und auch empirischen Befunde, und dies zum Teil diametral: In den allermeisten Fällen berichten jugendliche Rechtsextremisten nämlich von autoritär strukturierten Lebenzusammenhängen, so daß Merten (1993) zu dem Schluß kommt: »*Autoritäre Erziehung schafft autoritäre Charaktere, die für äußere Steuerung leicht verfügbar sind, weil innere Orientierungen und Hemmungen fehlen*« (S. 138; Hervorhebung JCA; zit. n. Rieker 1997). Außerdem geben beispielsweise Jugendliche mit stark ethnozentrischen, fremdenfeindlichen Werthaltungen in verschiedenen Studien an, sich viel häufiger an ebensolchen Einstellungen der Eltern zu orientieren als nicht-ethnozentrisch empfindende Jugendliche! Überhaupt zeichnen viele rechtsorientierte Jugendliche ein Bild von sich, das von den politischen Orientierungen her überdurchschnittlich häufig mit den Eltern übereinstimmt (was übrigens mit dem Grad an emotional befriedigenden Beziehungen zwischen Heranwachsenden und Eltern wahrscheinlicher wird – vgl. Kracke u. a. 1993, S. 976). Dies spricht also ebenfalls gegen die Auffassung rechtsextremer Haltungen als Protesterscheinung gegen linksorientierte, angeblich versagende Eltern – wobei nicht bestritten sei, daß es solche auch unter ›Linken‹ gegeben hat. Die radikalsten Revolten der Kindheit und der Jugend – in welcher Gestalt immer – sind deshalb auch nicht gegen den Vater an sich gerichtet, sondern gegen »*den unwillkürlichen Gehorsam gegenüber dem Vater*, gegen den Umstand, daß die erste Regung des Habitus dahin geht, *ihm zu folgen und sich seinen Gründen zu beugen*«, wie Bordieu in seinen Analysen patriarchaler Herrschaftsverhältnisse betont (1997, 193 – Hervh. JCA). Nach den *Studien zum Autoritären Charakter* (Adorno 1982) führt kein Weg daran vorbei: Ethische Vorurteile, rassistische Haltungen, Ausgrenzung von Andersartigen haben einfach sehr oft mit autoritären Familienverhältnissen zu tun, in denen der Vater als streng und distanziert, die Mutter als hingebungsvoll und aufopferungsbereit beschrieben werden. Keine Rede aber kann davon sein, daß rechtsextrem-autoritäre Haltungen sich quasi ›indirekt proportional‹ gegen die ›linken‹ Väter bzw. Eltern der studentischen Befreiungsbewegung der 60er und 70er Jahre richteten.

Um den Unterschied zur doch recht einfach gestricktenen ›Protesthypothese‹ noch zu verdeutlichen, sei mit Adorno ein Beispiel zitiert, das die spezifische Gebrochenheit eines jungen Mannes durch seinen autoritären Vater gut veranschaulicht:

> »Als ich zwölf war, hat mein Vater mich praktisch jeden Tag geschlagen (...) Aber wissen Sie, ich werfe das niemals meinem Vater vor – ich war selbst schuld. Er hatte seine Anordnungen gegeben, und wenn ich sie nicht befolgte, gab es Strafe, aber niemals in unbeherrschtem Zorn. (...) Mein Vater war ein guter Mensch – daran gibt es keinen Zweifel. Immer war er interessiert an dem, was wir taten (...) Ja, er war ziemlich streng (...) (Welchem Elternteil standen Sie am nächsten?) Ich glaube, meinem Vater. *Obwohl er mich halbtot schlug* (sic! – Hervorhebung JCA), konnte ich mit ihm über alles reden (...)«. (Adorno 1982, S. 325f.)

Hier wird gut spürbar, wie der junge Mann trotz eingestandener gröbster Gewalttätigkeit des Vaters um dessen Idealisierung ringt (nach bagatellisierendem Muster), und diese Verdrängungsleistung scheint auf dem Weg projektiver Auslagerung auch seinen Antisemitismus anzufachen; er, der letztlich die Gewalt idealisiert, verurteilt auf einmal die angeblich rücksichtslosen Juden: »Sie sind ein eigentümliches Volk, – gewissenlos, außer in Geldsachen (...) Wenn man ihnen beim Geldverdienen im Wege steht, wird man an die Wand gedrückt« (ebd.).

Freilich hat dieses auf die Studien zum autoritären Charakter zurückgehende Erklärungsmodell auch seine Schwächen, wie sie neuerdings immer deutlicher erkannt werden: so etwa in einer Kritik von Ali Wacker (1979), der meint, daß die Lehre vom autoritären Charakter zu sehr an frühe Erfahrungen fixiert sei und den aktuellen ›Umwelt‹- oder ›Milieu‹-Bedingungen aus der politischen Kultur und sozioökonomischen Lage zu wenig Bedeutung für das individuelle Verhalten zubillige – ein Ansatz, der heute zunehmend an Bedeutung gewinnt (vgl. Menschik-Bendele, Ottomeyer u. a. 1998). Persönlichkeiten könnten – so Wacker – unter dem Druck der jeweils aktuellen politisch-ökonomischen Umwelt regelrecht »umgekrempelt« und in eine bestimmte Richtung gedrängt werden, ohne daß dem ein besonderer biographischer Faktor aus der Kindheit zugrundeliegen müßte (S. 117f.). Allerdings ist bei den von uns genannten und bevorzugten psychoanalytischen Theoretikern von einer ausschließlichen Determination durch frühkindliche Erlebnisse nicht die Rede gewesen; dennoch scheint es fraglich, ob jemand ganz ohne entsprechende familienstrukturelle Erfahrungen und (belastende) Voraussetzungen tatsächlich ›nur‹ durch den Druck aktueller Ereignisse in eine rechtsextrem-autoritäre Position gedrängt werden kann.

10.6. Klassisch autoritärer Charakter, Narzißmus und Rechtsextremismus

Die Diskussion um den ›alten‹, klassischen Autoritarismus-Begriff bietet Gelegenheit, auch noch der Frage nachzugehen, in welcher Weise die Veränderungen der Beziehungen Heranwachsender zu den Eltern entsprechend geänderte Bedingungen für die Hervorbringung rechtsradikaler Tendenzen, ethnozentrischer und gewaltorientierter Haltungen schaffen. War noch vor wenigen Jahrzehnten unzweifelhaft der »autoritäre Charakter« Nährboden für derartige Dispositionen, muß diese Rückführung heute aufgrund veränderter biographischer Verlaufsformen und auch aufgrund der Veränderungen der Familie als »psychologischer Agentur der Gesellschaft« (Fromm 1993, S. 79) kritisch hinterfragt werden.

Neuere Untersuchungen legen jedenfalls eine Revision und Erweiterung der im Autoritarismuskonzept enthaltenen Ansätze nahe; so scheint z. B. die *Idealisierungsthese,* wonach die Idealisierung der Eltern – unter Verdrängung der erlittenen autoritären Schmach – Aggressionsbereitschaft, projektiven Haß gegen Fremde und kritiklose Unterwerfung unter die Eigengruppe (Rasse, Nation etc.) fördere, problematisch: Nach C. Hopf (1993) ist sie empirisch schwach belegt, vor allem aber lassen konflikthafte Autoritäts-Unterwerfungs-Beziehungen auch andere Verarbeitungsmöglichkeiten als nur die Idealisierung erkennen, wie zum Beispiel die von der Bindungsforschung herausgearbeitete *Bagatellisierung.* Die Bagatellisierungsthese, derzufolge Zurückweisungs- und Demütigungserfahrungen durch strenge, strafende Autoritäten von den Betroffenen als *nicht* relevanter, beeinträchtigender Teil der eigenen Geschichte angesehen werden, läßt uns annehmen, daß zwischen dieser Tendenz und der Neigung zu rechtsextremen Positionen ein enger Zusammenhang bestünde (S. 452f.). Dieser Zusammenhang wurde in teilstandardisierten Interviews auch bestätigt. Weiterhin fand man, daß rechtsextreme Jugendliche zwar tatsächlich als sehr ›autoritär‹ eingestuft werden können – aber in einem neuen, aggressiv-dominanten Sinn.

In der Autoritarismusforschung bedarf es deshalb in Abgrenzung zu den frühen Arbeiten Adornos (1982) einer Differenzierung zwischen einem Autoritarismus, bei dem aggressive Durchsetzung und autoritäre Dominanz überwiegen, einerseits, und einer eher defensiven Form, bei der

Ängstlichkeit und Unterwürfigkeit dominieren, andererseits (vgl. C. Hopf 1993, S. 451). Eine der wichtigsten Fragestellungen scheint uns auch zu sein, ob sich die Verarbeitung der speziell ›auffällige‹ oder ›gewalttätige‹ Jugendliche betreffenden aktuellen Belastungsfaktoren nicht auch auf dem Hintergrund *narzißtischer Charakterbildungen* oder aber eines *›neuen‹ autoritären Syndroms* erklären lassen, oder ob vielleicht gar ein Gemisch bzw. ein Kontinuum beider seelischer Strukturierungsmöglichkeiten die besten Erklärungsmöglichkeiten für – nicht erst heute auftretende – rechtsextrem-faschistische Verhaltenspotentiale bietet.

Für den klassisch-autoritären Charakter und seinen Umgang mit Gewalt, Schuld und Gewissen war ja kennzeichnend, daß seine aus heftiger Repression entstehende infantile Aggressivität gegen den autoritären Vater eben nicht oder nicht gänzlich in einem stabilen und zugleich flexiblen Über-Ich gebunden war, sondern frei-flottierend in Form von Unterwerfung unter Autoritäten (masochistischer Teil) oder projektiver Verfolgung von Außenseitern, Schwachen etc. (sadistischer Teil) ausgelebt wurde und wird. Wegen dieser mangelnden Über-Ich-Integration, die sozusagen stets zu ›explodieren‹ droht, braucht der Autoritäre auch ein ›externalisiertes Über-Ich‹, mit dem er sich identifizieren kann (Führerglaube). Rigide und überstreng wird nun zwischen gut und böse unterschieden, und für Übeltäter werden drastische Strafen gefordert. Heute würden wir von einem ›primitiven‹ oder ›archaischen‹ Über-Ich sprechen (vgl. Clemenz 1998, S. 138). Das Führerprinzip – also die Ersetzung des Ich-Ideals durch einen Führer, der alle gleich liebt – hilft den unter Autoritären latent oder offen vorhandenen Neid wegen der vermeintlichen Benachteiligung gegenüber allen anderen zu beschwichtigen. Adorno hat ja einmal festgestellt, daß »aller Rassenhaß« letztlich »Neid« sei (1972, S. 112). Soweit eine Replik auf den autoritären Charakter.

Nun stellt sich die Frage, inwieweit im Vergleich zur autoritären Dressur von damals in den heutigen Industriegesellschaften Faktoren wie eine teilweise »falsch verstandene Laissez-faire-Erziehung« bzw. narzißtische Bedürfnisse der Eltern – Zeitmangel, Gleichgültigkeit oder »Monetarisierung der Eltern-Kind-Beziehung« – *eine weitere Schwächung des Über-Ichs* bewirken. Falls dies so ist, könnten »archaische Selbstobjekte (Größenselbst bzw. idealisierte Elternimago)« immer dominanter werden und partiell an die Stelle des Über-Ichs treten (Clemenz 1998, S. 141).

Schon Horkheimer und Adorno hatten in der *Dialektik der Aufklärung* (1982) parallel zur Theorie der autoritären Persönlichkeit auch schon »Ansätze einer narzißmustheoretischen Perspektive« entwickelt, gespeist aus der Beobachtung, daß Einzelne sich total mit den Machtträgern identifizieren und sich nach Verschmelzung mit ihnen sehnen. Adorno hat dies in *Zum Verhältnis von Soziologie und Psychologie* als »sozialisierte(n) Narzißmus« bezeichnet, der zum neuen Kennzeichen von Charakterbildung geworden sei. Dieser sei durch regressive Tendenzen ausgewiesen, die einer »kollektiven Regression auf ein prä-ödipales Niveau« entsprächen (zit. n. Clemenz 1998, S. 143). Und auch Max Horkheimer hatte schon 1947/1949 neben der autoritarismustheoretischen Erklärung von Gewalteskalationen gemeint, daß Kinder, denen durch die multiple Belastung von Frauen und Müttern im Kapitalismus nicht genug Wärme und Liebe entgegengebracht würde, an unterentwickelter »Liebesfähigkeit« litten und nur »mit einem ungeheuren Maß an Narzißmus« leben lernten (1985a, S. 386). Berger und Schmidt fanden übrigens in einer großen Jugendbefragung, daß die einst narzißtisch verwahrlosten Kinder den höchsten Anteil an Autoritarismus-Syndromen aufwiesen (1995, S. 348f.)

Es scheint also, als ob auch schon die ›Schöpfer‹ der Theorie des autoritären Charakters eine Persönlichkeitsentwicklung *narzißtischen Charakters* bzw. *narzißtischer Pathologie* in ihrer Erklärungssuche für rechtsextreme Haltungen in Betracht zogen. Jedenfalls haben sie schon früh eine Analyse mißlingender Sozialisationsprozesse geleistet, in der sowohl dem Autoritätskonflikt bzw. -problem mit dem Vater als auch der Störung der Mutter-Kind-Interaktion Rechnung getragen wird, so daß die Symptome auf zwei Strukturebenen untersucht werden können. Bei Adorno selbst läßt sich schon zwischen einer ödipalen und einer narzißtischen Version des von ihm selbst untersuchten autoritären Syndroms unterscheiden, was in der Rezeption Adornos oft übersehen wurde: neben dem »klassischen autoritären Typus« als ödipaler Version des autoritären Syndroms nennt Adorno auch den »manipulativen« Typus als das »potentiell gefährlichste Syndrom« (Adorno 1982, S. 328)! Dieser Typus instrumentalisiert und benutzt seine Mitmenschen scheinbar emotionslos zum eigenen Vorteil, wobei reibungsloses Funktionieren (etwa auch in der rationalen Beseitigung der Juden-Leichen) zur obersten Maxime wird. Diese *narzißtische Version* zeichnet sich durch die allgemeine Bereitschaft aus, »jede beliebige Autorität zu akzeptieren, wenn sie nur stark genug ist« (ebd.), wobei es auch zu einer Verschiebung von personalen Autoritäten auf Situationen oder gesellschaftliche dominante Strömungen und Ereignisse kommt, was durch den Faktor der Anpassung und des Mitmachens narzißtische Gratifikation einzubringen verspricht.

Eine andere interessante Variante brachte der französische Psychoanalytiker Béla Grunberger (1986) ins Spiel, der einer bestimmten Art der gewalttätigen Rebellion eine narzißtische, ›antiödipale‹ Problematik zuschrieb und auch eine eigene Sicht des narzißtisch geprägten Über-Ichs präsentiert. Für ihn gehören ›Rebellen‹ – die aber ein strenges, autoritär strukturiertes Über-Ich aufweisen – zu den *Narzißten*: Diese Individuen wollen sich ihr narzißtisches Ideal (repräsentiert durch eine archaische Mutter) bewahren, *indem sie dem ödipalen Konflikt ausweichen*, was auch in der analytischen Situation geschehen kann, wenn der Analytiker zum Repräsentanten der ödipalen Welt wird. Dieser Ansatz, der an die Theorie von der Vermeidung des Ödipuskomplexes von Lebovici und Crèmieux (1974; Kap. 8.3 in dieser Arbeit) anschließt, faßt den narzißtischen Mensch als *gegen den Ödipuskomplex* orientiert und damit *antiödipal*, was Grunberger als »Pseudo-Ödipuskomplex« bezeichnet. »*Aus diesem Grunde ist das Außenseitertum gebunden an die konstante Provokation und die unablässige Störung des väterlichen Prinzips und des davon unabhängigen Universums*« (1986, S. 83). Aber gerade die permanenten Angriffe solcher, oft junger Menschen zeigen, daß sie sozusagen irgendwie am Ödipus ›kleben‹ und »daß der Vater immer da ist«.

Dabei muß das narzißtische Individuum sein Gleichgewicht zwischen der narzißtischen Lösung und der Aufrechterhaltung seines antiödipalen Status durch eine »*manichäische* Position« garantieren: alles Gute ist das Eigene (narzißtische Ideal), alles Schlechte das bei den anderen. Dies und seine antiödipale Tendenz führen zu rechthaberischen Angriffen, die so etwas wie einen sadistischen Angriff »des als Überich verkleideten Es« darstellen:

> »Das ›Überich‹ des narzißtischen Individuums ist ›rein und hart‹, ein Überich, das ich in Anführungszeichen gesetzt habe, weil es ohne Ödipuskomplex nur das frühe mütterliche Überich gibt. Das Überich, das der narzißtische Mensch vorweist, ist nur eine intellektuelle Kopie, die gegen den Vater als Überich-Knüppel benutzt wird. Das narzißtische Individuum stellt diese moralische Instanz zur Schau, doch im Inhalt seiner Ideologie findet man gleichzeitig genau das Gegenteil des ödipalen Überich, ein systematisches Programm für den Verstoß gegen diese Instanz«. (Grunberger 1986, S. 84, Anm. 6)

Den *narzißtischen Aspekt* hat nach seinen Erfahrungen mit Skinheads auch Kleinspehn (1995) hervorgehoben: Orale Verschmelzungswünsche im Rahmen von gemeinsamen Saufgelagen oder mit mütterlichen (Ersatz-) Objekten, die sich zum Beispiel in geradezu kindlicher Vorliebe für bestimmte Speisen aus Mutters Küche ausdrücken, wie auch bei einem unserer Interviewpartner, fanden sich häufig. Eine ungelöste Mutterbindung bei oft *verächtlichem Haß auf den Vater* führe zu einer narzißtischen Größensehnsucht, die in den verschiedensten, auch gewaltsamen Aktionen zu befriedigen gesucht wird. Die dem klassisch-autoritären Charakter eigene Angst vor Über-Ich-Impulsen, realen und imaginären Strafen ist der Sorge gewichen, »von den Eltern und später von ihrer Umwelt nicht beachtet und anerkannt zu werden: Eine narzißtische Problematik, die eine frühe Entwicklungsphase betrifft« (S. 32ff.).
Anschauliches klinisches Material für eine narzißmustheoretische Interpretation rechtsextremer Haltungen hat Bohleber (1992) vorgelegt: Er zeigt – anhand seines Patienten »Peter« – sehr schön, wie dieser »seine Ausstoßungs-, Kleinheits- und Schwächegefühle projektiv auslagern und an Ausländern und Asylsuchenden festmachen« konnte. Dabei hilft ihm seine »Liebe zu Deutschland«, in der er (Wieder-) Vereinigung und Verschmelzung mit der präödipalen Mutter und damit archaisch-omnipotente Gefühle wiedererleben kann (S. 700). Die mit dieser Regression verbundene und in der rechtsextremen Ideologie materialisierte Tendenz zu Reinheit, Ganzheit, Unversehrtheit und ununterschiedenem Einssein mit dem Primärobjekt, die für Bohleber mittlerweile den Kern nationalistischer Fremdenfeindlichkeit ausmachen, führt auch er auf ein *Ausweichen vor* bzw. eine *Abwehr des ödipalen Konflikts* zurück; dies wird notwendig, weil der ödipale Konflikt unbewältigbare Ängste vor Beschädigung, Begrenzung und Ausstoßung (also ›Kastrationsangst‹) wachrufen würde: »Größenphantasien, Verschmelzungswünsche mit einem idealisierten Objekt, ein schwaches Über-Ich, ein labiles Ich und frei flottierende, weil nicht durch ein Über-Ich gebundene (narzißtische) Aggressivität bilden eine psychische Struktur, die für nationalistische und rassistische Vorstellungen mobilisiert werden kann« (1998, S. 145).

Gewalthandlungen und die oft erheblichen Gefahrenmomente, mit denen viele Aktionen Rechtsextremer einhergehen, schaffen aber auch immer wieder Gelegenheiten, der narzißtischen Hoffnung Ausdruck zu verleihen, all das unbeschadet überleben zu können. Auch die Qualität der Aggression, die in der brutalen Gewalt zum Ausdruck kommt, hat etwas von narzißtischer Wut: In grenzenloser (sic!) Destruktivität werden die Gegner gar nicht mehr, wie es für eine ›ödipale‹ Auseinandersetzung geeignet wäre, als menschliche Gegner wahrgenommen und bekämpft, sondern sie werden »einem narzißtischen Erleben entsprechend als das eigene Überleben bedrohende Objekte behandelt, von denen die Welt gereinigt werden muß« (König 1988a, S. 186). »Wir haben in unserer Jugendzeit halt noch ›fair‹ gerauft«, hat der Großvater eines rechtsextremen Jugendlichen den Unterschied zu früherer Jugendgewalt im Rahmen eines Beratungsgespräches einmal umschrieben (persönl. Mitteilung). Solcherart Raufereien würden aber die Funktion eines Signals für narzißtisches Überleben heute nicht mehr erfüllen.

Damit würde also dem Modell des autoritären Charakters und der für ihn kennzeichnenden Ersetzung des Über-Ichs durch eine Führerpersönlichkeit ein *narzißtisches Vergesellschaftungsmodell* gegenüberstehen, das auf einer regressiv-narzißtischen Verschmelzung mit einem ›reinen‹ Kollektiv und dessen Führer zum Gewinn entsprechender Größenphantasien gründet. Welche der beiden Vergesellschaftungsformen im Einzelfall jeweils zutreffender ist, wird sich wohl *»nicht ohne Berücksichtigung qualitativ-hermeneutischer Fallstudien klären lassen«* (Clemenz 1998, S. 147, Anm. 6).

Carola Brede hat im Zusammenhang mit diesen Erscheinungsformen eines *neuen Autoritarismus* (und seiner Kennzeichen wie Selbstreferentialität, Ambiguitätsintoleranz und der Abwehr von Mißerfolgserfahrungen durch narzißtische Größenphantasien) darauf aufmerksam gemacht, daß diese Merkmale gut auf ihre sozioökonomische Basis zurückgeführt werden können und deshalb als seelischer ›Überbau‹ des ökonomisch-technologischen Modernisierungprozesses aufgefaßt werden können. Schließlich ist es dieser, der die Subjekte immer mehr aus Tradition und Herkunft reißt und zu isolierter »Selbstreferentialität« zwingt, der Konkurrenz und Karriereorientierung und allseitige (narzißtische) Großartigkeit zum beherrschenden Prinzip macht, der in einem bedrohlichen Kampf jede/r gegen jede/n stellt und in der narzißtischen Verschmelzung mit Vorgesetzten die knapper werdenden Aufstiegschancen steigen läßt. Dieser ›neue Autoritarismus‹ ist deshalb – so Brede – auch schwer von der ›Normalität‹ geforderter Verhaltensstile innerhalb unserer Lebens- und Arbeitsorganisation zu unterscheiden (1995, S. 1028).

Die Frage, ob es sich also um autoritäre oder narzißtische Phänomene jugendlicher Charakterentwicklung handelt, ist deshalb nicht einfach zu beantworten; fest steht, daß *prä-ödipale Konflikte* und sogenannte *frühe Störungen* in der Theorie über den autoritären Charakter weitgehend ausgespart blieben, was heute nicht mehr haltbar erscheint: Der Ödipuskonflikt ist ja – wie schon diskutiert – nicht einfach ein Ereignis, das das Kind quasi naturwüchsig von innen überfällt, sondern stark von den sozialen und kommunikativen Gegebenheiten innerhalb der Familie des Kindes geprägt; also »ein vielseitig determiniertes Geschehen (...), bei dem sich von der Geburt eines Menschen an interpersonelle und familiendynamische Prozesse ereignen«. So können wir auch den autoritären Charakter nicht erst als beim Aufeinanderprallen ödipaler Konflikte entstehend denken, sondern müssen auch die vorhergehenden präödipalen Bedingungen der Erziehung und Sozialisation beachten. Ist es denn realistisch anzunehmen, daß jemand, der in den ersten Lebensjahren gute Sozialisations- und Entwicklungsbedingungen mit ausreichender Möglichkeit zum Erwerb von Urvertrauen vorgefunden hat, nun auf einmal in dieser dramatischen Weise ›ödipal kollidieren‹ und zum ›Autoritären‹ werden wird? Statt dessen wird es auch vor diesen Kollisionen schon demütigende, narzißtisch entwertende Botschaften an die Kinder geben, die dann später den Ödipuskomplex, sofern er nicht überhaupt umgangen wird, in einer bestimmten Art einfärben.

Gravierende präödipale Konflikte, in die das Elternpaar – und sei es auch durch das Fehlen eines Teils davon – verstrickt ist, führen somit zu spezifischen narzißtischen Auffälligkeiten, die die Konfliktivität der Ödipussituation (Kränkbarkeit etc.) massiv erhöhen und allerlei Macht- und Unterwerfungstendenzen zur Folge haben. In Anlehnung an Clemenz meinen wir deshalb, daß »›autoritäre‹ und narzißtische Persönlichkeit keine *disjunktiven* Konzepte sind, sondern daß es vielmehr zahlreiche Abstufungen und Zwischenstufen und damit gemeinsame Schnittmengen gibt, daß es mithin auf Schwerpunkte und dynamische Kräfteverhältnisse im Psychischen ankommt« (1998, S. 150). Auch die Frage, ob es sich bei einer von außen als autoritätsgläubig anmutenden Anpassung an mächtige Instanzen um autoritäre Unterwerfung oder um narzißtisch-regressive Verschmelzung handelt, kann nur im Einzelfall beantwortet werden, weil auch beide nebeneinander bestehenden seelischen Funktionen vorhanden sein und eine Rolle spielen können. Die nur am ödipalen Vater orientierte Betrachtung in Adornos klassischem Autoritarismus-Konzept muß unserer Ansicht nach deshalb um die Beachtung der Rolle früherer, präödipaler Konflikte ergänzt werden. Dabei bedarf es auch einer besonderen Beachtung der Funktion des frühen Vaters und seiner Rolle im Rahmen der Entwicklung autoritär-narzißtischer und gewaltorientierter Erlebensweisen.

Würde dieser »notwendige Zusammenhang« von ödipalen und präödipalen Konflikten und Symptomatiken nicht wahrgenommen, so wäre das klassische Konstrukt der autoritären Persönlichkeit heute als veraltet anzusehen, weil es den »einheitlichen psychischen Gegenstandsbereich« autoritärer und narzißtischer Tendenzen und deren gemeinsame »Schnittmengen« vernachlässigt (Clemenz 1998, S. 156f.). Und genau diese durch defizitäre Sozialisationsprozesse hervorgerufenen ›Schnittmengen-Phänomene‹ aus autoritären und narzißtischen Tendenzen, die wegen ihrer unbewußten Anteile einer soziologischen Empirie und Hermeneutik nicht oder kaum zugänglich sind, erweisen sich aus dieser Sicht als »prominenter Forschungsgegenstand einer *psychoanalytischen* Sozialpsychologie« (ebd., S. 158).

10.7. Vaterhaß, Fremdenhaß, Minderheitenhaß?

Bei der Besprechung der Ergebnisse der Bindungsforschung wurde schon erwähnt, daß unter bestimmten Bindungsverhältnissen, besonders beim sogenannten »präokkupiert-verstrickten« Typus, einerseits eine starke Eltern-Idealisierung bestand, andererseits aber auch »*eine durch Wut und Ärger gekennzeichnete Beziehung zu jeweils einem Elternteil – in beiden Fällen: dem Vater*«! Diese Jugendlichen waren auch durchweg einem aggressiv-dominanten Typus der autoritären Persönlichkeit zuzurechnen. Auch gab es bei ihnen »*weitgehende Parallelen in dem Haß gegen Ausländer und dem Haß gegen die Eltern, insbesondere den eigenen Vater*«, der in einem Fall zum Beispiel auch in körperlicher Bedrohung des Vaters mit einem Baseballschläger gipfelte (C. Hopf 1993, S. 459f.; Hervorhebung JCA).

In diesem Zusammenhang gibt es auch weitergehende und vertiefende Analysen über die Entstehung ausgeprägten Vaterhasses und über die Zusammenhänge zwischen Vaterhaß und dem Haß auf Minderheiten: nach C. Hopfs Vermutung sind es »vor allem die Ambivalenzen in der

Vater-Sohn-Beziehung, die für eine Interpretation des besonders auffälligen Vater-Hasses bedeutsam sind« (ebd., S. 460). Ob dieser Haß dann auch für rechtsextreme Jugendliche allgemein kennzeichnend ist, kann C. Hopf aus ihrer Untersuchung schon allein aufgrund der zu geringen Anzahl von Interviews allerdings nicht beantworten: nur in einzelnen Fällen sei dieser Haß extrem aufgetreten, wobei er sich auf die Kränkung durch frühere Zurückweisungserfahrungen bezog und ein deutlicheres Wechselspiel mit Bindungswünschen zeigte als gegenüber einer ebenso zurückweisenden Mutter. Es darf aber angenommen werden, daß diese Einzelfälle für die Erhellung unbewußter Kausalzusammenhänge bei rechtsextremen Entwicklungen nicht ohne Bedeutung sind: Der Vaterhaß und die dahinter verborgene unbewußte Vatersehnsucht stellen Varianten der Verarbeitung traumatisierender Mangelerfahrungen dar, die dann in Richtung Minderheiten- und Fremdenhaß verschoben werden können.

In eine ähnliche Richtung weisen auch die Arbeiten der Berliner Psychoanalytikerin Gertrud Hardtmann (1995, 1998): Sie beschreibt den idealtypischen Rechtsradikalen zunächst als von zwanghaften, also analen Zügen gekennzeichnete Persönlichkeit: »keine Schmuddelkinder, sondern sauber und fast korrekt gekleidet, mit scharfem Haarschnitt oder Glatze (...)« (1998, S. 393). Entsprechend dieser Struktur brechen das Chaos, das Ungeordnete und der Haß nur durch, wenn die Kontrolle – etwa durch den häufig zu findenden Alkoholabusus – nachläßt. Aber auch *phallisch-narzißtische* Züge sind diesem Typus eigen, wie es sich in der Neigung zur Uniformierung, dem Hang zu Waffen, Motorrädern, Autos und anderen zum Männlichkeitskult gehörenden Symbolen sowie in der Herabminderung des Werts von Mädchen und Frauen zeigt (S. 394f.). Insgesamt erschienen diese Jugendlichen »gepanzert«, hätten eine »Schale der Abwehr« um sich aufgebaut, die vor innerer Leere, dem nicht Spürenkönnen und -wollen affektiver, innerer Regungen schützen soll. Hinter dieser Schale wären bei diesen Jugendlichen sogar Ansätze der aus psychoanalytischer Sicht oft als defizitär geschilderten Über-Ich-Strukturen spürbar, die sich auch gelegentlich zu Wort meldeten, wenn etwa Sozialarbeiter zur Identifikation mit ihrer Betroffenheit als Bezugspersonen zur Verfügung stünden (S. 397f.) – eine Erfahrung, die der Autor wie schon geschildert auch selbst machen konnte, wenn rechtsextreme Jugendliche nach einer gewissen Zeit des Vertrauensaufbaus in der Gegenübertragung als ›eigentlich brave Buben‹

erlebt wurden, die aber nie die Gelegenheit hatten, einen »starken Vaterarm« um ihre Schultern gelegt zu bekommen. Andererseits aber scheinen viele dieser Jugendlichen auf einem Entwicklungsstand stehengeblieben zu sein, auf dem sie »die ödipale Stufe nicht erreicht haben«, so daß höchstens die »negative ödipale Stufe triebdynamisch und in den Objektbeziehungen erreicht wird«, wobei die für diese Phase typischen Anlehnungsbedürfnisse an den Vater aber durch dessen Fehlen bzw. Versagen frustriert werden.

Die Wirkungen einer positiven ödipalen Entwicklung wie die Fähigkeit und der »*Stolz, es mit dem Vater offen aufzunehmen, oder sich mit ihm zu identifizieren* und die Mutter/Frau besitzen zu wollen« (Hardtmann 1998, S. 403f.), aber auch der Umgang mit des Vaters Schwächen wie mit seiner Überlegenheit bis hin zur Möglichkeit, sich unter seine Vorherrschaft zu unterwerfen und so werden zu wollen wie er, bleiben bei Fehlen der Grundlagen des ödipalen Konflikts defizitär, wodurch auch der Weg zu einer halbwegs authentischen männlichen Selbstgewißheit unerschlossen bleibt. Neben der stärkeren Gebundenheit an die Mutter entsteht an dieser Stelle schließlich jene intensive *unbewußte Sehnsucht nach dem starken Vater*, die dann häufig durch eine aufgesetzte, mitunter auch brutale ›Männlichkeit‹ kaschiert wird, die das Schwache in sich selbst verleugnet und nach außen projiziert und dort bekämpft.

Otto Fenichel und andere frühe Psychoanalytiker haben schon in den 30er und 40er Jahren des 20. Jahrhunderts das Phänomen des (fremdenfeindlichen) Antisemitismus als durch ungelöste ödipale Bindungen und Konflikte mitverursacht angesehen: Auch sie sahen damals schon die aus Angst und/oder Enttäuschung an den Vätern hervorgerufenen aggressiven Haßregungen entstanden »*aus enttäuschter Liebe zum Vater, ohnmächtiger Wut, Kränkung, Angst, Rachegefühlen und Warten auf eine Gelegenheit, wo sich die Situation umkehrt*, d. h. der ehemals Angegriffene zum Angreifer werden und aus einer sicheren Position heraus unangefochten seine Macht mißbrauchen kann« (Hardtmann 1998, S. 408; Hervorhebung JCA). Entscheidend dabei ist aus heutiger Sicht, daß im Verlauf der pubertären Entwicklung offenbar die der früheren Triangulierung mit dem Vater entlehnte »Fähigkeit, sich dem Dritten als dem Neuen und Fremden in einladender Weise aktiv nähern zu können«, nicht zur Verfügung steht. Boothe (1992) bezeichnet diese entscheidende trianguläre Konstellation als »*den Entwurf des Anderen*«, der nicht nur für die Erforschung postödipaler

Beziehungen, sondern im speziellen auch für »den Konstitutionsprozeß von Vor(ur)teil[10], Fremdenangst, Fremdenhaß und Xenophobie von großer Bedeutung« ist (S. 17). Auch hier stellt sich also die Frage, inwieweit ein ›Anderer‹, der dem Heranwachsenden die Alternative zum Vertrauten oder zum Narzißtisch-Regressiven signalisiert, in irgendeiner Weise zur Verfügung stehen konnte – oder eben durch Absenz und als entsprechend enttäuschend erlebte, ›unnahbare‹ Größe diesen Triangulierungsschritt nicht ermöglichte.

Die Objektbeziehung zum Vater als dem ›Anderen‹, der in unserer Kultur zuerst »als fremder Eindringling erlebt wird« und als solcher Objekt der Liebe ebenso wie auch Objekt des Hasses werden kann, entscheidet letztlich darüber, »wie die Repräsentanz des Fremden einen psychischen Niederschlag findet, der entweder zur Seite des Hasses neigt oder aber die Liebe begünstigt«. Die Liebe jedenfalls setzt in irgendeiner Weise »die Anerkennung des Fremden als Anderen voraus« (Heim 1992, S. 721), wozu es allerdings – wie wir im letzten Teil der Arbeit noch einmal zeigen wollen – bestimmter familiärer und gesellschaftlicher Lebensverhältnisse bedarf. Gelingt diese Anerkennung, ist die trügerische ›Reinheit‹, die die narzißtische Einheit mit sich selbst und mit dem (mütterlichen) ozeanischen Universum versprach, dahin. Ein Narzißmus hingegen, der nicht durch die akzeptierende Repräsentanz des Fremden ›gestört‹ und relativiert wurde, wäre eine »Reaktion gegen sämtliche Tücken der Objektwelt«, die das Subjekt durch Fremdes irritiert. Fremdenangst und Fremdenhaß – so können wir resümieren – beruhen deshalb auch auf der Basis einer nicht durch den Anderen (Vater), den Dritten ›verunreinigten‹ Grundlage des Narzißmus, der erst die Illusion von Reinheit und Homogenität »aufkeimen« läßt (ebd., S. 722).

Der gestörte Dialog mit dem Vater und die verunmöglichte Auseinandersetzung mit ihm spielen jedenfalls nach klinischen Erfahrungen mit rechtsextremen Gewalttätern eine wichtige Rolle. Daraus resultieren haßvolle Verschiebung auf andere Autoritätspersonen (Lehrer, Ausbildner etc.) und schließlich auf gesellschaftliche Mißstände und politische Strukturen überhaupt. All diese Erklärungsversuche psychischer Strukturbildung unter

[10] Im Original heißt es ob eines offensichtlichen Druckfehlers »Vorteil« – JCA.

dem Zeichen der Vaterdefizienz bedürfen aber in entscheidender Weise *der gesellschaftlichen Unterstützung solcher Haßverschiebungsmechanismen*, in erster Linie der Sympathien und mehr oder weniger bewußten Befürwortungen, die in Teilen der Bevölkerung vorhanden sind und politisch geschürt oder zumindest nicht verhindert werden. Ohne die ›Salonfähigkeit‹ solcher Tendenzen (zum Beispiel ausländerfeindliche Gesetze u. a. m.) wäre eine derartige Verschiebung zumindest in dem heute oft beunruhigenden Ausmaß nicht vorstellbar. Der Haß, der angesichts lebensgefährdender und -vernichtender Brandanschläge durchaus ›tödlich‹ genannt werden darf, findet dann sein Ziel in Objekten, die leicht abgrenzbar, deutlich isolierbar und mit einer Reihe historischer oder aktueller Mythen (wie ›die‹ Juden als Bankiers, Geschäftsleute etc.) umgeben sind. Wiederum war es Otto Fenichel, der schon 1946 im Rahmen seiner brillanten Analyse des Antisemitismus die Bedeutung der gesellschaftlichen und ökonomischen ›Stützung‹ solcher Mythen herausgearbeitet hat (1985, S. 355f.).

10.8. Der Vater, der Jud' und der Narzißmus

Nun stellt sich natürlich auch die Frage, warum es so häufig gerade die Juden sind, die zu projektiver Verfolgung und Ausgrenzung Anlaß bieten. Auch bei Freud selbst taucht diese Frage schon auf, und zwar zuerst im Rahmen seiner Religionskritik im ›Mann Moses‹ (1939 b). Die mosaische Religion hatte für Freud wegen ihres monotheistischen Charakters die Bedeutung einer *Wiedereinsetzung des Urvaters,* wobei der Mord an Moses – so Freud – einer Wiederholung des Mordes am Urvater gleichkäme. Diese Tat wird dann in Gestalt des Erlösersohnes quasi bereut, der der wiederauferstandene Moses sei und damit auch der wiederauferstandene Vater, dessen Kreuzigung jeweils erneut eine *Wiederholung des Vatermordes* darstelle. Der Antisemit nun haßt nach Freudscher Auffassung nicht wirklich den gottesmörderischen Juden, sondern eigentlich projektiv sich selbst mit seinen vatermörderischen Impulsen. Indem die christliche Religion aus der Vaterreligion schließlich eine Sohnesreligion gemacht hat, vollzieht sie den Vatermord neu (1939b, S. 534ff.). Daß diese Impulse sich über Generationen hinweg halten, führt Freud – wie vieles andere – einerseits auf die Wiederholung der Phylogenese in der Ontogenese des einzelnen Menschen und andererseits auf den Umstand zurück, daß seelische Inhalte als Erinnerungsspuren an das Erleben früherer Generationen sozusagen »vererbt« würden:

> »Die tieferen Motive des Judenhasses wurzeln in längst vergangenen Zeiten, sie wirken aus dem Unbewußten der Völker, und ich bin darauf gefaßt, daß sie zunächst nicht glaubwürdig erscheinen werden. Ich wage die Behauptung, daß die Eifersucht auf das Volk, welches sich für das erstgeborene, bevorzugte Kind Gottvaters ausgab, bei den anderen heute noch nicht überwunden ist, so als ob sie dem Anspruch Glauben geschenkt hätten. Ferner hat unter den Sitten, durch die sich die Juden absonderten, die der Beschneidung einen unliebsamen, unheimlichen Eindruck gemacht, der sich wohl durch die Mahnung an die gefürchtete Kastration (und auch an den gefürchteten, kastrierenden Vater – JCA) erklärt und damit an ein gern vergessenes Stück der urzeitlichen Vergangenheit rührt«. (ebd., S. 539)

Auch Adorno hat in den *Studien zum autoritären Charakter* die Funktion des Juden als Ersatz für den gehaßten Vater beschrieben, indem der Jude projektiv mit jenen Eigenschaften ausgestattet wird, die auch als Gründe für die Auflehnung gegen den Vater gelten: »Nüchternheit, Kälte, Herrschsucht, ja sogar die des sexuellen Rivalen«, womit natürlich ganz bestimmte, epochal geprägte Merkmale väterlicher Autorität angesprochen sind (1982, S. 323). Loewenstein (1967) wiederum hat auf die Identifizierung des Juden mit Über-Ich-Anforderungen, nämlich als eine Art Personifizierung der Bibel und der zehn Gebote, hingewiesen. Diese Spannung zwischen jüdischem Monotheismus und Heidentum spielt – und hier kommt dem Element des Väterlichen als Über-Ich-Einschränkung große Bedeutung zu – nach Grunberger beim Ursprung des Antisemitismus eine wichtige Rolle:

> »Während das Heidentum dem mütterlichen Element einen großen Platz einräumt, zeigt sich das Judentum vor allem als Religion des Vaters, und zwar eines strengen, allgegenwärtigen, allwissenden und unerbittlichen Richters; kurz, er ist das Über-Ich. Doch die Vaterreligion hat sich nicht darauf beschränkt, den ödipalen Konflikt zu reaktivieren (der ja so alt ist wie die Menschheit), sie hat auch die strafende Instanz verinnerlicht und damit der Menschheit ein Geschenk gemacht, das sie ihr nicht zu verzeihen gewillt ist«. (1988, S. 11)

Überhaupt kann das Alte Testament in gewisser Weise als »*der erste große Feind des menschlichen Narzißmus*« angesehen werden, weil es dem Menschen die Masturbation, die Sodomie, die Anbetung von Götzen usw. untersagt und ihm statt dessen moralische Werte und »die Verehrung einer Gottheit außerhalb des Selbst« abverlangt hätte (Sillmann 1949, zit. n. Grunberger 1988, S. 23, Anm. 12). Die durch den jüdischen Monotheismus eingeführten Neuerungen haben also einerseits zur *Einsetzung des mit der Gewissens-Religion übereinstimmenden Über-Ichs* und damit auch zu Schuldgefühlen geführt, andererseits und darüber hinaus die Verdrängung dieser (ödipalen) Schuldgefühle noch tiefer ins Unbewußte veranlaßt, weil und indem dieser Monotheismus den Vater als Objekt derart stark hervorhob und die Gläubigen »von der Quelle der mütterlichen Wärme und Liebe entfernt« hat. Erst christliche Religionen haben durch die Vergöttlichung Mariens diese Quelle mütterlicher Wärme und Fürsorge wieder zu ›reanimieren‹ versucht. Dadurch verschärften sich die Konflikte mit dem ödipalen (in den Himmel verbannten) Vater. und es kam zu einer Zuspitzung des jüdisch-christlichen Konflikts im Unbewußten. Das Ergebnis: Die Schuldgefühle des Christen verstärkten sich, während der Jude dem Vater treu geblieben war:

> »Mit einem Wort, der Jude hat durch die Einführung des Monotheismus den Menschen nicht nur aus der engen Verbindung mit der Mutter (sogar für das Christentum ist die Mutter Jungfrau, d. h. unzugänglich geblieben) und seiner narzißtischen Welt vertrieben, sondern mit ihm einen Richter eingesetzt, der ihn wegen seiner ödipalen Wünsche verfolgt und bestraft. *Der Jude hat also genau das gleiche getan, was der Vater tut; er hat das Gesetz des Vaters erlassen, was erklärt, warum der Antisemit ihn dazu ausersehen hat, seinen ödipalen Konflikt an ihm abzureagieren*«. (ebd., S. 12)

Menschik-Bendele, Ottomeyer u. a. weisen in diesem Zusammenhang auf den bemerkenswerten Umstand hin, daß Adolf Hitler die zehn Gebote überhaupt für eine »jüdische Erfindung« gehalten hätte, die den Germanen das Leben schwermachen sollte! Und die Verteidigung allfälliger antisemitischer Ausschreitungen, Friedhofsschändungen oder Politiker-Aussprüche durch österreichische Rechtsextreme zeigen indirekt ebenfalls diese lästige ›Über-Ich-Haftigkeit‹ des Jüdischen, wenn zum Beispiel Forderungen nach Rücksicht oder Pietät gegenüber der jüdischen Tradition explizit als »Tugendterror« (so der österreichische Rechtspopulist Jörg Haider) abgetan werden (1998, S. 31f.). Clemenz schließlich gibt den Hinweis, daß die verschiedensten Faktoren von Fremdenfeindlichkeit empirisch immer schon sehr hoch mit antisemitischen Einstellungen korreliert haben (1998, S. 127).

Grunberger, der einen umfangreichen psychoanalytischen Erklärungsversuch des Antisemitismus vorgenommen hat, untersucht in seiner Schrift *Der Antisemit gegenüber dem Ödipuskomplex* aus dem Jahr 1962 den Antisemitismus als Phänomen »am Schnittpunkt von Individual- und Kollektivpsychologie«. Dabei geht es – wie wir sehen werden – immer auch um die Spannung zwischen Narzißmus und ödipalem Konflikt. Bemerkenswert erscheint ihm dabei die Kontinuität und Konstanz antisemitischer Haltungen – warum nicht einmal eine andere Zielgruppe!? Zunächst schildert Grunberger das Über-Ich der Antisemiten als zentrale Schaltstelle dieser Projektionsvorgänge: dieses sei ein ganz frühes, präödipales, unausgebildetes Über-Ich, das keine (ödipalen) Introjekte, sondern nur äußere »*Dressur*« aufweise – ein »prägenitales Über-Ich« also, das sehr streng strukturiert ist, aber eben nicht durch wirkliche Identifizierung, sondern durch »*Konditionierung*« gebildet worden sei (Grunberger 1988, S. 4). Eine solche Instanz führe auch zu den durch die jüngere Zeitgeschichte sattsam bekannten Tugenden bedingungslos ergebener Pflichterfüllung und Gehorsamkeit. Introjiziert werde »lediglich die jeweilige Macht jener anderen Über-Ichs, unabhängig von ihrem Inhalt und Wert« (ebd.). Deshalb hielten sich bei vielen Nazi-Verbrechern zum Beispiel auch Schuldgefühle und Reue in äußerst ›bescheidenen‹ Grenzen, weil ihr strenges, prägenitales Über-Ich praktisch inhaltsleer war: Hauptsache Gehorsam!

Dieser prägenitale Ursprung des »antisemitischen Über-Ichs« erklärt auch die stereotypen prägenitalen Anschuldigungen gegen Juden: »Brunnenvergifter« zum Beispiel ist eine solche oral-anale Kategorie, ebenso wie die verschiedenen Ritualmord-Legenden samt dem Verspeisen der Opfer überdeutlich orale Verschlingensängste signalisieren. Die »Äquivalenz zwischen dem Juden und der Hexe«, also einer schrecklichen und allmächtigen Muttergestalt, ist ebenso auffällig wie die Verkörperung des Bösen durch den Teufel, als der der Jude im Antisemitismus steht: Der Gestank des Teufels und seine Nähe zu Schmutz, Exkrementen und Sünde weisen auf die anale Komponente hin (ebd., S. 5f.). Wir haben es also mit spezifischen Regressionen zu tun, die auch das Ich schwächen; deshalb muß sich dieses geschwächte Ich auch narzißtisch sanieren, indem es das Böse von nun an eindeutig auf eine Seite – die des Jüdischen – projiziert und sich selbst – wie wir das schon kennen – damit genauso eindeutig auf der Seite des Guten positioniert. Wichtig erscheint uns in diesem Zusammenhang auch der Hinweis Berliners aus den 40er Jahren, der das starke Über-Ich des jüdischen Paternalismus als charakteristischen Zug jüdischer Unterwürfigkeit und Gehorsamkeit in den Mittelpunkt rückt: Damit repräsentieren der

Antisemitismus und seine Objekte letztlich »den Konflikt zwischen dem Über-Ich und den Trieben, zwischen dem väterlichen und dem mütterlichen Prinzip im Seelenleben, zwischen der Unterwerfung unter den Vater mit Verzicht auf Triebziele, und der Rebellion gegen ihn zugunsten des Festhaltens an der Mutter und an Mutterbildern« (Berliner 1993, S. 105f.; Hervorhebung JCA). Das jüdische Über-Ich wird so zur Quelle von Angst und Unbehagen, wie auch die Erscheinung des Juden (bzw. seine Karikierung) zu einer Angsthaltung führe, »die im Einklang mit der Angst vor dem Vater seiner Kindheit steht« (ebd.).

Auch bei Hitler selbst spiegelt sich die Projektion von Vaterangst und Vaterhaß auf die Juden wider: Für den ›Führer‹ war die Niederlage Deutschlands unbewußt eine Schändung der Mutter (und seiner selbst) durch den siegreichen Feind, den Vater, der deshalb eliminiert werden mußte. Alle äußeren Feinde, ganz besonders der bedrohlich bleibende (fremde) Vater, »den er jetzt offensichtlich unbewußt im Juden verkörpert sah«, mußten vernichtet werden. Allerdings scheinen in Hitlers Vater-(Juden-) Bild auch präödipale, auf die (enttäuschende) Mutter bezogene Konflikte enthalten zu sein, so daß sein Judenhaß nicht allein aus dem Vaterhaß erklärt werden kann (Müller-Braunschweig 1985, S. 317f.). Fest steht allerdings, daß er einen äußerst tyrannischen, demütigenden Vater gehabt hatte, so daß sein Haß und seine Verachtung durchaus biographische Rechtfertigung finden (vgl. Gruen 2000).

Daß Antisemitismus etwas mit demütigender narzißtischer Kränkung zu tun hat, zeigt sich an seiner Verbreitung vor allem im »Lager der Schwachen und Zauderer, der Nörgler, der Hilflosen und der Unreifen – alle Opfer einer narzißtischen Kränkung, die sie nicht ertragen können« (Grunberger 1988, S. 9). Dieser an sich banal wirkende Zusammenhang wird dann bedeutungsvoll, wenn wir den *Zusammenhang von Narzißmus und ödipalem Konflikt* genauer in den Blick nehmen, werden doch frühe ödipale Mißerfolge als solche leicht als narzißtische Kränkung empfunden, weil das Kind (vor allem der Bub! – JCA), anstatt seinen Mißerfolg durch seine konstitutionelle Unterlegenheit verursacht zu sehen, ihn »jener rivalisierenden, stärkeren, aber außerhalb seiner selbst liegenden Macht, d. h. dem Vater«, zuschreibt. Der Antisemit stößt also aufgrund einer Situation immanenter narzißtischer Kränkung auf ein nicht überwindbares ödipales Hindernis, das ihn in einer infantilen Position fixiert hält, so daß er schließlich den Juden »*die gleiche Rolle zuweist, die der Sohn im allgemeinen seinen Vater spielen läßt*« (ebd.).

In einer anderen Arbeit berichtet Grunberger von narzißtischen Patienten (die übrigens – ohne es zu sein – an rechtsextreme Attentäter erinnern), die durch ihr gewalttätiges, projizierendes und provozierendes Verhalten quasi eine Mauer zwischen sich und den Vertretern der »ödipalen Welt« errichten: Im Grunde gehe es ihnen um »*ständige(r) Provokation und Anfeindung des väterlichen Prinzips*« (1988a, S. 148) und jener Repräsentanzen, die mit diesem verbunden sind. Auch das schon geschilderte prägenitale »reine und harte« Über-Ich entspricht diesem Erscheinungsbild, »ein Über-Ich, das ich in Anführungszeichen setze, weil es ohne den Ödipuskomplex nur das frühe mütterliche Über-Ich gibt. Das vom Narzißten hochgehaltene Über-Ich ist lediglich eine intellektuelle Kopie, die als knüppelndes Über-Ich gegen den Vater verwendet wird« (1988a, S. 155, Anm. 7). Der Narzißt stelle also Moral zur Schau, aber inhaltlich handele es sich um das Gegenteil eines ödipalen Über-Ichs, nämlich um ein »*Programm zur Übertretung dieser Instanz*« (ebd.). Gesamtgesellschaftlich gesehen könnte man in diesem Zusammenhang auch zu der Einschätzung gelangen, daß die zeitgenössische Kultur überhaupt ein ›Programm‹ zur Übertretung ödipal-väterlicher Instanzen darstellt, daß also – wie wir es mit dem österreichischen Philosophen Peter Heintel (1988) schon dargestellt haben – alle Arten von ›Autorität‹, ›Alter‹ oder ehemals ›ödipalen Instanzen‹ durch die rasende Entwicklung der gesellschaftlichen Verhältnisse unter dem Diktat des Fortschritts als ›kulturstiftende Ödipalitäten‹ völlig obsolet geworden sind.

Die ständigen Attacken der Provokateure zeigen aber, daß diese narzißtischen Individuen eigentlich »pseudoödipal« oder »contraödipal« agieren, um eben gerade nicht in die Welt des Ödipus eintreten zu müssen (Grunberger 1988a, S. 155). Die eigentlich ödipale Struktur im antiödipalen Verhalten dieser Menschen verrät sich zum Beispiel in der beständigen Suche nach Gegensätzlichkeit (das Gegenteil vertreten, ohne sich argumentativ auseinanderzusetzen) oder in der Umkehrung der Anschuldigungen und Bezichtigung – wie etwa beim Terrorismus, wenn die narzißtisch kränkenden Bedingungen projektiv als eigentlicher ›Terror‹ bezeichnet werden.

Auch der Zusammenschluß von rechtsextremen, gewaltorientierten Jugendlichen in *Gruppen* steht im Dienste des Narzißmus: Durch die

Fixierung auf frühe Allmachtszustände will sich der Narzißt in der Dimension des Unbegrenzten (wobei der Ödipus eine störende Grenzziehung bedeutet!) und des Unendlichen erfahren. Damit verbunden ist eine *Neigung zur Ausdehnung und Expansion* (»Heute gehört uns Deutschland und morgen die ganze Welt!«? – JCA), wobei der Narzißt die entsprechenden Gefühle auf andere projiziert und sich quasi in der Gruppe der Mitglieder spiegelbildlich vervielfältigt. Auch diese narzißtische Funktion der Gruppe ist letztlich »*gegen* das väterliche Realitätsprinzip« gerichtet; sie folgt stattdessen »einer allmächtigen Mutterfigur in die narzißtische Regression, die zu einem Gefühl der Vollkommenheit und Glückseligkeit führt« (ebd., S. 151). Dies verweist wiederum auf jene Periode der Menschheit zurück (vor der Entstehung des Monotheismus), die durch *Muttergottheiten* geprägt und *prägenital* orientiert war und in der die Beziehung zur »*magna mater*« einerseits zutiefst beunruhigend, andererseits aber auch narzißtisch aufgeladen war und die Kinder nach Verschmelzung hungern ließ (Grunberger 1988, S. 10f.).

Der *Jude* repräsentiert im Unbewußten nach dieser Auffassung also den Vater, was viele Aspekte antisemitischen Verhaltens verständlicher macht: Grunberger nennt etwa das Phänomen, daß Antisemitismus v. a. in kollektiven (Männer-) Zusammenschlüssen blüht. Die mittelalterlichen *Bruderschaften* sind dafür ebenso ein Beispiel wie rechtsorientierte Burschenschaften heutzutage: ein »*Antisemitismus der organisierten Körperschaften*«, in dem die Beziehungen zu den Juden denen zwischen der Freudschen Urhorde und dem Urvater ähneln (vgl. Freud 1912/13). »*So bekämpfen die Bruderschaften den Juden, wie sie einst den Vater bekämpften und noch heute bekämpfen*« (Grunberger 1988, S. 15).

In einer anderen kurzen Schrift aus dem Jahr 1984, »Kurzer Beitrag über Narzißmus, Aggressivität und Antisemitismus«, treibt Grunberger die Bedeutung des Narzißmus für den Antisemitismus noch weiter: der Unterschied zwischen den Antisemiten und den nicht antisemitisch empfindenden Individuen bestehe zuletzt darin, daß Antisemiten narzißtisch gekränkte Individuen seien, deren Feind eben die durch Juden symbolisierte väterliche Ordnung sei. Deshalb verlaufe *die eigentliche gesellschaftliche Spaltung nicht zwischen Juden und Nicht-Juden, sondern zwischen »narzißtischen und ödipalen Menschen«* die die Ordnung des Vaters bekämpften (1988a, S. 135); dieser habe sie ja aus dem Paradies mit der Mutter vertrieben und erinnere mittels Gesetzen und Verboten zuguterletzt an die erste Gesetzgebung durch ›Vater‹ Abraham, der damit für die »Inthronisierung« des Vater-Gesetzes und damit des Über-Ichs steht (ebd., S. 136, Anm. 3). Es geht also um ungelöste, verweigerte ödipale Situationen oder um den Rückfall in narzißtische Positionen – eine Diagnose, die erneut den Narzißmus als ganz wesentliches Phänomen im Zusammenhang mit rechtsextrem-autoritären Positionen ausweist und ihn als letztlich bestimmende psychologische Größe der vaterlosen Gesellschaft faßt!

Antisemitismus ist demnach unter diesem Aspekt »eine Variante der ödipalen Beziehung (...) (bzw. nach Grunbergers eigener Analyse: einer mißglückten Ödipalität – JCA). Man mag dem Juden noch so sehr vorwerfen, er sei ein Neuankömmling, in Wirklichkeit schlägt man in ihm auf den Vorfahren ein« (ebd., S. 16). So muß auch Hitler in seiner Judenhetze den *Vater* gemeint haben. Diesen ›generativen‹ Aspekt des Judenhasses sieht Grunberger auch dadurch belegt, daß damals in Deutschland (und heute auch anderswo – JCA) zuallererst *Friedhöfe* geschändet wurden – also die Grabstätten der Vorfahren (ebd.). Die ödipale Abreaktion des Antisemiten wird dabei erleichtert durch eine unbewußte »Teilung« des Vaters bzw. der »väterlichen Überich-Imago« in zwei Hälften: in die »jüdische Imago«, an der die Aggressionen abreagiert werden können, und die »geliebte Vater-Imago« , der in Form von Gott, Vaterland und allen möglichen ersehnten Idealen die positiven Gefühle entgegengebracht werden können. Diese beiden Teile müssen »ein unauflösbares Paar« bleiben, damit der Mechanismus funktioniert: »Deutschland erwache, Juda verrecke«! So kann der Antisemit getrost seiner Aggression nachgehen, schlägt er doch vermeintlich den Juden, wogegen er den Vater ehrfürchtig liebt (ebd., S. 17). Freilich ist diese Liebe hochambivalent, so daß sich hinter dem idealisierten Vater immer auch der verhaßte Vater befindet.

Nun sind ödipale Konflikte dieser Art – zumindest in ›vaterlosen‹ Gesellschaften – so alltäglich, daß sich noch einmal die Frage stellt, was denn das Spezifische am Juden ist, das ihn zur geeignetsten aller Ersatzfiguren für derartige Projektionen macht, d. h., welche der hierfür notwendigen »Bedingungen nur beim Juden anzutreffen sind«. Diese Frage ist nun zweifach zu beantworten: zum einen ist der Jude ja kraft der durch ihn heraufbeschworenen patriarchalen monotheistischen ›Wende‹ die uralte und mächtige Vater-Imago (= »Überich-Figur«), andererseits aber auch – und das ist entscheidend! – *»ein vollständig kastriertes Wesen (...), das man folglich ohne Gefahr und ohne Schuldgefühle angreifen kann«*. Und diese einander widersprechenden Merkmale existieren nirgends sonst in dieser Mischung. Jedenfalls ist der Vater nach diesem unbewußten Bild gleichzeitig allmächtig *und* kastriert. Dabei besteht die Kastriertheit des Juden nicht so sehr in seiner Beschnittenheit, als vielmehr in seiner sozialpsychologischen Position außerhalb des Systems. Erst die Zugehörigkeit würde ihn narzißtisch integrieren und mit einem Phallus versehen. Je weniger der Jude zum Beispiel das Land, das er bewohnt, auch besitzt, d.h. auch mit der Mutter (Erde) verbunden ist, also herumwandert und in der Diaspora lebt, um so kastrierter erscheint er: »Der Jude aber ist ein *umherirrendes und einsames, kastriertes* und *erbärmliches* Wesen« – ein exakt solches, wie der Antisemit tief unbewußt manchmal *»seinen Vater gern sehen möchte«* (Grunberger 1988, S. 18f.; Hervorhebung JCA). Grunberger verweist letztendlich auch darauf, daß die Gründung des Staates Israel den Antisemitismus zwar nicht beseitigt, aber sich der Ton der Antisemiten geändert habe. Die Israeli haben mit ihrem Land sozusagen ihren Phallus gefunden – und dadurch auch die narzißtische Integrität mit ihrer ›Mutter Heimat‹ im ›gelobten Land‹.

Ich meine, daß diese Aspekte von Fremdenfeindlichkeit und Antisemitismus, die offenbar mit der Rolle des Vaters in der (patriarchalischen) Geschichte zu tun haben und vor allem unter der Bedingung narzißtischer Massenbildungen im Unbewußten wirksam sind, unseren Blick auf die psychologischen Voraussetzungen schärfen können, die zu den sozialen und ökonomischen Krisenerscheinungen der kapitalistisch-neoliberalen Gesellschaft hinzutreten müssen, um derartig besorgniserregende politische Phänomene auszulösen. Klar und deutlich wurde der Zusammenhang von unausgefüllter ödipaler Position eines schwachen oder fernen Vaters, der dadurch eine archaische Über-Ich-Struktur (und archaische Vaterimago) hinterläßt, und Antisemitismus erkennbar: Diese archaische Vaterimago wird gefürchtet *und* gleichzeitig verachtet, wie auch der Jude für einen übermächtigen Vater des Gesetzes einerseits, für ein verachtetes kastriertes Wesen andererseits steht und deshalb gefürchtet *und* verfolgt wird.

10.9. Vaterlosigkeit, Narzißmus und Geschwisterneid

Wenn vorhin mehrfach eine grundsätzliche Neuinterpretation autoritärer und rechtsextremer Haltungen als *auch* narzißtisch bedingte Phänomene vertreten wurde, so soll nun der narzißtische Anteil der Reaktionen auf vaterlose Verhältnisse in Zusammenhang mit der oft vernachlässigten – und selbst wiederum durch Vaterlosigkeit forcierten – Dimension des *Neids* beleuchtet werden. Insbesondere Robert Heim ist es zu verdanken, daß die Bedeutung regressiv-narzißtischer Tendenzen als »unüberhörbare« Aktualisierung der Mitscherlichschen Massenpsychologie von der vaterlosen Gesellschaft herausgearbeitet wurde (Heim 1995, S. 119f.). Dabei werden narzißtische Regressionsneigungen im Zusammenhang mit der Entbehrung eines Elternteils – zumeist eben des Vaters – in einer neuen Weise aktualisiert: So ist uns aus der klinischen Arbeit mit Heranwachsenden aus Familien alleinerziehender (oft: alleingelassener) Mütter bekannt, daß sowohl die enge Bindung an diese als auch die Sehnsucht nach dem Vater durch die Betonung narzißtischer, selbstzentrierter Bedürfnisse abgewehrt werden. Schon Freud hatte ja in *Eine Kindheitserinnerung des Leonardo da Vinci* (1910a) einen *Zusammenhang zwischen der Vaterlosigkeit des Narziß und dessen Selbstliebe* hergestellt, allerdings in einem anderen als hier interessierenden Sinn: Freud meinte, daß der mangelnde Stellenwert des Vaters und die enge Mutterbindung eine Disposition für eine narzißtische – und homosexuelle – Objektwahl schaffe, während das Vorhandensein eines starken Vaters die Wendung zum gegengeschlechtlichen Objekt erleichtere. Der Sohn aber, dem diese väterlich indizierte Orientierung vorenthalten bleibt, »findet seine Liebesobjekte auf dem Wege des Narzißmus, da die griechische Sage einen Jüngling Narzissus nennt, dem nichts so wohl gefiel wie das eigene Spiegelbild und der in die schöne Blume dieses Namens verwandelt wurde« (S. 125). Jedenfalls können narzißtische Symptome auch als Ergebnis der Abwehr der Ambivalenz mit dem alleinlebenden Elternteil aufgefaßt werden (Wangh 1983, S. 20). Dies kann wiederum zur Verschärfung der verschiedensten Gewaltphänomene Jugendlicher führen, weil es deren blindwütige narzißtische Wut anheizen kann, wo mangelnde Zukunftshoffnungen ohnehin keine Risikokalkulation nahelegen und narzißtische Symptome die Fähigkeit zur Besorgnis um andere generell herabsetzen (ebd., S. 29ff).

Die sich im Zuge der ›Entelterlichung‹ und anderer postmoderner Veränderungen (Atomisierung/Individualisierung) entwickelnde, zunehmend prekäre Art einer *Geschwistergesellschaft*, in der ödipal ›erarbeitete‹ väterliche und auch mütterliche Leitlinien verschwinden, begünstigt zudem diese narzißtischen Trends. »Wo kein ›identifizierbarer Einzelner‹ die Macht in Händen hält, besteht dem Prinzip nach eine Geschwistergesellschaft« schreibt Mitscherlich (1983a, S. 331). Im Gegensatz zu Paul Federns Hoffnung, diese ›vaterlose Gesellschaft‹ würde Züge von brüderlicher oder schwesterlicher Solidarität und Toleranz nach sich ziehen, entsteht als – ökonomisch übrigens hoch funktionales – Grundmuster nun ein *ausgeprägter Geschwisterneid.* Der in der Psychoanalyse relativ wenig beachtete Affekt des Neides erfährt im Verlauf der Strukturbildungen der präödipalen und ödipalen Entwicklung ›im Normalfall‹ eine notwendige Bearbeitung und Bewältigung. Gelingt dies nicht, bleibt Neid als kollektive »sozialpsychologische Determinante« unbewußt wirksam. »Unersättlichkeit wird zur vorherrschenden Triebkraft des menschlichen Begehrens in seiner vaterlos gewordenen Gestalt« (Heim 1995, S. 123). Diese oralnarzißtische Triebmodellierung dominiert vor einer möglichen ödipal strukturierten, Grenzen respektierenden, den Neid zügelnden Rivalität:

> »Die Massengesellschaft (...) schafft ein Riesenheer von rivalisierenden, neidischen Geschwistern. Ihr Hauptkonflikt ist nicht durch ödipale Rivalität, die mit dem Vater um die Privilegien von Macht und Freiheit ringt, bezeichnet, sondern durch Geschwisterneid auf den Nachbarn, den Konkurrenten, der mehr bekommen hat (...) Anlehnungshungriges Neidverhalten ist das Strukturmerkmal unserer Konkurrenzgesellschaft. Es hat durch das Entstehen der verwalteten Massen das paternistische Rivalitätsideal abgelöst«. (Mitscherlich 1983a, S. 321f.)

Insgesamt entstehen durch dieses ›Neidgetümmel‹ jede Menge Orientierungsprobleme und ein Ordnungsdefizit, wodurch eine archaisch-narzißtische »Märchenordnung des ›Tischlein, deck' dich‹« bzw. eine »Stillordnung« (ebd., S. 322) begünstigt würden. Von hier aus leitet Heim die wieder wachsenden Phänomen der Fremdenfeindlichkeit bzw. des Antisemitismus *ab: denn Neid kreist immer auch um das Fremde* und seine sozialen Repräsentanzen, wobei hier enormer Forschungsbedarf besteht, weil dieser Zusammenhang auch von Mitscherlich und anderen sozialpsychologisch orientierten Forschern nicht ausdrücklich untersucht wurde. Vaterlosigkeit (und das regressive Ausweichen vor der Ödipalität) erweist sich erneut in ihrer Verbindung mit modernen Ressentiments wie Antisemitismus und Fremdenfeindlichkeit (vgl. Grunberger 1988, 1988a). »Der Weg zur vaterlosen Gesellschaft ist mit den Steinen des Antisemitismus geradezu gepflastert« (Heim 1995, S. 126).

Der Fremde, Asylant, Außenseiter oder der (bedrohliche) Eindringling sind dabei quasi »Opferkandidaten«, an denen sich die Frustration und Gewaltneigung der durch die moderne Komplexität (und die mit ihr assoziierte Absturzgefahr) verunsicherten Menschen immer wieder entlädt. Das Strukturgefüge von Es, Ich und Überich ist schlicht überfordert, deshalb, weil durch die mangelhafte Ausdifferenzierung eines postödipalen Über-Ichs auch kein Aggressionsverzicht mehr geleistet werden will und die dadurch nicht gebundene Aggressivität als eine »getriebene Suchbewegung« nach solchen Opfern zutage tritt. Diese Gefahr sei »in die sozialpsychologische Signatur der vaterlosen Gesellschaft eingeschrieben« (ebd., S. 129f.). Vaterlosigkeit ist aus diesem Blickwinkel nicht nur für die Vater-Sohn-Beziehung bedeutsam, sondern für all jene Sozialisationsprozesse, die – in Wechselwirkung mit sozioökonomischen Prozessen – die Individuen in einer ganz bestimmten Weise auf gesellschaftliche Veränderungen und/oder Bedrohungen reagieren lassen. Wie diese Reaktionen aussehen, hängt davon ab, ob sich im Verlauf von Kindheit und Adoleszenz durch die Möglichkeit ödipaler ›Raufhändel‹ Grenzsetzungen, Verzichtsnotwendigkeiten und die Integration der daraus resultierenden aggressiven Strebungen für Heranwachsende ergeben können oder das Aufwachsen von narzißtisch-regressiven Zügen dominiert wird.

Der Narzißmus und seine regressive Tendenz dürfte aber – was oft übersehen wird – auch auf der Seite der Väter eine nicht zu unterschätzende Rolle spielen: Wer mit sich selbst, seiner gesellschaftlich zugedachten Rolle, seinen (wachsenden) geschlechtsspezifischen Ungewißheiten sowie der Interdependenz dieser Faktoren schlecht zurechtkommt, wer durch die Belastungen und die Angst in der Postmoderne (Baumann 1996) ständig auf der Suche nach Bestätigungen sein muß, wer also danach trachten muß, narzißtische Kompensation für sein gekränktes, mißachtetes, verunsichertes Selbst »einzufahren«, der wird schwerlich bereit sein können, Beziehungen zu geben und zu gestalten – noch dazu inmitten des ambivalenten Beziehungsfeldes, das zwischen Vätern und Söhnen häufig zu beobachten ist. Und solchen Vätern kann auch schwerlich die Rolle zugedacht werden, eine erfrischende, autonomisierende und interessante Figur im frühen und ödipalen Beziehungsdreieck zu sein.

11. Die Mehrgenerationenperspektive und die Rolle der Väter für die intergenerationelle Transmission

Fragt man nach der Entstehung rechtsextremer und gewalthältiger Einstellungen bei Heranwachsenden, so ist auch das Problem der Weitertradierung solcher Haltungen quer über die Generationen hinweg von Interesse und Wichtigkeit. Die Darstellungen und Erzählweisen rechtsextremer Jugendlicher scheinen vielfach die Nachwirkungen nationalsozialistischer und fremdenfeindlicher Haltungen der vorhergehenden Generation(en) in ihrer ganzen Tragweite geradezu seismographisch wiederzugeben (vgl. Inowlocki 1992). Abgesehen von der konkreten, direkten intergenerationellen Transmission ideologischerer Haltungen zeigen klinische Erfahrungen eindeutig, daß Väter ihre Haltungen zum eigenen Vater auch generell – also alle möglichen konflikthaften, negativen oder idealisierenden Beziehungen zu ihm – mit großer Regelmäßigkeit auf unbewußtem Weg an ihre eigenen Söhne weitergeben (vgl. Bauers 1993, S. 129f.) – womit schon ein dreigenerationelles System eröffnet ist.

Um die Erläuterung dieser Transmissionsmechanismen und -bedingungen aus psychoanalytischer Perspektive geht es im folgenden Abschnitt. Dabei erklären manche Autor/innen rechtsextreme Positionen Jugendlicher einfach durch einen hohen Identifikationsgrad mit jenen Eltern oder Großeltern, die aus der Zeit des ›Dritten Reiches‹ erzählen oder schwärmen oder gar den Nationalsozialismus heute noch positiv bewerten. Wagner-Winterhager (1983) zum Beispiel spricht von einer »eigenartige(n) Tendenz zur Imitation der väterlichen oder der großväterlichen national-konservativen, aber auch faschistischen Ausdrucks- und Verhaltensweisen« (S. 397). Was aber heißt »Imitation«, und welche seelischen Mechanismen liegen ihr zugrunde? Ist ein einfaches Imitations-Lern-Modell nicht eine zu simple Erklärungsform? Sind bewußte Erzählungen und Erinnerungen denn genügend aufschlußreich oder gibt es noch andere, verschlungene Wege der Transmission? Und vor allem: widerspräche ein Imitationsmodell nicht der Tatsache, daß es für viele Heranwachsende wenig oder keine

Identifikations- und Imitationsmöglichkeiten gibt, weil es keine spürbaren, nachahmenswerten Modelle gibt bzw. diese in zu großer Distanz zu ihnen stehen?

11.1. Spezielle Aspekte der Vaterlosigkeit durch Krieg und Nazismus – die »Schablonen-Väter«

Spangenberg hat die besondere Problematik von Vaterabwesenheit bzw. Vaterlosigkeit durch den Krieg durchleuchtet, an der sich sehr wohl auch allgemeine Aspekte vaterlosen bzw. vaterfernen Aufwachsens zeigen lassen. Diese Problematik spiegelt sich in jener Söhne-Generation wider, deren Väter Angehörige der Kriegsgeneration oder vielleicht sogar ›aktive‹ Täter im Dritten Reich waren. Dabei spielen vor allem während des Krieges umgekommene, *tote Väter* eine bedeutende Rolle, aber auch solche, deren Täterschaft verleugnet werden mußte (vgl. auch Heim 1997). Im Rahmen zweier Fallstudien von politisch extrem denkenden Männern wird gezeigt, wie sich diese Art Vaterabwesenheit auswirken kann: nachdem die Väter der beiden kurz vor Kriegsende umgekommen waren, bestand keine Möglichkeit einer persönlichen Auseinandersetzung mehr mit ihnen. So mußten also die Söhne ihre Bedürfnisse gegenüber ihren Vätern, auch ihre ödipale Rivalität oder eine ihrer Neuauflagen, die durch Kontakt und Auseinandersetzung mit Vätern in der Adoleszenz entstehen, mit ihren *toten* Vätern abhandeln.

Der »Stoff, aus dem diese Väter gemacht sind«, waren Berichte und nach den Wünschen der Erzählenden zugerichtete Wunschbilder, die ein wenig wie mythologische Wesen anmuteten, deren Verbrechen offenbar nicht mit den leiblichen Vätern in Verbindung gebracht werden sollten. Es handelt sich also mehr oder weniger um aus der Vatersehnsucht hervorgegangene *»Vaterphantome«*, um *»vom Vergessen bedrohte Schatten«*, also letztlich *»zusammengesponnene Väter«* (Spangenberg 1997, S. 43), die die Verleugnung der Greueltaten erleichtern sollten und ihre charismatische Wirkung und Besetzung nicht verloren hatten. Die Söhne, die diese Väter liebten oder liebend in Erinnerung bewahren wollten, schienen sich also Strategien zurechtzulegen, um nur die schablonenhaften Rechtfertigungsversuche für diverse Taten glauben zu müssen – also letztlich die Unwahrheit. Die bewußte Wahrnehmung der väterlichen Verbrechen hätte ja zur Konsequenz gehabt, nicht nur die Väter, sondern auch sich selbst zu hassen; *sie schienen also im Haß an ihre Väter gebunden* – auch wenn sie anders als die Väter, etwa in gegenteiliger ideologisch-politischer Ausrichtung, zu sein versuchten. Eine ganze Reihe von bekannten Abwehrmechanismen in Form von Geschichtsfälschung bzw. von Spaltung in die »bösen« Anderen – Partisanen, Kommunisten etc. – und die »guten« Eigenen – also die »Unschuldigen«, »Ahnungslosen« etc. – dürften hier eine ihrer Quellen haben.

In diesem Zusammenhang sei auch auf die Kritik Tilmann Mosers (1993) an Mitscherlichs *Vaterloser Gesellschaft* hingewiesen, in der Moser zeigt, daß neben den Taten der Väter *auch das Thema der Vaterlosigkeit selbst einer gewissen Tabuisierung und Verdrängung zu unterliegen scheint* – und dies bei einem Autor wie Mitscherlich, der als Gerichtsbeobachter bei den Nürnberger Kriegsverbrecher-Prozessen gegenwärtig war und dennoch die Vaterlosigkeit größtenteils aus dem mit der forcierten Industriegesellschaft einhergehenden gesellschaftlichen Wandel herleitet, während er den Väterlichkeitsverlust nicht im Zusammenhang mit der NS-Zeit und dem Zusammenbruch des Nazitums analysiert. Es ist, als ob die Untaten der Deutschen und das erlittene Trauma immer noch nicht thematisiert werden dürften und deshalb auch ein so bedeutsamer Faktor wie die Vaterlosigkeit durch Krieg der Ausblendung unterliegt:

> »Erst im Anhang unter dem Kapitel ›Vater und Väterlichkeit‹ wird das Schicksal der ›Kriegskinder‹ auf knapp drei Seiten abgehandelt, sicher erstaunlich angesichts der Tatsache von Millionen Familien mit gefallenen, vermißten oder gefangenen wie geschlagenen, gebrochenen, spät heimgekehrten oder verstümmelten Vätern«. (Moser 1993, S. 78)

Diese Verdrängungs- und Abspaltungsvorgänge wirken sich insgesamt verhängnisvoll auf das Ich aus: Die Identifizierung mit den Vätern wird dadurch selbst maskenhaft, wodurch das orientierungsbedürftige Ich gegen die adäquate Wahrnehmung der Gegenwart abgeschirmt wird (Spangenberg 1997, S. 44). Dies umso mehr, als die Stelle des Vaters praktisch doppelt leer bleibt: einerseits durch die *Ausgrenzung des Bösen*, andererseits durch seine *Nichtanwesenheit* bzw. nur *imaginäre Anwesenheit*. Spangenberg schildert an einem seiner Fälle anschaulich, daß sogar der reale Platz des Vaters bei Tisch in der Familie dieses Patienten leer bleiben mußte, ja die Mutter deckte sogar jahrelang weiter den Tisch für ihn und kochte für ihn mit – »als wenn er jetzt durch die Türe wieder herein käme« (ebd., S. 50)! Die ›Schablone

Vater‹ besteht also weiter, harrend der Füllung mit Stellvertretern und idealisierten Figuren, die die reale Vaterlosigkeit überwinden helfen sollen. Der »Führer« bot sich in diesem Zusammenhang besonders als Projektionsfläche an, bot er doch neben der herkunftsbedingten Affinität zu den sogenannten kleinen Leuten auch das übermenschliche Wunsch-Helden-Bild, nach dem gehungert wird.

Die »mythenschaffenden Erzählerinnen«, die die Vater-Schablonen vorerst füllen, sind häufig die Mütter, die ein Wunschbild des Vaters und damit einen idealisierten Mythos aufrechterhalten – haben doch gerade diese Frauen den Zusammenbruch des Systems und die damit verbundene Verunsicherung und Orientierungslosigkeit durch den Verlust des Mannes besonders intensiv, belastend, ja traumatisch erlebt. Dadurch aber banden sie ihre Söhne häufig – gleichsam als Ersatz für die Rolle des verlorenen Ehemannes – fest an sich, wie sie umgekehrt für die verwaisten Söhne zu »entscheidenden ödipalen Halbgöttinnen« wurden (ebd., S. 44f.). Dies wiederum schafft eine ganz besondere Ausformung und Zuspitzung des ödipalen Konflikts, der nämlich hier aufgrund der inzestuös anmutenden, den verlorenen ›Helden‹ ersetzenden Bindung an die Mutter weitgehend unabgeschlossen bleibt. Die postödipale Geschlechterdifferenzierung als Anerkennung des Geschlechtsunterschiedes *und* auch des Generationsunterschiedes wird nicht in aller Deutlichkeit vollzogen, was zu einer erhöhten Anfälligkeit und Bedrohbarkeit der Geschlechts- und ›Generationsrolle‹ führt; hinter dem Fremden, dem Multikulturellen, den Ausländern und hinter allen ›Andersrassigen‹ verbirgt sich dann letztlich eine massive Infragestellung der eigenen Identität als Geschlechtswesen und als ›Generationswesen‹: Sie sind nicht nur fremde Bedrohung, sie sind auch neiderregende ›Geschwister‹, die möglicherweise als Rivalen und als Geliebte der inzestuös besetzten Mutter auftreten könnten und deshalb mit dem schlimmsten (rivalisierenden) Haß überzogen werden müssen. Die häufigen Projektionen gegenüber Ausländern bezüglich ihrer sexuellen Potenz, ihrer Neigung, ›unsere‹ Frauen zu schwängern, damit das Erbgut zu ›vermischen‹ usw., weisen deutlich in die Richtung der hier vorgeschlagenen Deutung.

Auch bei einem zweiten von Spangenberg analysierten Fall kriegsbedingter Vaterlosigkeit, Herrn Q., ist eine »große Vatersehnsucht« in Form einer durch Kritik verdeckten Idealisierung des Vaters festzustellen: »Seine Haltung gegenüber dem Vater gleicht der eines Kindes, das unfreiwillig etwas

Wertvolles verloren hat und, um damit fertig zu werden, sich einreden muß, daß es ihm darum nicht schade sei« (1997, S. 53). Auch hier gibt es eine vom familiären Zusammenhang getragene »Legende vom Vater als Supermann«, neben dem der Sohn als Versager geradezu verblassen muß. Der Vater wird als Saubermann, rücksichtsloser Karrierist und als vorauseilendem Gehorsam Huldigender beschrieben und fügte dem Sohn als strenge, strafende Autorität viel Unrecht, Strafen und Prügel zu. Herr Q. reagiert später einerseits mit ambivalenten Todeswünschen gegen den Vater (z. B. in einer Fehlleistung betreffend die Verwechslung seines Geburtstages mit dem Todestag des Vaters) und andererseits mit der Phantasie der Ersetzung des falsch idealisierten Vaters, was bedeutet, in die Fußstapfen des sehnsuchtsvoll erwünschten Vaters zu treten. Als Kind sucht Q. nach Ersatzvätern, die Suche fällt jedoch enttäuschend aus: ein mit der Mutter schäkernder Nachbar, der sich dann exhibitioniert, prügelnde Lehrer, eine Erwachsenenwelt, die der Heranwachsende als ein geschlossenes System erlebt und ablehnt. Seine daraufhin empfundene Unwürdigkeit aber »ist eng gekoppelt an die Frage, wer sein Vater war« – sicheren Grund bot ihm einzig die »negative Identität«, was schließlich zu einer »Geistesverwandtschaft mit (...) Außenseiterexistenzen« führt, für die er sich später von Berufs wegen engagiert (S. 57f.).

Herr Q. findet dann das Gefühl von gegen sich gerichteter Verschwörung durch demütigende Väter (= Autoritäten) in der ödipal gefärbten Auseinandersetzung zwischen den Generationen der ›68er‹ Zeit wieder. Seine Politisierung erlebt er selbst als

> »Bestrafung des Vaters, daß er nicht existiert hat, indem ich ersatzweise den Staat vornehme und ihn, den Vater Staat nämlich, ihn ganz einfach drangsaliere (...) Da kam mir einfach die Ideologie entgegen, das Antiautoritäre, (...) die 68iger, das war für mich die absolute Erlösung. Diese verkrusteten Strukturen, diese grauenhaften, entsetzlichen Monster, die man da gesehen hat, die gemeint haben, man könne die Gesellschaft einfach verwalten«. (S. 59)

Er gerät in die Sympathisantenkultur der ›RAF‹ (Rote Armee Fraktion), die den Staat nur als absoluten Feind kennt, der als »verschworene Erwachsenengemeinschaft« das Schicksal Q.'s in der Familiengemeinschaft wiederholt. Dieser Staat legt per Definitionsmonopol fest, wer ihm feindlich und gefährlich wird, was unbewußt als eine Wiederholung der familiären Außenseiterposition erlebt wird. Q. landete wegen seines politischen

Engagements schließlich sogar im Gefängnis, aus dem er nur wegen einer schweren Klaustrophobie vorzeitig freikam – auch in dieser Phobie könnte man übrigens eine Verschiebung der Auseinandersetzung mit den verhaßten (= gefürchteten) Aspekten des Vaters sehen.

Unabhängig von der konkreten politischen Option, die extremistisch denkende Menschen treffen, erscheint uns diese Dynamik zweier politisch völlig unterschiedlich positionierter Männer sehr bedeutsam für die Entstehung gewaltsamer Neigungen: sie konnten nach Spangenbergs Beschreibung einerseits »keine sie ausschließende und zum psychischen Wachstum anregende Urszene erleben«, blieben also in zwiespältiger Weise an das Primärobjekt gebunden, was zu libidinösen ebenso wie zu aggressiven Gefühlen gegenüber diesem führte, die beide wiederum selbst bedrohten. »Diese Bedrohung kann nur überwunden werden durch die Hinwendung zum Vater«, in einem Fall zum imaginären Führer oder den ihn vertretenden politischen Ideen, im anderen Fall durch den Kampf gegen den demütigenden Vater (1997, S. 64). Andererseits bedarf eine Erklärung des Zustandekommens solcher Extremradikalisierungen, will sie nicht psychologistisch bleiben, neben der ›inneren‹ Disposition eines äußeren historischen Rahmens, einer gesellschaftlichen Bewegung oder ›Bewegtheit‹ also – und sei es die 68er Bewegung –, die kraft ihrer konkreten Zuschnitts diese individuellen Spannungen sozusagen erst manifest und verhaltenswirksam werden läßt, wobei längst ›vergessen‹ geglaubte historische Erlebnisse auch in der letzten oder vorletzten Generation eine Rolle spielen können.

Hardtmann hat übrigens diese Sehnsucht, den Vater zu idealisieren bzw. ein Bild vom ›guten‹ Vater zu retten, auch bei Gesprächen mit einer Selbsthilfegruppe von Kindern, deren Väter in der Nazi-Zeit zu Tätern wurden, beobachtet: In einer Art Repräsentation des schlechten Gewissens der ersten Nazi-Generation versuchten die Angehörigen der ›zweiten Generation‹, die ja ihre Väter auch geliebt und bewundert hatten, das Bild vom guten Vater wenigstens teilweise zu retten, etwa durch Phantasien, der verurteilte Vater hätte vor seiner Hinrichtung sein Unrecht noch bereut (1992, S. 47). Auch der umgekehrte Weg, mit den Vätern in unheimlicher Härte und Leidenschaftlichkeit ins Gericht zu gehen, verrät noch die Enttäuschung, die aus derartigen Hoffnungen herrührt, ebenso wie die Verantwortung, die den nachfolgenden Generationen damit aufgebürdet wurde. Gleichwohl *wüßten die Kinder wenig über ihre Väter*. Schon für diese ›zweite Generation‹ gelte deshalb die Mitscherlichsche Bezeichnung einer verwaisten vaterlosen Gesellschaft, die von ihren Vätern doppelt im Stich gelassen worden war, einmal durch ihr fragwürdiges Vorbild, andererseits durch die Hinterlassenschaft großer Schuld, die abzutragen nun zur Aufgabe der nächsten Generation wird.

11.2. Die Drei-Generationen-Perspektive

Einige Autoren haben nun mit Nachdruck darauf aufmerksam gemacht, daß ein Phänomen wie der heute aufflackernde (nicht nur jugendliche) Rechtsextremismus sozialisationstheoretisch nicht nur als Problem zwischen zwei Generationen – Eltern und Kinder –, sondern *als eines von drei Generationen* verstanden werden müsse. Erst ein weitgespannter Bogen lebensgeschichtlicher Kontinuitäten, der auch das (Nazi-) Erbe der Generation vorher im Rahmen unserer jüngeren Geschichte mit einbezieht, könne zum eigentlichen Verständnis dieses Phänomens der *»intergenerationellen Transmission«* beitragen (Bohleber 1994, S. 74).

Diese Drei-Generationen-Perspektive ist auch insofern nachvollziehbar, als Eltern ja häufig gleichzeitig mit der Verarbeitung der Vergangenheit der eigenen Eltern *und* mit der Weitergabe von Orientierung und Sinn an die eigenen Kinder zu kämpfen haben (Bar On/Gilad 1992, S. 19f.). Besonders aus psychoanalytischer Perspektive – und hier wiederum in Anbetracht der ›transgenerationellen‹ Qualität des Über-Ichs – scheint dieser Mehrgenerationen-Ansatz deshalb eigentlich unumgänglich. »In der Verklammerung der Generationen wird das Erbe der vorausgehenden von der folgenden Generation aufgenommen und verarbeitet. Was in der ersten Generation konkrete Erfahrung war, beschäftigt die nachfolgende Generation in ihrer Bilder- und Symbolwelt« (ebd., S. 78).
Bar On (1993) spricht dabei von drei Arten intergenerationeller Wirkfaktoren:
- die wirklich »erzählten« Geschichten der Vorfahren,
- das tatsächliche, faktische Verhalten der Eltern
- und die »nicht erzählten« Geschichten.

Diese letzteren, verdrängten oder verschwiegenen Geschichten seien »im sonstigen Diskurs verborgen«, übten aus psychoanalytischer Sicht die *stärkste intergenerationelle Wirkung* aus. Bohleber bringt als Beispiel jene

Neigung von Nazi-Eltern, ihre Kinder zu loyalitätsverpflichteten Empfängern ihrer unerfüllten Wünsche zu machen, um die alten Ideale aufrecht zu erhalten und die Depression angesichts des eigenen Scheiterns abwehren zu können (Bohleber 1994, S. 78f.). Hier waren es vor allem wieder Väter, die auf diese Weise ihr ramponiertes Selbst auf Kosten der Kinder zu stabilisieren versucht hätten. Bohleber spricht von einer *»fortgesetzte(n) projektive(n) Externalisierung«* zur *»Abwehr gegen eine eigene Schuldeinsicht«*. Auf diese Weise konnte die belastende Vergangenheit der Eltern in das Leben der nachfolgenden Generation eindringen. Die daraus folgenden Loyalitätskonflikte betreffen in der Hauptsache die Väter, und zwar deswegen, weil sie meistens der bestimmende Teil der ideologischen Verortung der Familie waren. Auf Seiten der Kinder kommt es zu einer oft quälenden Spaltung zwischen dem – falls spürbar – guten Vater der Kindheit und dem *»bösen Täter-Vater«* (ebd., S. 79; Hervorhebung JCA), die durch Rechtfertigungs- und Entlastungstendenzen gemildert werden soll mit dem Ziel des In-Schutz-Nehmens des Vaters bzw. der Bagatellisierung von Nazi-Verbrechen (oder die Hervorhebung der ›guten‹ Seiten dieses Regimes, die es angeblich auch gegeben habe). Dieser abgewehrte Vater-Konflikt trägt seinen Teil zu einer fragilen Integrität und Struktur von Ich-Ideal und Über-Ich vieler heutiger Erwachsener bei und erschwert damit die Weitergabe stabiler Orientierungshilfen an die dritte Generation.

Bar On schildert diese Unsicherheit am Beispiel einer 1987 (spät aber doch!?) gegründeten Selbsthilfegruppe von ›Kindern‹ ehemaliger Nazi-Täter: Deren wichtigste Kritik war, daß die Eltern ihre Verantwortung damals wie heute nicht wahrgenommen haben, indem sie die Wahrheit verleugnet und die Realität verneint haben. Das Verlangen nach Disziplin und Anpassung um jeden Preis – offenbar eine Reaktion auf die fragile Über-Ich-Struktur – hat diesen Menschen die Lebendigkeit genommen, und die Auseinandersetzung mit der Vergangenheit kommt deshalb einer Suche nach neuer Lebendigkeit gleich, die aber nur mit aufrichtiger Selbstreflexion und Trauerarbeit zu haben sein wird (vgl. Bohleber 1994, S. 79). Eine Frau aus dieser Gruppe schildert, *wie das Schweigen ihres Vaters ihm die Autorität genommen hatte*: »Er hat nicht eingesehen, daß lediglich die Wahrheit einem Autorität geben kann« (ebd., S. 80). Freilich trugen auch die Nachkommen viel dazu bei, daß das Schweigen und Verdrängen der ›Täter-Generation‹ aufrecht blieb: in einer Art ›Befreiungsschlag‹ von den

Ambivalenzen und Widersprüchen der elterlichen Vergangenheit kam es zu scharfen und bitteren, intellektuell gewaltvollen Anklagen und Verurteilungen sowie zu einer regelrechten Tribunalstimmung gegenüber Vätern und Eltern, die erst recht wieder Schweigen und Verdrängen forcierte. Diese Haltung der ›Härte‹, Unerbittlichkeit und Schuldzuweisungsmentalität in den Auseinandersetzungen kann auch als unbewußte Identifizierung mit der Elterngeneration interpretiert werden – oder mit anderen Worten: Die harten, uneinfühlsamen und gewalttätigen Eltern konnten nicht als Teil des eigenen Selbst begriffen werden, wodurch es zu einem nicht enden wollenden Verlauf dieser Verdrängungs- und Schuldzuweisungsspirale kommt: moralischer Rigorismus aus undurchschauter eigener Rigidität hier; fortgesetztes Schweigen und Verdrängen dort. »Die nationalsozialistische Doktrin der Härte zeitigt eine langlebige Herrschaft der Einfühlungsunfähigkeit und Mitleidlosigkeit« (ebd., S. 81).

Als Fallbeispiel für diese Dynamik zwischen den Generationen schildert Bohleber einen im Sozialbereich beruflich sehr erfolgreichen, gut 50-jährigen Mann mit großem Perfektheitsanspruch. Er kommt wegen diffuser psychosomatischer Beschwerden in Analyse. Bei den Beziehungen zu seinen Nazi-Eltern spielt wieder der *Vater* eine wichtige Rolle. Dieser wollte den Sohn nach der Rückkehr aus der Gefangenschaft den Nazi-Idealen entsprechend besonders ›hart‹ und ›männlich‹ erziehen, so daß der Wille des Patienten regelrecht mit der Peitsche gebrochen und er schließlich zum Schwächling degradiert worden war. Der Vater stabilisierte damit seine angeschlagene Subjektivität durch autoritärste Unterwerfung des Sohnes, dem letztlich nichts anderes übrigblieb, als die vom Vater angesonnene Rolle des Schwachen anzunehmen: So opfert er sich heute in einem seiner ›väterlichen Sendung‹ eigentlich konträren Sozialberuf masochistisch auf (Gegenidentifizierung), bleibt allerdings auch in der Identifikation mit seinem Vater gefangen, indem er sehr rigoros und kompromißlos ist und vor versteckter Aggressivität »wie ein Vulkan« manchmal fast zu explodieren droht. Die Nazi-Vergangenheit des Vaters wird in gewisser Weise idealisiert (»Edel-Nazi«, »seinen Idealen treu«) und tendenziell entschuldigt; gleichzeitig wird ihm heute noch übel, wenn er an das faschistische Weltbild des Vaters denkt. Seinen eigenen Kindern gibt der Patient aber doch auch den Rigorismus und den Perfektheitsanspruch weiter, hält sie in Überwachung und Kontrolle, worauf sich diese als Heranwachsende in einer für ihn schmerzlichen Form von ihm ›verabschieden‹ und keine vernünftige Kommunikationsmöglichkeit mehr mit ihm sehen. Der Patient verfällt in Depression, über die man aber nicht rede; dafür fühlt er sich als Versager und Drückeberger. Der Kreis schließt sich, unbarmherzig wie der Vater verfolgt er sich selbst mit Versagensvorwürfen und Selbstentwertung (1994, S. 80f.). So können sich Gewalt und Härte über Generationen hinweg fortsetzen. Der darin erscheinende Wiederholungszwang könnte nur durch eine schmerzliche und von Trauer getragene Einfühlung in die eigene Lebensgeschichte überwunden werden.

Freilich sind neben dieser transgenerationellen Verstrickung auch die bereits diskutierten aktuellen ökonomischen, familiären und psychosozialen Belastungssituationen mancher Eltern und Jugendlicher nicht aus den Bedingungsfaktoren rechtsextremer Entwicklungen wegzudenken. Diese Diagnose scheint jedoch in vielen Fällen nicht wirklich zureichend und erklärt nur einen Teil des Phänomens Rechtsextremismus – ansonsten müßten ja weitaus mehr ähnlich belastete Kinder und Jugendlichen auf diese Weise reagieren. Es erscheint uns deshalb unabdingbar, diese Ebene intergenerationeller Übertragung und Vermittlung zum Verständnis solcher biographischer ›Entscheidungen‹ heranzuziehen. So hat auch Tilmann Moser (1993) in einer Arbeit über *Motive und Ziele der Rechtsradikalen* diesen »vergessene(n) intergenerative(n) Aspekt« (S. 143) als Quelle rechtsradikalen Denkens und Handelns analysiert. Auch er sieht das Fortleben intergenerativ entstellter Fragmente von NS-Ideologie, unverarbeitetem Leid und »eingemotteten Teilen der Biographien von Eltern und Großeltern« als ganz entscheidend an (ebd., S. 145). Gerade die »erschreckende Beziehungslosigkeit« in vielen Familien, das Sich-Nicht-Auseinandersetzen und die ›Nicht-Kommunikation‹ über die Erlebnisse während der NS-Zeit, über konfliktive Anschauungen, Meinungen etc. führen zu einer *verhängnisvollen Tradierung dessen, worüber geschwiegen wird*: Die die Vergangenheit ausblendende neue ›demokratische Erziehung‹ (nicht umsonst oft genug mit Fragezeichen zu versehen!) »schob sich wie frische geologische Sedimente über das Unbewältigte« (ebd.) und erlaubte so keine Aufarbeitung und Integration abgespaltener Anteile – eben nur deren ›Schlummern‹. Daß die darin verborgene seelische Gewaltsamkeit und die unverarbeiteten Traumata und Mythen gerade ob dieser Ausblendung weitertradiert werden, hat die Psychoanalyse an vielen Beispielen nachgewiesen.

Auch die Politisierung revoltierender Bewegungen wie etwa der ›68er‹ »war nach Moser getrennt von der weitgehend unbekannten Geschichte der Eltern erfolgt, aber doch in einem unterirdischen Zusammenhang mit ihr« (1993, S. 146). Die Eltern und Großeltern der radikalisierten Gewalttäter dürften häufig in ihrer Vergangenheit »in einem katastrophen- und gewaltdurchzogenen seelischen Niemandsland« gelebt haben, deren Folgen als Phantasien und Erziehungsstile weitergegeben wurden und in vielen von uns vorhanden sind: »Das Potential unverdauter Grausamkeit ist da als eine beschwiegene Schicht«. Und: »Es gibt auch in der 68er-Bewegung viel seelische Brutalität, erst recht in den darauf folgenden Kadergruppen und, noch einmal gesteigert, in der Rote-Armee-Fraktion« (ebd., S. 147f.). Erinnert sei auch an die ungeheure Stringenz, ja ›Härte‹ mancher der Parolen der Ausgrenzung und an die Verachtung, die Angehörige der studentenbewegten Generation der frühen 70er Jahre – wie der Autor – gegenüber anderen ideologischen Gruppierungen (auch innerhalb der Linken), gegenüber Menschen mit anderen oder gegenteiligen Anschauungen vertreten hatten. Aus heutiger Sicht handelt es sich dabei wohl um äußerst strenge, harte Aburteilungen der jeweils anderen mit durchaus rigiden Spaltungselementen in gut und böse, die zwar auch durch unsere spätadoleszente und durch das Wagnis des Widerstands verursachte Unsicherheit ein Stück weit erklärbar sind, aber eben nicht zur Gänze. Die Herkunft vieler damals engagierter Mitstreiter/innen aus sogenannten gutbürgerlichen Elternhäusern, deren partielle ›Schlagseite‹ hin zur Nazi-Ideologie nicht zu leugnen war, läßt den (selbstkritischen) Rekurs auf die intergenerationelle Analyse solcher Haltungen auch für eine Bearbeitung der eigenen Vergangenheit um so gerechtfertigter und wichtiger erscheinen.

Zu einfach hingegen scheinen es sich jene zu machen, die das verbreitete »Erziehungswaisentum« (Leggewie 1993) als eindimensionale Erklärung heranziehen: aus ihm hätten sich Halt- und Orientierungslosigkeit ergeben, die dann durch Identifikation mit den Großvätern, die Nazis waren, befriedigt würden. Sicherlich bedingt der mit diesem Erziehungswaisentum verbundene Zerfall sinnstiftender, haltgebender sozialer Gemeinschaften die Gefahr des Orientierungsverlusts und der Radikalisierung junger Menschen – aber auch davon sind heute sehr viele Jugendliche betroffen, die eben *nicht* alle mit Gewaltneigung und Rechts-Radikalisierung reagieren.

Hier bietet die intergenerationelle Ebene offensichtlich einen wichtigen zusätzlichen Erklärungswert.

Angesichts der traurigen Realität von grassierenden fremdenfeindlichen, nationalistischen, antisemitischen Umtrieben in der Gegenwart tut es not, uns wieder einmal darauf zu besinnen, daß es ohnehin unrealistisch wäre anzunehmen, eine derart tiefgreifende Periode wie der Nationalsozialismus und seine Durchdringung unserer Kultur wären nach gut 50 Jahren einfach ›weg‹ oder ›vergessen‹ (vgl. Fallend 1997). Realistisch dagegen ist es, die plötzlich wieder aufblitzenden Unmenschlichkeiten aus latent schlummernden, verborgenen Beziehungsniederschlägen von einer Generation auf die nächsten herzuleiten, ohne die verschiedene traurige, längst vergessen geglaubte Haltungen und Ereignisse kaum erklärbar sind.

11.3. Destabilisierung der Generationen und Geborgenheitssuche

Zur Veranschaulichung dieser Thematik seien noch ein paar weitere eindrucksvolle Fallbeispiele zitiert, in denen immer wieder auch der Vater eine mehr oder weniger zentrale Rolle spielt: so hatte ein 19-jähriger Skinhead mit ausgeprägter Gewaltdelinquenz nach der Scheidung der Eltern den Vater überfallen und schwer verprügelt (sic!). Seine Sehnsucht nach der Nazi-Zeit war auch eine nach Ordnung und geregelten familiären und beruflichen Abläufen, während heutzutage »jeder zusehen müsse, wo er bleibt«. Zu jener Zeit hätte ihm auch ›das mit dem Vater‹ – der übrigens wie bei allen von uns interviewten Jugendlichen wenigstens ›irgendwie‹ vorhanden war – nicht passieren können, meinte er, weil er gleich als Kind in die richtige Bahn gelenkt worden wäre. Der Wunsch nach Unterordnung unter eine idealisierte – und idealisierbare! – Autorität in einer fürsorglich-heilen Welt wird also auf die Nazi-Zeit rückprojiziert (Bohleber 1994, S. 77f.). Dieses biographische Muster einer *Krise und Destabilisierung im Elternhaus* (Scheidung, mangelnde Geborgenheit und Fürsorge) findet sich bei rechtsextremistischen Jugendlichen in sehr vielen Fällen.

Schiebel (1992) fand in ihren Studien bei rechtsextremen Jugendlichen ebenfalls eine verbreitete Destabilisierung der Familiensituation, die daraus resultierende Vernachlässigung einerseits und die Sehnsucht nach Eingebundenheit und Bindung andererseits. Anhand eines Dokuments des mittlerweile verstorbenen deutschen Rechtsextremisten Michael Kühnen zeigt sie, wie rechte Propaganda auf eine nahezu ›sozialpsychologische‹ Weise sehr präzise auf diese prekären Lebensumstände von Heranwachsenden abzielt:

> »Wir sprechen innerhalb dieser Jugend verständlicherweise die an, die besonders wenig zu verlieren haben und die ein besonders hohes Maß an Unzufriedenheit mit den gegenwärtigen Lebensumständen haben. Ob es sich nun um soziale (...) Benachteiligung oder soziale Probleme bei ihnen handelt, oder ob es sich um persönliche Probleme handelt, etwa die Frage der Geborgenheit und (...) der Wunsch eben, in einer Gemeinschaft zu leben (...) Bei uns beruht eben sehr viel auf (...) der gefühlsmäßigen Durchdringung, auf dem gefühlsmäßigen Lernen als auf dem rationalen Lernen (...)«. (Schriftenreihe des Bundesministeriums des Inneren 1982, 13; zit. n. Schiebel 1992, S. 69)

Auch andere von Schiebel beispielhaft geschilderte Fälle – ein aktiver und ein ehemaliger Rechtsextremer – weisen die entsprechenden Muster biographischer Destabilisierung über Generationen hinweg auf: Da ist zunächst Ingo, dessen Eltern sich scheiden lassen; sehr ambivalente Bindung an die Mutter, fehlender Vater, der im Gespräch überhaupt nicht vorkommt (!), Sehnsucht nach der Gruppengemeinschaft – und nicht in erster Linie deren politische Ausrichtung; dann schnelle Internalisierung der Werte der Gruppe (bei Fehlen sonstiger bedeutsamer Internalisierungen). Oder Rolf, der Ex-Rechtsextreme: ebenfalls Scheidung der Eltern, kaum Beziehung zum Vater, der als einer geschildert wird, mit dem man nicht reden kann; dann ein Stiefvater, der dem Jungen die Mutter wegnimmt, Enttäuschung über die Mutter, einzig positive familiäre Erfahrung in dieser Zeit mit der Großmutter, die in langen Gesprächen auch von positiven Erinnerungen an den Nationalsozialismus erzählte, wie er betont, und die für ihn damals die einzige anerkennende, zur Identifikation brauchbare Bezugsperson gewesen sein dürfte. Anerkennung erntet er dann als rechtsextremer Schulsprecher. Trotz mehrfach begeisternder Kontakte zu rechtsextremen Gruppierungen kommt es wegen der wirtschaftlichen Abhängigkeit und der diesbezüglich befürchteten repressiven Reaktion vom Vater – immerhin! – zu keinem Beitritt zu einer dieser politischen Organisationen (1992, S. 73ff.).

Interessant auch der ›Ausstieg‹ dieses rechtsextremen jungen Mannes, als er mit 18 Jahren in einem kirchlichen Jugendzentrum mit einem Sozialarbeiter in Kontakt kommt, von dem er sich ernst genommen fühlt und mit fundierten Gegenargumenten gegen seine Ideologie konfrontiert wird, »etwas, was bislang weder der Vater noch die Lehrer leisten konnten« (Schiebel 1992, S. 75). Durch die Kontakte im Jugendzentrum fand dieser Jugendliche offenbar das bis dahin vermißte Geborgenheitsgefühl und – in der Funktion des Sozialarbeiters – das, was diesem jungen Menschen schmerzlich gefehlt hatte, nämlich eine konfrontierende, aber auch *ernstnehmend-akzeptierende Beziehung*, deren ödipalisierende Wirkung darin bestand, sich auf Auseinandersetzungen, die einen selbst in Frage stellen damit auch ›anerkennen‹, einlassen zu können.

Insgesamt zeigt sich, daß die bei rechtsextremistischen jungen Leuten häufig anzutreffende *familiäre Destabilisierung* zu zweierlei Tendenzen führen kann: zur Suche nach Akzeptanz und Geborgenheit, nach Dazugehören einerseits, was sowohl durch entsprechende Gruppen des rechten Spektrums abgedeckt werden kann, in ›geglückten‹ Fällen aber auch von Institutionen geboten wird, die diese Jugendlichen, wie im obigen Beispiel, auffangen. Sozial- und Jugendarbeit haben hier eine weithin – auch von den verantwortlichen Geldgebern – unterschätzte Bedeutung und Aufgabe! Aber auch die Hinwendung zu und Orientierung an den *Großeltern* stellt bei Versagen des Elternhauses häufig ein ›Auffangbecken‹ dar. Dies muß nicht immer eine Verklärung der ›faszinierenden‹ heldenhaft-soldatischen und/oder nazistischen Klischees zur Folge haben, weil Großeltern natürlich auch ein humanisierender, das Eltern-Versagen ausgleichender Faktor sein können. Jedenfalls wird hier ein unmittelbar dreigenerationelles System für die Jugendlichen eröffnet. In vielen Fällen lastet so die ›Erbschaft‹ der nationalsozialistischen Ära weiter auf den Folgegenerationen.

12. Patriarchat, Autoritarismus und ›Antiödipaler Fortschritt‹

> »Die Generationsprobleme aller Jahrhunderte waren hier begründet, (...) im Mißbrauch von Alter und Erfahrung gegen den Schwächeren, im Mangel an Zuwendung und Vertrauen, im Entzug der Liebe, ja in der völligen Liebesunfähigkeit. Vor allem aber in der schlimmen Rechthaberei, im Starkseinwollen, fast um jeden Preis. Wer einmal seinen Vater über sich selbst weinen sah, wird ihn nie mehr verlassen«.
>
> *Heinrich Albertz (1984)*

Wie im letzten Kapitel angeklungen, scheint die ›Abschaffung von Väterlichkeit‹ im Sinne des Verzichts auf eine ödipale Auseinandersetzung mit Autoritäten ein Phänomen zu sein, das unsere moderne Gesellschaft kennzeichnet. Oberflächlich betrachtet könnte man sagen, daß das neoliberal-kapitalistische, patriarchalische System, das diese Auseinandersetzung mit ›ödipalisierbarer‹ Autorität im weitesten Sinne zugunsten der grenzenlosen Freiheit der Marktmechanismen und des fortschrittsorientierten raschen sozialen Wandels reduziert, sich damit in gewisser Weise selbst die kulturbildenden und -erhaltenden Grundlagen entzieht.

Dieser beschleunigte und beschleunigende Fortschritt sowohl im Bereich der Produktivkraftentwicklung als auch in den dadurch veränderten Lebensweisen und -einstellungen hat ein Problem aktualisiert und radikalisiert, das in der Zivilisationsgeschichte immer wieder ein brisantes Thema war: nämlich *das des Verschwindens der Autorität bisher geltender Werte, Normen und ihrer Repräsentanten sowie die Folgen dieses Verlusts.* Hiervon sind nicht nur die Vaterrolle, sondern auch die Rolle der Eltern bzw. ›Älteren‹ und die unserer Vorfahren insgesamt betroffen. Die Bedeutung der ›Vaterschaft‹ als Richtschnur für Verhalten und gesellschaftliche Traditionen ist aber nicht nur eine Frage eines immateriell und idealistisch gedachten Wertesystems, das zu befolgen oder nicht zu befolgen wäre, sondern immer auch Ausdruck der gesellschaftlichen, bildungsmäßigen, technologischen und ökonomischen Einflußgrößen (Macht), die an diese Personen und Positionen gebunden sind.

Jedenfalls gehen heute gesellschaftliche Entwicklungen und der Wechsel von Fähigkeiten und Bedeutungen in einem derart atemberaubenden Tempo vor sich, daß Probleme, die früher über Generationen hinweg wichtig waren, heute oft nur mehr innerhalb einer einzigen Generation (wenn überhaupt) von Bedeutung sind, wie Heintel stimmig beschreibt (1988, S. 226). Und selbst innerhalb dieser einzelnen Generationen lassen bestimmte technologische Entwicklungen die jeweils gerade noch führenden Experten schnell ›alt‹ erscheinen, etwa im Bereich der Computerentwicklung. Fähigkeiten und Fertigkeiten – kürzlich noch beruflich überlebenswichtig – sind auf einmal nicht mehr gefragt, Erfahrung, Tradition, Kontinuität und erst recht Lebenserfahrung geraten immer mehr in den Geruch eines rückwärtsgewandten, weltfremden Konservativismus. War früher noch eine gewisse ›Arbeitsteiligkeit‹ zwischen diesen Erfahrungen einerseits und dem spezialisierten Fortschritt andererseits zu bemerken, so hat unsere Zeit die Bedeutungsschwerpunkte einzig auf den sogenannten Fortschritt verlagert und auf die Erfahrung Älterer wird, wenn sie überhaupt wahrgenommen wird, dankend verzichtet. Grieser (1998) hat am Beispiel des ›Vaterüberflüglers‹ Picasso darauf aufmerksam gemacht, daß das mühelose Übertreffen des Vaters (vgl. auch Heintel 1999) die psychische Repräsentanz von »allmählicher Entwicklung«, für die das Vater-Sohn- und Eltern-Kind-Verhältnis bisher stand, verschwinden läßt. Dies läßt aus sich heraus eine *Neigung zu ungeduldigem, Altes ständig entwertendem und verwerfendem Fortschrittsdenken* entstehen. Jedenfalls sind nunmehr die Jüngeren im Besitz der wichtigen Wahrheiten und Fähigkeiten »und werden zur lächelnden Autorität über die Alten – *ohne daß viel an ödipaler Anstrengung notwendig ist*« (Heintel 1988, S. 227; Hervorhebung JCA). Ein anderer österreichischer Philosoph, Konrad Paul Liessmann, bringt diesen Umstand auf den Punkt, wenn er hinsichtlich der Informations- und Computergesellschaft schreibt: »Keinem Heranwachsenden, der sich auf der Höhe der Zeit bewegt, würde es noch einfallen, seine Eltern danach zu fragen, was sich in der Welt so tut«. Und: »Wo es nichts mehr weiterzugeben gibt, wo jede Tradition obsolet geworden ist, ist der Vater verschwunden (...)« (2000, S. 51).

Angesichts dieser ›Überlegenheit‹, die den jüngeren Generationen hinsichtlich ihrer Bereitschaft zur Aneignung und zum Umgang mit neuen technologischen Anforderungen zukommt, wird der ödipalen ›Anstrengung‹, die es bräuchte, um den Vater zu überflügeln, in der vielleicht bedeutsamsten ›Kerntechnologie‹ unserer Kultur der Boden entzogen. Ja noch mehr: die Väter-Generation muß ihrerseits ›kämpfen‹ bzw. sich fürchten, von den Jungen gnadenlos verdrängt zu werden. Da in unserer Kultur männliche Identität und Vorherrschaft zum größten Teil auf Leistung beruht, werden unter diesen Bedingungen die Väter von den Söhnen sozusagen ›kastriert‹. Dieser Aspekt der ambivalenten Beziehung der Väter gegenüber den Söhnen muß mit als Faktor der Distanz gesehen werden, in der Vater-Männer gegenüber ihren Söhnen leben – wofür u. a. Osheron den Begriff »Laios-Komplex« vorgeschlagen hat (1990, S. 55f.). Das würde bedeuten, daß das Gefühl vieler Väter, von den Söhnen bedroht zu sein, sich in dem Bedürfnis nach Erniedrigung der Söhne oder zumindest nach Distanz zu diesen bedrohlichen ›Überflüglern‹ äußert. Die Folgen einer solchen gegenseitig-ambivalenten, rivalisierenden und konkurrierenden Verschränkung für die Vater-Sohn- bzw. Eltern-Kind-Beziehungen (erst recht in der Adoleszenz!) harren freilich noch genauerer Untersuchung.

Man könnte mit Margarete Mitscherlich-Nielsen (1985) auch davon sprechen, daß die »Autorität eines ›guten Vaters‹«, die nicht von Befehlen herrühre, sondern von dessen »Schutzfunktionen«, von dessen einfuhlenden Fähigkeiten gegenüber Kindern und dessen anschaulicher Vorbildhaftigkeit, von den Verhältnissen ad absurdum geführt worden ist. Dies hat weniger damit zu tun – wie Mitscherlich-Nielsen etwas moralisierend meint –, daß die Väter auf allen Linien wenig vorbildhafte Versager wären, die sich zu Hause als ›Paschas‹ gebärden und zu Unrecht Autorität einfordern, sondern mit dem Umstand, daß eine solche bewahrende, schützende Funktion heute als Hindernis für das geschilderte umstandslose Fortschritts- und Effektivierungsdenken gesehen werden müßte, als dysfunktional für die Umsetzung technologischer Neuerungen und deren Vermarktung. In einer solchen Welt wird etwas wie der ›Rat der Alten‹ oder eine behutsame und besorgte Position gegenüber dem ›Fortschritt‹ bestenfalls als eine zum Schmunzeln verleitende Nostalgie erlebt werden.

In eben diese Richtung gehen auch die Erfahrungen aus der psychoanalytischen Praxis, wie zum Beispiel Ohlmeier (1990) schildert: Er meint dort zu entdecken, daß wir immer mehr unter der Fahne des Fortschritts in eine Epoche geraten, in der »*Väterlichkeit, väterliche Autorität, väterliche Identität von einer funktionalistischen Machbarkeit abgelöst wird*«. Und er fragt sich demzufolge, »ob nicht der Wunsch nach Funktionalisierung, Computerisierung und ›Machbarkeit‹ im Alltag beim Mann an die Stelle persönlicher Potenz und psychischer Zeugungskraft getretenist« (S. 135f.; Hervorhebung JCA). ›Potenz‹ und ›Zeugungskraft‹ – verstanden als Insignien elterlicher Autorität allgemein – gelten somit als überholt! Eine solche Haltung (und die mit ihr verbundenen Affekte) umgeht schlußendlich das Generationenproblem, ja blendet es gänzlich aus; hier braucht es kein Wissen mehr im Sinne des Rückgriffs auf eine durch ›Erfahrung‹ begründete Sachautorität und auf die Errungenschaften früherer Generationen, sondern möglichst ›mutiges‹, ja riskantes Einlassen auf neue (vermeintliche) Machbarkeit – ein durch und durch narzißtischer, antiödipaler Zug, der dem Größenselbst Nahrung gibt.

So werden die Jüngeren seltsamerweise zur Autorität über die Älteren, ein Vorgang, der auch in der Berufs- und Arbeitswelt traurige Parallelitäten aufweist, wenn heute Menschen im Alter von 40 Jahren – oft aus rein ökonomischem Kalkül, aber auch aus ›Flexibilitätsgründen‹ – schon kaum mehr vermittelbar sind oder wenn (wie aus Medienkreisen vernommen) Fernsehserien abgesetzt werden, weil die Sponsorenfirmen erheben haben lassen, daß da hauptsächlich über 40 Jahre alte Menschen zusehen – und für die würden sich die Werbeausgaben ›nicht mehr lohnen‹! Die Beispiele ließen sich fast beliebig fortsetzen. Auch in dieser Hinsicht findet also eine massive tendenzielle Entwertung des Alters und damit indirekt auch der Eltern statt, die nicht folgenlos bleiben kann.

Für die psychoanalytische Entwicklungstheorie und die psychoanalytische Sozialisationstheorie stellen diese Veränderungen eine ungeheure Herausforderung dar, hatte doch Freud *die Bedeutung der Autorität als kaum zu überschätzenden Faktor der Kulturbildung* erachtet. Nur die wenigsten Kulturmenschen seien fähig, so Freud, »ohne Anlehnung an andere zu existieren oder auch nur ein selbständiges Urteil zu fällen«. Ja man könne sich »Autoritätssucht« und »innere Haltlosigkeit«, die aus dem enormen »Verdrängungsaufwand«, den die Kultur uns abfordert, resultieren, gar »nicht arg genug vorstellen« (1910, S. 127f.).

12.1. Der Laios-Komplex und die Rache an den Söhnen

Man könnte also im Zusammenhang mit der eben beschriebenen Entwertung von Autorität und Alter durch den gesellschaftlichen und technologischen Wandel auch von einer unter bestimmten gesellschaftlichen Bedingungen durchaus berechtigten *Angst der Väter vor den Söhnen* – verschärft noch angesichts des Brüchigwerdens des Generationenvertrags – sowie einem daraus folgenden väterlichen Vergeltungsbedürfnis sprechen. Auch die alternativen Ödipus-Interpretationen beinhalten dieses Konfliktelement, beginnt die tragische Geschichte doch damit, daß es ja Laios war, der die Feindseligkeiten gegen den Sohn eröffnete, indem er dessen Ermordung unmittelbar nach der Geburt anordnete, während Mutter Jokaste ihm das Leben rettete, indem sie ihn ›nur‹ aussetzen ließ.

> »Das vollständige Ödipus-Drama wird also nicht durch die libidinösen und aggressiven Regungen, die das Kind gegenüber seinen Eltern hegt, ausgelöst, sondern *zuallererst durch die Ängste und Befürchtungen und die sich daraus ergebende Feindseligkeit des Vaters* in Gang gesetzt, die der Mutter nur noch einen Ausweg offen lassen: das Kind auszusetzen, es von anderen aufziehen zu lassen. So nimmt das Drama seinen verhängnisvollen Lauf«. (Szczesny-Friedmann 1991, S. 199f.; Hervorhebung JCA)

Dieses väterliche Verhalten bis hin zu der Begegnung an der Weggabelung, bei der Ödipus den Vater traf und schließlich unwissentlich tötete, könnte man dann auch so interpretieren, daß Laios gerade durch sein Ausweichen vor der alleinverantworteten Auseinandersetzung mit dem Sohn die tödliche Auseinandersetzung heraufbeschwor und damit den Startschuß für das Unglück gab (ebd., S. 200). Übertragen auf unsere Situation würde das bedeuten, daß neben der einseitigen Aufgabenüberantwortung an die Mütter sich die Väter oft jeglicher eigenständiger Auseinandersetzung mit den Söhnen (Kindern) entzögen, wodurch deren unbewußte Phantasien gegen den Vater die Situation erst recht brisant und ›gefährlich‹ machen würden!

Was wir hier vor uns haben, kann auch als institutionalisierte *Nicht-Anerkennung des Kindes durch den Vater* verstanden werden, die im Prozeß des Erwachsenwerdens und des An-seine-Stelle-Tretens tödliche Rivalität heraufbeschwört, vor der die Vätergeneration mit einigem Recht zunehmend in Panik gerät. Die Auseinandersetzung gipfelt dann unbewußt in einem subtilen Generationenkampf. Petri hat den interessanten

Gedanken entwickelt, daß diese Nicht-Verantwortung und Nicht-Anerkennung auch in der von Männern in Wirtschaft und Industrie zu verantwortenden Zerstörung der lebensnotwendigen natürlichen Ressourcen unserer Erde enthalten ist, und sieht darin eine Art Fortsetzung der historischen *Kindesopfer:* Die (Männer-) Menschen wollten sozusagen »die Götter versöhnen, die der Größenwahn der Menschen erzürnt hat«, wozu sie »ein gigantisches Opferzeremoniell« abhielten, das in der »globalen Vergiftung« der Zukunft der Kinder bestünde (1992, S. 139). Wir könnten also angesichts dieser unbestreitbaren Zukunftsgefährdung regelrecht von einer ›Globalisierung von Laioshaftigkeit‹ sprechen, was unbewußt zu massiven Ängsten und Verdrängungsleistungen (etwa: selbst ewig jung zu bleiben und damit die Position des Altseins und Verantwortlichseins abzuspalten und zu vermeiden) führen muß.

Die Infragestellung der Männer und Väter wurde nicht nur durch die Veränderungen des ökonomischen Systems und durch die Frauenbewegung bewirkt, sondern – wie zum Beispiel Badinter (1991) betont – *auch durch die Söhne selbst.* Ab den 60er Jahren könne man von einem »neuen Bündnis« zwischen den Frauen und der Jugend sprechen, die gleichzeitig »den Ehemann und den Vater in Frage stellten«. Die Jugend der westlichen Industrienationen fand die Väter nicht nur nicht mehr identifizierenswert, sondern weitgehend »lächerlich«:

> »Das ständige Streben nach Konsum, Besitz und technischen Spielereien, der Wirtschaftskrieg, der Rüstungswettlauf und die beispiellose Ausbeutung der Natur stellten in den Augen der Söhne ein Leitbild dar, dem sie nichts abgewinnen konnten (...) Die Jugend lehnte die herkömmlichen männlichen Werte in Bausch und Bogen an und gab weiblicheren Werten den Vorzug«. (1991, S. 168)

Dieser »Tod des Patriarchats«, den Badinter – unseres Erachtens etwas vorschnell! – verkündet, sei schon seit dem 18. und 19. Jahrhundert angebahnt: wurde dem Vater in diesen beiden Jahrhunderten sukzessive die »Schirmherrschaft Gottes« genommen, so wird ihm das 20. Jahrhundert die »moralische Autorität und die ausschließliche wirtschaftliche Macht entziehen« (ebd., S. 164f.).

Nun, zu Beginn des dritten Jahrtausends, können wir feststellen, daß sich derartige Hoffnungen nicht erfüllt haben, auch wenn die patriarchalische Fassade merkliche Risse abbekommen hat. Im ersten Jahr des 21. Jahrhunderts jedenfalls beherrschen Männer nach wie vor alle wirtschaftlich bedeutsamen Bereiche unserer Welt; ein Blick auf die Wirtschaftsseiten unserer Zeitungen genügt, um zu sehen, daß hier der Wunsch Badinters sozusagen der ›Vater der Prognose‹ gewesen sein muß. Auch die Behauptung der spürbaren Ablehnung der ›männlichen‹ Werte durch *die* Jugend stellt eine Diagnose dar, die mit Blick auf bestimmte Jugendsubkulturen nicht durchgängig aufrechterhalten werden kann. Eher scheint es uns so zu sein, daß sich – besonders in dem von Badinter genannten Bereich von »Konsum, Besitz und technischen Spielereien«! – ganz neue ›Werte‹ eingebürgert haben, denen in nivellierender, die Generationsgrenze verleugnender (sic!) Weise Jung und Alt, Söhne und Väter in identischer Weise nachhängen und erliegen. Eine solche Generationen-Nivellierung kann auch als konfliktträchtiger Angriff auf die bisherigen Vorrechte der Männer-Väter aufgefaßt werden, der das Konfliktpotential weiter steigert.

Korrespondierend dazu können wir auch Tendenzen beobachten, die man als eine Art ›Rache‹ der Söhne- (und zunehmend auch Töchter-) Generationen an jenen Vätern, die es erst so weit kommen haben lassen, interpretieren kann. Immer wieder beschleicht einen etwa in den Diskussionen um die Sicherung der Renten- und Pensionszahlungen das Gefühl, als ob ›die Alten‹, die – so ›die Jungen‹ – nicht nur viel geleistet, sondern auch ganz schön ›abkassiert‹ hätten, nun ›selbst sehen müßten, wie sie zurechtkommen‹! Diese Tendenzen könnten *einen unbewußten Akt des Revanchismus* gegenüber jenen signalisieren, die unsere Zivilisation zu dem unsicheren Gebilde gemacht haben, als das sie bei vielen, insbesondere jungen Menschen, heute empfunden wird und zu diffusem Unbehagen und massiven Zukunftsängsten führt. Hat Laios also allen Grund, sich vor der Entmachtung durch Ödipus zu fürchten? Ist nun das Zeitalter der Söhne und Töchter angebrochen, die den traditionell für den Gang der Welt verantwortlichen Vätern die Gefolgschaft in ihren vom Scheitern gezeichneten Unternehmungen aufkündigen? Ist der *ferne Vater* also auch der geängstigte, der sich mit Recht vor der Rache oder zumindest der Mißachtung durch seine Kinder fürchtet? Sozialpsychologisch scheint es uns vorteilhaft, auch eine solche Interdependenz zwischen den Generationen mit in zukünftige Überlegungen zur Gestaltung einer neuen Begegnungskultur in Familie und Gesellschaft einzubeziehen.

12.2. Die Zukunft des »fathering«?

Was bleibt? Die Erwartung einer heute schon nicht mehr als neu, bestenfalls als klein einzustufenden Bewegung ›neuer Väter‹? Oder eine Renaissance des paternalen Denkens? Neue Zwischentöne in der Auseinandersetzung zwischen der Frauen- und einer langsam Wurzeln schlagenden Männerbewegung?

Der Bedeutungsverfall des Väterlichen, der auch längst die den ›Vater‹ einst symbolisierenden gesellschaftlichen Institutionen wie Staat, kirchliche Autoritäten, geistig-intellektuelle oder künstlerische Vorbilder erfaßt hat, hat – neben anderen Faktoren – unzweifelhaft zu Umstrukturierungen der Sozialisation geführt. Neben befreienden Aspekten betreffend den Abbau patriarchalischer Haltungen hat dies zu schwierigen und auch bedrückenden Verunsicherungen geführt. Die massenhaften narzißtischen Persönlichkeits-, Charakter- und Symptombildungen, die so oft einseitig nur an der Mutter-Kind-Beziehung festgemacht werden, sind nur *ein* Hinweis darauf. Grenzenlosigkeitssehnsüchte in Form eines Massenzustroms zu esoterischen Verheißungen sind ein weiteres Indiz für diesen Umbruch und diese Verunsicherungen. Wie die psychoanalytische Erfahrung zeigt, ist auch die Vatersehnsucht – jenes nach Freud nicht hoch genug zu veranschlagende Gefühl – eine dieser zeitgemäßen Sehnsüchte, die allerdings großen gesellschaftlichen Erschütterungen und dadurch zusätzlicher Ambivalenz unterworfen ist; ein Teil dieser Ambivalenz drückt sich dann in der vorschnellen Ablehnung oder zumindest in großer Skepsis gegenüber väterlichem Einfluß und väterlicher ›Macht‹ aus. Darin lebt die jahrhundertealte Angst vor Unterjochung unter tyrannisch-väterliche Macht weiter, genährt von oft genug tatsächlich ausgeübter alltäglicher Tyrannei.

Dagegen gälte es, auch der anderen Seite von Väterlichkeit, wie sie sogar in der Geschichte des Patriarchats immer wieder einmal durchscheint und wie sie in den Sehnsüchten vieler Patient/innen existiert, im Bewußtsein und in der sozialen Realität wieder mehr Platz einzuräumen und damit die (antiödipale) Abwehr zu lockern. Appellatives Wunschdenken greift freilich zu kurz, wenn die Ursachen eines Phänomens in den historisch gewordenen ökonomischen und sozialen Herrschaftsstrukturen unserer Gesellschaft liegen. Eine Vision »demokratischer und fördernder Väterlichkeit« (Weier 1996, S. 15) kann deshalb nicht einfach per ›good will‹ oder durch die Programme gutmeinender Familienverbände gesellschaftlich zu neuem (?) Leben erweckt werden. Dazu müßte auch nicht nur – wie Weier etwas pathetisch meint – der »wirklich wertvolle ›Vater‹ erkannt und der despotische demaskiert werden«, um zu förderlichen, unterstützenden Beziehungen zu gelangen (S. 15f.). Es ginge vielmehr um eine genaue lebensweltliche Perspektive, die auch die Veränderung der entscheidenden Strukturen in Wirtschaft und Gesellschaft einschließt, um Väter wieder mehr in eine Rolle als förderliche Bezugspersonen eintreten zu lassen.

Betreffend den psychodynamischen Anteil dieser Veränderungen soll noch auf Erkenntnisse aus der ethnopsychoanalytischen Forschung an Jugendlichen verwiesen werden, die uns auf ganz wesentliche Aspekte erneuerbarer Väterlichkeit samt entsprechender Verbesserung der Eltern-Kind-Beziehungen hinweisen. So beschreibt Bosse (1998) in einer *»ethnopsychoanalytischen Fallstudie mit Adoleszenten in Papua-Neuguinea«*, daß bei einer Gruppe Jugendlicher das Beenden väterlicher Fürsorge – die Adoleszenten hatten von einem geliebten männlichen Lehrer und Betreuer (»Rektor«) Abschied nehmen müssen – zu einer ähnlich regressiven »Objektverschiebung« führte, wie wir es auch in unserer Kultur immer wieder finden: Die Heranwachsenden projizierten ihre Wut auf jene Objekte, die qua Tradition als die fürsorglichen gelten – auf die Frauen:

> »Sie wehren die Kränkung, die sie vom Mann in der Person des Rektors erlitten haben, durch Objektverschiebung ab. Das scheinbare Versagen des Mentors kodieren sie neu als Verrat der Mutter an ihnen. Aber, um es nocheinmal deutlich zu sagen: Diese Verschiebung der angeblichen Schuld des Mannes auf die unschuldige Dritte ist nur möglich, weil ihr lebensgeschichtlich bereits eine unbewußte Gleichsetzung produktiver Art vorausgeht – die Gleichsetzung der männlichen Fürsorglichkeit und Anerkennungsarbeit mit der mütterlichen«. (S. 64)

Dieser fatalen – auch in unserer Kultur sattsam bekannten – Klischeebildung und dem für Phänomene wie Machismo und Frauenfeindlichkeit bedeutsamen Abwehrmechanismus liegt eine schwierige Psychodynamik zugrunde: Die inneren Bilder (Selbstobjekte) fürsorglich-anerkennender Männer und auch Frauen sind im Ich der Adoleszenten – wenn überhaupt – nicht sehr stabil ausgebildet, d. h. sie brauchen dauernd Bestätigung aus der realen Welt. Fällt diese aus oder gilt es gar, schmerzhafte Trennung zu bewältigen, droht diese innere fürsorglich-anerkennende Instanz im Ich zusammenzubrechen. Damit bricht auch die Fähigkeit, eine Zeit lang für sich selbst zu sorgen, zusammen. Die männlichen Jugendlichen beantworten diesen Verlust bzw. den drohenden Ich-Zusammenbruch schließlich mit der Abspaltung dieser Anteile, also durch Verdrängung ins Unbewußte. Dadurch aber *»wird Fürsorglichkeit und Anerkennungsarbeit als menschliche Fähigkeit zugleich entmännlicht. Beides wird zu einer rein weiblichen Fähigkeit umgearbeitet«* (ebd., S. 63; Hervorhebung JCA). Und dieser Prozeß hat natürlich schwerwiegende Folgen: einmal in der Aggression gegenüber der – unschuldigen – Frau (= Mutter), zum anderen eben in der generellen ›Entmännlichung‹ von Fürsorglichkeit und Anerkennung.

Mit genügend Vorsicht kann man, wie gesagt, auch in den entwickelten Industriegesellschaften etwas sehr ähnliches feststellen: daß es infolge der verbreiteten Abwesenheit guter, fürsorglicher männlich-väterlicher Instanzen höchstens zu ganz schwachen Internalisierungen dieser Art und zu ähnlichen Abspaltungen aus der seelischen Entwicklung von Männern kommt wie in der von Bosse beschriebenen Kultur. Damit ist aber auch der Kanalisierung aller Wut und Enttäuschung darüber auf Mütter und Frauen Tür und Tor geöffnet. So entsteht das einmalige *Paradoxon*, daß der Vater seine Legitimation als der von vielen Entwicklungstheorien behauptete Befreier aus bedrohlicher dyadischer Verschmelzung mit der Mutter just aus dem Mangel bzw. dem Versagen männlicher Zuwendung und den daraus folgenden seelischen Konsequenzen bezöge – eine Art *Vaterlosigkeitsspirale* also!

Die Ethnopsychoanalyse liefert uns aber neben der Botschaft von der Notwendigkeit fürsorglich-anerkennender Väterlichkeit in der Kindheit noch eine andere von großer Tragweite, nämlich die von der Notwendigkeit des Fortbestehens dieser väterlichen Beziehung durch die Krisen von Pubertät und Adoleszenz hindurch, damit kein frühzeitiges Zusammenbrechen der Instanzen von (Selbst-) Fürsorglichkeit und (Selbst-) Anerkennung eintritt. Außerdem zeigt sich auch hier, daß Frauenfeindlichkeit und Aggressivität gegen Mütter nicht in einem wie immer gearteten Versagen der Mütter und in der Verschmelzung mit ihnen wurzelt, sondern mit dem *Versagen des Systems Elternschaft* und insbesondere mit dem mangelnden Verfügbarsein von Vätern für ihre Kinder zu tun hat – womit sich der Kreis zu der in der Einleitung erwähnten Erschütterung einer Psychoanalyse-Interessentin, daß Muttersein aus Sicht der Psychoanalyse offenbar eine furchtbare potentielle Rolle des Versagens aufbürdet, schließt.

12.3. Der archaische Vater

Unsere Untersuchung hat gezeigt, daß es letztendlich nicht nur das vielbeklagte ›Fehlen‹ des Vaters an sich ist, das zu den verschiedensten Problemen in der Entwicklung und Sozialisation von Kindern und Jugendlichen führt (schon gar nicht zu einer gewaltvollen Skin-Karriere, wie wir noch zeigen werden). Es ist vielmehr *die Art der Väterlichkeit* als einer versagenden, autoritären, nicht-fürsorglichen und/oder gänzlich kindabgewandten, die unterschiedliche Probleme hervorruft. Die *Leerstelle des ödipalen Vaters* führt zu einer Neigung, Führungs- und Begrenzungsbedürfnisse auf ganz bestimmte, durch den patriarchalischen Geschlechtsdimorphismus hervorgebrachte Vorstellungen und Bilder von Väterlichkeit zu richten, die wiederum das Weiblich-Mütterliche in diesen Heranwachsenden abgespalten halten, ja zu dessen Vermeidung beitragen, und die unbewußt zur regressiven Verschmelzung mit einer archaischen Mutterimago beitragen.

Neben dieser archaischen Mutterimago scheint es darüber hinaus auch eine Art *archaischer Vaterimago* zu geben, die wegen der ›Mutterfixiertheit‹ der meisten Entwicklungstheorien zu wenig Beachtung findet. Diese archaische Vaterimago kommt durch die enttäuschungsbedingte Verhinderung fortschreitender Identifikationsprozesse mit dem Vater und den dadurch herausgeforderten Rückfall in archaische Erlebnisweisen zustande: etwa durch eine plötzliche Entwertung des Vaters durch irgendeine Art öffentlicher Demütigung (z. B. Arbeitslosigkeit) oder das Zeigen verachtenswerter Schwächen (z. B. Alkoholabhängigkeit). Diese *archaische Erlebnisgestalt ›Vater‹* wird in der Folge introjiziert und wirkt als eine Art »Fremdkörper im seelischen Haushalt« (Mitscherlich 1983, S. 393), was bedeutsame Konsequenzen hat, denn

> »(...) durch die traumatische Erfahrung der frühzeitigen Entwertung des Vaters regrediert das Kind schutzsuchend auf eine undifferenzierte Vater-Imago, die gleichzeitig regressiv festgehalten und in die unbewußte Erlebniswelt abgedrängt wird. Von jetzt an entfaltet sie ihre Wirksamkeit etwa im Sinne eines omnipotenten Selbstideals oder das Suchen nach einem Wesen – göttlicher oder menschlicher Art – setzt ein, auf das die omnipotenten Schutzbedürfnisse (...) projiziert werden«. (ebd.)

Je früher eine solche Traumatisierung am Vater eintrete, desto schwerer sind die »Persönlichkeitsdefekte«, die entstehen. Dieser Mangel an positiven

Identifikationsprozessen steht auch mit der *narzißtischen Störung* im Sinne Kohuts in einem »zwangsläufigen« Zusammenhang, weil diese ja im wesentlichen »auf einen Idealisierungs- und Identifikationsdefekt zurückgeht« (ebd., S. 394). Derart narzißtisch gestörte Männer hätten dann auch große Probleme mit dem eigenen Vaterwerden, denn: »Wie der Mensch des Menschen bedarf, um Mensch zu werden, bedarf der Sohn des Vaters, um Vater zu werden« (ebd., S. 395). Wie die Problematik einer archaischen Mutterimago in der mangelnden Loslösung von ihr und der drohenden regressiven Verschmelzung mit ihr besteht, bestünde die Gefahr einer archaischen Vaterimago – bedingt durch sein Fernbleiben und den Mangel an konkret-sinnlicher Auseinandersetzung mit ihm – ebenso in einer Art ›Unabgelöstheit‹ und damit der Neigung, letztlich archaischen Repräsentanten dieser mächtigen Imago sozusagen ›auf den Leim zu gehen‹. Christopher Lasch hat im *Zeitalter des Narzißmus* ebenfalls von solchen »archaischen, von der Realität nicht abgeschwächten Repräsentanzen des Vaters« gesprochen, die das Über-Ich bzw. Ich-Ideal prägen und paradoxerweise ein aggressiveres Über-Ich hervorbrächten, ein Über-Ich, in dessen archaischer Gestalt die diktatorischen Elemente besonders hervortreten:

> »Der ›Verfall des Über-Ichs‹ in einer permissiven Gesellschaft läßt sich besser als die Bildung einer neuen Art von Über-Ich erklären, in dem archaische Elemente dominieren. Die sozialen Veränderungen, die es den Kindern so erschwert haben, die elterliche Autorität zu verinnerlichen, haben das Über-Ich nicht etwa abgeschafft, sondern lediglich das Bündnis zwischen Über-Ich und Thanatos gefestigt – jene ›Reinkultur des Todestriebes‹ im Sinne Freuds, die gegen das Ich einen Sturzbach unerbittlicher Kritik entfesselt«. (1986, S. 202f.)

Bietet also der Vater keine (oder zu wenig) Möglichkeiten für seine Kinder – respektive die Söhne –, sich in wohl ambivalenter, aber dennoch ›strukturierender‹ (also in einer seine Mängel *und* Stärken integrierenden) Weise mit ihm auseinanderzusetzen, so ist die Gefahr regressiver, narzißtischer Fixierungen an archaische Größenvorstellungen und Ideale und mit ihnen aggressiver Über-Ich-›Hülsen‹, die diese Ideale aufnehmen, stets gegeben. Damit in Zusammenhang sind auch die bemerkenswerten Ergebnisse und Überlegungen Gertrud Hardtmanns zur ›projektiven Über-Ich-Identifikation‹ von Heranwachsenden zu sehen: Deren durch mangelhafte ödipale Auseinandersetzung defizitär gebliebenen Über-Ich-Inhalte scheinen hinter einer »Schale der Abwehr« (1998, S. 397) zu ruhen, und erst in der gelingenden projektiven Identifikation mit ernstzunehmenden Bezugspersonen (Erwachsene, Jugendhaus-Mitarbeiter/innen etc.) kommt es zum Ansprechen der ›Gewissensinstanz‹ als eine Art *Begrenzung*, die dem Handeln Struktur und Sinn – auch für seine Folgen – gibt. Erst nach Intervention solcher ernstzunehmender, glaubwürdiger, ›anerkennender‹ Instanzen *löst sich die Schale der Abwehr auf* und die Über-Ich-Reaktion wird spürbar. Vielleicht bräuchte es in unserer Gesellschaft auch wieder mehr Nachdenken darüber, wer und was für Heranwachsende – insbesondere für solche mit früher und/oder starker Entbehrung von Bezugspersonen – solche anerkennenden, also auch grenzensetzenden Instanzen darstellen könnten. Gesellschaftliche Verhältnisse, die sich durch einen Trend zu grenzen- und verantwortungsloser Durchsetzung der je eigenen Interessen auf Kosten anderer oder durch projektive Sündenbock-Verteufelung (= Abschieben von Verantwortung) auszeichnen und die Verantwortungslosigkeit gewalttätiger Jugendlicher damit noch »applaudierend« unterstützen, sind jedenfalls keine günstigen Voraussetzungen für die Vermittlung und Entfaltung von Über-Ich-Strukturen, die eine verantwortungsvolle Rücksichtnahme auf ein gesellschaftliches Miteinander fördern helfen.

Bei all diesen Überlegungen geht es – wie klar sein dürfte – nie um ein Zurück zu alter patriarchaler Väterlichkeit und Autorität! Die Angst davor hängt offenbar damit zusammen, daß unsere Zivilisation hinsichtlich empathischer Aufmerksamkeit und kindzentrierter elterlicher Haltung von Vater-Männern (samt deren gesellschaftlicher Ab- und Unterstützung!) offenbar noch in den Kinderschuhen steckt. *Kinder lernen in dieser Gesellschaft kaum oder gar nicht, daß ›Männlichkeit‹ mit Kinderalltag zu tun hat oder daß ein Mann auch fürsorglich ist.* Nur wenige Buben machen die Erfahrung, daß eine dauerhafte liebevolle Beziehung zwischen einem ›kleinen‹ und einem ›größeren‹ Mann besteht. In der Folge gibt es dann auch kaum die notwendigen alltäglichen Enttäuschungen und Versagungen durch einen an sich liebevollen Mann zu lernen (weshalb all solches wiederum zu Lasten der vielstrapazierten Mutterbeziehung geht). Was ›Mann‹ *auch* ist bzw. sein könnte, bleibt zumeist völlig abgekoppelt von der alltäglichen Lebenspraxis von Frauen und Männern um das Kind herum und führt deshalb auch zu entsprechend unsicheren bzw. uneinlösbaren Männlichkeitsentwürfen. Vaterschaft, ein Gefühl von Väterlichkeit und väterlicher Autorität wird damit heute schwerer denn je auffindbar (Ohlmeier 1990, S. 128) und demzufolge auch schwerer von männlichen Nachkommen ›reproduzierbar‹. Dem Versuch einer Vision, wie solche Männlichkeit und Väterlichkeit aussehen könnte, sowie ihrer theoretischen Ableitung und Untermauerung soll der letzte Theorieabschnitt der Arbeit dienen.

13. Auf dem Weg zum dyadischen Vater

13.1. Vatersehnsucht und Vaterhunger

> »Aber eine Großzahl psychologischer Effekte scheint uns von einem *sozialen Verfall der Vaterimago* herzurühren. (....) Seit der Zeit der ersten freudschen Devinationen scheinen sich diese Neurosen in Richtung auf einen Charakterkomplex entwickelt zu haben, in dem man, was sowohl die Spezifität seiner Form wie auch seine Generalisierung betrifft – er ist der Kern der größten Zahl der Neurosen –, die große zeitgenössische Neurose erkennen kann. Unsere Erfahrung heißt uns, seine Hauptbestimmung in die *Person des Vaters* zu setzen, *die stets irgendwie mangelnd, abwesend, erniedrigt, gespalten oder unecht ist*«.
>
> *Jacques Lacan (1938; zit. n. Ley u. Borer 1992, S. 122; Hervorhebung JCA)*

Die ›Vatersehnsucht‹ oder der ›Vaterhunger‹, den zahlreiche Autor/innen beschreiben, wird hier als die *Sehnsucht nach dem präödipalen Vater* verstanden. Ermann (1985) hat auf das Spürbarwerden dieser Sehnsucht in den Übertragungen von Analysanden hingewiesen: Zwar schildern solche Patienten den Vater aus ihren bewußten Erinnerungen als relativ unbedeutend, in der Übertragung aber, die einer »Inszenierung von Alternativpartnerschaften« gleiche, bildet sich eine Dynamik der Vater-Kind-Beziehung ab, in der der Vater als tief enttäuschend, unnahbar und als nichtbrauchbare Alternative gegenüber der Mutter erscheint – kein Vater, »*der anziehend war und anzog*« (S. 104). Das Übertragungsobjekt erhält dann all die Eigenschaften zugeschrieben, die der Dritte im Triangulierungssystem gegenüber dem Primärobjekt haben sollte: »Die Durcharbeitung dieser (...) Übertragungsform legt offen, daß es sich hierbei um Eigenschaften handelt, die beim realen Vater gewünscht, aber nicht erlebt wurden« – also um narzißtische Wünsche im Sinne idealisierender Übertragung. Und eben diese Idealisierung dient schließlich »der Abwehr der Enttäuschung am Dritten des persönlichen Lebens, *am realen Vater*« (ebd., S. 105).

Wie wir gesehen haben, gibt es zu dieser hier angesprochenen frühen Vaterfunktion bisher nur recht wenige fundierte Arbeiten – und diese von eher außenstehenden Autoren, wie z. B. Abelin (1980, 1986) oder

Rotmann (1978) u. a. m. Dieser Mangel äußert sich etwa auch in *dem* Nachschlagewerk der Psychoanalyse schlechthin von Laplanche und Pontalis (1973), in dessen Register der Begriff »Vater« gar nicht bzw. nur in Verbindung mit »Vaterkomplex« als Synonym für Ödipuskomplex aufscheint (S. 582). Nicht mehr und nicht weniger – und das in einem freudianischen Standardwerk? Nur vereinzelt haben psychoanalytische Entwicklungstheoretiker also auf die Bedeutung der frühen Vaterbeziehung Wert gelegt: Ehebald zum Beispiel hat ganz klar von einer intensiven Vaterbeziehung »von Anfang an – und zwar vom Beginn der Zeugung an« gesprochen! Diese äußere sich auch in einer »Art ›holding function‹« sowohl der Mutter wie auch dem Kind gegenüber – und: »Besonders natürlich nach der Geburt für die ersten Jahre gibt es über die Mutter-Kind-Beziehung hinausgehend eine *väterlich bergende Beziehung*, eine Art *Streubereich des väterlichen Schutzes*, der Mutter und Kind umfaßt (1989, S. 221; Hervorhebung JCA). Und Herzog (1994) hat aufgrund langjähriger Familienbeobachtungen unmißverständlich festgestellt: »Der Vater ist von den ersten Stunden des Lebens an der zweite Andere, jedenfalls wenn er wirklich zur Verfügung steht (...)« (zit. n. Metzger 2000, S. 38). Nun könnte man diesen Autoren wegen dieser Vorstellungen ein romantisierendes Vater- bzw. Familienbild vorwerfen, weil die gesellschaftlichen und familiären Verhältnisse ganz anders beschaffen sind. Ähnliche Einwände sind jedoch auch angesichts vieler mindestens ebenso ›verdächtiger‹, unrealistischer Mutterbilder und der mit ihnen korrespondierenden Familienideologie angebracht. Dennoch muß die Frage erlaubt sein, warum ein Kinder versorgendes und behütendes sowie fürsorgliches Verhalten nicht auch von Männern entwickelt werden kann und welche Folgen dies für die Entwicklung von Kindern im allgemeinen und von Buben im besonderen hat.

Bovensiepen (1997) meint in einem klinischen Beitrag über die *Suche nach der Liebe zum Vater*, daß es dabei gar nicht nur um die Sehnsucht nach einem »guten Vater« gehe, der Sohn bzw. Tochter liebt, sondern überhaupt um das Bemühen der Kinder, »den Vater als inneres Objekt ›verwenden‹ zu können«, wie dies Winnicott (1979) in Bezug auf die Mutter formuliert hat. Das heißt aber, daß das Kind ihn zunächst in seiner seelischen Realität ›entdecken‹, ihn ›finden‹ muß, um herauszufinden, wie und wozu es ihn verwenden kann. »Dazu muß der Vater innerlich auch ›greifbar‹ werden; ich meine damit nicht den äußeren Vater oder die Situation ›abwesender Vater‹«, sondern den »Vater als inneres Objekt«, das sich nach Auffassung des Autors – als Jungianer – aus »archetypischen Erfahrungen« einerseits und verinnerlichten Erfahrungen mit äußeren Vaterfiguren andererseits zusammensetzt (S. 370f.). Die »Vitalisierung« der Vatererfahrung (Gläser 1994, S. 249) setzt nach dieser Auffassung also auch eine tatsächliche Erfahrung von Väterlichkeit voraus.

Wesentlich ist dabei aber nicht die Quantität der Anwesenheit des Vaters, sondern die *Qualität*, die in der Beziehung zum Tragen kommt, was sich bei Befragungen von Männern derart ausdrückt, »daß das Gefühl (...) sehr wichtig war, dem Vater wichtig zu sein. Den Vater als verläßliche Person wahrzunehmen, die Halt und Stärke vermitteln kann, scheint wesentlich zu sein. Eine innere Verbundenheit kann hergestellt werden und vom Sohn (natürlich auch der Tochter – JCA) gespürt werden, obgleich der Vater nicht sehr viel Zeit mit dem Jungen v-erbringen kann« (Engelfried 1997, S. 94).

Dieses Gefühl ist später dann auch unbedingt notwendig, um mit den ödipalen Konflikten besser fertigwerden zu können. Gérard Mendel hat in einem eher nebenbei formulierten Zusammenhang die immense Bedeutung dieses frühen, geliebten Vaters – wahrscheinlich ohne es zu wollen – sehr deutlich auf den Punkt gebracht: Bei der Analyse der Bedingungen eines gelingenden Ödipuskonfliktes erscheint es ihm nämlich als eine der Voraussetzungen unabdingbar, »*daß der Sohn bereits vor dem Ödipuskonflikt in einer libidinösen Beziehung zu seinem Vater steht,* die stark genug ist, ihn im gegebenen Augenblick die unbewußte Aggression ertragen zu lassen«. Denn: »Die Überwindung der dramatischen Ödipussituation wäre unmöglich, wenn nicht zuletzt *die Liebe über Haß und Furcht den Sieg davontrüge*« (1974, S. 256; Hervorhebung JCA).

Hier wird schon spürbar, welch eminente Bedeutung der frühen, präödipalen Vaterbeziehung zukommt – nicht vor oder anstatt der ödipalen Beziehung, sondern *für* den Verlauf und Ausgang des vollständigen Ödipuskonflikts! Ein solches Beziehungsgefüge würde weiterhin aller Wahrscheinlichkeit nach auch andere Arten von Nähe zwischen Männern, die ja vor allem auf körperlicher Ebene in unserer Kultur als besonders heikel und unstatthaft gilt, ermöglichen und damit neue Umgangs- und Beziehungsformen konstituieren helfen. Es bleibt zu überlegen, inwieweit diese ›Liebe‹ und die in ihr vorausgesetzten emotionalen Beziehungen in der Realität von Vater-Kind-Beziehungen in unserer Kultur tatsächlich vorhanden und repräsentiert sind.

13.2. Der frühe, dyadische Vater

> »Der kleine Knabe legt ein besonderes Interesse für seinen Vater an den Tag, er möchte so werden und so sein wie er, in allen Stücken an seine Stelle treten. Sagen wir ruhig: er nimmt den Vater zu seinem Ideal«.
>
> *Sigmund Freud (1921c)*

> »Einen Satz habe ich auf den vielen Männertreffen, an denen ich mit Beginn der achtziger Jahre teilgenommen habe, immer wieder von amerikanischen Männern gehört, auch wenn er auf hunderterlei verschiedene Weise formuliert wurde: ›Es gibt nicht genug Vater!‹«.
>
> *Robert Bley (1991)*

Zu den wichtigen Bezügen zwischen männlicher Entwicklung und früher Vaterpräsenz – respektive Absenz – hat Karin Klees (1992) interessante Ergebnisse vorgelegt, die zeigen, daß die herkömmliche entwicklungstheoretische Vernachlässigung der Vaterrolle wohl ein Reflex auf die tatsächlichen Verhältnisse der patriarchalischen Kultur ist: So schienen einem guten Drittel der von Klees Befragten die Väter wegen ihrer häufigen Abwesenheit tatsächlich unbedeutend, weil diese sich überhaupt nicht mit ihnen befaßt hatten. Auch zu Hause blieben sie unzugänglich und zurückgezogen. Etwa die Hälfte der Väter wurden dagegen als autoritär beschrieben, als jähzornig und gefürchtet. Väterliche Autorität war dementsprechend auch etwas, was diesen Befragten »verhaßt« war, weshalb sie ihre eigenen Kinder vor einer solchen Einstellung von Angst und Wut auf den Vater bewahren wollten (ebd., S. 103).

Während immerhin einige Frauen berichteten, von ihren Vätern als Partnerinnen-Ersatz behandelt und beachtet worden zu sein, konnten *nur ganze zwei Männer* »von einer hauptsächlich positiven Vaterbeziehung berichten. Beide vermißten allerdings zärtliche Verhaltensweisen, zu denen kein einziger Vater in der Lage war« (ebd., S. 115): »Zärtliche Zuwendungen konnten die Väter ihren Kindern nicht zuteil werden lassen. Die Väter wurden durchwegs als körperfeindlich, distanziert und emotional unzugänglich erlebt« (ebd., S. 103). Sie sprachen auch so gut wie nie von Nöten oder Bedrängnissen, und so hatten viele Söhne und Töchter den bleibenden Eindruck, als sei »gereizte Erschöpfung« die hervorstechendste Eigenschaft des Vaters, den sie wegen seiner beruflichen Beschäftigung eigentlich verloren hatten.

›Abwesend-berufstätig‹ bei Unterdrückung des Gefühlslebens wurde denn auch zum typisch männlichen Rollenbild der Befragten (ebd., S. 101f.).

Die durchschnittliche männliche Sozialisation in der Industriegesellschaft wird deshalb in vielfacher Übereinstimmung unter Entwicklungstheoretikern als eine von Absetzung bzw. Entidentifizierung von der Mutter dominierte Suche nach Identität beschrieben. Das Nicht-so-Werden wie die Frau oder Mutter ist die Vorgabe, mit der viele Burschen und Heranwachsende zu kämpfen haben. In seiner Aufarbeitung der Familiengeschichte der gewalttätigsten Männer in der Geschichte zeigt Pilgrim (1986), wie unheilvoll sich eine Allianz von Mutterdominanz und einem problematischen Vaterverhältnis (Brutalität oder auch Abwesenheit, die ja auch als Verachtung erlebt werden kann – JCA) auswirken kann: »Der Mutter Gewalt antun, die Mutter überwältigen, sich von der Mutter phallisch abgrenzen, sich aus ihr als eigenständige Person herausschälen« – weil dies beim Muttersohn nicht geschehe, werden andere, die ›Welt‹, in Schach gehalten oder vergewaltigt, wie es sich in den unbewußten Motiven von Vergwaltigungstätern ja tatsächlich oft findet. Dieses Zusammenspiel von Mutter-Bindung (und -Vergewaltigung), Vaterabsenz in ihrer unterschiedlichsten Form und – gewaltsamer – Herrschaft des Sohnes über die Welt oder Teile von ihr nennt Pilgrim das »Muttersohnsyndrom« (S. 60).

Olivier (1997) weist darauf hin, daß diese ›Mutterdominanz‹ in frühen Eltern-Kind-Beziehungen es auch so schwierig macht, ein angemessenes Bild von Väterlichkeit zu entwerfen. So wird die gängige *Metapher des Bemutterns* umstandslos auch für kindzugewandte Männer-Väter angewendet.

> »Warum soll man den Vätern nicht sagen, daß das, was sie mit ihren Kindern tun, ›Bevaterung‹ heißt, weil es vom Vater stammt (...)Warum sagt niemand, daß ihre Funktion anders ist als die der Mutter, weil sie Väter sind, ein anderes Geschlecht haben, (...) und auch vom Kind anders empfunden werden, daß ihre Liebe zum Kind eine andere Färbung hat gemäß dem Gesetz des Ödipus und als Gegenbild zur Mutter?«. (S. 91)

Diese fast lückenlos verbreitete Einstellung führt schließlich zu dem Gebot: »Der Vater ist der, der nicht die Mutter ist«, womit sich das Dilemma der männlichen Entwicklung aus der Mutter-Kind-Beziehung heraus im Prozeß des Vaterwerdens auf fatale Weise wiederholt (ebd., S. 93). Dagegen bedarf es einfach der Nähe und Präsenz, damit Vaterschaft wirksam werden kann: »(...) *man liebt nicht aus der Ferne«*! (1997,

S. 57; Hervorhebung JCA). Mit der herkömmlichen Entwicklungstheorie – besonders mit Winnicott – geht Olivier scharf ins Gericht:

> »Zum Teufel mit Winnicott und allen anderen Analytikern, die behaupten, allein Frauen könnten Empfindungen für ihr Kind haben. Auch der Mann hat Gefühle für sein Kind, und wie soll man sie nennen, wenn nicht väterlich? (...) Wir brauchen alle einen Vater und eine Mutter. Dies ist eine scheinbar einfache, einleuchtende, beinahe elementare Wahrheit – aber Vater zu werden und es zu bleiben, ist für die Männer dieses Jahrhunderts sehr schwer«. (ebd., S. 85)

Einen der wichtigsten Ansätze zur Rolle der frühen Vaterbeziehung, der hier wegen seiner relativen Unbeachtetheit innerhalb der ›psychoanalytic community‹ etwas ausführlicher in Erinnerung gerufen werden soll, hat der amerikanische Psychoanalytiker Peter Blos (im engl. Orig. 1985; 1990) aufgrund seiner klinischen Erfahrungen mit Adoleszenten vorgelegt. In *Sohn und Vater. Diesseits und jenseits des Ödipuskomplexes* wird die Bedeutung des sogenannten »dyadischen Vaters« für die kindliche und adoleszente Entwicklung ganz grundlegend neu zu fassen versucht, indem dessen Rolle für die Entwicklung des Kindes herausgestellt wird. Blos konstatiert, daß wir hierbei »auf noch nicht voll erschlossenem Territorium« stünden, meint andererseits aber, daß die Umrisse des Problems durch die direkt beobachtende psychoanalytische Kindheitsforschung so weit ausgelotet seien, daß wir wüßten, »in welche Richtung wir unsere Erkundungen zu lenken haben« (1990, S. 28). Blos geht wie auch wir hier von einer wesentlich wichtigeren Funktion der präödipalen Entwicklung des Kindes aus und zielt damit auch auf nicht weniger als eine »Modifizierung und Revision dieser theoretischen Standardfassungen des Ödipuskomplexes« (ebd., S. 11), wobei der *dyadischen emotionalen Bindung des männlichen Kindes an seinen Vater* besondere Bedeutung zugemessen wird.

Diese *dyadische Phase* fällt vor die Zeit des Ödipuskonfliktes und setzt den Bindungsmodus der Mutter-Kind-Beziehung fort, allerdings »in einem austauschbaren Dualismus« bezogen auf beide Eltern – was an den Begriff der »dualen Elternschaft bei Benjamin (1990) erinnert. Blos spricht von den Wünschen des kleinen Jungen »nach Verschmelzung mit dem Vater« und reiht diese Bedürfnisse in das Konzept des »negativen Ödipuskomplexes« bei Freud ein (ebd., S. 11). Um die (ab)wertende Tendenz der Begriffe ›negativer‹ und ›positiver‹ Ödipuskomplex zu eliminieren, schlägt Blos eine *Vierteilung* dieses Komplexgeschehens wie folgt vor:

»1. dyadischer gegengeschlechtlicher Komplex (statt positiver präödipaler Komplex),
2. dyadischer gleichgeschlechtlicher Komplex (statt präödipaler negativer Komplex),
3. triadischer gegengeschlechtlicher Komplex (statt positiver Ödipuskomplex) und
4. triadischer gleichgeschlechtlicher Komplex (statt negativer Ödipuskomplex)« (ebd., S. 19)

Gestützt auf klinische Erfahrungen will Blos dem dyadischen und triadischen gleichgeschlechtlichen Komplex mehr Bedeutung zugemessen wissen, weil »frühe gleichgeschlechtliche Erfahrungen die Sohn-Vater-Beziehungen nicht nur in der Kindheit beherrschen und formen, sondern die Entfaltung der Selbst- und Objektwelt des Jungen sein Leben lang entscheidend beeinflussen«. Insbesondere die Erfahrung, von einem starken Vater beschützt und geliebt zu werden«, ist für Blos die Voraussetzung für ein »lebenslanges Gefühl der Sicherheit in einer Hieronymus-Bosch-Welt voller Schrecken und Gefahren«, während dies traditionellerweise in erster Linie der Mutter-Kind-Beziehung zugeschrieben wurde (ebd., S. 22). Wichtig in der Beschreibung dieses Vorgangs erscheint uns dabei, daß es sich auch hier um eine *beiderseitige* Aktivität handelt, die – so könnte man schließen – auch gegenseitige Anerkennung impliziert:

»Der kleine Junge wirbt *aktiv* und ausdauernd um Beifall, Anerkennung und Bestätigung des Vaters; dadurch knüpft er tiefreichende, beständige libidinöse Bande. Wir haben guten Grund zu behaupten, daß diese Zeichen der Anerkennung und Bestätigung vom Sohn *in den ersten Lebensjahren* empfangen werden, allein durch das allgemeine, nicht unbedingt verbalisierte Verhalten und die *teilnahmsvolle Gegenwart des Vaters*. Sie flößen dem Jungen ein bestimmtes Maß an Selbstbeherrschung und Selbstbehauptung ein, gleichermaßen aus *Gleichheit* oder *gemeinsamer Männlichkeit* gewonnen. Die Welt draußen wird nicht nur handhabbar und besiegbar, sondern auch, bei allen Anzeichen des Bedrohlichen und Verwirrenden, unendlich anziehend. Am Ende der Adoleszenz tritt der heranwachsende Sohn in ein neues Stadium ein. Nun wird die Bestätigung des Vaters, daß der Sohn zum Mann geworden ist, zum dringenden Gebot. Er wird dem ungeduldigen Pochen des Jugendlichen auf Privilegien und Rechte Erwachsener sozusagen seinen Segen erteilen«. (ebd., S. 23f.; Hervorhebung JCA)

Diese frühen dyadischen Vaterbezüge schlagen sich auch in »dyadischen Komponenten der Überichbildung« nieder, die sich aber wesentlich von den bekannten ›gegengeschlechtlich-ödipalen‹ Überich-Komponenten unterscheiden, weil die ihnen zugrundeliegende Vatererfahrung noch keine Triebkonflikte auslöst, sondern auf »rivalitätsfreie, idealisierende Erfahrung des ›guten Vaters‹, des ›mächtigen Vaters‹, des ersten ›Waffengefährten‹ des kleinen Jungen« zurückgeht (ebd., S. 30). Einmal abgesehen von der etwas männerbündisch-militärischen Ausdrucksweise ist diese *vorkonfliktive Unterstützung seitens des Vaters* auch für die keimende Geschlechtsidentität des Buben von großer Bedeutung, weshalb laut Blos eine Abwesenheit des Vaters Buben auch negativer beeinflußt als Mädchen. Das »köstliche« Gefühl, Teil eines idealisierten Objekts zu sein, und zwar *nicht* (nur) wie in der klassischen Entwicklungstheorie Teil der präödipalen Mutter, sondern eben Teil des dyadischen Vaters, gibt schließlich Sicherheit und Geborgenheit (ebd., S. 245).

Wichtig erscheint weiters auch die vorhin schon angesprochene *enge Verbindung von dyadischem (negativ-ödipalem) und triadischem (positiv-ödipalem) Vaterkomplex:* sie wird als eine Art von durchgehendem »*Entwicklungskontinuum*« verstanden. Die dyadische Beziehung selbst bereitet die ödipale Phase vor, wobei es zu einer realistischen Wahrnehmung des Vaters als »ganzer Person« kommt. Der »frühe Vaterkomplex«, wie er den dyadischen Anteil der Vaterbeziehung nennt, überdauere dabei den gegengeschlechtlichen Komplex und steht selbst erst in der Adoleszenz zur Überarbeitung und Auflösung an (ebd., S. 46f.). Während der gegengeschlechtliche ›positive‹ Komplex vor der Latenzzeit aufgelöst wird, geschieht dies für die gleichgeschlechtliche Komponente erst in der späteren Adoleszenz. Dabei werden jetzt die Wünsche nach Vaternähe verleugnet und drücken sich eher in defensiver, oppositioneller und aggressiver Form aus, wobei diese Tendenz aber in ihrer Intensität und Dringlichkeit dem verdrängten Bedürfnis des Sohnes nach dem dyadischen Vater entspricht, der auch vor den Wirrnissen der adoleszenten Umbrüche und der wiederauflebenden Angst vor der ›unheimlichen‹ Frau schützen soll. Blos führt auf dieses Wiederaufleben gleichgeschlechtlicher Wünsche übrigens auch die häufig beobachtbaren, passageren homosexuellen Episoden in der Pubertät zurück (ebd., S. 34ff.).

Erst mit dieser Auflösung des gleichgeschlechtlichen Komplexes, die mit der *Entidealisierung des Vaters* einhergeht, die nun ertragen werden muß, ist der Ödipuskomplex nach Blos dann wirklich überwunden. Die Idealisierung des Vaters, die dem Kind Sicherheit, Geborgenheit und Schutz und die Wurzeln des infantilen Ich-Ideals bescherte, wird nun in realitätsgerechter ›Bereinigtheit‹ verinnerlicht und gebiert sozusagen das *reife Ich-Ideal*: »Das reife Ich-Ideal ist der Erbe des negativen Ödipuskomplexes«, paraphrasiert Blos die Freudsche ›Überich-Formel‹ (S. 67).

Auf diese Weise gelangen wir zur These einer *zweiphasigen Auflösung des gleichgeschlechtlichen Komplexes*, ohne deren Bewältigung am Ende der Adoleszenz der Ödipus nicht als aufgelöst gelten kann (Blos spricht vor der Latenz nur von einer »ödipalen Entspannung« – 1990, S. 71). Die Auflösung des positiven männlichen Ödipuskomplexes durch Verdrängung der sexuellen Libido und der Identifizierung mit dem Vater gegen Ende der ödipalen Phase ist uns in der Psychoanalyse geläufig. Bezüglich des gleichgeschlechtlichen, ›negativen‹ Ödipuskomplexes und seiner Lösung klafft jedoch eine Lücke, weil dieser selbst oft vorschnell mit Passivität und Homosexualität gleichgesetzt wird. Darum geht es aber gar nicht. Der Bub muß vielmehr die Rivalität zur Mutter aufgeben können und seinen Vater »ohne die Verzerrungen durch Idealisierung oder Herabsetzung wahrzunehmen« lernen (ebd., S. 74) und die ehemals schutz- und sicherheitsspendenden Aspekte verinnerlichen – eben in Form eines reifes Ich-Ideals, auf das nun ebenso vertraut werden kann. Diesem Ich-Ideal beugt sich das Ich dann – im Unterschied zum strafandrohenden Über-Ich – aus Liebe.

Der Entwicklungskonflikt des Buben mit dem Vater hat also zwei Facetten: letzterer ist (idealiter) nicht nur ödipaler Widersacher und Rivale, sondern auch Beschützer, Partner und Entwicklungsmotor. Wenn einer der beiden Entwicklungsstränge – die ödipale Auseinandersetzung bzw. die präödipale Vaterbindung – defizitär verläuft, kann dies zu sozialem und libidinösem Fehlverhalten führen. Neigungen wie ein gesteigertes Bedürfnis nach Bewunderung, Dankbarkeit, Gefolgschaft und der Wunsch, Autoritäten zu gefallen, können nach Blos auf einen Zustand emotionaler Unreife aufgrund der Fixierung auf den gleichgeschlechtlichen dyadischen (bzw. auch triadischen) Komplex zurückverweisen – ein weiterer Berührungspunkt mit dem *Narzißmus*, der solche Persönlichkeiten kennzeichnet. Auch durch eine direkte Verstrickung des Sohnes in die narzißtischen Bindungs- und Dominanzbedürfnisse des Vaters wird das, »was als befreiende Vaterbindung der dyadischen Phase gedacht war, zum bedrückenden Zwang« (ebd., S. 78f.), also zu einer pathogenen Fixierung (in der wohl der Vater selbst seinen eigenen Vaterkomplex und seinen lebenslangen ›Vaterhunger‹ auf Kosten des Sohnes befriedigt).

Über die – heute wohl gehäuft vorkommenden – *Entbehrungen in der dyadischen Vaterbeziehung* äußert Blos sich erstaunlich knapp: wie schon angedeutet, meint er, daß sie sich auf die Anpassungsfähigkeit des

Buben weit schädlicher auswirken als beim Mädchen. Auch könne man geteilter Ansicht sein, ob die auftauchenden Probleme auf einen Konflikt mit darauffolgender Regression oder auf eine Entwicklungsverzögerung zurückgingen. In den Analysen tauchten aber oft heftige Durchbrüche tiefer Emotionen betreffend Liebe bzw. Verlust des dyadischen Vaters auf, während die bewußt erinnerte Beziehung im allgemeinen haßerfüllt, distanziert, bewundernd oder unterwürfig gewesen sei (S. 82ff.). Die häufig quälenden Enttäuschungsgefühle verweisen darauf, »daß der Junge die Unzulänglichkeiten des Vaters aufmerksam und sensibel registriert, die ihn als Helden oder würdigen Gegner des Sohnes disqualifizieren«. Der Heranwachsende leidet in solchen Fällen daran, daß es nicht gelungen war, »dem Vater das ihm zustehende Maß an Anerkennung, Freude und liebevoller Unterstützung zu entlocken, das er gebraucht hätte, um heranzuwachsen, sein ›großer Junge‹ zu werden«, was Blos als »das verwirrende Paradoxon des Vaterkomplexes« bezeichnet. Resultat ist ein Selbstbild »von deprimierender Unzulänglichkeit oder aggressivem Selbstbewußtsein«, was in der Adoleszenz und darüber hinaus zu allerlei pathologischen Ausdrucksformen führen kann (S. 84; Hervorhebung JCA). Nach klinischen Erfahrungen läßt sich auch sagen, daß es die soziale Durchsetzungsfähigkeit der Söhne hemmen kann, wenn die Suche nach dyadischen Vatererfahrungen ihr Erleben und Handeln leitet (vgl. Grieser 1998).

Die Bedeutung des präödipalen Vaters und der noch nicht von Ambivalenzen geprägten dyadischen Vaterbeziehung wird also hier groß geschrieben: Sie legen u. a. den Grundstein für die männliche Identität. Als ob die große Unsicherheit, die der Eintritt in Pubertät und Adoleszenz mit sich bringt, abgefedert werden soll, leben gerade diese dyadischen Gefühle eingangs der Pubertät dergestalt wieder auf, »daß die Beziehung des Jungen zu seinem Vater niemals besser, d. h. weniger konfliktvoll oder positiver ist als zu Beginn der Vorpubertät« (Blos 1990, S. 213): später dann kann sich die dyadische Tendenz ebenso mit »geräuschvoller Selbstbehauptung« verbinden, was die Ablösung einleitet. Aber auch die Regression zum dyadischen Vater gehört zum normalen Entwicklungsverlauf (ebd., S. 151f.). Letztlich aber kommt es – im günstigen Fall – zu einer Umwandlung bzw. Desexualisierung der Liebe zum gleichgeschlechtlichen Objekt und der dyadischen Bindung an dieses durch ein *reifes, ich-syntones*

Ich-Ideal, durch dessen Aufrichtung die dyadischen, narzißtischen (homoerotischen) Bindungen ihres Triebcharakters entkleidet werden.

> »Bei diesem Vorgang kommt es zu einem Zusammenschmelzen aller im Laufe der Zeit entstandenen Ich-Ideal-Tendenzen: von primärem Narzißmus zu symbiotischer Omnipotenz und später von narzißtischen Identifizierungen zu gleichgeschlechtlichen, d.h. homosexuellen, Idealisierungen. Dies führt in der Endphase der Adoleszenz zum bleibenden Ich-Ideal«. (ebd., S. 214),

beschreibt Blos ein reifes, sozusagen ›multifaktoriell‹ während der biographischen Entwicklung entstandenes Ich-Ideal.

Hier ist auch angesprochen, daß sich in der negativ-ödipalen Tendenz starke *narzißtische* Objektbindungen zeigen, so daß wir die Lösung des dyadischen Komplexes auch als »*Sozialisierung des infantilen und ödipalen Narzißmus*« auffassen können, ›Sozialisierung‹ in dem Sinne, daß das Selbst in ein »realistisches Erwachsenenleben« und in »tolerante Selbstbeschränkung« geführt werden kann. Denn neben dem klassischen Ödipuskomplex – der rivalisierenden Konkurrenz gegenüber dem Vater – kann auch der gleichgeschlechtliche Komplex – der Wunsch, Objekt der Zuneigung des Vaters zu werden – zu unrealistischen Höhenflügen (und Abstürzen) beitragen. Wenn der dyadische Komplex in dieser Weise ›unerledigt‹ bleibt, bleibt das Ich-Ideal, das übrigens dem einer narzißtischen Persönlichkeit ähnelt, eine unreife und selbstidealisierende seelische Instanz mit entsprechender Enttäusch- und Verwundbarkeit (ebd., S. 224). Blos schildert auch ein Hängenbleiben an den Idealisierungen der Kindheit, wobei die verlängerte Abhängigkeit von diesen idealisierten Objekten dem Streben nach Vollkommenheit »einen fanatischen Anstrich« verleiht, während die »narzißtische Wut« als Reaktion auf Enttäuschungen durch die Eltern in verspätete irrationale Gewalt mündet: »*Eine unvollkommene Welt muß sich entweder beugen, oder sie wird zerstört*« (S. 225; Hervorhebung JCA).

Dieser Punkt ist für unsere Thematik sehr bedeutsam: der wichtige, entwicklungsfördernde Schritt der Auflösung dieses Komplexes bringt damit auch ein »Akzeptieren der existentiellen Unvollkommenheiten, des Gewöhnlichen, Wiederholsamen und der Ungereimtheiten des Lebens« mit sich (S. 218f.) Ein solches reifes Ich-Ideal tritt damit auch dem für die Adoleszenz ohnehin typischen Streben nach den ›totalen‹, vollkommenen Lösungen, die dem Narzißmus frönen, entgegen. In ihm ist quasi die Geschichte gespeichert »vom primären Narzißmus bis zur Verschmelzung mit der mütterlichen Omnipotenz und darüber hinaus mit den Bindungsgefühlen (...), die der kleine Junge in der Beziehung zum dyadischen Vater empfindet« (S. 237). Gerade weil die Adoleszenz eine von einer Fülle von *Abschieden* und *Trennungen* irritierte Zeit ist, liegen regressive Neigungen zu infantilen, narzißtischen Idealisierungen immer nahe, weshalb sie – auch in Anbetracht des Wiederauflebens beider ödipaler Komplexe – einer Art »Hauptwasserscheide« (S. 238) gleichkommt, in der das Schicksal der Idealbildung entschieden wird.

Es geht dabei um nicht weniger als um die schwierige Aufgabe der *Ausbalancierung der Ambivalenzen des (männlichen) Heranwachsenden gegenüber dem gleichgeschlechtlichen Objekt*, »indem er die idealisierte Vaterimago, die er liebt, mit der unvollkommenen, wenn nicht gar regelrecht bösen Vatergestalt versöhnt, die er haßt« (ebd., S. 241). Die beiden zentralen Komponenten, die den zukunftsträchtigen Schritt der Ich-Ideal-Bildung ausmachen, sind damit jene *der gleichgeschlechtlich-ödipalen Objektliebe* und der *Entidealisierung des Objekts*. Ist letztere ohnehin schon schmerzlich genug für Heranwachsende, weil dieses Objekt ja auch internalisiert ist, so ist dieser Prozeß noch viel schwieriger, wenn die gleichgeschlechtlich-ödipale Liebe des Buben ins Leere gegangen oder nicht beantwortet worden war bzw. wenn die Entidealisierung durch ein ganz und gar ›nicht-ideales‹ reales Objekt von Anfang an gar nicht zur Debatte stand. So gibt auch Blos den Hinweis, daß Bindungen, die sich im Verlauf des adoleszenten Ablösungsprozesses verändern, »erst einmal bestanden haben« müssen (ebd., S. 239). Diese Prozesse gescheiterter (Ent-) Idealisierung des Vaters als negativ-ödipalem Objekt sind bei der Anfälligkeit und Idealisierungsneigung Jugendlicher gegenüber starken Kult- und Führerpersönlichkeiten sehr wichtig und bisher wohl zu wenig beachtet worden.

Zusammenfassend könnte man die große Bedeutung des Beitrags von Blos so umreißen: Wie die kindliche Individuation (Auflösung des positiven Ödipus) zu relativer Unabhängigkeit gegenüber äußeren Objekten führt (Aufrichtung des Über-Ichs), führt die adoleszente Individuation (Auflösung des negativen Ödipus) zu relativer Unabhängigkeit von idealisierten inneren Objekten (Entidealisierung des dyadischen Objekts). Der *negative Ödipuskomplex* in der Freudschen Terminologie ist dabei in der psychoanalytischen Entwicklungstheorie bislang *zu wenig berücksichtigt worden*. Seine Bedeutung für die Sozialisation von Männern ebenso wie seine Rolle bei der Fixierung an grandiose Heroen- und Führergestalten wurden dabei zu wenig ernstgenommen. Noch viel grundlegender hingegen wäre der negative Ödipuskomplex im Hinblick auf die frühe, präödipale Rolle des Vaters anzusetzen: in ihr steckt eine für unsere patriarchalische Kultur nach wie vor völlig neue Perspektive der *Nähe zwischen Vätern und (nicht nur:) männlichen Kindern*, die die engen Grenzen patriarchalischer, heterosexueller Geschlechtsrollen-Sozialisation sprengen. Eine positive Orientierung an einer solchen Vatererfahrung würde wohl auch den späteren – notwendigen – ödipalen Auflehnungs- und Abgrenzungsversuchen gegenüber Vätern – beides ist heute ja vielen Kindern verwehrt – eine andere Gestalt verleihen (vgl. auch Zeltner 1999). Außerdem würde eine Wahrnehmung und *Institutionalisierung des dyadischen Väterlichkeitsprinzips* den herrschenden Rahmen patriarchalischer Aufgabenteilung zwischen den Geschlechtern ebenso wie den der ökonomischen Verteilung der Arbeit revolutionieren.

Es ginge dann nicht immer nur – wie in den herkömmlichen familienpolitischen Kampagnen – um eine möglichst präsente Mutter, sondern um einen im Sinne des dyadischen Vaters möglichst gegenwärtigen, auf das Begehren seiner Kinder von Anfang an antwortenden Vater-Mann, ohne dessen Liebe die Entwicklung seiner männlichen wie weiblichen Kinder grundsätzlich als problematisierbar gelten müßte. In der klinischen Praxis und Forschung ginge es folglich viel stärker als bisher um eine präzisere Wahrnehmung der Bindungs-, Identifikations- und Regressionsmomente, die durch eine wie auch immer problematische (defizitäre, autoritäre, gewalttätige usw.) Vaterbeziehung hervorgerufen werden. Wie Benjamin einmal sinngemäß bemerkt, spiegelt das Wegschauen vor den Aufgaben des Vaters und die ideologisch immer wieder aufs Neue gesetzte Panik vor dem Verlassenwerden durch die berufstätige Mutter die *tatsächliche gesamtkulturelle Schwäche von Väterlichkeit in unserer Kultur* wieder, einer Väterlichkeit, die im Verlauf männlicher Sozialisation im Patriarchat nicht oder nur in einzelnen Glücksfällen, die sozusagen ›Systembrüche‹ darstellen, ›erlernt‹ werden kann (1990, S. 198).

14. Neue Väterlichkeitsdimensionen im Präodipalen und Negativ-Ödipalen

»Jeder Mann muß das Gute in seinem Vater erkennen, muß fühlen, wie er ihm ähnlich, aber auch wie er anders ist als dieser. Daraus, glaube ich, entsteht ein umfassenderes, vertrauenswürdigeres Gefühl für Männlichkeit, eine Art zu sorgen und zu nähren, stark zu sein, ohne zu zerstören«.

Samuel Osheron (1990, S. 247)

»Dies ist heutzutage wirklich die Aufgabe aller Männer: Den auf männliche Weise Nährenden und Sorgenden in uns zu erforschen (...)«

(ebd., S. 245)

Neben der allgemeinen Bedeutung des frühen Vaters für die psychische Strukturierung des Kindes haben wir mit dem *negativen Ödipuskomplex* einen wichtigen, wenig beachteten Faktor in der psychoanalytischen Entwicklungstheorie hervorgehoben. Daß dies überhaupt notwendig ist, erstaunt ein wenig, sind es doch diese zärtlichen Anlehnungsbedürfnisse und Liebeswünsche des Buben, die zusammen mit dem rivalisierenden Aspekt der ödipalen Vaterbeziehung erst den »vollständigen Ödipuskomplex« ausmachen. Freud wird sich sicher etwas dabei gedacht haben, wenn er hier den Begriff der »Vollständigkeit« verwendet, was diese Beziehungsqualitäten immerhin zur unverzichtbaren Komponente des gesamten Ödipusgeschehens erklärt. Freilich kann es andererseits kein Zufall sein, daß der negative Ödipuskomplex in der Literatur stark unterbewertet bleibt – nicht nur, weil es die in unserer Kultur ›unmännlich‹ geltenden, vielleicht sogar mit einem ›Homophobie-Verdikt‹ bedachten Aspekte von Maskulinität betrifft, sondern wohl auch wegen des Mangels an Väterlichkeitsbildern, die dieser eigentlich ›positiven‹, also zugewandten Seite des vollständigen Ödipuskonfliktes entsprechen.

Die klinische Erfahrung jedenfalls zeigt unverkennbar, wie Kinder und Jugendliche unbewußt eine Übertragungssituation herstellen, in der sie vor allem auch den »bestätigenden und fördernden prä-ödipalen Vater« suchen, der erst die Sicherheit und Anerkennung schafft, die zur späteren (ödipalen) Auseinandersetzung mit dem Vater gebraucht wird. Wenn es gelänge, diese väterliche Repräsentanz in der Therapie »um libidinöse Aspekte zu erweitern«, könnten auch aggressive Aspekte als nicht beziehungsgefährdend erlebt und besser integriert werden (Bauers 1993, S. 127f.). Damit kommt es in der Therapie nachträglich zu einer »Integration neuer Aspekte des väterlichen (Übertragungs-) Objekts«, die dann Stück für Stück auch in das Selbstbild Heranwachsender aufgenommen werden können. Diese in der therapeutischen Beziehung (wenigstens) im nachhinein erlebbare Verinnerlichung einer »vervollständigten Vaterrepräsentanz« (ebd.) eröffnet neue Kooperationsmöglichkeiten mit dem – so vorhanden – realen Vater und damit eine positive, stärkende Erweiterung des heranreifenden männlichen Selbstbildes.

Gerade angesichts des allseits beklagten Mangels an väterlich-fürsorglicher Identität erscheint uns die spezifische Funktion des »umgekehrten, negativen Ödipuskomplexes«, wie Freud ihn ein anderes Mal nannte, so wichtig. Er selbst und viele Autor/innen nach ihm haben diese Regungen zunächst aber – und unter Berufung auf die konstitutionelle Bisexualität – als feminin eingestuft:

> »(...) der Knabe hat nicht nur eine ambivalente Einstellung zum Vater und eine zärtliche Objektwahl für die Mutter, sondern er benimmt sich auch gleichzeitig *wie ein Mädchen*, er zeigt die *zärtliche feminine Einstellung* zum Vater und die ihr entsprechende eifersüchtig-feindselige gegen die Mutter« (Freud 1923a, S. 300; Hervorhebung JCA)

Obwohl hier davon die Rede ist, daß der Knabe in seinem Begehren gegenüber dem Vater in identifikatorischer Anlehnung an die Mutter ›handelt‹, erscheint uns die Deutung dieser Nähewünsche als ›mädchenhaft‹ und ›feminin‹ nach dem Muster *konventioneller Geschlechterklischees* konstruiert: Wieso sollte es – gerade angesichts der Bisexualität, von der Freud ausgeht! – für kleine Buben nicht auch wichtig sein, die gleichgeschlechtliche Nähe und Anlehnung an den Vater und die damit verbundene Stärkung der keimenden Geschlechtsidentität zu erleben, ohne sich deshalb ›feminin‹ zu fühlen und zu verhalten? Nach Laplanche und Pontalis (1973) wollte Freud mit diesem »Spiel der heterosexuellen und homosexuellen Komponenten« vor allem auch auf die *Ambivalenz* der Gefühle gegenüber dem Vater hinweisen (S. 352), daß er also nicht nur Rivale, sondern *auch* ein

Geliebter und Bewunderter ist bzw. sein kann. Wozu also dann diese Feminisierung?

Benjamin (1993) spricht in ihrem Ansatz von einem Stück »homoerotischer Identifizierungsliebe« des Sohnes für den Vater (und umgekehrt), die wichtig für die Herstellung der männlichen Identität des Buben sei und sein Selbstgefühl als Subjekt des Begehrens bestätige: »Die starke gegenseitige Anziehung zwischen Vater und Sohn ermöglicht die Anerkennung durch Identifizierung, durch eine besondere *erotische* Beziehung«, schreibt die Autorin ohne Rückgriff auf (abwehrende) Geschlechterklischees (S. 95). Allerdings betont sie auch ausdrücklich, daß diese homoerotische Liebe zum Vater »keineswegs Freuds ›negativem Ödipuskomplex‹ entspricht, bei dem der Junge sich mit der Mutter identifiziert und passiv den Vater begehrt« (1990, Anm., S. 105). Aber wo, so wäre zu fragen, ist die Grenze zwischen diesen beiden ›Liebesarten‹? Und wo sind die Zusammenhänge bzw. die Voraussetzungen und Bedingungen, unter denen der Bub in Identifikation mit der Mutter den Vater wirklich begehrt? Und vor allem – was im Sinne des Intersubjektiven bedeutsam ist – welche Antworten bekommt er darauf? Benjamin will offenbar darauf aufmerksam machen, daß die Psychoanalyse immer den Hang hatte, die idealisierte Vaterübertragung männlicher Patienten ›nur‹ als negativ ödipale Haltung im Sinne der »Identifizierung mit der passiven Mutter« zu interpretieren, anstatt als Ausdruck des Verlangens, »sich selbst im frühen dyadischen Vater wiederzuerkennen und von ihm anerkannt zu werden« (1993, S. 103). Hier ist der negativ-ödipale männliche Wunsch in dem hier vertretenen Sinn jedoch klar angesprochen. Eine scharfe Trennung zwischen der mit der Mutter identifizierten Liebe, dem anlehnenden Negativ-Ödipalen und den frühen präödipalen Anerkennungswünschen scheint uns deshalb kaum möglich und auch nicht notwendig. Übereinstimmung scheint darin zu stehen, daß es um eine viel höhere Bewertung der präödipalen Welt des Kindes, in der auch der liebende und geliebte Vater wieder mehr Platz einnehmen kann, gehen sollte.

Es erscheint deshalb einerseits als ein Stück unreflektierter Anwendung kulturspezifischer Männlichkeits- bzw. Weiblichkeitsbilder, andererseits wohl sogar als ein Akt unbewußter Homophobie, dieses Erleben von Söhnen schnurstracks zu ›entmännlichen‹ und damit *die Wichtigkeit dieser Art von Verbindung von Vater und Sohn zu entwerten* – was auch Blos

(1990) so deutet, wenn er meint, daß die Freudschen Begriffe ›positiv‹ und ›negativ‹ hier »abwertende Nebenbedeutungen« hätten und wohl wegen des »Urteilscharakters, der ihnen anhaftet«, gewählt worden seien (S. 16). In der traditionellen psychoanalytischen Entwicklungstheorie wird diese »homoerotische Liebe« zum Vater zumeist überhaupt totgeschwiegen, was den Verdacht nahelegt, daß die Nähe von Vater und männlichem Kind möglicherweise ein ganz zentrales und problematisches Thema patriarchaler männlicher Sozialisation anspricht. Oder käme etwa umgekehrt jemand auf die Idee, die entsprechenden Gefühlsregungen des Mädchens gegenüber der Mutter als ›männlich‹ zu brandmarken und in ähnlicher Weise wegen des homosexuellen Charakters als problematisch zu empfinden? Die Psychoanalyse hat es ja auch in der Frage des Liebesobjekts für Mädchen und Buben als eine Art Selbstverständlichkeit betrachtet, *daß der Bub nur ein (!) Liebesobjekt hätte* (›natürlich‹ die Mutter), das Mädchen dagegen zwei – Mutter und Vater (vgl. Benjamin 1992, S. 110). Diese Ausrichtung zeigt schon, wie prekär offenbar die Liebe zwischen Vater und Sohn ist, die im Präödipalen und im Negativ-Ödipalen steckt.

Aber nicht genug damit: Freuds Konzept des vollständigen Ödipuskomplexes sieht ja vor, daß bei dessen Untergang durch die Identifizierung mit dem Vater das Mutterobjekt des positiven Komplexes – das ›normale‹ heterosexuelle also – das Vaterobjekt des negativen Komplexes ersetzt. Und: »In der verschieden starken Ausprägung der beiden Identifizierungen wird sich die Ungleichheit der beiden geschlechtlichen Anlagen spiegeln« (1923a, S. 301). Nachdem hier mit »geschlechtlicher Anlage« offenbar die sexuelle Orientierung und die Ausprägung der Geschlechtsrolle gemeint ist, heißt das eigentlich nichts anderes, als daß eine möglichst vollständige Ersetzung des Objekts des negativen Ödipuskomplexes eine möglichst eindeutige und ›reine‹, eine unvollständige Ersetzung hingegen eine weniger eindeutige männliche Geschlechtsrolle ergäbe. Hier haben wir eine ausgeprägte Fassung von *bipolarer* Geschlechterkonstruktion vor uns, während es unseres Erachtens heute zunehmend darum geht, diese Bipolarität durch eine vorwiegend *»bi – plurale«*, vielseitige, durchlässige Sicht der Entwicklung unterschiedlicher Geschlechtsrollenrepräsentanzen abzulösen (vgl. Hollstein, 1992a).

Schließlich gibt es auch genügend Hinweise darauf, daß eine liebevoll-zärtliche Nähe des Vaters, so selten sie in der heutigen Zeit allen Befunden zufolge und aller Euphorie über ›neue Väter‹ zum Trotz sein mag, sehr positive Auswirkungen auf die männliche Identitätsbildung haben könnte: Klees (1992) fand heraus, daß Söhne mit einer positiven Vaterbeziehung im hier gemeinten Sinn zu anderen (auch praktizierten!) Männlichkeitsentwürfen kommen können, die sie »engagierter um die Gleichverteilung der Familienaufgaben bemüht« erscheinen lassen. Töchter mit ebensolcher Vaterbeziehung verrieten eine stabilere Geschlechtsidentität als Frauen (und auch Männer) aus konservativen Elternhäusern: »Ein umsorgender Vater und zugewandter Partner ist ein lebendiges Beispiel herrschaftsfreier Lebensgestaltung und ein nachahmenswertes Vorbild für die zukünftige Generation« (S. 152). Hinter diesen Errungenschaften steckt die Umwandlung der »homosensuellen« Tendenzen der negativ-ödipalen Anlehnung (Olivier 1997) in eine fürsorglich-fördernde Haltung gegenüber anderen, wie sie idealerweise in der Auflösung des negativen Ödipuskomplexes während der Adoleszenz vonstatten geht. Dabei kann und soll das Vorbild des Vaters in der Adoleszenz hilfreich sein: Grieser nennt die dabei ›gefragte‹ Präsenz des Vaters eine »nicht intrusive Unterstützung« (1998, S. 112), die dann gelingt, wenn der Vater selbst weder Macht gegenüber dem Sohn behaupten zu müssen glaubt noch sich vorschnell – bei Schwierigkeiten etwa – aus der Grenzen setzenden Rolle zurückzieht!

Negativ-ödipale Empfindungen können allerdings auch zum Problem werden, wenn die positiv-ödipalen Rivalitätskonflikte wegen des Wegfalls oder Verlusts der Väter nicht ausgetragen werden können. Dann besteht nämlich die Gefahr, daß das Kind sich in idealisierenden Positionen verfängt und es zu einer *regressiven Fixierung an den negativen Ödipuskomplex* kommt: Alexander und Margarete Mitscherlich sahen diese Gefahr zum Beispiel bei vielen Söhnen von Vätern der Kriegsgeneration gegeben: Diese als Verlierer Heimgekehrten entsprachen nicht dem kindlich ersehnten, starken, mächtigen, Schutz bietenden Vater, wie er in unbewußten Phantasien aus der Kindheit erhalten bleibt. Geraten Heranwachsende angesichts der Vaterschwäche nun in »Identifikationsnot«, bleiben sie unbewußt an die präödipalen Phantasien gebunden; es gibt in der weiteren Entwicklung keine Auflösung des negativ-ödipalen Konflikts – der »Verliebtheit in einen als groß und ideal erlebten Vater« (1983, S. 399f.). Das heißt aber, *daß solche Kinder unbewußt in passiver Hingebung an den idealisierten Vater fixiert bleiben*, während sie für die realen Väter nur Enttäuschung oder gar Verachtung empfinden. Die problematischen Folgen in Form der Auslieferung an fragwürdige Helden- und Führerfiguren haben wir schon geschildert.

In der Adoleszenz schließlich – kraft ihrer Funktion als zweite Entwicklungschance – können in günstigen Konstellationen auch andere Männer und Instanzen die Rolle der ›guten Vaterobjekte‹ übernehmen, also Mentoren aller Art wie Lehrer, auch Sporttrainer, Hochschulprofessoren usw. In diese Beziehungen fließen dann die Überreste der negativ-ödipalen Beziehung mit ein und verleihen ihnen oft große Verbindlichkeit und großen Unterstützungswert für Heranwachsende (wobei für diese Altersgruppen im öffentlich-pädagogischen Bereich Männer als Mentoren auch zahlreicher zur Verfügung stehen als im Kindesalter!). Auch der Faktor *Arbeit*, von der Psychologie meist sträflich vernachlässigt, kann in seiner Bedeutung für die nun in den Erwerbsprozeß einsteigenden Jugendlichen eine solche stützende Funktion haben, weil Arbeit – allerdings wohl nur in günstigen Fällen – einerseits einen die eigenen Fähigkeiten bestätigenden Halt bietet, andererseits eine ›ödipalisierte‹ Korrektur narzißtischer Größenideen bewirkt, was zu Unabhängigkeit von regressiv in Schach gehaltenen, fragwürdig idealisierten Vaterbildern führt (vgl. Aigner 1981, Grieser 1998).

Im Zusammenhang mit der Frage nach der *Gewaltdisposition durch Vaterdefizienz* glauben wir an diesem Punkt auch die Sicht Gertrud Hardtmanns (1998) modifizieren zu müssen, die meint, daß rechtsradikale Jugendliche (genaugenommen spricht sie von »einigen Führern«) in problematischer Weise nur die negativ-ödipale Stufe erreicht hätten, auf deren Niveau »Frauen relativ überflüssig erscheinen, weil die Männergemeinschaft das Wesentliche unter sich ausmacht« (S. 403); die ödipale Stufe hingegen sei verfehlt worden. Dagegen meinen wir, daß in diesen Fällen auch für die negativ-ödipale Entwicklung zu wenig lebendig-spürbarer Kontakt und Anerkennung vorhanden gewesen sein muß, so daß die Buben schon früh in phantasierten Idealbildern schwelgen, die dann die verletzlich-fragile männliche Identität und die Verführbarkeit durch politische Überväter bedingen. Der »leidenschaftliche Hunger nach Wärme und Beziehung«, den Hardtmann bei einigen dieser Gewalttäter zu spüren meint (ebd., S. 398), kann nicht allein von dem nicht erreichten und abgearbeiteten ödipalen Niveau herrühren; und auch die »bedingungslose Unterwerfungs- und

Aufopferungsbereitschaft« (S. 403) scheint uns nicht einfach vom Vorbild der selbstaufopfernden Mutter in einer erreichten und realisierten negativen Ödipusstufe herzurühren; beides scheint vielmehr mit der tief verwurzelten Sehnsucht nach dem ›dyadischen‹, guten Vater zu tun zu haben, der nicht erlebt werden konnte und dessen Mangel dann in der männerbündischen Idealisierung von Ersatzvätern zum Ausdruck kommt.

Eine ausgeprägtere negativ-ödipale Erfahrung der Buben würde wohl auch mehr von dem schaffen, was Khan (1990) in einem anderen psychoanalytischen Zusammenhang »Möglichkeitsraum« nennt, nämlich jenen Platz zur Integration aggressiver Auflehnung gegen und Abgrenzung vom positiv-ödipalen Vater, weil der Widerspruch zwischen dem Beseitigen-Wollen und der identifikatorischen Vatersehnsucht durch eine bleibende, internalisierte negativ-ödipale Vatererfahrung weniger bedrohlich erscheint und somit mehr Möglichkeits- und Spielräume für aggressive Wünsche gegenüber dem Vater bestehen. Von Mentzos (1995) stammt dazu ein ähnlicher Gedanke, der den Aspekt der bedrohlichen Rivalität im ödipalen Geschehen überhaupt zugunsten der oft verzweifelten Suche nach der Liebe des Vaters in den Hintergrund treten läßt. Er meint, »daß der ödipale Konflikt in seinem Kern nicht so sehr in der Rivalität um die Frau/Mutter besteht – dies wäre ja der äußere Konflikt –, sondern in dieser intrapsychisch zerreißenden Ambivalenz: der Vater als Rivale einerseits, der Vater als weiser, sympathischer, geliebter Mann andererseits« (S. 666).

Auch Mertens (1994) hebt die Chance für günstige Lösungen der ödipalen Konflikte hervor, wenn ein nicht-kastrierender Vater als eine Art kameradschaftlicher Vertrauter vorhanden ist, so daß die Konsolidierung des Überichs am Ende des Ödipus eher als »Zeit der Versöhnung zwischen Sohn und Vater erscheinen« kann (S. 123). ›*Ver-Söhnung*‹ kann dabei auch ganz wortgetreu verstanden werden, weil es darum geht, daß der Sohn die Liebe des Vaters (oder seine Enttäuschung über ihr Fehlen) in seine seelische Struktur integrieren kann und auch späteren ›ödipalen‹ Instanzen gegenüber immer wieder neu erkämpfen und integrieren können soll, ohne Abspaltungen und Verleugnungen zugunsten der Entwicklung gewalthaltiger maskuliner Kompensationsmechanismen vorzunehmen (vgl. Heim 1997a, S. 1047).

Der der Psychoanalyse und namentlich Sigmund Freud sehr wohlgesonnene Schriftsteller Thomas Mann hat diese positive frühe und infantile Vorbildwahl, die mit dem negativen Ödipuskomplex zusammenhängt, in ihrer Bedeutung eindrucksvoll beschrieben:

> »Die Vaterbindung, Vaternachahmung, das Vaterspiel und seine Übertragungen auf Vaterersatzbilder höherer und geistiger Art – wie bestimmend, wie prägend und bildend wirken diese Infantilismen auf das individuelle Leben ein! Ich sage ›bildend‹; denn die lustigste, freudigste Bestimmung dessen, was man Bildung nennt, ist mir allen Ernstes diese Formung und Prägung durch das Bewunderte und Geliebte, durch die kindliche Identifikation mit einem aus innerster Sympathie gewählten Vaterbilde«. (1991, S. 89)

Bezüglich des negativen Ödipuskomplexes und seiner Bedeutung für die Entwicklung und Sozialisation männlicher Heranwachsender bedarf es also einer sehr differenzierten Betrachtung, die festhält, daß diese Phase der (narzißtischen) Anlehnung an den Vater nicht zu einer Stufe der Fixierung werden darf. Kann die positiv-ödipale Entwicklung nicht vonstatten gehen oder wird sie durch das Verschwinden des Vaters, durch verschiedene Entwertungstendenzen des Vaters und des Väterlichen (Abwesenheit, Versagen, Fragilität des Vaters, die generelle Abwertung von Alter und Lebenserfahrung in ›fortschrittsfetischistischen‹ Kulturen usw.) verunmöglicht, drohen regressive Zustände, Fixierungen und narzißtische Kränkungen. Blos hat ja auf die Interdependenz der beiden ödipalen Vorgänge hingewiesen, wonach die negativ-ödipale Zuneigung mit ihrer Schutzfunktion für die keimende männliche Identität (»die zarten Wurzeln der Identifizierung«) benötigt wird, um ›gut gerüstet‹ in die positiv-ödipalen Ambivalenzen und Auseinandersetzungen einzutreten.

Insgesamt scheint klar, daß im Rahmen des Wiederauferstehens vergangener Konflikte in der Adoleszenz (der Theorie der ›Nachträglichkeit‹ entsprechend) *auch die Vatererfahrungen neu bearbeitet werden*. Daß dabei die negativ-ödipalen Beziehungen eine wichtige Rolle spielen, ist allein schon durch die Notwendigkeit der Aufrichtung einer halbwegs kohärenten Geschlechtsidentität gegeben. Ziel einer am Ende der Adoleszenz ausreichend zu Ende gebrachten ödipalen Auseinandersetzung ist es, daß die Söhne – entsprechend dem Wunsch des Freudschen Ichs, vom Über-Ich wie vom Vater geliebt zu werden – die Vatererfahrung einerseits als ge- und verbietende Instanz im Über-Ich und andererseits als idealisierte Instanz in einem reifen Ich-Ideal intregriert haben.

14.1. Nachtrag zum negativen Ödipuskomplex

In den letzten Jahren sind nun eine ganze Reihe von ›Vater-Abhandlungen‹ erschienen, deren Zielsetzung und Forschungsinteresse hinsichtlich des negativen Ödipuskomplexes in eine ähnliche Richtung gehen: so zum Beispiel der von Brech u. a. 1999 herausgegebene Band *Weiblicher und männlicher Ödipuskomplex*, in dem sich Heinrich Deserno vom Sigmund-Freud-Institut in Frankfurt am Main in seinem Beitrag über *Männlichkeit und Ödipuskomplex* ebenfalls um ein ganz neues Verständnis des negativen Ödipuskomplexes bemüht zeigt. Deserno geht davon aus, daß ›Männlichkeit‹ in unserer Kultur mittlerweile offenbar als sehr belastete Geschlechtsidentität erscheint, und belegt dies mit der deutlich höheren Krankheitsanfälligkeit von Männern, der geringeren Lebenserwartung sowie den gehäuften Problemen, die Buben im Vergleich zu Mädchen schon von klein auf in Schule und Freizeit (Aggressionshandlungen) widerfahren. »Mitgefühl« und »Nachdenklichkeit« sei deshalb angesagt, besonders, was die hinter diesen Problemen steckende »gesellschaftliche Konstruktion« von Männlichkeit anbelangt: Männer sollten danach vornehmlich stark, leistungs- und konkurrenzfähig, selbständig und zweckrational beschaffen sein, Gefühle wie Anlehnungsbedürftigkeit, Schutzsuche sowie depressive Erscheinungen werden nach wie vor als ›unmännlich‹ empfunden. Die Folge sei eine »Reaktionsbildung« der meisten Männer gegen alles als ›weiblich‹ Bezeichnete. So weit – so bekannt (S. 85f.).

In diesem Zusammenhang ist auch für Deserno die Frage nach dem Verhältnis von positivem und negativem Ödipuskonfliktes zentral, und zwar vor allem insofern, als der ›normale‹, positive Komplex und die Aufgabe der Mutter als Liebesobjekt auch einen *doppelten Verzicht* bedeutet: nicht nur den Verzicht auf sie als Liebesobjekt, sondern auch den auf ihre (präödipalen) Qualitäten des Versorgens und Nährens, deren Ausbleiben durchaus bedrohliche Aspekte einschließt. Und genau an dieser Stelle könne eine »wohlwollend beschützende Vater-Sohn-Dyade« eine Art »Brücke zwischen den beiden (...) miteinander verflochtenen Beziehungen zur Mutter« bilden (ebd., S. 88). Diese Sicht des negativen Ödipuskomplexes stellt nach Desernos Auffassung einerseits »einen schwer erkämpften Fortschritt der psychoanalytischen Theorie« dar, andererseits aber auch den »*entscheidenden Beitrag Freuds zur Konzeptualisierung der Männlichkeit«* abseits von herkömmlichen Aktivitäts- und Passivitätsklischees und zugunsten der Anerkennung passiver Triebziele beim Mann (ebd., S. 91; Hervorhebung JCA).

Letzteres aber eröffnet ganz neue Perspektiven für die psychoanalytische Arbeit, geht es doch in der männlichen Entwicklung allgemein und besonders bei vielen seelischen Problemen von Männern letztendlich darum, »in Aktivität zu flüchten, um den Ängsten vor Abhängigkeit, Schwäche oder Hilflosigkeit zu entgehen« (ebd., S. 93). Der negative Ödipuskomplex provoziert somit die Konfrontation mit den eigenen abgewehrten, als weiblich eingestuften Wünschen einerseits und der stereotypen patriarchalischen Männlichkeit andererseits. Während manche Autor/innen glauben, diesen Konflikt so ›lösen‹ zu können, daß sie den negativen Ödipuskomplex »in die Archaik früher Mutter-Kind-Beziehungen hinein aufzulösen oder zurückzu(ver)drängen« versuchten (ebd., S. 95), sieht Deserno die dyadische Vater-Sohn-Beziehung als Chance männlicher Kinder, den eigenen abgewehrten oder abzuwehrenden Aspekten des Rezeptiv-Aufnehmenden und des Empfangens in produktiver und entwicklungsfördernder Weise zu begegnen. Freilich muß geprüft werden, ob konkrete Väter zu solchen dyadischen negativ-ödipalen Beziehungsqualitäten von ihrer eigenen Geschichte und Prägung her überhaupt Grundlagen anbieten können. Dennoch ist die verstärkte Beachtung dieser Phase nicht zuletzt auch »der ›Freisprechung‹ der Väter und der Rolle der Mutter als Hauptverursacherin von Störungen« entgegenzusetzen, womit Deserno völlig unabhängig von unserer Arbeit den auch hier intendierten Absichten folgt (ebd., S. 97f.).

Die Untersuchung der dyadischen und triadischen Beziehungsqualitäten eines weiter gefaßten Ödipuskomplexes wirft hinsichtlich der Männlichkeitsentwicklung überdies eine – die männliche heterosexuelle Partnerwahl betreffende – interessante Frage auf, nämlich ob Männer nicht vielfach bei Frauen etwas suchen, »wovon sie meinen, daß es ihnen in der dyadischen Beziehung zum Vater fehlte« (ebd., S. 102). Könnte also – so fragen wir weiter – vieles an verhängnisvoller männlicher Bestätigungssuche in Beziehungen nach dem Muster einer Wiederholung der Mutter-Sohn-Beziehung darin begründet liegen, daß diese Bedürfnisebene in der Erziehung immer nur von Müttern und Frauen befriedigt wurde und kaum von Vätern? Auch in diesem Zusammenhang erscheint der negative Ödipuskomplex als eine

Art *geschlechterpolitische ›Gegenkonzeption‹*, der einen Beitrag dazu leisten könnte, daß das »Abschieben lebendiger Vater-Sohn-Beziehungen (...) in gnadenlose, verletzende Sport-Leistungs-Verhältnisse« oder auch »in überkomplexe, grenzenlose und süchtig machende virtuelle Welten, wo allenfalls noch Bill Gates als ferner ›web‹-Vater aufscheint« (S. 104)[11], zugunsten flexiblerer Rollenkonzeptionen zwischen Kindern beiderlei Geschlechts und ihren Eltern zurücktritt. Würden zusätzlich heterosexuelle Partnerschaften von infantilen Ansprüchen von Männern an Frauen befreit, könnte eine intensivere negativ-ödipale ›Väterlichkeitskultur‹ auch auf diesem Gebiet heilsame Konsequenzen zur Folge haben.

14.2. Neue Qualität von Vaterliebe – neue Über-Ich- und Autoritätsbildung?

> »Väter, die ihren Kindern zeigen, daß erwachsene Männer auch spielen und lachen können wie sie, daß sie sich manchmal traurig und niedergeschlagen fühlen wie sie, daß sie sich nach Zärtlichkeit und Zuwendung sehnen wie sie, solche Väter machen es ihren Kindern möglich, sich in ihnen wiederzuerkennen und ihnen nachzueifern«.
>
> *Gisela von Krogh (1984, S. 147)*

Die Befriedigung des präödipalen »Vaterhungers« (Abelin), die dem Sohn noch vor den ödipalen Auseinandersetzungen eine ›gediegene‹ Identifikation, eine anlehnende Haltung an den Vater erlaubt, in der er gegenseitige Anerkennung mit dem Vater erleben kann, kann als ein »*›Gütezeichen‹ der präödipalen Beziehung des Sohnes zum Vater*« angesehen werden (Herzog 1982; zit. n .Grieser 1998, S. 90). Dieses ›Qualitätssiegel‹ wirkt sich vor allem auf die affektive Entwicklung von Söhnen aus, die in Anlehnung an den Vater besser gelänge, »weshalb Söhne mit Vätern besser mit starken Emotionen umgehen können und Jungen, die ohne Väter aufwuchsen, starke Affekte weniger gut regulieren können« (ebd.).

Mit diesem ›Affektivitätsvorteil‹ in Zusammenhang steht auch jene milde, positive Färbung des Über-Ichs, die Freud schon in der kleinen

[11] Zur besonderen Bedeutung des Negativ-Ödipalen für die weibliche Entwicklung vgl. Schäfer 1999.

Schrift »Der Humor« (1927d) als wohlwollend *sorgende, elterliche Instanz* beschrieben hatte. Indirekt hebt Freud damit die tröstende und auch behütende, angstmindernde Funktion des Über-Ichs hervor, die nur unter der Bedingung einer ausreichenden Erfüllung der Nähewünsche an den präödipalen Vater denkbar ist. Freud schien das Defizit hinsichtlich dieser Funktion und Bedeutung des Über-Ichs zu kennen, wenn er meinte, daß wir hinsichtlich dieses positiven Charakters des Über-Ichs »noch allerlei zu lernen haben« (S. 282). Er selbst hatte diese liebevolle Funktion des Über-Ichs schon 1923 deutlich betont, was uns aus der heute gängigen Lesart des psychoanalytischen Strukturmodells aber nicht mehr so geläufig ist: Wie das Über-Ich Zeichen der Schwäche und Abhängigkeit des Kindes von einst bleibt, so kann es zwar die ganze Aggression und Destruktivität der einst herrschenden Vorbilder beinhalten, aber auch deren Gegenteil, die *lebensbejahenden Kräfte und Gebote,* die für das Ich gleichbedeutend mit »Geliebtwerden, vom Über-Ich geliebt werden« *sind.* Und: *»Das Über-Ich vertritt dieselbe schützende und rettende Funktion wie früher der Vater, später die Vorsehung oder das Schicksal«* (1923a, S. 324).

Wäre das nicht eine ganz andere Vorstellung von Über-Ich, von ›Aufsichtsorgan‹, von ›Gewissen‹ (von dem es ja nicht immer nur ein schlechtes, sondern auch ein gutes gibt!), fernab schwarzer Pädagogik oder leistungsbesessener Normierung, die immer nur auf Unterwerfung, Gehorsam und Fügung abzielen? Zwar gibt es diese positive Tönung, die Freud hier dem Über-Ich zuschreibt, später in der Konstruktion des Ich-Ideals, während das Über-Ich dann als ein repressiv-normierender und das Ich-Ideal in seinem Narzißmus begrenzender Teil in Erscheinung tritt. Im entwicklungstheoretischen Diskurs jedoch ist diese positive Instanz wesentlich schwächer ausgeprägt als die Vorstellung des begrenzenden, repressiven Über-Ichs. Peter Kutter (1985) hat im Zusammenhang mit dem Wiederaufleben des Ödipus in der Adoleszenz betont, daß auch dort die Suche nach einem *verständnisvollen Vater* häufig zugunsten der Hervorhebung der ödipalen Rivalität und der Todeswünsche vernachlässigt werde, während »die Suche nach einem guten, helfenden Vater« unterbelichtet bleibe (S. 178). Vielleicht spiegelt die Unterrepräsentiertheit dieser wohlwollenden, fördernden Über-Ich-Vorstellung aber auch nur wieder, daß die entsprechenden Vaterrepräsentanzen in unserer Gesellschaft schwach ausgeprägt und wenig präsent bzw. wirksam sind.

Sogar in der revoltierenden 68er-Bewegung der protestierenden Schüler- und Studentengeneration wird diese Vorstellung eines positiv-förderlichen Über-Ichs spürbar, wenn beteiligte kritische Beobachter die Revolte im nachhinein nicht nur als ›antiautoritären‹ Aufstand gegen die ›Väter‹ und Autoritäten interpretieren wollen, sondern auch »als einen verzweifelten Versuch (...), ›Väter‹ zu finden, Autoritäten zu akzeptieren« – also als Suche nach den ›besseren Vätern‹?

> »Antiautoritär war der Affekt, der den Protest trug. Dahinter aber verbarg sich die Sehnsucht nach Vätern, mit denen man sich hätte identifizieren können. Kein Fort-Schritt ist möglich ohne Rück-Halt in einer Vergangenheit mit der man sich identifizieren kann (...) Was taten die revoltierenden Studenten? Sie suchten sich ›neue‹ Väter, um sie gegen die ›alten‹, gegen die mit dem Faschismus assoziierten Väter auszutauschen«. (Nitzschke 1991, S. 135)

Nitzschke macht auch darauf aufmerksam, daß es sich bei diesen ›neuen Vätern‹ um *jüdische* Väter handelte: Max Horkheimer, Theodor W. Adorno, Ernst Bloch, Herbert Marcuse, Sigmund Freud, Wilhelm Reich, Karl Marx u. a. m. Wer sich an die schier bedingungslose Anerkennung, die sie genossen, ja an die (wieder ans Unkritische grenzende) fast liebevolle Verehrung dieser Männer durch radikale und protestierende Studentengruppen erinnert, weiß, daß diese Interpretation der ›Vatersuche‹ nicht weit hergeholt ist. Ohne hier psychologisieren zu wollen: es müssen eben mehrere Faktoren zusammenkommen: die historische Situation, die politische und ökonomische Lage, das Unrecht und seine sichtbar Verantwortlichen auf der Welt und die subjektive Lage vieler gebildeter, aber vaterloser Heranwachsender in den 60er Jahren.

Letztlich bleibt es ein gesellschaftliches und ein ökonomisches Problem und damit ein Problem der ›Kulturbildung‹, inwieweit für Männer auch mehr Möglichkeiten und Bedürfnisse realisierbar sind, für ihre Kinder das zu sein, und dies in einer Art, die vielleicht gut mit dem Begriff des *»Resonanzbodens«* beschrieben ist, von dessen Fehlen Freud im Zusammenhang mit dem Verlust seines Vaters einst klagte – eine Vorstellung übrigens, die mir auch in der Ausübung der Psychoanalyse als Therapie hilfreich erscheint. *»Rückgewinnung verantwortlicher Väterlichkeit anstelle von symbiotischer Mütterlichkeit«* umriß Tilmann Moser in einem seiner Fallberichte einmal ein ›Motto‹, dessen Dringlichkeit er angesichts heutiger Defizite zeigen wollte (1996, S. 122;

Hervorhebung JCA). Die folgenschweren strukturbildenden Defizite in der Entwicklung von Kindern, die wir zu zeigen versucht haben, führen zu den verschiedensten Formen haltloser, nach kompensatorischen Ersatzbefriedigungen heischender, grenzensprengender Suche nach neuen narzißtischen Bestätigungen und Erlebnisweisen (durch alle möglichen Modetrends und andere ›thrills‹). Andererseits fanden wir unter bestimmten sozialen Belastungen die Gefahr des Abgleitens in gewaltvolle Sozialisationsverläufe, dann nämlich, wenn eine spezifisch autoritär-punitive, allerdings gebrochene und von Verachtung gezeichnete Vaterbeziehung vorliegt – wie abschließend noch gezeigt wird.

Diese Situation fordert jedenfalls zu großer gesellschaftspolitischer Wachsamkeit heraus, was bezogen auf unser Thema heißen könnte: Kreativität und Unterstützung bei der Gestaltung neuer familiärer Zusammenlebensformen, in der Förderung alternativer Verlaufsformen der (männlichen) Sozialisation und in der Wiederetablierung kindorientierter Repräsentationen väterlicher (und elterlicher) Lebensweisen! Dies schlüge sich übrigens auch in den partnerschaftlichen Beziehungen zwischen Männern und Frauen in Form erhöhter Sensitivität für Kinder- und Beziehungsangelegenheiten und in größerer Partner/innen-Zufriedenheit nieder (vgl. Fthenakis 1988, S. 207). Erst ein schrittweiser Abbau jener geschlechterpolitisch grundgelegten Distanz zwischen Kindern und Vätern, die die Mutter in der Position der Alleinverantwortlichen (und damit der Rolle der ›Matriarchin‹) für Wohl und Elend der Kinder fixiert und prekäre Folgen für die weibliche und männliche Entwicklung zeitigen kann, wäre unabdingbare Voraussetzung einer Sozialisation zum Widerstehen gegen die Illusionen, die durch die vielfältigen narzißtisch-antiödipalen Verführungen der spätkapitalistischen Konsumgesellschaft gefördert werden.

15. Theoretische und sozialpolitische Schlußfolgerungen: Fehlender, autoritärer, schwacher, liebloser Vater?

> »Vater ist doch ein seltsames Wort, ich scheine es nicht zu verstehen. Es muß jemand bezeichnen, den man lieben kann und liebt, so recht von Herzen. Wie gern hätte ich eine solche Person«.
>
> *Hermann Hesse (1892)*

Es nimmt fast Wunder und wirft auch ein Licht auf die Situation von Wissenschaft, ihrer gesellschaftlichen Verankerung und ihrer Unwirksamkeit bzw. Machtlosigkeit in entscheidenden gesellschaftspolitischen Fragen, daß zur Problematik der geschlechtstypischen Arbeitsaufteilung – außer in einigen Modellversuchen in den skandinavischen Ländern (vgl. Stein-Hilbers 1994) – noch kaum familien- und sozialpolitische Maßnahmen überlegt werden – was angesichts des Wehklagens über die mangelhafte Erfüllung der Vaterrolle bemerkenswert ist. Wer diese Erkenntnisse ernst nehme, ist – so Olivier (1997) – dringend gefordert, Maßnahmen zur Förderung des Zusammenlebens der Kinder mit Vater-Männern auf allen Ebenen einzuleiten; wer dies nicht tut, verhindert oder in kurzsichtigem und wehleidigem Schwadronieren über den ›Niedergang‹ der angeblich heilen Familie verharrt, trägt mit dazu bei, daß aus Kindern – so Olivier – entweder »verwöhnte Softies« oder aber »gewalttätige und rachsüchtige Wesen« werden (ebd., S. 141).

Insofern ist die Sozialisation zur Gewalttätigkeit in unserer patriarchalischen Kultur von vornherein an bestimmte Aspekte der Geschlechterherrschaft gebunden, wie sie sich unter anderem in der geschlechtsspezifischen Arbeitsteilung äußern. Pilgrim (1986) hat in seinem journalistisch aufbereiteten, aber von den historischen Belegen her nicht minder eindrucksvollen »Muttersöhne«-Buch dargestellt, wie es um die väterlichen Bindungen ›großer‹ Gewalttäter in der Geschichte ausgesehen hat: Fast alle neuzeitlichen »Blutmänner« wie Napoleon, Wilhelm II., Stalin,

Hitler und ihre Vorläufer, die großen Feldherrn der Geschichte sowie auch ihre verschiedenartigen Lakaien wie in Hitlers Fall Himmler, Göring, Goebbels, Heydrich oder Mengele – die »Second-hand-Vernichter« also – hatten bei einer heftigen Mutterbindung »blasse, entweder brutale oder seelisch verschwommene, oftmals verschwindende Väter«. Sie stellen aber nur die Spitze des ›vaterproblematischen Eisbergs‹, wie man diese Situation salopp nennen könnte, dar: »Gesellschaftlich zurückgezogene Hausfrauenmutter und in den Männeraußenbereichen sich verflüchtigender Arbeitsmannvater ziehen Jungen zu Millionen auf« (1986, S. 52).

Welche Empfehlung kann also eine psychoanalytische Sozialpsychologie auf die Frage nach dem Vater geben? Nicht anschließen können wir uns jedenfalls jenen Analysen, die die Betonung der Vaterrolle für die Entwicklung von Kindern als eine neue Spielart männlicher Selbstüberschätzung betrachten und in der (angeblichen) Überhöhung des Vaters nur eine Reaktion auf den »väterlichen Bedeutungsverlust« sehen, die verbesserte »Rechtspositionen für Väter« im Streit um die Kinder erwirken helfen soll (Stein-Hilbers 1994, S. 133). Solche Positionen machen sich selbst vollends fragwürdig, wenn behauptet wird, daß diese Überhöhung des positiven Vaterbildes dazu diene, die verbreitete sexuell-mißbräuchliche Praxis von Vätern zur diskursiven Randerscheinung zu machen. Unseres Erachtens ist in den letzten 10 bis 15 Jahren eher das Gegenteil der Fall, so daß die ›Väter-Täter-Gleichung‹ hinsichtlich der Vater-Kind- bzw. Vater-Tochter-Beziehung zu einer Art *generalisiertem Väter-Mißtrauen* ausgebaut wurde (vgl. auch Aigner 1998).

Ley und Borer (1992) nehmen bezüglich des Rufs nach ›neuen‹ Vätern einen differenzierteren Standpunkt ein und sprechen nach ihren Familienanalysen von der »tendenziellen *Entbehrlichkeit* der patriarchalischen Väter, *nicht der Väter schlechthin*«. Diese Entbehrlichkeit werde überall dort sichtbar, wo Frauen sich selbst Anerkennung, Gemeinsamkeit, Bildung und vor allem auch materielle Ressourcen erarbeitet und erkämpft haben (S. 200; Hervorhebung JCA). Badinter wiederum erachtet Väter als genauso gute ›Bemutterer‹ wie die Mütter, was in Untersuchungen über die Vater-Kind-Beziehungen in den ersten sechs Monaten auch eindeutig nachgewiesen worden sei. Allerdings hängt diese Fähigkeit davon ab, ob »sie selber bemutternde Eltern hatten«, sowie »von seiner/ihrer Kindheit und von äußeren Bedingungen«. Bezüglich einer »gemeinsame(n) frühere(n)

Protoweiblichkeit« seien die Geschlechter unter der Voraussetzung gleicher Bedingungen einander gleichgestellt. Der Vater kann dabei durchaus eine vergleichbare symbiotische Beziehung zu der der Mutter entwickeln helfen, vorausgesetzt, daß er die Möglichkeit hatte, über traditionelle Männlichkeitsklischees hinauszugehen und seine eigenen frühesten Mutterbeziehungsanteile zu reaktivieren (1993, S. 212f.).

Mehrmals spricht Badinter dabei ausdrücklich vom »mütterlichen Vater« oder gar vom »neuen mütterlichen Vater« (ebd., S. 214f.). Warum aber wieder diese ›Gleichschaltung‹? Warum muß ein Mann, der *elterlich* sein will, nur seine frühen Anteile an Mutterbeziehung reaktivieren? Folgt dies nicht selbst schon wieder dem gerade in Frage gestellten Bild, ein Vater wäre nur dann ein wirklich kompetenter Elternteil, wenn er zu einer ›Mutter-Kopie‹ würde? Warum nicht von einer – wenn vorhanden – Reaktivierung der frühesten Vaterbeziehung sprechen? Wo bleiben also Wert und Bedeutung des *›archaischen‹* oder *›symbiotischen‹* oder *›magischen‹* Vaters (vgl. Pesso 1986, zit. n. Moser 1996, S. 28f.)? Freilich ist Badinters Vision des mit seiner Sensibilität »versöhnten Mannes«, »der seinen Vater gefunden und seine Mutter wiedergefunden hat, (...)ohne das Weiblich-Mütterliche in sich zu verletzen«, für die Entwicklung väterlicher Fürsorglichkeit etwas abzugewinnen (1993, S. 197). Dennoch scheint sie dabei an Mutter-Epigonen zu denken, obwohl sie auch eine »Revolution der Väter« im Sinne einer tiefgreifenden Veränderung des Privat- und Berufslebens über mehrere Generationen hinweg als notwendig erachtet, um ein Vaterbild wie dieses Wirklichkeit werden zu lassen. Das Ergebnis aber muß unseres Erachtens *kein ›mütterliches‹ oder bemutterndes Wesen* sein, als ob diese Art zuwendender ›Elternschaft‹ schlicht und einfach nur weiblich denkbar wäre (Badinter weist übrigens selbst darauf hin, daß es im Amerikanischen mit *»parenting«* einen geschlechtsneutralen Ausdruck für dieses Elternverhalten gibt; vgl. 1993, S. 211). Eher orientieren wir uns an einem Bild, das Christiane Olivier entworfen hat: dieses Bild drückt ohne Familie-npathos aus, wie Männer als Väter unbekümmert Nähe schon zu ganz kleinen Kindern leben können, indem sie schon dem Neugeborenen gegenüber körperliche Nähe herstellen und es in die Hand nehmen:

> »das Wesen, das im Wasser von der Frau getragen wurde, nun ihrerseits in der Luft zu tragen und ihm Sicherheit zu geben. Heute beginnt das Vatersein, nicht erst nach sechs Monaten, auch nicht in einem Jahr oder dann, wenn die Mutter den Vater präsentiert,

> indem sie ihn nennt (wie so viele Analytiker es wünschen). Sie müssen ihr Kind gleich mit ihrem Körper annehmen, durch neue Empfindungen. Es kann keinen Raum für den Vater geben, wenn sich die Körper nicht von Geburt an begegnen«. (1997, S. 84)

Dieses ›*Annehmen*‹ und von Anbeginn an ›*mit dem Körper Anerkennen*‹ weist auf wichtige Dimensionen zwischenmenschlicher Begegnung hin, die auch im Lichte der neueren Ergebnisse der Säuglingsforschung wie auch der Überlegungen zur Bedeutung des Körpers als strukturierendem Element der seelischen Entwicklung hochaktuell erscheinen und deshalb auch als wichtige Komponenten früher Vater-Kind-Interaktion gelten können. Schon Freud hatte ja gemeint, daß jede psychische Funktion sich auf der Basis einer körperlichen entwickle, deren Funktionsweise sich auch auf die psychische Funktion überträgt. Dem Hautkontakt, dem Berühren und schließlich dem von der Psychoanalyse so genannten ›holding‹ kommt dabei besondere Bedeutung zu (vgl. dazu Anzieu 1996, S. 128ff.; Aigner 1996).

Die Präsenz einer solchen liebevollen Beziehung müßte also verstärkt auch die körperliche Dimension väterlicher Zuneigung mit einbeziehen. Dabei ist nicht nur die in diversen Untersuchungen (z. B. Stein-Hilbers 1994) herausgefundene geschlechtsstereotype Körpernähe von kraftvoll-sportiver, spielerisch-konkurrenzierender Art – und die wiederum vermehrt mit Buben! – gemeint, sondern auch diejenige pflegerisch-zärtlicher Art (die neuerdings allerdings durch den allgegenwärtigen Mißbrauchsdiskurs zusätzlich prekär geworden ist). Warum aber soll der körperliche Kontakt zum Vater nicht für den Sohn wie für die Tochter ein Ort der Zärtlichkeit und Geborgenheit, der Pflege und Fürsorge sein? Ödipus- und Triangulierungskonstruktionen wie die erst jüngst wieder von Green (1999) vorgelegte ›imponieren‹ dagegen mit einer geradezu bewußt gesetzten *körperlosen Väterlichkeit:* so sieht Green den Ödipuskomplex als ein der Struktur nach »offenes Dreieck«, dessen Offenheit dadurch begründet ist, daß es zum Dritten dieses Konstrukts, zum Vater, *»keine körperliche Beziehung«* gäbe, »bei Jungen ebensowenig wie bei Mädchen« (S. 184; Hervorhebung JCA). Meint man als Leser zunächst, dies beziehe sich lediglich auf die Gravidität, also auf die ›Reproduktionsbeziehung‹ zwischen kindlichem Körper und gebärendem Mutterkörper, so klärt Green uns kurz danach auf: *»Die Mutter ist der einzige Partner in der Dreiecksbeziehung, der eine körperliche Beziehung zu den beiden anderen hat: zum Vater und zum Kind«* (ebd.;

Hervorhebung JCA) – also doch nicht rein ›graviditär‹ gemeint, sondern ›sinnlich-gegenwärtig‹!

Eine solche Vorstellung geht nun zwar nicht an der heute vorherrschenden Lebenspraxis zwischen Kindern und Vätern, aber doch an der grundsätzlichen Möglichkeit eines solchen Kontakts und seiner eminenten Bedeutung vorbei und spiegelt höchstens die ganze *Tragweite männlicher Körperferne und Körperabwehr* wieder, die patriarchale Männlichkeitsentwürfe auszeichnen. Sie hängen wohl auch damit zusammen, daß es hier keine theoretisch bedeutsame Vorstellung vom frühen (dyadischen) Vater, wie wir sie im Anschluß an Blos weiter zu entfalten versucht haben, zu geben scheint und der körperliche Kontakt mit dem späteren ödipalen Vater leicht unter das Verdikt der Verführung zu fallen scheint. Dagegen setzen wir gemeinsam mit immer mehr Autor/innen den Körper des Vaters als wichtige Beziehungs- und Erfahrungsebene. Gerade – wie wir sahen – angesichts der brüchig gewordenen Männlichkeitsvorstellungen in der Adoleszenz ist der Körper ja eine Quelle von Selbstzweifeln und Identitätsproblemen, die sicher nicht leichter zu ertragen sind, wenn der Körper des gleichgeschlechtlichen Elternteils den Heranwachsenden immer fern und fremd geblieben ist.

Dabei nehmen schon von klein auf der Tastsinn, der Geruchssinn und eine Reihe anderer Differenzierungsmöglichkeiten, über die Kleinstkinder ja verfügen, sehr wohl Haut, Behaarung, Geruch des Vaters – und all das andersartig als bei der Mutter – wahr! Und so kann der Körper des Vaters (warum denn eigentlich auch nicht?!) für Kinder beiderlei Geschlechts zum Ort der Auseinandersetzung wie der Geborgenheit werden. Olivier wertet eine solche frühe Vater-Erfahrung als ganz grundlegend:

> »Um einen Platz in der *Gestalt* des Kindes zu erlangen, muß man sich ›beschnuppern‹ lassen und deshalb ganz nah bei dem Kind sein. Man muß sich auch zu Gehör bringen. Man muß Gelegenheit haben, das Kind zu tragen und zu berühren – beim Füttern, Wickeln oder Spielen«. (ebd., S. 79)

Und gegen Lacan: »Derjenige, welcher *kein Fremder ist und es auch nie sein wird*, braucht nicht vorgestellt zu werden« (ebd., S. 90). Hier entwickle sich ein »Urverhältnis« (ebd., S. 86), das auch zu anderen als nur zur Mutter möglich sein kann. Wenn man heute wie früher Ammen, Zieheltern, Pflege- oder Großeltern zutraute, die Mutter ersetzen zu können, warum – so fragt Olivier – nicht auch längst schon dem Vater? Fremdeln und abweisende

Haltungen des Kindes gegenüber dem Vater reiht Olivier hingegen schon unter die Ergebnisse der Vaterverlassenheit: »Die Abweisung des Vaters durch das Kind ist eine Antwort auf die Weigerung des Vaters, gleich nach der Geburt am Leben des Kindes teilzunehmen und zur Dreiheit zu gehören« (ebd., S. 109). Tatsächlich erinnern sich viele mir bekannte engagierte Väter an keinerlei Momente von ›Fremdeln‹ oder Abgewiesenwerden zugunsten der Mutter.

Wegen der in unserer Kultur verstärkt auftretenden ›homophoben‹ Abwehr von Zärtlichkeit zwischen Männern ist für viele Väter die körperliche (vor allem zärtliche) ›Berührung‹ ihrer heranwachsenden Söhne von Anfang an vielfach besonders prekär: Es gibt offenbar viel zu wenig Körperkontakt und Kommunikation unter Männern, »weil die Männer nie gelernt haben, mit ihrem Vater zu kommunizieren, und sich darauf versteifen, von denen verstanden zu werden (und die zu verstehen), die so anders sind als sie: Frauen!« (1997, S. 116f). Olivier spricht dagegen – in Abgrenzung (und doch auch Nähe) zum Begriff ›homosexuell‹ – von der Notwendigkeit einer *»homosensuellen Beziehung«*, die von tragender (sic!) Bedeutung in der Beziehung zwischen Vätern und Söhnen sei. Solange aber von Vätern (und Männern im allgemeinen) nicht die gleiche haltgebende Zärtlichkeit zu erwarten ist und solange das Männliche in unserer Kultur eher selbstsüchtige Autonomie repräsentiert, werden Mütter – und Frauen im allgemeinen – wohl die vermeintlich einzige Quelle des Guten bleiben – wobei in dieser Haltung auch ein Gutteil unbewußter (Selbst-) Entwertung steckt (vgl. Benjamin 1990, S. 198). Darin liegt auch einer der – letztlich selbstzerstörerischen – Widersprüche des patriarchalen Systems, daß die sichere, gefühlvolle Basis, ohne die sozusagen ›nichts geht‹, hauptsächlich Frauen zugeschrieben und damit im Rahmen ›männlicher‹ Rationalität tendenziell entwertet wird, wogegen man(n) sich selbst mit der Zuschreibung als ›Gefühlsanalphabeten‹ zum »unwichtigen Elternteil« – mit Ausnahme vielleicht der Verdienerrolle – stempelt.

In diesem Zusammenhang imponiert die von Benjamin geforderte Forcierung einer *›dualen Elternschaft‹*, bei der auch die Männer an der Fürsorge für die Kinder beteiligt sind, so daß sie mit ihren durch die Geschlechterpolarisierung *verlorenen Fürsorglichkeitsgefühlen* wieder in Kontakt gebracht und ausgesöhnt werden können (1990, S. 196f.). Angesichts der eingangs dieser Arbeit geschilderten, reihenweise erlebbaren

Alltagserfahrung, wie einen Kinder beiderlei Geschlechts als Mann zum Beispiel im Kindergarten euphorisch begrüßen, haben wir in sozialpolitischen Zusammenhängen immer schon die These vertreten, daß eine solche geschlechtsspezifische ›Egalisierung‹ der öffentlichen Erziehung nicht nur den Kindern, sondern vor allem auch den Männern ›nutzen‹ würde; ›Nutzen‹ in dem Sinn, daß die auf diese Weise mit *Kindlichkeit* und mit der durch sie herausgeforderten Fürsorglichkeit und Lebendigkeit konfrontierten Männer langsam *eine andere Repräsentation von Männlichkeit und Väterlichkeit* entwickeln und gesellschaftlich verbreiten könnten. Allerdings ist angesichts der immer noch mehr als verschwindenden Anzahl männlicher Kindergarten- oder Horterzieher jeglicher übertriebene Optimismus diesbezüglich unangebracht.

Es scheint, als hätten wir mit der stärkeren Gewichtung des *›negativ‹-ödipalen* (Freud) bzw. des dyadischen, gleichgeschlechtlichen Geschehens (Blos) zwischen Vater und Sohn sowie mit der stärkeren Berücksichtigung des Paradigmas der intersubjektiven Anerkennung (Benjamin) genügend theoretisches Instrumentarium bereit, *mit der die Bedeutung der frühen und frühesten Vatererfahrungen in ein neues Licht gerückt werden kann.* Ein solcher dyadisch-präödipal präsenter Vater würde aufhören, qua seines Geschlechts die Verbindung zu einer anderen als der Mutter-Kind-Welt zu repräsentieren, um die Kinder vor der Enge der Mutter-Kind-Beziehung zu retten. Denn diese Enge wäre ja gar nicht vorhanden, wenn die Frauen als Mütter gleichzeitig selbst mehr Verbindung zu einer anderen als der häuslich-familiären Welt hätten, die Last der Bindung an die Kinder also besser verteilt wäre und so »bei der Mutter selbst eine ›Außenwelt‹ *eigenen* Wünschens, Wollens und Begehrens wahrgenommen werden könnte« (Gläser 1994, S. 255). Damit erst wäre intersubjektive Anerkennung in einer ›ausgewogenen Mischung‹ zwischen Kindern und Eltern möglich, und die Zuschreibung und Sozialisierung rigider Geschlechterrollen, die dann von Psychologie und auch Psychoanalyse wiederum als quasi-natürliche Geschlechtszuschreibungen festgeschrieben werden, könnte Schritt für Schritt zurückgedrängt werden.

Aus der fundamentalen Kritik der gesellschaftlichen Organisation der Arbeit und ihrer herrschaftsbedingten Aufteilung zwischen den Geschlechtern folgt aber auch, daß es einer sozialpolitischen Wende bedürfte, wollte man männliche Kinder schrittweise zu anderen Söhnen und letztlich zu anderen Vätern hin sozialisieren. Das in dieser Teilung und geschlechtsspezifischen Funktionalisierung von Frauen und Männern als *›typisch mütterlich präsent‹* und *›typisch väterlich absent‹* steckende Potential von Identifikationsnot und Enttäuschungswut macht auch einen Teil des Nährbodens für die ›typisch‹ männliche Gewalt aus, die mehr oder weniger latent in unserer Gesellschaft vorhanden ist und uns in verschiedenster Ausprägung lautstark von einzelnen Gruppen Jugendlicher vor Augen geführt wird.

Auch im Bereich der Überich-Bildung könnten veränderte Vater-Kind-Beziehungen und veränderte ödipale Beziehungsrepräsentanzen nachhaltige Umstrukturierungen mit sich bringen: wenn – wie Horkheimer schon 1946 schrieb (vgl. Simmel 1993, S. 33) – die ›Überich-Erosion‹ darin besteht, daß es keine oder zu wenig wechselseitige Auseinandersetzungen zwischen Vater/Eltern und Kindern gibt, die durch Identifikations- und Introjektionsprozesse ›gewissensbildend‹ wirken können, während spärlich internalisierte, schnell auswechselbare Gruppen- und Trend-Gebote immer mehr die Oberhand im Sozialisationsprozeß gewinnen, dann ist mit der *Vision des dyadischen Vaters* auch die Hoffnung auf neue, andersartige dialektische Austauschprozesse zwischen Vater und Kindern gegeben, die von Anfang an stärker strukturbildend auf die psychischen Instanzen wirken. Schließlich haben wir von Freud weg das Überich auch als Träger der Liebe zum Vater ausgewiesen (vgl. Widmer 1990, S. 107); damit beinhaltet es auch ›negativ‹-ödipale Spuren, deren Vorhandensein und Persistieren im Falle der Entstehung oder Renaissance dyadischer Väterlichkeit zur *Strukturierung eines ›neuen‹ postödipalen Überichs* beitragen könnten: dieses Überich wäre nicht durch ›Stärke‹ im Sinne althergebrachter internalisierter Autorität gekennzeichnet, sondern könnte eine neue Art anlehnender, annehmend-identifikatorischer Autorität im Sinne ›sozialer Stärke‹ in sich aufrichten, die sowohl Herausforderung als auch Sorge um die Um- und Nachwelt bedeutet. *›Ausreichend gute Vatererfahrung‹* – also das *›good enough fathering‹*, das wir bei Winnicott schmerzlich vermissen – hilft jedenfalls, Affekte und Aggression durch ihre Abarbeitung an einer präsenten Vaterfigur besser integrieren zu können und damit auch gewaltsamen Identifikationen vorzubeugen. Verfügbare, warme Väter scheinen denn auch recht ›maskuline‹ Söhne hervorzubringen, wobei Wärme und Zuneigung des Vaters der so eingeschätzten Männer – wie Fthenakis (1988) zeigen konnte – eine größere Rolle spielen als sein geschlechtsrollengetreues männliches Verhalten.

Die Folgen eines Umdenkens in Wissenschaft und Politik in die geschilderte Richtung wären jedenfalls weitreichend: Das viel strapazierte ›*mother hunting*‹ würde dann sein klinisches wie sozialpolitisches Ende finden! Welcher Art Väterlichkeit diese partnerschaftlichen Männer dann zuzurechnen sind, ist letztlich wieder von den konkreten gesellschaftlichen Bedingungen abhängig, meinten doch schon die Mitscherlichs, man müsse jeweils nach historischer Situation prüfen, welches ideale Muster von Väterlichkeit wir benötigten bzw. vorfänden (1983, S. 380). Nostalgisches Festhalten an traditionellen Vaterbildern, deren Niedergang wir zu analysieren versucht haben, wäre jedenfalls paradox: wie sollten sie als verunsicherte Beispiele den Kindern Sicherheit und Autonomie vermitteln können (ebd., S. 404)? Oder brauchen wir – wie Hollstein meint – Helden, deren Einsatzgebiete heute ganz andere sind,

> »nicht mehr Stalingrad oder die Atlantikküste, sondern Greenpeace in der Nordsee, die holländischen Tierärzte, die kranke Robben gesundpflegen, Karl-Heinz Böhm, der nicht mehr Sissy-Filme dreht, sondern hungernde Kinder in Afrika rettet, der Theologe Helmut Gollwitzer, der, achtzigjährig, noch ein Lager mit Atomraketen blockiert (...)«. (1989, S. 25f.)

Nun, bei aller Sympathie für engagierte Aussagen wie diese muß Hollstein (wie vielen anderen) entgegengehalten werden, daß diese herbeigewünschten Einzelpersonen, die sich gegen Unrecht, Korruption, Zerstörung etc. wehren, allein nicht reichen werden. Zu viele institutionelle Faktoren an der gesellschaftlichen Basis sorgen dafür, daß diese Widerständler wohl allzu selten nachgeahmte Vorbilder bleiben werden. Sofern wir im Rahmen des bestehenden Systems und seiner ökonomischen Zwänge grundlegende Veränderungen erhoffen, ist deshalb Skepsis angeraten: Ein System, das einerseits ein nie dagewesenes Ausmaß an rationaler Weltbeherrschung vorantreibt und andererseits von dem expandierenden Entschädigungssystem für die dabei erlittenen Ängste und Sehnsüchte in Form ausufernden Konsums und grenzenloser Kompensation profitiert, wird eine egalitäre Geschlechterordnung und die aus ihr resultierenden Veränderungen der Persönlichkeitsentwicklung als dysfunktional abzustoßen versuchen.

Mittelfristig werden jedenfalls sozioökonomische Bedingungen ein entscheidendes Wort mitzureden haben, indem sie ermöglichen oder festlegen, wie flexibel Frauen und Männer in der Gestaltung ihrer Familien- und Berufsarbeit sein können: solange die Karenzzeit des Vaters wegen der

Einkommensungleichheit für die meisten Familien einen massiven Einkommensverlust nach sich zieht, werden die Männer den Großteil der Berufs- und die Frauen einen ebensolchen Anteil an ›Familienarbeit‹ leisten. Hier könnten nur steuerliche und andere ökonomische Lenkungsmaßnahmen bewirken, daß eine Karenzierung von Vätern bzw. eine möglichst egalitäre Kinderversorgung für Männer und Familien erst interessant und leistbar, ja vorteilhaft wird, wie dies in den 70er Jahren in Schweden versuchsweise eingeführt worden war. Stein-Hilbers (1994), die von diesen Reformversuchen berichtet, meint, daß eine *zeitlich reduzierte Erwerbsarbeit für beide Elternteile* den Kernpunkt der Reformen darstellen müßte.

Erst wenn hier veränderte Bedingungen vorliegen, können praktische Änderungen des Familienalltags in größerem als dem derzeitigen Promille-Umfang greifen. Dann könnte auch darangegangen werden, die diversen familienideologischen Setzungen und die realitätsverleugnende Re-Idealisierung der ›gesunden‹ Familie zu relativieren und anderen Perspektiven Raum zu eröffnen: Wenn heute immer noch ›die Familie‹ in fast jedem politischen Wahlkampf als Allheilmittel gegen gesellschaftliche Probleme auftaucht, wenn Kinderbetreuungsdiskussionen a priori davon dominiert werden, daß die eigene oder wenigstens eine Pflege-Mutter halt doch die bessere Lösung gegenüber kollektiven öffentlichen Betreuungsmodellen sei, dann tut es dringend not, immer wieder ins Bewußtsein zu rufen, daß nach ›kriminalstatistischer‹ Sicht dieselbe verklärte Familie auch der gefährlichste Ort hinsichtlich der Gefährdung von Leib und Leben durch Gewaltverbrechen und Mißhandlungen in unserer Gesellschaft ist (Österr. Statistisches Zentralamt 1998). Und dies gerade deshalb, weil sie ein durch strukturelle Ungleichheit sowie durch entsprechend enge, bindungsintensive Ambivalenzen gekennzeichnetes Gebilde ist, das in neuerer Zeit zudem höchst widersprüchlichen und belastenden gesellschaftlichen Entwicklungstendenzen ausgesetzt ist.

Einer diesen Verhältnissen und ihren ideologischen Ausflüssen gegenüber ›kritischen‹ Entwicklungspsychologie und psychoanalytischen Sozialpsychologie kommt in diesem *Entmythologisierungsprozeß* die Aufgabe zu, durch die Analyse der ambivalenten Bindungs- und Abhängigkeitsverhältnisse die vorgefaßten essentialistisch-naturalistischen Rollenbilder von Mutter und Vater zu revidieren bzw. herkömmliche Lehrmeinungen, die auf ihnen beruhen, offensiv zu kritisieren: Es sollte dann nicht mehr ohne weiteres möglich sein, daß Lehrer/innen, Kindergärtner/innen, Erzieher/innen und eben auch Psycholog/innen ihre Ausbildungsstätten ausgerüstet mit eben diesen problematischen Konzepten und Konstruktionen verlassen; statt dessen sollten sie ein sensibles Bewußtsein für die gesellschaftliche Dynamik zwischen den Geschlechtern und über deren Auswirkungen auf die gegenseitigen Anerkennungsprozesse zwischen Kindern und Erwachsenen von ›kleinst‹ auf erwerben. Ein solches *Anerkennungsgeflecht*, in dem für Väter wie Mütter gleichermaßen Raum besteht, läßt die Vision zu, daß die Geschlechterdifferenz für heranwachsende Buben nicht ad ultimo zu einer das andere Geschlecht abwertenden Abgrenzungshaltung führen muß. Die präödipale Phase, insbesondere der ›dyadische Komplex‹ mit dem Vater – Benjamin nennt sie eine »vernachlässigte Phase der spielerischen sekundären Identifikation mit der Weiblichkeit« (1990, S. 164) – erlaubt dem Buben, auch seine schwärmerischen Anlehnungsbedürfnisse an den Vater zu leben, ohne sich von der, die den Vater auch liebt, mittels besonderer Attitüden abheben zu müssen und diese Abgrenzung zu einem bleibenden Bestimmungsmerkmal seiner Geschlechtsidentität machen zu müssen. Im Gefolge der sich wandelnden Geschlechterbeziehungen, die heute jede Menge Verunsicherung – besonders bei Männern! – erzeugen, könnte es dazu kommen, daß beide Geschlechter die Rolle des jeweils anderen antizipieren und sich mit ihr vertraut machen können, so daß die Geschlechter sich untereinander im jeweils anderen besser wiedererkennen.

Wir glauben, daß wir anhand empirischer Befunde und der theoretischen Recherchen zeigen konnten, daß der Vater innerhalb dieses intersubjektiven Beziehungsgeflechts – gesetzt, die genannten Voraussetzungen existierten – eine ganz selbstverständliche, der Mutter ebenbürtige Rolle einnähme, die insbesondere der geschlechtsspezifischen Sozialisation von Buben (und damit von ›Männlichkeit‹) durch ihr Zusammenspiel von *dyadisch-präödipaler Nähe und triadisch-ödipaler Auseinandersetzung* eine andere Prägung verleihen würde; eine Prägung, die nicht – wie heute zeitgeistig gefordert – auf ›mehr Eisenhans‹ und angeblich wiederzuentdeckendes ›urtümliches‹ Mannsein zielt, sondern auf einen fürsorglicheren Umgang mit Kindlichkeit, Kindern und sich selbst im Zusammenleben.

Ein Wort noch zur Frage einer möglichen *Gewaltprophylaxe*, die in dieser Arbeit ja auch angesprochen ist: Hier scheinen sich in neueren psychologischen und pädagogischen Ansätzen zur ›Jungenarbeit‹ – z. B. bei Hollstein (1992a) oder Sielert (1997), die Männlichkeit unter patriarchalischen Bedingungen generell als »soziales Problem« auffassen – interessante Parallelen zu unseren theoretischen Überlegungen aufzutun, die sich zum Beispiel im Versuch der Neukonzeption von Männlichkeitsritualen zeigen, in deren Rahmen (in Feriencamps, Zeltlagern usw.) auch ›*Väter zum Angreifen*‹ und zum symbolischen ›Kräftemessen‹ eingeführt werden – eine Neuauflage von Initiationsriten sozusagen. Die verschiedenen Vatervorstellungen sollen dabei an reale Männer mit einem spürbaren Körper gebunden werden. Damit soll dem Mangel an ausreichend guten Erfahrungen und Identifikationen auch mit dem Körperlichen des Vaters, die wir Heim (1996) zufolge als zentrale Gewaltquelle bei jugendlichen Gewalttätern kennengelernt hatten, entgegengewirkt werden.

> »Diese Vermittlung von in erster Linie dyadischen Vatererfahrungen und Möglichkeiten zu männlichen Identifikationen soll förderliche Auswirkungen auf die Sozialisationsverläufe der Jungen nach sich ziehen und sich hinsichtlich vieler aktueller Problembereiche prophylaktisch auswirken, wie zum Beispiel auf die Gewaltbereitschaft bei Schülern«. (Grieser 1998, S. 260)

Man kann sich jedoch leicht vorstellen, wie schwer es Lehrer/innen oder Mitarbeiter/innen in der offenen Jugendarbeit haben, wenn die Heranwachsenden aus der familiären Sozialisation und Vatererfahrung starke Defizite mitbringen. Solche Konzepte können deshalb immer nur reparative Funktion haben und nicht im nachhinein qualitative Vatererfahrungen kompensieren, die einer anderen, anerkennenden ›väterlichen Welt‹ entspringen hätten müssen.

Eine solche *›väterliche Welt‹* innerhalb und außerhalb des familiären Binnenraums ist aber keine ›neue heile Welt‹, in der kuschelige Buben mit sanften Vätern herumtollen. Für den Sohn macht die väterliche Liebe das Aufwachsen nicht gänzlich zu ›Watte‹, denn wo ein geliebter Vater spürbar ist, wird auch die (ödipale) Ambivalenz, also Haß und Rivalität spürbar – psychoanalytisch gesprochen: die Liebe erspart nicht die Kastrationsangst, im Gegenteil, sie wird ja auch durch den negativen Ödipuskomplex mit genährt (Green 1996, S. 31). Aber sie würde unter anderen Bedingungen gelebt und bearbeitet werden können, sie würde andere ödipale Ausgangsbedingungen und Lösungen ermöglichen und so zu veränderter männlicher und väterlicher Identitätsbildung führen. Sie würde – neben dem Haltend-Positiven – auch das Begrenzende spürbar machen, wie Halt *und* Grenze überhaupt ein unzertrennliches Geschwisterpaar zu sein scheinen. Diese *Doppelseitigkeit des Begrenzenden* wird in dem in Mode gekommenen konservativen und populistischen Schrei nach mehr Grenzen für Kinder und Jugendliche gern übersehen und außer Acht gelassen: dort geht es meistens nur um ›Grenze‹ im Sinne von mehr ›Disziplinierung‹ – ein eindimensionales veraltetes Begrenzungsdenken. Wie ein »Altmeister der Wortfeldforschung«, Jost Trier (1947), zur *Etymologie des Vaterbegriffs* ausführt, verweist der Vaterbegriff dagegen im Zusammenhang mit ›Begrenzung‹ auf äußerst vielschichtige Bedeutungen: so steckt in der Wurzel *»pater«* das *»Schützen«*, das sich aus der Bedeutung von *»Zaun«* ergibt; dies geht auf die Bedeutung des *»runden Zauns«* zurück, quasi die Umfassung der großen Familiengemeinschaft, was wiederum auf *Grenze*, *Begrenzung* und *Unterscheidung* verweist! Diese Vorstellung vom *»zäunen«* in der Stammwurzel des *»pater«* wiederum hat zu tun mit *»trinken«* und *»nähren«*, woraus sich ableiten läßt, daß Vaterschaft (nicht anders wie Mutterschaft!) Züge *»elementarer Lebenserhaltung«* umfaßt: »das *Nähren*, um das Kind allererst werden zu lassen, und das *Schützen*, um dem Werdenden Bestand zu sichern« (zit. n. Lenzen 1991, S. 259; Hervorhebung JCA).

Dem ist zur Bestimmung von ›Väterlichkeit‹ eigentlich nichts mehr hinzuzufügen.

16. Empirischer Anhang: *»Der lästige Hund!«* Eine qualitativ-interpretative Recherche zur Vaterbeziehung gewaltorientierter Jugendlicher

16.1. Methodisches

> »Die Welt und das heißt: auch die Welt der Wissenschaft ist eine komplexe und zersplitterte Entität, die durch Theorien und einfache Regeln nicht erfaßt werden kann«.
>
> *Paul Feyerabend (1997)*

Im Zusammenhang mit unserer theoretischen Analyse verweisen wir bezüglich der nachfolgenden empirischen ›Recherche‹ zunächst auf den besonderen wissenschaftstheoretisch-methodologischen Status der Psychoanalyse bzw. der analytischen Sozialpsychologie. Die Psychoanalyse enthält ob ihrer Eigenart als Konsortium metapsychologischer Konzeptionen zwar eine ganze Reihe kausal-deterministischer Hypothesen, die aber nicht nach Art naturwissenschaftlicher Hypothesenprüfung empirisch nachweisbar sind. Der Schriftsteller Arnold Zweig hat in seiner erst 1996 in Buchform erschienenen »Berliner Ausgabe« von Erinnerungen an seine *Freundschaft mit Freud* die Eigenwilligkeit psychoanalytischer Erkenntnisse am Beispiel von Freuds Moses-Buch mit der Schriftstellern eigenen Ausdruckskraft gut auf den Begriff gebracht: Die Schwierigkeit mit psychoanalytischen Methoden und Erkenntnissen ergibt sich Zweig zufolge aus dem Mangel an Vertrautheit mit den Methoden psychoanalytischer Erkenntnis:

> »Daß mathematische Erkenntnisse eine besondere Vorbereitung des aufnehmenden Intellekts voraussetzen, weiß man allgemein. Daß analytische Erkenntnisse aber eine ebenso eigene, nur ganz andersartige Erkenntnisschulung vom Leser verlangen, hat sich noch kaum herumgesprochen (...) Da der analytische Denker sich des geläufigen Sprachmaterials bedient, um sein Wissen vorzutragen, glauben viele Zeitgenossen, das Dargebotene mit den durchschnittlichen Gesetzen logischer Kritik zergliedern, auflösen und nachprüfen zu können. Damit müssen sie notwendig irren, und zwar so lange, als ihnen nicht an einem Fall von Fehlleistung oder Traumdeutung das eigene Ich überraschend angeleuchtet und erschlossen wird. Analyse ist eine

> Naturwissenschaft, die Naturwissenschaft des Geistigen (...) Das Ergebnis kann nicht anders als verwirrend sein, solange die Sachverständigen des letzteren Gebietes Neulinge des analytischen sind«. (1996, S. 159f.)

Diese Doppeldeutigkeit des Versuchs, Biologisch-Triebhaftes und ›Geistiges‹ in ihrer dialektischen Wechselseitigkeit aufeinander zu beziehen, macht eine besondere Schwierigkeit der psychoanalytischen Forschung und Theoriebildung aus. Eines ihrer bevorzugten, ja unverzichtbaren Instrumente dabei ist jedenfalls die Deutung und Interpretation von Sinnzusammenhängen. Somit ist sie eine *»interpretierende Wissenschaft«*, deren Kernstück die »Interpretation verborgener Motive menschlichen Verhaltens« ist (Leuzinger-Bohleber 1996, S. 10f.). Das Wissenschaftsverständnis der Psychoanalyse muß deshalb seinem eigentlichen Gegenstand, der Interpretation des Unbewußten der von ihr beforschten Subjekte und Subjektzusammenhänge (Beziehungen), angemessen sein. Andererseits bedarf es einer historischen und gesellschaftstheoretischen Durchdringung der Gegenstände der psychoanalytischen Sozialpsychologie, um nicht ungewollt und psychologistisch irgendwelchen naturalistischen ›Wesenheiten‹ aufzusitzen – und seien es die Wesenheiten der Triebe wie etwa im unkritisch gelesenen Ödipuskonflikt – und damit den Gegenstand, dessen Sinn erfaßt werden soll, ursächlich zu verfehlen. Ein solcher gesellschaftstheoretischer Verknüpfungsversuch in der Geschichte war der zwischen Marxismus und Psychoanalyse, wobei unseres Erachtens nicht eine (ohnehin ›verunglückte‹) Kombination beider Denksysteme (wie der »Freudomarxismus«) das Ziel sein kann, sondern die Ergänzung/Erweiterung der psychoanalytischen Sichtweise durch eine historisch-materialistische und dialektische. Dabei ist Gamm – trotz seiner Bezugnahme auf die Pädagogik – in seiner Würdigung des Marxismus auch für Psychologie und Psychoanalyse zuzustimmen: Die bleibende Bedeutung des Marxismus sieht er vor allem darin, »daß ohne ihn auf das entscheidende Instrument der Gesellschaftskritik zu verzichten wäre«. Ohne Gesellschafts- und Kapitalismuskritik aber würden Wissenschaften wie die Pädagogik und auch die Psychologie »hinter die großen idealistischen Systeme zurück(fallen), die ihr Zeitalter mit den ihnen bereits zur Verfügung stehenden Denkmitteln aufs schärfste analysiert und in die Schranken verwiesen haben« (1992, S. 44).

Kriterien für die ›Wahrheit‹ psychoanalytischer Erkenntnisse wiederum – wie etwa die »narrative oder externale Kohärenz« – sind dabei durchaus vergleichbar mit Kriterien der Wahrheitsfindung beispielsweise in den Geschichts- und Sozialwissenschaften oder auch in der Jurisprudenz, »übrigens Kriterien, *die keinesfalls weniger präzise oder anspruchsvoll sein müssen als jene der Physik*« (Leuzinger-Bohleber 1996, S. 11; Hervorhebung JCA). Das heute zumeist als Kriterium angelegte positivistische Wissenschaftsverständnis, das im allgemeinen auf die Poppersche Falsifikationslehre (vgl. u. a. Popper 1984) zurückgeht, ist jedenfalls der psychoanalytischen Wahrheitssuche als ›Interpretationswissenschaft‹ nicht angemessen. Die Psychoanalyse versucht vielmehr, dem Symbolischen, Metaphorischen, ja sogar dem Körperlich-Symptomhaften eine Sprache, vielleicht auch eine *neue, andere Sprache* zu verleihen, mittels derer die Sinnzusammenhänge verständlicher und die Symptome möglicherweise verzichtbar und dadurch sogar ›heilbar‹ werden. Erst das *Wort* – so hat es die Kinderanalytikerin Eliacheff (1997) in jüngster Zeit ausgedrückt und eindrucksvoll an Fallbeispielen gezeigt – ermöglicht es letztlich, Neurotisches und Symptomartiges (wie z. B. psychosomatische Leiden bei Kindern, aber auch Gewalttätigkeiten bei Jugendlichen) in seelische Erfahrungen umzuwandeln, aus dem stumpfen Somatisieren oder Reagieren ein beginnendes Begreifen und Erahnen werden zu lassen.

Unsere Gespräche, die wir mit ehemaligen Skinheads geführt haben, zeigen auch, wie die Artikulation von Konflikten und auch von Kränkungen ein Stück reflexiver Aufarbeitung zu leisten imstande war. Eine ›Reportage über sich selbst‹ – wie man dies nennen könnte – ermöglicht ein Stück Distanz von sich und seinen Peinigern und damit auch von ausagierter Gewalt. Sprache und Versprachlichung von Emotional-Affektivem dürfen deshalb als *gewaltmildernd* angesehen werden. Wo geredet wird, ruhen sozusagen die Waffen (vgl. Gottschalch 1997, S. 29f.). Um zu einer solchen Versprachlichung zu gelangen, sind freilich unbedingt Beziehung und Halt erforderlich, um die Dauerhaftigkeit des Bemühens um Verstehen und Heilung ebenso wie die Bewährung des interpretativen Gehalts zu sichern.

Gottschalch bezieht sich übrigens bei seinen Versuchen, sich deutend an die Gewaltneigung von Männern heranzuarbeiten, auf die von George Devereux so genannte *»komplementaristische Methode«*: um menschliches Verhalten zu erklären, hält er einen *»doppelten Diskurs«* für notwendig, also eine Erklärung innerhalb zweier Bezugssysteme. Jene zwei Systeme, die sich bei einem Thema wie unserem anbieten, sind eine historische Soziologie einerseits und die Psychoanalyse bzw. psychoanalytische Sozialforschung andererseits. Der historisch-soziologische Diskurs versucht, kollektive Phänomene in ihrer ›Gewordenheit‹ in den Blick zu bekommen. Dies reicht aber nicht aus. Das Individuum, nach Devereux »letzte Instanz« alles Beobachteten, verlangt auch nach psychologischer bzw. psychoanalytischer Betrachtung, die wiederum auf die soziologisch-historische Ebene Bezug nimmt. Der teilweise widerspruchsvolle Kontext von Sozialisation und Entwicklung läßt sich nur durch Beachtung der »Interdependenz« beider Informationsquellen erhellen (Gottschalch 1997, S. 50f.).

Von großer Bedeutung für ein solches Verständnis sind dabei die lebens- und alltagsweltlichen Strukturen und Bezüge der Betroffenen (z. B. rechtsextremer Jugendlicher), die mit narrativen Interviews erhoben werden können. Dabei spielen neben der Konzeption narrativer Interviews nach Schütze (1983) vor allem eine Kombination von strukturaler oder objektiver Hermeneutik im Sinne Oevermanns (1979) und von textanalytischen Verfahren eine wichtige Rolle (vgl. Schiebel 1992, S. 67f.). Für die dadurch erhaltenen alltagsweltlichen Erfahrungen und die aus ihnen folgenden Verarbeitungsformen, Phantasien, Ängste etc. stellt

> »die Psychoanalyse *ein Arsenal von hermeneutischen Schlüsseln und Verknüpfungsvorschlägen* bereit, die es erlauben, die aktuellen Symptome als Schutz- und Abwehrmechanismen zu verstehen, sie mit bestimmten Grundbedürfnissen und biographischen Ereignissen sinnvoll in Beziehung zu setzen (...) Sie stellt ein System von Verknüpfungsregeln, *ein hermeneutisches Organon bereit,* das es erlaubt, psychische Befindlichkeiten und Zustände in eine *neue gedankliche Ordnung, in einen sinnvollen und verständlichen Zusammenhang* zu bringen und damit vielleicht zu ›heilen‹«. (Bittner 1998, S. 35f; Hervorhebung JCA)

Laplanche (1998) hat zuletzt allerdings darauf aufmerksam gemacht, daß die psychoanalytische Methode als »hermeneutische« oft miß- bzw. auch falsch verstanden werden kann: Die sinngemäße, symbolische Übersetzung des dargebotenen Materials, wie es die Hermeneutik versucht, ist die eine Sache, die Methode, das Material zu heben, wie es durch die Assoziation versucht wird, die andere: vielfach würden – was Laplanche am Beispiel des Traums vom »Mann mit der Hacke« aus Freuds *Traumdeutung* (1900) erläutert[12] –

---

[12] Freud weigert sich beim Traum vom »Mann mit der Hacke«, den offen zutageliegenden Symbolismus der Kastration gleich deutend anzunehmen; statt dessen findet er über die weitere Assoziation des Träumenden »zur Szene einer Beobachtung eines gewalttätigen Koitus zwischen den Eltern« (Laplanche 1998, S. 609), die ihm bei schnellerer Annahme des ›Textes‹ wohl verschlossen geblieben wäre.

symbolische Deutungen auf dem Hintergrund eindeutiger Symbolzuweisungen und »Typizismen« der manifesten (Traum-) Texte vorgenommen; diesen manifesten Texten würde also »Vertrauen« geschenkt, während die assoziative Methode die manifeste Erzählung »auflöse«, sie also immer auch hinterfrage. Und: »*sobald der Symbolismus spricht, schweigen die Assoziationen*« (Laplanche 1998, S. 609). Nun handelt es sich bei narrativen Interviews und ähnlichen qualitativen Verfahren nicht um Traumtexte; dennoch erschien es uns günstig, den diversen »Symbolismen«, die wir in der Sozialisationsgeschichte Jugendlicher wahrnehmen können, nicht zu schnell zu folgen und unseren Leitfaden dann zu sehr auf diese »Typizismen« abzustimmen. Deshalb wählten wir in unserem konkreten Fall – neben der narrativen Umschreibung der Familiengeschichte, der Familienmitglieder und der wichtigsten biographischen Anamnese-Daten – eine Art von *assoziativem Interview*, das auch die Vater-Thematik in keiner Weise selbst einführte, sondern sich auf einige wesentliche Erfahrungszusammenhänge aus Kindheit und Jugend richtete, die im Grunde bei *allen* Kindern und Heranwachsenden eine biographisch bedeutsame Rolle spielen.

Hopf u. a. (1995), die ebenfalls mit ausführlichen Leitfaden-Interviews arbeiteten, wollten damit einen möglichst offenen Zugang zur Thematik ermöglichen, um den Befragten ausreichend Gelegenheit zu bieten, »in selbstgewählten, dem alltäglichen Sprachgebrauch möglichst nahen Formulierungen auf Erfahrungen, Meinungen und Gefühle einzugehen« (S. 22). Auch für Ungereimtheiten, Ambivalenzen, ja Widersprüche sollte Raum sein. Hopf u. a. bezeichnen ihr Vorgehen schließlich als »theorie-orientierte qualitative Forschung« (ebd., S. 23) – ein Ansatz also, der auch uns hier naheliegt, geht es doch darum, in Theorien vorliegende Annahmen zur Sozialisation und Vaterbeziehung Jugendlicher zu überprüfen bzw. aus dieser Überprüfung Hinweise für neue theoretische Vorschläge zu entwickeln. Als besonders sinnvoll erweisen sich derartige ›offene‹ oder ›halbstrukturierte‹ Interviews dann, wenn komplexe Zusammenhänge zwischen Einstellungen, Hoffnungen, Wünschen und Ängsten der Befragten in Beziehung zu den psychosozialen Lebensbedingungen der Betroffenen gesetzt werden sollen. Man kann durchaus konzidieren, daß dadurch – auch durch die meist geringe Anzahl von Probanden – im strengen Sinn noch keine generalisierbaren Ergebnisse erzielt werden können, aber es können doch typische Umgehensweisen und Erfahrungen der Befragten im Hinblick auf die

Forschungsfragen – hier die Vaterbeziehung – erhoben und weiterer theoretischer Entwicklungsarbeit zugeführt werden. In den individuellen Verarbeitungssystemen der Befragten werden zudem auch allgemeine gesellschaftliche Verarbeitungsmuster sichtbar, »*so daß Rückschlüsse von individuellen Äußerungen auf sie determinierende gesellschaftliche Bedingungen* (hier etwa: Umgang mit Autorität – JCA) *wissenschaftlich zulässig sind,* auch wenn die Fallzahl einer Untersuchung gering ist« – was unter Umständen sogar für Einzelfallanalysen gilt (Bock, 1992, S. 51; Hervorhebung JCA).

Die Themenbereiche vergleichbarer Leitfaden-Interviews an Jugendlichen umfassen neben standardisierten Fragebogenteilen meist auch Fragen zur Familiensituation und zu den Familienmitgliedern, zur aktuellen Wohnumwelt, zu Schule und Beruf, zum Freundes- und Bekanntenkreis, auch zu heterosexuellen Freundschaften und zur Rolle der Sexualität. Wichtig bei der Studie von Hopf u. a. waren auch Erinnerungen an Ängste, an Probleme oder Krankheiten, an Trennungs- und Zurückweisungserfahrungen, aber auch an positive Erfahrungen, weiters Straf- und Sanktionspraktiken, andere wichtige Bezugspersonen neben den Eltern und nicht zuletzt auch Fragen zu weltanschaulichen Themen sowie moralische Dilemmata (1995, S. 189ff.). Diese Faktoren sind auch für unsere Untersuchung von Interesse. Anders als bei den genannten Autor/innen wird in dieser Arbeit aber kein »Codierleitfaden« festgelegt, der die Auswertung der Interviews möglichst standardisiert gewährleisten sollte; stattdessen wurde der Text im Sinne der psychoanalytischen Textinterpretation auf Fragen der Gewichtigkeit und Wiederholung im Kontext, auf Aspekte der Betroffenheit, die der Ausdruck beim ›Sender‹ wie auch beim ›Empfänger‹ auszulösen scheint, und des Bezugs zu theoretischen und empirisch gewonnenen Thesen, die zu dem Gegenstandsbereich bereits vorliegen, untersucht.

So versucht psychoanalytisch orientierte Texthermeneutik auch, den unbewußten Gehalt des Textes selbst, die Zusammenhänge zu sozialen Strukturen und ihren (vergesellschafteten) Niederschlag in den Subjekten zu erschließen – und dies auf dem Hintergrund der psychoanalytischen Struktur- und Entwicklungstheorie (zum Beispiel betreffend die Vaterbeziehung und ihre seelischen ›Niederschläge‹) und der im Text dargebotenen Beziehungsmuster (zum Beispiel der Darstellung und Einschätzung der Beziehung zu den Objekten). Über diese *Interpretationsstimuli* soll

Zugang zu verdrängten Sinnzusammenhängen gefunden werden: »Die Interpretation findet in den Texten typisch-allgemeine Konfliktmuster frühkindlicher Sozialisation auf, die sich in typischen Abwehr- und Bewältigungsformen des Ich, in typischen Objektbeziehungen niederschlagen (Leithäuser u. Volmerg 1979, S. 139f.).

16.2. Forschungssubjekt – Forschungsobjekt

Jeder aufgeklärte, liberal und demokratisch gesinnte Mensch bekommt es angesichts der Untersuchung rechtsextremer Gewalttäter (oder zumindest potentieller Täter) auch mit seinen eigenen Aversionen gegenüber derartigen Ideologien zu tun. Weber (1997) hat bezüglich seiner ›Forschungsobjekte‹ – in seinem Fall rechte Männer aus der bundesdeutschen Rechtsaußen-Partei »Die Republikaner« – von einer *»parteilichen Subjektforschung an sogenannten Gegnern«* gesprochen. Aus seinen Interviews, die er – wie auch wir in unserer Untersuchung hier – durch zeitliche Distanzen und wiederholtes Lesen fruchtbar unterbrochen, immer wieder einmal interpretierte, entstanden Texte von Männern, »die über ihr Leben sprachen, Konstruktionen ihrer selbst zu Fragen, die ich stellte. Fragen zu Familienverhältnissen, zum Arbeitsleben, zum öffentlichen Auftreten in Vereinen und Parteien, zur Vergangenheit, zur Zukunft, zu Enttäuschungen und zu Hoffnungen« (1997, S. 5; Hervorhebung JCA). Mit einigen »Prisen Psycho- und kritische(r) Diskursanalyse« (ebd.) machte sich Weber an diese Texte heran, ohne die eigenen Wahrnehmungen, Empfindungen, Assoziationen als Teil des Forschungsprozesses und zu reflektierendem Anteil seiner Arbeit auszublenden. *»Suchbewegungen«* nennt er seine Forschung; weniger »klare Antworten« als ein »Feld voller Fallstricke, Widersprüche und Ambivalenzen« kennzeichnen das Forschungsfeld, und auch die Ergebnisse sehen danach aus. Der Tendenz unserer Gesellschaft, »daß immer mehr und immer schneller Antworten und Rezepte gefunden werden müssen«, hält Weber die Unmöglichkeit solchen Unterfangens entgegen, ginge es doch letztlich um ein Infragestellen der Grundlagen von Zivilisation und Aufklärung (S. 18).

Bei den auftretenden ethischen Schwierigkeiten solchen Forschens geht es aber nicht um eine moralisch-politische Verurteilung der Gesprächspartner, sondern darum, die handelnden Subjekte ernst zu nehmen – sowohl ihre Taten als auch das dahinter verborgene Leid. Im Vordergrund steht vielmehr »die Vermittlung der subjektiven Täterrollen mit den gesellschaftlichen Strukturen«, nicht als Opfer letzterer, sondern in ihrem Wirkungszusammenhang (ebd.). Dabei hilft auch die psychoanalytische Methode des »szenischen Verstehens«, wobei die Interviewsituation selbst als Inszenierung zwischen den Gesprächspartnern verstanden wird.

Dies erinnert an die Studien von Goldmann u. a. (1992) und Ottomeyer (2000) über den rechtspopulistischen österreichischen Parteiführer Jörg Haider, die eine ähnliche Methode anwenden. Dieses Vorgehen einer verstehenden Sozialpsychologie, die unter anderem von der Psychoanalyse beeinflußt ist, will außerhalb des therapeutischen Settings Verhalten und Erleben von Menschen zu verstehen trachten. Dabei wird der mehr oder weniger verdeckte Sinn einzelner Szenen aus der Lebensgeschichte der Befragten wie auch aus dem Geschehen zwischen den Akteuren zu entschlüsseln und zu ›übersetzen‹ versucht. Freilich spielen bei diesem Verstehen immer auch gesellschaftstheoretische Annahmen und Erfahrungen eine wichtige Rolle. »Die dabei auftretenden Irritationen, Identifikationen und Überraschungseffekte werden selbst wieder zum Gegenstand der Analyse gemacht und liefern uns Hinweise auf den verborgenen, oftmals tabuisierten oder schambesetzten Gehalt der erforschten Szenen« (Ottomeyer in: Goldmann u. a. 1992, S. 12), wobei die daraus gewonnenen ›Hypothesen‹ freilich erst wieder an den Texten selbst und ihren Auffälligkeiten sowie im Zusammenhang mit jenen theoretischen Konzepten, mit denen sie korrespondieren, geprüft werden müssen.

16.3. Zur Anlage der Interviews

Die Interviewpartner wurden zu Beginn – und auch schon, als sie vom Jugendhauspersonal nach entsprechender Anweisung auf ihre Bereitschaft hin befragt wurden – dahingehend informiert, daß uns ihre Familiengeschichte, ihre Kindheit und ihre Erfahrungen in der Skin-Subkultur im Vergleich zur Erfahrungswelt anderer Jugendlicher interessierten. Insbesondere ihr Familienleben, ihre eigene Einschätzung des Hineinwachsens in die Skin-Welt und ihre jetzige Haltung im Rückblick auf diese Zeit seien uns wichtig.

Aus den thematischen Anregungen von Hopf u. a. (1994) haben wir letztlich folgende assoziative Themenbereiche übernommen:

- den *Familienrahmen*, also: wo sie unter welchen Umständen (Wohnung, Lage, Infrastruktur) aufgewachsen sind; was ihre Eltern beruflich tun oder taten; ob bzw. wieviele Geschwister sie haben und wie die Beziehungen zu diesen beschaffen sind;
- die *Kindheit* im Sinne ganz typischer Szenen, an die sie sich erinnern und die ihr Aufwachsen begleiteten;
- die *Mutter*, der *Vater* und die *Beziehung* zwischen den beiden sowie einige bedeutende Charakteristika, die ihnen an den beiden und ihrer Beziehung typisch schienen;
- *Erinnerungen besonderer Art*, nämlich: *positive Erinnerungen des Angenommen- und Akzeptiertwerdens,* aber auch *Ängste; Kränkungen* und *Demütigungen;* weiters
- Situationen, in denen sie *etwas angestellt hatten,* und die darauf folgenden *Strafen;*
- Erinnerungen an die *Schule* und prägende oder markante Erfahrungen in ihr;
- andere für ihre Entwicklung oder in ihrer Geschichte *wichtige Personen.*
- Ein weiterer Assoziationsbereich war die Frage der
- *Verarbeitung der wichtigsten Erfahrungen* (positiver wie negativer oder ambivalenter), *fortdauernder* oder *neuer Konflikte* im Bereich der Herkunftsfamilie; sowie
- die *heutige differenzierte Sicht von Mutter und Vater;*
- *Freundinnen* bzw. *Sexualität* während der Skinhead-Zeit wie auch gegenwärtig;
- die aktuelle *eigene Familienvorstellung.* ›Welchen Vater hättest Du denn gern gehabt?‹ war ganz zum Schluß des Interviews das einzige direkt auf den Vater gerichtete Assoziationsangebot in Verbindung mit dem weiteren Thema ›*Was würdest Du denn als Vater anders machen?*‹;

und schließlich zum Ausklang noch die Thematik,

- *was denn die Skin-Zeit gebracht hätte* und
- wovor die Gesprächspartner *heute Angst haben* (Trennungen, Verluste, Politik).

Nicht alle der angebotenen Assoziationsfelder wurden von den Interviewpartnern genutzt und im Sinne dieses Themenkatalogs aufgegriffen;

in solchen Fällen wurde aber nicht interveniert oder beharrlich nachgefragt, um den Assoziationsfluß nicht zu stören oder abzulenken. Nach psychoanalytischer Auffassung kann auch das *Nichtberühren eines Themas, das Schweigen und Nichtassoziierenwollen* bedeutend sein – wobei hier die Betonung auf ›kann‹ liegen soll.

Der hier vorgeschlagene und verwendete Interviewtypus soll – in Anlehnung an den Umgang C. G. Jungs mit dem Unbewußten von Patienten – als *Assoziations-Interview* oder *assoziatives Interview* bezeichnet werden. Es stellt neben seiner Charakteristik, unbewußte Verkettungen von Erfahrungen und Umständen zu explorieren, vor allem auch den Versuch dar, die Interviewpartner nicht – was bei jeder sozial-empirischen Erhebung ein gewisses Problem darstellt – in die eigenen thematischen oder theoretischen Denkzusammenhänge der Forschenden zu verstricken, sondern ihnen durch die bloße Nennung des infragestehenden Begriffs *›freie Bahn‹* zu lassen, je nachdem, worauf sie sich in ihren Erinnerungen oder alltagsweltlichen Erklärungen *selbst* stützen wollen. Denz (1989), Autor eines Standardwerks über empirische Sozialforschung, meinte, daß dies ein wichtiger Schritt bei der empirischen Erhebung subjektiver Lebenszusammenhänge sein könnte, weil so den jeweils eigenen lebensweltlichen Theorien der Befragten Raum gegeben wird, ohne sie durch Vorstrukturierung – sofern nicht die Begriffsauswahl selbst schon eine solche ist – allzusehr in bestimmte Bahnen des Erinnerns und Erzählens zu lenken und ihnen quasi die ›Logik‹ des eigenen Problemverständnisses aufzudrängen (pers. Mitteilung 1999).

Eine solche Vorgehensweise muß auch auf die *Übertragungs- und Gegenübertragungsregungen*, die sich sogar bei so kurzen Begegnungen einstellen können, achten. Wie aus der Interpretation zu ersehen ist, stellte sich dabei oft das hier so bezeichnete *›Guter-Bub-Gefühl‹* ein – nicht nur in den Übertragungen des Interviewers, der an viele Stellen das Gefühl hatte, ein schulterfassender Ersatzvater für diese jungen Leute zu sein, sondern auch in der Gegenübertragung, die durch die ›brave‹, fast ›schulbubenhafte‹ Art, in der die mittlerweile ›gestandenen‹ jungen Männer das Interview mitmachten, hervorgerufen wurde. Auch (über-) pünktliches Erscheinen und fast gespanntes Erwarten des Gesprächs fielen in diesem Zusammenhang auf.

Insgesamt und bezogen auf größere Vater-Forschungsprojekte ist das Problem derart vielschichtig – man denke nur an die verbreitete Idealisierung abwesender Väter und an andere Abwehr- und Verklärungs-prozesse, die die Vaterbilder verzerren können –, daß mit simplen empirischen Erhebungsmethoden wie Fragebögen etc. wohl nur höchst unzuverlässige Ergebnisse erzielt werden können. Deshalb teilen wir mit anderen Forschern die Auffassung, daß bei aller Mühe, die sie macht, und bei allem ›Präzisionsmangel‹, den man ihr vorhalten kann, letztlich nur eine biographische Rekonstruktion von Einzelfällen bei der »Erforschung des sie (die Vatererfahrungen – JCA) umgebenden Dunkels weiterhelfen kann« (Buchholz 1989, S. 41).

17. Die Interviews: Ehemalige Skinheads im Rückblick auf ihre Skin-Zeit, ihre Kindheit, Jugend und ihre Familienbeziehungen

»Wenn ihr uns lieben würdet, gäbe es uns gar nicht!«

Ein Skinhead in: Th. Hestermann (1994)

Die Gespräche wurden mit mehreren ›ehemaligen‹ Skinheads bzw. ehemaligen Mitläufern und Sympathisanten von Skinheads, die sich aber lange Zeit von der Lebensweise und noch länger auch vom äußeren Erscheinungsbild her ganz an diese Subkultur angepaßt hatten, geführt. Die Auswahl ergab sich durch Leiter/innen bzw. Mitarbeiter/innen in entsprechenden Einrichtungen in Tirol und Vorarlberg, die von solchen Jugendlichen frequentiert wurden und werden, wobei die drei Interviews, die hier ausgewertet werden, die uns interessierenden Zusammenhänge besonders deutlich aufzeigten. Die Gespräche fanden in ruhigen Nebenräumen der Jugendtreffs statt. Die thematische Konzentration auf die *Beziehung zu den Vätern* wurde dabei – wie schon vorhin begründet – *nicht* erwähnt, um einerseits keiner möglicherweise interessanten Neben- und zusätzlichen Aspekte verlustig zu gehen und um andererseits zu ›testen‹, in welcher Weise und bei welchen Gesprächsthemen die jungen Männer *von selbst* auf den Vater oder auch auf andere wichtige Bezugspersonen wie die Mutter oder die Großeltern zu sprechen kommen würden.

Der Grund, mit den hier so genannten ›*Ehemaligen*‹[13] zu sprechen, liegt in der Absicht, nicht unbedingt die aus der Literatur ohnehin relativ bekannten ideologischen Versatzstücke rechter Skinhead-Ideologie zu erhalten, sondern einen gewissermaßen reflektierten, durch die

[13] Sicher ist es im Sinne der Transgenerationalität doch kein Zufall, daß ich einen Begriff wähle, der eigentlich auf die Väter- und Großvätergeneration der Nazizeit gemünzt ist, mit denen meine Gesprächspartner allerdings oft in irgendeiner Weise identifiziert sind oder waren.

verschiedenen Verarbeitungsmöglichkeiten auch schon ein Stück weit ›distanzierten‹ Rückblick auf diese manifest gewaltorientierte Zeit. Mein Interesse galt schon allein deshalb nicht den einst aktuellen, emotional stark aufgeladenen und ideologisch ›auffrisierten‹ Einstellungen, weil deren ideologische, nationalsozialistische Elemente – wie sich hier und auch in anderen Studien immer wieder herausstellte – eher Aufputz und provokantes Beiwerk sind bzw. waren. Bis auf eine gewisse Abneigung gegenüber ausländischen ›Konkurrenten‹ am Arbeitsmarkt (= Konkurrenten um die ›Liebe‹ ihrer Heimat = Mutter = Vater?) war auch bei den Interviewten kaum mehr etwas von ›rechtsradikalen‹ Meinungen zu hören.

Die selbstreflexiven Bearbeitungsmöglichkeiten dieser Jugendlichen, die einen wesentlichen Beitrag zur Resozialisierung und Abkehr von der Gewalt bewirkt haben dürften, scheinen mir übrigens nach den Gesprächen mit den Ex-Skins sowie mit Betreuerinnen und Betreuern in hohem Maß durch die Arbeit in diesen Jugend-Begegnungsstätten und das darin beschäftigte qualifizierte Personal in Gang gekommen und ermöglicht worden zu sein – was in Richtung der sozialpolitisch Verantwortlichen gar nicht laut genug betont werden kann!

Unser Zugang erwies sich jedenfalls in dieser Hinsicht allein schon deshalb als stimmig und ergiebig, als alle Interview-Partner/innen die Inhalte der Nazi-Ideologie, denen sie sich einst verschrieben hatten, heute tatsächlich als Produkt ihrer durch Alkoholkonsum enthemmten und gesteigerten Auffallens- und Aggressionslust betrachteten, nicht als originäre, überdauernde Bestandteile ihrer auch noch so diffusen politischen Einstellungen (vgl. auch Oevermann 1998, Clemenz 1998). Das heißt natürlich nicht, daß es keine affektiven, ›psychostrukturellen‹ Affinitäten zu rechtsextremer, nazistischer Ideologie gegeben hatte; doch handelte es sich eben um keine ›profunde‹, bewußte Wahl der Betroffenen, sondern sozusagen um seelische ›Lückenstopfer‹, die – wie im theoretischen Teil ausführlich belegt – helfen sollten (und eine Zeit lang auch halfen), seelische Bedrohungen und Fragmentierungsängste fernzuhalten und abzuwehren.

Die Wiedergabe der Interviews erfolgt nach Tonbandabschriften in direkter oder indirekte Rede, wobei die direkte Rede im Fall des alemannischen Dialekts (aus Vorarlberg) der Lesbarkeit halber ins Schriftdeutsche übertragen wurde.

Neben den Gesprächs- und Interviewpartnern sei an dieser Stelle auch den vermittelnden Sozialarbeiter/innen und Jugendbetreuer/innen gedankt

– für ihre Bereitschaft, mir in dieser Sache weiterzuhelfen, aber auch für die gesellschaftlich unglaublich wertvolle, und sicher unterbewertete, Arbeit, die sie verrichten! Ohne diese Arbeit wäre die Offenheit und Zutraulichkeit der ehemaligen Skinheads, die mich gerade im Zusammenhang mit dem Thema defizitärer Vaterbeziehungen manchmal wirklich angerührt haben, vielleicht nicht in diesem Ausmaß möglich gewesen.

17.1. Der ›Bulle‹

Der ›Bulle‹ heißt eigentlich Karl[14] und ist in seiner Heimatgemeinde eine bekannte Figur. Nicht nur die Polizei, auch die meisten Gleichaltrigen – er ist 26 Jahre alt – kennen ihn. Er erzählt das nicht ohne Stolz, offenbar dient auch dies, wie viele andere Aspekte auffälligen Verhaltens, einer gewissen Stabilisierung des Selbstbewußtseins. Wen die (wirklichen!) ›Bullen‹ – möglichst noch landauf, landab – kennen, der ist doch wenigstens wer! Karl ist ein kleiner, etwas dicklicher, untersetzter junger Mann mit einer großen Zahnlücke vorne und eigentlich gemütlichen Gesichtszügen. Ein kleiner Oberlippen-Kinn-Bart ziert das runde, weißhäutige Gesicht. Er raucht eine Marlboro nach der anderen, gibt sich aber im Grunde ruhig bis lässig und macht auf mich den Eindruck eines jungen Mannes, der (zumindest ein Stück weit) ›drüber‹ steht – auch über dem, was mit ihm passiert ist. Möglicherweise verdeckt diese Haltung auch eine Art Scham über die eigene Vergangenheit und das in ihr Erlebte.

Gerne willigte Karl gegenüber der Jugendhaus-Leiterin und auch mir gegenüber, als ich die Frage nach seiner Bereitschaft zum Interview noch einmal wiederholte, in ein Gespräch ein und schien mich sogar schon etwas ungeduldig zu erwarten. Ja er schien sich sogar in gewisser Hinsicht von meinem Interesse geschmeichelt zu fühlen. Dieses in der *Gegenübertragung* stark wirksam werdende Gefühl, daß den jungen Männern die Aufmerksamkeit und das Wohlwollen sehr gut tut, das allein schon durch das ›Setting‹ einer offenen, interessierten und empathischen Art der Gesprächsführung gegeben war, konnte ich übrigens bei allen Interviewpartnern

[14] Namen und besondere Kennzeichen (wie Beruf, sofern nebensächlich) hier wie auch im Folgenden geändert.

deutlich und mit einem Anflug wirklicher Berührtheit ob der Intensität dieser Gefühle wahrnehmen. Bei *keinem* schlug mir Distanz, Ablehnung oder Mißtrauen entgegen. Bedenkt man, welche Vorerfahrungen die ›Burschen‹ bei den unzähligen Polizei-Verhören und -Vernehmungen schon gemacht hatten, ist das schnelle ›Anspringen‹ derartiger Übertragungsreaktionen eigentlich sehr erstaunlich! Diese Tatsache hat sich bei mir auch als sehr bemerkenswerter und positiver Eindruck hinsichtlich der Ressourcen, die in diesen jungen Menschen stecken, niedergeschlagen.

Karls Eltern nun waren zum Zeitpunkt unseres Gesprächs 64 Jahre (Vater) bzw. 54 Jahre (Mutter) alt. Er wohnt – nach vorübergehendem Auszug aus der elterlichen Wohnung während der Zeit seiner aktiven Skinhead-Mitgliedschaft vom 14. bis zum 16. Lebensjahr – jetzt wieder bei seinen Eltern. Bei ihm fällt – im Vergleich zu den übrigen Gesprächspartnern – eine recht positiv getönte, *eigentlich wohl stark idealisierende Haltung* gegenüber seinen Eltern auf; dazu aber später. Der junge Mann ist derzeit als Malergeselle auch beruflich voll und ganz integriert. Seine Lehrzeit hatte er als Bäckerlehrling verbracht, allerdings wurde er wegen seiner unverläßlichen Art auf die Straße gestellt und war dann arbeitslos. In dieser Zeit begegnete er auch einigen Skinheads aus seiner Heimatgemeinde, denen er sich anschloß – nach eigenen Aussagen recht intensiv, nach Aussagen von Bekannten, die ich im gleichen Jugendzentrum zufällig kennengelernt hatte und die mich auf ihn angesprochen hatten, jedoch eher als *»Mitläufer«*. Mit 17 Jahren, als er sich – vor allem durch die Verliebtheit zu einem Mädchen, dem er sich sehr verbunden fühlte – von den Skinheads wieder abgesetzt hatte, begann er dann die zweite Lehre, die er schließlich mit gutem Erfolg und der Gesellenprüfung abschloß.

Der ›Bulle‹ beschreibt seine *Familie* als eine recht traditionalistische von ›proletarischem‹ Charakter: Die Mutter war mit ihren vier Kindern immer zu Hause, der Vater arbeitete hart, die Wohnung war viel zu klein, aber man fand sich damit ab und auch zurecht. Ein Hauch von ›Klassenbewußtsein‹ schwebt manchmal über seiner Schilderung, die ich insgesamt wieder als etwas idealisierend erlebe. Immerhin muß es doch gewaltige Konflikte gegeben haben, denn schließlich kam es ja so weit, daß ihn sein Vater während der Skinhead-Periode aus der elterlichen Wohnung warf. Er brachte sich dann so recht und schlecht bei Freunden aus der Gruppe der Skinheads durch. Innerhalb dieser beengten, finanziell und sozial schwachen Familienverhältnisse wuchs der

›Bulle‹ als relativ guter Schüler auf, wobei er sich von klein auf an das Gefühl des Bedauerns und des Neids erinnerte, daß seine Familie sich eben nicht all das leisten konnte, was andere Schulkollegen von ihren Eltern bekamen. Karl verrät hier ein Gefühl von *sozialer Deklassiertheit,* das er aber ebenso wie seine offenbar beschämenden Gefühle über die familiären Konflikte in einer rationalisierenden Art gut zu beherrschen versteht, indem er immer wieder seine ›proletarische‹ Herkunft und die in proletarischen Kreisen (einst?) hochgehaltenen Ideale herausstreicht.

Die *Mutter* wird als äußerst geschäftig, also für die Anliegen der Familienmitglieder engagiert und als »*stets für die Kinder da*« geschildert, wobei es ihr schon manchmal »*gehörig aushängte*«, wenn es ihr zu viel wurde; dann gab es auch saftige Schläge. Der ›Bulle‹ als einziger Bub mit drei älteren Schwestern bekam dabei »*ordentlich was ab*«. Aber er fühlte sich nicht benachteiligt und versucht heute auch hier, die möglicherweise entstandenen Kränkungen und Demütigungen als »*verständlich*« und als durch die Belastungen der Mutter erklärbar zu entschuldigen. Auch wehrt er das Unrecht, das ihm in diesen Situationen widerfuhr, dadurch ab, daß er als »*einziger Kerle*« (»Kerle«: im Alemannischen Singular für ›Mann‹, ›männlicher Jugendlicher‹) kraft seines Männlichseins die Schläge wohl leicht aushalten hätte können.

Der *Vater* des ›Bullen‹ trägt *Züge eines »Rackerers«*, der sich für die Familie abschuftet, um den Seinen das Notwendigste an Lebensstandard zu gewährleisten. Bis heute sei er ein »*Buckler*«, der nur »*Fleiß*« und »*Pflicht*« kenne und deshalb »*verständlicherweise*« – wieder eine rationalisierende ›Entschuldigung‹? – vor allem durch Abwesenheit zu Hause auffiel. Karl kann sich zunächst kaum an etwas mit dem Vater Zusammenhängendes erinnern und tut sich bezeichnenderweise schwer, außer den geschilderten Arbeitsbelastungen irgendetwas über ihn zu erzählen. Ach ja: auch er habe gelegentlich, wenn's zu viel wurde mit den Kindern, »*ordentlich hingelangt*«. Aber das müsse »*man verstehen*«, bei allem, was dieser Mensch leistete...

Als aus der Erinnerung abrufbare *Ängste* schildert er nur die Angst, was es abgeben würde, wenn er wieder einmal etwas angestellt hatte. Hier waren wohl die körperlichen Bestrafungen gemeint. Bei den Assoziationen zu *positiven Szenen* in Kindheit und Jugend schildert Karl vor allem den schon angedeuteten ›klassenspezifischen‹ Zusammenhalt der Familie. Hier zeigt sich auch sehr schön der Halt, den eine derartige demographisch-soziale Eingebundenheit Heranwachsenden geben kann bzw. könnte!

Diese Idealisierungstendenz scheint nicht nur bezogen auf die Vergangenheit, sondern auch in der Gegenwart wirksam zu sein, in der Karl – wieder zu Hause wohnend – als ›fleißiger‹ und ›braver‹ Malergeselle auch einigermaßen dem Wunsch-Bild der proletarischen Elternfiguren zu entsprechen trachtet – nach überstandener Skinhead-Krise.

Beim Thema *Kränkungen* und *Demütigungen* nennt Karl dann (auch für mich in dieser Schnelligkeit) überraschend und prompt *die häufige Abwesenheit des Vaters* und dessen Wunsch, zu Hause in Ruhe gelassen zu werden – nicht ohne es gleich wieder durch dessen Arbeitsbelastung zu ›erklären‹. Dennoch wird die vorwurfsvolle Enttäuschtheit deutlich, die für den kleinen Buben aufgrund dieses Umstands spürbar gewesen sein muß und die wir auch durch andere empirische und theoretische Quellen schon kennengelernt hatten. Ansonsten wäre dieses Thema wohl kaum spontan und sofort als ›Nummer 1‹ unter den Stichwörtern der »Kränkung« und »Demütigung« assoziiert worden! Hinter der heroisierenden Einschätzung des lebenslang fleißigen Proletariervaters und der idealisierenden Darstellung des väterlichen Sich-Schindens steckt also auch ein *mächtiges Enttäuschungs- und Aggressionspotential*, das besonders vor dem Hintergrund der leicht überfordert scheinenden Mutter und der ›Übermacht‹ der weiblichen Familienangehörigen – drei Schwestern! – verständlicher wird: Karl dürfte als einziger Bub auch diesbezüglich die fast ständige Abwesenheit des Vaters als kränkend und demütigend erlebt haben. Sicher wäre es für den einzigen Sohn leichter gewesen, hätte er entsprechende Anlehnungs-, Auseinandersetzungs- und Reibungsmöglichkeiten mit einer männlichen Bezugsperson gehabt.

Beim Stichwort *Strafen* erinnert der ›Bulle‹ sich an die eine oder andere Ohrfeige, die es gesetzt habe, wobei er auch hier indirekt um Verständnis für die Eltern, insbesondere die Mutter, wirbt, indem er das *»Ausrasten«* wieder durch die hohe alltägliche Belastung der Eltern erklärt. Der Vater sei – in seinen Erholungs- und Ruhebedürfnissen gestört – besonders empfindlich für solche Situationen, in denen es ihm zu viel geworden war, gewesen. Da habe es dann auch passieren können, daß er lange Zeit grimmig dreinschaute und auf den Buben schlecht zu sprechen war. Den Höhepunkt an Konflikten mit dem Vater stellte die Auseinandersetzung um die Skinhead-Mitgliedschaft dar, wobei unklar blieb, wie der Vater dazu stand; wesentlich waren ihm in seiner Verurteilung und Ablehnung die Gewalteskalationen, zu denen es kam, der ständige

Kontakt mit der Polizei und die Unannehmlichkeit der sich häufenden Geldstrafen.

In meiner Phantasie erlebe ich Karls Skin-Engagement in diesem Zusammenhang wie eine Provokation oder einen unbewußten *Schrei nach dem Vater*, der endlich wahrnehmen möge, daß da ein Sohn ist, der auch etwas ›in Bewegung‹ setzen kann, das wahrnehmenswert ist, das den Vater aus der Reserve seiner Distanz locken und ihm, dem Sohn – wenn auch auf negative Weise – ›Be-Achtung‹ einräumen soll. Auch ein Anteil von *Kampf gegen den Vater* könnte in dieser Beziehung vorhanden sein: »Schau' her, du brav vor dich hin arbeitender, lebenslang dich duckender, unbedeutender, kleiner Mann, was dein Sohn alles in Bewegung setzt«! Auf diesen Aspekt gewaltorientierten Handelns rechtsextremer Jugendlicher, den wir an anderer Stelle schon als *»enttäuschten Kampf gegen einen enttäuschenden Vater«* bezeichnet haben, haben vor allem Böhnisch und Blanc (1989) und auch Hardtmann (1995) hingewiesen. Auch der Wechsel zu rechten, reaktionären politischen Positionen könnte ein solcher Affront gegen den als ›proletarisch‹ geschilderten und eingestuften Vater sein; wenn auch heute laut Wählerstromanalysen massenweise Arbeiter/innen bei Wahlen in Österreich in dieses Lager wechseln, kann individuell doch auch ein Abgrenzungs-, Revanche- und Rache-Impuls im Spiel sein, der den enttäuschten Sohn den Vater triumphal verhöhnen läßt.

Von der *Schule* weiß Karl kaum etwas zu berichten, außer, daß er immer halbwegs gut durchgekommen sei; allerdings scheint sich in der Schule und in außerschulischen Gleichaltrigengruppen eine für Karl sehr bedeutsame Kränkung eingestellt zu haben, die mit seiner *Kleinheit* und *Körperfülle* zusammenhing: der *»kleine Dicke«* hatte wenig zu lachen in Gleichaltrigenkreisen und wurde viel gehänselt und auch ausgegrenzt. Dieses Problem scheint ihn in seiner Männlichkeitsentwicklung und Selbstachtung nachhaltig beeinträchtigt zu haben: mehrmals während des Gesprächs deutet er entweder an, daß die Gewalt auch ein Mittel gewesen sei, den Gegnern zu zeigen, was so ein korpulenter kleiner Mann alles »drauf hat«, also die Körperfülle geradezu als Garant für Stärke und Kraft anzusehen bzw. alle jene zu überraschen, die ihn wegen seines Körpers »heruntermachen« wollten. Dies erinnert stark an die mehrmals in unseren theoretischen Erörterungen erwähnte Funktion *körperlicher Selbstvergewisserungstendenzen*, die – noch dazu verstärkt durch adoleszente Verunsicherung –

bei rechtsextremer Gewalt eine nicht zu unterschätzende Rolle spielen (vgl. auch Menschik-Bendele, Ottomeyer u. a. 1998). Kraft, Stärke und durch ungebremste Brutalität ausgedrückte Erniedrigung und tendenzielle Zerstörung anderer Körper waren offenbar auch in diesem Fall Mittel, um sich seiner eigenen Stärke, Attraktivität und Unzerstörtheit zu versichern.

Beim Thema *›wichtige Personen‹* aus seiner Biographie nennt Karl neben den primären Bezugspersonen nur diese eine *Freundin*, die ihn mehr oder weniger *»von der Skinwelle runtergeholt«* hatte: aus *»Verliebtheit«*, sagt er, hätte er nach und nach dem Drängen des Mädchens nachgegeben, sich da *»rauszuhalten«*. Man könnte dies auch so interpretieren, daß Karl die ersehnte Anerkennung und den offenbar fehlenden Selbstwert nun über diese intensive Beziehung zu erhalten glaubte und die Stabilisierungsfunktion der Skin-Gruppe, die für ihn – wegen seiner relativ randständigen Gruppenposition – ohnehin nicht so ganz aufzugehen schien, nun nicht mehr benötigte.

Im Zusammenhang mit der *Frage nach eigenen Familienvorstellungen* und der *eigenen Vaterrolle* sowie danach, *was er später anders machen würde*, läßt Karl erkennen, daß hier auch eine Identifikation mit den aus Entbehrung resultierenden idealisierten Vater-Anteilen im Spiel sein könnte, die besagt, daß er mit Frau und Kindern ganz anders umgehen würde. Indirekt kommt hier wieder deutliche und harsche *Kritik an der mangelnden Be- und Erziehungspräsenz des Vaters* zutage: *»ganz viel Zeit«* würde er den Kinder schenken wollen, schon hart arbeiten wie der Vater, aber mehr Anwesenheit und Zuwendung zu Hause realisieren. Das Frauen- und Mutterbild verbleibt allerdings – nach dem Vorbild der realen Mutter – im traditionell patriarchalischen Bereich: zu Hause bei den Kindern sollte sie sein, zumindest bis die Kinder in der Pubertät seien!

Zum Thema, *›was die Zeit als Skinhead ihm gebracht hätte‹*, betont Karl, daß er eigentlich überhaupt nichts aus dieser Zeit bereut. Die Gewalttaten und Verletzungen, die er anderen zugefügt hätte, hätten ja keine *»Unschuldigen«* getroffen, sondern seien immer aus konkreten Anlässen gesetzt worden, wenn zum Beispiel *»einer blöd dahergeredet hat«* und in ähnlichen Streitfällen. Außerdem hätte er nie jemanden wirklich ernsthaft verletzt. Sehr wohl aber hätte er in dieser Zeit rechte Einstellungen erworben, zu denen er heute noch steht. Bei der etwas konkreteren Beschreibung der »rechten« Ziele und Prinzipien allerdings bleibt nicht viel genuin »rechtes« Gedankengut übrig:

es geht hauptsächlich um Ungerechtigkeiten zwischen *»denen, die sich's richten«* und den *»kleinen, einfachen Leuten«* – eine allseits beliebte und bekannte Metapher rechter Populisten. Gerade noch die *»Ausländer«*, die teilweise für die Bedrohung der Arbeitsplätze bzw. für das ungerechtfertigte *»Abzocken«* öffentlicher Gelder verantwortlich gemacht werden, bleiben als rechtes ideologisches Repertoire übrig. Karl hängt aber auch der Freiheitlichen Partei Österreichs (FPÖ) des Rechtspopulisten Jörg Haider an (der in Österreich übrigens laut Gerichtsurteil »Ziehvater des Rechtsextremismus« genannt werden darf...). Allerdings wollte Karl sich, obwohl ihn regionale Funktionäre der FPÖ schon gefragt hätten (sic!), nicht wirklich für diese Bewegung engagieren. Aber die gröbsten Ungereimtheiten, für deren Aufdecken er die FPÖ schätzt, *»müßten weg«*.

Angst schließlich äußert Karl in recht sensibler und ein wenig überraschender Weise gegenüber der *Umweltbedrohung* – er ist sogar zahlendes Mitglied bei »Greenpeace«! – und gegenüber der *wirtschaftlichen Entwicklung*, die die Arbeitsplätze reihenweise vernichte (also doch nicht ›nur‹ die Ausländer!?). Insgesamt wirkt der ›Bulle‹ hier geradezu intellektuell. Er scheint mittlerweile durchaus in der Lage, Gefahren für ihn und das zukünftig geplante Familienleben kritisch reflektieren zu können. Für diese Entwicklung hin zu distanzierter Reflexivität und Kritik macht Karl selbst – wie ich abschließend im Gespräch erfahre – nicht zuletzt auch die Arbeit jenes Jugend-Treffs verantwortlich, durch den ich ihn kennengelernt hatte. Insbesondere eine leitende Mitarbeiterin dieser Institution, die durch ihre akzeptierende Arbeit mit rechtsorientierten Jugendlichen und durch ihre Eigenart verschiedene Aspekte des traditionell ›Mütterlichen‹, aber auch des traditionell ›Väterlichen‹, des Planenden, Grenzziehenden, ›den Laden Schmeißenden‹ in sich vereint, war für Karl wohl eine wichtige, Vertrauen und stabile Zuwendung verheißende Bezugsperson, die ihm – teilweise auch als ›väterliche‹ Grenzzieherin – diese Entwicklung erst ermöglichte.

Diese *Nachsozialisierung durch Jugendarbeit* konnte ich in großer Übereinstimmung auch bei anderen gutfunktionierenden Jugendtreffs dieser Art beobachten. Die Ex-Skins verkehren auch jetzt noch in den Jugendinstitutionen, wirken in etwa so wie ›Senioren‹, ja ›alte Herren‹ und sorgen sich als solche in geradezu ›reif‹ wirkender Weise um ihre ›Nachfolger‹, die nun mit 15 oder 16 Jahren in die rechte Skin- bzw. Gewaltszene abzurutschen drohen. Dieses Moment der *Sorge um die Jüngeren*, dem wir auch in den anderen Gesprächen in irgendeiner Form begegnen werden, wirkt geradezu wie eine – durch die Ersatzinstitution und die Kämpfe, die es in ihr wohl auch gegeben hat, ermöglichte – ›ödipalisierte Ablösung‹ von der Herkunftsszene und ermöglicht die Einnahme einer ›Erwachsenen-Position‹. Dies wiederum scheint ein Stück jener »*Fähigkeit zur Besorgnis*« (Winnicott) mit sich gebracht zu haben, die als ganz wesentliche Stufe der Persönlichkeitsentwicklung gilt.

Wenn es für mich noch eines Beweises für den Wert integrativer, akzeptierender Jugendarbeit mit rechtsextremen Jugendlichen im Gegensatz zu ausgrenzend-kriminalisierender Verfolgung bedurft hätte, so hätte ich ihn jedenfalls in diesen und ähnlichen Fallbeispielen, wie sie mir in meinen Gesprächen begegneten, gefunden.

17.2. Olaf

Olaf ist ebenfalls ein ehemaliger Skinhead; ich treffe mich mit ihm im Sekretariat eines Jugendhauses, wo wir relativ ungestört miteinander sprechen können. Gelegentlich stecken unter irgendwelchen Vorwänden andere ›Glatzen‹ ihren Kopf bei der Tür herein, was mich assoziativ daran erinnert, wie man als Mann auch in Kindergärten – als ein ›Anderer‹, ›Ungewöhnlicher‹ – von Kindern bestaunt wird. Olaf ist zum Zeitpunkt unseres Treffens 23 Jahre alt, gelernter Automechaniker und voll berufstätig. Mittlerweile ist er Vater eines Sohnes im Alter von zweieinhalb Jahren. Der Sohn lebt zwar bei der Mutter, mit der Olaf inzwischen nicht mehr zusammen ist. Weil aber die Mutter ebenfalls voll berufstätig ist, ist das Kind fast jeden Tag zumindest für ein paar Stunden auch bei ihm. Am Wochenende nimmt er den Jungen dann manchmal ganztägig und auch über Nacht zu sich.

Im Alter von 15 und 16 Jahren gehörte Olaf der Skinhead-Gruppe am Rande einer westösterreichischen Kleinstadt an. Wie schon der ›Bulle‹ betont auch Olaf im Zusammenhang mit der Attraktivität der Skin-Gruppe den »*Ruf*«, den man sich als Mitglied der Skins erwerben konnte, vor allem auch »*durch das Spektakel, das die Medien um einen machen*«. Gegen Ausländer sei er schon von klein auf sehr aggressiv gewesen, ausgenommen die unmittelbaren Nachbarn und den Schwager, der Armenier sei. Hier begegnet uns das immer wieder beeindruckende Phänomen, daß bei aller projektiven, durch die Distanz zu Fremden noch gesteigerten Phantasietätigkeit über ›die‹ Ausländer die *Nähe* zu ihnen – oft durch zufällige Begegnungen und Bekanntschaften hergestellt – in hohen Maße aggressions- und projektionshemmend wirkt: Einmal einen ›guten‹ Ausländer näher kennenlernen, und schon wird er aus dem Dickicht des Projektionsgeflechts herausgenommen – was bei entsprechender Häufung von Kontakten auf Linderung dieses ›Symptoms‹ hoffen ließe!

Nach meiner Bitte, über die *Familie* zu erzählen, kommt Olaf sofort auf den Vater zu sprechen: dieser hätte durch sein Alkoholproblem die Familienatmosphäre sehr belastet. Es sei deshalb auch ziemlich *»hart hergegangen«* zwischen ihnen: *»ich mein', er war kein Schläger oder so, aber halt ein lästiger Hund – wie halt B'soffene sind!«* Als Bub hätte ihn das sehr belastet. In der Schule sei er zudem auch nicht gerade der Beste gewesen, wodurch es dauernd Reibereien gegeben hätte. Hier nimmt Olaf allerdings ein Stück Schuld auf sich: er sei bei den Lehrern wegen seiner Widerborstigkeit sehr unbeliebt gewesen und habe nichts gelernt: *»Im nachhinein weißt du halt, warum es dauernd Probleme gab«*. Das sei zum Teil jetzt auch noch so: *»Wenn mir etwas nicht paßt, dann tu' ich grad extra was dagegen!«* Und: *»Leute, die mir was befehlen wollen, die hab'n ein Problem; nicht daß es dann unbedingt Streit gibt, aber ich bin halt einer, der das gar nicht gern tut«*. Im Zusammenhang mit der sonstigen weltanschaulichen Orientierung Olafs zeigt sich hier vielleicht so etwas wie ein *negativ-autoritärer Charakter*, der darin besteht, daß wegen ungelöster Autoritätskonflikte lebenslang gegen jegliche Autorität angerannt wird, um – als eigentlichem Sinn dieser Haltung – doch noch jene Anerkennung zu bekommen, die man so schmerzlich vermißt hat (vgl. Fromm 1976).

Zur *Mutter* meint Olaf zunächst lapidar und ›paschamäßig‹: *»Gute Mutter, gute Köchin«*! Sie habe ihn verwöhnt, weil er der jüngste war – auch Olaf hat drei ältere Schwestern! –, und das habe er auch (gegen den Vater! – JCA) ausgenutzt. Die Schwestern hätten ihn manchmal, wenn er nicht pariert habe, auch geschlagen, das gehöre zur Kindheit halt einfach dazu, meint er mit deutlich spürbarer Verharmlosung dieser Demütigungserfahrung. Und dann abrupt: *»Außer'm Alkohol war's eine schöne Kindheit, also außer'm Alkohol vom Vater«*. Dieses Muster der ›schönen Kindheit‹, das oft quasi ›korrigierend-beschwichtigend‹ nach bedrückenden Milieu- oder Situationsschilderungen auftaucht, ist uns in empirischen Arbeiten mehrfach begegnet und soll den Betroffenen – wie wir noch ausführen werden – wohl helfen, die Schamkonflikte, die sich daraus für den Selbstwert ergeben, in Schach zu halten.

Immer wieder betont Olaf, daß der Vater *»ein lästiger Hund«* gewesen sei, der einfach nicht vom *»Alk«* losgekommen sei, obwohl er Kuren und alles mögliche versucht, aber nicht durchgehalten habe. Dadurch seien schließlich auch *Geldprobleme* entstanden. *»Die Krankheit hat ihn halt so gemacht, hat ihn fertiggemacht, das ist halt so ein Scheiß-Kreislauf«*, sagt Olaf nicht ohne einen Hauch von Bedauern und Exkulpierung für den möglicherweise ersehnten ›gesunden‹ Vater, der für den kleinen Buben in positiver Weise präsent hätte sein sollen, ohne andauernd ein ›lästiger Hund‹ zu sein. Mittlerweile allerdings hat der Vater eine Entziehungskur gemacht und ist tatsächlich ›trocken‹, einer, *»der halt gar nichts mehr trinkt, höchstens Kaffee und so«*, sagt Olaf mit spürbarer Anerkennung.

Zu den positiven Erinnerungen assoziiert Olaf *»Urlaub in Salzburg – mit den Eltern und der ganzen Familie«, »Joggen«, »Wandern gehen mit dem Vater und seinem besten Kollegen und dessen Familie«, »Baden und Fischen gehen«*, wo er das Gefühl gehabt hat, als junger Bub auch schon mit den Großen mitgehen zu dürfen: *»War eine schöne Zeit«*, sagt er etwas vergangenheitsversunken. Der kleine Bub, der mit den Großen mitgehen darf, hat das sicher als Bestätigung seiner ersehnten Größe und seiner Anerkennungswünsche erlebt und deshalb unauslöschlich positiv ›gespeichert‹. Auch der Opa – in vielen rechtsextremen Biographien bekanntlich eine bedeutende Größe – spielt eine gewisse Rolle: der hatte ihn zum Fischen mitgenommen, *»der hat mich gern gehabt! War ein netter Mensch, ist leider schon tot«*.

Beim Stichwort *Ängste* tritt wieder prompt und recht überraschend der Vater an erster Stelle auf. *»Ich hab' mich davor gefürchtet, daß der Vater Schnaps säuft«*, sagt Olaf. *»Halbtot«* sei er mit Schnapsräuschen manchmal heimgekommen, schildert er beklemmend die Angst vor den dann folgenden Szenen voller Lärm, Gewalt und Erbrechen. Auch daß er die Schule nicht schaffe, habe ihm Angst gemacht, *»überhaupt hab' ich irre Prüfungsangst gehabt, das weiß ich noch«. »Nicht akzeptiert zu werden von anderen Leuten, Mitschülern und so...«*. Daheim habe er sich schon akzeptiert gefühlt, allein wegen seiner Rolle als einziger Bub: *»Klar, darauf hat er lang genug hingeschafft, der Vater!«* Hier scheint so etwas wie eine Art ›retrograder Identifikation‹ vorzuliegen, die zum einen besänftigt bzw.

umdreht, was zu Hause an Entwertungsgefühlen als einziger (von Schwestern gezüchtigter!) Bub in einem Vier-Frauen-Haushalt mit Alkoholikervater an Akzeptanz zu spüren gewesen sein mag; zum anderen aber läßt dies erahnen, wie intensiv die Sehnsucht nach dem Vater, der so lange auf ihn als einzigen männlichen Sproß *»hingeschafft«* habe, gewesen sein mag – wie stark auch immer projektive Mechanismen bei dieser Vorstellung beteiligt sein mögen.

Auch bei den Stichwörtern *Kränkung* und *Demütigung* erscheint ohne Zögern sofort und zuallererst der Vater, wieder in Zusammenhang mit den Alkoholexzessen:

> *»Wenn ich den Vater holen hab' müssen von irgend so einer ›Beiz‹, und die ganzen Kollegen sind vor dem Haus gewesen, haben gespielt, oder, und wenn er dann besoffen runtergerutscht ist, ich mein, jetzt klingt's irgendwie witzig, aber damals hab' ich mich geschämt«.*

– für den Vater? – *»Ja, ja! Oder daß ich oft mit leeren Bierflaschen in ein Geschäft hab' geh'n müssen und mehr Bier holen...«*, zeigt sich Olaf in seinen Erinnerungen bitter beschämt. Auch wenn er wiederholt die Hausaufgaben nicht gemacht hatte, schämte er sich letztlich für sein Zuhause, das ihn zu wenig zum Lernen anregte – so, als ob man ihm ansehen würde, aus welchen (›miesen‹) Verhältnissen er komme.

Beim Thema *Strafen*, wo Olaf nach eigener Aussage ein *»Spitzenreiter«* gewesen war, kommt ebenfalls der Vater als erste Assoziation: Er habe es halt nicht verstanden, *»daß ich nicht lernen kann«*; *»er wollt' schon mit mir lernen, aber er hat's halt so gemacht, wie man's mit ihm gemacht hat, unter Druck, voller Druck!«* Auf die Frage »Wie? Welcher Druck?«: *»Er hat mich angeschrien: ›Du bist blöd!‹ und solche Sachen und langsam hab' ich's g'laubt, daß ich blöd bin«*. Als Olaf älter wurde, versuchte er sich selber einzureden, daß er nicht blöd sei – *»Und man sieht's ja jetzt: Super-Arbeit und ich hab' was im Kopf, oder? Und ich kann auch viel, kann Zeug, das andere nicht können!«* Zum Beispiel sei er stolz, sagen zu können, daß er vom Handwerklichen her ein Haus bauen könnte – *»bis auf's Elektrische, und da hätt' ich auch keine Probleme, wenn mir's einer zeigt. Und auf die Sachen bin ich stolz!«* Man sieht hier ein Stück weit die immer wieder in der kritischen sozialpädagogischen Literatur auftauchende These bestätigt, daß schulische Probleme und Erniedrigungen einen *kumulativen Faktor* für radikalisierte Entwicklungen zur

Gewalt hin leisten können – wie umgekehrt in einem günstigen Fall auch ungeheuer viel Selbstbestätigung aus dem, was man schließlich gelernt hat, aus dem Faktor ›Arbeit‹ und aus den beruflichen Fähigkeiten geschöpft werden kann. Dabei ist es besonders verhängnisvoll, wenn Schule *und* Elternhaus sozusagen ›am gleichen Entwertungsstrang‹ ziehen, wie es leider oft genug der Fall ist.

Bei den sonstigen Personen, die im Lauf seines Lebens wichtig gewesen sind, antwortet Olaf wie aus der Pistole geschossen:

> *»Mein Sohn! Also wo ich g'wußt hab', daß ich Vater werde, war ich ein anderer Mensch! Also mehr Gas geben und so (...) wir haben ja oft auch blau gemacht in der Lehre und so; aber seit er da ist, bin ich verantwortungsvoll; hab' halt gelernt zum Zurückstecken. Ja, ich wollt' halt meinem Sohn was bieten, oder? Und das mach' ich auch!«*

Das Kind ist offenbar ein affektiv hoch besetzter, narzißtischer Faktor im Leben dieses Mannes, auf den alle (hoffentlich nicht allzu lang und allzuviel?) Hoffnungen und alle Sorge für die Zukunft gesetzt werden. In einer Art ›selbstreparativer‹, nachholender Fürsorge scheint Olaf den Buben so anzuhimmeln, daß er sogar seine eigenen inneren Regelungsmechanismen – nicht mehr ›Blaumachen‹ bei der Arbeit – wieder ›aus der Mottenkiste‹ geholt hat, um dem Kind – und damit ein Stück weit sich selbst – und seiner rechtschaffenen Zukunft gerecht zu werden. Fast könnte man meinen, ein Stück ›nachholender Ödipalisierung‹ (*»Zurückstecken«*), quasi im umgekehrten Sinne, nämlich ausgelöst durch seinen eigenen Sohn, sei hier am Werk, das Olaf die Grenzen der (Selbst-) Verantwortung sozusagen ›nachliefert‹.

Auf die Frage, was er Wichtiges angestellt habe als Bub, erzählt Olaf, daß einmal ein Kollege und er mit Freundinnen spazieren gegangen seien, als es zu regnen anfing, weshalb sie in das am Weg liegende Schwimmbad gingen und er sich mit der Freundin in eine Kabine setzte, ein bißchen *»herumschmusen und so«*. Auf einmal klopfte es, und vor ihnen stand der Bademeister. An der Kabinentür aber war ein Hakenkreuz, das sie jedoch nicht gemacht hatten. *»Auf jeden Fall hat er uns rausgeschupft und ich bin gleich weg mit der Freundin, aber der Kollege kam nicht daher!«* Dann kam aber dessen Freundin gelaufen und berichtete, daß es zwischen den Männern offenbar zum Streit gekommen sei. Olaf sprang also wieder hinein und half dem Kollegen. Der Bademeister hatte sie provoziert; *»Was soll denn der Scheiß! Wir wären ja sofort gegangen, hätten nichts gewollt. Das hat dann zu einer Schlägerei ausgeartet, oder, und dann sind wir halt gegangen, aber der hat die*

Polizei gerufen«. Auch wegen der Freundin, die er nicht stehen lassen wollte, vor allem aber deshalb, weil die Polizei seinen Namen sowieso rausgefunden hätte, sei er nicht geflohen. Die hätten ihn dann verhaftet *»wie einen Schwerverbrecher, daß sie keine Handschellen verwendet haben, ist eh ein Wunder. Dann haben sie uns verhört, alles mögliche wollten sie uns andrehen! Unser Glück war nur, daß das* (der Polizist – JCA) *der Trauzeuge unserer Eltern gewesen ist!«*. Der habe die Anzeige dann zurückgezogen. Das Beispiel zeigt ein wenig die Empfindlichkeit gegenüber ungerechtem Beschuldigtwerden ebenso wie die ständig lauernde Gefahr, bei gewisser sozialer Deklassiertheit sofort verdächtigt und beschuldigt zu werden. Es zeigt aber auch deutlich, daß nicht-gewaltvolle Konfliktregelungsmechanismen, mit denen man Situationen wie diese ›retten‹ könnte, ein absolutes Defizit im Verhaltens- und Erlebensrepertoire solcher Heranwachsender darstellen.

»Das Schlimmste aber, was ich wirklich g'macht hab', da hab' ich Schwein gehabt, da hab' ich einem Bullen eine betoniert. Der hat mich provoziert, herumgeschupft, oder? Und da hab' ich mich umgedreht und ihm eine in die Gosch'n g'haut«. Er sei dabei *»im Öl«* (= alkoholisiert – JCA) gewesen, habe dafür aber nie eine Strafe bekommen, obwohl zehn *»Bullen«* dagewesen seien und jeder es gesehen habe. Aber alle hätten wohl gedacht, daß er im Recht sei, *»weil das war so ein junger Scheißbulle, der wohl gemeint hat, er kann mit uns tun, was er will«*. Die Polizei steht hier, nach dem Muster der Verschiebung autoritärer Beziehungen, vielleicht auch für die mikrosozialen – väterlich dominierten – und makrosozialen – gesellschaftlichen – Verhältnisse, in denen Olaf sich ebenfalls ›herumgeschupft‹ gefühlt hatte, was er partout nicht vertragen konnte. Diesen (ödipalen) Instanzen eine *»in die Gosch'n«* zu hauen, wird mit spürbarer Inbrunst berichtet. Daß dabei auch noch andere ödipale Instanzen (›Bullen‹) anwesend gewesen waren, die ihn offenbar auch im Recht gewähnt hätten, läßt einen Rest bzw. ›Funken‹ an positiven Über-Ich-Möglichkeiten erahnen, die durch diese »gerechte« Nicht-Intervention staatlicher Autorität aktiviert worden sind.

Im Nachhinein sagt er zu seiner Skin-Zeit, die er nach eigenen Angaben als Mitläufer verbracht hatte, daß er es

> *»irgendwie bereut, weil es meinem Ruf nicht gut getan hat (...) – Ich hab' zwar mehr den Ruf jetzt als Weiberheld, wenn ich ehrlich bin; – aber es bringt nichts, es bringt dich rundum nur in Situationen, die dir nichts bringen. Ich bin froh, daß es vorbei ist (...) die ganzen idiotischen Sachen, die die da machen, das sinnlose Zeug einfach, oder, Geschrei und Sauerei!«*

In seinem *»Club«* gingen die Kollegen und er jetzt am Wochenende auch *»saufen und so«*, aber die Kollegen seien *»alles Buckler«* und deshalb sei das quasi als Ventil am Wochenende auch legitimer, als es damals war.

Das aktuelle Verhältnis zu den Eltern bezeichnet er als normal, man gehe sich besuchen, und sie »sind halt Oma und Opa von meinem Sohn und dann sind sie zufrieden und sind halt stolz auf mich – so wie ich jetzt bin, mein' ich. Früher war ich halt ziemlich schwer zu bändigen und das war halt eine schwere Zeit auch für sie«.

Zum Vater habe er jetzt ein gutes Verhältnis, nur habe er halt von ihm »geerbt«, daß er *»ein sturer Hund ist, ich bin auch bockstur und dann gibt's halt ab und zu mal so Sachen, daß du nicht auf einen Punkt kommst«*. Auch hier spielt das Generationsübergreifende, repräsentiert durch Opas (Vaters) und Omas (Mutters) Verhältnis zu Olafs Sohn, offenbar eine im nachhinein versöhnliche Rolle, nicht zuletzt, weil er jetzt wenigstens wegen seiner ›Sohnesvaterschaft‹ – und wohl auch wegen seiner beruflichen Integration – Stolz und Anerkennung durch die Eltern spüren darf. Sie lieben ihn nun quasi über den Umweg seines Kindes, wie er sich narzißtischerweise selbst ein Stück weit über diesen Umweg liebt.

Bezüglich *Freundinnen und Sex* während der aktiven Skin-Zeit sieht er keinen besonderen Zusammenhang zwischen der Skin-Kultur und sexuell-partnerschaftlichen Gepflogenheiten. Zwar seien Mädchen im Umkreis der Skin-Gruppe auch dabei gewesen, aber halt als *»Kolleginnen«*. Wenn einer eine Freundin gehabt habe, hätte er sie meist woanders kennengelernt. Bei den Mädchen hätten sie sich auch anders verhalten, nicht immer *»den wilden Hund«* gespielt, sondern seien ruhig und nett gewesen. Zu seinen *eigenen Familienvorstellungen* meint Olaf, daß er einfach immer wissen wolle, was sein Sohn tut, *»und wenn er Probleme hat, soll er zu mir kommen – ich will halt ein bißchen da sein, das ist meine Hauptsache«*. Familie wolle er selber keine mehr, d. h. nicht wieder zusammenleben mit einer Frau und auch kein Kind mehr.

> *»Der Bub genügt mir, wenn er einmal älter ist, möcht ich (...), ich mein', er ist gleich wie ich, er steht nur auf Motorräder, so ein Biker von klein auf, und da möcht' ich dann mit ihm einmal auf Urlaub, nach Amerika und so fahren und so richtig mit meinem Sohn auch leben«.*

Wenn er ein entsprechendes Alter hätte, wolle Olaf aber, daß der Sohn selber entscheidet, wo er wohnt; er könne jederzeit bei ihm wohnen, auch

›sie‹ (die Kindesmutter – JCA) habe sicher nichts dagegen. *»Sie weiß, wie ich ihn liebe, sie weiß, daß ich alles tu für ihn und daß ich mein Leben geben würde für ihn – das ist klar, als Vater würd' ich das machen. Und einfach sagen: das ist mein Sohn!«*

In dieser berührenden Äußerung voll von selbstaufopfernder Vaterliebe wird die narzißtische, aus eigener Anerkennungsnot geborene Überidentifikation mit dem Kind deutlich spürbar. Daß ein kleiner Bub auf Motorräder ›steht‹ (von denen ihm der idealisierte und idealisierende Vater wahrscheinlich dauernd vorschwärmt), wird zu einer ›quasivererbten‹ Eigenschaft umgedeutet, die die Übereinstimmung mit und die Nähe zum geliebten Objekt ausdrücken soll. ›Identifikatorische Verschmelzung‹, im positiven Sinn in der eigenen Kindheit zu wenig erfahren, wird zum Zwecke narzißtischer Selbstaufwertung mit dem eigenen Kind nacherlebt – sozusagen ein Versuch der Selbstheilung der eigenen Vater-Sohn-Beziehung (mit der Folge einer nicht unproblematischen Bindung an das eigene Kind).

Als Grund für seine Absage an ein Familienleben nennt Olaf den Verlust des Reizes aneinander beim längeren Zusammenleben, obwohl in seinem Fall dazukomme, daß seine Freundin sehr schwierig gewesen sei. Sein Stil, einfach einmal spontan Sex zu wollen und so weiter, habe ihr nicht gepaßt. Und der Alltag mit ihr sei ihm zu öde gewesen. *»Geredet hat man da nicht mehr«*. Für so etwas fühle er sich zu jung, und deshalb wolle er es nicht noch einmal haben. *»Das Wichtigste für mich ist nur mehr mein Sohn und halbwegs normal leben, das ist für mich mein Leben«*.

Zum Thema, was sein Vater denn anders machen hätte können, kommt sofort: *»Nicht saufen! Wenn ich zum Beispiel an einem Wochentag saufe und sie tät' ihn mir bringen, dann sag' ich nein, weil ich will nicht, daß er mich besoffen sieht. Das ist für mich etwas, was ich nicht haben kann!«* Selbst wenn er nur ein, zwei Bier getrunken habe, der Geschmack danach sei *»was Ekliges und das will ich ihm nicht zumuten, und das halte ich irgendwie für normal.«* Hier ist das Trauma des ›kleinen Olaf‹ ganz unverkennbar, das er fast krampfhaft seinem eigenen Sohn zu ersparen trachtet. Zur Gestaltung der eigenen Vaterrolle betont er weiters, daß er kein schlechter Vater sei und andere kenne, die sich um die Kinder nicht kümmerten, was für ihn unvorstellbar sei. *»Ich will meinen Sohn wie gesagt bei mir haben und er ist auch jeden Tag bei mir (...) Ich will ihn jeden Tag sehen«*. Er würde (*»sicher, klar!«*) auch als Alleinerzieher mit ihm leben.

Gebracht habe ihm die vergangene Skin-Periode jedenfalls nichts, »*gar nichts!*« Er sei jetzt diesen Skins gegenüber abgeneigt und könne sie nicht mehr ausstehen, »*und wenn ich sehe, wie die Jungen da mitziehen, dann krieg' ich einen Haß. (...) die machen sich mit den Scheiß-Schlägereien das Leben hin*«. X-mal vorbestraft seien die, er habe da Glück gehabt und niemanden so schwer verletzt.

> »*Okay, ich hab' auch schon einmal einem die Nase oder das Kiefer gebrochen, aber erstens hab' ich's nicht wollen, zweitens hab' ich mich verteidigt und drittens ist mir halt auch einmal richtig der Hammer ausgerutscht. Ich mein', du kannst einem die Nase ins Hirn hinaufschieben, könntest einen umbringen, das war mir damals schon bewußt*«.

Auf meinen Einwand, ob er denn einen in die Skin-Szene abtauchenden Jungen irgendwie davon abbringen könne bzw. wolle, erzählt Olaf von einem erst 17-Jährigen, der zu seinem und seiner Freunde Club beitreten wollte. Dem habe er gesagt, daß er zu jung sei, daß es »cool« sei, daß er an so was denke, daß er ihn aber nicht mehr anreden brauche, wenn er sich einmal mit einer Glatze blicken lasse. Und: »*Der rennt jetzt noch mit langen Haaren herum!*« Auch hier finden wir wieder die beim ›Bullen‹ schon deutlich gewordene ›Obsorge‹, die auch Olaf gegenüber seinen ›potentiellen Nachfolgern‹ und ihrem Schicksal empfindet. Anstatt mit gesellschaftsüblicher Lethargie und ›Wurschtigkeit‹ auf die drohende Zukunft solcher Jugendlicher zu reagieren, haben zumindest diese beiden Ex-Skins offenbar auch internalisiert, was ihnen selbst an positiver Zuwendung, an Hilfe, Warnung und Orientierung im Rahmen der jeweiligen Einrichtung für Jugendliche zuteil worden ist. Sie signalisieren damit gleichzeitig auch, was ihnen selbst gefehlt hatte bzw. erst durch die sozialpädagogischen Interventionen in einer glaubwürdigen, sie akzeptierenden Form zuteil geworden war.

Als *Gründe, warum sich jemand Skins anschließe*, nennt Olaf ein Beispiel, bei dem die Mutter Prostituierte und der Vater ein »*Scheiß-Typ*« seien, der Bub habe einfach eine »*Scheiß-Jugend*« gehabt. Der sei »*falsch aufgewachsen, in der falschen Familie*«. Zu seinem eigenen Zugang im Vergleich zu solchen Jugendlichen meint Olaf, er habe es »einfach nur cool gefunden, das war halt einfach nur cool, ganz einfach die Leute zu kennen, die Leute in meinem Alter (...) so wie die Jungen jetzt, die denken auch, sie sind cool, dabei sind sie Idioten, und es lacht sie jeder aus«.

Daß dies auch eine Entwertung der eigenen vergangenen (lachhaften?) Entscheidungen darstellt, scheint Olaf nicht bewußt zu sein; jedenfalls stempelt er sich im nachhinein auch zum ›Idioten‹, der nicht viel besser als die nun ›Lachhaften‹ gewesen sein konnte. Selber fürchten täte Olaf heute als erstes, daß sein Sohn die gleichen Fehler mache wie er,

> *»also, da tu ich alles dagegen; ich möcht', daß er viel Zeit mit mir verbringt, nicht, weil ich ihn so lieb', sondern: er kann von mir was lernen, ich mein', ich bin jung und auch noch lernfähig. Daß er die Sachen, die ich falsch gemacht hab', nicht falsch macht – sprich: mit Eierköpfen oder sonst was, alles was Skinheads sind«.*

Wir sehen also auch bei Olaf sehr ähnliche Muster wie die in der Literatur beschriebenen: vor allem der scheiternde, gebrochene Vater, durch sein Alkoholproblem selbst eigentlich ein kläglicher Versager, aber dennoch andauernd ein *»lästiger Hund«* für den Heranwachsenden. Nicht seine *Abwesenheit,* sondern seine *gebrochene und demütigende Gegenwart* sind mitentscheidende Faktoren, die den Sohn in eine solche ›Karriere‹ treiben! Dieser kennt auch nur ähnliche Schicksale seiner Skin-Gefährten, wie eben zum Beispiel den Kameraden aus der Prostitutionsszene mit dem brutalen *»Scheißtyp«* von Vater, und von ähnlicher Konstellation beschreibt er auch das Herkunftsmilieu der anderen Weggefährten.

17.3. Walter

Walter ist zum Zeitpunkt des Interviews 27 Jahre alt. Er ist eines von fünf Kindern eines Beamten, die auf sehr engem Raum zu leben gezwungen gewesen waren. Sein Einstieg bei den Skins liegt schon sieben bis acht Jahre zurück. Jetzt sei er ungefähr zwei, drei Jahre weg davon. Als Grund für seinen Einstieg meint er, das sei *»mehr oder weniger von daheim ausgegangen«*. Angefangen habe es mit seinem Frust, mit 15 oder 16 Jahren um acht Uhr zu Hause sein zu müssen und zu wissen, *»daß andere ihre Gaudi haben. Da hab' ich dann zwei Skinheads getroffen und mit denen ein bißchen gequatscht und bin zum Mitläufer geworden. Und durch das, daß du in der Szene um so mehr Gewalttaten bringst, wirst du dort eigentlich auch höher angesetzt«*.

Auf die Frage, welche Rolle die rechte Ideologie für ihn damals gespielt hätte, sagt Walter, daß es ein Markenzeichen der Skinheads gewesen sei und noch sei, daß sie *»etwas gegen Türken haben: Die Skins haben etwas gegen Türken, okay, also übernehm' ich das auch«*. Und daß diese Gruppe immer besoffen und randalierend durch die Stadt zog, gefiel ihm: *»Da müssen die Leute ein bißchen Angst vor dir haben!«* Das sei eigentlich der entscheidende Punkt gewesen: *»Du hast davor nichts gehabt, in deiner Jugend und in deiner Kindheit, und du wünschst dir irgendwie, jetzt einfach die Macht auszuprobieren, so irgendwie...«*. Diese Funktion der Angstverschiebung, wie wir sie zuletzt aus den Arbeiten von Menschik-Bendele, Ottomeyer u. a. (1998) kennen, könnte man wohl kaum besser wiedergeben.

Die *Gewalt* selbst sei *»hauptsächlich durch den Alkohol geprägt«*, aufhören täte das erst dann, wenn man über die Geldstrafen vom Gericht und von der Bezirkshauptmannschaft nicht mehr hinaussehen könne. Und irgendwann komme man ohnehin *»in Häfen*[15]*, ob du da jetzt einem eine Gosch'n mehr einhaust oder weniger oder ob Du einen umlegst, ist scheißegal!«* Bei ihm selbst seien es Raubüberfälle, mehrere schwere Körperverletzungen und anderes gewesen; er sei jetzt noch am Zahlen dieser Strafen. Der entscheidende Faktor, der ihn zum Weggehen von der Gruppe veranlaßt habe, war, daß die Freundin damals ein Kind bekommen habe, das sei der eine Punkt gewesen, ansonsten gäbe es zum Herauskommen *»keine Perspektive, weil, du solltest schon fast jeden Tag fünftausend Schilling zahlen, da hängt's Dir aus!«* Dann nennt er *»Rosmarie«*, die engagierte Jugendbetreuerin, die ihm geholfen habe, wie er alles langsam angehen könne, weil es nicht von heute auf morgen gehe. Sie sei seine Papiere durchgegangen, habe bei der Aufnahme von Privatkrediten geholfen.

Hier wird die Rolle der Sozialarbeiterin als eine Art Hilfs-Ich, aber auch als Über-Ich-›Plombe‹ sichtbar, die die kaum übersehbaren Schwierigkeiten überstehen hilft und eine Perspektive des ›langen Atems‹ und des Verzichts auf die kompensatorischen Ausbrüche vermitteln hilft. Gleichzeitig wird auch die Gefahr unüberblickbarer finanzieller Belastungen durch Geldstrafen erkenntlich, die eher zu einer fatalistischen Gleichgültigkeit und zum Verharren in der Szene zu verleiten scheinen. Hier werden neu geschaffene gesetzliche Möglichkeiten wie die des ›außergerichtlichen Tatausgleichs‹ wohl ungleich bessere Chancen bieten, ›Haltegriffe‹ anzubieten, an denen Betroffene sukzessive Chancen vorfinden, sich aus dem Milieu zu befreien.

---

[15] *österr.*: umgangssprachlich für »Gefängnis«

Zu *Familie* und *Kindheit* erfahren wir, daß sie *»fünf Kinder daheim sind«*, daß der Vater allein arbeitet, *»und da hast du auch nicht gerade jeden Tag den warmen Kakao auf dem Tisch«*, bringt Walter gleich eine recht kindliche Metapher für den Mangel an Versorgtheit, den er insgesamt empfunden zu haben scheint: *»Wir haben halt nicht viel gehabt, oder?«*. Der Vater sei kleiner Beamter, *»überall war's eng und du siehst, was die anderen alles haben und du hast es nicht!«*. Die Stimmung zu Hause sei *»beschissen, ja, beschissen«* gewesen, die Schwestern habe man immer in Schutz genommen, und Walter und sein Bruder seien immer die *»Prügelknaben«* gewesen. *»Das waren Sitten, die sind ja aus dem 15. Jahrhundert noch gewesen!«* Die *»Kerle seien eh alle verdorben«*, habe man ihnen als Buben vermittelt. Auch hier eine sehr deutliche Bestätigung des aus der theoretischen und empirischen Literatur bekannten Phänomens der Abwertung der sozialen Identität und der männlichen Geschlechtsidentität in einem Zug, wobei letztere auch durch den in den Erzählungen sehr ›fahl‹ bleibenden Vater als kleinem Beamten kaum eine nennenswerte Stärkung oder Bestätigung erfahren haben dürfte. Mag sein, daß dies bei der tatsächlichen Entscheidung für Gewalt im Sinne vermeintlicher maskuliner Souveränität eine wichtige Rolle spielt. Dazu komme der Frust in der *Schule*, wo man *»lauter Scheiß«* lernen habe müssen, dauernd *»extrem unter Druck«*, ohne daß irgend ein sichtbarer Erfolg und spürbare Bestätigung daraus erwachsen seien.

Zum Stichwort *Mutter* sagt Walter, daß sie – sozusagen ›unterstützt‹ durch den Vater – *»die bestimmende Person«* gewesen sei, und wenn man *»nicht nach ihrer Pfeife tanzt, dann kriegst halt den Regenschirm um die Birne!«*. Streng und sehr *»ungut«* sei das gewesen. Ab dem fünften Lebensjahr seien hauptsächlich *»die Schläge mein Zuhause«* gewesen, auch vom Vater! Diesen schildert er als nach außen hin *»korrekt«*, daheim aber ebenfalls *»brutal«*. Erst kürzlich habe er den Eltern erklärt, daß sie in den Knast gegangen wären, wenn er sie damals einmal angezeigt hätte, *»weil das fällt schon unter Mißhandlung – also extrem, an diese Kindheit will ich mich am liebsten gar nicht erinnern!«*. Hier wird das Ausmaß an physischer und psychischer Verwahrlosung durch derartige familiäre Belastungssituationen drastisch spürbar.

Wenig, ja, *»so gut wie gar nichts«* gibt es folglich auch, woran Walter sich gerne erinnert. Außer der Zeit, *»wo ich dann zu den Skinheads dazugekommen bin«*, obwohl – wie er einschränkt – man bei den Skinheads auch kein Dach über dem Kopf habe wie in einem Zuhause, aber *»die Kollegen halten zu dir!«* – so hat er zumindest eine Zeitlang gemeint. Als er dann im Winter in einem alten Auto hausen mußte, weil er keine Wohnung gehabt habe, habe ihn auch keiner aufgenommen, berichtet Walter bitter. Die Eltern hätten ihn vor die Alternative gestellt, von den Skins wieder wegzugehen oder eben rausgeworfen zu werden, was dann auch geschah. Walter kann dieses Vorgehen mit Hinweis auf die dauernde Polizeipräsenz im elterlichen Haushalt heute sogar ein Stück weit verstehen.

Zum Thema *Angst* assoziiert Walter sofort *»Mutter, Vater«* und schweigt eine Zeit lang auffällig betreten. Und dann macht er sie auch für das verantwortlich, was er zwischenzeitlich angerichtet hatte. Obwohl er jetzt einen guten Job habe, seien daran, was in der Zeit dazwischen gelaufen war (Vorstrafen etc.), *»nur sie schuld! (...) Keine Freiheit und nichts und dann mit 16 Jahren um acht oder zehn Uhr zu Hause sein* (...)«, schildert er die belastende Enge, die neben den angedeuteten Mangelerscheinungen zu Hause geherrscht hatte. Zu *Kränkung, Demütigung* meint er – wie aus der Pistole geschossen: *»Klar, auch wieder von daheim aus«*! Als Beispiel nennt er eine Szene, als der Vater ihm nachfuhr und ihn vor den anderen anherrschte, er habe um diese Zeit da nichts mehr zu suchen – also eine seine ohnehin fragile heranwachsende Männlichkeit offenbar sehr beschämende väterliche Intervention. *»Da kommt der Vater daher und die lachen dich dann alle aus!«*

Auf die Frage, was ihm zu einer Sache, die er als Kind angestellt habe, einfalle, kommt nichts, außer, daß er mit 16 Jahren erstmals vor dem Richter gestanden habe. Auf Nachfrage nach früheren Kindheitserlebnissen erinnert er sich nur mehr an eine Szene, wo er einem anderen Buben wegen eines Tretautos einen Stein auf den Schädel gehauen habe – ein Affekt offenbar wegen des schon erwähnten Neids auf das, was andere Kinder im Gegensatz zu ihm alles hatten. Zu *Strafen* schließlich assoziiert Walter neben den schon erwähnten erlittenen Prügeln vor allem ein Beispiel, als er in der Schule einmal – was verboten war – geraucht hatte: da habe man sein Deutsch-Heft genommen, und obwohl es zu zirka 30 Seiten vollgeschrieben war, einfach in der Mitte auseinandergerissen! Dann habe er alles nachschreiben müssen. Und wenn Prüfungen angesagt waren, habe er schon zu Hause seitenweise Auswendiggelerntes aufsagen müssen. Die Schule selbst wäre ansonsten schon gegangen, da habe er nie besondere Probleme gehabt (sagt er etwas im Widerspruch zum vorhin geäußerten Frust).

Aber er hätte – wäre es nach den Eltern gegangen – *»mehr herausholen müssen«*, schildert er eine Art Überforderung durch die Erwartungshaltung der Eltern, dergemäß er *»gleich auf die HTL* (Höhere Technische Lehranstalt, ein österreichischer berufsbildender Schultyp – JCA) *gehen hätte sollen«*. Daraus läßt sich wiederum das durchgängige Anerkennungsmanko – und vielleicht der widersprüchliche Frust? – für seine immerhin geleistete schulische ›Problemlosigkeit‹ ablesen. Es reichte eben nie aus! Das Bild der anständigen Beamtenfamilie *»nach außen hin«* wäre damit aber komplettiert worden.

Als *andere wichtige Bezugsperson* nennt Walter als erstes den Pfarrer (!), übrigens einen weithin in dieser Region Westösterreichs als tolerant bekannten Jugendseelsorger, bei dem er mit etwa zehn Jahren Ministrant gewesen sei. Bei dem sei er zu Hause gewesen und habe von ihm sogar zu essen bekommen – was in unserem Zusammenhang, wegen des oralen Charakters dieser Assoziation, auch als eine Art ›Ersatzvaterschaft‹ gewertet werden kann: *»Der ist mir eigentlich schon ziemlich hängengeblieben«*, wie Walter die Nachhaltigkeit dieser Beziehung ausdrückt. Ansonsten kann er niemanden mehr nennen, der für ihn bedeutsam gewesen wäre. Man könnte daraus in Übereinstimmung mit den besprochenen theoretischen Ansätzen ableiten, daß der offenbar verständnisvolle, anerkennende und zugewandte Pfarrer tatsächlich eine ›nachhaltige‹ Spur in unserem Gesprächspartner hinterlassen hatte, in der sich einerseits die Sehnsucht nach einem idealisierbaren guten Vater (bzw. Elternteil) zeigt, andererseits die Aufrichtung einer *rudimentären Vaterrepräsentanz*, deren Erfahrung und Verinnerlichung vielleicht auch die entscheidenden ›Keime‹ dazu gelegt haben, daß dieser junge Mann schließlich doch von seiner Gewaltneigung ablassen konnte und zurück zu einer seinen Möglichkeiten entsprechenden biographischen und beruflichen Laufbahn gefunden hat.

Zum Problem der Verarbeitung der Skin-Periode und ihrer Bewertung aus heutiger Sicht meint Walter, daß er damals auch gute Zeiten gehabt habe, daß ihm aber das *»tägliche Ramba-Zamba heute noch nachhängt«*, weil er immer noch Strafen dafür abzahle. Seine Einstellungen seien heute auch *»noch ähnlich, aber nicht mehr in diesem radikalen Wirkungsfeld«*. Er halte auch heute noch nichts von Türken, aber es gäbe auch welche, die okay seien – *»einfach nicht mehr so radikal«*! Ein gewisser Abstand *»zu diesen Ausländern«* sei aber nach wie vor da. Als Vorarbeiter in der Schweiz habe er immerhin Kosovo-Albaner, Portugiesen, Griechen usw. unter sich, wo man *»halt unterscheiden können muß: die Kosovo-Albaner sind halt die Banditen, die Lumpen, vor denen ist nichts sicher«*. Mit den Tamilen hingegen, gegen die er nach Skinhead-Ideologie genauso aggressiv sein müßte, kommt er gut zurecht, mit denen habe er auch guten Kontakt. Auch Walter zeigt also an diesem Punkt eine ambivalente Haltung zwischen erworbenen Prinzipien und konkreten ›Ausländererfahrungen‹, die im Zusammenhang mit seiner sonstigen Entwicklung schließlich zu einer differenzierteren (›moralischeren‹?) Einschätzung geführt haben.

Man muß dazu wohl wissen, daß es in westschweizerischen Fabriken nicht nur sehr viele ausländische Arbeitskräfte gibt, sondern daß letztlich auch ein Österreicher dort ›Ausländer‹ ist. Die Schweizer werden wegen ihres Wohlstands und der Qualität ihrer Wirtschaft und ihrer Warenangebote von vielen Österreichern gerne idealisiert, so daß indirekt auch eine Selbstabwertung als österreichischer (= ausländischer) Bürger und Arbeitnehmer vorliegt. Inmitten eines solchen ›Wirrwarrs‹ von In- und Ausländerpositionen und den damit aufkommenden Identifikationsschwierigkeiten ist es verständlich, daß ein Mann mit der Vergangenheit Walters sich auch noch eine Portion ›sichernder‹ Einstellungen und Vorurteile von früher bewahren muß, um sich in dieser nicht einfachen Situation zurechtzufinden. Dennoch ist die Differenzierung aufgrund eigener Erfahrungen mit unterschiedlichen Kollegengruppen ein ›Fortschritt‹ in Walters sozialer und moralischer Urteilsfähigkeit.

Auf die Frage nach der *aktuellen Beziehung zu den Eltern* bezeichnet Walter diejenige zum Vater als *»immer noch distanziert«*. Mit der Mutter rede er halt, schneide aber die brisanten Themen nicht an. Auf Nachfrage, um welche Themen es sich dabei handle, sagt Walter, daß er einmal eine *»Unterredung«* mit ihr über seinen *»Scheiß«*, den er getrieben habe, und dessen Hintergründe geführt habe. »Und sie probiert's jetzt bei meinem jüngeren Bruder besser zu machen«, sagt er dann und läßt damit ebenfalls eine kleine Portion Sorge und Verantwortung für den heute zwölf Jahre alten Bruder – die ›jüngere Generation‹ potentiell Gefährdeter – erkennen. Zum *Vater*, dem er bei Bedarf manchmal in handwerklichen Dingen aushelfe, sei aber irgendwie *»einfach eine Distanz da«*. Würde er jedoch zum Beispiel erfahren, daß der Vater *»auf den kleinen Bruder losgeht, dann scheppert's«*! *»Jetzt kann ich mich nämlich wehren, mit 13 oder 14 hab' ich* *mich nicht wehren können«*, scheint Walter die Erfahrung seiner eigenen damaligen Ohnmacht nun in Identifikation mit dem jetzt ungefähr ebenso alten Bruder kompensieren zu können. Auch die Gewaltverschiebung vom Vater auf andere, die er damals vorgenommen hatte, wird hier spürbar. Der Vater habe sich zwar auch *»um 180 Grad geändert«*, wobei Walter nicht weiß, warum das so gekommen sei, aber gelegentlich *»hat er schon wieder seine Anfälle«*. Walter scheint also auch die Hoffnung auf eine ›andere Vatervorstellung‹ anhand der veränderten Entwicklung seines eigenen Vaters noch nicht aufgegeben zu haben. Hier imponiert die fast ›väterliche Sorge‹, die er für den Bruder aufbringt, die natürlich etwas mit ›Nachträglichkeit‹ und identifikatorischer Aufarbeitung zu tun hat, und dieses Quäntchen an Positivem, das er auch an dem ehemals als so demütigend empfundenen Vater noch erhofft, verrät vielleicht eine ähnliche Differenzierungsgabe, mit der er auch einzelnen seiner an sich skeptisch betrachteten Ausländerkollegen gegenübertritt.

Zum Thema Frauen und Sexualität damals während der Skin-Zeit sagt er: *»Da darfst du dir nichts scheißen – die'st aufreißt, die nimmst mit, und wenn's vom Kollegen die Alte ist, na ja!«* Die Schilderung dieser jungen Frauen, die sich in der Nähe der Skins gut vorgekommen und nach ein bißchen Alkohol *»eh schon so weit«* gewesen seien, stimmt dann auch voll mit der rechtsextremen Jugendlichen oft attestierten frauenverachtenden Tendenz überein, die Walter auch noch bestätigt, wenn er sagt, sie hätten von Frauen *»einen Dreck«* gehalten. Daß damit – wenn so ein ›Dreck‹ auf einen ›steht‹ – auch eine nicht gerade großartige männliche Selbsteinschätzung vorliegt (vielleicht nach dem Muster, daß man bei anderen, ›wertvolleren‹ Frauen ohnehin nichts zählt), läßt auch auf eine ganz schwierige Ambivalenz gegenüber der Mutter schließen, ebenso wie auf die Schwierigkeit, die eigene männliche Identität positiv zu besetzen.

Walter, der mittlerweile zum zweiten Mal, mit einer anderen Frau als der Mutter des ersten Kindes, selbst Vater geworden ist und vor einem Jahr geheiratet hat, hat auch *»ganz normale Familienvorstellungen«*. Was das ist, kann er zwar nicht beschreiben, möchte aber *selbst als Vater »helfen, wenn's klemmt«*, ganz gleich, ob das im Schulischen ist oder *»wenn's Fahrrad nicht läuft«* – das habe er selbst alles immer ganz alleine machen müssen! *»Unternehmungslustig«* möchte er als Vater sein und *»zeigen, wo's lang geht!«* – ein wohl lebendiger Kontrast zur Schilderung der eigenen Vatererfahrung! Er möchte einfach probieren, das beste daraus zu machen.

Seine aktuellen sowie seine Zukunftsängste und -sorgen betreffend nennt er die Abzahlung seiner Schulden, ansonsten habe er keine Ängste. Er erwähnt aber noch von sich aus, daß er sich um manche jungen Kollegen sorge, denen es so ähnlich geht, wie es eigentlich allen, die er in der Skin-Zeit kennengelernt hatte, ergangen sei: die hätten ausnahmslos *»Streß zu Hause gehabt«* – und welchen Streß? *»Bei einem ist der Vater Zuhälter gewesen, beim anderen Alkoholiker, beim dritten im Häfen gesessen«*. Er fügt das so an, als ob er es noch loswerden wollte – ohne konkrete Nachfrage nach dem Vater, die wir in unseren assoziativen Interviews ja bewußt vermieden hatten. Daß und wie der Vater also eine zentrale Rolle für diese drei jungen Männer und ihre spezifische ›Karriere‹ spielte, hätte abschließend kaum eindrücklicher bestätigt werden können.

17.4. Zusammenfassende Deutungsmuster

17.4.1. Allgemeines zur Übertragungssituation

Die Begegnung mit den jungen Männern war insgesamt von einer für mich überraschend positiven Grundstimmung gekennzeichnet. Es war bei allen Gesprächen von Anfang an eine Atmosphäre des Vertrauens und der Zuwendung gegeben, die ich in diesem Ausmaß doch nicht erwartet hätte: keinerlei vorsichtige oder fragwürdige Gefühle wie »Was will denn der da?« oder »Den werden wir zuerst einmal abtesten«, wie es unter ähnlichen Umständen immer wieder vorkommt, waren bemerkbar. Im Gegenteil: die Befragten schienen sich irgendwie sogar ›geehrt‹ zu fühlen, daß »ein Typ von der Universität« – so ein aufgeschnappter Gesprächsfetzen von Jugendlichen an der Bar – sich für sie interessierte. Keinerlei Mißtrauenserweis also – weder in Habitus, Erzählung, Blick, noch in irgendwelchen Bemerkungen – war zu spüren.

In der Gegenübertragung merkte ich wie gesagt eine ganz starke (väterliche?!) Hingezogenheit zu den Gesprächspartnern. Irgendwie waren sie für mich so etwas wie *›eigentlich gute Buben, wenn...‹*, ja, wenn alles anders gekommen wäre! Und mehrmals spürte ich an unseren Treffpunkten als körperlichen Impuls das spontane Bedürfnis, ihnen die Hand um die Schulter zu legen. Auch Ottomeyer und Zeichen (1998b) haben in ihren Gesprächen mit Jugendlichen von ähnlichen Erfahrungen berichtet, die bei diesem Gefühl mitspielen könnten, nämlich von einem »starken Beziehungs- und Identifizierungshunger bei den auffällig gewordenen rechten Jugendlichen (...), der durchaus nicht nur auf die Welt ihrer Idole beschränkt bleibt« (S. 87). Und Zieske beschreibt die Bedeutung von Männern in diesem Bereich so, »als wären die Jungen trockene Schwämme, die jedes Beziehungsangebot, jede Reaktion der männlichen Pädagogen begierig in sich aufsaugen« (1999, S. 7).

Vielleicht entspricht dies einer Übertragungs-Gegenübertragungskonstellation, wie Ermann (1985) sie allgemein in der Analyse von Patienten mit defizitärer früher Vatererfahrung beschreibt, bei denen schon in der prä-ödipalen Triangulierungsphase die Figur des Vaters enttäuschend und unzureichend angesichts der Ablösungsbedürfnisse vom Primärobjekt erlebt wurde: Danach zeige sich in den Übertragungen eine intensive *»Vatersehnsucht«*, wobei die bewußten Erinnerungen an den Vater zwar als bedeutungslos abgetan – und abgewehrt – würden, dem Übertragungsobjekt aber idealisierender Weise *Züge des vermißten defizitären Vaterobjekts* zugeschrieben werden. Die daraus resultierende Idealisierung des Analytikers diene wiederum der Abwehr der Enttäuschungen am realen Vater (S. 104f.). Möglicherweise also war dieser ›warme Strom des Vertrauens‹, als den ich die umstandslose ›Auslieferung‹ an den Interviewer erlebte, eine Übertragung defizitärer Vatererfahrung im beschriebenen Sinne, wozu auch die betont väterlich-freundschaftlichen Gefühle in der Gegenübertragung passen.

17.4.2. Brüche, Widersprüche, Idealisierung

Auffällig war auch eine gewisse *Brüchigkeit* und Widersprüchlichkeit in den Vater- und den Kindheitsdarstellungen insgesamt, auf die wir an einzelnen Stellen schon gesondert hingewiesen haben: Neben äußerst bedrückenden Ereignissen und Erinnerungen, die mich als Interviewer wirklich sehr betroffen machten, wurde immer wieder die Situation insgesamt mit *»schon okay«* oder *»ging schon«* oder sogar noch positiver bilanziert. Diese Art der Abwehr unliebsamer, trauriger oder demütigender Faktoren aus der Beziehungsgeschichte der jungen Männer finden sich auch in einem Beitrag von Nölke (1998, S. 260) wieder, der aus seiner Erfahrung in biographischen Interviews mit rechtsextremen Jugendlichen insbesondere für die Darstellung der früheren Vatererfahrungen von einer *»imaginären*

Kontrastvorstellung« spricht. Diese diene dazu, »die an späterer Stelle geschilderte ›schlechte‹ und von gewaltsamen Auseinandersetzungen geprägte Beziehung zum Vater nicht als von Anbeginn an biographisch durchgängiges Beziehungsmuster akzeptieren zu müssen«. Das Phänomen erinnert auch ein wenig an die Bagatellisierungsthese von Hopf (1993), wonach rechtsextreme Jugendliche dazu neigen, ihre erlittenen Beziehungserfahrungen in der Familie als nicht besonders relevant für ihre Persönlichkeitsentwicklung einzustufen, was auch als *Abwehr von Schamkonflikten* wegen narzißtischer Kränkungs- bzw. Verletzungsanfälligkeit verstanden werden kann. Für die militante Seite solcher Jugendlicher hieße das dann: »Die Figur des Enttäuschten und Armen darf nicht auf einem Bild mit der Figur des selbstbewußten und planvoll handelnden soldatischen Mannes erscheinen« (Ottomeyer u. Zeichen 1998, S. 51). Eine ähnliche Tendenz tritt nach Ansicht Heitmeyers (1987) auch bei der Schilderung der eigenen Person zutage, so daß wir gewahr sein müssen, daß sich hinter den oft recht positiven Selbstkonzept-Schilderungen verschwiegene negative Konzepte befinden und die Ergebnisse der Deprivationsforschung somit insgesamt noch als »verschönt« eingeschätzt werden müssen (zit. n. Brede 1995, S. 1035).

Im übrigen sind auch in Nölkes Arbeit (1998) – eine große biographische Studie an zwei rechtsextremen Jugendlichen – die Vatererfahrungen der Interviewten durchgehend sehr ambivalent und von demütigender, Identifikationen verunmöglichender Art – einmal durch Gewalterfahrungen bei gleichzeitiger Schwächlichkeit des Vaters und das andere Mal durch den frühen Tod des Vaters und einer schwierigen Stiefvater-Beziehung. Ähnliche Erfahrungen erbrachte auch eine qualitative Studie von Krall (1998), in der Berufsschüler/innen zunächst ebenfalls ihre Elternbeziehungen allgemein in einem Fragebogen als »gut« oder »mäßig« beschrieben, während die anschließenden Gespräche zur Familiensituation ein differenzierteres Bild ergaben, wonach sehr oft äußerst kommunikationsarme Familienverhältnisse vorliegen, in denen die Jugendlichen keinerlei Unterstützung erfahren können (S. 116).

Kleinspehn spricht von sehr starken Bindungen vieler Skinheads an ihre *Mütter*, von denen sie sich nie richtig gelöst hätten. Durch diese Konstellation wird das Fehlen triangulierender Autoritäten spürbar, wenn auch nur als Leerstelle – wie das einer der Jugendlichen in Bezug auf sein Bedürfnis, sich einer Autorität unterzuordnen, ausdrückte: »(...) ich brauche einen, der mich zusammenstauchen kann, früher hat das meine Mutter gemacht, mir gesagt, da geht's lang (...) das weiß ich, das ist jetzt ein Problem (...)« (1995, S. 32). Wird diese Stelle sozusagen nicht nachbesetzt, ergibt sich leicht eine Fixierung an frühe oral-narzißtische Entwicklungsstadien. Deshalb taucht in den Gesprächen mit diesen Jugendlichen auch häufig das Thema der Oralität auf, nicht nur im Sinne von Saufgelagen, sondern auch in kindlich anmutender Vorliebe für bestimmte, die Mutter repräsentierende Speisen (Marmorkuchen, Schokolade etc.). Kleinspehn sieht deshalb bei den Skins insgesamt ungelöste Trennungskonflikte von der Mutter und führt die ambivalente Haltung gegenüber Frauen, gescheiterte Kurzzeitbeziehungen – wie sie auch in unseren Fällen vorkamen – auf diesen Umstand und einen »(primär)narzißtische(n) Bezug zur Welt« zurück (ebd., S. 36).

17.4.3. Erniedrigung und Geschlechterproblematik

Einen tiefen Eindruck hinterließ auch die immer wieder anzutreffende *Grundstimmung von Erniedrigung*, die den Gesprächspartnern im Verlauf ihrer Biographie seitens des Vaters und – sei es real oder in wiederholender Übertragung – seitens ›mächtiger‹ gesellschaftlicher Instanzen (Polizei, Gericht), die im negativen Sinn als ›väterlich‹ erlebt werden, entgegen gebracht wurde. In Übereinstimmung mit Befunden anderer Autor/innen fällt andererseits aber auch auf, daß es bei den Äußerungen der Befragten zu einer ›besseren‹ Vaterrolle (»was würdest Du anders machen?«) bei aller Idealisierung der Vater-Kind-Beziehung durchaus nicht nur um ›Liebe und Griesschmarrn‹ – ein Austriazismus für falsche Harmonievorstellungen – geht, sondern immer wieder auch das Bedürfnis nach dem »*Zeigen, wo's lang geht*« durchschimmert. Diese Phrase hat im übrigen, nimmt man sie wörtlich, eine interessante Bedeutung, beinhaltet doch das ›Zeigen‹ im Unterschied zum ›Sagen‹ oder ›Vorschreiben‹ auch das eigene *Vorbild*, also das Vorleben und Demonstrieren, ›wo's lang geht‹! Die Dimension väterlicher bzw. elterlicher Fürsorge im Sinne von ›Orientierung-Geben‹ war in der Biographie aller unserer Interviewpartner mit Sicherheit hoch defizitär. Um so mehr kam sie bei ihren Vorstellungen einer ›besseren‹ Vaterschaft implizit oder auch sehr direkt zum Ausdruck.

Auch die entlang der gängigen Frauen- und Männerklischees hergestellte geschlechtstypische Aufgabenteilung in den Familien dieser

›Ehemaligen‹ wird gut sichtbar. Besonders für den ›Bullen‹ und ›Olaf‹ ist das traditionelle Mutterbild mit Aufopferung für die Familie (*»immer für die Kinder da«*) bzw. mit der Verbindung zum Nährenden und Versorgenden (*»Gute Mutter, gute Köchin«*) sehr präsent – wobei beide jeweils mit einer Übermacht an Schwestern aufwuchsen, was die Klischeehaftigkeit der Geschlechterrollen noch unterstützt haben dürfte. Gleichzeitig scheint diese Konstellation – der Bub inmitten mehrerer Schwestern, einer ›starken‹ Mutter und eines ›schwächlichen‹ Vaters – die offene und auch unbewußte Entwertung und Ausgrenzung der Buben bei gleichzeitiger Verbundenheit der Schwestern mit der Mutter noch verstärkt zu haben. Die ›Kerle‹ sind dann von vornherein die ›verdorbenen‹, unfähigen – wie der Vater –, denen man auch mit erzieherischer Gewalt begegnen muß.

Sehr beeindruckend war insgesamt – neben den teilweise brutal erscheinenden Bestrafungen und/oder Demütigungen – das (schichtübergreifend!) durch *Gebrochenheit* und *Versagen* gekennzeichnete Vaterbild in seinen verschiedenen Facetten: von der Scham über den Alkoholiker-Vater, für den man auch noch Bier aus einem Laden holen muß, über die Abwesenheit und Nichtverfügbarkeit des »Rackerers«, der wie wild »buckelt«, um den Kindern im Bekanntenkreis soziale Deklassierungserlebnisse zu ersparen, bis hin zum spießigen kleinbürgerlichen Beamten, der den Sohn durch Doppelmoral und kleinkarierte Kontrolle einengt und beschämt, reicht die Spannweite. Und Erinnerungen an Erniedrigung, Demütigung und Strafen werden assoziativ von allen Gesprächspartnern sofort und oft ausschließlich mit dem Vater in Verbindung gebracht, so wie wir es kaum für möglich gehalten hatten.

Soweit unsere aus einzelnen Assoziationsinterviews gewonnenen ›Daten‹ dies erlauben, scheinen sich also die in der psychoanalytisch-sozialpsychologischen Literatur getroffenen Thesen insofern zu bestätigen, als nicht einfach ein abwesender Vater, sondern *ein irgendwie ›gebrochener‹, in sich selbst widersprüchlicher Vater, der wegen seiner eigenen Problematik bei den Kindern (Söhnen) Gefühle der Verachtung auslöst,* die Tendenz zur Gewalt bei den Söhnen fördert! Die Beziehungen dieser Väter zu ihren Söhnen waren von Faktoren wie Strenge mit Brutalität, Leistungsdruck bei gleichzeitiger Entwertung, Härte, Distanz und Gleichgültigkeit sowie Mißachtung aufgrund eigener Beziehungsgestörtheit gekennzeichnet, wobei in unseren – wie wahrscheinlich auch in allen anderen dieser Fälle – multifaktorielle soziale Belastungssituationen vorlagen.

Bei aller Problematik, die wir in der gesamtgesellschaftlich scheinbar enormen Distanz zwischen Vätern und Kindern allgemein erkennen können, scheint es nach Durchsicht der entsprechenden Untersuchungen und nach den eigenen empirischen Recherchen also keineswegs so zu sein, daß das Fehlen des Vaters *allein* als eine der typischen Voraussetzungen für eine dissoziale ›Gewaltkarriere‹ von Heranwachsenden genügt. Vielmehr ist in den meisten Fällen eine (problematische) Vaterfigur vorhanden, deren Beziehung zu den Söhnen aber von dem geschilderten *spezifischen Entwertungs- und Demütigungsklima* bei autoritär-punitiver Grundhaltung gekennzeichnet ist.

Aus unseren Analysen wird weiterhin unmittelbar nachvollziehbar, daß die Gewalt, die von unseren Gesprächspartnern nach außen getragen wird, eigentlich dem *verachteten, gebrochenen Vater* gilt, wie es neben psychoanalytischen Interpretationen auch Studien im Umkreis der Bindungsforschung (Hopf 1993) herausgearbeitet haben. Führt man sich die hohe Gewaltbereitschaft dieser Jugendlichen vor Augen, dann wird spürbar, daß die teilweise extrem demütigenden Erlebnisse der Jugendlichen durch den Vater – und auch die Mutter – im Affekthaushalt der Betroffenen eigentlich nur eine ›passende‹ Antwort verdienten, nämlich eine *gewaltsame*! Auf unbewußter Ebene bieten sich auf projektivem Weg dann andere Opfer an, die das Gebrochensein, die Hinfälligkeit und Fragmentiertheit des verachteten Vaters repräsentieren und statt ihm gedemütigt und erniedrigt werden (vgl. Heim 1996, Ottomeyer 1998).

17.5. Abwesender Vater, guter Vater und »lästigerHund«

Vaterlosigkeit ›an sich‹ tritt also entgegen populärwissenschaftlicher Meinung allem Anschein nach *nicht* als *der* Verursachungsfaktor schlechthin für die diversen Phänomene rechtsextremer, gewaltorientierter und ähnlicher dissozialer Entwicklungen junger Männer in Erscheinung. Vaterlosigkeit scheint dagegen – wie wir ausgeführt haben – einer der wichtigen Faktoren für manche *anderen Probleme* männlicher – und auch weiblicher – Identitäts-bildung zu sein, vor allem betreffend die *Über-Ich-Bildung* und die *Ödipalisierung der psychischen Struktur*. Das heißt, daß dort, wo keine ausreichende anlehnende, identifikatorische *und* rivalisierende Kontaktnahme mit bedeutsamen ›Dritten‹ möglich ist, die seelische Strukturbildung – vor allem des Über-Ichs – in der geschilderten Art und Weise ›leer‹ bleibt. Dadurch kommt es einerseits zu einer lediglich formalen Unterwerfungsbereitschaft unter die anonymisierten, in medialem Dauerbombardement vermittelten Normen und Gebote der Konsum- und Leistungsgesellschaft, wodurch gleichzeitig die narzißtisch-orale Bedürftigkeit der Individuen kurzfristig – und suchtfördernd – befriedigt wird. Es kommt aber nicht oder zu wenig zu entsprechender persönlicher (ödipaler) Auseinandersetzung mit lebendigen Anderen (wie dem Vater), die über Verzicht und Identifikation ihre jeweils einzigartige Struktur im Subjekt hinterlassen würde. Dies unter anderem deshalb, weil schon im präödipalen – oder besser: ›negativ-ödipalen‹ – Bereich durch die *nicht erlebbare dyadische Nähe des Vaters* – oder in Benjaminscher Terminologie: durch die intersubjektive Anerkennung zwischen Sohn und Vater (1988) – jene ausreichenden Grundlagen für die schwierige Aufgabe der Auflösung des Ödipuskomplexes in Pubertät und Adoleszenz in Richtung einer individuell ausgestalteten Männlichkeit fehlten: einer Männlichkeit, die kraft ihrer männlichen *und* weiblichen, nicht abgespaltenen Anteile nicht zum ›sozialen Problem‹ zu werden droht!

Auch hinsichtlich der *narzißtischen Probleme* haben wir *bedeutende Zusammenhänge mit dieser Art Vaterproblematik* gefunden, über die es viel mehr als bisher nachzudenken gilt, gelten narzißtische Frühstörungen heute doch als seelisches Massenphänomen schlechthin, das allerdings durch die verbreitete ›Mutterfixiertheit‹ der Entwicklungspsychologie kaum in Zusammenhang mit der gesellschaftlich üblichen Vaterferne gesehen und problematisiert wird.

Suchte man in den Biographien dieser drei jungen Männer Spuren oder Momente von dem, was wir im theoretischen Bereich als *›dyadischen Vater‹* oder als eine *›negativ-ödipale‹* Dimension der Vater-Sohn-Beziehung nachgezeichnet und beschrieben haben, wäre man wohl von Beginn an zur Erfolglosigkeit verdammt. In den Wünschen und Erinnerungen sowie in der Idealisierung der (eigenen) Vaterrolle aber blitzen diese Sehnsüchte gelegentlich auf und verraten ein wenig von der Wehmut, die dieses Defizit ausgelöst haben mag; so zum Beispiel in der positiven Assoziation von Olaf, bei dem man kaum auf die Idee gekommen wäre, daß »Wandern« und »Fischengehen« mit dem Vater zu seinen schönen Kindheitserlebnissen zählen, vor allem aber in der fast kitschig anmutenden, grenzenlosen Aufopferung (»*mein Leben geben*«!) für den eigenen Sohn.

Die Feststellung dieser Defizite soll wiederum nicht als Schuldzuschreibung an die konkreten Väter mißverstanden werden; obwohl nicht intendiert und nicht genauer erhoben, finden sich in den assoziativen Erzählungen unserer Gesprächspartner genügend konkrete Anhaltspunkte dafür, daß es diesen Vater-Männern selbst offenbar an der Erfüllung wesentlicher Grundbedürfnisse, an Zuwendung und Selbstwertvermittlung gefehlt hatte und sie andererseits auch unter aktuellen Belastungen gestanden hatten, die zusammengenommen den einzelnen Vater eben nicht anders als einen »*lästigen Hund*« in Erscheinung treten ließen.

Dies verweist auch darauf, daß in einer Gesellschaft, die durch gnadenlose Leistungs- und Konkurrenzbeziehungen sowie durch ungerechte Verteilung der Güter und der geschlechtsspezifischen Aufgaben im Umgang und Zusammenleben mit Kindern gekennzeichnet ist, *eine um ›Väterlichkeit‹ bemühte Männlichkeit keine gratifizierte Qualität* und deshalb auch kein durchschnittlich erwartbares Ergebnis männlicher Sozialisation darstellt. Und dies um so weniger, als der gesellschaftliche Wandel, den wir ansatzweise beschrieben haben, jegliche Besinnung auf personale ›Autorität‹ im Sinne elterlicher Begrenzungs- und Wegweiser Funktionen mehr oder weniger obsolet hat werden lassen.

18. Literaturverzeichnis

Abelin, E. L. (1980): Triangulation, the role of the father, and the origins of core gender identity during the rapprochement subphase. In: Lax, R. F. u. a. (Hg.) (1980): Rapprochement. New York (Aronson), S. 143–161.

Abelin, E. L. (1986): Die Theorie der frühkindlichen Triangulation. Von der Psychologie zur Psychoanalyse. In: Stork, J. (Hg.) (1986): Das Vaterbild in Kontinuität und Wandlung. Stuttgart-Bad Cannstadt (Frommann-Holzboog), S. 45–72.

Achenbach, G. B. (1985): Der verführte Ödipus. Psychoanalyse und Philosophische Praxis. In: Achenbach, Gerd B., & Macho, Thomas H. (Hg.) (1985): Das Prinzip Heilung. Medizin, Psychoanalyse, Philosophische Praxis. Schriftenreihe zur Philosophischen Praxis, Bd. 2, Köln (Verlag für Philosophie Dinter), S. 86–126.

Adorno, Th. W. (1972): Soziologische Schriften I. In: Gesammelte Schriften. Frankfurt a. M. (Fischer).

Adorno, Th. W. (1982): Studien zum autoritären Charakter. 4. Aufl. Frankfurt a. M. (Suhrkamp).

Adorno, Th. W., & Horkheimer, M. (1952): Vorurteil und Charakter. In: Frankfurter Hefte 7. Jg., 4/1952, S. 284–291.

Aigner, J. C. (1981): Soziopsychoanalytische Aspekte einer Theorie der Identitätsbildung bei Jugendlichen. Eine kritische Analyse der Theorien zur adoleszenten Identitätskrise. Diss., Salzburg.

Aigner, J. C. (1989): Psychosexualität und Gesellschaft. Über einige Aspekte des prekären Verhältnisses von Sexualität und Gesellschaft aus sozialpsychologisch-psychoanalytischer Sicht. In: Auer, K.-H., & Frantsits, A. (Hg.) (1989): ebd., S. 115–140.

Aigner, J. C. (1996): Auf den Leib geschrieben. Körper und Biographie in Paartherapie und Psychoanalyse. In: Psychologie in der Medizin. 7. Jg., 3/1996, S. 15–19.

Aigner, J. C. (1998): Das allgemeine Elend und die sexuelle Ausbeutung. Blendet der Mißbrauchs-Diskurs die allgemeine Gewalt aus? In: Erziehung heute 2/1998, S. 15–21.

Albertz, H. (1984): Die Väter – die Herren? In: Schultz, H. J. (Hg.) (1984), ebd., S. 10–18.

Anzieu, D. (1996): Das Haut-Ich. Frankfurt a. M. (Suhrkamp).

Arentewicz, G., & Schmidt, G. (Hg.) (1993): Sexuell gestörte Beziehungen. Konzept und Technik der Paartherapie. 3. Aufl. Stuttgart (Enke).

Aron, L. (1995): Die internalisierte Urszene. In: Benjamin, J. (Hg.) (1995): ebd., S. 19–55.

Auer, K. H., & Frantsits, A. (Hg.) (1989): Sexualität zwischen Verdrängung und Befreiung. Wien (Österreichischer Bundesverlag).

Badinter, E. (1991): Ich bin Du. Die neue Beziehung zwischen Mann und Frau oder die androgyne Revolution. München (Piper).

Badinter, E. (1993): XY. Die Identität des Mannes. München (Piper).

Balint, M. (1981): Die Urformen der Liebe und die Technik der Psychoanalyse. Frankfurt a. M./Berlin/Wien (Ullstein).

Bar-On, D., & Gilad, N. (1992): Auswirkungen des Holocausts auf drei Generationen. In: Psychosozial 15, Nr. 51/1992 (»Opfer und Täter nach dem ›Dritten Reich‹. Biographische Verläufe über drei Generationen«), S. 7–21.

Barta, H. u. a. (Hg.) (1994): Wissenschaft und Verantwortlichkeit. Wien (WUV-Universitätsverlag).

Bauers, B. (1993): Die ›dritte Beziehung‹: Triangulierende Funktionen in der analytischen Kinder- und Jugendlichenpsychotherapie. In: Praxis der Kinderpsychologie und Kinderpsychiatrie, 42. Jg., 1993. S. 124–131.

Baumann, Z. (1996): Moderne und Ambivalenz. Das Ende der Eindeutigkeit. Frankfurt a. M. (Fischer).
Baumann, Z. (1999): Unbehagen in der Postmoderne. Hamburg (Hamburger Edition).
BauSteineMänner (Hg.) (1996): Kritische Männerforschung. Neue Ansätze in der Geschlechtertheorie. Berlin (Argumente).
Beck, U. (1986): Risikogesellschaft. Auf dem Weg in eine andere Moderne. Frankfurt a. M. (Suhrkamp).
Beck, U., & Beck-Gernsheim, E. (1990): Das ganz normale Chaos der Liebe. Frankfurt a. M. (Suhrkamp).
Beck, U., & Beck-Gernsheim, E. (1995): Riskante Freiheiten. Individualisierung in modernen Gesellschaften. Frankfurt a. M. (Suhrkamp).
Beck-Gernsheim, E. (1996): Nur der Wandel ist stabil. Zur Dynamik der Familienentwicklung. In: Familiendynamik 3/1996, S. 284–304.
Beck-Gernsheim, E. (1997): Wenn Scheidung normal wird. In: Pädagogik 7–8/1997, S. 21–25.
Becker, N.: Psychoanalytische Theorie sexueller Perversionen. In: Sigusch, V. (Hg.) (1996): Sexuelle Störungen und ihre Behandlung. Stuttgart/New York (Thieme/Vandenhoeck & Ruprecht), S. 222–240.
Behnke, C., & Meuser, M. (1997): Zwischen aufgeklärter Doppelmoral und partnerschaftlicher Orientierung. In: Zeitschrift für Sexualforschung, 10. Jg., 1/1997, S. 1–18.
Benard, C., & Schlaffer, E. (1991): Sagt uns, wo die Väter sind. Von der Arbeitssucht und Fahnenflucht des zweiten Elternteils. Reinbek (Rowohlt).
Benard, C., & Schlaffer, E. (1999): Mädchen, Buben und Computer. In: Der Standard, 21.1.1999, A15.
Benedek, Th. (1960): Elternschaft als Entwicklungsphase. In: Jahrbuch der Psychoanalyse. Bd. 1, Köln und Opladen, S. 35–61.
Benjamin, J. (1990): Die Fesseln der Liebe. Psychoanalyse, Feminismus und das Problem der Macht. Basel, Frankfurt a. M. (Stroemfeld/Roter Stern).
Benjamin, J. (1992): Macht und Begehren der Frau. In: Rohde-Dachser, C. (Hg.) (1992): ebd., S. 97–123.
Benjamin, J. (1993): Phantasie und Geschlecht. Basel/ Frankfurt a. M. (Nexus).
Benjamin, J. (Hg.) (1995): Unbestimmte Grenzen. Beiträge zur Psychoanalyse der Geschlechter. Frankfurt a. M. (Fischer).
Berger, M., & Schmidt, P. (1995): Familienstruktur, Elternwahrnehmung und Autoritarismus. In: Lederer, G., & Schmidt, P. (Hg.) (1995): ebd., S. 337–354.
Berliner, B. (1946): Einige religiöse Motive des Antisemitismus. In: Simmel, E. (Hg.) (1993): ebd., S. 101–107.
Bernhard, Th. (1985): Ein Kind. München (DtV).
Bernstein, D. (1993): Weibliche genitale Ängste und Konflikte und die typischen Formen ihrer Bewältigung. In: Psyche, 47. Jg., 1993, S. 530–559.
Bielicki, J. S. (1993): Der rechtsextreme Gewalt-Täter. Eine Psycho-Analyse. Hamburg (Rasch und Röhring).
Bisinger, M., u. a. (Hg.) (1992): Der ganz normale Mann. Frauen und Männer streiten über ein Phantom. Reinbek (Rowohlt).
Bittner, G. (1998): Metaphern des Unbewußten. Eine kritische Einführung in die Psychoanalyse. Stuttgart, Berlin, Köln (Kohlhammer).
Blanck, G., & Blanck, R. (1986): Jenseits der Ichpsychologie. Stuttgart (Klett).
Blesken, K. W. (1998): Der unerwünschte Vater: zur Psychosomatik der Beziehungsgestaltung nach Trennung und Scheidung. In: Zeitschrift für Kinderpsychologie und Kinderpsychiatrie 47/1998, S. 344–354.

Bley, R. (1993): Eisenhans. Ein Buch über Männer. München (Kindler).

Blos, P. (1990): Sohn und Vater. Diesseits und jenseits des Ödipuskomplexes. Stuttgart (Klett-Cotta).

Bock, M. (1992): »Psychoanalytisch-orientierte Sozialforschung«. Ein qualitatives Methodenkonzept zwischen empirischer Soziologie und therapeutischen Fallstudien. In: Psychosozial 49/50, 15.Jg., I/II, 1992, S. 45–54.

Böhnisch, L. (1997): Über die alten und neuen Väter. In: Böhnisch, L., & Lenz, K. (Hg.) (1997): Familien. Eine interdisziplinäre Einführung. Weinheim und München (Juventa), S. 155–166.

Bohleber, W. (1992): Nationalismus, Fremdenhaß und Antisemitismus. Psychoanalytische Überlegungen. In: Psyche, 46. Jg., 1992, S. 689–709.

Bohleber, W. (1994): Autorität und Freiheit heute: Sind die 68er schuld am Rechtsextremismus? In: Psychosozial 56 (»Neue Werte für böse Kinder? Beiträge zur aktuellen Erziehungsdebatte«), 17 Jg., II/1994, S. 73–85.

Bohleber, W. (1996): Ethnische Homogenität und Gewalt. Zur Psychoanalyse von Ethnozentrismus, Fremdenhaß und Antisemitismus. In: Leuzinger-Bohleber, M., & Zwiebel, R. (Hg.) (1996a), ebd., S. 194–206.

Bohleber, W. (1998): Die Volksgemeinschaft – lebensbekleidender Uterus und ausstoßende Gewalt. Zu den unbewußten Wurzeln rechtsextremer Phantasmen. In: Werkblatt 40/1998, S. 83–105.

Boothe, B. (1994): Die Inszenierung von Einsamkeit in der weiblichen Frühentwicklung. In: Texte – Psychoanalyse, Ästhetik, Kulturkritik, 12. Jg., Heft 12/1994, S. 11–25.

Bopp, J. (1984): Die Mamis und die Mapis. Zur Abschaffung der Vaterrolle. In: Kursbuch 76 , Rotbuch Verlag, S. 53–74.

Bordieu, P. (1997): Die männliche Herrschaft. In: Dölling, I., & Krais, B.: Ein alltägliches Spiel. Geschlechterkonstruktion in der sozialen Praxis. Frankfurt a. M. (Suhrkamp), S. 153–216.

Borneman, E. (1980): Narzißmus, neue Sinnlichkeit und die polymorphe Phase. Unveröff. Manuskript, Scharten.

Bosse, H. (1998): Der fremde Mann. Männlichkeitsbildung zwischen Bindung und Herrschaft. In: Psychosozial 21. Jg., 72/1998, S. 49–77.

Bovensiepen, G. (1997): Auf der Suche nach der Liebe zum Vater. In: Höhfeld, K., & Schlösser, A.-M. (Hg.) (1997): ebd.

Bowlby, J. (1984): Bindung. Eine Analyse der Mutter-Kind-Beziehung. Frankfurt a. M. (Fischer).

Brauns-Hermann, C., Busch, B. M., & Dinse, H. (Hg.) (1994): Verlorene Liebe – gemeinsame Kinder. Elterliche Sorge nach der Trennung. Reinbek (Rowohlt).

Brech, E., Bell, K., & Maharens-Schürg, C. (Hg.) (1999): Weiblicher und männlicher Ödipuskomplex. Göttingen (Vandenhoeck & Ruprecht).

Brede, K. (1995): »Neuer« Autoritarismus und Rechtsextremismus. In: Psyche, 49. Jg., 11/1995, S. 1019–1042.

Breuer, S. (1992): Sozialpsychologische Implikationen der Narzißmustheorie. In: Psyche, 46. Jg., 1/1992, S. 1–31.

Brückner, P. (1974): Zur Sozialpsychologie des Kapitalismus. Sozialpsychologie der antiautoritären Bewegung I. Frankfurt a.M. (Europäische Verlagsanstalt).

Brune, Y. (1990): Aufbruch weg vom Spiegel des Mannes. In: Lust. Die Lust der Frauen, die Lust der Männer. Unsere geheimen Lüste. Herausgegeben von der Redaktion von »Ortar« (Buchzeitschrift über Sexualität, Zusammenleben und Gesellschaft). Reinbek (Rowohlt), S. 13–35.

Brunotte, U. (1994): Angstlust und Ritual. In: Freibeuter 60 (»Kinder und Umgebung«). Juni 1994. Berlin (Wagenbach), S. 51–60.
Buchholz, M. B. (1989): Familien in der Moderne: NS-Vergangenheit und ›Vaterlosigkeit‹. In: Forum der Psychoanalyse, 5. Jg., 1/1989, S. 35–51.
Bullinger, H. (1992): Modernisierung oder Neuorientierung. Vom Wandel männlicher Identitätskonzepte. In: Bisinger u. a. (Hg.) (1992): ebd., S. 90–111.
Bürgin, D. (1998): Psychoanalytische Ansätze zum Verständnis der frühen Eltern-Kind-Triade. In: Von Klitzing, K. (Hg.) (1998): ebd., S. 15–31.
Burkart, G. (1993): Individualisierung und Elternschaft – Das Beispiel der USA. In: Zeitschrift für Soziologie, 22. Jg., Heft 3, Juni 1993, S. 159–177.
Burlingham, D. (1989): Labyrinth Kindheit. Beiträge zur Psychoanalyse des Kindes. Frankfurt a. M. (Fischer).
Busch, B. M. (1994): ... Vater sein dagegen sehr. In: Brauns-Hermann u. a. (Hg.) (1994): ebd., S. 170–187.
Canzler, P. (1994): »Wir sind der Hammer!« – Psychoanalytische Betrachtungen zum politischen Radikalismus. In: Seidler, G. H. (Hg.) (1994): Das Ich und das Fremde. Klinische und sozialpsychologische Analysen des destruktiven Narzißmus. Opladen (Westdeutscher Verlag), S. 69–92.
Caruso, I. A. (1972): Soziale Aspekte der Psychoanalyse. Reinbek (Rowohlt).
Caruso, I. A. (1974): Die Trennung der Liebenden. Eine Phänomenologie des Todes. München (Kindler).
Caruso, I. A. (1976): Narzißmus und Sozialisation. Stuttgart (Bonz).
Chasseguet-Smirgel, J. (Hg.) (1976): Psychoanalyse der weiblichen Sexualität. Frankfurt a. M. (Suhrkamp).
Chasseguet-Smirgel, J. (1988): Die Haltung des Psychoanalytikers zur Ethik. In: Kutter, Peter u. a. (Hg.) (1988): ebd., S. 43–72.
Chodorow, N. (1990): Das Erbe der Mütter. Psychoanalyse und Soziologie der Geschlechter. 3. Aufl. München (Frauenoffensive).
Clemenz, M. (1998): Aspekte einer Theorie des aktuellen Rechtsradikalismus in Deutschland. In: König, Hans-Dieter (Hg.) (1998): ebd., S. 126–176.
Corneau, G. (1993): Abwesende Väter – Verlorene Söhne. Die Suche nach der männlichen Identität. Düsseldorf (Walter, Solothurn).
Dahmer, H. (Hg.) (1980): Analytische Sozialpsychologie Bd. 1. Frankfurt a. M. (Suhrkamp).
Dalpra, A. (1992): Die Vaterrolle im historischen Wandel – Ein Rückblick. In: »Vater! Vaaater! Papa«. Hrsg. v. Institut für Sozialdienste. Wien 1992 (Verlag der Wissenschaftlichen Gesellschaften Österreichs), S. 51–68.
Denz, H. (1989): Einführung in die empirische Sozialforschung. Wien – New York (Springer).
Deserno, H. (1999): Männlichkeit und Ödipuskomplex. In: Brech, E. u. a. (Hg.) (1999): ebd., S. 81–110.
Dettling, W. (1997): Die moralische Generation. In: Die Zeit 8/1997, S. 3.
Deutsch, H. (1929): Der feminine Masochismus und seine Beziehung zur Frigidität. In: Internationale Zeitschrift für Psychoanalyse, Jg. 1929.
Deutsch, H. (1948): Psychologie der Frau. Bern.
Devereux, G. (1976): Angst und Methode in den Verhaltenswissenschaften. Frankfurt a. M. – Berlin – Wien (Ullstein).
Die Nazi-Kids. Was Kinder in den Terror treibt. Der Spiegel 50/1992, S. 22–65.

Dieckmann, D. (1994): Kinder greifen zur Gewalt. Berlin (Rotbuch Verlag).
Diltsch, U. (1991): Die Verführerin ist regelmäßig die Mutter. Der phantasierte Vater und seine Bedeutung für die psychosexuelle Entwicklung der Tochter aus psychoanalytischer Sicht. München (Profil).
Dölling, I., & Krais, B. (Hg.) (1997): Ein alltägliches Spiel. Geschlechterkonstruktion in der sozialen Praxis. Frankfurt a. M. (Suhrkamp).
Dornes, M. (1993): Der kompetente Säugling. Frankfurt a. M. (Fischer).
Dornes, M. (1998): Zur Genese der Intersubjektivität beim Säugling. In: Wiesse, J., & Joraschky, P. (Hg.) (1998): ebd., S. 127–145.
Dornes, M (2000): Die emotionale Welt des Kindes. Frankfurt a.M. (Fischer).
Duncker, H. (1993): Aspekte der Wiederholungsprozesse in der Adoleszenz, die die Entwicklung von Ichideal und Überich im Verlauf krimineller Entwicklungen beeinflussen. In: Arbeitshefte Kinderpsychoanalyse (Hrsg. am Wissenschaftlichen Zentrum II, Gesamthochschule Kassel), Nr. 17, Juni 1993, S. 57–72.
Ehebald, U. (1989): Die Bedeutung des Vaters in der psychoanalytischen Behandlung. In: Werthmann (Hg.), ebd., S. 210–231.
Ehebald, U. (1991): Die Bedeutung des präödipalen Vaters in der psychoanalytischen Behandlung oder die Verleugnung der »primären Väterlichkeit«. In: Zeitschrift für psychoanalytische Theorie und Praxis, 6. Jg., 3/1991, S. 277–292.
Eissler, K. R. (1995): Das Ende einer Illusion. Sigmund Freud und sein 20. Jahrhundert. In: Psyche, 49. Jg., 1995, S. 1196–1210.
Eisenberg, G., & Gronemeyer, R. (1996): Jugend und Gewalt. Der neue Generationenkonflikt oder Der Zerfall der zivilen Gesellschaft. Reinbek (Rowohlt).
Elwert, G. (1998): Kein Platz für junge Wilde. In: Die Zeit, Nr. 14, 26.3.1998, S. 51.
Eliacheff, C. (1997): Das Kind, das eine Katze sein wollte. Psychoanalytische Arbeit mit Säuglingen und Kleinkindern. München (Deutscher Taschenbuch Verlag).
Elias, N. (1981): Über den Prozeß der Zivilsation. Soziogenetische und psychogenetische Untersuchungen, Bd. 1: Wandlungen des Verhaltens in den weltlichen Oberschichten des Abendlandes. Frankfurt a. M. (Suhrkamp).
Elias, N. (1982): Über den Prozeß der Zivilisation. Bd. 2: Wandlungen der Gesellschaft. Entwurf zu einer Theorie der Zivilisation. Frankfurt a. M. (Suhrkamp).
Elsässer, J. (1998): Der tendenzielle Fall der Orgasmusrate. Zur Massenpsychologie des Faschismus in den neuen Bundesländern. In: Kursbuch 134 (»Auftritt von rechts«), Dez. 1998, S. 49–58.
Engelfried, C. (1997): Männlichkeiten. Die Öffnung des feministischen Blicks auf den Mann. Weinheim und München (Juventa).
Erdheim, M. (1982): Die gesellschaftliche Produktion von Unbewußtheit. Eine Einführung in den ethnopsychoanalytischen Prozeß. Frankfurt a. M. (Suhrkamp).
Erdheim, M. (1988): Die Psychoanalyse und das Unbewußte in der Kultur. Frankfurt a. M. (Suhrkamp).
Erdheim, M. (1993): Psychoanalyse, Adoleszenz und Nachträglichkeit. In: Psyche, 47. Jg., 10/1993, S. 934–950.
Erikson, E. H. (1970): Jugend und Krise. Die Psychodynamik im sozialen Wandel. Stuttgart (Klett).
Erikson, E. H. (1971): Kindheit und Gesellschaft. Stuttgart (Klett).
Erikson, E. H. (1973): Identität und Lebenszyklus. Frankfurt a. M. (Suhrkamp).
Ermann, M. (1985): Die Fixierung in der frühen Triangulierung. In: Forum der Psychoanalyse, 2/1985, S. 93–110.

Ernst, U. M., Annerl, C., & Ernst, W. (Hg.) (1995): Rationalität, Gefühl und Liebe im Geschlechterverhältnis. Pfaffenweiler (Centaurus).

Fallend, K. (1997): Unbewußte Zeitgeschichte in Österreich. Psychoanalytische Betrachtungen über das Fortwirken des Nationalsozialismus. In: Werkblatt. Zeitschrift für Psychoanalyse und Gesellschaftskritik, Nr. 39, 1997, S. 5–31.

Fast, I. (1996): Von der Einheit zur Differenz. Psychoanalyse der Geschlechtsidentität. Frankfurt a. M. (Fischer).

Faulstich, W., & Grimm, G. E. (Hg.) (1989): Sturz der Götter? Vaterbilder im 20. Jahrhundert. Frankfurt a. M. (Suhrkamp).

Federn, P. (1980): Zur Psychologie der Revolution: Die vaterlose Gesellschaft. In: Dahmer, Helmut (Hg.) (1980): Analytische Sozialpsychologie. Bd. 1. Frankfurt a. M. (Suhrkamp), S. 63–87.

Feigl, S., & Pablé, E. (Hg.) (1988): Väter unser. Reflexionen von Töchtern und Söhnen. Wien (Edition S).

Fenichel, O. (1983): Psychoanalytische Neurosenlehre. Bd. I. Frankfurt a. M. – Berlin – Wien (Ullstein).

Fenichel, O. (1946): Elemente einer psychoanalytischen Theorie des Antisemitismus. In: Fenichel, O. (1985): Aufsätze. Bd. II. Hrsg. v. Klaus Laermann. Frankfurt a. M., Berlin, Wien (Ullstein), S. 373–389.

Feyerabend, P. (1997): Zeitverschwendung. Frankfurt a. M. (Suhrkamp).

Figdor, H. (1991): Kinder aus geschiedenen Ehen: Zwischen Trauma und Hoffnung. Mainz (Grünewald).

Fischer, A., & Münchmeier, R. (1997): Die gesellschaftliche Krise hat die Jugend erreicht. Zusammenfassung der zentralen Ergebnisse der 12. Shell Jugendstudie. In: Jugendwerk der Deutschen Shell (Hg.) (1997): ebd., S. 11–35.

Fonagy, P. (1998): Frühe Bindung und die Bereitschaft zu Gewaltverbrechen. In: Streeck-Fischer, A. (Hg.) (1998): ebd., S. 91–127.

Freud, A. (1980): Die Schriften der Anna Freud, Bd. I–X. München (Kindler).

Freud, A., & Burlingham, D. (1944): Anstaltskinder. In: Freud, A (1980): ebd., Bd. III, S. 877–1003.

Freud, A., & Burlingham, D. (1971): Heimatlose Kinder. Frankfurt a. M. (Fischer).

Freud, S. (1900): Die Traumdeutung. In: Stud:Ausg. II, S. 21–588.

Freud, S. (1905): Drei Abhandlungen zur Sexualtheorie. In: Stud.Ausg. V, S. 37–145.

Freud, S. (1905b): Bruchstück einer Hysterie-Analyse. In: Stud.Ausg. VI, S. 83–186.

Freud, S. (1909): Der Familienroman der Neurotiker. In: Stud.Ausg. IV, S. 221–226.

Freud, S. (1909a): Analyse der Phobie eines fünfjährigen Knaben. Stud.Ausg. VIII, S. 9–124.

Freud, S. (1910): Die zukünftigen Chancen der psychoanalytischen Therapie. In: Stud.Ausg. Erg.Bd., S. 121–132.

Freud, S. (1910a): Eine Kindheitserinnerung des Leonardo da Vinci. In: Stud.Ausg. X, S. 87–159.

Freud, S. (1912/13): Totem und Tabu. In: Stud.Ausg. IX, S. 287–444.

Freud, S. (1914): Zur Einführung des Narzißmus. In: Stud.Ausg. III, S. 39–68.

Freud, S. (1914a): Zur Psychologie des Gymnasiasten. In: Stud.Ausg, IV, S. 235–240.

Freud, S. (1916/17): Vorlesungen zur Einführung in die Psychoanalyse. In: Stud.Ausg. I, S. 37–445.

Freud, S. (1921c): Massenpsychologie und Ich-Analyse. In: Stud.Ausg. IX, S. 61–134.

Freud, S. (1923): »Psychoanalyse« und »Libidotheorie«. In: GW XIII, S. 209ff.

Freud, S. (1923a): Das Ich und das Es. In: Stud.Ausg. III, S. 273–330.
Freud, S. (1924): Der Untergang des Ödipuskomplexes. In: Stud.Ausg. V, S. 243–251.
Freud, S. (1925): Die Verneinung. In: Stud.Ausg. III, S. 371–377.
Freud, S. (1926): Die Frage der Laienanalyse. In: Stud.Ausg. Erg.Bd., S. 271–349.
Freud, S. (1927c): Die Zukunft einer Illusion. In: Stud.Ausg. IX, S. 135–189.
Freud, S. (1927d): Der Humor. In: Stud.Aug. IV, S. 275–282.
Freud, S. (1930a): Das Unbehagen in der Kultur. In: Stud.Ausg. IX, S. 191–270.
Freud, S. (1933a): Neue Folge der Vorlesungen zur Einführung in die Psychoanalyse. Stud.Ausg. I, S. 447–608.
Freud, S. (1939b): Der Mann Moses und die monotheistische Religion. In: Stud.Ausg IX, S. 455–581.
Freud, S. (1980): Briefe 1873–1939. Ausgewählt und herausgegeben von Ernst und Lucie Freud. Frankfurt a. M. (Fischer).
Freud, S. (1985): Briefe an Wilhelm Fließ. 1887–1904. Hg. Jeffrey Moussaieff Masson. Frankfurt a. M. (Fischer).
Freud, S., & Breuer, J. (1983): Studien über Hysterie (Zit.: Freud 1985). Frankfurt a. M. (Fischer).
Fromm, E. (1976): Analytische Sozialpsychologie und Gesellschaftstheorie. Frankfurt a. M. (Suhrkamp).
Fromm, E.(1976): Über Methode und Aufgabe einer analytischen Sozialpsychologie: Bemerkungen über Psychoanalyse und historischen Materialismus. In: Fromm, E..: Analytische Sozialpsychologie und Gesellschaftstheorie. Frankfurt a. M. (Suhrkamp), S. 9–40.
Fromm, E. (1993): Die Gesellschaft als Gegenstand der Psychoanalyse. Frankfurt a. M. (Suhrkamp).
Fthenakis, W. E. (1988): Väter. Bd. I: Zur Psychologie der Vater-Kind-Beziehung. München (Deutscher Taschenbuch Verlag).
Fthenakis, W. E. (1988a): Väter. Bd. II: Zur Vater-Kind-Beziehung in verschiedenen Familienstrukturen. München (Deutscher Taschenbuch Verlag).
Füchtner, H. (1996): Vaterlandssyndrom. Zur Sozialpsychologie von Nationalismus, Rechtsradikalismus und Fremdenfeindlichkeit. Heidelberg (Asanger).
Gambaroff, M., & Walker, M. (1994): Angstlust. Das furchtbar Weibliche. Hamburg (Klein).
Gamm, H.-J. (1992): Aktuelle Anmerkungen über Marxismus und Pädagogik. In: Pädagogik 6/1992, S. 40–44.
Gast, L., & Körner, J. (1999): Psychoanalytische Anthropologie II. Ödipales Denken in der Psychoanalyse. Tübingen (edition diskord).
Gay, P. (1989): Freud. Eine Biographie für unsere Zeit. Frankfurt a. M. (Fischer).
GEO Wissen Nr. 26, »Frau und Mann«, September 2000.
Gerhard, H. (1998): Individualisierung, Identität und psychosoziale Praxis. Beratungsarbeit mit Drogenkonsumenten unter ›postmodernen‹ Lebensbedingungen. In: Psychosozial 71, 1/1998, S. 107–119.
Girard, R. (1982): Ausstoßung und Verfolgung. Eine historische Theorie des Sündenbocks. Frankfurt a. M. (Fischer).
Girard, R. (1992): Das Heilige und die Gewalt. Frankfurt a. M. (Fischer).
Gläser, G. (1994): Zur Auswirkung präödipaler Vaterdeprivation auf weibliches Wünschen, Wollen und Begehren. In: Forum der Psychoanalyse 10/1994, S. 245–259.
Glötzner, J. (Hg.) (1983): Der Vater. Über die Beziehung von Söhnen zu ihren Vätern. Mit einem Nachwort von Peter Härtling. Frankfurt a. M. (Fischer).

Golder, E.-M. (1995): Geburtsproblematik und ihre Auswirkung auf die mütterliche Wahrnehmung des Kindes – Mißgeschicke mit der Vatermetapher. In: Arbeitshefte Kinderpsychoanalyse 21. Hg.: Wissenschaftliches Zentrum II, Gesamthochschule Kassel. August 1995. S. 23–41.

Goldmann, H., Krall, H., & Ottomeyer, K. (1992): Jörg Haider und sein Publikum. Eine sozialpsychologische Untersuchung. Klagenfurt/Celovec (Drava).

Gottschalch, W. (1997): Männlichkeit und Gewalt: eine psychoanalytisch und historisch soziologische Reise in die Abgründe der Männlichkeit. Weinheim (Juventa).

Green, A. (1996): Der Kastrationskomplex. Tübingen (Edition diskord).

Green, A. (1999): Zur Universalität des Ödipuskomplexes in Anthropologie und Psychoanalyse. In: Gast, L., & Körner, J. (Hg.) (1999): ebd., S. 164–187.

Green, M. (1977): Die Vaterrolle. Reinbek (Rowohlt).

Grieser, J. (1998): Der phantasierte Vater. Zur Entstehung und Funktion des Vaterbildes beim Sohn. Tübingen (edition diskord).

Gruen, A. (2000): Der Fremde in uns. Stuttgart (Klett-Cotta).

Grunberger, B. (1986): Narziß und Ödipus. Eine Kontroverse. In: Stork, J. (Hg.) (1986): ebd.

Grunberger, B. (1988): Narziss und Anubis. Die Psychoanalyse jenseits der Triebtheorie. Bd. 1. München/Wien (Verlag Internationale Psychoanalyse).

Grunberger, B. (1988a): Narziss und Anubis. Die Psychoanalyse jenseits der Triebtheorie. Bd. 2. München/Wien (Verlag Internationale Psychoanalyse).

Grunberger, B. (1991): Vom Narzißmus zum Objekt. 2. Aufl. Frankfurt a. M. (Suhrkamp).

Habermas, J. (1968): Technik und Wissenschaft als ›Ideologie‹. Frankfurt a. M. (Suhrkamp).

Habermas, J. (1985): Die Neue Unübersichtlichkeit. Frankfurt a. M. (Suhrkamp).

Hammerl, E. (1999): Muttchen. Erich Kästner, sein Frauenbild und der Anspruch auf Identifikation. In: Profil. Das unabhängige Nachrichtenmagazin Österreichs. 30. Jg., 9/1999, S. 134.

Hardtmann, G. (1992): Begegnung mit dem Tod. Die Kinder der Täter. In: Psychosozial, 15. Jg., III/1992, S. 42–53.

Hardtmann, G. (1995): Die Gewalt der Lüge, die Lüge der Gewalt. Gespräche mit rechtsradikalen Jugendlichen. In: Psychoanalytische Beiträge zu Rechtsextremismus und Fremdenfeindlichkeit. 1995 Münster-Hamburg (Lit), S. 49–71.

Hardtmann, G. (1998): Die Gewalt der Lüge, die Lüge der Gewalt. Gespräche mit rechtsradikalen Jugendlichen. In: Modena, Emilio (Hg.) (1998): ebd., S. 390–411.

Harten, H.-C. (1995): Sexualität, Mißbrauch, Gewalt. Das Geschlechterverhältnis und die Sexualisierung von Aggression. Opladen (Westdeutscher Verlag).

Härtling, P. (1993): Nachgetragene Liebe. 4. Aufl. 1997. München (Deutscher Taschenbuch Verlag).

Haug, F. (1994): Keine Zeit und kein Ort – Geschlechterverhältnisse als Produktionsverhältnisse. In: »März: Im Namen der Liebe. Mai: Arbeit(g)eifer. Oktober: Männchen machen. November: Heimat 1993.« Tagungsdokumentation des Bundesministeriums für Frauenangelegenheiten. Wien, S. 139–154.

Haug, F. (1997): Geschlechterverhältnis als Herrschaftsstruktur. Begriffsverschiebung. In: Haug, F., & Wittich-Neven (Hg.) (1997): Lustmolche und Köderfrauen. Politik um sexuelle Belästigung am Arbeitsplatz. (Argument Sonderband Neue Folge AS 252.) Berlin, Hamburg (Argument), S. 155–162.

Heim, R. (1992): Fremdenhaß und Reinheit – die Aktualität einer Illusion. Sozialpsychologische und Psychoanalytische Überlegungen. In: Psyche, 46. Jg., 1992, S. 710–729.

Heim, R. (1995): Über die Aktualität der »vaterlosen Gesellschaft«. Zur Lage der psychoanalytischen Sozialpsychologie und Kulturwissenschaft in Deutschland. In: Psychoanalytische Blätter 3 (1995). Hg.: W. Burian. Göttingen (Vandenhoeck-Ruprecht), S. 84–140.

Heim, R. (1996): Das Ich ist vor allem ein körperliches. Jugendliche Gewalt und fragmentiertes Körper-Ich. In: Psychosozial 64, 19. Jg., II/1996, S. 43–66.

Heim, R. (1997): Erlöster Hamlet? Zur »zweiten Generation« von Täterkindern in Deutschland. In: Psychosozial 68, 20. Jg., II/1997, S. 103–121.

Heim, R. (1997a): Der symbolische Vater als Revenant. Die Geburt der Psychoanalyse aus dem Geiste des Vaters. In: Psyche, 51. Jg., 1997, S. 1023–1050.

Heim, R. (1998): Opferkult, Gewalt und ziviles Über-Ich. Psychoanalytische Kulturtheorie des Sündenbocks. In: Modena, E. (Hg.) (1998): ebd., S. 358–389.

Heintel, P. (1988): Überlegungen zum Verhältnis von Autorität und Generation. In: Zeitschrift für Didaktik der Philosophie, 10. Jg., 4/1988: Autorität, S. 226–232.

Heitmeyer, W. (1988): Rechtsextremistische Orientierungen bei Jugendlichen. Empirische Ergebnisse und Erklärungsmuster einer Untersuchung zur politischen Sozialisation. Weinheim (Juventa).

Heitemeyer, W., u. a. (1992): Die Bielefelder Rechtsextremismus-Studie. Erste Langzeituntersuchung zur politischen Sozialisation männlicher Jugendlicher. Weinheim (Juventa).

Held, J., u. a. (1991): »Du mußt so handeln, daß Du Gewinn machst ...«. Jugendliche und Rechtsradikalismus: eine Tübinger Untersuchung und theoretische Überlegungen zu politischen Orientierungen jugendlicher Arbeitnehmer. In: päd.extra, 19/1991, S. 4–15.

Hesiod (1994): Theogonie. In: Werke. Berlin/Weimar (Aufbau Verlag).

Hesse, H. (1986): Brief an den Vater v. 13.9.1892. In: Pilgrim (1986): ebd., S. 148.

Hestermann, T. (1994): »Wenn ihr uns lieben würdet, gäbe es uns gar nicht«. Skinheads in Deutschland. In: pro familia magazin. Sexualpädagogik und Familienplanung. Heft 5, 1994, S. 18–20.

Hierdeis, H. (1997): Das Bild des abwesenden Elternteils. Projektskizze. In: Psychologie in der Medizin, 8. Jg., 3/1997, S. 2–6.

Höhfeld, K., & Schlösser, A.-M. (Hg.) (1997): Psychoanalyse der Liebe. Gießen (Psychosozial).

Hollstein, W. (1988): Nicht Herrscher, aber kräftig. Hamburg (Rowohlt).

Hollstein, W. (1989): Das neue Selbstverständnis der Männer. In: Pflüger, P. M. (Hg.) (1989): ebd., S. 11–26.

Hollstein, W. (1992): Männlichkeit – ein Definitionsversuch in männerschwieriger Zeit. In: Psychosozial 52, 15. Jg., 1992, S. 96–106.

Hollstein, W. (1992a): »Machen Sie Platz, mein Herr!« Teilen statt Herrschen. Reinbek (Rowohlt).

Holtappels, H. G., u. a. (Hg.) (1997): Forschung über Gewalt an Schulen. Erscheinungsformen und Ursachen, Konzepte und Prävention. Weinheim (Juventa).

Hopf, C. (1993): Rechtsextremismus und Beziehungserfahrungen. In: Zeitschrift für Soziologie, 22. Jg., Heft 6/1993, S. 449–463.

Hopf, C., u. a. (1995): Familie und Rechtsextremismus. Familiale Sozialisation und rechtsextreme Orientierungen junger Männer. Weinheim (Juventa).

Hopf, W. (1991): Familiale und schulische Bedingungen rechtsextremer Orientierungen von Jugendlichen. In: Zeitschrift für Sozialisationsforschung und Erziehungssoziologie 11, 1991, S. 43–59.

Hopf, W. (1994): Rechtsextremismus von Jugendlichen: Kein Deprivationsproblem? In: ZSE, 14.Jg., 3/1994, S. 194–211.
Horkheimer, M., & Adorno, T. W. (1944): Dialektik der Aufklärung. Philosophische Fragmente. 1982 Frankfurt a. M. (Fischer).
Horkheimer, M. (1985): Zum Begriff des Menschen. In: Gesammelte Schriften, Bd. 7. Frankfurt a.M. (Fischer).
Horkheimer, M. (1985a): Autorität und Familie in der Gegenwart (1947/1949). In: Gesammelte Schriften Bd. 5. Frankfurt a. M. (Fischer).
Horn, K. (1972): Bemerkungen zur Situation des »subjektiven Faktors« in der hochindustrialisierten Gesellschaft kapitalistischer Struktur. Einleitung. In: Horn, K. (Hg.) (1972): Gruppendynamik und der »subjektive Faktor«. Repressive Entsublimierung oder politisierende Praxis. Frankfurt a. M. (Suhrkamp), S. 17–116.
Horney, K. (1984): Die Psychologie der Frau. Frankfurt a. M. (Fischer).
Hug, M. (1995): Väterlichkeit. In: Psychoanalytisches Seminar Vorarlberg (Hg.) (1995): Skizzen und Szenen zur Psychoanalyse. S. 1–22.
Inowlocki, L. (1992): Zum Mitgliedschaftsprozeß Jugendlicher in rechtsextremistischen Gruppen: Ergebnisse einer interpretativ qualitativen Untersuchung. In: Psychosozial 51, 15. Jg., 1992, S. 54–65.
Israel, A. (1995): Väterbilder – Väterrollen. In: Michelsen, Herma (Hg.) (1995): ebd., S. 86–102.
Jacoby, R. (1986): Psychoanalyse und Sexualität. In: Psychoanalytisches Seminar Zürich (Hg.) (1986): Sexualität. Frankfurt a. M. (Syndikat), S. 115–132.
Jaeggi, E. (1998): Ist die Psychoanalyse die richtige Theorie für das »Postmoderne Subjekt«? In: Eckes-Lapp, R., & Körner, J. (Hg.) (1998): Psychoanalyse im sozialen Feld. Prävention – Supervision. Gießen (Psychosozial), S. 71–85.
Janus, L. (1995): Der werdende Vater. In: Michelsen, H. (Hg.) (1995): ebd., S. 66–79.
Jones, E. (1984): Sigmund Freud. Leben und Werk, Bd. I. München (Deutscher Taschenbuch Verlag).
Jugendwerk der Deutschen Shell (Hg.) (1997): Jugend 97. Zukunftsperspektiven, Gesellschaftliches Engagement, Politische Orientierungen. Opladen (Leske und Budrich).
Julien, P. (1995): Die drei Dimensionen der Vaterschaft in der Psychoanalyse. In: Wissenschaftliches Zentrum II, Gesamthochschule Kassel (1995): Arbeitshefte Kinderpsychoanalyse 21, S. 73–86.
Jung, C. G. (1984): Gesammelte Werke. Bd. 8. Olten (Walter).
Jung, C. G. (1984): Gesammelte Werke. Bd. 4. Olten (Walter).
Kächele, H. (1987): Psyche-Sonderband: Aufsätze der Jahrgänge 1947 bis 1986 (1–40) alphabetisch angeordnet nach Autoren. Beilage zum Jahrgang 42/1988, Heft 1. Stuttgart (Klett).
Kafka, F. (1993): Brief an den Vater. Frankfurt a. M. (Fischer).
Kaplan, L. J. (1988): Abschied von der Kindheit. Stuttgart (Klett-Cotta).
Kavemann, B., & Lohstöter, I. (1984): Väter als Täter. Sexuelle Gewalt gegen Mädchen. Reinbek (Rowohlt).
Kernberg, O. (1988): Schwere Persönlichkeitsstörungen. Stuttgart (Klett-Cotta).
Kettner, M. (1999): Das Konzept der Nachträglichkeit in Freuds Erinnerungstheorie. In: Psyche, 53. Jg., 4/1999, S. 309–342.
Keupp, H. (1994): Die Unerträglichkeit der Ambivalenz: Gewalt und Fremdenfeindlichkeit als »Lösungsversuch«. In: Barta, H., u. a. (Hg.) (1994): ebd., S. 302–331.
Keupp, H. (1996): Wer erzählt mir, wer ich bin? Identitätsofferten auf dem Markt der Narrationen. In: Psychologie & Gesellschaftskritik, 4/1996, S. 39–64.

Khan, M., & Mashud, R. (1990): Erfahrungen im Möglichkeitsraum. Psychoanalytische Wege zum verborgenen Selbst. Frankfurt a. M. (Suhrkamp).
Klees, K. (1992): Partnerschaftliche Familien. Weinheim (Juventa).
Klein, M. (1927): Frühstadien des Ödipuskonfliktes. In: Internationale Zeitschrift für Psychoanalyse 1927, S. 65–77.
Klein, M. (1979): Die Psychoanalyse des Kindes. 2. Aufl. München (Kindler).
Kleinspehn, T. (1995): Doch im Inneren des Landes ... Inszenierung rechtsradikaler Politik und die (un)heimlichen Bilder . In: Psychosozial 61, 18. Jg., 1995, S. 27–41.
Knibiehler, Y. (1996): Geschichte der Väter. Eine kultur- und sozialhistorische Spurensuche. Freiburg i. Br. (Herder).
Kohut, H. (1973): Narzißmus. Eine Theorie der Behandlung narzißtischer Persönlichkeitsstörungen. Frankfurt a. M. (Suhrkamp).
Kohut, H. (1979): Die Heilung des Selbst. Frankfurt a. M. (Suhrkamp).
König, H.-D. (1987): Zum Beispiel der Marlboro-Cowboy. Vom autoritären Charakter zum triebmanipulierten Charakter. In: Psychosozial 31, 10. Jg., 1987, S. 69–84.
König, H.-D. (1988): Von der vaterlosen zur mutterlosen Gesellschaft und darüber hinaus. In: Luzifer-Amor. Zeitschrift zur Geschichte der Psychoanalyse. Nr. 2, Tübingen (edition diskord), S. 55–87.
König, H.-D. (1993): Auf dem Weg zur elternlosen Gesellschaft. In: Zepf, Siegfried (Hg.) (1993): Die Erkundung des Irrationalen. Göttingen (Vandenhoeck&Ruprecht), S. 114–153.
König, H.-D. (Hg.) (1998): Sozialpsychologie des Rechtsextremismus. Frankfurt a. M. (Suhrkamp).
König, H.-D. (1998a): Die rechte Subkultur und die Motive jugendlicher Gewalttäter. Sozialpsychologische Kritik der Studie von Willems u. a. zur fremdenfeindlichen Gewalt. In: König, H.-D. (Hg.) (1998): ebd., S. 177–215.
Kracke, B., u. a. (1993): Die rechte Gesinnung: Familiale Bedingungen autoritärer Orientierungen ost- und westdeutscher Jugendlicher. In: Zeitschrift für Pädagogik, 39. Jg., 1993, S. 971–988.
Krall, H. (1998): »Born to be wild« – Von Berufsschülern, ihren Ängsten und der Gewalt gegenüber Ausländern. In: Menschik-Bendele, J., Ottomeyer, K., u. a. (1998): ebd., S. 115–142.
Kreckel, M. (1997): Macht der Väter – Krankheit der Söhne. Frankfurt a. M. (Fischer).
Krüll, M. (1992): Freud und sein Vater. Die Entstehung der Psychoanalyse und Freuds ungelöste Vaterbindung. Frankfurt a. M. (Fischer).
Kucklick, C. (2000): Neuer Mann – was nun? In: GEO Wissen Nr. 26, ebd., S. 44 – 53.
Kühne, T. (Hg.) (1996): Männergeschichte – Geschlechtergeschichte. Männlichkeit im Wandel der Moderne. Frankfurt a. M./New York (Campus).
Kutter, P. (1985): Über Adoleszenz. In: Schultz, H. J. (Hg.) (1985): ebd., S. 170–182.
Kutter, P. (1986): Vater und Sohn, eine konfliktreiche Beziehung. In: Stork, J. (Hg.) (1986): ebd., S. 31–44.
Kutter, P., Páramo-Ortega, R., & Zagermann, P. (Hg.) (1988): Die psychoanalytische Haltung. Auf der Suche nach dem Selbstbild der Psychoanalyse. München-Wien (Verlag Internationale Psychoanalyse).
Lacan, J. (1975): Schriften I. Hg.: N. Haas. Olten (Walter).
Lacan, J. (1975a): Schriften II. Hg.: N. Haas. Olten (Walter).
Lahme-Gronostaj, H., & Leuzinger-Bohleber, M. (Hg.) (2000): Identität und Differenz. Zur Psychoanalyse des Geschlechterverhältnisses in der Spätmoderne. Wiesbaden (Westdeutscher Verlag).

Laplanche, J. (1988): Die allgemeine Verführungstheorie. Tübingen (edition diskord).
Laplanche, J. (1998): Die Psychoanalyse als Anti-Hermeneutik. In: Psyche, 52. Jg., 7/1998, S. 605–618.
Laplanche, J., Pontalis, J.-B. (1973): Das Vokabular der Psychoanalyse. Erster u. zweiter Band. Frankfurt a. M. (Suhrkamp).
Lasch, C. (1986): Das Zeitalter des Narzißmus. München (Deutscher Taschenbuch Verlag).
Lebovici, S., & Crémieux, R. (1974): Zur Rolle und zum Bild des Vaters. In: Stork, J. (Hg.) (1974): ebd., S. 159–232.
Lederer, G., & Schmidt, P. (Hg.) (1995): Autoritarismus und Gesellschaft. Opladen (Leske und Budrich).
Leithäuser, T., & Volmerg, B. (1979): Anleitung zur empirischen Hermeneutik. Psychoanalytische Textinterpretation als sozialwissenschaftliches Verfahren. Frankfurt a. M. (Suhrkamp).
Lenz, M., & Tillmann, K.-J. (1997): Zerfall oder neue Vielfalt? Familienformen im Spiegel empirischer Daten. In: Pädagogik 7–8/1997, S. 11–15.
Lenzen, D. (1985): Mythologie der Kindheit. Die Verewigung des Kindlichen in der Erwachsenenkultur. Versteckte Bilder und vergessene Geschichten. Reinbek (Rowohlt).
Lenzen, D. (1991): Vaterschaft. Vom Patriarchat zur Alimentation. Reinbek (Rowohlt).
Leuzinger-Bohleber, M. (1995): Die Gewalt und das Fremde in Grundschulen – einige psychoanalytische Überlegungen. In: Psychoanalytische Beiträge zu Rechtsextremismus und Fremdenfeindlichkeit: 1995. ebd., S. 152–175.
Leuzinger-Bohleber, M., & Zwiebel, R. (1996): Psychoanalyse heute. Klinische und Kulturtheoretische Perspektiven. Opladen (Westdeutscher Verlag).
Leuzinger-Bohleber, M. (1996): Einleitung. In: Leuzinger-Bohleber, M., Zwiebel, R. (Hg.) (1996): ebd., S. 9–29.
Leuzinger-Bohleber, M. (1996a): Zum Schicksal von Libido, Aggression und Objektbeziehung in der Adoleszenz. In: Leutinger-Bohleber, M., Zwiebel, R. (Hg.) (1996): ebd., S. 81–118.
Ley, K., & Borer, C. (1992): Und sie paaren sich wieder. Über Fortsetzungsfamilien. Tübingen (edition diskord).
Liessmann, K. P. (2000): Geld, Gott und das Gesetz. Das Verschwinden der Vaterimago. In: Kursbuch140 (Juni 2000), Berlin (Rowohlt).
Linke, H. (1970): Das Überich – eine gefährliche Krankheit? In: Psyche, 24. Jg., 1970, S. 375–402.
Loll, U. (1992): James Joyce, Genie im Patriarchat. Stuttgart-Weimar (Metzler), S. 10.
Maaz, H.-J. (1992): Der Gefühlsstau. Ein Psychogramm der DDR. München (Knaur).
Mahler, M. S. (1972): Symbiose und Individuation. Stuttgart (Klett).
Mahler, M. S., Pine, F., & Bergmann, A. (1993): Die psychische Geburt des Menschen. Symbiose und Individuation. Frankfurt a. M. (Fischer).
Mairitsch, E., & Trinkel, G. (1998): »Kanacken knacken und Tschuschen tuschen«: Ausländer und Gewalt am Beispiel von zwei Hauptschulklassen. In: Menschik-Bendele, J., Ottomeyer, K., u. a. (1998): ebd., S. 88–114.
Malinowski, B. (1962): Geschlecht und Verdrängung in primitiven Gesellschaften. Reinbek (Rowohlt).
Mann, T. (1991): Freud und die Zukunft. In: Urban, B. (1991): Freud und die Psychoanalyse. Frankfurt a. M. (Fischer).

Marcuse, H. (1990): Triebstruktur und Gesellschaft. Ein philosophischer Beitrag zu Sigmund Freud (Orig. 1955). 16. Aufl. Frankfurt a. M. (Suhrkamp).
Marcuse, H. (1965): Das Veralten der Psychoanalyse. In: Kultur und Gesellschaft, Bd. 2. 1970 Frankfurt a. M. (Suhrkamp).
Martin, R. (1989): Wieviel Vater braucht das Kind? Mehr Menschlichkeit durch mehr Väterlichkeit. Frankfurt a. M. (Fischer).
Marx, K. (1932): Ökonomisch-philosophische Manuskripte. In: Marx-Engels-Gesamtausgabe (MEGA), Bd. 3. (1932), Berlin.
Mattejat, F., & Remschmidt, H. (1997): Die Bedeutung der Familienbeziehung für die Bewältigung von psychischen Störungen – Ergebnisse aus empirischen Untersuchungen zur Therapieprognose bei psychisch gestörten Kindern und Jugendlichen. In: Praxis der Kinderpsychologie und Kinderpsychiatrie, 46. Jg., Heft 5/1997, S. 371–392.
Matussek, M. (1998): Die vaterlose Gesellschaft. Überfällige Anmerkungen zum Geschlechterkampf. Reinbek (Rowohlt).
Mätzler, R. (1998): Die »friedfertige Frau« zwischen Scylla und Charybdis. Weibliche Aggressivität als identitätsverwirrendes Moment. In: Werkblatt 40/1998, S. 29–49.
Mayreder, R. (1905): Zur Kritik der Weiblichkeit. Essays. Zusammengestellt und eingeleitet von Hanna Schnedl. 1982 München (Verlag Frauenoffensive).
Mc Dougall, J. (1997): Die Couch ist kein Prokrustesbett. Zur Psychoanalyse der menschlichen Sexualität. Stuttgart (Verlag Internationale Psychoanalyse).
Mead, M. (1971): Der Konflikt der Generationen. Jugend ohne Vorbild. Olten (Walter).
Mendel, G. (1972): Die Revolte gegen den Vater. Eine Einführung in die Sozialpsychologie. Frankfurt a. M. (Fischer).
Mendel, G (1972a): Generationskrise. Eine soziopsychoanalytische Studie. Frankfurt a. M. (Suhrkamp).
Mendel, G. (1974): Die Mutter- und die Vaterimagines. In: Stork, J. (Hg.) (1974): ebd., S. 233–257.
Menschik-Bendele, J., Ottomeyer, K., u. a. (1998): Sozialpsychologie des Rechtsextremismus. Entstehung und Veränderung eines Syndroms. Opladen (Leske und Budrich).
Menschik-Bendele, J. (1998): »Plötzlich ist die Selbstsicherheit weg« – Größenphantasie und Schuldgefühl bei männlichen und weiblichen Jugendlichen. In: Menschik-Bendele, J., Ottomeyer, K., u. a. (1998): ebd., S. 269–294.
Mentzos, S. (1995): Traumsequenzen. Zur Psychodynamik der Traumdramaturgie. In: Psyche, 49. Jg., 1995, S. 653–671.
Mertens, W. (1974): Erziehung zur Konfliktfähigkeit. Vernachlässigte Dimensionen der Sozialisationsforschung. München (Ehrenwirt).
Mertens, W. (Hg.) (1990): Psychoanalyse. Stuttgart (Kohlhammer).
Mertens, W. (1993): Ödipuskomplex. In: Mertens, W. (Hg.) (1993): Schlüsselbegriffe der Psychoanalyse. Stuttgart (Verlag Internationale Psychoanalyse), S. 209–223.
Mertens, W. (1994): Entwicklung der Psychosexualität und Geschlechtsidentität. Bd. 2: Kindheit und Adoleszenz. Stuttgart (Kohlhammer).
Metzger, H.-G. (2000): Zwischen Dyade und Triade. Psychoanalytische Familienbeobachtungen zur Bedeutung des Vaters im Triangulierungsprozeß. Tübingen (Edition diskord).
Meueler, E. (1993): Die Türen des Käfigs. Wege zum Subjekt in der Erwachsenenbildung. Stuttgart (Klett-Cotta).

Michelsen, H. (Hg.) (1995): Über Väter. Skizzen einer wichtigen Beziehung. Mainz (Matthias-Grünewald-Verlag).
Mitscherlich, A. (1983): Gesammelte Schriften. Frankfurt a. M. (Suhrkamp).
Mitscherlich, A. (1973): Auf dem Weg zur vaterlosen Gesellschaft. (Neuaufl.) München (Piper).
Mitscherlich, A. (1977): Massenpsychologie und Ich-Analyse – ein Lebensalter später. In: Psyche, 38. Jg., 1977, S. 517–539.
Mitscherlich, A. & M. (1983): Väter und Väterlichkeit. In: Gesammelte Schriften, III, Frankfurt a. M. (Suhrkamp), S. 371–420.
Mitscherlich, A. (1983a): Massen – oder: Zweierlei Vaterlosigkeit. In: Gesammelte Schriften III. Frankfurt a. M. (Suhrkamp), S. 320–360.
Mitscherlich, A. (Hg.) (1992): Aggression und Anpassung. München (Piper).
Mitscherlich-Nielsen, M. (1985): Patriarchalische Strukturen in einer ›vaterlosen Gesellschaft‹. In: Schultz, H. J. (Hg.) (Piper): ebd., S. 125–135.
Mittelberger, R. (1998): Sozialpädagogische und psychosoziale Betreuung von Skinheads. In: Amt der Tiroler Landesregierung; Kinder & Jugendanwalt für Tirol (Hg.) (Februar 1998): Skinheads. Innsbruck, S. 29–42.
Mitterauer, M., & Sieder, R. (Hg.) (1977): Vom Patriarchat zur Partnerschaft. Zum Strukturwandel der Familie. München (Beck).
Modena, Emilio (Hg.) (1998): Das Faschismus-Syndrom. Zur Psychoanalyse der Neuen Rechten in Europa. Gießen (Psychosozial).
Moeller, M. L. (1986): Die Liebe ist das Kind der Freiheit. Reinbek (Rowohlt).
Möhring, P. (1988): Zur Bedeutung des Vaters in der psychoanalytischen Therapie. In: Brähler, E., & Meyer, A. (Hg.) (1988): Partnerschaft, Sexualität, Fruchtbarkeit. Berlin u. a. (Springer), S. 46–56.
Money, J. (1994): Zur Geschichte des Konzepts Gender Identity Disorder. In: Zeitschrift f. Sexualforschung, 7. Jg., 1994, S. 20–34.
Montau, R. (1996): Täter als Opfer – Jugendliche Gewalttäter als Legitimierungskünstler. In: Psychologie & Gesellschaftskritik, 20. Jg., Nr. 77/78, 1996, S. 63–79.
Mooshammer, C. (1997): Freundschaften waren für mich eine ganz große neue Erfahrung. Soziale Kontakte alleinerziehender Mütter. Unveröff. Diplom-Arbeit, Institut für Erziehungswissenschaften, Universität Innsbruck.
Morgenthaler, F. (1978): Technik. Zur Dialektik der psychoanalytischen Praxis. Frankfurt a. M. (Syndikat).
Morshäuser, B. (1992): Hauptsache Deutsch. Frankfurt a. M. (Suhrkamp).
Morshäuser, B. (1993): Die guten Menschen von Deutschland. In: Die Zeit, 20. 8. 1993.
Moser, T. (1993): Politik und seelischer Untergrund. Frankfurt a. M. (Suhrkamp).
Moser, T. (1996): Der Erlöser der Mutter auf dem Weg zu sich selbst. Eine Körperpsychotherapie. Frankfurt a. M. (Suhrkamp).
Müller-Braunschweig, H. (1985): »Führer befiehl ...«. Zu Hitlers Wirkung im Deutschland der dreißiger Jahre. In: Psyche, 39. Jg., 4/1985, S. 301–329.
Napp-Peters, A. (1987): Sozialisation durch den Vater. Rollenwandel oder Diversifikation familialer Lebensformen? In: Neue Praxis 5/1987, S. 413–422.
Neumann, E. (1987): Ursprungsgeschichte des Bewußtseins. Frankfurt a. M. (Fischer).
Nitzschke, B. (1989): Sexuelle Entwicklung und sexuelles Verhalten aus psychoanalytischer Sicht. In: Auer, K. H.; Frantsits, A. (Hg.) (1989): ebd., S. 95–113.
Nitzschke, B. (1991): Die Liebe als Duell ... und andere Versuche, Kopf und Herz zu riskieren. Reinbek (Rowohlt).

Nitzschke, B. (1994): Über Bindungen, Trennungen und *one world*. Von der Allmacht der Mütter, der Ohnmacht der Väter und der Übermacht des »männlichen« Prinzips on der modernen Gesellschaft. In: Brauns-Hermann u. a. (Hg.) (1994): ebd., S. 92–107.
Nitzschke, B. (1995): Von der Allmacht der Mütter, der Ohnmacht der Väter und der Übermacht des »männlichen« Prinzips. In: Ernst, U. M., u. a. (Hg.) (1995): ebd., S. 153–167.
Nölke, E. (1998): Marginalisierung und Rechtsextremismus. In: König, H.-D. (Hg) (1998): ebd., S. 257–278.
O'Brien, M. (1997): Die Dialektik der Reproduktion. In: Dölling, I., & Krais, B. (Hg.) (1997): ebd., S. 75–103.
Oevermann, U., u. a. (1979): Die Methodologie einer »objektiven Hermeneutik« und ihre allgemeine forschungslogische Bedeutung in den Sozialwissenschaften. In: Soeffner, H. G. (Hg.) (1979): ebd., S. 352–434.
Oevermann, U. (1998): Zur soziologischen Erklärung und öffentlichen Interpretation von Phänomenen der Gewalt und des Rechtsextremismus bei Jugendlichen. In: König, H.-D. (Hg.) (1998): ebd., S. 83–125.
Ohlmeier, D. (1990): »Vaterlose Gesellschaft«?. In: Rohde-Dachser, C. (Hg.) (1990): ebd., S. 126–140.
Olivier, C. (1997): Die Söhne des Orest. Ein Plädoyer für Väter. München (Deutscher Taschenbuch Verlag).
Osheron, S. (1990): Die ersehnte Begegnung. Männer entdecken ihre Väter. Köln (EHP).
Ott, C. (1998): Die Spur der Lüste. Sexualität, Geschlecht und Macht. Opladen (Leske und Budrich).
Ottomeyer, K. (1977): Ökonomische Zwänge und menschliche Beziehungen. Soziales Verhalten im Kapitalismus. Reinbek (Rowohlt).
Ottomeyer, K. (1982): Gesellschaftstheorien in der Sozialisationsforschung. In: Hurrelmann, K., & Ulich, D. (Hg.) (1982): Handbuch der Sozialisationsforschung. Weinheim und Basel(Beltz), S. 161–193.
Ottomeyer, K. (1998): Theoretischer Rahmen und Ergebnisse der Studie. In: Menschik-Bendele, J., Ottomeyer, K., u. a. (1998): ebd., S. 13–40.
Ottomeyer, K. (1999): »Die eigenen Ängste werden anderen eingejagt«. Interview mit Klaus Ottomeyer von Ulrich Sollmann. In: Psychologie heute, 26. Jg., Heft 1/1999, S. 30–35.
Ottomeyer, K. (1999a): Robin Hood wählt rechts. In: Der Standard, 24. April 1999, Album 3.
Ottomeyer, K. (2000): Die Haider-Show. Zur Psychopolitik der FPÖ. Klagenfurt/Celovec (Drava).
Ottomeyer, K., Zeichen, S. (1998): »Stolz auf die weiße Rasse«: Junge Rechtsextreme im Gruppengespräch. In: Menschik-Bendele, J., Ottomeyer, K.,u. a. (1998): ebd., S. 41–66.
Ottomeyer, K., & Zeichen, S. (1998a): Rechtsextremismus in der Psychotherapie. In: Menschik-Bendele, J., Ottomeyer, K., u. a.: ebd., S. 66–74.
Ottomeyer, K., & Zeichen, S. (1998b): Gruppenarbeit in der Bewährungshilfe. In: Menschik-Bendele, J., Ottomeyer, K., u. a. (1998): ebd., S. 79–87.
Overbeck, A. (1984): Interaktionsstrukturen in der Familie und ihre Bedeutung für die Sozialisation des Kindes. Kurseinheit 1–3, FernUniversität-Gesamthochschule Hagen 1984(/1/2/3).
Overbeck, A. (1994): »Der Vater stinkt«. Von der kulturellen Entwertung der Vaterrolle und dem Verlust der väterlichen Dimension in der Psychoanalyse. In: Seidler, G. H. (Hg.) (1994): ebd., S. 45–68.

Overbeck, A. (1995): Familie und Gewalt – fremdenfeindliche Orientierungen und Handlungspotentiale. Eine Herausforderung für die Betrachtung frühkindlicher Sozialisation. In: Psychoanalytische Beiträge zu Rechtsextremismus und Fremdenfeindlichkeit (1995), ebd., S. 176–196.

Overbeck, A. (1995a): Die Bedeutung der intrapsychischen Verfügbarkeit des 3. Objekts und des Gegengeschlechtlich-Anderen in den aufbrechenden Entwicklungskonflikten der weiblichen Adoleszenz. In: Psychoanalytisches Seminar Vorarlberg (Hg.) (1995): ebd., S. 25–46.

Overbeck, A. (1997): Von der kulturellen Entwertung der Vaterrolle und dem Verlust der väterlichen Dimension in der Erziehung. In: Kutter, P. (Hg.) (1997): Psychoanalyse interdisziplinär. Frankfurt a. M. (Suhrkamp), S. 50–69.

O'Neill, E. (1989): Der große Gott Brown. Frankfurt a. M. (Fischer).

Parin, P., & Morgenthaler, F. (1969): Ist die Verinnerlichung der Aggression für die soziale Anpassung notwendig? In: Mitscherlich, A. (Hg.) (1992): ebd., S. 222–244.

Pellegrino, H. (1961): Versuch einer Neuinterpretation der Ödipussage. In: Psyche, 15. Jg., 7/1961, S. 475–485.

Petri, H. (1992): Umweltzerstörung und die seelische Entwicklung unserer Kinder. Zürich (Kreuz).

Petri, H. (1994): »Fremd bin ich eingezogen, fremd zieh' ich wieder aus«. – Von der Entfremdung zur Fremdenfeindlichkeit. In: Praxis der Kinderpsychologie und Kinderpsychiatrie, 43. Jg., 7/1994, S. 247–253.

Petri, H. (1996): Lieblose Zeiten. Psychoanalytische Essays über Tötungstrieb und Hoffnung. Sammlung Vandenhoeck. Göttingen (Vandenhoeck & Ruprecht).

Petri, H. (1997): Guter Vater – Böser Vater. Psychologie der männlichen Identität. Bern-München-Wien (Scherz).

Petri, H. (1999): Das Drama der Vaterentbehrung. Freiburg i.Br. (Herder).

Petzold, M. (1994): DerVater im Übergang zur Elternschaft . In : Psychosozial 58, 17. Jg., 1994, S. 61–73.

Pflüger, P. M. (Hg.) (1989): Der Mann im Umbruch. Patriarchat am Ende? Olten (Walter).

Pilgrim, V. E. (1986): Muttersöhne. Düsseldorf (Claassen).

Podgornik, L. (1995): »Trümmerfrauen« – eine verpaßte Chance? Zwischen Überlebensarbeit und Machtfrage. In: Volksstimme spezial, 27. April 1995.

Popp, U. (1997): Geschlechtersozialisation und Gewalt an Schulen. In: Holtappels u. a. (Hg.) (1997): ebd., S. 207–223.

Popper, K. R. (1984): Objektive Erkenntnis. Ein evolutionärer Entwurf. Hoffmann & Campe.

Prengel, A. (1990): Der Beitrag der Frauenforschung zu einem anderen Blick auf die Erziehung von Jungen. In: Sozialmagazin, Heft 7/8 1990.

Prokop, U. (1996): Mythen der Rechten – ihre Faszination für junge Frauen in der Adoleszenz. In: Leuzinger-Bohleber, M., & Zwiebel, R. (Hg.) (1996): ebd., S. 221–235.

Pross, H. (1978): Die Männer. Reinbek (Rowohlt).

Psychoanalytische Anthropologie II. Ödipales Denken in der Psychoanalyse. Herausgegeben von Lilli Gast und Jürgen Körner (1999). Tübingen (edition diskord).

Psychoanalytische Beiträge zu Rechtsextremismus und Fremdenfeindlichkeit. 1995. Münster-Hamburg (Lit.).

Psychoanalytisches Seminar Vorarlberg (Hg.) (1995): Skizzen und Szenen zur Psychoanalyse: Auf-Brüche, Um-Brüche. Psychoanalyse (in) der Adoleszenz. Sonderheft, Sommer 1995. Bregenz (Eigenverlag).

Radebold, H. (2000): Abwesende Väter. Folgen der Kriegskindheit in Psychoanalysen. Göttingen (Vandenhoeck & Ruprecht).

Rauchfleisch, U. (1997): Alternative Familienformen. Eineltern, gleichgeschlechtliche Paare, Hausmänner. Göttingen (Vandenhoeck & Ruprecht).

Reiche, R. (1990): Geschlechterspannung. Frankfurt a. M. (Fischer).

Reimitz, M. (1992): »Das deutsche Volk reinhalten«. Zur Sozialpsychologie von Gewalt bei rechtsradikalen Jugendlichen. In: Psychosozial 49/50, 15. Jg., Heft I/II, 1992, S. 40–44.

Renggli, F. (1992): Selbstzerstörung aus Verlassenheit. Hamburg (Rasch und Röhring).

Richter, H.-E. (1967): Eltern, Kind und Neurose. Die Rolle des Kindes in der Familie. Reinbek (Rowohlt).

Richter, H.-E. (1972): Die Gruppe. Hoffnung auf einen neuen Weg, sich selbst und andere zu befreien. Reinbek (Rowohlt).

Richter, H.-E. (1995): Zur Psychoanalyse des Rechtsradikalismus. In: Psychoanalytische Beiträge zu Rechtsextremismus und Fremdenfeindlichkeit: ebd., 1995, S. 6–18.

Richter, H.-E. (1995a): Bedenken gegen Anpassung. Psychoanalyse und Politik. Hamburg (Hoffmann u. Campe).

Rieker, P. (1997): Ethnozentrismus bei jungen Männern. Fremdenfeindlichkeit und Nationalismus und die Bedingungen ihrer Sozialisation. Weinheim (Juventa).

Roazen, P. (1976): Sigmund Freud und sein Kreis. Eine biographische Geschichte der Psychoanalyse. Bergisch Gladbach (Lübbe).

Robert, L. (1990): Erfüllte Kindheit – wir können anders. In: Bodin, K. (Hg. im Auftr. d. Deutschen Evangelischen Kirchentages) (1990): Keine Zeit für Kinder? Kaiser (München), S. 47–61.

Rohde-Dachser, C. (Hg.) (1990): Zerstörter Spiegel. Psychoanalytische Zeitdiagnosen. Göttingen (Vandenhoeck & Ruprecht).

Rohde-Dachser, C. (Hg.) (1992): Beschädigungen. Psychoanalytische Zeitdiagnosen. Göttingen (Vandenhoeck & Ruprecht).

Rohde-Dachser, C. (1991): Expedition in den dunklen Kontinent. Weiblichkeit im Diskurs der Psychoanalyse. Berlin-Heidelberg (Springer).

Rohde-Dachser, C. (1994): Männliche und weibliche Homosexualität. In: Psyche, 48. Jg., 9–10/ 1994, S. 827–841.

Rohde-Dachser, C., Meyer zur Capellen, R. (1990): Prothesengott und Muttermacht. Psychoanalytische Bemerkungen zur Technikentwicklung, zur Naturzerstörung und zur Manipulierbarkeit unbewußter Phantasien. In: Rohde-Dachser, C. (Hg.) (1990): ebd., S. 163–184.

Romankiewicz, B. (1997): Der Archetypus des Vaters. Gedanken zur bewußtseinsgeschichtlichen Entwicklung am Beispiel des Mythos von Uranos, Kronos und Zeus. In: Schulz, Ursula (Hg.) (1997): ebd., S. 127–169.

Rommelspacher, B. (1992): Die Angst vor den Fremden, ein Konstrukt der Dominanzkultur? Unveröff. Vortragsmanuskript, München 1992. Zit. n. Wahl, K. (1993): ebd.

Rose, L. (1997): Körperästhetik im Wandel. Versportung und Entmütterlichung des Körpers in den Weiblichkeitsidealen der Risikogesellschaft. In: Dölling, I., Krais, B. (Hg.) (1997): ebd., S. 125–149.

Rotmann, M. (1978): Über die Bedeutung des Vaters in der »Wiederannäherungs-Phase«. In: Psyche, 32. Jg., 1978, S. 1105–1147.

Rotmann, M. (1984): Die Rolle des Vaters im Leben des kleinen Kindes. In Schultz, H. J. (Hg.) (1984): ebd., S. 150–159.

Rupprecht-Schampera, U. (1997): Das Konzept der »frühen Triangulierung« als Schlüssel zu einem einheitlichen Modell der Hysterie. In: Psyche, 51. Jg., 7/1997, S. 637–664.
Rünzler, D. (1988): Machismo. Die Grenzen der Männlichkeit. Wien-Köln-Graz (Böhlau).
Schäfer, J. (1999): Vergessene Sehnsucht. Der negative Ödipuskonflikt in der Psychoanalyse. Göttingen (Vandenhoeck & Ruprecht).
Schalkwijk, F. (1997): Humor und Psychoanalyse: ein reizvolles Paar. In: Zeitschrift für psychoanalytische Theorie und Praxis XII, Heft 2/1997, S. 183–195.
Schenk, H. (1996): Wieviel Mutter braucht der Mensch? Der Mythos von der guten Mutter. Köln (Kiepenheuer & Witsch).
Schiebel, M. (1992): Biographische Selbstdarstellungen rechtsextremer und ehemals rechtsextremer Jugendlicher. In: Psychosozial 51, 15. Jg., III/1992, S. 66–77.
Schmauch, U. (1993): Kindheit und Geschlecht. Basel, Frankfurt a. M. (Stroemfeld/Nexus).
Schmid, M. (1992): Auf der Suche nach dem Vater. In: Institut für Sozialdienste (Fachschriftenreihe) (Hg.) (1992): »Vater! Vaaater! Papa«. Verband der wissenschaftlichen Gesellschaften Österreichs, Wien, S. 15–22.
Schmidbauer, W. (1991): Partner ohne Rollen. Die Risiken der Emanzipation. München (Pfeiffer).
Schmidbauer, W. (1991a): »Du verstehst mich nicht!« Die Semantik der Geschlechter. Reinbek (Rowohlt).
Schmidt, B. (1996): Psychoanalytische Überlegungen zur rechtsextremistischen Orientierung männlicher Jugendlicher. In: Praxis der Kinderpsychologie und Kinderpsychiatrie 45/1996, S. 370–374.
Schmidt, G. (1988): Das große Der Die Das. Über das Sexuelle. Reinbek (Rowohlt).
Schmidt, G., Klusmann, D., & Zeitzschel, U. (1992): Veränderungen der Jugendsexualität zwischen 1970 und 1990. In: Zeitschrift für Sexualforschung 5/1992, S. 191–218.
Schmidt, G. (1996): Das Verschwinden der Sexualmoral. Über sexuelle Verhältnisse. Hamburg (Klein).
Schnack, D., & Neutzling, R. (1991): Kleine Helden in Not. Reinbek (Rowohlt).
Schneider, M. (1997): Aus der Welt des männlichen Unter-Ich: Skinheads. In: Kursbuch 127 (»Männer«) (1997). Berlin (Rowohlt), S. 111–124.
Schnürer, E. (1998): Jugendkriminalität – Wenn aus unerfüllten Träumen Schläge werden. In: Kurier, 19.10.1998, S. 2.
Schon, L. (1995): Entwicklung des Beziehungsdreiecks Vater-Mutter-Kind. Stuttgart (Kohlhammer).
Schon, L. (2000): Sehnsucht nach dem Vater. Die Dynamik der Vater-Sohn-Beziehung. Stuttgart (Klett-Cotta).
Schorsch, E. (1985): Sexualität und Gewalt. In: Wulf, C. (Hg.) (1985): Lust und Liebe. Wandlungen der Sexualität. München (Piper), S. 91–111.
Schorsch, E., u. a. (1985): Perversion als Straftat. Dynamik und Psychotherapie. Berlin-Heidelberg (Springer).
Schottlaender, F. (1975): Die Mutter als Schicksal. Stuttgart (Klett).
Schröder, B. (1992): Rechte Kerle. Skinheads, Faschos, Hooligans. Reinbek (Rowohlt).
Schröder, B. (1997): »Rechte Kerle«. In: Michelsen, H. (Hg.) (1997): ebd., S. 158–160.
Schütze, F. (1983): Biographieforschung und narratives Interview. In: Neue Praxis 3/1983, S. 283–294.
Schur, M. (1982): Sigmund Freud. Leben und Sterben. Frankfurt a. M. (Suhrkamp).

Schultz, H. J. (Hg.) (1984): Vatersein. München (Deutscher Taschenbuch Verlag).
Schulz, U. (Hg.) (1997): Väter ... es ist, als wüßten sie nichts von ihrer Kraft. Waiblingen (Stendel).
Schweitzer, J. (1997): Systemische Beratung bei Dissozialität, Delinquenz und Gewalt. In: Praxis der Kinderpsychologie und Kinderpsychiatrie 3/1997, S. 215–227.
Seidler, G. H. (Hg.) (1994): Das Ich und das Fremde. Klinische und sozialpsychologische Analysen des destruktiven Narzißmus. Opladen (Westdeutscher Verlag).
Sennett, R. (1998): Der flexible Mensch. Die Kultur des neuen Kapitalismus. Berlin (Berlin Verlag).
Seve, L. (1972): Marxismus und Theorie der Persönlichkeit. Frankfurt a. M. (Verlag marxistische Blätter).
Siegert, M. T. (1979): Adoleszenzkrise und Familienumwelt. Prozesse der Identitätsfindung bei opiatsüchtigen Jugendlichen. Frankfurt a. M./New York (Campus).
Sielert, U. (1997): Geschlechtersozialisation und geschlechtsbewußte Arbeit mit Jungen und Männern. Reader, Institut für Pädagogik der Christian-Albrechts-Universität Kiel.
Simmel, E. (Hg.) (1993): Antisemitismus. Deutsche Erstausgabe. (Orig. Ausg.: New York/Boston 1946.) Frankfurt a. M. (Fischer).
Simmel, E. (1993): Antisemitismus und Massen-Psychopathologie. In: Simmel, E. (Hg.) (1993): ebd., S. 58–100.
Soeffner, H. G. (Hg.) (1979): Interpretative Verfahren in den Sozial- und Textwissenschaften. Stuttgart (Metzler).
Sölle, D. (1989): Bilder machen – Bilder stürzen. Eine feministisch-theologische Kritik am Vaterbild. In: Faulstich; Grimm (Hg.) (1989): ebd., S. 17–30.
Spangenberg, N. (1997): Haus ohne Hüter: Fallstudien zu den unbewußten Determinanten politischer Radikalisierung in der zweiten Generation. In: Psychosozial 68, 20. Jg., II/1997, S. 43–68.
Spitz, R. A. (1972): Vom Säugling zum Kleinkind. Naturgeschichte der Mutter-Kind-Beziehungen im ersten Lebensjahr. 3. Aufl. Stuttgart (Klett).
Spitz, R. A. (1970): Nein und Ja. Die Ursprünge der menschlichen Kommunikation. Stuttgart (Klett).
Stein-Hilbers, M. (1994): Wem »gehört« das Kind? Frankfurt a. M./New York (Campus).
Stern, D. (1992): Die Lebenserfahrung des Säuglings. 2. Aufl. Stuttgart (Klett-Cotta).
Stork, J. (Hg.) (1974): Fragen nach dem Vater. Französische Beiträge zu einer psychoanalytischen Anthropologie. Freiburg/München (Karl Alber).
Stork, J. (1974a): Die Bedeutung des Vaterbildes in der frühkindlichen Entwicklung. In: Stork, J. (Hg.) (1974): ebd., S. 259–302.
Stork, J. (1976): Frühe Triangulation. In: Mertens, Wolfgang (Hg.) (1976): Psychoanalyse. München u. a. (Urban & Schwarzenberg).
Stork, J. (Hg.) (1986): Das Vaterbild in Kontinuität und Wandlung. Stuttgart-Bad Cannstadt (Frommann-Holzboog).
Stork, J. (1986a): Die Mutter ist das Gegebene, der Vater wird. In: Stork, J. (Hg.) (1986): ebd., S. 111–131.
Stork, J. (1989): Über die Schwäche der Vaterbilder oder die Angst vor der Frau. In: Faulstich u. Grimm (Hg.) (1989): ebd., S. 153–175.
Stork, J. (1990): Frühe Triangulierung. In: Mertens, W. (Hg.) (1990): ebd.
Streeck, U. (Hg.) (1993): Das Fremde in der Psychoanalyse. München (Pfeiffer).
Streeck-Fischer, A. (1992): »Geil auf Gewalt«. Psychoanalytische Bemerkungen zu Adoleszenz und Rechtsextremismus. In: Psyche, 46. Jg., 1992, S. 745–768.

Streeck-Fischer, A. (1993): »Ihr könnt uns nicht vernichten, denn wir sind ein Teil von euch«. - Über den »deadly dance« eines jugendlichen Skinhead. In: Streeck, U. (Hg.) (1993): ebd., S. 28–39.

Streeck-Fischer, A. (1994): Männliche Adoleszenz, Fremdenhaß und seine selbstreparative Funktion am Beispiel jugendlicher rechtsextremer Skinheads. In: Praxis der Kinderpsychologie und Kinderpsychiatrie 43, Heft 7/1994, S. 259–266.

Streeck-Fischer, A. (Hg.) (1998): Adoleszenz und Trauma. Göttingen (Vandenhoeck & Ruprecht).

Streeck-Fischer, A. (1998): Über die Mimikryentwicklung am Beispiel eines jugendlichen Skinheads mit frühen Erfahrungen von Vernachlässigung und Mißhandlung. In: Streeck-Fischer, A. (Hg.) (1998): ebd., S. 161–173.

Szczesny-Friedmann, C. (1991): Die kühle Gesellschaft. München (Kösel).

Szejer, M. (1998): Platz für Anne. Die Arbeit einer Psychoanalytikerin mit Neugeborenen. München (Kunstmann).

Theweleit, K. (1977): Männerphantasien. 1. Band. Frankfurt a. M. (Verlag Roter Stern).

Theweleit, K. (1978): Männerphantasien. 2. Band. Frankfurt a. M.(Verlag Roter Stern).

Thierry, A. (1998): Vater werden ist doch schwer... »Guter Mann, Sie sind auch schwanger!«. In: Furche Nr. 16/1998 (via Internet http://www.kleine.co.at/furche/Archiv 98).

Tiedemann, G. (1993): Entführung mit Folgen. In: Kommentar (Zeitschrift der Arbeitsgemeinschaft Christentum und Sozialdemokratie), 15. Jg., 4/1993, S. 22–23.

Trepp, A.-C. (1996): Männerwelten privat: Vaterschaft im späten 18. und beginnenden 19. Jahrhundert. In: Kühne, Thomas (Hg.) (1996): ebd., S. 31–50.

Tress, W. (1986): Das Rätsel der seelischen Gesundheit. Traumatische Kindheit und früher Schutz gegen psychogene Störungen. Göttingen (Vandenhoeck & Ruprecht).

Turrini, P. (1983): Turrini Lesebuch zwei. Wien (Europaverlag).

Vinnai, G. (1977): Das Elend der Männlichkeit. Heterosexualität, Homosexualität und ökonomische Struktur. Reinbek (Rowohlt).

Von Hentig, H. (1995): Behaltet bitte die Nerven! In: Die ZEIT Nr. 37, 8. Sept. 1995, S. 10.

Von Klitzing, K. (Hg.) (1998): Psychotherapie in der Kindheit. Göttingen (Vandenhoeck & Ruprecht).

Von Klitzing, K. (1998): Die Bedeutung des Vaters für die frühe Entwicklung. In: Von Klitzing, K. (Hg.) (1998): ebd., S. 119–131.

Von Krogh, G. (1984): Was eine Frau vom Vater ihrer Kinder erwartet. In: Schultz, H. J. (Hg.) (1984): ebd., S. 136–149.

Von Vietinghoff-Scheel, A. (1991): Aufzeichnungen eines seelischen Nacktflitzers. Psychosoma-Analysen und trauma-analoge Verstehensmethode. Frankfurt a. M. (Suhrkamp).

Wacker, A. (1979): Zur Aktualität und Relevanz klassischer psychologischer Faschismustheorien. In: Paul, G., & Schossi, B. (Hg.) (1979): Jugend und Neofaschismus: Provokation oder Identifikation? Frankfurt a. M. (Europäische Verlagsanstalt), S. 105–137.

Wagner-Winterhager, L. (1983): Hitler als »Supermann«? Was suchen Jugendliche in rechts-extremistischen Organisationen? In: Die Deutsche Schule 75, 1983, S. 391–405.

Wahl, K. (1989): Die Modernisierungsfalle. Gesellschaft, Selbstbewußtsein und Gewalt. Frankfurt a. M. (Suhrkamp).

Wahl, K. (1991): Jenseits von Psyche und Biographie. Soziokulturelle Hintergründe von Gewalttätigkeit in Familien. In: pro familia magazin, 4/1991, S. 1–2.

Wahl, K. (1993): Fremdenfeindlichkeit und Gewalt: ein Jugendproblem?. In: Diskurs. Studien zu Kindheit, Jugend, Familie und Gesellschaft 1/1993, S. 52–59.
Walter, W. (1996): Gebärneid. Ein Konzept zur Analyse patriarchaler Männlichkeiten und Institutionen. In: BauSteineMänner (Hg.) (1996): ebd., S. 172–213.
Wangh, M. (1962): Psychoanalytische Betrachtungen zur Dynamik und Genese des Vorurteils, des Antisemitismus und des Narzißmus. In: Psyche, 16. Jg., 1962, S. 273–284.
Wangh, M. (1983): Narzißmus in unserer Zeit. Einige psychoanalytisch-soziologische Überlegungen zu seiner Genese. In: Psyche, 37. Jg., 1983, S. 16–40.
Wangh, M. (1992): Psychoanalytische Bemerkungen zur Dynamik und Genese des Vorurteils, des Antisemitismus und des Narzißmus. In: Psyche, 46. Jg./1992, S. 1152–1176.
Watzlawick, P., Beavin, J. H., & Jackson, D. D. (1974): Menschliche Kommunikation. Formen, Störungen, Paradoxien. 4. Aufl. Bern/Stuttgrat/Wien (Huber).
Weber, K. (1997): »Was ein rechter Mann ist«. Subjektive Konstruktionen rechter Männer. Pfaffenweiler (Centaurus).
Weghaupt, A. (1998): Psychoanalytische Kurztherapie: Ein Überblick. In: Psychotherapie Forum, 6. Jg., 4/1998, S. 195–205.
Weier, G. (1996): ›Vater Freud‹ und die frühe psychoanalytische Bewegung. Opladen (Westdeutscher Verlag).
Werthmann, H.-V. (Hg.) (1989): Unbewußte Phantasien. München (Pfeiffer).
Widmer, P. (1990): Subversion und Begehren. Jacques Lacan oder Die zweite Revolution der Psychoanalyse. Frankfurt a. M. (Fischer).
Wieck, W (1992): Söhne wollen Väter. Wider die weibliche Umklammerung. Hamburg (Hoffmann u. Campe).
Wiegele, B. (1998): »Save our souls and bodies«. In: Menschik-Bendele, J., Ottomeyer, K., u. a.(1998): ebd., S. 247–268.
Wiesse, J., Joraschky, P. (Hg.) (1998): Psychoanalyse und Körper. Psychoanalytische Blätter Bd. 7. Göttingen (Vandenhoeck & Ruprecht).
Willems, H. (1993): Fremdenfeindliche Gewalt. Einstellungen, Täter, Konfliktkonstellationen. Opladen (Leske und Budrich).
Wilk, L., Bacher, J. (1998): Kindheit und Kindsein in der Postmoderne. In: Prglau, M., & Richter, R. (Hg.) (1998): Postmodernes Österreich? Konturen des Wandels in Wirtschaft, Gesellschaft, Politik und Kultur. Wien (Signum), S. 280–309.
Willi, J. (1991): Was hält Paare zusammen? Reinbek (Rowohlt).
Winnicott, D. W. (1979): Vom Spiel zur Kreativität. Stuttgart (Klett-Cotta).
Winnicott, D. W. (1984): Reifungsprozesse und fördernde Umwelt. Frankfurt a. M. (Fischer).
Winnicott, D. W. (1991): Von der Kinderheilkunde zur Psychoanalyse. Frankfurt a. M. (Fischer).
Wirth, H.-J. (1996): Adoleszenz als Chance und Risiko. In: Psychosozial 64, 19. Jg., II/1996, S. 9–28.
Wolff, A. (2000): Vater – Mutter – Kind: Über die Bedeutung der leiblichen Eltern in der inneren Welt des Kindes. In: Lahme-Gronostaj, H., Leuzinger-Bohleber, M. (Hg.) (2000): ebd., S. 37 – 49.
Wurmser, L. (1990): Die Maske der Scham. Die Psychoanalyse von Schamaffekten und Schamkonflikten. Berlin/Heidelberg (Springer).
Zeltner, E. (1999): Weder Macho noch Muttersöhnchen. Jungen brauchen eine neue Erziehung. München (Deutscher Taschenbuch Verlag).

Zepf, S. (Hg.) (1993): Die Erkundung des Irrationalen. Göttingen (Vandenhoeck & Ruprecht).
Ziehe, T. (1975): Pubertät und Narzißmus. Sind Jugendliche entpolitisiert? Frankfurt a. M. (Europäische Verlagsanstalt).
Zieske, A. (1999): »Jungenarbeit« an der Schule. Ziele, Probleme, Praxisansätze. In: Pädagogik, 51. Jg., 5/1999, S. 6–9.
Zinnecker, J., & Silbereisen, R. K. (1996): Kindheit in Deutschland. Aktueller Survey über Kinder und ihre Eltern. Weinheim (Juventa).
Zulehner, P. M. (1994): Mann und Gewalt. In: Gewalt gegen Frauen gegen Gewalt. Tagungsdokumentation 1994. Wien (Bundesministerium für Frauenangelegenheiten), S. 187–194.
Zulehner, P. M., & Slama, A. (1994): Österreichs Männer unterwegs zum neuen Mann? Wien (Bundesministerium für Jugend und Familie).
Zweig, A. (1996): Berliner Ausgabe: Freundschaft mit Freud. Ein Bericht. Berlin (Aufbau-Verlag).

2000 · 496 Seiten
Broschur
SFr 62,– · EUR 34,90
ISBN 3-932133-64-1

Psychohistorie ist die wissenschaftliche Erforschung historischer Motivationen. Dieser Ausgangspunkt der Theoriebildung von Lloyd deMause impliziert eine radikale Kritik sowohl an der traditionellen Geschichtswissenschaft als auch an den traditionellen Formen der Sozialwissenschaften wie Anthropologie, Soziologie und Psychologie. Der Weg zum Verständnis historischer Ereignisse führt nicht über die Sammlung und narrative Anhäufung von Daten aus Politik, Wirtschaft und Gesellschaft; er führt über die methodische Ergründung bewußter und unbewußter psychologischer Motive der geschichtlich Handelnden.

»Es ist deMauses Verdienst, eine erste, psychoanalytisch unterfütterte Geschichte der wichtigsten seelischen Inhalte der Kindheitsepochen seit der Antike geliefert zu haben, mit ihrer Auswirkung auf die Großgruppe der daraus hervorgegangenen Erwachsenen.«
Tilmann Moser in der Süddeutschen Zeitung

Psychosozial-Verlag

»Bibliothek der Psychoanalyse«
im Psychosozial-Verlag
herausgegeben von Hans-Jürgen Wirth